创新系列·经济学

U1001163

财政学（第2版）

Public Finance, Second Edition

◆主编　贾冀南　◆副主编　赵　莉　徐运红

電子工業出版社
Publishing House of Electronics Industry
北京·BEIJING

内容简介

本书按财政的运行过程和财政范畴之间的逻辑关系安排课程体系，系统而全面，循序渐进。基本体系是：基本理论—财政收入—财政支出—预算管理体制—财政政策。

本书以税收知识为主，重点突出案例教学，每章内容后配备2～3个案例，并附有简要提示。本书内容根据形势的发展更新了有关的数据资料，并力图反映财政体制改革的最新动态。

本书每章均配有思考题，并配套思考题答案及教学课件供参考。本书可作为高等学校经济和管理类专业的教科书，也可作为其他相关专业和从事财政工作人员的培训教材。

图书在版编目(CIP)数据

财政学/贾冀南主编. —2版. —北京：电子工业出版社，2015.8
(华信经管创新系列)
ISBN 978-7-121-26986-8

Ⅰ. ①财… Ⅱ. ①贾… Ⅲ. ①财政学—高等学校—教材 Ⅳ. ①F810

中国版本图书馆CIP数据核字(2015)第196209号

策划编辑：王志宇
责任编辑：王志宇
印　　刷：北京虎彩文化传播有限公司
装　　订：北京虎彩文化传播有限公司
出版发行：电子工业出版社
　　　　　北京市海淀区万寿路173信箱　邮编　100036
开　　本：787×1 092　1/16　印张：19.75　字数：519千字
版　　次：2010年7月第1版
　　　　　2015年8月第2版
印　　次：2020年2月第5次印刷
定　　价：39.50元

凡所购买电子工业出版社图书有缺损问题，请向购买书店调换。若书店售缺，请与本社发行部联系，联系及邮购电话：(010)88254888，88258888。

质量投诉请发邮件至 zlts@phei.com.cn，盗版侵权举报请发邮件至 dbqq@phei.com.cn。

本书咨询联系方式：(010)88254523，wangzy@phei.com.cn。

序　言

FREWORD

财政学是一门研究政府如何取财、理财、用财及其相关规律的学问。财政学作为相对独立的一门学科已有数百年的历史。在现代市场经济体制下，市场和政府都是资源配置方式，两者相互交融，但运行机制又有所不同。财政作为政府实现其资源配置功能并借以提供公共产品的主要手段，有了越来越大的规模和越来越复杂的结构，同时也就有了更大的经济和社会影响力。财政学所要研究的就是基于市场经济体制框架内财政的基本现象和基本任务，探讨财政运行的规律。

我国是社会主义市场经济体制，建立和健全公共财政为目标的体系，是今后一段时期我国财政改革与发展的目标取向。伴随着我国社会主义市场经济体制的建立和逐步完善，财政体制的改革步伐不断加快。加入世界贸易组织之后，我国经济进一步融入了世界经济体系。随着我国经济与世界经济联系更加紧密，我国的财政体制、政策导向也受到了较大影响。近年来，与财政有关的问题受到高度关注，尤其是社会上出现了不少研究预算改革、公共治理、财政决策的民间研究机构或组织，也进行了一些很有价值的改革试验，推动着我国的财政改革逐步向纵深领域迈进。比如，预算改革大步推进，税收制度掀起新一轮改革热潮，财政政策实践进一步丰富，财政支出绩效评价迈出新步伐，等等。财政理论也随着实践的深入不断丰富和发展，取得了新的研究成果，并进一步指导财政工作更上一层楼。此外，2007 年以来发生的全球性经济危机又一次证明经济发展的周期性波动难以避免，特别是我国社会主义市场经济建立的时间不长，容易受到多种内外部因素的影响，这就需要政府运用财政和货币政策以及其他手段调控经济运行，尽可能减少波动的时间和幅度，减少其负面影响。上述新形势、新情况和新问题为财政理论研究提供了广阔的空间。高等院校财政学教材亟需适应这种新变化，反映这种新变化，并从理论上加以总结和更新。正是基于这一客观实践的要求，在多年教学和科研的基础上，贾冀南教授组织编撰了《财政学》一书。

该教材坚持以科学发展观理论为指导，适应国家"十二五"规划要求，立足中国国情，较全面地阐述了财政学的基本理论和基本知识。同时，充分吸收了近年来我国财政实践及其学术研究的新成果，借鉴了现代市场经济国家公共财政学的理论和科学方法，具有较强的前瞻性。该教材的特点如下。

(1)注重通过案例分析等形式对一些背景资料和最新改革实践相关内容进行阐释，在介绍基本知识的同时，又体现了专业技能培养的要求，资料新颖，内容全面准确，较好地体现了知识性、资料性、可读性和实用性。

(2)注重教材内容设计的全面性和实用性。本教材不仅较详细地阐述了财政基本理论和结构，而且突出了税收知识，包括税收理论和具体的税种制度。

本教材适合经济管理类专业本专科学生使用，也可供对财政问题感兴趣的广大读者阅读、参考。

前言

PREFACE

财政是政府的经济行为，财政学是研究财政收支规律及政策的科学。随着我国改革开放的步伐进入第十二个五年计划，社会主义市场经济体制不断完善；特别是随着我国经济的快速发展，财政体制、财政制度和财政政策都在不断地改革和完善。尤其是近几年，全球经济形势发生了重大变化，在2007年以美国次贷危机为导火索爆发的全球经济危机的影响下，我国经济仍保持了较高的增长速度，完成了预期目标，这与我国政府及时调整宏观经济政策，采取多项财政和货币政策干预经济是分不开的。相对于迅速发展的、内容丰富的中国财政改革实践而言，财政理论的更新比较滞后。目前国内大多数财政学教材编写时间较早，教材内容无法反映财税改革的最新动态和成果，数据也亟需更新。在这样的背景下，我们试图编写一部适应市场经济新形势的财政学新教材。本书编写组的成员都是有着多年财政学教学经验的高校教师，结合自身的教学改革成果，经过努力探索和刻苦钻研，编写了这本《财政学》。

本书的编写意图和主要特点如下。

1. 本书以马克思主义基本原理、毛泽东思想、邓小平理论和“三个代表”、科学发展观理论为指导，适应国家“十二五”规划要求，以求实、创新、发展、服务为原则，体现改革开放后党的历届代表大会关于经济建设方针和市场经济体制的论述。

2. 本书按财政的运行过程和财政范畴之间的逻辑关系安排课程体系，系统而全面，循序渐进，贴近实际生活，容易为读者所接受。基本体系是：基本理论（导读）—财政收入—财政支出—预算管理体制—财政政策；根据我国税收改革与发展的实践，调整部分税收理论与税收制度的相关内容；适应公共财政支出管理改革，详细介绍了社会保障、国家预算与国库制度；结合财政体制的最新改革，更新了财政管理体制的相关内容；根据形势的发展加入了最新的数据资料。

3. 本书突出案例教学，每章内容后附有2～3个案例，并有简要提示供读者参考。案例的选用努力做到结合财政学最新研究成果和财税改革实践，反映当前财政学界和政府部门对相关问题的最新研究成果和改革动向，提供最新的相关资料和数据。案例的相关问题和提示使读者能够理论联系实际，更深层次地理解每章的内容。

4. 在编写内容上，本书更加突出税收知识，力图多角度、多侧面地介绍和分析税收理论和实践，对具体税种制度的设置给予了详细的讲解，兼顾了通用性和专业性，兼容了“财政学”和“税收学”两门相关专业课的核心内容。

5. 本书在借鉴吸收西方经济学和财政学中对我国有实际应用价值的某些原理和方法，广泛吸收和反映当今中外最新的研究成果的基础上，力求贴近中国实际，全面反映当代财政学的一般原理、制度与政策，在理论上有一定的深度和前瞻性。

本书在第1版使用过程中，几次重印时根据实际需要进行了小范围的修订。但随着时间的推移，财政与税收领域发生了一些变化，因此，第1版的部分内容、数据和案例等已经不能很好地适应教学的需要。所以，教材编写组进行了第2版的编写工作，根据当前财政发展的实际情况更新了部分内容，同时也补充和完善了大量较新的案例和数据，从而使本书更具现实性和实效性。

本书覆盖面广、内容新颖、难易适度、实用性强、案例丰富，能够满足应用型本科及专科院校经济和管理类专业的教学需要，也可作为其他相关专业和从事财政工作人员的培训教材。作为一学期授课任务，建议学时在40学时左右，学生需要具有一定的高等数学基础和经济学基本理论知识，教材每章均配有思考题，并配套思考题答案及教学课件供参考，以上教学资源可通过华信教育资源网(http://www.hxedu.com.cn)免费注册下载。

本书由贾冀南教授提出编写意图和编写大纲并负责组织初稿的编写工作，在听取校内外专家、学者意见后，对编写框架几次修改。初稿完成后由贾冀南教授负责总纂。参加本书编写的人员与分工是：孙锦(第1、6章)、赵莉(第2章)、徐运红(第3章)、王英臣(第4章)、任立媛(第5章)、张洪源(第7章)、王志斌(第8章)、暴平菊(第9章)、周群立(第10、11章)、何湘宁(第12章)、杜江波(第13章)、顾瑶(第14章)、贾冀南(第15章)。

编写过程中参考了国内外专家、学者的著作和文献(参考文献附后)，一些专家、教授也对本书的编写提出了宝贵意见，在此一并表示感谢。

由于时间紧张和作者水平有限，本书内容难免有不够成熟之处，希望同行专家和广大读者多提建议、不吝赐教，联系邮箱是 jiajinan1970@sina.com，您的建议和意见都会是我们前进的动力。

贾冀南

目　录

CONTENTS

第1章

导论

本章学习要点

通过本章的学习，掌握财政的概念；理解财政学的研究对象及与其他相关学科的关系；了解财政的起源与发展、财政学理论体系的演进。

本章学习重点与难点

本章的学习重点是财政的概念、财政学的研究对象；难点是财政学理论体系的演进。

本章基本概念

经济学、经济人、市场制度、公共经济制度、效率、公平、财政、规范分析、帕累托最优、起点公平、规则公平、结果公平、实证分析、经验实证分析、理论实证分析、国际分配论、价值分配说

1.1 财政学与经济学

学习财政学，最先遇到的问题就是“什么是财政学”及“财政学研究什么”。要想很好地了解这些问题，则离不开对经济学的理解。因为归根结底，无论从历史的角度还是从现实的角度看，财政学都是经济学的一部分，只有搞清楚“什么是经济学”及“经济学研究什么”，并在此基础上弄清财政学与经济学相互之间的关系，才能够真正把握好财政学这一概念。

1.1.1 经济学的发展

经济学作为一门独立的科学，是在产生和发展的过程中形成的。在资本主义时期以前的各个历史时期，有不少思想家对当时一些经济现象和经济问题发表见解，形成某种经济思想，但是没有形成系统，并常与他们的政治、法律、伦理、宗教等思想混杂在一起。因此，古代经济思想的发展，可以称为经济学前史。

“经济学”(economics)一词发源于古希腊，它是由两个词根“家庭”和“支配”组成的，意为

“家庭管理”。但是现在的“经济学”与古代和中世纪的“经济学”相比，已有了本质的不同。古老的“经济学”主要是总结一些人们在以往经济活动中的经验，并以此来指导今后的实践，但这种经验的总结和对实践的指导并未能上升到把握规律性的高度。作为一门科学的“经济学”是随着资本主义的产生与发展在17～18世纪产生的。1776年，亚当·斯密的奠基之作《国民财富的性质和原因的研究》（又称《国富论》）发表，标志着现代经济学的诞生。这一政治经济学的特征是“研究了资产阶级生产关系的内部联系”，开始揭示在经济表象掩盖下的经济活动的内在规律，并以此与以前的仅仅从事描述、归纳、概括经济表象的研究工作区别开来，从而使经济学发展成了一门科学的学科。诺贝尔奖获得者阿马蒂亚·森在《伦理学与经济学》中认为：“在很长一段时间内，经济学科曾经被认为伦理学的一个分支。亚当·斯密最著名的思想中有许多也并非新颖独特，但是他首次提出了全面系统的经济学说，为该领域的发展打下了良好的基础。因此，完全可以说《国富论》是现代政治经济学研究的起点。”

随着生产力的快速发展，如何很好地组织急剧膨胀的要素资源使其得以被有效地利用，越来越成为一个在经济领域迫切需要解决的问题，而这一问题又远较前代复杂得多，这时作为一种经济制度的市场的一般形态，也正好与生产力的发展相适应得以迅速地成为一种占主导地位的资源配置方式。这样，探究复杂而非直观的市场制度背后的规律性就成为一种时代的要求。

到20世纪30年代后，由于全球经济大危机的现实，凯恩斯主义应运而生，经济学开始关注政府制度的作用，财政学得到了空前的发展。

总的看来，经济学就是这样的一门学问：它研究人们如何借助于经济制度，最大限度地利用稀缺的资源来最好的达到配置效率与分配公平两大经济目标。或者，更通俗地讲，经济学就是一门权衡之学，它是考察人们在社会活动中得到多少、失去多少，以及如何尽可能地多得少失。用经济学的术语来讲，就是“成本—收益”计量。这构成了经济学作为一门社会科学的独特视角与思考方法，并以此为基本特征将经济学与其他社会科学相对独立地分割开来。经济学作为社会科学的一个分支，它的视角可以涉及社会生活的方方面面，或者换句话说，一切社会部门的活动都包含着经济学的意义，都可以用经济学的方法加以研究，这是现代经济学相对于前代经济学的一大突破。

1.1.2 经济研究的基本要素和框架

从总体上看，经济研究的要素包括经济人、经济制度、经济决策、经济目标与经济结果、经济评价五个方面的内容。

1. 经济人

经济活动是一种社会活动，也就是说，是一种有人参与的活动，无论是经济活动的起因、目标还是结果，都与社会中的人相联结。人的经济活动是有规律可循的，而这一规律在经济学上被表述为“追求自身利益的最大化”。在经济研究中，我们把人的社会活动的经济方面的特质提炼出来，表述为“经济人”，也就是人的经济行为的规律性。由此可见，“经济人”并非是一个实体的人，而是为了科学研究的需要将人的社会活动中的经济方面抽象出来，并揭示其规律性。

2. 经济制度

经济制度旨在处理经济活动中人与人之间以及人与物之间的关系，以便更好地组织和协调经济发展中人们的共同力量，改造自然，实现人们之间的经济公平。经济制度事实上是人们在处理经济问题时所借助的工具，人们通过这样一件工具能够比赤手空拳更有效率地应付各种纷繁复杂的经济事务。经济制度有以下三种。

(1)市场制度。市场制度是当今世界中不论是资本主义国家还是社会主义国家都最为广泛采用的一种经济制度，它的主要特征在于通过货币媒介来决定资源的配置和收入的分配。在我国，市场制度是基础性的资源配置制度，有关资源配置的任务主要通过市场制度来完成。

(2)公共经济制度。公共经济制度也称政府制度，是人类社会中久已有之的一种经济制度，它的特征是通过非货币的政治强制力的方式来决定资源的配置和收入的分配。从经济意义上讲，这里所说的政府并不是单指实体意义上的政府，也并非政治学意义上的国家行政机关，而是指从理论上抽象出来的国家机器的经济方面的特质。随着近几十年来世界各国经济中政府干预的加深，政府制度的外延又有所延伸，因此，现代经济意义上的政府制度往往也被称为公共经济制度。

(3)企业制度。企业制度是人类解决经济问题的又一重要的制度工具。它的作用机制既不同于市场制度，也不同于政府制度。对于企业内部既不同于货币决定权、又不同于政治强制力的企业控制权究竟如何形成的问题，经济学家正在进行深入的研究。

在现代社会中，通过市场制度、公共经济制度、企业制度以及其他经济制度的综合运用，人们就能比较有效地处理好经济问题。一个总的原则是，具体的经济问题由哪种制度工具来处理能够干得最好，就使用哪种经济工具，而不拘泥于某些先验的唯心主义理念。当然，在处理经济问题时，根据实际情况，也可以选择几种制度工具配合使用的方法。

一般认为，经济制度有两个方面的作用，即配置与分配。配置指的是人们如何将稀缺的资源合理地配置到人们所需的不同的产品和服务之上，以使人们取得最大的效用，它描述的是经济中人与物之间的关系。分配则是指对生产出来的产品和服务如何在不同的个人之间实行较为合理的分配，既促进生产的效率，又保障人的生存的基本权利。配置和分配是经济制度的基本功能。

3.经济决策

人的经济活动是有着明确的目的的，但是由个人利益的经济动机所支配的经济活动要受到制度的制约。因此，在现实中，面对具体的经济问题，每个人为了实现自己的最大个人经济利益，都将根据不同的制度规则作出自己的决策。当然，从更为广泛的意义上来讲，个人的经济决策从根本上还要受到当时的经济技术条件的制约。在经济学的研究中，尽管不经常提及这一点，但是这一假定，事实上却是经济研究中暗含的一个最基本的大前提。众多个人的经济决策通过一定的集体决策机制的汇总又会形成某些公共的决策，当公共决策的范围大到整个国家的时候，这一经济决策就成为了国家的经济政策。

4.经济目标与经济结果

经济学研究所要达到的目标是以全体人民的经济利益为着眼点的，这同样是经济学研究的一大前提。那么通过经济学研究想要使得人类社会的经济活动达到怎样的一个好的目标呢？通常认为这包含了两个方面的内容，即效率与公平。

(1)效率。效率是指人们在生产中投入与产出或成本与收益之间的比例关系。效率的高低取决于一定成本下的收益的多少或一定收益下成本的大小。制造同样多的产品或者提供相同数量或质量的服务花费最少的人力和物力的方案是效率最高的方案；同样，花费了一定的人力和物力能够提供最多和最好的产品和服务是效率高的表现。

效率所要表明的是经济中如何达到人与自然之间的和谐共存，也就是说，人们如何能够更好、更节约地利用自然来更有效地满足自身的物质文化生活的需要。

(2)公平。公平是指如何对一个社会所能够提供的产品和服务进行更为合理的分配，使得更多社会成员感觉到这种分配是合理的。

公平与平等的概念是有区别的。平等指的是对于所有的社会产品和服务采取每人相等的分配方式，不论其贡献大小都一视同仁。但是这样的分配方式，作为大部分人来讲，很难认为它是合理的，比如，在我国全面实行计划经济的时代，曾实行过在经济分配中“干多干少一个样，干好干坏一个样”的分配方式，抑制了劳动者的积极性，破坏了社会的公平。

(3)公平与效率的关系。公平与效率是一对辩证统一的关系。首先，只有充分发展社会生产，提高经济效率，将社会经济建立在更为雄厚的物质基础上，社会公平才能够得到充分的保障。其次，社会公平状况的改善，对社会经济的发展、社会效率的提高起着不可低估的作用。达到一个效率与公平相统一的最优结果是我们孜孜不倦追求的目标，但由于各种主客观条件(如经济人动机、经济制度、技术资源条件)的限制，现实中所能够达到的经济结果往往与人们所设想的最优标准之间有一定的差距。

5. 经济评价

从经济人出发，借助于经济制度工具，人们将作出各种经济决策，并在实践中实现这些决策，最后产生一个与原先的设想或多或少有些偏差的结果，这就完成了一个经济活动的过程。如何对于现实中已经发生的这样的过程的合意性(通俗地讲就是满意与否)进行判断是经济研究的一个重要方面。如果经济结果是合意的，我们将归功于适当的经济决策和经济制度，探讨这些经济决策与经济制度的合理性究竟何在，并总结经验以资后用。同样，如果我们认为经济结果是不合意的，那么同样可以追根溯源去探问经济决策与经济制度的不合意处究竟何在，然后对之加以改进。所有以上的工作又都构成了经济研究的一个重要内容，即经济评价。

1.1.3 财政学与经济学的关系

财政学作为经济学的一个分支，它在经济人行为假定、经济决策的产生、经济目标的确定、经济结果的分析以及对经济过程的评价上所遵循的完全是与经济学研究相一致的原则。财政学就是通过对政府制度运行的具体研究，力图使政府制度的发展更能符合全民利益最大化的经济目标。当然，财政学对政府制度的研究在相当程度上是通过对政府收支的考察来实现的。因为政府的收支活动在相当大的程度上反映了政府制度运行的客观过程，政府的支出体现了政府制度的作用方向，政府的收入反映了政府制度运行的成本，通过对它们的综合考察，就能够在相当程度上把握政府制度运作的性质和效应。更深入一步，通过对政府收支产生的原因的分析，就能够更为清晰地把握政府制度背后的人的决定性因素，并对当前政府制度的性质作出基本的判断。比如在资本主义社会中，通过资本主义的政府制度，其财政收支总是反映着对资产阶级有利的原则；而在社会主义国家中，尽管在人民内部也存在这样或那样的有关经济利益的矛盾，但从总体上看，财政收支反映的是最广大的人民群众的经济利益。

1.2 财政概念

1.2.1 什么是财政

1. 财政概念的历史演变

(1)西方国家财政概念的演变。“财政”一词最早于13～15世纪出现在拉丁文中，意为结算支付期限、支付款项、确定罚款支付等。16世纪“财政”一词传入法国，意为公共收入。17世纪演变为专门指国家理财。19世纪进一步阐明指国家及一切公共团体的理财，并相继传入欧洲其他国家，英文为“finance”。19世纪末，日本引进“finance”的词义，同时借用中国的两个汉字“财”与“政”，从而产生“财政”一词(1882年日本开始用“财政奏折”一词)。“finance”释义较广，可译为“金融、融资、财务”等。专指国家理财时，西方国家一般用“public finance”，可直译为“公共财政”。

(2)我国财政概念的演变。早期用“度支”、“国计”、“国用”等词来概括财政现象。19世纪90年代，“财政”一词由日本传入我国。在戊戌变法(1898年)“明定国是”诏书中首次出现“改革财政，实行国家预算”的条文。自民国开始，以“财政”命名官方机构，称“财政部”。20世纪40年代，旧中国中华书局出版的《辞海》对财政概念的解释是：“财政谓理财之政，即国家或公共团体以维持其生存发达为目的，而获得收入、支出经费之经济行为也。”这是引用西方国家公共财政定义而进行的表述。社会主义市场经济体制下我国对财政进行了重新认识。1992年中国共产党第十四次代表大会提出建立社会主义市场经济体制的改革目标后，西方国家的公共财政概念被引入中国，理论界开始对财政概念进行重新认识。

2. 财政的含义

现在通常对财政的解释是：财政是以国家(或政府)为主体的经济(或分配)活动、经济行为或经济现象。也可以将财政的一般概念表述为：财政是一种以国家为主体的经济行为，是政府集中一部分国民收入用于履行政府职能和满足公共需要的收支活动，以达到优化资源配置、公平分配及经济稳定和发展的目标。实践中，财政表现为政府的一系列收支活动或政府的理财活动。

财政概念包括以下四个方面的具体含义。

(1)财政分配的主体是国家或政府。任何社会产品的分配都有其主体，都不可能自发产生。就财政而言，任何财政的分配主体都是国家。国家作为财政分配的主体，其分配的对象或客体、分配的数量、范围和分配方式都直接由国家来决定，而构成财政分配的另一方，即各企事业单位和个人也都直接与国家发生分配关系。

(2)财政分配的客体是一部分社会产品或国民收入(其中主要是剩余产品)。分配活动是人作用于物的活动，因此，财政分配不仅有主体，而且还有客体，否则财政就成为无源之水、无本之木，也就不成其为分配。财政分配的对象及财政分配的客体是一部分社会产品或国民收入。社会总产品是一个国家在一定时期内(通常指一年)物质生产部门的劳动者所生产出来的物质财富的总和，是国家满足其实现职能需要的基本收入来源。社会总产品首先要在物质生产部门和企业里进行初次分配，因为企业是国民经济运行的起点和基础，只有企业能够生产和提供社会产品，所以在企业进行初次分配时，首先要在社会总产品中扣除补偿生产资料的耗费（相当于C的部分）和以工资形式支付职工的劳动报酬（相当于V的部分），然后剩下的企业纯收入（相当于M的部分），成为财政收入分配的主要对象。

(3)财政分配的形式既有实物和力役形式，也有价值形式。财政分配是整个社会产品分配的一个组成部分，它的分配形式要依当时占支配地位的社会产品分配形式为转移。在自然经济条件下，如奴隶社会与封建社会时期，财政分配主要采取实物和力役的形式；但在商品经济或市场经济条件下，如资本主义社会与社会主义社会时期，财政分配则以价值形式为主，主要表现为货币的收入与付出。

(4)财政分配的目的是满足国家实现其职能的需要。任何一个国家在其建立之后，都具有社会管理与经济管理两大职能。前者是为了维护国家政权、保卫国家安全和维持社会的正常秩序；后者是为了保证社会经济的正常运转，促进国家经济的发展，即维持物价稳定、保证充分就业、减少经济危机、加快经济发展等。

3. 财政的特征

(1)公共性。公共性是指财政着眼于满足社会公共需要，要求每一笔政府收支都必须建立在公众根本利益的基础之上，必须由代表全体人民的全国人民代表大会来决定。社会公共需要涵盖的范围很广，包括政府执行其职能以及执行某些社会职能的需要，诸如行政、国防、文化教育、卫生保健、生态环境保护的需要，也包括基础设施、基础产业、支柱产业和风险产业的投资；从广义上讲，还包括为调节市场经济运行而采取各种措施和各项政策提供的服务等。

总之，财政的运行完全以满足社会公共利益的需要为出发点和落脚点，作为财政分配主体的国家或政府没有独立的特殊利益，不得超越市场机制活动的界限，行使其分配权力，对待市场经济活动的其他主体应该坚持一视同仁的公平原则。

(2)非赢利性。在市场经济条件下，政府作为社会管理者，其行动的动机不是、也不能是取得相应的报偿或赢利，而只能以追求公共利益为己任。其职责只能是通过满足社会公共需要的活动，为市场的有序运转提供必要的制度保证和物质基础。即使有时提供公共物品或服务的活动也会附带产生数额不等的收益，但其基本出发点或归宿仍然是满足社会公共需要，而不是赢利。

(3)民主与法治性。民主与法治性是指财政收支行为具有公共选择与法制规范性。一方面，政府的财政活动必须接受公众的监督与法律法规的约束；另一方面，通过法律法规形式，依靠法律法规的强制保障手段，社会公众得以真正决定、约束、规范和监督政府的财政活动，确保其符合公众的根本利益。

4. 财政活动

财政活动，首先表现为财政支出。财政支出，与各级政府的职能与事权相统一，也与特定社会经济条件下的重点、难点、热点问题紧密相关。前者如政府机关的行政经费、国防费用、文化科学教育费用及各项政府性投资；后者如“三农”问题、社会保障问题、贫困问题、地区发展不平衡问题等。从理论上讲，凡是政府职能需要花钱的地方，都需要由财政支出来完成。

财政活动既表现为各级政府的支出安排，又反映出企业与个人必须向政府缴纳各种税收和费用，这就涉及财政收入问题。财政收入主要是各项税收，另外还有政府性收费、国有资产收益等非税收入。

财政收支是财政活动最直接的表现。除此之外，财政活动还包括财政管理、财政政策等。财政管理涉及财政资金的使用效率问题，财政支出应该用在何处，怎样用更少的钱办更多的事；而财政政策的调整，更会影响到整个社会的运转，也会不同程度地影响到企业、个人和家庭的决策。

可见，财政支出、财政收入、财政管理、财政政策问题，不仅是政府自身的问题，而且与一般公众有着较为密切的关系。政府的这种财政活动是国家经济和政治活动的综合反映，是市场经济下公共经济活动的主要方面和政府调控经济的主要手段，已经深入地贯穿于现代社会经济生活之中。

1.2.2 财政的起源与发展

1. 财政的起源

财政是人类社会发展到一定阶段的产物，以生产力和生产关系不断发展为基础，以国家的出现为前提，是一个历史范畴、分配范畴，也是一个经济的范畴。

在原始社会初期，社会生产力水平极端低下，人们共同劳动，共同消费，共同占有生产资料，产品平均分配，以维持人们极低的生活需要。当时，几乎没有剩余产品，没有生产资料私有制，没有社会公共需要，没有阶级和国家，因此也没有财政。到了原始社会末期，由于社会生产力的发展和剩余产品的出现，促进了私有制和阶级的产生，终于使人类社会从无阶级的原始社会过渡到有阶级的奴隶社会，随之产生了国家。国家为了实现其职能，为了满足公共需要，凭借政治权力和生产资料的所有权参与社会产品的分配，即财政分配。因此，财政是国家为了执行其职能的需要，凭借政治权力参与社会产品分配的一种经济活动。

财政的产生需要具备两个条件：一个是经济条件，另一个是政治条件。生产力的发展和剩余产品的出现是财政产生的经济条件，也是财政产生的首要条件。在生产力极其低下的条件下，没有剩余产品，财政不可能产生。国家的产生是财政产生的政治条件，为财政的产生提供了必要性。财政与国家的存在相联系，与国家权力有着内在的联系，其实质是政府的经济活动。

2. 财政的发展

财政产生以后，随着社会生产力的变革和国家形态的更迭，财政也在不断地发生变化。人类自进入阶级社会以后的各种社会形态，都有与其生产资料所有制和国家形态相适应的财政。

(1)奴隶制国家的财政

奴隶制社会生产关系的基本特征是奴隶主不仅占有一切生产资料，还直接占有奴隶本身和奴隶的劳动。国王既是至高无上的统治者，又是最大的土地所有者和奴隶主。由此决定奴隶制国家财政有三个显著特点。

① 国家财政收支和国王家族的收支没有严格划分。国王以政治上的最高统治者、生产资料和奴隶的最大占有者身份统治着国家，国王的开支和国家财政收支混在一起。国王个人收支和国家财政收支不分，财政管理很不完善，财政收支也很不稳定。

② 国家财政以直接剥削奴隶劳动的收入为主。奴隶制国家直接占有大量的生产资料和奴隶，这便是取得财政收入的一项主要来源。

③ 由于生产力水平低，商品经济不发达，国家财政收支主要采取实物形式。

(2)封建制国家的财政

封建制社会生产关系的基础是封建地主阶级占有基本生产资料，但不完全占有生产劳动者，同时，社会上还存在着自耕农和其他独立小生产者，以农业和家庭手工业为特征的自然经济占统治地位。封建制国家是封建地主阶级统治压迫农民阶级的工具，封建制国家的财政，作为维持国家政权的财力保证，体现着代表地主阶级利益的国家对农民阶级的剥削关系。封建制国家财政的主要特点如下。

① 国家财政收支和国王个人收支逐步分离。在封建制国家中，随着政府机关的建设，国家职能的加强，国家管理趋于完善，在财政管理上逐步改进，国家财政收支与帝王个人收支日渐分离。

② 财政分配形式由实物形式向货币形式转化。实物形式与货币形式并存，这是与商品生产和商品交换的发展相适应的。

③ 税收特别是农业税收成为国家财政的主要收入。封建社会自然经济占统治地位，国家税收主要以田赋为主，农业税收始终是国家取得财政收入的基本方式。同时，随着商品经济的发展，其他税收也逐渐增多。

④ 产生了新的财政范畴——国家预算。封建社会末期，产生了新兴的资产阶级，随着资产阶级的日益强大，他们与封建王权的斗争也日益加剧，资产阶级利用议会同封建贵族争夺政权、财权的斗争中产生了国家预算。预算最早产生于英国，随着资产阶级的强大，他们提出对王室的税收和借款加以限制的提案，如未经议会同意，国家不能增加税收和借款；以后又要求王室用款要向议会提出计划，议会批准以后才能使用，而且要按议会规定的用途使用；还提出了议会对王室经济的监督。随着资产阶级的不断发展壮大，预算制度逐渐得以巩固下来，封建王权受到了限制。

(3)资本主义国家的财政

在以资本主义私有制为基础的社会经济制度下，商品经济充分发展，生产社会化程度日益提高。资本主义在自由竞争时期，国家主要是为维护社会资本再生产的外部条件而间接地干预经济生活，其活动范围比较狭小，只是通过税收、公债等手段取得一部分社会产品，用于满足国防、国家行政以及其他非生产性的消费需要。随着自由资本主义向国家垄断资本主义过渡，社会财富越来越集中在少数资本家手中，从而使资本主义的基本矛盾日益尖锐，经济危机不断加深。这种情况迫使垄断资本不得不借助于国家的力量干预经济生活，财政则成为国家干预经济的重要手段。特别是在第二次世界大战以后，国家垄断资本主义得到了迅速发展，国家通过多种手段对经济进行全面干预。由于国家主要是通过财政预算对社会经济进行干预和调节，这就加强了国家财政同经济的关系，形成了财政补贴等新的财政范畴，从而使资本主义财政收支增添了一些新的内容。资本主义国家财政的主要特点如下。

① 财政收支全面货币化。资本主义是高度发达的商品经济，货币渗透到一切领域。

② 在资本主义经济发展中，财政逐渐成为国家转嫁经济危机、刺激生产、干预社会经济的重要手段。如国家以补贴的形式对一些企业给予财政援助。

③ 发行国债、实行赤字财政和通货膨胀政策，成为国家增加财政收入的经常的和比较隐蔽的手段。

④ 财政随着资本主义国家管理的加强，财政管理也更加完善，有比较健全的财政机构、较为严密的财政法律制度。

(4)我国社会主义财政的建立

我国作为社会主义国家，财政的发展有着自己的特色。在高度集中的计划经济体制下，经济资源的配置服从国家计划，市场的作用受到排斥和禁止，财政属于生产建设型。改革开放后，特别是在1998年构建公共财政框架这一目标确立后，我国开始努力探索和构建与社会主义市场经济体制相适应的公共财政体制，经过不懈的努力，公共财政框架的构建已取得明显成效。

1.3 财政思想与财政理论演进

1.3.1 早期财政思想

在财政学诞生之前，人们已经对财政问题进行了大量的研究，无论是国内还是国外，都有其杰出的思想家或者理财家阐述了他们的财政思想和理财之道。

1.西方古代财政思想

西方最早出现的经济思想是古希腊思想家所阐述的奴隶主经济思想，这其中有一部分见解在历史上后来成为财政学这门学科的基石。因此，研究西方在不同历史时期的财政思想，有必要追溯到古希腊财政思想的发展阶段。

色诺芬(约公元前430—前355年)出生于雅典一个富人家庭，受过贵族教育，是古希腊著名哲学家苏格拉底的学生。在经济主张上，他是奴隶制自然经济的拥护者，在他的《雅典的收入——增加雅典国家收入的方法》一书中，讨论了雅典的财政问题。在公共财政收入方面，色诺芬讨论了如何扩大农业收入、矿产收入、旅游收入、租税收入等问题，其认为要充分发挥雅典的传统财源优势，如农业、旅游等;同时要积极开发新的和国外的财源，如开展贸易往来等。在财政支出方面，强调政府在保证行政经费之外，应该分轻重缓急，逐步增加基础设施、基础产业的建设，为雅典人民的生产和生活创造条件。在预算管理方面初步论述了复式预算问题，这是历史上第一次提出并讨论了复式预算的范畴，明确了经常收支和额外收支的各自对应关系的论述。

色诺芬之后，在柏拉图和亚里士多德的一些著作中，也有过关于财产与收益以何者为课税标准，以及强制征税的公平原则之类的论述。在古罗马，有关于罗马税制及专门讨论赋税负担的著作。

2.中国古代财政思想

中国历史悠久，各朝各代都十分重视“定赋税、制国用”。早在西周时期，中国就已经出现了“量入为出”与“量出为入”思想。周公的勤政裕民、量入为出、均节财用(均平、合理定额管理和专款专用)原则，明确划分财政收支项目，建立有明确职权划分的能相互监督的财政管理机构、对财政收支活动定期进行考核检查等一系列财政思想，对后世产生了相当大的影响。秦国的商鞅变法力求富国强兵，其财政政策，一是重农抑商政策，二是实行重税政策，商鞅主张以课税为财政收入主要来源，不采取国有、官营和专卖政策，税收负担尤以商业及奢侈品为重。他的严刑重罚的法制精神为历代政治改革家所推崇。在西汉时期桑弘羊就已提出并实施了“平万物而便百姓”的“均输”、“平准”两大宏观调控方法。唐代中期至明代中后期财政政策主要是“两税法”，即以户税、地税为主统一各项税的新税制。“两税法”明确提出“量出为入”的财政原则，改变了西周以来一直奉行的“量入为出”的财政原则。例如，唐德宗时期宰相杨炎提出“凡百役之费，先度其数而后赋予人，量出制入”（要先核定国家的财政支出规模，然后再去征税），成为当时善理财政的杰出代表人物。

明万历九年（1581 年），张居正为了增加国家田赋收入和改变徭役不均的现象，在全国推行一条鞭法，即赋役合一、随田亩征收；正杂统筹，正杂税和各费合并为一简化税制，官收官解，雇人应役；计亩征银，由实物转为货币税。一条鞭法的实行，从税制上结束了 2 000 多年赋役分征的历史，开始赋役合一，征于田亩。在理财方面，明代丘浚提出“理财之道，以生财之道为本”的治财哲理。

清康熙五十一年（1712 年），以当年人丁数为准，以后“滋生人丁永不加赋”，为摊丁入地准备了条件。到雍正六年（1728 年），全国实行“丁银摊入地亩”的制度，即将丁口赋完全摊入地亩，或摊入税粮，后称这项赋税制度为摊丁入地制度。这项制度不仅包括地租，而且包括丁银，故又称地丁银制度。

中国古代财政思想文献数量较多，较同期世界上其他文明国家都更为丰富，文化遗产博大精深，但中国古代众多的财政思想主要是作为治国平天下的理财之政来论述的，并没有把这些内容进行科学理论的论述，未能形成系统的财政理论体系，使其成为一门科学。

1.3.2 古典经济学时期财政理论体系的形成

英国古典政治经济学是 17 世纪中叶至 19 世纪 30 年代初反映英国资产阶级利益和要求的经济思想。从重商主义向古典政治经济学过渡的代表人物是威廉·配第，他的财政思想和财政政策主张是：按国家的职责把财政支出分为军事、行政司法、宗教、教育、社会事业和公共土木等六个项目。认为财政支出应以提高国家的生产率、振兴产业为目标，主张削减前四项支出。在税收方面，他认为政府的税收应做到公平合理，对纳税人一视同仁，税收负担要相对固定，避免临时加税。他还主张用单一国内消费税来取代其他税种，以利于资产阶级加速财富积累的过程。他的代表作《赋税论》既是一部政治经济学著作，同时也为财政学的创立奠定了基础。

古典经济学财政理念盛行了 200 多年，历经了自由资本主义和垄断资本主义两个阶段，始终居于财政经济理论的统治地位。古典经济学的财政思想主要是反对国家干预经济，提倡提高国家税收收入，强调对内加强财政管理，保护、扶持工商业发展，对外实行高关税，限制进口等。古典经济学财政理论主要包括亚当·斯密的财政理论、大卫·李嘉图的财政理论、瓦格纳的财政理论和庇古的财政理论。

第一个从理论上系统阐述财政理论的经济学家是英国古典经济学派的代表人物亚当·斯密。他在 1776 年发表了《国民财富的性质与原因的研究》的著作，从而创立了财政学。他认为私人的、自由的经济制度在市场自发调节下能保持理想的秩序，每个人在追求最大私利的同时，社会利益也得以最大限度的实现；国家的职能是保护国家安全，维护社会治安，抵御外来入侵，建设并维持某些公共事业等一些对社会有益而又不可缺少的活动，充当“守夜人”的作用。基于此，他提出了如下财政原则：①在税收方面提出了“公平、确定、简便和征收费用最小”四原则；②在财政支出方面提出了厉行节约原则；③在财政收支平衡方面提出了“量入为出”原则；④在财政目标方面提出了“廉价政府”应成为财政所要追求的最高目标。关于公债，提出了公债有害论，即不主张发行公债。这就是斯密勾勒的财政学的基本框架。《国富论》的问世，使西方财政理论发展成为一个比较完整的体系。亚当·斯密的财政思想及其政策主张，经过让·巴·萨伊、大卫·李嘉图、约·斯·穆勒和庇古等人的继承和发展，对西方各国财政理论的发展产生了极其深远的影响。

英国经济学家大卫·李嘉图于1817年出版的《政治经济学及赋税原理》一书中表述的财政观点继承了斯密的思想，在许多方面也有所丰富和发展。在赋税问题上，李嘉图和斯密的观点有所不同。李嘉图认为税收对现有资本有损害，因而他反对资本的课税，“因为征收这种赋税，就会损害维持劳动的基金，因而也就会减少国家将来的生产”。而斯密认为税收是人民的非生产性支出转为国家的非生产性支出，对现有资本并无损害。在公债问题上，李嘉图则与斯密一样持否定态度，认为举债是将生产性资本转向非生产性消费，影响资本积累。同时，他提出了自己的财政补贴理论，反对政府对农产品进行补贴。

德国的瓦格纳的财政理论是建立在其国家职能理论和社会政策思想基础上的。他认为国家职能不仅是维持国内秩序和防御外敌的任务，而且还要为社会的经济、文化、福利的发展服务。他主张扩大国有资产，实行铁路、保险、银行的国有化。他认为随着人类社会的发展，国家职能应该不断扩大，财政支出不断增长，并与经济的增长存在着一种函数关系，即瓦格纳法则。在财政收入方面，他提出了“社会政策的赋税”的观点，认为赋税不仅是以满足财政需要为目的，还应当增加社会政策的目的。因此，他主张在所得税中采用累进税制，对奢侈品、财产课以重税。他还建立起了自己的赋税原则：财政政策原则、国民经济原则、公正原则和税务行政原则。

英国的庇古对财政理论的研究根源于其社会福利经济学论——1920年出版的《福利经济学》。其中的观点有两个：一是国民收入总量越大，社会的经济福利越大；二是国民收入在个人之间的分配越是均等，社会的经济福利越大。关于财政收入，他提出了税收最小牺牲原则，对所得税实行累进税制，对穷人实施低税或免税政策，从而达到收入的均等化，增加社会福利。关于财政支出，他主张增加失业人员、贫困家庭补助的社会福利支出，缩小收入差距，以及利用财政支出的变化，促进资源优化配置和充分就业等。

除上述外，法国的让·巴蒂斯特·萨伊的名言“最好的财政计划是尽量少花费，最好的租税是最轻的租税”，一直流传至今，成为自由放任学说在财政领域的经典性表述。约翰·斯图亚特·穆勒1848年的《政治经济学原理及其在社会哲学上的若干应用》，则立足于“政府”，从探讨政府职责和任务的角度对财政问题进行分析和论述，至今仍具有现实意义。最有理论价值的则是1892年，巴斯塔布尔首次用“Public Finance”为书名出版的《公共财政学》，为政府收支范畴给出了一个贴切的术语与概念，使财政学从经济学的附属物中独立出来。紧接着，普兰(Plehn，C. C)1896年出版了《公共财政学导论》，1922年道尔顿出版了《公共财政学原理》，1928年庇古出版了《公共财政学研究》。

这一阶段，财政学著作从无到有，初步建立了系统完整的财政学科体系，并且有较大发展，但这一时期的财政学，除少量税收理论外，更多的是对具体的税收、公共支出和公共债务活动的分析，主要讨论古典的公共财政活动的配置职责。

1.3.3 现代经济中的财政理论观点

1. 凯恩斯学派的财政理论

20世纪20年代末至30年代初的空前的经济大危机，催生了以宏观经济分析为主要特色的凯恩斯主义经济学，财政学也因此在资产阶级经济学体系中占据了显赫的位置。1936 年，凯恩斯发表了著名的《就业、利息和货币通论》，认为资本主义制度的弊端在于需求不足，为了实现充分就业，必须借助政府的力量，政府只当“守夜人”的教条必须抛弃。财政支出直接就可形成社会有效需求，从理论上讲完全可以弥补私人部门需求的不足部分，使经济达到均衡(充分就业)。从这个意义上说，政府应当倚重财政政策来解决经济危机和失业问题。凯恩斯的理论引起了西方经济学界的震动，许多资产阶级经济学家放弃了庸俗经济学的传统观点，而追随凯恩斯，并对《通论》加以补充和发展，形成了凯恩斯主义。其主要代表人物包括美国的 A. H. 汉森、P. A. 萨缪尔森和英国的 J. V. 罗宾逊、P. 斯拉法等人。

凯恩斯学派的主要财政观点和政策主张是：①实行国家干预的经济和财政政策；②把税收作为调节社会经济的重要手段，根据国家干预经济的需要，实行增税或减税，以谋求缓和经济衰退；③用发行公债的办法来弥补财政赤字，认为通过举债，可以扩大政府购买性支出，兴办和扩大公共投资，弥补私人消费之不足，达到增加就业、繁荣经济的目的。

2. 新自由主义学派的财政理论

凯恩斯主义在西方财政学界的确风光了好一阵子。但是到 20 世纪 70 年代初，当通货膨胀席卷西方世界，而失业率却未能像理论所预示的那样大幅度降低时，人们逐渐对它产生了怀疑。以米尔顿·弗里德曼为代表的一批经济学家借此发动了一场对凯恩斯传统的“反革命”，其中主要有货币主义学派、供给学派和理性预期学派。

(1)货币主义学派的财政政策。货币主义学派起始于 20 世纪 50 年代，以美国芝加哥大学教授米尔顿·弗里德曼为主要代表人物。他强调经济生活中的个人自由，即消费者的自由选择和生产者的自由竞争，极力反对政府干预经济，重点强调货币在宏观经济中的作用。货币主义学派认为政府应该从对市场的干预中解脱出来，最大限度地让市场发挥作用；控制通货膨胀比减少失业更具有现实意义；主张从压缩财政支出入手，控制通货膨胀；反对用减税和扩大政府开支等扩张性财政政策来刺激经济；主张以单一规则的货币政策代替凯恩斯主义的财政、金融政策。

(2)供给学派的财政政策。供给学派是 20 世纪 70 年代在美国兴起的一个资产阶级经济学派，因强调经济的供给方面，认为需求会自动适应供给的变化而得名。其代表人物为拉弗、罗伯茨等人，供给学派重新肯定了萨伊定律，把滞涨的原因归咎于凯恩斯主义的经济政策。供给学派反对凯恩斯的赤字财政政策，竭力主张大幅度减税，认为减税能刺激人们多工作，更能刺激个人储蓄和企业投资，从而大大促进经济增长，并可抑制通货膨胀。拉弗首次把税率与税收的关系用著名的拉弗曲线表示出来，说明减税后政府税收不但不会减少，还会增多。

(3)理性预期学派的财政政策。经济学家约翰·穆斯、罗伯特·卢卡斯等分别对预期进行了开创性研究，最终形成以卢卡斯为首的理性预期学派。该学派的两个理论前提是：理性预期假说和持续的市场出清。他们认为，竞争性市场可以很快使经济恢复到充分就业状态，大萧条只是一种反常的现象。如果政府运用财政政策对经济活动进行干预，那么人们就会根据政策对未来可能产生的影响作出预期，从而调整自己的行为，这样做的结果是政策无效。尽管该学派认为财政是无效的，但也提出了自己的政策主张：政府在使用政策时，一定要注意政策的“信誉”，保持政策的连续性。政府的财政政策应该保持公开、永久的税率，使税收正好能够满足政府的开支。

3.公共选择学派的财政理论

当人们围绕着凯恩斯主义理论争论不休时，以布坎南和图洛克为首的一批经济学家在财政学的一个重要领域取得重大理论进展。他们将财政作为公共部门经济，集中研究社会公共需要及满足这一需要的产品——公共物品问题，分析了决定公共物品的生产及分配的过程，以及生产公共物品的机器——国家的组织机构。通过投票论、官僚主义论和制度选择论等，运用经济分析的方法研究了政治制度的运行，其中财政问题始终居于研究的中心。这一学派被称为“公共选择学派”。自布坎南摘取了1986年诺贝尔经济学奖的桂冠后，该学派的理论引起财政学界的广泛注意，其中很多观点被写入财政学的各种论著中。

1.3.4 我国学者对财政理论的探索

我国有关财政基础理论的系统研究起步较晚，早期的论著始于20世纪二三十年代，但多集中在对现象和历史的评述上。中华人民共和国成立后，财政学的发展较快并逐步形成了若干有影响的流派，从不同角度探索了财政的内涵和外延，并力图揭示其本质。我国学术界经过长期关于财政概念的探讨和争鸣，形成了具有中国特色的不同学说观点。主要有“国家分配说”、“社会再生产说”、“剩余产品说”、“社会共同需要说”、“价值分配说”等。

(1)“国家分配论”在财政理论诸学派中居主流地位，认为财政是以国家为主体的分配，其本质是以国家为主体的分配关系。持这一观点的著述把财政定义为国家依靠其所拥有的公共权力，强制地、无偿地占有和支配一部分社会产品，以满足和实现其自身职能的需要，从而由整个社会产品分配中，独立出一种由国家凭借政治权力直接参与的社会产品分配。

(2)“社会再生产说”是强调将财政作为分配范畴，从社会再生产出发研究财政问题。

(3)“剩余产品说”认为财政是由剩余产品形成各种社会基金的一个经济过程，始终体现国家、集体和个人之间的剩余产品的分配关系。“剩余产品决定论”者不同意国家凭借政治权力参与社会产品分配的观点，认为所有权与经营权的分离，作为社会扣除的现成形式以及商品经济的发展，是财政分配得以发展的因素，且所有权和社会扣除是决定因素。

(4)“社会公共需要论”认为财政是由于人类社会生产的发展，出现了剩余产品和剩余劳动之后，发生了社会共同需要而产生的。它的实质是人们为了满足共同需要而对社会剩余产品进行分配所发生的分配关系。

(5)“价值分配说”强调的是价值形式，财政乃是国家对价值的分配。认为国家参与价值的分配，必然在社会的各个方面，首先是在各个阶级之间形成一系列的分配关系，而这些分配关系——国家分配价值所发生的分配关系，就是财政现象的本质。

各种学说从不同角度探索财政的内涵和外延，各自有鲜明的中心论点。但各派之间并不是绝对排斥的，有差异也有共同点；对某些具体问题的看法也有交叉。学术争鸣的宗旨是相互探讨，彼此吸收，共同推动学术繁荣。

小 结

1.财政是一种以国家为主体的经济行为，是政府集中一部分国民收入用于履行政府职能和满足公共需要的收支活动，以达到优化资源配置、公平分配及经济稳定和发展的目标。实践中，财政表现为政府的一系列收支活动或政府的理财活动。

2. 财政概念包括以下四个方面的具体含义：财政分配的主体是国家(政府)；财政分配的客体是一部分社会产品或国民收入(其中主要是剩余产品)；财政分配的形式既有实物和力役形式，也有价值形式；财政分配的目的是满足国家实现其职能的需要。

3. 财政是人类社会发展到一定阶段的产物，以生产力和生产关系不断发展为基础，以国家的出现为前提，是一个历史范畴、分配范畴，也是一个经济的范畴。随着社会生产力的变革和国家形态的更迭，财政也在不断地发生变化。

4. 从总体上看，经济研究的要素包括经济人、经济制度、经济决策、经济目标与经济结果、经济评价五个方面的内容。财政学作为经济学的一个分支，它在经济人行为假定、经济决策的产生、经济目标的确定、经济结果的分析以及对经济过程的评价上所遵循的完全是与经济学研究相一致的原则。

5. 早期财政思想包括西方古代财政思想和中国古代财政思想。西方最早出现的经济思想是古希腊思想家所阐述的奴隶主经济思想，这其中有一部分见解在历史上后来成为财政学这门学科的基石。中国历史悠久，各朝各代都十分重视“定赋税、制国用”，但中国古代众多的财政思想主要是作为治国平天下的理财之政来论述的，未能形成系统的财政理论体系。

6. 古典经济学时期财政理论体系主要包括亚当·斯密的财政理论、大卫·李嘉图的财政理论、瓦格纳的财政理论和庇古的财政理论。

7. 现代经济中的财政理论包括凯恩斯学派的财政理论、新自由主义学派的财政理论、公共选择学派的财政理论。

思考题

1. 怎样理解财政的含义？
2. 简述财政的起源与发展。
3. 简述我国古代财政思想的主要内容。
4. 简述亚当·斯密在《国富论》中阐述的主要财政观点。
5. 简述凯恩斯在《就业、利息和货币通论》中阐述的主要财政观点。

案例简介

案例[1-1]　财政与人们的生活息息相关

“财政”就在我们身边。从早到晚：水、电、煤气、公共汽车……从生到死：医院、幼儿园、学校、失业与再就业、社会保障……财政问题不仅是经济学问题，而且广泛地涉及政治学、行政学、法学、教育学、心理学等方面。

第二次世界大战后，英国建立了“从摇篮到坟墓”的全面社会保障制度，成为世界上第一个福利国家。1942年出版的《贝弗里奇报告》被看作英国福利国家的蓝本。贝弗里奇设计的社会保障制度最典型的特点是普遍性和全面性。贝弗里奇基于社会保险是为了保障收入中断导致的各种需要，因为引起收入中断的风险很多，基于这一隐含的前提，贝弗里奇设计的社会保险的内容非常庞大，几乎包括了从摇篮到坟墓的方方面面，人一生遭遇到的疾病、失业、婚姻的变故、生育、丧失工作能力、年老等方方面面都纳入到社会保障制度中。

［资料来源：根据《贝弗里奇报告》(1942年发布)相关资料整理］

问题

财政与人们的生活有什么关系?

简要提示

财政问题和财政现象无处不有、无处不在，并与每个单位、个人的利益息息相关。财政支出、财政收入、财政管理、财政政策问题，不仅是政府自身的问题，而且与一般公众有着较为密切的关系。政府的这种财政活动是国家经济和政治活动的综合反映，是市场经济下公共经济活动的主要方面和政府调控经济的主要手段，已经深入地贯穿于现代社会经济生活之中。财政问题与一定社会经济条件下的难点、重点、热点问题紧密相关，如文化科学教育费用、各项政府性投资、社会保障问题、贫困问题等。财政作为客观存在的范畴，必然促使人们不断地研究，以更好地了解、把握和驾驭它，这就产生了财政学。财政学是研究财政收支活动及政策的科学，是从财政现象入手，并透过财政现象探索财政本质，揭示支配这些现象的规律性。

案例[1-2] 关于经济学研究方法的思考

1986 年，哈佛大学公共管理学院的约翰·贝勒博士说，美国正在抗癌的战斗中遭受失败，“对癌症的治疗工作没多大起色”。但是美国癌症学会的 L·加菲考博士回答道：“毫无疑问，总体死亡率上升的原因是肺癌所致。如果不考虑肺癌，死亡率就不是上升了 8%，而是下降了 13%。”

[资料来源：美国抗癌失败录，载《纽约时报》，1986-5-8]

问题

该事例反映了经济学研究方法有什么特点?

简要提示

该事例反映了对某一问题的研究可能因研究方法的不同而形成对结果的不同表达方式。显然，前者是立足于规范性概括得出的一般性结论，后者则立足于实证性研究而更准确地说明了问题的真实结果。这一事例如果借鉴经济学的研究，可以概括为两方面：一是解释经济如何运行的实证经济学分析，二是判断经济运行是否产生良好效果的规范经济学分析。原则上，实证分析不要求作价值判断，因为它的目的在于描述。另一方面，规范经济学分析则需要有伦理标准，因为没有伦理标准，就无法说何者为“好”。一般来说，经济理论有助于说明那些可能影响某种特定经济行为的因素。然而，只有理论，往往无法说明任何具体因素的重要程度，这就需要通过经验研究(即实证研究)来测定政府政策的变动对行为影响的方向和大小。

第2章 财政职能

本章学习要点

通过本章的学习，掌握财政的三大职能，即资源配置职能、收入分配职能和经济稳定与发展职能；理解公共产品的特征、种类和提供方式，市场失灵的几个方面；了解政府失灵的表现和原因。

本章学习重点与难点

本章的学习重点是公共产品的特征、市场失灵的几个方面和财政职能的内容和实现方式以及政府失灵的表现和原因；难点是如何区分公共产品和私人产品、财政各职能的理解和掌握。

本章基本概念

公共产品、社会公共需要、外部效应、市场失灵、非排他性、非竞争性、资源配置、收入分配、经济稳定与发展、政府失灵

2.1 公共产品

西方国家的财政称为公共财政，或称为公共部门经济、公共经济。公共财政的理论基础是"公共产品"和"市场失灵"理论。本节介绍公共产品理论，2.2 节介绍市场失灵理论。

2.1.1 公共产品及其特征

西方国家把经济部门分为私人部门和公共部门两部分。私人部门提供的产品称为私人产品(private goods)，公共部门提供的产品称为公共产品(public goods)。那么，什么是公共产品呢？美国著名经济学家萨缪尔森在分析外部经济效果时，曾明确指出："公共物品是这样一些产品，不论每个人是否愿意购买它们，它们带来的好处不可分割地散布到整个社区里。相比之下，私人物品是这样一些产品，它们能分割开并可分别地提供给不同的个人，也不带给他人

外部的收益或成本。公共物品的有效的供给通常需要政府行为，而私人物品则可以通过市场有效率地加以分配。”按照萨缪尔森给出的定义，纯公共产品是指这样的产品，即每个人消费这种产品不会导致他人对该产品消费的减少。

公共产品作为私人产品的对称，具有以下特征。

1.效用的不可分割性

效用的不可分割性是指公共产品是向整个社会共同提供的，而不能将其分割成若干部分，分别归个人或集团消费，如安全、秩序、国防等。当然，依据受益范围的大小，可将公共产品区分为全国性或地区性的公共产品；而地区性公共产品的覆盖范围和面积也存在着大小之分。尽管如此，公共产品的效用仍然是不可分割的，它总是向全国或某个地区的所有成员来提供其效用。私人产品的效用则具有可分割性，如粮食的效用可供人食用，衣服的效用可供人穿着等，其效用的发挥必须分割给每个人才能得以实现。

2.消费的非排他性

消费的非排他性是指某个人或集团对公共产品的消费，并不影响或妨碍其他个人或集团同时消费该公共产品，也不会减少其他个人或集团消费该公共产品的数量或质量。例如，航海中的灯塔，可以为夜间航行的所有船只提供照明；消除空气中的污染是一项能为人们带来好处的服务，它使所有人能够生活在新鲜的空气中，要让某些人不能享受到新鲜空气的好处是不可能的。有些公共产品虽然经过技术处理可以具有排他性，但由于这种处理的费用过于昂贵，因而经济上不可行。私人产品具有排他性，当消费者为私人产品付钱后，他人就不能享用该种产品或劳务所带来的利益。

3.取得方式的非竞争性

这里的非竞争性是指消费者的增加不会引起生产成本的增加，即多一个消费者所引起的边际成本为零，因此价格也为零。例如，国防保护了所有公民，其费用以及每一公民从中获得的好处不会因为多生一个小孩或出国一个人而发生变化。这意味着可能形成“免费搭车者”(free ride)，即消费者无须通过市场采用出价竞争的方式即可获得公共产品。而私人产品，如衣服、食品等，消费者必须通过市场采用出价竞争的方式获得。

4.提供目的的非赢利性

提供目的的非赢利性是指提供公共产品不以赢利为目的，而是追求社会效益和社会福利的最大化。而私人产品的提供则会追求利润的最大化。

公共产品的上述四个特征是密切联系的，其中核心特征是消费的非排他性和取得方式的非竞争性，其他两个特征是其必然延伸。

这里应该注意的是，公共产品和私人产品的区别主要是就消费该产品的不同特征来区分的，而不是按产品的所有制性质，即公有还是私有来区分的。

2.1.2 准公共产品

准公共产品也称“混合产品”。这类产品通常只具备上述公共产品两个核心特性的一个，而另一个则表现为不充分，是兼有私人产品特征和公共产品特征的混合产品。

第一类，具有非排他性和不充分的非竞争性的公共产品。例如，教育产品就属于这一类。教育产品是具有非排他性的。因为，对于处于同一教室的学生来说，甲在接受教育的同时，并不会排斥乙听课，也就是说，甲在消费教育产品时并不排斥乙的消费，也不排斥乙获得利益。

但是，教育产品在非竞争性上表现不充分。因为，在一个班级内，随着学生人数的增加，校方需要的课桌椅也相应增加;随着学生人数增加，教师批改作业和课外辅导的负担加重，成本增加，故增加边际人数的教育成本并不为零，若学校的在校生超过某一限度，学校还必须进一步增加班级数和教师编制，成本会进一步增加，因而具有一定程度的消费竞争性。由于这类产品具有一定程度的消费竞争性，因而称为准公共产品。

第二类，具有非竞争性特征，但非排他性不充分的准公共产品。例如，公共道路和公共桥梁就属于这种类型。受特定的路面宽度限制，甲车在使用道路的特定路段时，就排斥其他车辆同时占有这一路段，否则会产生拥挤现象。因此，公路的非排他性是不充分的。但是，公共道路又具有非竞争性。它表现为，一是公共道路的车辆通过速度并不取决于某人的出价，一旦发生堵塞，无论出价高低，都会被堵塞在那里;二是当道路未达到设计的车流量时，增加一定行驶量的边际成本为零，但若达到或超过设计能力，变得非常拥挤时，需要成倍投入资金拓宽，它无法以单辆汽车来计算边际成本。正因为这类公共产品具有非竞争性和不充分的非排他性，因此也称为准公共产品。

纯公共产品的范围是比较狭小的，但准公共产品的范围较宽，如教育、文化、广播、电视、医院、应用科学研究、体育、公路、农林技术推广等事业单位，其向社会提供的属于准公共产品。此外，实行企业核算的自来水、供电、邮政、市政建设、铁路、港口、码头、城市公共交通等，也属于准公共产品的范围。与上述公共产品相对应的是，私人产品也可以分成两类，即纯私人产品和俱乐部产品。纯私人产品是指那些同时具备排他性和竞争性特征的产品，包括大多数私人产品。此外还有一类称为“俱乐部产品”，是指在某一范围内由个人出资，并在此范围内的所有个人都可以获得利益的产品，如消费合作社等。

2.1.3 社会公共需要与公共产品

人类的需要尽管五花八门，但从最终需要来看无非有两类需要：一类是私人个别需要，另一类是社会公共需要。

私人个别需要，是指通过市场提供私人产品满足的需要，是具有竞争性和排他性的需要。区别于私人个别需要，社会公共需要是社会成员在生产、生活和工作中的共同需要。这种需要是每个社会成员都可以无差别共同享用的需要，是市场不能满足的，具有非竞争性和非排他性。

国家实现其职能的需要即属于社会公共需要。马克思曾指出：“在任何社会生产(如自然形成的印度公社，或秘鲁人的较多是人为发展的共产主义)中，总是能够区分出劳动的两个部分，一部分的产品直接由生产者及其家属用于个人的消费，另一部分即始终是剩余劳动的那个部分的产品，总是用来满足一般的社会需要，而不问这种剩余产品怎样分配，也不问谁执行这种社会需要的代表的职能。”这里说的“一般的社会需要”即社会公共需要。

1.社会公共需要的含义和特征

所谓社会公共需要，是指社会安全、秩序、公民基本权利和经济发展的条件等方面的需要。社会公共需要区别于微观经济主体(个人、企业和单位等)的个别需要，具有以下特征。

(1)社会公共需要是社会公众在生活、生产和工作中共同的需要，不是个人需要和个别需要的数学加总，是就社会总体而言的。这就是说，为社会公共需要提供的公共产品，其效用具有“不可分割性”，即它是向社会公众共同提供的，不是向某个人或集团提供的;而满足个人消费的产品，其效用具有可分割性。

(2)为满足社会公共需要所提供的产品，应由社会成员共同享用，某个人或集团对这种产品的享用并不排斥其他社会成员或团体的享用，即不具有排他性；而为满足个别人或个别集团需要所提供的产品，只能为某个人或集团所享用，排斥其他社会成员或团体的享用，即具有排他性。

(3)社会成员享用为满足社会公共需要所提供的产品和服务，无须付出代价或只付出少量的费用；而满足个人需要的产品和服务，必须等价交换，支付等价后方可享用。

(4)满足社会公共需要的物质来源只能是剩余劳动、剩余产品或剩余价值。因此，在生产力尚未发展到足以提供剩余劳动和剩余产品时，不可能出现社会公共需要。另外，并不是剩余产品的全部都用于满足社会公共需要的，例如，奴隶主、封建主、资本家等的个人需要以及个别企业的生产积累需要等，也来自剩余产品或剩余价值。

2. 社会公共需要包括的范围和内容

社会公共需要包括的范围广泛，可以分成性质各异的不同层次。

(1)保证执行国家职能的需要，包括执行国家政权的职能和某些社会职能的需要，如公安、司法、监察、防务、外交、行政管理，以及普及教育、卫生保健、基础科学研究、生态环境保护等。这类需要是典型的社会公共需要。

(2)半社会公共需要，即社会公共需要与个人需要之间在性质上难以严格划分的一些需要，如高等教育就属于这种情况。大学教育这种需要并非全体社会成员都可享用，由于招生人数有限制，上大学具有竞争性和排他性，对享受上大学的人也可以收费，从这个角度看，大学教育具有个人需要的特征。但它也可以被列入社会公共需要之列，因为大学教育可为国家培养专门人才，是社会发展所必需的。所以，资本主义国家有国立大学和私立大学之分。在社会主义国家，大多数高等教育由政府出资兴办，享受大学教育的幸运儿只付较少的费用。现在，也出现了一些民办学校，但学费远高于国办学校。医疗事业也属于这种情况。

(3)大型公共设施，如邮政、电信、民航、铁路、公路、煤气、电力及城市公共设施等，这些基本上属于再生产的共同的外部条件。马克思在《经济学手稿》一书中论述的“共同生产条件”、“公共产品”就属于这种情况。他认为，所谓“共同生产条件”，是指“处于直接生产过程之外的生产过程的条件”。“直接生产过程”是指企业的直接生产经营过程，它表现为单个资本的生产过程。“共同生产条件”则是一种为企业直接物质生产提供外部条件的生产部门，它表现为公共资本的生产过程。公共资本是“具有铁路、建筑物、农业改良、排水设备等形式的固定资本”。它在使用上，具有共同性的特点，不可能被单个企业独占，也不可能“包括在某个特殊的生产过程中”，而是在直接生产过程之外，表现为单个生产过程的“联络动脉”，具有广泛的外部经济效益，因而具有“公共产品”的性质。

由此可见，社会公共需要与公共产品有着密切的关系，公共产品是满足社会公共需要的产物，社会公共需要的绝大部分都转化为公共产品得以实现。

2.2 市场失灵

市场经济是一种历经几百年发展才逐渐形成的有效率的运行机制。市场经济的基本原则是200多年前英国人亚当·斯密提出的。此后，随着资本主义经济的发展，市场机制的原理和运行规则不断完善，逐步趋于成熟。简单地说，市场经济就是以市场机制为基础来配置社会资源(土地、劳动、资本等)的经济运行方式，它由三个要素构成，即供求、价格和竞争。

社会供给和社会需求是市场的基本要素；价格是市场机制的核心要素，是联结供求双方利益的纽带；竞争是市场发挥作用的重要条件，是买方、卖方和买卖双方围绕商品价格和质量进行的较量。市场机制的三个要素相互联系、依存和发生作用，共同发挥合理配置社会资源的功能。

虽然，市场机制是高效的资源配置机制，但按照经济学理论，通过市场机制自发调节使资源配置达到最优状态，必须是在一个完全竞争的市场环境中。也就是说，能够实现资源配置最佳状态的市场必须是完全竞争的市场。而完全竞争的市场，是同时满足下述四个条件的市场。

(1)在市场上拥有众多的买者和卖者。这意味着每一个单个的买者或卖者打算购买的或所能提供的产品数量都只在市场总量中占有极少的份额，以至于每一单个买者或卖者的生产或消费行为的变化都不足以影响市场价格的形成。换言之，市场上的任何一个买者或卖者都只是价格的接受者，而不是价格的决定者。

(2)市场中的各种资源具有完全的流动性。这意味着包括人力、物力和财力在内的各种资源能够在市场价格的引导下，在不同的企业、行业和地区之间自由地转移，不存在任何法律的、社会的或资金的障碍。

(3)生产者和消费者拥有完全的信息，他们了解相关市场的所有信息，不仅掌握今天的信息，而且了解明天、后天发生的情况。

(4)生产者所提供的同种产品是同质的，即同一种产品是无差别的。这样，对于消费者来说，他们不会由于自身的消费习惯或偏好而对同种产品产生不同的兴趣，从而不会出现某一厂家的产品由于特别受消费者欢迎而占据市场较大份额，形成某种垄断的现象。

满足上述四个条件，就是所谓的完全竞争市场。在这样的市场上，所有的生产者和消费者从自身的利益和理性的行为方式出发，相互联系、相互作用，进而推动社会资源的配置达到最优状态。

然而，上述完全竞争的市场仅仅是个理论抽象的理想逻辑，在现实经济生活中完全竞争的市场所要求的四个假定条件不可能同时完全具备，这些条件缺少一个或多个时，市场机制就可能在实现资源配置的效率方面出现运转失灵；另外，即使在完全竞争的条件下，市场在实现效率时，也难以保证社会公平问题。市场固有的这些缺陷被称为“市场失灵”。

市场失灵是个外来语，源于英文“market failure”一词，又译为“市场失败”、“市场缺陷”等。它是指在市场发挥其资源配置基础性作用的过程中，对某些领域不能或很难发挥作用。而政府虽然不是资源配置的主体，但在市场失灵的领域，政府部门的介入是必不可少的。也就是说，市场失灵决定了公共财政存在的必要性及其职能范围。

市场失灵通常表现为公共产品的提供、外部效应问题、市场垄断、信息不充分、收入分配不公、经济波动与失衡几个方面。

2.2.1　公共产品的提供

如前所述，由于公共产品的消费具有非竞争性和非排他性，增加一个人消费某种公共产品并不会减少其他人对该产品消费的数量和质量，而要排除某个人对该产品的消费也几乎是不可能的。因此，出于自身利益的考虑，人人都会希望由别人来提供公共产品而由自己免费使用。如果不能收回成本和赚取利润，市场经济中追求利润最大化的生产者是不会提供这类商品的。因此，市场本身无力解决公共产品的有效提供问题，而这些公共产品对消费者来说又往往是不可或缺的，因此，政府部门的干预就非常必要了。

2.2.2 外部效应问题

外部效应是指一个厂商或个人从事某种经济活动对其他人带来了损失或利益，却没有承担相应的责任或取得应有的经济报酬。

外部效应有负效应和正效应之分。例如，在河流上游开办有一家化工企业或造纸企业，企业对生产排出的废物、废水没有采取任何治理措施，而直接排放到河流中。此时，河流下游的企业、居民就无法使用清洁的水源。他们为了使自己的生产和生活不受影响，就需要为获得洁净的水源而投入必要的资金，或者对河水消除污染，或者另外寻找新的水源。对于这家化工企业或造纸企业而言，他们的经济活动就发生了负的外部效应。负的外部效应意味着，制造外部效应的厂商将部分成本强加于他人。正的外部效应也大量存在。比如，某一家庭在住房的周围建造花园，该花园不仅使主人享受到美景，而且也可使邻居感受到幽雅环境对身心健康带来的益处。此外，养蜂人也能从中受益，无须付任何费用就可使自己的蜂蜜产量得到提高。由于花园的主人没有从邻居和养蜂人处获得相应的报酬，说明他的劳动发生了利益的外溢，即正的外部效应。

外部效应可以发生在生产者与生产者之间、生产者与消费者之间，也可以发生在消费者与消费者之间。外部效应的存在，与市场机制下的利益交换原则形成了矛盾。由此就会导致人们只愿意从事具有负外部效应的经济活动，而不愿意提供具有正的外部效应的经济活动，这样就会扭曲市场配置社会资源的机制。

在这种情况下，政府有责任采取包括财政在内的非市场方式去纠正外部效应问题。对于产生正外部效应的行为主体，政府采取一些鼓励措施，使其获得部分补偿；对于产生负外部效应的行为主体，政府采取一些矫正性措施，使其承担相应的成本。具体来说，政府可以采用法律手段、行政手段和经济手段对外部效应问题进行矫正。例如，政府通过征税或补贴改变交换的价格，以减少产生负外部效应的产品或服务的生产和消费，增加产生正外部效应的产品和服务的生产和消费，这就是典型的经济手段的运用；通过相应的立法对那些造成严重负外部效应的企业或个人实行有力的法律制裁，进而控制乃至排除外部负效应问题。

2.2.3 市场垄断

市场机制有效性的一个重要前提是市场处于完全的竞争状态，这意味着任一经济主体在市场活动中都无法左右价格的形成，它们只能适应市场的价格水平，并以此为依据确定自己的经营目标或消费目标。然而，现实的市场并不具备完全的竞争环境。客观地看，每一种商品都存在差异，他们都在特定的领域内满足人们的需要。当某一行业在产量达到较高之后，就会出现规模效益递增和成本递减的趋势，这时就会形成垄断。特别是在诸如城市供水、供电、煤气管道、电话服务等领域表现得更为明显。垄断一旦形成，垄断者就有可能限制产量，抬高价格，从中获取超额利润。这种情况表明，市场机制的功能在垄断领域已经失灵。

垄断行业是与人们生活息息相关的行业，但由于自然垄断者通过垄断价格能从中获取超额利润，致使全体社会成员的利益遭到损失。为此，政府应对垄断行业提供的产品和服务实行限价政策和制定收费标准，政府出于提供社会福利方面的考虑，通常对自然垄断产业的服务制定较低的价格，以至于从事自然垄断的产业出现亏损，这时需要进行财政补贴，如城市公用事业就是如此。

2.2.4 信息不充分

竞争性市场的生产者和消费者都要求有充分、真实的信息以支持其决策。生产者要知道消费者需要什么样的商品、需要多少、需求会发生什么样的变化，消费者想了解商品的性质和性能，不同的生产者、消费者之间也需要进行信息的沟通。但在市场经济条件下，生产者与消费者的生产、销售、购买都属于个人行为，不可能掌握充分的信息；再加上经济人追求最大利润的动机，掌握信息的企业和个人常常只是将对自己有利的信息提供给信息的需求者，或者只是提供部分的信息。而且，随着市场规模的不断扩大，信息越来越分散、复杂，加工、处理信息的成本也可能会升高到使决策者无法接受的程度，从而不可避免地出现许多非理性的决策。比如，一个生活在大城市的人不可能为买一件衬衫而跑遍所有的商店，这样，他最后的选择就很可能并不是真正价廉物美的一种。这些情况都会导致信息提供者与信息需求者之间的信息不对称，致使生产者和消费者行为决策难免发生错误，从而影响市场资源配置的效率。信息不对称、不充分也是市场机制本身无法解决的问题。

另外，信息从很多方面看也是一种公共产品，增加一个人的消费不会减少其他人的消费量。因此，私人市场所提供的信息往往很不足。信息的不充分往往会影响到竞争的充分性，由此也会影响到市场机制的运转效率，因此需要政府来提供信息。

政府要做的就是提供公共社会服务，向社会、向市场提供有关商品的供求状况、价格趋势、宏观经济运行和前景预测等方方面面的信息，同时，政府还要加强对市场秩序的规范和管理，以减少或纠正信息的一些偏差，从而对整个社会的资源配置起到正确的引导作用。

2.2.5 收入分配不公

在市场经济中常常可以观察到的一个基本事实是，由市场所决定的收入的初次分配（即纳税前的收入分配）是极其不公平的。因为在市场机制的作用下，收入的分配状况是由每个人提供的生产要素的数量以及这些要素在生产上所能获得的价格决定的。而人们的禀赋和财产占有状况不同，加上市场的不确定性，使得由市场所决定的收入分配状况存在很大的悬殊和机会的差异，伴随而来的是不公平和贫富差距的加剧。这不仅与人们的社会公平要求不一致，而且，还会导致诸如贫困、浪费、社会冲突和社会不稳定等一系列后果。由此可见，收入分配不公是市场机制无法依靠自身力量解决的又一难题。

针对收入分配不公问题，在市场经济条件下应通过财政手段来调节。通过征收个人所得税、财产税、遗产税，大幅度地削减高收入人群的收入。同时，将税收收入以转移支付的方式，比如提供社会保障、补贴给低收入人群或弱势群体，使全体公民都能获得基本的生活保障，并进而缩小收入分配不公的问题。

2.2.6 经济波动与失衡

市场经济稳定运行的基本条件之一是保持社会总供给与总需求的平衡。总供给与总需求的大幅度失衡，将会导致各个商品市场、要素市场的供求失衡，降低市场效率。通货膨胀或通货紧缩、失业等问题是市场波动的主要形式。例如，1929 年爆发的资本主义经济大危机中，宏观经济失衡的各种表现最为明显，通货膨胀、高失业率以及周期性的经济萧条，一直伴随着经济发展的进程，对各个市场经济国家形成了持续的压力。日本也曾经经受了长达 10 年的经济衰退的困扰。在我国自改革开放以来的 30 多年里，也先后遭遇了 20 世纪 80 年代中期和 90

年代初期的通货膨胀，以及90年代后期开始的通货紧缩、需求不振、失业局面严峻的宏观经济失衡问题。最近的一次是2007年爆发的以美国次贷危机为导火索而引起的全球经济危机，不但使美国经济遭受重创，而且使全球经济都受到严重影响。

经济危机一旦爆发，市场短时期内很难自动恢复，这就需要政府运用相应手段干预经济的运行。政府应通过财政政策和货币政策加以调控。当经济运行出现大量失业、经济陷入衰退时，政府可以采用扩张性财政政策和货币政策，刺激经济的复苏；当经济运行出现通货膨胀、经济过于繁荣时，政府可以采用紧缩性财政政策和货币政策，抑制经济过热。

2.3 财政职能

财政的职能是指财政在社会经济生活中所具有的职责和功能。财政职能是财政的本质反映。在不同的社会制度和不同的经济体制下，人们对财政职能的认识有所不同，因此，对财政职能的概括和表述也不同。我国在计划经济体制时期，在很长时间内，在理论和实践中，一直认为财政具有分配、调节和监督三个职能，并且认为财政的三个职能是一个相互联系的整体，分配职能是基本职能，调节职能和监督职能是派生职能，调节职能和监督职能是通过分配来发挥作用。财政的职能决定了财政在计划经济体制下的作用，并由此决定了财政与其他分配形式之间的关系。在社会主义市场经济条件下，由于经济体制的改革，对财政职能的认识也相应发生变化，从财政在市场经济中的地位与发挥的作用看，可以把财政职能概括为三个方面：资源配置职能、收入分配职能和经济稳定与发展职能。

2.3.1 资源配置职能

1.财政资源配置职能的必要性

资源配置是通过对现有的人力、物力、财力等社会经济资源的合理调配，实现资源结构的合理化，使其得到最有效的使用，获得最大的经济和社会效益。高效地配置资源，实质上是对社会劳动的合理分配和有效使用，这始终是经济学的核心问题。在不同的经济体制下，资源配置的方式是不同的，在传统的计划经济体制下，计划配置在整个社会经济中起着主导作用，财政配置是政府配置的重要手段，自然也就包含在其中了。在市场经济体制下，起主导作用的是市场配置，从总体上说，市场配置是有效率的，在市场经济条件下，每一个经济活动主体都会受利益原则的驱使，根据市场要求调整其对资源的配置，使之获取尽可能多的利润。但是，市场并不是完美无缺的，仅仅依靠市场机制并不是在任何情况下都能实现资源的合理配置，它需要有财政配置相配合，才能达到整个社会资源的最佳配置。这样，在发挥市场机制在资源配置中的基础性作用的前提下，通过政府和公共财政的介入，确保社会资源配置的效率性，便构成了政府及其财政活动的首要职能。

现实社会经济生活中，公共财政在处理分配关系和经济效率问题时具体介入的范围和内容一般包括如下项目。

(1)国防支出，是政府公共支出的最重要内容和项目之一。

(2)维持社会经济正常秩序，包括维持社会治安，提供消防、下水道、垃圾清理等服务。

(3)建造公共工程，如建设市区道路桥梁、照明设备、港口码头、公园、文化宫、博物馆等城市公共设施，建设城市间公路交通以及建设区域性水利、水库等基础设施等。

(4)干预外部效应行为，包括纠正负外部效应行为和支持正外部效应行为两类，前者如干预和控制废水、废气、废料等环境污染问题，后者如支持森林的营造与保护、城市的绿化、公园的建造、文化设施的建造等活动和保护自然资源和野生资源等，以及支持基础设施和基础产业的发展，介入新兴产业等。

(5)介入自然垄断行业，如城市供水、供电、供气、邮政、通信、市内公共交通等与城市居民生产、生活有密切关系的行业。

(6)干预其他市场失效问题，如进行信息管理、规范市场行为、珍稀资源的管理等。

2. 财政资源配置职能的衡量

迄今为止，人们一致认可的判断资源配置优劣的标准是意大利经济学家帕累托提出的“帕累托效率”，也称“帕累托最优”。自从帕累托效率准则问世以来，很多经济学家认为，该准则只是在理论上描绘了一个资源配置的理想境界，在现实中是不可能实现的。尽管如此，帕累托效率准则的提出仍有其现实意义，即它为现实的资源配置提供了一个参照系或目标，激励人们优化和完善资源配置机制，提高资源配置效率，努力向帕累托最优状态逼近。

在现实生活中，各国政府通常是采用某些指标(如失业率和经济增长率)或由若干指标组成的“景气指数”来表示资源配置效率，我国当前主要是采取国内生产总值(GDP)增长率指标。GDP 增长率指标无疑存在某些缺陷，如 GDP 增长有可能不会带来居民福利和社会福利的提高等。但是，GDP 是按市场价格表示的一个国家的所有常驻单位在一定时期生产活动的最终结果，可以反映一个国家经济总体规模和经济结构，反映一个国家的贫富状况和居民的平均生活水平，反映当前经济的繁荣或衰退以及通货膨胀或通货紧缩的态势，等等，因而对于以经济增长为主要目标的发展中国家来说，仍是可取的。

3. 财政资源配置职能的主要内容

(1)调节资源在地区之间的配置。在世界范围内，地区之间经济发展不平衡是普遍现象，各个国家皆是如此。这一问题在我国显得更加严重，这有历史、地理和自然等多方面的原因。解决这一问题，仅仅依靠市场机制是难以完全奏效的，有时利用市场机制还会产生逆向调节，使资源从经济落后地区向经济发达地区转移，这与整个经济和社会的发展与稳定是相悖的。因此，要求财政资源配置职能在这方面发挥作用，其主要手段是通过税收、投资、财政补贴和财政体制中的转移支付等手段和政策来实现。

(2)调节资源在产业部门之间的配置。合理的产业结构对提高宏观经济效果，促进国民经济健康发展具有重要意义。调整产业结构有两条途径：一是调整投资结构，增加对国家需要优先发展的产业的投资，则会加快该产业的发展，相反，减少对某产业部门的投资，就必然会延缓其发展；二是改变现有企业的生产方向，即调整资产的存量结构，进行资产重组，来调整产业结构。

财政能在这两个方面发挥调节作用。就调整投资结构来看，首先，是调整国家预算支出中的直接投资，如增加能源、交通和原材料的基础产业和基础设施方面的投资，减少加工部门的投资。其次，是利用税收、财政补贴和投资政策引导企业的投资方向，鼓励企业向短线产品投资，限制其向长线生产投资。例如，通过对不同产品和不同部门规定不同的税率，确定不同的折旧率等，可以起到对不同部门投资的奖励与限制作用，从而引导企业的投资方向。再次，是调整资产存量结构，过去我国主要是依靠对企业实行“关，停、并、转”的行政手段来实现，今后根据社会主义市场经济的要求，除了采取必要的行政措施外，主要应通过市场竞争，实行兼并和横向经济联合来进行。在这方面，采取有利于竞争和对不同产业的区别对待的税收政策，可以发挥一定的调节作用。

(3)调节全社会的资源在政府部门和非政府部门之间的配置。这体现在财政收入占国民生产总值或国内生产总值比重的高低。提高这一比重，则是社会资源中归政府部门支配使用的部分增大，非政府部门支配使用的部分减小；相反，降低这一比重，则是社会资源中归政府部门支配使用的部分减小，非政府部门支配使用的部分增大。社会资源在政府部门和非政府部门之间的分配，主要是根据社会公共需要在整个社会需要中所占的比例，它是随着经济的发展、国家职能和活动范围的变化而变化的。应当使政府部门支配使用的资源与其承担的责任相适应，政府支配使用的资源过多或过少都不符合优化资源配置的要求。比如，在自由资本主义时期，国家不干预经济，政府只是“守夜人”、“廉价政府”，维护社会公正与秩序，政府占有资源有限，财政收支规模不大，有利于资本的原始积累，加速资本主义经济的发展。而当代资本主义，国家全面干预经济，政府占有相当规模的资源，财政收入占国民生产总值或国内生产总值的比例一般在30%左右，有些“福利国家”则达到60%左右。

(4)调节资源在政府部门内部的配置。要合理配置资源，不仅要求在各地区之间、各产业之间、政府部门和非政府部门之间合理配置资源，还要求在政府部门内部合理配置资源。在政府部门内部合理配置资源，直接表现在财政支出结构方面。根据经济学的理论，政府部门内部合理配置资源的标准是财政资金在各部门之间边际收益相等。为此，政府必须合理安排财政支出投向，优化财政支出结构。

4.财政资源配置职能的实现方式

(1)合理确定财政收入占国内生产总值的比重。根据社会主义市场经济条件下的政府职责确定社会公共需要的基本范围，确定财政收入占国内生产总值的合理比例，即确定财政资源占社会整体资源的比重，使财政配置与市场配置形成最佳结合，实现社会资源在政府部门与非政府部门之间的合理配置，达到高效、合理配置资源的目标。

(2)优化财政支出结构。支出结构也就是财政资源内部的配置比例，如生产性支出与非生产性支出比例、购买性支出与转移性支出比例，都表明财政配置功能的大小，并对社会资源的配置状态起重要作用。

(3)调节和引导民间资源的合理配置。合理运用财政投资、税收、补贴等多种手段，调节和引导民间资源的合理配置。未被财政集中的民间资源的配置原则上属于市场机制作用的范围。当市场本身的配置有效率时，各种财政政策工具应保持中性，不干扰市场机制的运行。当市场本身的配置效率不高时，可考虑采用非中性的财政政策手段进行调节，提高社会投资整体效率，实现社会资源整体的优化配置。

(4)提高财政配置工具的使用效率。财政配置的基本工具是税收和财政支出。提高财政配置工具的使用效率，就税收而言，主要是降低税收成本，即要降低税收的超额负担，使税收对市场配置资源效率的负面影响最小化，降低税收的征税成本和纳税成本；就财政支出而言，就是要努力提高财政支出的效益。为此，需要在借鉴国际先进经验的基础上，建立和完善适合我国国情的科学的税收制度和财政管理制度，如政府采购制度、国库集中收付制度等。

2.3.2 收入分配职能

1.收入分配职能的含义

收入分配是指国民经济在一定时期内创造的国民收入，按一定的方式在政府、企业和居民个人之间的分割。国民收入分配形成流量的收入分配格局和存量的财产分配格局。财政的收入分配职能是指政府为了实现公平目标，对市场经济形成的收入分配格局予以调整的职责和功能。

国民收入分配包括两个基本的层次：初次分配和再分配。国民收入的初次分配主要是由市场价格形成的要素分配，要素分配是以要素投入(贡献)为依据，由市场供求形成的要素价格所决定。由要素分配形成的收入可以分为劳动收入和非劳动收入，劳动收入包括工资、薪金、奖金、津贴等，非劳动收入包括财产转让收入、租金、利息、红利和公司未分配利润等。上述收入形式只要是合法取得的，在我国均会受到法律的保护。当然，初次分配并非完全都是要素分配，政府征收的间接税作为商品价格的追加，也是要素创造收入的一部分。政府直接参与要素收入的分配，说明政府参与了国民收入的初次分配，但政府并未对要素收入的创造直接提供要素，而是凭借政治权力参与分配，因而是一种非要素分配。

对初次分配形成的收入分配格局进行重新调整，称为国民收入的再分配。国民收入的再分配既包括政府凭借政治权力通过财政手段实现的财政再分配，也包括慈善机构和社会组织等参与的一部分再分配活动。当然，由于后者缺乏协调和统一，极易产生混乱，不能从根本上解决问题，而政治权力使得政府能够在全社会范围内大规模地进行再分配活动，因此，国民收入的再分配主要是财政的再分配。

2. 收入分配职能的内容

运用财政手段对收入分配进行有效的调控，主要是通过调节企业的利润水平和居民的个人收入水平来实现的。

(1)财政调节企业的利润水平。财政调节企业的利润水平的主要目的，是通过调节使企业的利润水平能够比较客观地反映企业的生产经营管理水平和主观努力状况，使企业在条件大体相同的情况下，获得大体相同的利润，为企业创造一个公平竞争的外部环境。主要是通过包括税收、财政补贴等手段在内的各种财政手段的调节。例如，通过税收剔除客观原因对企业利润水平的影响，使企业在大体相同的条件下获得大体相同的利润。另外，各个时期的经济体制和财政体制的不同也影响到企业的税收负担，即国家集中多少，给企业留下多少。

(2)财政调节居民的个人收入水平。在社会主义市场经济条件下，收入分配的方式不可能是单一的。贯彻国家的分配政策，必须坚持以按劳分配为主体，其他分配方式为补充的原则。在收入水平上，既要合理拉开收入水平的差距，又要防止贫富两极分化，逐步实现共同富裕，在促进效率提高的前提下体现社会公平。主要包括：一是通过税收进行调节，如通过征收个人所得税、社会保障税而缩小个人收入之间的差距，通过征收财产税、遗产税等税种调节个人财产分布等；二是通过转移支付，如社会保障支出、救济支出、补贴等，以维持居民最低的生活水平和福利水平。

3. 收入分配职能的目标和衡量

(1)收入分配职能的目标

收入分配职能的目标是实现公平分配。国民收入分配之所以要经过两个层次，是由收入分配的公平准则所决定的。收入分配的公平准则包括经济公平和社会公平两项内容。

所谓经济公平是指对所有社会成员参与经济活动的资格都一视同仁，所有社会成员都按同一规则参与经济活动，根据在收入创造过程中要素的贡献大小来决定获取相应收入的一种分配准则，即机会均等。这种均等实际上遵循的是市场原则，属于市场公平。如果没有贡献要素，就没有资格参与收入分配；如果提供的要素多，获得的收入就多，提供的要素少，获得的收入就少。经济公平是市场经济的内在要求。

所谓社会公平是指将收入差距维持在现阶段社会各阶层居民所能接受的合理范围内，强调劳动成果在分配上的均等，这种均等遵循社会普遍接受的价值标准或道德伦理观念。市场经济体制下国家对均等的处理，不完全是人人等额分配，而是在需要与可能之间进行权衡，因此，社会公平不是收入分配的平均主义。当然，收入差距过大、两极分化与收入差距过小乃至平均主义都是社会公平准则所难以接受的。

经济公平与社会公平是两种不同的公平准则，两者的着眼点和目的存在明显区别。经济公平着眼于分配的规则或分配过程的公平合理，其目的在于分配的效率，因为只有以按要素贡献为依据进行分配，才能调动人们对要素投入的积极性，才有助于提高效率；而社会公平着眼于分配的结果，强调收入分配的结果要能为社会所接受，其目的在于缓解社会不同阶层因收入差距带来的矛盾，追求社会的稳定发展。

在市场经济体制下，收入分配当然首先依靠市场。实际上，由于初次分配主要是要素分配，讲究要素投入与要素收入相对称，所以初次分配主要是市场机制在发挥作用，是一种市场性的分配。市场分配有助于实现经济公平和经济效率，但是由于各经济主体或个人所拥有或提供的生产要素不同、资源(要素)的稀缺程度不同以及各种非竞争因素的干扰，单一的市场分配必然会导致各经济主体或个人之间获得的收入出现较大差距，难以实现社会公平。鉴于市场机制的失灵，也就需要政府机制发挥作用，政府可以凭借政治权力对市场分配的结果进行纠正或调整，矫正市场分配出现的收入差距，使之符合社会公平的要求。

国民收入分配的目标是经济公平和社会公平的统一，决定了社会主义市场经济体制下的收入分配必须通过初次分配和再分配两个过程，借助市场和政府两种机制来完成。其中，政府参与国民收入的分配主要是通过财政分配来完成的。财政既可以通过征收间接税和凭借国家对国有企业的所有权取得要素收入而参与初次分配，又是政府对要素收入进行再分配的主导形式。无疑，财政可以对国民收入的公平分配产生重要影响。

(2)收入分配职能的衡量

由于各国的经济发展水平和历史传统的不同，不可能有一个统一的衡量公平分配的标准，当前各国几乎公认采取由洛伦兹曲线计算基尼系数来显示公平分配的程度。基尼系数是1912年由意大利经济学家基尼首先提出的用来反映居民收入分配差异状况的重要分析指标。其经济含义是：在全部居民收入中，用于进行不平均分配的那部分收入占总收入的比重。因此，基尼系数最大为1，最小为0，前者为绝对不平均，后者表示绝对平均。实际生活中，基尼系数介于0～1之间，按照国际惯例，其数值在0.2以下，表示居民之间收入分配“高度平均”，在0.2～0.3之间表示“相对平均”，在0.3～0.4之间为“比较合理”。同时，国际上通常把0.4作为收入分配贫富差距的“警戒线”，认为0.4～0.6为“差距偏大”，0.6以上为“高度不平均”。我国目前的基尼系数在0.5左右，说明收入差距已经较大，而且有继续扩大的趋势，因此缩小收入分配差距已被我国政府列为一项重要经济政策。

4.财政收入分配职能的实现方式

(1)合理界定市场分配与财政分配的界限与范围。原则上属于市场分配的范围，财政不能越俎代庖，凡属于财政分配的范围，财政应尽其职。如初次分配中企业职工工资、企业利润、财产转让收入、财产租赁收入、股息收入等要素收入水平的决定，应由市场分配来完成，财政不应干预。财政只能对市场分配的结果根据社会公平准则的要求通过再分配进行调节。如应由政府提供的社会福利和社会救济，财政必须承担起相应职责。我国长期以来存在的“企业办社会”问题，表明财政分配的“缺位”，必须尽快解决。

(2)规范行政和事业单位职工工资制度。行政和事业单位的职工未对生产过程直接提供要素，因而未参与国民收入的初次分配，其收入要由财政再分配来解决。一方面，要解决职工工资水平问题，即工资水平要适度。行政事业单位属于公共部门，其工资水平不能由劳动力市场价格和企业经营成果来确定，必须由财政予以保证和规范。由于公共部门职工的工资是其在私人部门的机会成本，是由市场间接决定的。因此，政府对其收入水平的确定必须以市场为参照系和衡量尺度，合理确定公共部门职工的工资水平。这既有利于实现经济公平，也有利于社会公平。另一方面，要解决工资制度的规范问题。凡应纳入工资范围的收入都应计入工资总额，取消各种明补和暗补，提高工资的透明度。

(3)加强税收调节。税收是政府进行收入再分配的重要手段。通过个人所得税可以调节个人的劳动收入和非劳动收入，使社会上个人之间的收入水平维持在一个合理的差距范围内；通过开征消费税，选择对奢侈品和贵重消费品课税，可以调节高收入者的实际可支配收入；通过财产税或遗产税可以调节个人之间的财产分布等。

(4)完善财政转移性支出制度。转移性支出制度在公平收入分配方面的作用主要是针对低收入阶层、老龄人口、失业人口等社会弱势群体。保证这些人口起码的生活水平和福利水平，维护社会稳定是财政再分配的责任。在这方面，政府需要依托财政建立和完善社会福利、社会救济和社会保险制度等。

2.3.3 经济稳定与发展职能

1.经济稳定的含义

在经济与社会中，经济稳定包括多方面的含义，通常包括充分就业、物价稳定、国际收支平衡、经济增长。

(1)充分就业是指可就业人口的就业率达到了由该国当时社会经济状况所能承受的最大比率。充分就业不是指可就业人口百分之百的就业。因为由于劳动力市场的正常变动形成的摩擦性失业和经济结构不断调整带来的结构性失业是不可避免的，总有一部分人是处在失业状态的。

(2)物价稳定是指物价总水平的基本稳定。也就是说，物价稳定并不意味着物价绝对静止不动或上涨率为零。纸币流通制度的一个特点就是，除了出现严重的过剩型经济危机之外，随着商品比价的不断调整，物价水平通常都是不断上升的，即一般不存在物价水平下跌的机制。但是，物价波动的幅度不能太大。如果物价总水平大幅度上升，必然导致货币贬值、通货膨胀，严重影响人民生活，也容易导致总供求的失衡，严重制约经济的稳定与增长。因此，需要运用财政等政策工具，将物价总水平上升幅度控制在一定时期社会可接受的范围内，一般认为年通货膨胀率为3%～5%，即可视为物价总水平基本稳定。

(3)国际收支平衡是指一国在进行国际经济交往时，其经常性项目和资本性项目的收支保持大体平衡。由于一国的国际收支同国内收支是密切联系的，国际收支不平衡一般也就意味着国内收支不平衡。这种平衡与否的标志是有无出现大的逆差或顺差。国际收支出现大量逆差，会导致该国外汇储备减少，本国货币对外币汇率下降，削弱本国的经济实力；国际收支出现大量顺差，则会使本国货币对外币汇率上升，影响出口，且会使大量外资流入，加剧本国的通货膨胀。

(4)经济发展与经济增长是不同的概念。经济增长是指一定时期内一个国家的产品和劳务数量的增加，通常用国民生产总值或国内生产总值及其人均水平来衡量。经济发展比经济增长的含义要广，它不仅意味着产出的增长，还包括随着产出增长而带来的产出与收入结构的变化以及经济条件、政治条件和文化条件的变化，表现为在国民生产总值中农业比重相应下降，而制造业、公用事业、金融贸易、建筑业等二、三产业的比重相应上升，随之，劳动就业结构发生变化，教育程度和社会文化水平逐步提高。简言之，经济发展是一个通过物质生产的不断增长来满足人们不断增长的物质和文化生活需要的概念，包括消除贫困、失业、文盲、疾病和收入分配不公等现象。

2.财政经济稳定与发展职能的必要性

稳定与发展经济是财政经济政策的一个极为重要的目标，就是要保持或达到充分就业或高就业率，维持适度的稳定的物价水平和国际收支平衡以及合理的经济增长率。这个职能之所以必要，是因为在市场经济中，经济的稳定与发展不会自动出现。

市场机制的缺陷决定了经济稳定与发展职能的客观必要性。在市场经济中，充分就业和物价稳定不能自动出现，因为就业和物价的整个水平是由总需求水平确定的，并与当时的生产能力有关，而社会总需求水平是难以控制的，或者具有不可控性。总需求水平是由无数个消费者、企业的厂长和经理人员、金融投资者以及其他社会成员、单位的开支所决定的，并且上述开支决策又有赖于许多难以预测的因素，如过去与现在的收入、财富、地位、信用的程度，对前景的估计，等等。因此，客观上需要政府通过运用财政手段调节社会需求水平，以实现经济稳定增长的目标。

此外，自由竞争的市场经济必然会出现经济的不稳定。一般情况下，不管社会经济制度如何，经济周期都是可能存在的，只是引发的原因不同。在市场经济中，市场机制的自发作用不能避免生产下降、大量失业和物价的剧烈波动。凯恩斯学派理论认为，社会的生产水平和就业水平取决于社会总需求与总供给的均衡，而市场经济决定的总需求与总供给的均衡不能达到充分就业的水平，政府进行宏观经济调节，就在于调节社会总需求来影响生产水平和就业水平。

3.财政经济稳定与发展职能的主要内容

要实现经济的稳定增长，关键是做到社会总供给与社会总需求的平衡，包括总量平衡和结构平衡，财政在这两个方面都能发挥重要作用。关于结构平衡，实际上是资源配置的问题，前面已进行了分析，这里着重对财政在调节社会供求总量平衡方面的手段加以分析。

(1)通过财政预算进行调节。这主要是通过作为财政收支计划的国家预算来进行的。由于国家预算收入通常代表可供国家支配的商品物资量，是社会供给总量的一个组成部分，而国家预算支出会形成货币购买力，是社会需求总量的一个组成部分。因此，通过调整国家预算收支之间的关系，就可以起到调节社会供求总量平衡的作用。当社会总需求大于社会总供给时，可以通过实行国家预算收入大于支出的结余政策进行调节；而当社会总供给大于社会总需求时，可以实行国家预算支出大于收入的赤字政策进行调节；当社会供求总量平衡时，国家预算应实行收支平衡的中性政策与之相平衡。一般而言，在市场经济条件下，由于受各种复杂因素的影响，市场上的供求关系会经常发生变化，时而总供给大于总需求，时而总需求大于总供给，这就要求国家更替使用赤字预算和结余预算来进行调节。在这个过程中，财政收支发生不平衡是可能的而且是允许的。针对不断变化的经济形势而灵活地变动支出和税收，称为“相机抉择”的财政政策。

(2)通过制度性安排，发挥财政“内在稳定器”的作用。这表现在财政收入和支出的两方面制度。在收入方面，主要是实行累进所得税制。在这种税制条件下，当经济过热而出现通货膨胀时，企业和居民收入增加，适用税率相应地提高，税收的增长幅度超过国内生产总值的增长幅度，从而可以抑制经济过热；反之，当经济萧条时，企业和居民收入下降，税收的降低幅度超过国内生产总值的降低幅度，从而可以刺激经济复苏和发展。当然，上述作用是以所得税特别是个人所得税在整个税收体系中占有相当大的比重为前提的。目前在我国，无论是企业所得税还是个人所得税在全部税收中占的比重都非常低，况且，企业所得税还实行比例税率，因此，这种作用十分小。但从长远来看，作为一种制度安排仍然具有借鉴意义。在财政支出方面，主要体现在转移性支出(社会保障、补贴、救济和福利支出等)的安排上。其效应正好同税收相配合，经济高涨时，失业人数减少，转移性支出下降，对经济起抑制作用；反之，经济萧条时，失业人数增加，转移性支出上升，对经济复苏和发展起刺激作用。

(3)通过投资、补贴和税收等手段调整产业结构。通过投资、补贴和税收等多方面安排，加快农业、能源、交通运输、邮电通信等公共设施的发展，消除经济增长中的“瓶颈”，并支持第三产业的兴起，加快产业结构的转换，保证国民经济稳定与高速的最优结合。

(4)财政应切实保证非生产性的社会公共需要。财政应为社会经济发展提供和平和安定的环境，治理污染、保护生态环境、提高卫生水平，加快文教的发展，完善社会福利和社会保障制度，使增长与发展相互促进，相互协调，避免出现某些发展中国家曾经出现的“有增长而无发展”或“没有发展的增长”的现象。

(5)注意财政政策和其他政策特别是货币政策的配合。政府在对国民经济实行宏观调控中，应运用不同的政策手段，其中最主要的是财政政策和货币政策。两种政策配合得好，则有利于经济的稳定；如果互相矛盾，互不配合，则会加剧经济的波动。在稳定经济中，货币政策对投资的影响较大，而财政政策对消费的影响更大，因此需要对运用两者所产生的经济不稳定的因素进行分析，以便选择更有利的政策搭配来稳定与发展经济。

2.4 政府干预与政府失灵

2.4.1 政府干预

市场失灵与市场缺陷的存在，为政府干预市场经济提供了理论依据。市场在资源配置中发挥基础性作用，政府的职责就在于弥补市场失灵和缺陷，更好地发挥市场机制在配置资源方面的优越性。在市场经济条件下，政府的经济作用主要是提供具有外部效应的公共产品，通过政府的宏观调控政策，尽可能实现社会收入分配公平。这必然在客观上要求政府干预市场，政府与市场之间是互补关系，不是替代关系。

政府干预市场程度是和政府财政规模相联系的。财政规模一般是以财政支出或财政收入占 GDP 的比重这一综合性指标来表示的。一般来说，随着经济发展和人均收入的提高，政府规模呈逐步上升的趋势，达到一定阶段后会相对稳定。但是，由于各国的经济制度、政治体制、意识形态、历史传统以及经济发展阶段的不同，市场经济体制自然不同，政府规模也有很大差别。因为社会经济运行是错综复杂的，所以不可能有一种精确的计量方法和模型能够准确地计算出一个比重，用于确定每个国家不同时期的政府规模。

从各国之间的差别来说，一般的规律是，经济发达的国家高于发展中国家，集权化倾向的国家高于分权化倾向的国家。例如，类似英国那样的多数欧洲国家实行“新自由主义”的市场模式，但其中有些国家政府仍支配钢铁、煤炭、铁路、空运等垄断行业和公用事业，政府集中的 GDP 达到 50%以上。美国也属于这种类型，但经济运行的自由度较大，政府的集中度小，政府集中的 GDP 大概为 30%以上。德国实行所谓的“社会市场经济”，主要是将自由竞争机制和一套完整的社会政策相结合，政府集中的 GDP 相对较低，但要高于美国。北欧国家号称“高福利国家”，政府承担大量的社会服务和福利的负担，政府集中的 GDP 能达到 60%以上。以日本为代表的市场经济被称为“东方模式”或“亚洲模式”，主张充分自由竞争的同时又通过政府计划、发展策略、产业政策引导和控制市场的运行。东南亚的新兴国家也大体模仿这种模式，这些国家政府集中 GDP 的比重约为 20%左右。我国是由计划经济体制转向市场经济体制的，当前还处在体制转轨过程中，财政支出占 GDP 的比重从 1979 年开始逐年下降，到 1997 年开始逐年回升，目前已达到 20%以上。

政府干预手段主要体现在以下三个方面。

1. 立法和行政手段

立法和行政手段主要是制定市场法规、规范市场行为，制定发展战略和中长期规划，制定经济政策，实行公共管制，规定垄断产品和公共产品价格等。如政府可以制定反垄断法对付垄断，实行公共管制，由政府制定价格或收益率；对外部效应大的产品，政府可以采取行政手段和法律手段，如强制排污工厂停产，限期治理，或对受损单位给予应有的补偿。

2. 组织公共生产和提供公共物品

公共生产是由政府出资兴办的所有权为政府所有的企事业单位，主要是生产由政府提供的公共物品，也可以在垄断部门建立公共生产，并从效率和社会福利的角度规定价格。政府组织公共生产，不仅是出于提供公共物品的目的，同时也是出于有效调节市场供求和经济稳定的目的。为了弥补市场信息的不充分和不对称，政府有关部门要定期向社会提供有关商品供求状况、价格趋势以及宏观经济运行和前景预测资料，而政府提供经济信息，也属于公共物品（公共服务）的范围，是一种社会性服务。

3. 财政手段

财政手段与其他经济手段不同的就是它不直接生产也不直接提供公共物品，而是通过征税和收费为政府各个部门组织公共生产和提供公共物品筹集资金和经费，最终满足社会公共需要，同时又通过税收优惠、财政补贴等多种财政政策调控市场经济的运行。

2.4.2 政府失灵

政府干预是弥补市场失灵和市场缺陷的手段，目的是提供市场有效、平稳运行的条件。但是，即使政府出于弥补市场失灵和缺陷的目的而进行经济干预，面对复杂的经济情况，政府也有可能决策失误，出现政府失灵。萨谬尔森认为，当政府政策或集体行为所采取的手段不能改善经济效率或道德上可接受的收入分配时，政府失灵便产生了。查尔斯·沃尔夫认为，由政府组织的内在缺陷和政府供给、需求的特点所决定的政府活动的高成本、低效率、分配不公，就是政府失灵。

1. 政府失灵的表现

政府失灵可以表现在很多方面，主要有以下四个方面。

(1)短缺与过剩。一旦政府干预的方式是把价格固定在一定的非均衡水平上，则结果不是产生短缺就是产生过剩。如果把价格固定在均衡水平之下，就会产生短缺，例如，为了给低收入阶层提供廉租房，把住房的租金固定在均衡价格之下，需求就会超过供给。如果把价格固定在均衡水平之上，就会产生过剩，例如，为了增加农民收入，把粮食价格固定在均衡水平之上，供给就会超过需求。

(2)信息匮乏。一旦政府获取的信息不及时甚至失真，在向社会提供信息服务时就会出现失误。政府提供的信息是多方面的，如经济形势判断、气象预报、自然灾害预测等都是引导经济运行的重要信息，一旦失误，都会带来不可估量的损失。

(3)缺乏市场激励。一旦政府通过一定的手段消除了市场的负面影响，也可能会消除某些有益的激励。如补贴可能会使得无效率的企业继续存在下去，提供福利也许会阻碍人们努力工作等。市场或许不是最理想的，但它可以使报酬与效率成正比，从而起到激励效率的作用。

(4)政府职能的“越位”和“缺位”。主要可能发生于经济体制转轨的国家。经济体制转轨的一个核心问题是明确政府与市场的关系，规范政府经济行为，转变政府经济职能，包括转变财政职能。财政职能“越位”，是指应当而且可以通过市场机制办好的事情而政府却通过财政手段人为地参与，如政府热衷于竞争性生产领域的投资，代替了市场职能。财政职能“缺位”，是指该由政府通过财政手段办的事情而财政没有办或没有办好，如公共设施、义务教育、公共卫生、环境保护等投入不足等。规范政府经济行为，转变政府职能和财政职能，是一个长期的过程，是建设社会主义市场经济体制的一个基本理论和实践问题。

2.政府失灵的原因

市场机制的运行是以商品和服务的价格、品种和质量等经济函数为基础和前提的，而政府的运行是以政治权力为基础和前提的，政治权力不能创造财富，却可以支配财富，甚至凌驾于经济之上支配经济，这是政府干预失灵的根本原因。具体有以下几点。

(1)政府决策失误。政府决策过程大多遵守投票制，而由投票这一民主程序作出的政策不一定能产生最优的政府决策，也可能会高度僵化、甚至决策失误，造成大量的重复劳动或资源浪费。政治舞台上行为主体的动机也会导致政府决策低效率。政府是由政治家和官员组成的，政治家们追求个人目标时，就会竭力利用对有关信息的垄断权以及政治家之间的合作，使得政策尽可能体现他们自身的利益，未必符合公共利益和社会利益，甚至会使社会利益受损。利益集团的存在也会导致政府决策无效率。

(2)政府机构运转的无效率。政府机构的官僚作风是各个国家政府部门的通病，工作人员之间、各部门之间缺乏竞争，无法对其提供的特定服务进行效率评估，没有竞争的压力，导致政府部门运转效率低下。政府部门对其提供的服务一般具有绝对的垄断性，没有提高服务质量的激励机制，垄断地位也会隐瞒其真实成本信息，难以进行充分的监督和制约。

(3)政府干预的无效率。为了确保经济秩序的正常运行，政府必须制定和实施一系列法律法规。但是，某些政府干预形式，如政府颁发许可证、配额、执照、授权书、批文、特许经营证等，可能会为“寻租”行为创造条件。因为，此时政府人为地创造出稀缺，稀缺就会产生潜在的租金，必然会出现“寻租”行为。“寻租”行为越多，政府对社会资源的浪费就越大。

(4)缺乏监督机制。政府官员必须受到广大人民的监督，因为政府官员的收入与开支来自纳税人的钱，理所当然要受广大纳税人的监督。但是现实中的监督机制往往是不健全的，许多监督形式是软弱无力的。特别是监督信息不对称、不完全，使对很多政府官员的监督徒有虚名，政府官员一般都是在信息不对称的环境中工作的，而选民缺乏必要的足够信息，政府官员则拥有更多的信息尤其是成本、价格方面的信息，政府某些官员可能制定并实施某些有利于自身利益而损害公共利益的公共政策。

小 结

1. 公共产品是指这样的产品：每个人消费这种产品不会导致他人对该产品消费的减少。公共产品作为私人产品的对称，具有以下特征：效用的不可分割性、消费的非排他性、取得方式的非竞争性、提供目的的非赢利性。

2. 准公共产品(混合产品)是兼有私人产品特征和公共产品特征的产品。一类是具有非排他性和不充分的非竞争性的公共产品，例如，教育产品。另一类是具有非竞争性特征，但非排他性不充分的准公共产品，例如，公共道路和公共桥梁就属于这种类型。

3. 社会公共需要，是指社会安全、秩序、公民基本权利和经济发展的条件等方面的需要。包括保证执行国家职能的需要、半社会公共需要、大型公共设施等。

4. 市场机制不可能做到完全竞争，因此在配置资源时会出现市场失灵，表现在：公共产品的提供、外部效应问题、市场垄断、信息不充分、收入分配不公、经济波动与失衡等。

5. 财政的职能是指财政在社会经济生活中所具有的职责和功能。财政职能是财政的本质反映，包括资源配置职能、收入分配职能和经济稳定与发展职能。

6. 资源配置职能是指在发挥市场机制在资源配置中的基础性作用的前提下，通过政府和公共财政的介入，确保社会资源配置的效率性，主要内容有：调节资源在地区之间的配置；调节资源在产业部门之间的配置；调节全社会的资源在政府部门和非政府部门之间的配置；调节资源在政府部门内部的配置。实现方式是：合理确定财政收入占国内生产总值的比重；优化财政支出结构；调节和引导民间资源的合理配置；提高财政配置工具的使用效率。

7. 收入分配职能是指政府为了实现公平目标，对市场经济形成的收入分配格局予以调整的职责和功能。主要内容有：调节企业的利润水平和居民的个人收入水平。实现方式是：合理界定市场分配与财政分配的界限与范围；规范行政和事业单位职工工资制度；加强税收调节；完善财政转移性支出制度。

8. 经济稳定与发展职能是指政府通过运用财政手段调节社会需求水平，以实现经济稳定增长的目标。主要内容有：通过财政预算进行调节；通过制度性安排，发挥财政“内在稳定器”的作用；通过投资、补贴和税收等手段调整产业结构；财政应切实保证非生产性的社会公共需要；注意财政政策和其他政策特别是货币政策的配合。

9. 政府可通过立法和行政手段、组织公共生产和提供公共物品、财政手段等干预市场，干预过程中也会出现政府失灵，表现在短缺与过剩、信息匮乏、缺乏市场激励、政府职能的“越位”和“缺位”。

思考题

1. 什么是公共产品？其特征是什么？

2. 社会公共需要的含义和种类是什么？

3. 市场失灵的具体表现有哪些？
4. 财政有几大职能？每个职能的含义、内容和实现方式是什么？
5. 政府干预经济的方式有哪些？
6. 政府失灵表现在哪些方面？其原因是什么？

案例简介

案例[2-1]　“三农”问题持续升温

国务院总理李克强主持召开国务院常务会议，分析研究一季度经济形势，部署落实2014年深化经济体制改革的重点任务，确定金融服务“三农”发展的措施，决定延续并完善支持和促进创业就业的税收政策。一号文件连续11年聚焦“三农”主题。今年年初发布的2014年中央一号文件即《关于全面深化农村改革，加快推进农业现代化的若干意见》涵盖粮食安全、农业支持保护制度、发展可持续农业、农村土地制度改革、构建新型农业经营体系、农村金融制度创新、城乡发展一体化、乡村治理八方面内容。意见要求全面深化农村改革，鼓励探索创新，在明确底线的前提下，支持地方先行先试；要因地制宜、循序渐进，不搞“一刀切”、不追求一步到位，允许采取差异性、过渡性的制度和政策安排。

[资料来源：根据中研网(2014-4-17)时政资料整理]

问题

该案例反映出财政发挥了什么职能？

简要提示

“三农”问题是关乎我国经济能否持续全面发展、人民生活水平能否普遍提高的关键问题。因此，中共中央始终把该问题放在首位，是政府工作的重中之重。近年来，“三农”工作尽管取得了很大成绩，但总的来看，当前农业和农村发展还处在艰难的爬坡过坎阶段，农业、农村仍是我国经济社会发展中最薄弱的环节。当前，我国农村农业发展面临着城乡差距加大、对外开放度提高、城乡经济的关联度显著增强、气候变化的影响日益加大等新老挑战。要解决农业发展问题，单纯依靠市场是不够的，财政应发挥其资源配置职能，通过各项财政使社会资源向农业、农村倾斜，支持农业、农村的发展。各级财政部门必须为社会主义新农村建设提供强大动力，创造宽松的政策和体制环境。

案例[2-2]　我国进一步深化收入分配制度改革

2014年深圳市工资指导价位较去年呈现平稳增长，高位数、低位数及平均数分别为23 408元/月、1 939元/月和4 360元/月。其中，高位数比上年度降低了4.02%，而低位数和平均数则均有所上涨，分别为12.41%、6.24%。反映收入两极群体差异的低位数和高位数之比为1∶12，即高收入群体的平均月薪是低收入群体月薪的12倍左右，但与2012年的1∶16相比有所缓和。月薪最低的行业依然是制造业，其平均数为3 685元/月，是2014年指导价位公布的11个行业中最低的，尽管工资最高值为21 958元/月，但工资低起来也很低，为1 907元/月——这一收入仅比今年深圳最低工资标准1808元/月多出99元。从制造业涉及的具体行业来看，计算机、通信和其他电子设备制造业的高位值最高，为28 782元/月。木材加工和木、竹、藤、棕、草制品业的低位值最低，为1 855元/月。如以高低收入的绝对值来衡量，IT业则是收入差距最大的——高位数比低位数多了32 621元；但以高低收入比来算，收入差距最大的行业则是房地产业——最高位数是最低位数的15倍有余。市人社局相关负责人分析，各个行业中都普遍存在超过50%的员工工资较低的情况，仅有5%的员工工资较高。

当前，我国已经进入全面建成小康社会的决定性阶段，按照党的十八大提出的千方百计增加居民收入的战略部署，要继续深化收入分配制度改革。深化收入分配制度改革，要坚持共同发展、共享成果。初次分配和再分配都要兼顾效率和公平，初次分配要注重效率，创造机会公平的竞争环境，维护劳动收入的主体地位；再分配要更加注重公平，提高公共资源配置效率，缩小收入差距。

［资料来源：根据《南方日报》(2014-7-18)资料整理］

问题

1. 收入分配制度改革的必要性有哪些？
2. 政府在收入分配中起什么作用？

简要提示

中国国民收入分配制度改革直接关系到经济发展方式的转变，关系到居民消费对经济的拉动力，关系到中国经济社会的长期可持续发展和稳定，关系到全体人民能否很好地共享改革开放成果、不断走向共同富裕。目前，中国民众对收入差距继续拉大的担忧日益加重，政府应警惕收入差距过大影响社会经济稳定，有关改革已刻不容缓，而且务必在“加快”上下工夫、见实效。

第3章 财政收入概述

本章学习要点

通过本章的学习，掌握财政收入的含义和分类；理解财政收入结构的含义；了解财政收入规模以及改革开放以来我国财政收入增长状况及财政比重的变化和原因。

本章学习重点与难点

本章的学习重点是财政收入的形式与分类，制约财政收入规模的主要因素；难点是财政收入规模的确定以及财政收入结构分析。

本章基本概念

财政收入、税收收入、国有资产权益收入、债务收入、财政收入规模、财政收入规模的相对量、财政收入规模的绝对量、效率标准、公平标准、财政收入结构

现实生活中我们不难发现，政府各项职能的实现或兑现往往需要消耗一定的财力资源。这就涉及如何科学有效地组织财政收入问题。可以说，没有哪一个国家的政府是在与世隔绝的经济体系中进行其筹资活动的，这样，政府的财政收入活动势必对社会经济产生全面而深刻的影响。从此角度讲，一个国家财政制度的健全和规范，不仅是一个经济范畴，而且是一个政治范畴，也就是说，会影响到政府和政权的合法性基础。

本章在界定财政收入的基础上，细分了财政收入的不同形式，探讨了财政收入活动应遵循的主要原则，分析了财政收入的规模和结构问题。

3.1 财政收入的含义与分类

3.1.1 财政收入的含义

我国财政收入一般包括两大部分，即预算内收入和预算外收入。预算内收入指政府通过各种方式集中支配的纳入预算的财政资金，它就是我们常说的狭义的财政收入。预算外收入，

是指由各地区、各部门、各单位自收自支、自行管理使用的非集中性的财政资金，这部分资金虽然并不纳入预算，但也属于财政资金，构成财政收入的一部分。但在现实中，由政府集中起来的资金还不仅是这两部分，我国各级地方政府还通过各种形式筹集了一些制度外收入，这些收入既不属于预算内收入，也不属于预算外收入，实际上是一种非正常的收入，甚至可以说是“非法”的收入(有两种情况：一种是这部分钱该收，但却没有纳入预算内收入或预算外收入管理，所以“非法”;另一种是这部分钱根本就不该收，所以“非法”)。这样就出现了“政府收入”的概念，政府收入才代表了我国财政收入的总体规模，财政部门统计的财政收入并没有完全反映我国的财政收入规模。

总的来说，我国政府筹集的资金共包括预算内收入、预算外收入和制度外收入三部分，它们都是财政收入。但被认可的财政收入只包括预算内收入和预算外收入，而纳入预算管理的只有预算内收入。而一个成熟的国家财政收入应包括一切由政府集中上来的收入，而且都应纳入预算管理。我国的财政收入体系是一个不健全、不规范的财政收入体系，应通过改革逐步消灭制度外收入和预算外收入。但并不是说简单地停止征收这两部分收入，或者简单地将这两部分收入都纳入预算内管理就可以了，而是具体分析两部分收入，合理的部分纳入预算管理，不合理的部分彻底废除。

一般来说，财政收入是指国家为了满足实现其职能的需要，依据国家权力，参与社会产品或国民收入分配而占有的一部分社会产品或社会产品价值。

财政收入包括以下三方面的含义。

1. 财政收入是国家筹集的一部分社会产品的价值，主要是剩余产品价值

从财政收入的物质内容看，财政收入是一部分社会产品，主要是剩余产品。这部分社会产品是国家为了维持其存在和实现其政治和经济职能的需要，以社会管理者和资产所有者身份，凭借政治和经济权力采取税收、国有资产权益收入等形式参与社会产品的分配和再分配，把分散在各个微观经济主体手中的一部分社会产品筹集起来，由国家集中占有并支配使用。国家集中的这部分社会产品，在不同的历史时期有不同的表现形式，在自然经济条件下，财政收入表现为一定量的实物或劳务，如农业社会的“粟米之征”、“布帛之征”，“徭役之征”等;在商品货币经济条件下，财政收入还表现为国家占有和支配的一定量的货币资金，现代社会的大部分财政收入是货币资金。

2. 财政收入是财政支出的前提

从财政资金的循环看，财政收入是一个动态的不间断的运动过程。财政资金循环包括“财政收入→财政支出”两个相互衔接的阶段，财政收入是财政资金循环的起点和前提，财政支出是财政资金循环的终点和归宿。只有取得财政收入，财政支出才有物质保证，只有实现财政支出，财政收入的目的才能实现。

3. 财政收入是国家调节经济的重要手段

组织财政收入的过程，不是单纯的筹集资金的过程，通过采取不同的收入形式或收入数量，可以起到保持经济稳定、优化资源配置和调节收入分配的作用。现代市场经济国家普遍运用税收、公债等手段调节资源在公共部门与私人部门、公共产品与私人产品之间的配置结构，促进整个社会资源的合理配置和充分利用，调节收入和财富在社会成员之间的分配结构，促进收入分配趋于合理，维护社会稳定。

3.1.2 财政收入的分类

财政收入的分类，是指按照不同的标准，对财政收入的内容进行科学的归类划分和比较分析。现在的财政收入，规模庞大、结构复杂、项目繁多，对经济社会发展的影响巨大。为了全面反映政府财政资金的来源，分析研究政府财政收入的合理规模与结构，加强收入管理，科学的编制和执行收入预算，实现政府财政收入管理的法制化、规范化，充分有效地发挥政府财政的职能作用，必须从不同的角度，按照财政收入的内在性和相互关系，对财政收入进行科学、系统的分析和综合，这就是财政收入分类的必要性。

各国财政学者都十分重视对财政收入的分类。财政收入的复杂性以及对财政收入进行分析研究的目的不同，分类方法也就多种多样。从我国的实际情况以及财政收入分类的理论和实践价值看，财政收入的分类方法应主要包括以下几种。

1.按财政收入的形式分类

财政收入形式是指政府取得财政收入的具体方式或方法。财政收入形式是特定财政分配关系的反映，也是财政方针政策在收入上的具体体现。在世界范围内，各国由于政治经济制度、经济结构、财政制度等诸方面存在差异，财政收入形式也不尽相同，但各国的主要财政收入形式都是税收，而非税收收入则因国而异。在我国，财政收入主要有如下形式。

(1)税收收入

税收收入是指国家为了实现其职能，凭借政治权力，依靠国家税法规定所取得的财政收入。它具有强制性、无偿性、固定性三大基本特征，是征收面最广、最稳定可靠的财政收入形式，也是我国最主要的财政收入形式。

(2)国有资产权益收入

国有资产权益收入是国家凭借国有资产所有权，参与国有企业利润分配，所应获取的经营利润、租金、股息(红利)、资金占用费等收入的总称，主要以利润上缴形式体现。这是建立在生产资料公有制基础上的社会主义国家特有的和不可缺少的收入形式。在我国实行市场经济之前，利润上缴收入也是财政收入的一个主要形式，企业利润的分配制度改革后，利润上缴收入在财政收入中的比例有所下降。

(3)债务收入

债务收入是国家凭借其信誉，采取有借有还、还本付息的信用方式，从国内、国外取得的财政收入。主要包括在国内发行债券(主要是国库券)，向外国政府、国际金融组织、国外商业银行的借款以及发行国际债券等取得的收入。其中，在国内发行国库券是取得债务收入的最主要形式。

债务收入通常是国家为弥补财政赤字或调节经济运行而采取的一种特殊的筹集财政资金的形式。由于债务收入是国家凭借国家信用方式筹集的，所以它不具有税收的无偿性特征，而是一种必须偿还的收入。这样，债务收入就不应作为政府的正常财政收入来看待。目前国家公布的财政收入数字一般不包括债务收入。

债务收入具有有偿性、自愿性、灵活性和广泛性等特点，在弥补财政赤字、调节经济运行等方面发挥着十分重要的作用。

(4)政府收费收入

我国现阶段政府收费收入大体有以下六类。

① 规费收入，指政府部门为公民或社会组织提供某些特殊服务或实施行政管理所收取的手续费和工本费。

② 公产使用费，指受益者对享受政府所提供的特定公共物品或劳务而相应支付的一部分费用。

③ 特别课征，指政府为新增加或是改造旧有公共设施，根据公众受益大小而按比例课征的收入，目的是用以补充全部或一部分的工程费用。

④ 各种摊派性收入，指政府以各种名义征收的基金，如电力建设基金、交通建设基金、机场建设基金以及各种强制性、摊派性收入。

⑤ 特许金，指政府给予个人或企业某种行为或经营活动的特许权所取得的收入，如娱乐场所的开设。

⑥ 其他收入形式。如专项基金，是为特定用途而征收的收入；如社会保障基金(养老、医疗、失业保险基金等)，特点是专款专用。

按收入形式分类，是财政收入分类的主要方法之一。我国目前的国家预算收入科目即按此设置，这主要反映财政收入过程中不同的筹集方式及其通过各种方式取得的收入在总收入中所占的比重，有利于了解掌握国家政府活动的范围及其方向，有利于分析预算执行情况，总结经验，为调整、制定下年度的预算编制提供依据。

2.按财政收入来源的所有制结构分类

按财政收入来源的所有制结构分类，财政收入分为国有经济收入、集体经济收入、中外合资经济收入、中外合作经济收入、私营经济或外商独资经济收入、个体经济收入等。其中国有经济提供的收入一直占据主导地位。

这种分类，反映了所有制结构对财政收入的影响，便于国家调整收入政策，完善经济关系。

3.按财政收入来源的部门结构分类

按财政收入来源的部门结构分类，财政收入分为来自农业部门收入、工业部门收入、商业部门收入、交通运输业部门收入等；或者分为来自第一产业部门收入、第二产业部门收入和第三产业部门收入等。其中，工业部门提供主要的收入来源。

这种分类，便于了解部门、产业结构以及与之相关的价格变化对财政收入的影响，及时掌握财政收入变化的趋势，开辟、培养新财源。有关财政收入部门结构的具体内容，将在财政收入结构一节中做进一步分析，这里不再详述。

4.按财政收入来自国境内外分类

按财政收入来自国境内外分类，财政收入可分为国内收入和国外收入。

(1)国内收入。国内收入是指在中华人民共和国境内取得的各项财政收入，主要包括以税收、国有资产权益收入、国内债务收入及其他收入形式取得的收入。国内收入是财政收入的主体，一般占财政总收入的90%以上。

(2)国外收入。国外收入是指在中华人民共和国境外取得的各项财政收入。主要包括国外债务收入、国外各界对我国的赠予或无偿援助等。国外收入一般只是财政收入的辅助、调剂部分。

这种分类，便于分析我国在一定时期内的财政收入内外结构及其发展变化趋势，把财政收入的增长建立在国内经济发展和经济效益提高的基础上。同时，根据我国的国情和国力，适时、适度、有效地利用国外资金，以调剂国内的余缺，形成合理的内外财力主辅结构，促进经济社会发展。

5. 按财政收入的管理权限分类

按财政收入的管理权限分类，财政收入可分为中央财政收入和地方财政收入。

(1)中央财政收入。中央财政收入是指按照国家预算法规和财政管理体制的规定，由中央政府集中筹集和支配使用的财政资金。中央财政收入在财政总收入中占据主导地位。

(2)地方财政收入。地方财政收入是指按照国家预算法规和财政管理体制的规定，由地方政府集中筹集和支配使用的财政资金。地方财政收入在财政总收入中占据基础地位。

这种分类，有利于正确处理财政分配中集权与分权的关系，为探求中央财政与地方财政的合理比例，改革和完善财政管理体制提供依据。表 3-1 是改革开放后我国中央财政收入和地方财政收入数额及其比重。表 3-2 为 2013 年我国中央财政和地方财政主要收入项目情况。

表 3-1　1978—2013 年中央财政收入和地方财政收入数额及其比重

年　份	财政收入(亿元)			比重(%)	
	国　家	中　央	地　方	中　央	地　方
1978	1 132.26	175.77	956.49	15.5	84.5
1980	1 159.93	284.45	875.48	24.5	75.5
1985	2 004.82	769.63	1 235.19	38.4	61.6
1990	2 937.10	992.42	1 944.68	33.8	66.2
1991	3 149.48	938.25	2 211.23	29.8	70.2
1992	3 483.37	979.51	2 503.86	28.1	71.9
1993	4 348.95	957.51	3 391.44	22.0	78.0
1994	5 218.10	2 906.50	2 311.60	55.7	44.3
1995	6 242.20	3 256.62	2 985.58	52.2	47.8
1996	7 407.99	3 661.07	3 746.92	49.4	50.6
1997	8 651.14	4 226.92	4 424.22	48.9	51.1
1998	9 875.95	4 892.00	4 983.95	49.5	50.5
1999	11 444.08	5 849.21	5 594.87	51.1	48.9
2000	13 395.23	6 989.17	6 406.06	52.2	47.8
2001	16 386.04	8 582.74	7 803.30	52.4	47.6
2002	18 903.64	10 388.64	8 515.00	55.0	45.0
2003	21 715.25	11 865.27	9 849.98	54.6	45.4
2004	26 396.47	14 503.10	11 893.37	54.9	45.1
2005	31 649.29	16 548.53	15 100.76	52.3	47.7
2006	38 760.20	20 456.62	18 303.58	52.8	47.2
2007	51 321.78	27 749.16	23 572.62	54.1	45.9
2008	61 330.35	32 680.56	28 649.79	53.3	46.7
2009	68 518.30	35 915.71	32 602.59	52.4	47.6
2010	83 101.51	42 488.47	40 613.04	51.2	48.9
2011	103 874.43	51 327.32	52 547.11	49.4	50.6
2012	117 253.52	56 175.23	61 078.29	47.9	52.1
2013	129 209.64	60 198.48	69 011.16	46.6	53.4

注：(1)中央、地方财政收入均为本级收入；
(2)本表数字不包括国内外债务收入。

表 3-2　2013 年中央财政和地方财政主要收入项目　　单位：亿元

项　目	国家财政收入	中央财政收入	地方财政收入
合计	129 209.64	60 198.48	69 011.16
税收收入	110 530.70	56 639.82	53 890.88
国内增值税	28 810.13	20 533.81	8 276.32
国内消费税	8 231.32	8 231.32	—
进口货物增值税、消费税	1 4004.56	14 004.56	—
出口货物退增值税、消费税	−10 518.85	−10 518.85	—
营业税	17 233.02	78.44	17 154.58
企业所得税	22 427.20	14 443.86	7 983.34
个人所得税	6 531.53	3 918.99	2 612.54
资源税	1 005.65	45.34	960.31
城市维护建设税	3 419.90	176.30	3 243.60
房产税	1 581.50	—	1 581.50
印花税	1 244.36	455.55	788.81
证券交易印花税	469.65	455.55	14.10
城镇土地使用税	1 718.77	—	1 718.77
土地增值税	3 293.91	—	3 293.91
车船税	473.96	—	473.96
船舶吨税	43.55	43.55	—
车辆购置税	2 596.34	2 596.34	—
关税	2 630.61	2 630.61	—
耕地占用税	1 808.23	—	1 808.23
契税	3 844.02	—	3 844.02
烟叶税	150.26	—	150.26
其他税收收入	0.73	—	0.73
非税收入	18 678.94	3 558.66	15 120.28
专项收入	3 528.61	406.39	3 122.22
行政事业性收费	4 775.83	278.48	4 497.35
罚没收入	1 658.77	45.43	1 613.34
其他收入	8 715.73	2 828.36	5 887.37

资料来源：中国统计年鉴 2014。

3.2　财政收入规模

3.2.1　财政收入规模的含义

财政收入规模，是指一定时期内(通常为一年)国家所能筹集到的财政收入的绝对量或相对量。

财政收入规模的绝对量，是指一定时期内国家所能筹集到的财政收入的数量。通常用年度财政总收入来衡量。从静态考察，财政收入的绝对量反映了一个国家或一个地区在一定时期内的经济发展水平和财力集中程度，体现了政府运用各种财政收入手段调控经济运行、参与收入分配和资源配置的范围和力度；从动态考察，即把财政收入规模的绝对量连续起来分析，可以看出财政收入规模随着经济发展、经济体制改革以及政府职能变化而增减变化的情况和趋势，进而分析出市场机制与政府财政机制在调控经济运行、资源配置和收入分配中的范围、力度的变化趋势。

财政收入规模的相对量，是指一定时期内财政收入与有关经济和社会指标的比率。通常用财政收入占国民生产总值(GNP)或国内生产总值(GDP)的比重来衡量。财政收入的相对量反映了财政收入和宏观经济运行及国民收入分配的相互关联、相互制约的关系。研究财政收入的规模，不仅要研究其绝对量，更要研究其相对量。如果脱离国民经济和社会发展的相关指标去研究和确定财政收入的规模，就割裂了经济运行与财政收入的内在联系，也就不能真实、客观、准确地确定财政收入规模。

3.2.2 制约财政收入规模的主要因素

财政收入规模是衡量国家财力和政府在社会经济生活中职能范围的重要指标。从历史上看，保证财政收入持续稳定增长始终是世界各国的主要财政目标。但是，财政收入规模有多大，财政收入增长的速度有多快，不是或不仅是以政府的意愿为转移的，它要受各种政治经济条件的制约和影响。在正常情况下，制约一定时期财政收入规模的因素主要有以下几个。

1. 经济发展速度

经济发展速度是一个国家一定时期的经济总量的集中表现，可以用一定时期的社会总产值、国民生产总值和经济发展水平等指标来反映。经济发展速度决定财政收入增长速度，即决定一定时期财政收入规模。这是由财政与经济的关系决定的。经济是财政取得收入的基础，在其他条件不变的情况下经济发展速度越快，意味着社会财富的增长幅度越大，政府财政的税源相应扩大，财政收入规模当然也相应扩大；反之，财政收入规模只能缩小。

2. 社会经济效益水平

经济效益水平反映一个国家经济活动中投入与产出的对比关系，可以用劳动生产率和资金利用率的指标来衡量。一定时期的财政收入水平要受社会的经济效益水平制约，这是由财政收入的性质及其来源的特殊性决定的。财政收入来源于社会产值扣除成本后的剩余部分，而社会经济效益直接决定扣除成本后产值的剩余状况，决定产值一定状况下财政可以分配的份额。可见，单纯扩大经济发展规模，可能扩大经济规模，但并不一定能保证财政收入的相应增长，关键是看经济规模的扩大是否伴随着经济效益的相应提高，只有在经济规模扩大、社会产值增加的同时不断提高经济效益，财政收入的规模和增长速度才有可能扩大和提高。

3. 分配体制和政策

财政收入的规模在客观上受经济发展速度和经济效益水平决定，在上述两个因素既定的情况下，一定时期的分配体制和分配政策便成为制约财政收入规模的重要因素。这里的分配政策包括国民收入的分配制度和政策、财政收入的分配制度和政策。国民收入的分配政策决定着国民收入在各分配要素之间，特别是资本和劳动之间的分配比例，进而决定着财政分配对象的大小。至于在何种情况下会产生何种情形，则取决于财政分配制度和政策。在以直接税为主体税制的体制下，如果收入向个人收入倾斜，财政收入的规模就会大一些。因为，所得税是最重要的直接税，它是以个人收入为主要课税对象的。与此相反，在以间接税为主体税制的体制下，收入向资本倾斜也会使财政收入规模大一些，因为间接税主要是以商品价格为征税对象的，商品价格中包括了资本投入的份额。此外，一定时期的经济体制也是决定财政收入规模的重要因素，因为在不同体制下，政府的职能范围是不同的，由此决定的财政分配的范围和规模也不一样。如在计划经济体制下，政府职能渗透到微观经济环节，国有经济是国民经济的主体，政府以社会管理者和资产所有者双重身份参与社会产品分配，其分配的依据是多元的，分配的范围也是相对较宽的；同时，国有企业的投资任务也主要由政府承担，这也要求政府通过财政占有更多的社会产品。在这种体制下，政府财政收入的规模在国民收入中的比率自然会高一些；反之，在市场经济体制下，市场是资源配置的主要机制，政府的主要职责是为社会提供公共产品，其职能范围仅限于市场不宜和市场不能的领域，与此相适应，国民收入主要向市场主体倾斜，财政收入占国民收入的比率也就只能低一些。

3.2.3 财政收入规模确定的重要性及如何确定

1. 合理确定财政收入规模的重要性

适度的财政收入规模是保证社会经济健康运行、资源有效配置、国民收入分配使用结构合理、财政职能有效发挥，从而促进国民经济和社会事业的稳定、协调发展的必要条件。具体地说，合理确定财政收入占 GDP 的比例其重要意义如下。

(1)财政收入占 GDP 的比例影响资源有效配置。在市场经济中，市场主体主要包括企业、居民和政府三个部分。各个主体对国民经济和社会发展具有不同的职能作用，并以一定的资源消耗为实现其职能的物质基础。而社会经济资源是有限的，各利益主体对资源的占有、支配和享用客观上存在着此增彼减的关系。按照边际效益递减规律，无论哪一个利益主体的资源投入增量超过了客观上所需要的数量，就整个社会经济资源配置而言，都不会实现资源配置的最优化。问题的焦点集中在政府对有限经济资源的集中配置程度即财政收入占 GDP 的比重上。理想状态的集中度，应是政府集中配置的资源与其他利益主体分散配置的资源形成恰如其分的互补关系，或者说，形成合理的私人产品与公共产品结构，使一定的资源消耗获得最优的整体效益；反之，则相反。

(2)财政收入占 GDP 的比例影响经济结构的优化。在一定时期内，可供分配使用的国民生产总值是一定的量，但是，经过工资、利息、利润、财政税收等多种分配形式的分配和分配最终形成的 GDP 分配结构则有可能是多种多样的。在 GDP 一定时，若政府财政集中过多，就会改变个体纳税人的可支配收入用于消费与投资的比例，税负过高也会降低企业纳税人从事投资经营的积极性。若消费与休闲的代价因政府加税而变得相对较低，人们就愿意选择消费和休息而不是投资和工作，致使国民生产总值在投资与消费之间的结构失衡。当然，在宏观财税负担一定时，若财税负担在不同产业部门、不同地区、不同所有制等之间的分布不合理，也会通过误导生产要素向财税负担相对较轻的产业、地区和所有制的不合理流动，从而造成 GDP 的生产与分配结构失衡，影响整个国民经济的稳定协调发展。

(3)财政收入占 GDP 的比例既影响公共需要的满足，也影响个别需要。满足经济生活中的任何需要(公共需要和个别需要)都要以 GDP 所代表的产品和劳务来满足。政府征集财政收入的目的在于实现国家职能，满足公共需要。公共需要是向社会提供的安全、秩序、公民基本权利和经济发展的社会条件等方面的需要。其中，既有经济发展形成的公共需要，又有社会发展形成的公共需要。前者的满足，可直接推动社会经济发展；后者的满足则可以直接推动社会发展并间接推动经济发展。总之，满足公共需要实际上形成了推动经济、社会发展的公共动力。GDP 中除财政集中分配以外的部分，主要用于满足个别需要。个别需要包括企业部门和家庭部门的需要。满足个别需要是经济生活中形成个别动力的源泉，个别动力对国民经济发展具有直接的决定作用。实际上，公共动力对经济社会的推动作用最终也要通过个别动力来实现，而个别动力对经济的决定作用也需借助于公共动力的保障来实现。在GDP一定时，需要寻找公共需要满足程度与个别需要满足程度的最佳结合点，实际上也就是财政收入占GDP的合理比例。

(4)财政收入占GDP的比例既是财政政策的直接目标，又是财政政策的中介目标。财政收支作为一个整体，其运作必须服从财政政策目标。财政收支作为相对独立的财政活动，不仅要有财政政策目标作为终极目标指向，而且还要有更为明确、具体的直接目标分别指示其运作的方向和力度，这些直接目标决定于财政政策目标，并具体指导着财政分配活动，可将其称为中介目标。指导财政收入活动的中介目标是财政收入政策目标，而最主要的财政收入政策目标就是财政收入占GDP的比例。

2.财政收入规模的确定

财政收入规模是由多种因素综合决定的，不仅在不同的国家，财政收入规模有较大差异，而且在同一国家的不同历史时期，财政收入规模也不相同。因此，在现实财政经济生活中，很难用一个不变的固定数值或比例来衡量世界各国各个时期财政收入规模的合理性。当然，这也并不是说适度、合理的财政收入规模就无法测定。实际上，在特定的时间和条件下，衡量财政收入规模是否适度、合理，大致有一个客观标准。这个标准主要包括两个内容。

(1)效率标准

效率标准是指政府财政收入规模的确定应以财政收入的增减是否有助于促进整个社会资源的充分有效利用和经济运行的协调均衡为标准。

①资源利用效率。征集财政收入的过程实际上是将一部分资源从企业和个人手中转移到政府手中的过程，转移多少应考察是否有助于提高整个资源的配置效率。若财政集中过多，虽然政府能为企业和国民提供良好的公共服务，但因相应加重了微观主体的财税负担，使微观经济主体的活动欲望、扩张能力、自主决策能力等都因缺乏资源基础而受到不恰当的限制，不利于经济发展和提高效率；若财政集中过少，微观经济主体虽然因减轻了财税负担而有足够的活力从事投资和消费活动，但同时也会因政府缺乏经济资源导致公共服务水平下降，从而直接或间接地增加微观经济主体的单位产品消耗、提高交易成本和消费结构畸形等，出现资源配置和利用的低效浪费现象。总之，财政转移资源所产生的预期效率应与企业和个人利用这部分资源所产生的预期效率进行比较，若国家使用的效率高，则可以通过提高财政收入占GDP的比重来实现转移；否则应降低这一比例。

②经济运行的协调均衡。一般来说，当经济处于稳定增长的良好态势时，财政收入规模应以不影响市场均衡为界限，这时的财政收入规模，应该既能满足公共财政支出需要，又不对市场和经济发展产生干扰作用。当经济运行处于失衡状态时，财政收入规模就应以能够有效地矫正市场缺陷，恢复经济的协调均衡为界限。

(2)公平标准

公平标准是指在确定财政收入规模时应当公平地分配财税负担。具体地说，就是财政收入占GDP的比例要以社会平均支付能力为界限，具有相同经济条件的企业和个人应承担相同的财税负担，具有不同经济条件的企业和个人应承担不同的财税负担。在公平负担的基础上，确定社会平均支付能力，并据以确定财政收入规模尤其是财政收入占GDP的比例。

3.2.4 改革开放以来我国财政收入增长状况及财政比重的变化和原因

1.改革开放以来我国财政收入增长状况

我国财政收入的增长过程大致可分为四个阶段：第一阶段是水平徘徊阶段，财政收入由1978年的1 132.26亿元上升至1982年的1 212.33亿元，年平均增长率仅为1.72%。第二阶段是缓慢增长阶段，财政收入由1982年的1 212.33亿元增长到1992年的3 483.37亿元，年平均增长率为11.13%。第三阶段是大幅增长阶段，财政收入由1992年的3 483.37亿元增长到1997年的8 651.14亿元，年平均增长率为19.95%。第四阶段是高速增长阶段，财政收入由1997年的8 651.14亿元猛增至2008年的61 316亿元，年平均增长率在25%以上。

2.改革开放以来我国财政比重的变化和原因

1979年以来，在我国财政收入绝对数上升的同时，其占GDP的相对比重也经历了一个先降后升的变化过程。下降的过程是1979—1995年，财政收入的比重从28.4%下降至10.7%。期间有过两次跳跃式的下降，一次是1979—1982年，财政收入的比重从28.4%下降至22.9%，降幅达5.5个百分点；另一次是1985—1988年，从22.4%降至15.8%，降幅为6.6个百分点。升的过程是从1995年开始，至今一直呈单边上升态势，比重从1995年的10.7%升至2008年的20.3%，整个过程比较平稳。我国改革开放后历年财政收入占我国GDP的比重见表3-3。

表3-3 1978—2013年我国财政收入占国内生产总值(GDP)的比重

年份	财政收入(亿元)	国内生产总值(亿元)	财政收入占国内生产总值的比重(%)
1978	1 132.26	3 645.217 474	31.1
1979	1 146.38	4 062.579 191	28.2
1980	1 159.93	4 545.623 973	25.5
1981	1 175.79	4 891.561 062	24.0
1982	1 212.33	5 323.350 965	22.8
1983	1 366.95	5 962.651 568	22.9
1984	1 642.86	7 208.051 718	22.8
1985	2 004.82	9 016.036 581	22.2
1986	2 122.01	10 275.179 22	20.7
1987	2 199.35	12 058.615 13	18.2
1988	2 357.24	15 042.823 01	15.7
1989	2 664.9	16 992.319 11	15.7
1990	2 937.1	18 667.822 38	15.7
1991	3 149.48	21 781.499 41	14.5
1992	3 483.37	26 923.476 45	12.9
1993	4 348.95	35 333.924 71	12.3
1994	5 218.1	48 197.856 44	10.8
1995	6 242.2	60 793.729 21	10.3
1996	7 407.99	71 176.591 65	10.4
1997	8 651.14	78 973.035	11.0
1998	9 875.95	84 402.279 77	11.7
1999	11 444.08	89 677.054 75	12.8
2000	13 395.23	99 214.554 31	13.5
2001	16 386.04	109 655.170 6	14.9
2002	18 903.64	120 332.689 3	15.7
2003	21 715.25	135 822.756 1	16.0
2004	26 396.47	159 878.337 9	16.5

（续表）

年　份	财政收入(亿元)	国内生产总值(亿元)	财政收入占国内生产总值的比重(%)
2005	31 649.29	184 937.369	17.1
2006	38 760.2	216 314.425 9	17.9
2007	51 321.78	265 810.305 8	19.3
2008	61 330.35	314 045.427 1	19.5
2009	68 518.3	340 902.812 6	20.1
2010	83 101.51	401 512.795 2	20.7
2011	103 874.43	473 104.048 6	22.0
2012	117 253.52	519 470.099 2	22.6
2013	129 209.64	568 845.209 8	22.7

注：国家财政收入中不包括国内外债务收入。

资料来源：中国统计年鉴 2014。

我国自改革开放以来，财政收入占 GDP 的比重呈明显的先降后升的趋势，这与我国的经济社会转轨有密切关联。改革开放前，实行高度集中的计划经济体制，国有企业上缴利润在财政收入中占很大比重，财政收入占 GDP 的比重也较高；改革开放后，我国进行所有制结构调整，大量引进外资，鼓励非国有经济的发展，推行“国退民进”战略，正好与两次跳跃式下跌相对应的是 1978 年的农村体制改革和 1984 年的城市体制改革，同时，我国财政收入的主体转变为税收收入，财政收入占 GDP 的比重下降；1992 年明确了建立社会主义市场经济体制的目标模式后，国民经济快速增长，先后进行了分税制、费改税等项改革，同时加强税收征管，确立提高“两个比重”的目标，并顺利实现财政收入占 GDP 比重的回调。只有在财政收入增长速度持续高于 GDP 增长速度的条件下，该比重回调的目标才可能实现。1995 年后我国财政收入占 GDP 比重的一路走高是为了“解放生产力”，1984—1988 年国家财政先后对国有企业实行了两次让利放权的改革，“放水养鱼”、“搞活经济”、“培养财源”的努力进入“收获期”的表现，既是该比重降到过低状态后的一种恢复性增长，又得到了持续高速增长的经济基本面的有力支撑；1994—2008 年，现价 GDP 年均增长 15.1%左右；同期财政收入取得年均增长 19.3%左右的成绩。这充分印证了“经济决定财政”的基本原理和“改革解放生产力”的成就。进一步分析，我国财政收入占 GDP 比重提高，还有产业结构变化、效益与收入提高和进口环节税收贡献等其他原因。

3.3 财政收入结构

3.3.1 财政收入结构的含义

财政收入结构，是指财政收入的构成要素以及各要素之间的相互关系。财政收入结构反映了财政收入的基本构成内容及各类收入在财政收入总额中的所占比例及其相互关系；同时，也反映了一定时期内财政收入的来源和财政收入政策调节的目标、重点、手段和力度。一定时期的财政收入结构既是经济结构的集中反映，又制约着经济结构的形成。研究财政收入结构，目的在于揭示财政收入结构与经济结构之间的内在联系及其规律性，为科学地编制和执行政府财政收入预算，有效地筹集财政资金和发挥财政收入政策调控经济的职能作用服务。同时也为正确处理政府、经济组织、个人之间的财政分配关系，促进经济发展，开辟和培养财源，建立起科学合理的财政收入结构，保证财政收入取之合理、取之有度提供理论依据。

3.3.2 财政收入结构分析

不同的角度可以形成不同内容的财政收入结构比例。这些结构一般包括财政收入的价值结构、财政收入的部门结构、财政收入的所有制结构等。

1. 财政收入的价值结构

社会产品按其价值构成可分为补偿基金(C)、新创造价值(V)、消费基金(M)三部分。来自C、V、M三部分的财政收入可以形成财政收入的价值结构，其中，M部分为财政收入的主要来源。

(1)来自C的财政收入

C是指用来补偿生产过程中消耗掉的生产资料的价值部分，属于补偿基金范围。具体来讲，补偿基金C可以分为C_1、C_2两部分。C_1是指用于补偿生产中消耗掉的劳动对象的基金，即流动资金价值，主要指原材料、燃料、辅助材料等劳动对象的价值。这部分消耗的补偿特点是价值补偿与实物补偿在时间上是一致的，具体表现为：劳动对象在参加一个生产过程后，其实物形态就全部被消耗掉，其价值也就一次、全部地转移到新产品价值中，构成产品成本的组成部分。产品出售后取得销售收入，被消耗的劳动对象得到价值补偿，然后再购买原材料等劳动对象，继续投入生产。只要生产不断进行，其价值补偿与实物补偿就不能停止，否则就会影响企业简单再生产的顺利进行。因此，为了保证企业生产的正常进行，就必须把这部分补偿价值C_1留给企业，由企业掌握运用。可见，C_1不可能也不需要通过财政分配，它不是财政收入的来源。C_2是指用于补偿生产中消耗掉的劳动手段的基金，即固定资产价值，主要指机器设备、厂房和其他建筑物等劳动工具的价值。这部分消耗的补偿具有其特殊性，主要表现为价值补偿与实物补偿在时间上和空间上都是分离的，具体表现为：固定资产的价值形态在生产过程中随着磨损的程度逐渐地部分地分次转移到新产品价值中，然后以折旧费的形式计入产品成本，待产品出售后，再从销售收入中以折旧基金的形式提存出来，以备固定资产报废时进行重置更新。而固定资产的实物形态是在其报废时一次进行更新的。因此，在固定资产进行实物更新之前的一段时间里，计提的折旧基金就会形成一定的“货币沉淀”，这就为财政集中一部分折旧基金提供了可能。当固定资产在生产过程中继续发挥作用时，财政把它的折旧基金集中一部分，并不影响企业生产的正常进行。可见，折旧基金可以作为财政收入的一个来源。在我国历史上对国有企业，曾将全部折旧基金集中财政，逐步发展为将部分折旧基金集中财政，现在为搞活企业，财政一般不再集中这部分资金，而是留归企业。

由此可见，补偿基金C中的C_1部分不能构成财政收入，C_2部分可以构成财政收入，但数量有限，因此补偿基金不是财政收入的主要来源。

(2)来自V的财政收入

V是国民收入中以工资形式支付给生产领域的劳动者必要劳动的价值，即新创造价值中归劳动者个人支配使用的部分，属于个人消费基金范畴。V能否构成财政收入的来源需作具体分析。

① 从个人货币收入层次看，V在总体上是由社会平均维持劳动力再生产的费用决定的，应全部留归劳动者个人。但由于客观上存在着劳动能力上的差别，以及社会产品分配中存在多种个人收入分配形式，各个劳动者实际得到的货币收入在数量上是不同的。一部分高收入者的收入远远高于社会平均必要劳动价值；另一部分低收入者的收入则低于社会平均必要劳动

价值。为了维护收入分配的公正、合理，保持社会稳定，政府应以社会管理者身份凭借政治权力采用税收形式对高收入者进行再调节；对低收入者进行补贴，可见 V 构成了财政收入的来源。

② 从个人收入 V 的消费层次看，个人收入用作消费的部分（剩余部分用作储蓄）可分为三个层次，一是维持劳动者自身及其家属最低限度的生活需要；二是用于发展个人专门技能或知识能力方面的需要；三是用于业余休闲或享受部分的支出。在现代文明社会里，维持合格劳动力再生产的费用应主要包括前两部分，它一般不应成为财政分配的对象；而第三部分有很大的伸缩性，尤其与收入水平相关联，因此，对用于这一消费层次的收入可采用税收形式予以适当调节，对个人收入课征所得税或特定消费品课征消费税，最终应以第三部分消费支出来负担。

从我国目前的实际情况看，来自 V 的财政收入由直接和间接转化得来。直接来自 V 的有：对个人征收的各种税收、规费收入、罚没收入和居民购买国库券、公债等。间接来自 V 的有：高税率的消费品税负转移到消费者上所获得的一部分财政收入，服务性行业和文化娱乐业等企业单位上缴的税收，其中的一部分是通过对 V 的再分配转化而来的。但是，由于我国目前平均工资水平还较低，财政收入来自 V 的部分不可能太多，可见 V 是我国财政收入的一个来源，但不是主要来源。

(3)来自 M 的财政收入

M 是生产领域中劳动者为社会所创造的社会产品的价值，即新创造的价值中归社会支配使用的部分。它是社会进行扩大再生产和满足社会公共需要的物质基础，是财政收入的主要来源。关于这一点可从以下两方面进行说明。

① 从 M 的特点来看。在社会总产品价值构成中，M 表现为社会总产值扣除成本($C+V$)之后的余额，这就使它有可能更多地由财政来分配。因为社会总产值在扣除了成本之后，企业维持其简单再生产就有了保证，M 可以离开生产领域，财政对 M 进行再分配就不至于影响企业正常生产。

② 从 M 的最终用途来看。M 最终用于两个部分，一部分是消费，一部分是积累，即最终形成消费基金和积累基金。在社会主义市场经济条件下，社会消费基金的绝大部分需要在全社会范围内进行统一筹集和使用，积累基金的很大一部分也需要在国民经济范围内进行统一的调节。在全社会范围内统一筹措、使用社会消费基金，在国民经济范围内统一调节积累基金，主要是通过财政分配来进行的。所以财政分配的主要对象是 M 部分，剩余产品价值 M 的扩大是增加财政收入的最根本的源泉。

综上所述，我国的财政收入就它的价值构成来看包括 C、V、M 三个部分，其中 C、V 两部分可以构成财政收入，但数量非常有限，只有 M 部分是财政收入的主要来源。因此，从开辟财源扩大财政收入来说，根本的途径是增加 M。只有在发展生产、降低消耗、保证劳动者个人收入相应提高的基础上增加 M，这样国家的财源才能充裕。

2. 财政收入的形式结构

按收入形式的不同，可把财政收入划分为税收收入、国有资产收益、债务收入和政府收费。在我国主要是分为税收收入、企业收入、企业亏损补贴、能源交通基金、预算调节基金、教育附加及其他收入形式。这种收入结构，揭示了一定时期内公共收入中，无偿收入与有偿收入的比重，以及规范性收入与非规范性收入的比重，反映了经常性收入与经常性支出的协调性以及财政收入的稳定情况。一般来说，税收收入具有无偿性，是经常性支出的主要资金来源，而债务收入由于其具有有偿性，一般不适用于经常性支出，而主要用于资本性支出。政府收费以及国有资产收益则多数分别作为经常性支出和资本性支出来源的一部分。表 3-4 汇总的是我国改革开放后 1978—2013 年财政收入的形式结构数据，以供参考。

表 3-4 1978—2013 年我国财政收入的形式结构数据

单位：亿元

年份	财政收入（亿元）	各项税收	企业收入	企业亏损补贴	能源交通基金	预算调节基金	教育费附加	债务收入	其他
1978	1 132.26	519.28	571.99	—	—	—	—	—	40.99
1979	1 146.38	537.82	495.03	—	—	—	—	35.31	113.53
1980	1 159.93	571.70	435.24	—	—	—	—	43.01	152.99
1981	1 175.79	629.89	353.58	—	—	—	—	121.74	192.22
1982	1 212.33	700.02	296.47	—	—	—	—	83.86	215.84
1983	1 366.95	775.59	240.52	—	93.00	—	—	79.41	257.84
1984	1 642.86	947.35	276.77	—	112.45	—	—	77.34	296.29
1985	2 004.82	2 040.79	43.75	−507.02	146.79	—	—	89.85	280.51
1986	2 122.01	2 090.73	42.04	−324.78	157.07	—	—	138.25	256.95
1987	2 199.35	2 140.36	42.86	−376.43	180.18	—	—	223.55	212.38
1988	2 357.24	2 390.47	51.12	−446.46	185.93	—	—	270.78	176.18
1989	2 664.9	2 727.40	63.60	−598.88	202.18	91.19	—	407.97	179.41
1990	2 937.1	2 821.86	78.30	−578.88	185.08	131.21	—	375.45	299.53
1991	3 149.48	2 990.17	74.69	510.24	188.22	138.53	28.01	461.40	240.10
1992	3 483.37	3 296.91	59.97	−444.96	157.11	117.47	31.72	669.68	265.15
1993	4 348.95	4 255.30	49.49	−411.29	117.72	102.46	44.23	739.22	191.04
1994	5 218.1	5 126.88	—	−366.22	53.96	59.10	64.20	1 175.25	280.18
1995	6 242.2	6 038.04	—	−327.40	17.42	34.92	83.40	1 549.76	396.19
1996	7 407.99	6 909.82	—	−337.40	3.78	11.09	96.04	1 967.28	724.66
1997	8 651.14	8 234.04	—	−368.49	—	—	103.29	2 476.82	682.30
1998	9 875.95	9 262.80	—	−333.49	—	—	113.34	3 310.93	833.30
1999	11 444.08	10 682.58	—	−290.03	—	—	126.10	3 715.03	925.43
2000	13 395.23	12 581.51	—	278.78	—	—	147.52	4 180.10	944.98
2001	16 386.04	15 301.38	—	−300.04	—	—	166.60	4 604.00	1 218.10
2002	18 903.64	17 636.45	—	−259.60	—	—	198.05	5 679.00	1 328.74
2003	21 715.25	20 017.31	—	−226.38	—	—	232.39	6 153.53	1 691.93
2004	26 396.47	24 165.68	—	−217.93	—	—	300.40	6 879.34	2 148.32
2005	31 649.29	28 778.54	—	−193.26	—	—	356.18	6 922.87	2 707.83
2006	38 760.20	34 804.35	—	−180.22	—	—	446.85	—	3 689.22
2007	51 321.78	49 442.73	—	−277.54	—	—	556.91	—	5 420.44
2008	61 330.35	17 996.94	—	−350.23	—	—	—	—	5 631.14
2009	68 518.30	18 481.22	—	−429.32	—	—	—	—	6 125.32
2010	83 101.51	21 093.48	—	−510.91	—	—	—	—	6 970.64
2011	103 874.43	24 266.63	—	−674.23	—	—	—	—	7 546.34
2012	117 253.52	26 415.51	—	−756.36	—	—	—	—	7 981.32
2013	129 209.64	28 810.13	—	−839.56	—	—	—	—	8 432.52

注：(1)从 2006 年起实行债务余额管理，国家财政预决算不再反映债务发行收入；

(2)国家财政收入中未包括国内外债务收入。

资料来源：中国统计年鉴 2014 年。

3. 财政收入的部门结构

财政分配的对象是以货币形式所表现的社会产品，这些社会产品的价值是由物质生产领域的各个生产部门创造并实现的。来自国民经济各个不同部门的财政收入可以形成财政收入的部门结构。由于每个部门在国民经济中所处的地位不同，并且各部门的自然条件、技术装备、劳动生产率以及创造的产品和纯收入的情况不一样，因而对财政收入也就有了不同的影响。

(1)来自农业的财政收入

农业是人类的生存之本，是发展国民经济的基础，也是财政收入的重要来源。但农业不能为财政直接提供大量收入，而主要是间接提供收入。农业部门为国家提供的财政收入表现在两个方面。

① 直接为财政提供收入，这主要是指农牧业税和农村的其他税收收入。由于我国农业劳动生产率比较低，农业收入扣除内部积累和个人消费部分以后，剩余产品价值 M 较少。再加上国家长期以来对农业采取轻税政策，因此，农牧业税在整个财政收入当中所占份额极其有限，且在我国，为减轻农民负担，已取消农业税。

② 间接为财政提供收入，这主要是由于历史的原因，工农业产品价值存在着剪刀差，致使农产品按照低于其价值的价格出售，再通过价格的再分配作用，使农业所创造的一部分价值转移到以农产品为原料的工业或商业部门中实现，因此，这些部门向国家上缴的税利中，就包含一部分农业所创造的价值，从而形成财政间接来自农业的收入。自 1979 年以来，国家先后 12 次大幅度地提高农副产品的收购价格，使剪刀差有所减小。但由于历史的原因，在今后较长一段时期内，剪刀差问题不可能完全消失，这就使得农业通过价格间接为财政提供收入的情况会依然存在。农业部门间接为国家提供的财政收入比直接缴纳的要多。

农业部门除了直接或间接为财政提供收入外，农业生产及其丰歉对财政收入也有影响，它不仅直接影响当年的财政收入，还要影响到下一年度的财政收入。这是由农业生产本身的特点决定的。因为农业生产具有季节性，农作物收获分夏收和秋收两季，农业税的征收也就分夏征和秋征两次，主要是秋征。秋征入库的农业税，有相当一部分要到下年度才能通过结算转为财政收入。另外，作为轻纺工业原料的农产品，主要也是秋后收购的，其中除小部分用于当年生产消耗外，大部分要作为生产储备，转到下一年使用。因此，以此为原料的轻工产品所取得的纯收入只能在下一年才能转化为财政收入。

(2)来自工业的财政收入

工业是国民经济的主导，是创造国民收入的主要部门，也是财政收入的主要来源部门。这是因为：

①工业产值在国民生产总值中占的比重最大；

②工业生产的技术装备比较先进，技术水平高，因而劳动生产率也高，创造的纯收入多；

③工业部门中国有企业占的比重大，创造的社会纯收入大部分要以税利的形式上缴财政。

因此，工业的发展对财政收入有着决定性影响。但财政收入能否随着工业生产的发展而相应的增长，取决于企业经济效益的好坏、工业内部的各比例结构是否合理，如轻工业与重工业之间、基础工业与加工工业之间等。如果只片面地强调产值和速度，忽视经济效益和比例结构，往往只能导致速度和效益脱节，国民生产总值或国民收入增长，而财政收入却不能同步增长甚至还下降的现象。因此，从财政收入的部门结构来看，要想增加财政收入，就应该积极把握工业生产的特点及其规律性，加强企业经济管理，降低消耗，提高劳动生产率，提高经济效益。同时，财政政策要有利于促进工业内部结构比例的合理，增强企业活力，保证财政收入与工业发展同步稳定增长。

(3)来自商业的财政收入

商业是执行交换的部门，属于商品再生产的流通环节，是连接生产与消费的纽带。它对促进工农业产品顺利销售、实现价值转移、加速资金周转、满足人民消费愿望、增加积累等方面起到重要作用。商业部门为财政提供收入的主要表现如下。

①商业部门本身创造的纯收入是财政收入的重要来源。因为商业部门中的一些活动是创造价值的，即商业部门通过对商品物质进行进一步的加工、挑选、分类、包装、储存等生产性劳动，使生产过程在流通领域里继续创造并增加商品价值。这部分创造的价值是财政收入的一项来源。

②商业是商品价值实现的重要环节，也是实现财政收入的必要环节。因为生产企业创造的商品价值，必须通过商业的购销活动，最后到达消费者手中才能最终实现。这样也才能使财政增加收入，并且这些收入才是真实可靠的。这是由社会分工和价值周转的要求决定的。

(4)来自交通运输业的财政收入

交通运输业包括铁路、公路、航空、航海等部门。它是生产过程在流通领域中的继续，是连接国民经济各地区之间、各部门之间、城乡之间和国内外之间物资交流的重要纽带，对促进各部门经济发展，调节各地区物质供求平衡等方面起到积极作用。交通运输业部门为财政提供的收入主要表现在：

①直接为财政提供收入。交通运输业的生产不同于工农业生产，它不创造产品，也不增加产品的数量和改变产品的自然形态，而是通过运输业务，改变物质存在的场所，从而增加了产品的价值，这部分价值成为财政收入的一项来源。

②间接为财政提供收入。交通运输业通过减少耗费，降低成本，可以降低运费，这就降低了工业等部门的成本，提高了他们的赢利，从而增加了财政收入。

更为重要的是交通运输业是国民经济的先行部门，直接制约着其他部门的发展，也影响着人民的生活水平。但是，我国目前交通运输业还不够发达，收费价格也不尽合理，因而为财政提供的收入还不是很多。

(5)来自建筑业的财政收入

建筑业是一个特殊的生产部门，为财政提供的收入非常有限。这是因为建筑业虽然也创造产品和价值，但其产品的生产方式和价值实现方式与一般的工业生产不同。表现为建筑业生产的产品是固定资产，固定资产是进行生产的重要前提条件，影响着国民经济结构和生产力布局。建筑业产品除商品房外，一般不经过流通，产品价格当中主要是成本和利润，流转税金很少，建筑业本身上缴的税利也不是很多，因而，建筑业为财政提供的收入很有限。随着建筑业的发展，建筑业产品的商品化及其价格改革的进一步深化，建筑业为财政提供的收入会越来越多。

除了上述行业外，满足人民生活更高层次需要的服务业、娱乐业、旅游业等第三产业部门也为财政提供收入。今后，随着第三产业迅速发展，第三产业将成为财政收入新的基础和主要来源。表3-5是我国1990—2013年三次产业贡献率情况。

表 3-5 我国 1990—2013 年三次产业贡献率

年　份	国内生产总值(%)	第一产业(%)	第二产业(%)	第三产业(%)
1990	100.0	41.6	41.0	17.3
1991	100.0	7.1	62.8	30.1
1992	100.0	8.4	64.5	27.1
1993	100.0	7.9	65.5	26.6
1994	100.0	6.6	67.9	25.5
1995	100.0	9.1	64.3	26.6
1996	100.0	9.6	62.9	27.5
1997	100.0	6.7	59.7	33.5
1998	100.0	7.6	60.9	31.5
1999	100.0	6.0	57.8	36.2
2000	100.0	4.4	60.8	34.8
2001	100.0	5.1	46.7	48.2
2002	100.0	4.6	49.8	45.7
2003	100.0	3.4	58.5	38.1
2004	100.0	7.8	52.2	39.9
2005	100.0	5.6	51.1	43.3
2006	100.0	4.8	50.0	45.2
2007	100.0	3.0	50.7	46.3
2008	100.0	5.7	49.3	45.0
2009	100.0	4.5	51.9	43.6
2010	100.0	3.8	56.8	39.3
2011	100.0	4.6	51.6	43.8
2012	100.0	5.7	48.7	45.6
2013	100.0	4.9	48.3	46.8

注：本表按不变价格计算。

资料来源：中国统计年鉴 2014。

4. 财政收入的所有制结构

来自不同经济成分的财政收入构成了财政收入的所有制结构。由于不同所有制经济与国家具有不同的分配关系，国家相应地采取不同的形式参与不同所有制企业的产品分配。受生产力发展水平的制约，不同的历史时期所有制构成有差异，其结构比例的变化也对财政收入构成和规模有影响制约作用。

(1)来自国有经济的财政收入。国有经济是社会主义全民所有制经济，国有企业始终是国民经济发展的主要增长点，在社会经济发展中起着主导性作用。从财政收入的整体来看，国有经济提供的收入最多，主要原因是：①国有经济的生产资料归全民所有，是公有制的一个重要组成部分，因此，国有企业不仅要上缴流转税和所得税，以实现国家的社会管理者职能，还要上缴利润，以实现国家的资产所有者职能；②国有经济在整个国民经济中所占的比重高，创造的社会纯收入较多，提供的财政收入也较多。

从国有企业改革趋势看，随着非公有制经济的发展，国有经济的数量优势将进一步下降，国有经济的范围将进一步缩小。国有经济的主导作用将主要通过国有经济的质量优势和国有财产组织结构的转换来实现。国有经济的质量优势是通过国家控制国民经济中的重要生产部门，如重要原材料生产部门、重要设施部门、高新技术部门等来实现。当然，仅仅控制还不够，还必须具有较高的效率，国有制部门是否有效率，是国有经济能否发挥主导作用的基础。国有财产组织结构的转换则是在产权社会化条件下，投资主体已趋于多元化，国有制应通过控股和参股形式和其他所有制经济相结合，并通过控股发挥主导作用。随着国有产权结构的调整和国有经济从数量优势向质量优势的转变，国有企业与政府、国有企业与财政、国有企业与银行，以及国有制与其他经济成分的责权关系将逐步理顺。从财政收入角度分析，国家财政除了以规范的税收形式和国有资产收益形式稳定地从国有制企业中直接获取财政收入外，更重要的是通过有效发挥国有经济的主导作用，为整个国民经济的发展及非公有制经济的发展奠定良好的物质技术基础，从而间接地增加财政收入。

(2)来自集体经济的财政收入。集体所有制经济作为公有制经济的一种形式，在社会主义市场经济中占有重要地位，是我国财政收入的重要来源。农业是集体所有制经济的主要表现之一，改革开放以来，农业经济的增长，排挤出大量过剩的农业劳动力，加之农民收入的增加为集体经济尤其是乡镇企业的发展提供了劳动力和货币资本，促进了城乡集体经济的兴起和蓬勃发展，目前集体经济的生产额已占到国民生产总值的1/3以上。与此相适应财政尤其是地方财政来自集体经济的各项税收收入呈稳步扩大趋势。

(3)来自非公有制经济的财政收入。非公有制经济包括个体经济、私营经济、“三资”企业等，与公有制经济同时并存、共同发展、平等竞争、优胜劣汰。我国城市经济体制改革，有一项重要的内容就是逐步培育和发展城市与城镇个体经济和私营经济，尤其在商业和服务业领域，非公有制经济成分所占的比重不断扩大；同时，实行对外开放政策，大量吸引外资，使“三资”企业得到了很快的发展，我国目前已成为排在世界前列的资本输入国之一。随着各种非公有制经济成分的迅速发展，政府财政来自非公有制经济上缴的税收呈增长趋势。

小　结

1. 财政收入是指国家为了满足实现其职能的需要，依据国家权力，参与社会产品或国民收入分配而占有的一部分社会产品或社会产品价值。财政收入包括三方面的含义：财政收入是国家筹集的一部分社会产品的价值，主要是剩余产品价值；财政收入是财政支出的前提；财政收入是国家调节经济的重要手段。

2. 财政收入的分类，是指按照不同的标准，对财政收入的内容进行科学的归类划分和比较分析。财政收入的分类方法应主要包括以下几种：按财政收入的形式分类，可分为税收收入、国有资产权益收入、债务收入、政府收费收入和专项基金；按财政收入来源的所有制结构分类，可分为国有经济收入、集体经济收入、中外合资经济收入、中外合作经济收入、私营经济或外商独资经济收入、个体经济收入；按财政收入来源的部门结构分类，可分为来自农业部门收入、工业部门收入、商业部门收入、交通运输业部门收入等；按财政收入来自国境内外分类，可分为国内收入和国外收入；按财政收入的管理权限分类，可分为中央财政收入和地方财政收入。

3. 财政收入规模，是指一定时期内(通常为一年)国家所能筹集到的财政收入的绝对量或相对量。它是财政分配规模的一个组成部分。

4. 财政收入规模的绝对量，是指一定时期内国家所能筹集到的财政收入的数量。通常用年度财政总收入来衡量。从静态考察，财政收入的绝对量反映了一个国家或一个地区在一定时期内的经济发展水平和财力集中程度，体现了政府运用各种财政收入手段调控经济运行、参与收入分配和资源配置的范围和力度；从动态考察，即把财政收入规模的绝对量连续起来分析，可以看出财政收入规模随着经济发展、经济体制改革以及政府职能变化而增减变化的情况和趋势，进而分析出市场机制与政府财政机制在调控经济运行、资源配置和收入分配中的范围、力度的变化趋势。

5. 财政收入规模的相对量，是指一定时期内财政收入与有关经济和社会指标的比率。通常用财政收入占国民生产总值(GNP)或国内生产总值(GDP)的比重来衡量。财政收入的相对量反映了财政收入和宏观经济运行及国民收入分配的相互关联、相互制约的关系。研究财政收入的规模，不仅要研究其绝对量，更要研究其相对量。如果脱离国民经济和社会发展的相关指标去研究和确定财政收入的规模，就割裂了经济运行与财政收入的内在联系，也就不能真实、客观、准确地确定财政收入规模。

6. 制约一定时期财政收入规模的因素主要有：①经济发展速度，经济是财政取得收入的基础，在其他条件不变的情况下经济发展速度越快，意味着社会财富的增长幅度越大，政府财政的税源相应扩大，财政收入规模当然也相应扩大；反之，财政收入规模只能缩小；②社会经济效益水平，只有在经济规模扩大、社会产值增加的同时不断提高经济效益，财政收入的规模和增长速度才有可能扩大和提高；③分配体制和政策，包括国民收入的分配制度和政策、财政收入的分配制度和政策。

7. 合理确定财政收入占GDP的比例，其重要意义包括：财政收入占GDP的比例影响资源有效配置；影响经济结构的优化；既影响公共需要的满足，也影响个别需要。满足经济生活中的任何需要(公共需要和个别需要)都要以GDP所代表的产品和劳务来满足。财政收入占GDP的比例既是财政政策的直接目标，又是财政政策的中介目标，财政收支作为一个整体，其运作必须服从财政政策目标。

8. 财政收入规模的确定有两个标准：效率标准，是指政府财政收入规模的确定应以财政收入的增减是否有助于促进整个社会资源的充分有效利用和经济运行的协调均衡为标准；公平标准，是指在确定财政收入规模时应当公平地分配财税负担。

9. 财政收入结构，是指财政收入的构成要素以及各要素之间的相互关系。财政收入结构反映了财政收入的基本构成内容及各类收入在财政收入总额中的所占比例及其相互关系；同时，也反映了一定时期内财政收入的来源和财政收入政策调节的目标、重点、手段和力度。

10. 财政收入结构分析一般从财政收入的价值结构、财政收入的部门结构、财政收入的所有制结构角度进行。财政收入的价值结构，包括来自补偿基金C的财政收入、来自V的财政收入和来自M的财政收入；财政收入的部门结构，包括来自农业的财政收入、来自工业的财政收入、来自商业的财政收入、来自交通运输业的财政收入和来自建筑业的财政收入；财政收入的所有结构，包括来自国有经济的财政收入、来自集体经济的财政收入和来自非公有制经济的财政收入。

思考题

1. 什么是财政收入？它包括哪几个方面的含义？
2. 简述财政收入的分类。
3. 什么是财政收入规模？财政收入规模的衡量指标有哪些？
4. 制约财政收入规模的因素有哪些？
5. 如何从财政收入的价值构成角度理解财政支出结构？

6. 如何从财政收入的部门角度理解财政结构？
7. 如何从财政收入的所有制来源理解财政收入结构？
8. 我国转型时期财政收入为什么会先降后升？

案例简介

案例[3-1] 2013年中国财政收入状况

2014年1月26日从财政部了解到，2013年全国公共财政收入累计达到129 209.64亿元，比上年增收11 956.12亿元，增长10.1%，其中，中央财政收入60 174亿元，比上年增加3 999亿元；地方财政收入(本级)68 969亿元，比上年增加7 891亿元。财政收入中的税收收入为110 530.70亿元，比上年增收9 916.42亿元，增长10.0%。

主要税种中，国内增值税完成28 810.13亿元，比上年增收2 394.62亿元，增长9.0%；国内消费税完成8 231.32亿元，比上年增收355.74亿元，增长5.0%；营业税完成17 233.02亿元，比上年增收1 485.38亿元，增长9.0%；车辆购置税完成2 596.34亿元，比上年增收367.43亿元，增长16.0%；企业所得税完成22 427.20亿元，比上年增收2 772.67亿元，增长14.0%；个人所得税完成6 531.53亿元，比上年增收711.25亿元，增长12.0%；证券交易印花税完成469.65亿元，比上年增收166.14亿元，增长55.0%；海关代征进口税完成14 004.56亿元，比上年下降797.60亿元，下降5.0%。

财政部有关负责人表示，2013年上半年经济下行、财政减收，全国特别是中央财政完成全年收入预算非常困难。随着经济逐步回暖、贸易形势好转和相关增收措施落实，下半年中央财政收入增幅稳步提高，全年中央财政收入预算圆满完成并略有超收，地方财政收入平稳增长。

值得关注的是，受全年商品房销售面积增长17.3%、销售额增长26.3%的拉动，房地产营业税5 411亿元，增长33.6%；契税3 844亿元，增长33.8%；土地增值税3 294亿元，增长21.1%；耕地占用税1 808亿元，增长11.6%；城镇土地使用税1 719亿元，增长11.5%。火爆的房地产市场是地方税收的重要来源。

[资料来源：根据中商情报网(2014-1-26)相关资料整理]

问题

分析中国财政收入的结构特征。财政收入与国民经济之间的关系如何？

简要提示

1. 以上数字说明，目前我国财政收入大部分来自税收，结构大致合理。2013年税收占财政收入的比重能达到85.54%。如此高的水平，是经历了一个历史演变过程的。从1990年开始，我国税收占财政收入的比重逐年上升，非税收收入的比重逐年下降。

2. 2012年全国税收收入的增长速度比以前年度大幅回落，2009年、2010年、2011年、2012年、2013年税收总收入同比分别增长23.00%、22.58%、12.12%、9.86%，主要是与该年国家实施的一些结构性减税政策有关。财政收入与经济增长之间存在着相互依存、相互制约的关系，经济增长对财政收入也有促进或抑制作用。经济是财政取得收入的基础，在其他条件不变的情况下经济增长越快，意味着社会财富的增长幅度越大，政府的税源相应扩大，财政收入规模当然也相应扩大；反之，财政收入规模自然缩小。

案例[3-2]　全国范围少征、欠征或擅自减免土地出让金动辄数百亿元

近年来在审计署关于土地领域的审计报告以及国家土地督察的公告中，土地出让金征收减免、“欠账”问题几乎次次“上榜”。

审计署2010年公布的土地出让审计报告披露，审计的13个市地州中，少征、欠征土地出让金总额达350多亿元，占审计对象同时期的土地出让收入总额比例超过10%。国家土地督察机构2013年对全国48个城市展开例行督察，发现46个城市存在违规少征、欠征或擅自减免土地出让金等问题，涉及829个项目，欠缴土地出让金492亿元。

近期，土地出让金征收环节存在诸多问题与漏洞，武汉市新洲区出现不少涉及违规减免土地出让金现象。据记者调查，新洲区内5家房地产企业，在没有任何政策依据情况下，少缴土地出让金近5 000万元，国土部门对土地证照办不误。

根据财政部2009年出台的《关于进一步加强土地出让收支管理的通知》要求，除国务院有明确规定以外，任何地区和部门均不得减免缓缴或者变相减免土地出让收入，土地出让收入及时足额缴入地方国库，分期缴纳最多也得在两年内全部清缴。

[资料来源：根据新华网(2015-01-03)相关资料整理]

问题

对于地方政府过度依赖土地财政而导致对土地出让金征收存在少征、欠征或擅自减免土地出让金的情况，你有何建议？

简要提示

土地出让金征收乱象，部分反映出地方的政绩冲动。各地争相招商过程中，地方政府往往以招商协议方式与相关意向企业在土地招标、挂牌之前商定出让价格，约定中标价超过商定价的部分，以土地开发、奖励款或其他名义全额或按照一定比例部分返还，使土地出让金在“左口袋收，右口袋出”中违规返还。土地出让金征收环节中的诸般乱象，关键在于土地出让中违规现象的责任划分与追究的缺位。减少土地出让金征收中的“跑冒拖欠”，应从加强公开与监督入手，政府每年将土地出让具体情况定期向人大报告，并向社会公开；建立和完善土地出让金会审制度，对每宗土地的出让竞价、出让金解缴以及减、缓、免实行政府常务会议审议，杜绝随意审批、减免等现象，确保土地出让金及时足额征缴到位。

第4章 税收原理

本章学习要点

通过本章的学习，掌握税收的概念及特征、税收的相关术语、税收的不同分类；理解税负转嫁的形式和规律、税收对储蓄和投资的影响；了解税收负担的相关知识、税收效应的概念。

本章学习重点与难点

本章的学习重点是掌握税收特征、税收术语和税收的不同分类；难点是理解全额累进税率和超额累进税率之间的差异，理解税负转嫁的形式和规律以及税收效应的概念。

本章基本概念

纳税人、负税人、课税对象、全额累进税率、超额累进税率、税负转嫁、税收效应、替代效应、收入效应

4.1 税收的概念和特征

4.1.1 税收的概念

税收是国家为了满足社会公共需要，凭借政治权力，按照法定标准，向社会成员强制、无偿地征收而取得的一种财政收入。税收是各国政府取得财政收入的最基本的形式。对于税收的概念，可以从以下几个方面理解。

1. 税收属于分配范畴

税收作为国家取得财政收入的一种主要形式，在社会再生产中属于分配范畴。社会再生产是生产、分配、交换和消费的统一体。其中，分配是把社会在一定时期内新创造出来的产品和价值分成不同的份额，并决定各个份额归谁占有和占有多少的一个重要环节。税收就是这个环节上各种分配形式中的一种特殊分配形式。从直观现象来看，税收是国家向人民征钱、征物，或者是社会成员向国家交钱、交物。前者通常称为征税，后者通常称为纳税。征税过程实

际上就是把一部分社会产品从社会成员手中强制无偿地转变为国家所有的分配过程，征税、纳税的结果必然会引起社会成员之间占有社会产品的份额和比例发生变化，一部分社会成员占有比例会增加，另一部分占有的比例就会减少。通过国家征税引起社会产品在社会成员与国家之间以及不同社会成员之间的转移以及占有比例的变化，改变了社会产品原有的分配结构，形成一种新的社会产品占有、支配和使用结构。因此，税收属于分配范畴。

2. 税收的主体是国家

税收是以国家为主体集中进行的分配，而不是成千上万个社会成员之间分散的分配，税收这种分配，是由国家将一部分社会产品集中起来，然后再根据社会公共需要，通过财政预算分配出去，国家满足公共需要的活动是面向整个社会的，它所带来的利益也不局限于单个社会成员。每个社会成员都可以不同程度的享受到某种公共需要的利益。这种满足公共需要的活动不可能由个别社会成员去完成，只能由国家充当社会的中心组织来完成。为此，社会产品的一部分就必须集中到国家手中，由国家统一安排使用，这就使税收成为以国家为主体的集中性分配。在征税中，居于主体地位的总是国家，纳税人居于从属地位。

3. 税收分配的依据是国家的政治权力

前面讲过，分配要解决的是社会产品价值量的分割，也就是要解决社会产品归谁占有、由谁支配，以及占有多少、支配多少的问题。分配的结果必然会产生社会产品的所有权和支配权的单方面转移。这种此消彼长的利益关系必然会引起社会不同部门和个人之间的经济利益矛盾。因此，在任何一种社会制度下，任何一种参与社会产品和国民收入分配的主体，在它取得收入时，都要凭借某种权力，而这种权力，不是政治权力，就是财产权力。正如马克思所指出的那样："在我们面前有两种权力：一种是财产权力，另一种是政治权力，即国家的权力。"资本家取得利润，土地所有者取得地租等，凭借的都是生产资料所有权，这种所有权是财产权力。而国家取得收入，凭借的是政治权利。从我国的情况来看，我国是社会主义国家，以生产资料公有制为主体，国家是生产资料所有者的总代表。一方面，国家要凭借生产资料所有者总代表的身份，去取得一部分国有企业的利润上缴收入；另一方面，企业又是相对独立的商品生产者，有相对独立的经济利益，国家要参与国有企业的利润分配，就不能再凭借财产权力，而只能凭借政治权力。

4. 税收分配的对象是社会剩余产品

社会产品的价值由 C、V、M 三部分组成，C 用于补偿生产过程中的物质消耗部分，V 用于补偿劳动消耗的部分。$C+M$ 部分是作为成本，一般在生产部门内部进行分配，并构成社会简单再生产的物质基础。显然，税收为国家实现其职能凭借政治权力对社会产品进行的无偿性分配，不能参与 C 与 V 的分配，否则，就会破坏社会简单再生产。那么，能够成为税收分配对象的，只能是 M 部分，即社会剩余产品。

需要指出的是，现实生活中，对个人征税和对财产征税与税收分配的对象是社会剩余产品并不矛盾。因为马克思对社会剩余产品的划分，目的在于说明价值形成过程和价值转移过程，这种分析是极其抽象的。同样，在现实生活中，以 V 的形式表现的是劳动者取得的收入，实际上都超过了原来意义的界限，其超过部分是 M 部分转化而成的，是多于 V 部分的 M 部分的转化形式。作为税收对象之一的以 C 表示的财产，则是超过 C 部分的 M 部分的长期积累。因此，从实际看，不论对个人的收入征税，还是对个人的财产征税，仍然是对社会剩余产品进行的征税，而不是对表面上的C、V部分的征税。也正因为如此，这些征税才不会影响社会简单再生产的正常进行。因此，从根本上说，不论税收征税对象表现为何种形式，税收分配的主要源泉是社会剩余产品价值。

4.1.2 税收的特征

税收的特征，是指税收这种财政收入形式区别于其他财政收入形式的基本标志，是税收本身所固有的表象特征，是税收本质的外在表现。一般认为，税收的特征是指税收的强制性、无偿性和固定性。

1. 税收的强制性

税收的强制性是指国家征税凭借政治权力，通过颁布法律和法令进行的。税收的法律和法令是国家整个法律的有机组成部分，任何单位和个人都必须遵守，否则就要受到法律的制裁。税收的强制性对于居民和经济组织来说，税收是一种非自愿的或强制的缴纳形式，任何单位和个人都必须依法缴纳，否则就要受到法律的制裁。

2. 税收的无偿性

税收的无偿性，是指国家征税以后，税收就归国家所有不再直接归还给原纳税人，也不直接向纳税人支付任何报酬和代价。也就是列宁所说的"所谓赋税，就是国家不付任何报酬而向居民取得的东西"。税收之所以具有无偿性，是由税收的本质决定的。

如果说税收的强制性特征对纳税人来说还是比较抽象的，那么，税收的无偿性对纳税人来说则是实实在在的。正是这种无偿性才能使税收成为社会产品初次分配不公平的矫正器，成为诱导人们行为走向的经济杠杆。也正是税收的这种无偿性制约着征纳双方的关系并决定征收管理制度和方法。可以看到，无偿性是税收的关键性特征，否定了税收的无偿性特征，也就无所谓税收了。

值得注意的是，无偿性是相对而言的。即对于个人来说是无偿的，而对于整个国家来说是有偿的。

3. 税收的固定性

税收的固定性，是指国家征税必须通过法律形式，事先规定对什么征税及征税的额度。这些事先规定的事项对征纳双方都有约束力而不能随意变动。

税收的固定性，首先意味着作为课税对象的各种收入、财产或有关行为是经常、普遍存在的，而且一经国家法律事先确定作为征税对象，就连续有效。其次，税收的固定性还意味着征税对象和征收额度之间的量的关系是有限度的。所以，税收的固定性包括征税对象的合法性、课征时间上的连续性和征收比例上的限度性三个含义。税收的这种固定性，对纳税人来说比较容易接受，对国家来说，可以保证财政收入的稳定。在社会主义社会里，税收之所以是体现国家与企业及个人之间分配关系规范化的重要形式，并成为调节经济的有利杠杆，实际上都是和税收的固定性特征直接联系的。税收政策本身的公平原则也是以固定性作保证的。离开了税收的固定性，税收的作用以至税收征收管理中的各种问题也就无从谈起了。

税收的上述三个特征是一个统一体，共同构成税收区别于其他财政收入形式的标志。判断一种财政收入形式是不是税收，主要是看其是否同时具备这三个特征。凡是同时具备这三个特征的，无论叫什么名称，都是税收。上述税收形式上的一般特征并不因为社会制度的不同而不同。无论是奴隶社会、封建社会、资本主义社会还是社会主义社会，作为财政收入的一种形式，只要具备这三个特征，都可以叫税收。其实，资本主义税收和社会主义税收的区别是不能从税收的形式特征来说明的，区别只是在于税收所反映的生产关系的不同。两者之间的共性在于都具有税收的三个形式特征。

4.2 税收术语和分类

4.2.1 税收术语

1. 纳税人

纳税人又称纳税主体、纳税义务人、课税主体。它是指税法规定的负有纳税义务的单位和个人。纳税人可以是自然人，也可以是法人。自然人是指依法享有民事权利并承担民事义务主体的公民个人；法人是指具有民事权利能力和民事行为能力，依法独立享有民事权利和承担民事义务的组织。不同的税种有不同的纳税人，同一个纳税人也可能缴纳不同的税。

与纳税人有联系的概念是负税人和扣缴义务人。

(1)负税人指最终负担税款的单位和个人，它与纳税人有时是一致的，如在税负不能转嫁的条件下；有时是分离的，如在税负可以转嫁的条件下。

(2)扣缴义务人指法律、行政法规规定负有代扣代缴义务的学校和其他单位，或者是个体工商户、个人合伙经营者和其他自然人。扣缴义务人虽然也是上缴税款，但不是纳税人。

2. 课税对象

课税对象又称税收客体、征税对象、课税客体。它是指税法规定的征税的目的物，是征税的根据。每一种税都必须明确对什么征税，每种税的课税对象都不会完全一致。课税对象是一种税区别于另一种税的主要标志。在现代社会，国家的征税对象主要包括所得、商品和财产三大类，国家的税制往往也是以对应于这三类课税对象的所得税、商品税和财产税为主体。我国税法的分类方法主要是采用按课税对象为标志的分类方法，即划分为五大类：流转税、所得税、资源税、财产税和行为税。

为了具体计算税额，还必须对征税对象的质与量做具体的规定，与此相关的税收术语有税源、税目、计税依据。

(1)税源指税收的经济来源或最终出处。有的税种课税对象与税源是一致的，如所得税的课税对象和税源都是纳税人的所得。有的税种课税对象与税源不同，如财产税的课税对象是纳税人的财产，但税源往往是纳税人的收入。由于税源是否丰裕直接制约着税收收入规模，因而积极培育税源始终是税收征管工作的一项重要任务。

(2)税目指课税对象的具体项目或课税对象的具体划分。税目规定了一个税种的征税范围，反映了征税的广度。一般来说，一个课税对象往往包括多个税目，如关税就有近百个税目，当然有的课税对象是十分简单的，不再划分税目。税目的划分，可以使纳税人更透彻地了解税收制度，也可以使国家灵活地运用税收调节经济，如对各个税目规定不同的税率，就是调节经济的方式之一。

(3)计税依据也称税基，指计算应纳税额根据的标准，即根据什么来计算纳税人应缴纳的税额。计税依据与征税对象虽然同样是反映征税的客体，但两者要解决的问题不同。征税对象解决对什么征税的问题，计税依据则是确定了征税对象之后，解决如何计量的问题。有些税种的征税对象和计税依据是一致的，如各种所得税，征税对象和计税依据都是应税所得额。但有些税种则不一致，如消费税，征税对象是应税消费品，计税依据则是消费品的销售收入。计税依据分为从价计征和从量计征两种类型，从价计征的税收，以征税对象的自然数量与单位价格的乘积作为计税依据；从量计征的税收，以征税对象的自然实物量作为计税依据，该项实物量以税法规定的计量标准(重量、体积、面积等)计算。

3. 税率

税率是国家征税的比率。课税对象与税率的乘积就是应征税额，反过来说，税额与课税对象之比即为税率。税率是中心环节，税率的高低决定了纳税人应纳税额的大小，直接关系到国家的财政收入和纳税人的负担水平，直接体现一个国家的税收政策。税率一般分为比例税率、定额税率和累进税率。

(1)比例税率

比例税率就是对同一课税对象，不论其数额大小，统一按一个比例征税。

具体应用时又可以分为：

① 单一比例税率，也称“统一比例税率”，即一个税种只规定一个征税比例的税率。如目前我国开征的企业所得税。

② 差别比例税率，根据课税对象或纳税人的不同性质规定不同征税比例的税率。如根据不同产品、不同部门、不同行业、不同地区和不同纳税人分别规定高低不同的税率，即产品差别比例税率、行业差别比例税率、地区差别比例和有起征点的比例税率等。如消费税税率就是根据不同的产品征收，像烟、酒；营业税税率就是根据不同的行业征收，像交通运输业、服务行业等，我国未取消前的农业税税率就是根据不同地区因其农业生产条件不一样制定的。

③ 幅度比例税率，指税法统一规定税率幅度，由各地区在此幅度内具体规定本地区征税比例的税率。如营业税中娱乐业税率为5%～20%。

比例税率的优点是：有利于鼓励生产经营者扩大生产经营的规模，促进企业改善经营管理，还有利于开展竞争，因为生产经营规模扩大了，税率并不因此而提高，同一课税对象的不同纳税人的负担相同。缺点是：调节收入效果不太理想。所以一般应用于商品课税。

(2)累进税率

累进税率是按课税对象数额的大小，划分为若干等级，每个等级由低到高规定相应的税率，课税对象数额越大税率越高，数额越小税率越低。一般应用于所得课税。累进税率因计算方法不同，又可以分为全额累进税率和超额累进税率两种。

① 全额累进税率，是把课税对象的全部按照与之相对应的税率征税，即按照课税对象适应的最高级次的税率统一征税。当课税对象提高到另一个级距时，对课税对象的全额都按提高一级的税率征税。

② 超额累进税率，是把课税对象按数额大小划分为不同的等级，对每个级别分别规定相应的税率，分别计算税额。这样，一定数额的课税对象，可以采用几个税率征税，则各个等级税额之和，就是纳税人的应纳税额。

下面举例说明税率在个人所得税计算中的运用。

例如：张某月收入 8 000 元，李某月收入 8 001 元，自 2011 年 9 月 1 日起，个税免征额为 3 500 元，税率参见第 6 章的个人所得税税率表。

全额累进税率计算：

张某应纳税：(8 000－3 500)×10%＝450(元)

李某应纳税：(8 001－3 500)×20%＝900.2(元)

超额累进税率计算：

张某应纳税：1 500×3%＋3 000×10%＝345(元)

李某应纳税：1 500×3%＋3 000×10%＋1×20%＝345.2(元)

全额累进税率和超额累进税率具有不同的特点：首先，累进税率的累进程度高，超额累进税率的累进程度低，在税率级次和比例相同的情况下，前者负担重，后者负担轻；其次，在所得额级距的临界点处，全额累进税率会出现税额增长超过所得额增长的不合理情况，超额累进税率则不存在这种问题，上述题中张某只比李某多收入一元，在全额累进税率计算下却要多交 450.2 元，极为不合理，而在超额累进税率计算下则避免了这一问题。所以世界上大多数国家都采用超额累进税率。

但超额累进税率计算烦琐。我国的个人所得税将应纳税收入划为七个级距，假如纳税人的收入数额很大，计算起来就要算好几个乘法和加法。而全额累进税率在计算上简便。因此，在实际工作中，常使用简单的计算方法，叫速算扣除数法。

速算扣除数是指按全额累进税率计算的税额与按超额累进税率计算的税额的差额。计算公式为：

速算扣除数＝全额累进数－超额累进数

超额累进数(应纳税数额)＝全额累进数－速算扣除数

例如：

张某纳税＝全额累进数－速算扣除数＝4 500×10%－105＝345(元)

李某纳税＝全额累进数－速算扣除数＝4 501×20%－555＝345.2(元)

(3)定额税率

定额税率也称固定税额，它是按课税对象的一定计量单位直接规定一个固定的税额，而不规定征收比例。课税单位可以是自然单位，如“吨”、“升”；也可是复合单位，如“千立方米”。定额税率的优点是计算简便，其缺点是制定过程较复杂。在具体运用上，定额税率又可分为：①地区差别定额税率，如原盐税规定每吨盐的税额：辽宁为 141 元，山东 130 元；②幅度定额税率，如土地使用税，大城市每平方米税额 0.5～10 元；③分级分类定额税率，如车船使用税，对机动船舶按净吨位的大小分类分级规定不同税额，一般适用于从量计征的税种。

4.纳税环节

纳税环节是指课税客体在运动过程的诸环节中依税法规定应该纳税的环节。

纳税环节的存在，取决于课税客体即征税对象的运动属性，包括所处位置的变换和所有者的变更。国家在规定某种征税对象时，必须明确规定其纳税环节，即发生纳税义务的时间和场所。如增值税在工业品生产制造过程的各个环节，商业批发和商业零售环节以及工业性加工、修理修配环节。

纳税环节有广义和狭义之分。

(1)广义的纳税环节是指全部征税对象在再生产中的分布。如资源税分布在生产环节，所得税分布在分配环节等。它制约着税制结构，对取得财政收入和调节经济有重大影响。

(2)狭义的纳税环节是指应税商品在流转过程中应纳税的环节，是商品流转课税中的特殊概念。商品经济条件下，商品从生产到消费通常经过生产制造、商业批发、商业零售等环节。商品课税的纳税环节，应当选择在商品流转的必经环节。如果对所有环节都征税，由于有的从生产制造到零售要经过多次商业批发环节，有的可能只经过一次商业批发环节，有的可能不经过批发直接进入零售环节，有的还可能不经过商业零售直接进入消费环节。从而，就会使同一商品的零售价格中包含的税额不同。同时，只要中间环节减少，税收收入也要减少，不利于保持财政收入的稳定。按照纳税环节的多少，可将税收课征制度划分为两类，即一次课征制度和多次课征制度。一次课征制度是指一种税收在各个流通环节只征收一次税。一次课征制度税源集中，可以避免重复征税，如中国现行资源税中的盐税目就采取的是一次课征制，即在盐出厂时课税，对以后其他环节不再重征。多次课征制度，指一种税收在各个流通环节选择两个或两个以上的环节征税，如中国过去的工商税就采取的是两次课征制，即应税产品在生产制造和零售两个环节征税。

5.纳税期限

纳税期限是指纳税人按照税法规定缴纳税款的期限。任何纳税人都必须如期纳税，否则就是违反税法，会受到制裁，包括法律制裁和行政处罚制裁。它由纳税计算期和税款缴库期组成。

(1)纳税计算期是指纳税人据以计算纳税、扣缴义务人据以计算缴纳税款的期间，一般分为两种：①按次计算，是以纳税人从事生产经营活动的次数作为纳税计算期，例如屠宰税、增值税、营业税等都有此种规定；②按期计算，是指以发生纳税义务、扣缴义务的一定期间作为纳税计算期，例如1日、3日、5日、10日、15日、1个月、1个季度、1年等，增值税、消费税、资源税、企业所得税等都有此种规定。

(2)税款缴库期是指纳税计算期届满后，纳税人、扣缴义务人向税务机关报缴税款的期间。由于纳税人、扣缴义务人在纳税计算期内所取得的应税收入、应纳税款、代扣代收税款都需要一定的时间来进行结算和办理有关手续，因此，实体税法又根据各税种的特点和纳税计算期的长短，规定了不同的税款缴库期。例如，增值税暂行条例规定，纳税人以1个月为一期纳税的，自期满之日起10日内申报纳税。以1日、3日、5日、10日或15日为一期纳税的，自期满之日起5日内预缴税款，于次月1日起10日内申报纳税并结清上月应纳税款。

6.附加、加成和减免税

(1)税收附加是地方政府按照国家规定的比例随同正税一起征收的列入地方预算外收入的一种款项。实行地方附加是为了给地方政府筹措一定的机动财力，用于发展地方建设事业。税收附加由地方财政单独管理并按规定的范围使用，不得自行变更。比如，教育附加只能用于发展地方教育事业。计算方法是以征税税款为依据，按规定的附加率计算附加额。

(2)税收加成是指根据税制规定的税率征税以后，再以应纳税额为依据加征一定成数和税额。税收加成或加倍实际上是税率的延伸，但因这种措施只是针对个别情况，故不采取提高税率的办法，而是以已征税款为基础再加征一定的税款。实行税收加成则是为了调节和限制某些纳税人获取的过多的收入或者是对纳税人违章行为进行的处罚措施。在我国现行税制中，只有个人所得税中劳务报酬所得有加成征税的规定。

(3)减免税是指按照税法的规定，对某些纳税人或征税对象给予鼓励和照顾的一种优惠规定，减税是从应征税款中减征部分税款；免税是免征全部税款。减税和免税是一种税收优惠措施。与减免税相关的起征点和免征额属于减轻纳税人负担的措施。起征点是指税法规定的课税对象开始起征时应达到的一定数额；免征额是指征税对象中免于征税的数额。起征点和免征额的区别是：征税对象未达到起征点时，不征税，但达到起征点时，全部征税对象都要征税；而对有免征额的征税对象，只就其超过免征额的部分征税。

7.违章处理

违章处理主要是指对纳税人违反税法的行为采取的处罚措施。违章处理是税收强制性在税收制度中的体现，纳税人必须按期足额缴纳税款，凡有拖欠税款、逾期不缴税、偷税逃税等违反税法行为的，都应受到制裁(包括法律制裁和行政处罚制裁等)。

税收违章行为主要有：偷税、漏税、欠税、抗税等。偷税是指纳税人有意违反税收法规，以欺骗、隐瞒等非法手段逃避缴纳税款的行为；漏税是指纳税人因不熟悉税法或财务制度，或计算错误而发生的漏缴、少缴税款的行为；欠税是指纳税人不按规定期限缴纳税款的拖欠行为；抗税是指纳税人抗拒依法履行纳税义务，拒不依法纳税的行为。偷税和抗税属于违法犯罪行为；而漏税和欠税则属于一般违章行为，不构成犯罪。对于纳税人的违章行为，可以根据情节轻重的不同，分别采取下列方式进行处理：批评教育、强行扣款、征收滞纳金、处以税务罚款、税收保全措施、追究刑事责任等。在具体处理过程中，如果发生纳税人与税务机关争议时，在纳税人缴清应纳税款、滞纳金或罚款后，可向上级税务机关申请复议或向法院提起诉讼。

4.2.2 税收分类

税收分类是指按一定的标准对性质相同或近似的税种进行归类。现代国家的税制一般都是由多个税种组成的复税制，每个税种都具有自身的特点和功能，但用某个特定的标准去衡量，有些税种具有共同的性质、特点和相近的功能，从而区别于其他税种而形成一“类”。对税种进行科学的分类，有利于更好地认识各类税收的特点和功能，加强各税种之间的配合，充分发挥各类税收的作用；有利于分析和研究税收发展演变的历史过程，研究税源的分布和税收负担的归宿，以指导我们建立合理的税收制度；还有利于正确划分中央与地方政府之间的税收管理权限，解决财力分配方面的矛盾。

1.按税收客体分类

按税收客体(或课税对象)分类可分为：商品税、所得税和财产税等，这是目前世界上通行的分类方法。

(1)商品税

商品税(也称流转税)，是以商品交换或提供劳务的流转额为课税对象的税收。课征商品税的前提是商品生产和交换，其计税依据是商品销售额、增值额、营业收入额等，因此，商品税是目前大多数发展中国家普遍采用的一类税，并且在税收总额中占较大比例。

在我国，商品税是主体税种，占税收收入的50%以上，其税种主要有：增值税、消费税、营业税、关税等。表4-1是1985—2013年我国商品税结构。它们具有共同特点，即税额多少只与销售收入额有关，不受商品成本影响，这样的特点，使流转税可以保证国家税收收入来源广泛、稳定、及时、便利，且税负容易转嫁。

表 4-1　1985—2013 年我国商品税结构　　单位：亿元

年　份	合　计	国内增值税	营 业 税	国内消费税	关　税
1985	2 040.79	147.7	211.07	—	205.21
1986	2 090.73	232.19	261.07	—	151.62
1987	2 140.36	254.2	302	—	142.67
1988	2 390.47	384.37	397.92	—	155.02
1989	2 727.4	430.83	487.3	—	181.54
1990	2 821.86	400	515.75	—	159.01
1991	2 990.17	406.36	564	—	187.28
1992	3 296.91	705.93	658.67	—	212.75
1993	4 255.3	1 081.48	966.09	—	256.47
1994	5 126.88	2 308.34	670.02	487.4	272.68
1995	6 038.04	2 602.33	865.56	541.48	291.83
1996	6 909.82	2 962.81	1 052.57	620.23	301.84
1997	8 234.04	3 283.92	1 324.27	678.7	319.49
1998	9 262.8	3 628.46	1 575.08	814.93	313.04
1999	10 682.58	3 881.87	1 668.56	820.66	562.23
2000	12 581.51	4 553.17	1 868.78	858.29	750.48
2001	15 301.38	5 357.13	2 064.09	929.99	840.52
2002	17 636.45	6 178.39	2 450.33	1 046.32	704.27
2003	20 017.31	7 236.54	2 844.45	1 182.26	923.13
2004	24 165.68	9 017.94	3 581.97	1 501.9	1 043.77
2005	28 778.54	10 792.11	4 232.46	1 633.81	1 066.17
2006	34 804.35	12 784.81	5 128.71	1 885.69	1 141.78
2007	45 621.97	15 470.23	6 582.17	2 206.83	1 432.57
2008	54 223.79	17 996.94	7 626.39	2 568.27	1 769.95
2009	59 521.59	18 481.22	9 013.98	4 761.22	1 483.81
2010	73 210.79	21 093.48	11 157.91	6 071.55	2 027.83
2011	89 738.39	24 266.63	13 679	6 936.21	2 559.12
2012	100 614.28	26 415.51	15 747.64	7 875.58	2 783.93
2013	110 530.7	28 810.13	17 233.02	8 231.32	2 630.61

资料来源：中国统计年鉴 2014。

(2)所得税

所得税是指以纳税人的所得额为征税对象的税收，也就是对纳税人的纯收入(即总收入扣除成本、费用、损失及流转税额后的余额)征税。目前，世界上大多数采用这一计税方法。我国目前开征的所得税主要有企业所得税、个人所得税等。所得税的共同特点是所得定义复杂；所得税通常采用累进税制；所得税与成本、利润关系密切，不容易转嫁；所得税征税管理复杂，税务成本高。因此，所得税是国家组织税收收入、调节企业赢利水平、缩小居民收入差距的重要手段。

(3)财产税

财产税是以各种财产(包括动产和不动产)为征税对象的税收。世界上财产税一般包括：一般财产税、遗产税、赠与税等；我国目前开征的有房产税、契税等。

(4)其他税

在我国，根据我国国情，除了包括上述几类税以外，现行税收制度还包括资源课税和行为税两大类。

① 资源课税。资源课税是对开发和利用国家自然资源而取得级差收入的单位和个人征收的税收。其目的在于对从事自然资源开发的单位和个人所取得的级差收入进行适当调节，以促进资源的合理开发和使用。由于级差收入也是一种所得，因此，在有的国家将资源税并入所

得税。目前，我国的资源课税包括资源税、土地增值税、城镇土地使用税、耕地占用税和2009年1月1日开征的燃油税等。

② 行为税。行为税是指对某些特定的行为开征的税收。其目的是为了贯彻国家某项政策的需要。目前，我国的行为税包括：车辆购置税、印花税等。

表4-2列举了2013年我国税收总收入和主要税种收入数据，以供参考。

表4-2　2013年税收总收入和主要税种收入表

单位：亿元

税　　种	收　入　额	比2012年增收	增长率(%)	增收占税收总增收额的比重(%)
税收总收入	84 412.11	7 002.03	9.0	—
国内增值税(扣出口退税)	20 836.56	1 577.04	8.2	26.7
国内消费税(扣出口退税)	6 353.98	232.32	3.8	4.2
营业税	12 887.91	1 264.81	10.09	12.1
企业所得税	19 434.14	2 436.00	14.3	27.8
个人所得税	5 067.47	493.42	10.08	6.2
关税	1 892.20	−230.24	−10.08	3.9
进口环节增值税和消费税	9 981.12	−1 153.79	−10.04	14.4
资源税	301.76	40.61	15.6	0.5
契税	2 872.76	722.53	36.8	1.2
证券交易印花税	352.34	101.06	40.2	−11.9
车辆购置税	1 881.92	227.70	13.8	1.3
城镇土地使用税	1 287.75	128.43	11.1	5.0
土地增值税	537.1	134	33.2	1.6
耕地占用税	313.97	128.93	69.7	1.5
上述税种收入合计	51 627.26	8 128.98	15.75	94.5

资料来源：中国统计年鉴2014。

2. 按税收的计量标准分类

按税收的计量(或计征)标准可分为从价税和从量税两大类。从价税是以征税对象的价格为计税依据的税收，如我国目前征收的增值税、营业税等；从量税，是以征税对象的数量、重量、容积或体积为计税依据的税收，如我国目前征收的资源税等。

从价税的应纳税额是随着商品价格或劳务收费的变化而变化的，能够体现合理的负担税收政策，同时也能保证财政收入的同比例变化，因此大部分税种都采用这一计税方法。从量税的税额随着征税对象数量的变化而变化，虽然计算简单，但税收负担和财政收入不能随价格高低而增减，目前只有少数税种采用这一计税方法，如我国的车船税、资源税和适用于部分消费品的消费税等。

3. 按税收与价格的关系分类

按税收与价格的关系分类，可分为价内税和价外税两大类。凡是税款构成商品或劳务价格组成部分的，属于价内税；凡是税款作为商品或劳务价格以外附加的，则属于价外税。因此，价内税的计税价格为含税价格，价外税的计税价格为不含税价格。许多国家的消费税大多采用价外税的形式，我国的流转税过去一直采用价内税的形式，1994年税制改革后，以增值税为主体的流转税税制体系的建立，标志着我国流转税开始变为以价外税为主。

4. 按税负能否转嫁分类

按税负能否转嫁分类可分为直接税和间接税两大类。所谓直接税是指由纳税人直接负担的各种税收，因此，纳税人就是负税人。通常人们将所得税、财产税和遗产税划为直接税。所谓间接税是指能将税负转嫁给他人负担的各种税收，因此，纳税人不一定是负税人，最终负担税收的人可能是消费者、生产者或纳税人本身。通常人们将商品税视为可以转嫁的间接税。

5. 按税收管理权限和使用权限分类

按税收管理权限和使用权限分类，可分为中央税、地方税和中央地方共享税三大类。中央税是指中央管辖课征并支配的税种，如目前我国开征的消费税、关税等；地方税是指由地方管辖并支配的税种，如我国目前开征的屠宰税、印花税等；中央与地方共享税是指属于中央与地方政府共同享有并按照一定比例分成的税种，如我国目前开征的增值税、资源税等。

具体来看，由于各国的国情不同，税种的划分也不一样，有些国家(如美国)的地方政府拥有税收立法权，可以自行设立税种，这种税显然属于地方税，而中央政府开征的税种属于中央税；有些国家的税种由中央政府统一设立，但根据财政管理体制的规定，为了调动地方理财的积极性，将其中一部分税种的管辖权使用权划给地方，称为地方税，而归中央管辖和使用的税种属于中央税，再将不易划分的税种归为共享税。我国目前税种的划分就属于后者。图 4-1 表明了不同分类方法下的税种及其关系。

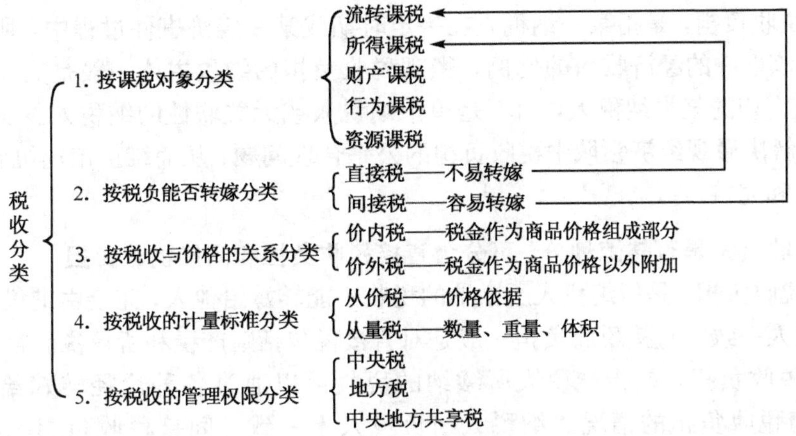

图 4-1 税收分类及其关系

4.3 税收负担

4.3.1 税收负担的概念

税收负担是指纳税人因向国家缴纳税款而承受的收入损失和经济利益的牺牲。它反映了国家与纳税人之间的利益分配关系。税收负担的轻重，不仅关系到各微观经济单位正常再生产的维持和发展，而且关系到国家职能的实现，对整个国民经济影响重大。所以说，税收负担是税收政策的核心所在，税收负担是否合理，是衡量税收制度合理与否的重要标志。

税收负担的存在是客观必然的，因为国家发生征税行为是客观必然的。征税行为的发生过程，就是国家获得一部分社会产品，取得税收收入的过程；同时，也是具有独立经济利益的纳税人将一部分社会产品交给国家，失去对这部分社会产品占有权，承受收入损失和经济利益牺牲，形成税收负担的过程。税收负担与税收收入同属于国家征税的产物，是客观的经济范畴。

4.3.2 税收负担的分类

税收负担分类是指依据一定的标准对纳税人的税收负担进行科学的划分和归类，以便从各个不同的角度，在各个不同的层次上，对税收负担的分布状况进行实证分析，为税收政策的制订提供理论依据。通常，税收负担可以从以下几个不同角度进行分类。

1. 按税收负担所涉及的范围划分，可分为宏观税收负担、中观税收负担和微观税收负担

(1)宏观税收负担，是指一国全体纳税人所缴纳的全部税收，占同期经济产出的比例。宏观税收负担是用于衡量国民经济税收负担总水平的轻重，考察税收政策对经济影响的总体效应。研究宏观税收负担，旨在解决税收在宏观方面促进国民经济和社会稳定发展中带有全局性、关键性的问题。

(2)中观税收负担，是指一定地域或国民经济某一部门的全体纳税人所缴纳的全部税收，占同期该地域或部门经济产出的比例。研究中观税收负担，可以确定税收在促进地区经济和部门发展中合适的课征范围、强度及课征结构等目标，从而正确处理地区经济、部门经济发展与国民经济发展的关系。

(3)微观税收负担，是指某一纳税人在一定时期或某一经济事件过程中，所缴纳的全部税收，占同期或该事件的经济收入的比例。微观税收负担的纳税主体一般是具有某种共同特点或彼此间关系密切的某类纳税人，而不是单个纳税人或无关联性的纳税人。研究微观税收负担，目的是要解决微观经济领域中税收负担的公平合理问题，从而维护市场机制，促进市场经济体制的发展和完善。

2. 按照税收负担是否转嫁划分，可分为直接税收负担和间接税收负担

(1)直接税收负担，是指纳税人所缴纳的税收不能转嫁给他人，完全由纳税人承担的情况。纳税人与负税人一致。直接税收负担一般是对直接税包括财产税和所得税而言。

(2)间接税收负担，是指纳税人所缴纳的税收可以通过各种途径转嫁给他人，纳税人本身并未承担税收负担的情况。纳税人与负税人不一致。间接税收负担一般是对间接税即商品课税而言。直接税收负担和间接税收负担研究纳税人纳税后，是否将其承担的税收负担全部或部分转嫁出去，以此考察税收负担的运动状况及其运动对纳税人和负税人产生的影响。

3. 按照税收负担的真实度划分，可分为名义税收负担和实际税收负担

(1)名义税收负担，是指按税法规定的税率应缴纳的税额数量，与相应经济指标之间比例。在有些情况下，名义税收负担与实际税收负担不一致。

(2)实际税收负担，是指纳税人在税法规定的名义税收负担下，扣除税收减免、税收饶让、税收抵免等各种税收优惠，以及各种因素造成的不足缴纳以后，实际缴纳的税额数量与相应经济指标之间的比例。

名义税收负担和实际税收负担研究纳税人在法律上承担的负担与其实际承担的负担之间的关系。一般情况下，名义税收负担比实际税收负担高。从某种意义上看，两者的偏离程度反映了税收的公平程度。两者的偏离程度越大，意味着税收分配的非公平性越显著。因此，在进行税制设计时，应尽可能使名义税收负担和实际税收负担相接近，以体现税收的公平性。

4.3.3 税收负担的衡量指标

税收负担问题可以从不同的角度去分析和考察，衡量税收负担的指标也是多种多样的。具体指标描述如下。

1.宏观税收负担率

由于一国的经济总规模主要用国民生产总值、国内生产总值来表示，因此，衡量宏观税收负担的指标也就是国民经济税收负担率，主要有国民生产总值负担率和国内生产总值负担率。

(1)国民生产总值负担率(T/GNP)，是指一定时期内税收收入总额与国民生产总值的比率。其中，国民生产总值是一个国家在一定时期内(通常为一年)国民经济各部门生产的最终产品和劳务的价值总和，即由物质生产部门所生产的产品的价值(不包括所消耗的原材料的价值)和非物质生产部门所提供的劳务价值两部分组成。国民生产总值税收负担率是研究宏观税收负担的重要指标，它通常用于进行国与国之间宏观税收负担比较。

国民生产总值税收负担率＝T/GNP×100％

(2)国内生产总值负担率(T/GDP)，是指一定时期内税收收入总额与同期国内生产总值的比率。其中，国内生产总值是指国民生产总值加国内常住居民投资在国外的资本和服务的收入，减去外国投资在本国的资本和服务的收入。国内生产总值税收负担率也是分析宏观税收负担的常用指标。

国内生产总值税收负担率＝T/GDP×100％

由于受多种因素的影响，每个国家的宏观税负水平是各不相同的，即使是同一国家，其不同的历史时期宏观税负水平也不是一成不变的。这些影响宏观税负水平的主要因素包括国家职能的大小、经济发展水平、社会经济制度、经济体制、宏观经济政策以及文化观念、历史传统、政治因素等，每一因素的变动都会对宏观税负产生影响。

2.微观税收负担率

微观税收负担率是指某地区、各行业、各纳税单位及个人其销售收入或净产值中税收含量的比值。它是衡量纳税单位或个人税收负担最直接的指标。微观税收负担按负税主体可分为企业税收负担和个人税收负担。企业税收负担是指企业承受的税收。反映企业税收负担的指标可分为两大类，一类是企业整体的税负率，另一类是个别税种的税负率。

若从企业整体税负的角度考察企业税收负担水平，通常采用的指标是全部税收负担率。全部税收负担率，即企业(或个人)缴纳的各项税收的总和与企业总产值(或个人毛收入)的比率。其计算公式为：

全部税收负担率＝企业(或个人)各项税收之和/企业总产值(或个人毛收入)

若从税种的角度考察企业税收负担水平，通常采用的指标有增值税税负率、所得税税负率、印花税负担率等。

增值税税负率＝(实际缴纳税额/不含税的实际销售收入)×100％

所得税税负率＝(应纳所得税额÷利润总额)×100％。

印花税负担率＝(应纳税额÷计税收入)×100％

由于流转税存在税负转嫁的问题，纳税人不一定是最后负税人，所以企业流转税负担率只能反映企业名义的流转税负担率。

个人税收负担是指个人承受的税收，个人的税收负担来自多方面，如个人所得税、消费税、财产税等；另外，个人在购买消费品时，还负担被转嫁的流转税，如增值税、消费税、营业税等。由于税负转嫁的大小、难易程度不同，个人消费行为不定，再加上统计资料的困难，个人真实的综合税收负担率是无法计算的。可能有实际意义的指标是个人所得税负担率(个人所得税/同期个人所得总额)。采用这一指标，可就全体个人的税负来分析，也可以分高收入、中收入、低收入组别进行分析，以反映个人所得税对收入调节的程度，通过高收入者与低收入者税前、税后的收入差距对比，判断税收的收入分配效应。同时在累进课征制度下，必须明确衡量个人税负水平是平均税率而不是边际税率。

4.3.4 税收负担水平的确定

税收负担水平是通过税制确定的。无论是单个税种还是整个税制体系，都既关系到宏观税收负担，又关系到微观税收负担，因而是不可偏废的。由于宏观税负水平是微观税负水平的重要决定因素，所以，在此主要研究宏观税负水平的确定问题。

从宏观上看，税收是国家为了满足社会公共需要而集中的一部分国民生产总值。在国内生产总值一定的条件下，与国家税收增加相伴随的是民间部门可支配收入的减少；反之亦然。因此，国内生产总值在政府与民间部门之间有一个最佳分割点，而最佳宏观税收负担率(以下简称最佳税率)就是其具体体现。

宏观税收负担水平的确定问题实质上是一个财政职能的实现问题，既关系到资源配置效率，同时也关系到社会公平和经济稳定与发展。宏观税收负担率如果过低，从而政府可供支配的收入过少，就不能满足社会公共需要；如果宏观税收负担率过高，不仅民间部门可供支配的收入过少，不能有效满足私人需要，而且往往通过影响民间部门资本和劳动的投入，使以后的产出减少，进而最终减少税收收入。

在这里有必要介绍一下由美国供给学派代表人物阿瑟·拉弗设计的“拉弗曲线”，如图 4-2 所示。

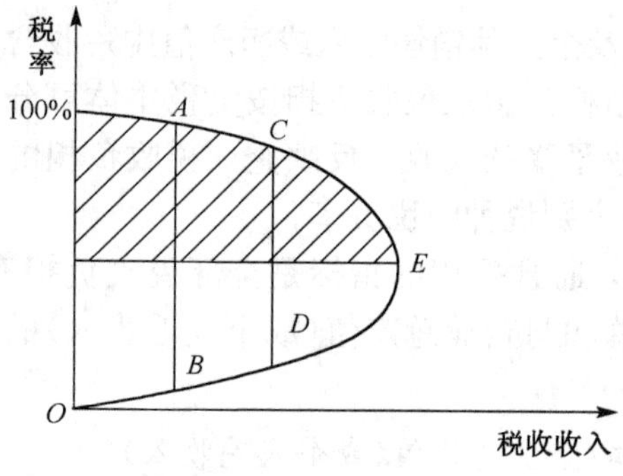

图 4-2　拉弗曲线

该曲线阐明了税率、税收收入和国民产出之间的关系。图 4-2 中纵轴代表税率，横轴代表由税率与生产共同决定的税收收入。当税率为零时，政府税收为零；当税率为 100%时，由于人们将停止生产，政府税收也为零。A 点代表一个很高的税率和很低的产出，B 点代表一个很低的税率和很高的产出，然而两者为政府提供同等的税收。若税率从 A 点下降到 C 点，产出和税收均增加；若税率从 B 点上升到 D 点，税收将增加，但产出可能减少，C 点与 D 点也提供同等的税收。E 点代表的税率，是与生产相结合能提供最大税收的税率。在 E 点上，如果政府再降低税率，产出将增加，但税收将下降；如果提高税率，产出和税收都会下降。因此，图 4-2 中阴影区是税率禁区。

“拉弗曲线”是富有启发性的，它使我们更全面、深刻地认识税收与经济的内在联系，并告诉我们，最佳税率应是既能使政府获得实现其职能的预期收入，又能使经济实现预期产出(常用国内生产总值表示)的税率。显然，这个最佳税率应该小于或等于 E 点代表的税率。由于各国所处发展阶段的不同，政治体制、经济体制和文化传统的差别，因而不可能有一个各国通用的最佳税率，同样，一个国家不同时期的最佳税率也可能是不同的。归根结底，最佳税率的确定只能建立在本国国情的基础上。

4.4 税负转嫁与归宿

负税人与纳税人是两个不同的概念。纳税人又称纳税主体，它是指税法规定的负有纳税义务的单位和个人；而负税人指的是最终负担税款的单位和个人。也就是说，法律规定的纳税人和事实上承担税负的人并不总是同一个人，在税负转嫁的情况下，纳税人和负税人是分离的。

税负转嫁是一个很重要的税收原理，也是一种常见的经济现象。当我们分析税收负担、税负公平、纳税能力等一些税收问题时，首先要考虑的是税负转嫁问题，如果忽略了税负转嫁，有可能得出错误的结论。税负转嫁是指纳税人在缴纳税款之后，通过提价或压价方式，将部分或全部税款转移给别人负担的过程。税收转嫁后所形成的负担分布结果就是税收归宿。一般来讲，税收归宿取决于供求弹性。在其他条件相同的情况下，需求弹性越大(需求曲线越平坦)，消费者负担的税收越小；在其他条件相同的情况下，供给弹性越大(供给曲线越平坦)，生产者负担的税收越小。弹性是衡量经济行为主体逃避税收能力的粗略方法。

4.4.1 税负转嫁与归宿的概念

所谓税负转嫁，是指纳税人通过提高售价或压低购进价格等方法，将其缴纳的税款转移给他人负担的过程。也就是说，法定纳税人不一定就是其所缴纳税款的最终承担者，税收负担可能被全部或部分地转移给他人。只要某种税收的纳税人和负税人不为同一个人，便发生了税负转嫁。

所谓税负归宿，是指税收负担的最终归着点或税收转嫁的最后结果。税收经过转嫁，总要把税收负担落在负税人身上。只要税收的转嫁过程结束，税收负担归着于最后的负担者，便找到了税收归宿。

税负的转嫁运动，从纳税人到负税人，可以只经过一次税负转移完成，也可能要经过数次税负转移。如果一笔税款从纳税人到负税人，其转嫁运动发生一次，可以称作一次转嫁；如果同一税款从纳税人到最后负税人，其转嫁运动发生两次或两次以上，可以称作多次转嫁。

税收经过转嫁，可以把税负全部转移出去，也可能只把部分税负转移出去。如果纳税人通过转嫁把全部税负转移给负税人负担，可以称为完全转嫁。如果纳税人通过转嫁仅把部分税负转移给负税人负担，可以称作部分转嫁。

研究税收负担的转嫁，目的在于确定税收负担的最后归宿点，从而将税收缴纳者和税收负担的承受者真正区别开，把握税收分配关系的实质，合理确定纳税人的税收负担，制定出科学合理的税收政策，以达到预期的调节效果。

4.4.2 税负转嫁的形式

依据税负转嫁的不同途径，税负转嫁的形式大致可分为如下几种。

1. 前转

前转也称顺转或向前转嫁，即纳税人将其所纳税款通过提高其所提供的商品或生产要素价格的方法，向前转移给商品或生产要素的购买者或最终消费者负担的一种形式。

一般认为，前转是税负转嫁最典型和最普遍的形式，多发生在商品和劳务课税上。例如，在生产制造环节对消费品课征的税款，厂商就可以通过提高商品出厂价格，把税负转嫁给批发商，批发商再把税负转嫁给零售商，最后零售商又把税负转嫁给消费者。也就是说，消费者必须付出包括部分税收或全部税收在内的价格购得商品或劳务。所以名义上的纳税人是商品或劳务的出售者，实际的税收负担者是商品或劳务的消费者。

2. 后转

后转也称逆转或向后转嫁，即纳税人将其所纳税款，以压低生产要素进价或降低工资、延长工时等方法，向后转移给生产要素的提供者负担的一种形式。

税负转嫁表现为后转，一般是市场供求条件不允许纳税人以提高商品销售价格的办法，向前转移税收负担。例如，在零售环节对某种商品课税，但该商品零售价格因市场供求关系难以提高。这时零售商便不能通过提高商品销售价格把税负转移给消费者负担，而只能设法通过压低进货价格把税负逆转给批发商，批发商再逆转给生产制造厂商，生产制造厂商又通过压低原料价格、劳动力价格(工资)或延长工时等办法，把税负转嫁给原料供应者和雇佣工人。所以，名义上的纳税人是零售商或生产制造厂商，但实际税收的负担者是原料供应者和雇佣工人。

在现实经济活动中，税收无论是向前转嫁还是向后转嫁，转嫁的程度要取决于许多经济因素和经济条件。有时可以把税款全部转嫁出去，有时则只能把一部分税款转嫁出去。有时税收的转嫁表现为纯粹的前转或后转，但更多的则是同一笔税款，一部分通过前转转嫁出去，另一部分则通过后转转嫁出去(这种情况被称作混转或散转)。所以，对税收在形式上的前转或后转，必须根据具体的情况作具体的分析，而不能作出武断的解释。

3. 消转

消转也称税收转化，即纳税人对其所应纳税款，既不向前转嫁，也不向后转嫁，而是通过改善经营管理、改进生产技术等方法，补偿其纳税损失，使支付税款之后的利润水平不比纳税前低，从而使税负在生产发展和收入增长中自行消失。

消转与一般意义上的税负转嫁不同，后者是指纳税人把税负转移给负税人，而前者则是指纳税人并未把税负转移给他人。因而，严格地说，消转是一种特殊的税负转嫁形式。

4. 混转

混转又称散转，是指纳税人将自己缴纳的税款分散转嫁给多方负担。混转是在税款不能完全向前顺转，又不能完全向后逆转时采用。例如，织布厂将税负一部分用提高布匹价格的办法转嫁给印染厂，一部分用压低棉纱购进价格的办法转嫁给纱厂，一部分则用降低工资的办法转嫁给本厂职工等。严格地说，混转并不是一种独立的税负转嫁方式，而是前转与后转等的结合。

5. 税收资本化

税收资本化也称资本还原，即生产要素购买者将所购生产要素未来的应纳税款，通过从购入价格中预先扣除(压低生产要素购买价格)的方法，向后转嫁给生产要素的出售者。

税收资本化主要发生在某些资本品的交易中。例如，政府征收土地税，土地购买者便会将预期应纳的土地税折入资本，将税负转嫁给土地出售者，从而表现为地价下降。此后，名义上虽由土地购买者按期纳税，但实际上税款是由土地出售者负担的。因此，土地税和土地价格的关系经常表现为：土地税增加，地价必将下降；土地税减少，地价必将上升。

税收资本化同一般意义上的税负转嫁的不同之处在于：后者是将每次经济交易所课征的税款，通过各种途径随时予以转移，前者则是将累计应纳的税款作一次性的转移。所以，它实际上是税负后转的一种特殊形式。

税负转嫁的形式如图 4-3 所示。

税负转嫁的形式
- (1)前转：生产厂商→批发商→零售商
- (2)后转：生产厂商←批发商←零售商
- (3)混转：生产厂商←批发商→零售商
- (4)消转：税收被新增利润消化掉
- (5)税收资本化：某些资本品的交易中

图 4-3　税负转嫁的形式

4.4.3　税负转嫁的一般规律

税负转嫁在形式上的可能性，并不一定等于转嫁的实现。在现实经济生活中，它总是受客观经济条件的制约，也就是说，对税负的转嫁与归宿问题的分析，必须同经济的运行状况联系起来，把税负转嫁放到特定的经济环境中去考察。

1. 物价自由变动是税负转嫁的基本前提条件

转嫁涉及课税商品价格的构成问题，税收转嫁后存在于经济交易之中，通过价格变动实现。课税不会导致课税商品价格的提高，也就没有转嫁的可能，税负由卖方自己负担。课税以后，若价格增高，税负便有转嫁的条件。若价格增加少于税额，则税负由买卖双方共同承担。若价格增加多于税额，则不仅税负转嫁，卖方还可以获得额外收益。因此可以说，没有价格自由波动，就不存在税负转嫁。

2. 商品供求弹性是税负转嫁的约束条件

在自由竞争的市场上，课税商品价格能否增高，不是供给一方或需求一方愿意与否的问题，而是市场上供求弹性的压力问题。一般来说，对商品课征的税收往往向没有弹性的方向转嫁。对税收转嫁可以从需求弹性和供给弹性两方面分析。

商品的供给弹性是指在市场供给曲线的任何一点上，价格变化百分之一所导致的供给量变化的百分比，它衡量的是商品供给量对价格变化的反应程度。商品供给弹性越大，表明供给者当价格变化时调整供给量的可能性越大，进而通过调整供给量影响价格的可能性也越大；反之亦然。

商品的需求弹性是指在市场需求曲线的任何一点上，价格变化百分之一所导致的需求量变化的百分比，它衡量的是商品需求量对价格变化的反应程度。商品需求弹性越大，表明需求者当价格变化时调整需求量的可能性越大，进而通过调整需求量制约价格的可能性也越大；反之亦然。

商品供求弹性与税负转嫁之间的关系可更直观地用图 4-4 来说明。图中的符号 S 代表税前供给曲线，S' 代表税后供给曲线，D 代表需求曲线，P 代表价格，Q 代表供给量或需求量。征税前，均衡价格与均衡数量分别为 P_1 和 Q_1，均衡点为 E_1。当政府对供给方征收定额税后，供给曲线由 S 向左上方移动到 S'，形成新的均衡价格 P_2 和均衡数量 Q_2，新均衡点为 E_2。税后的购买者支付价格由 P_1 上升到 P_2，税后的供给者所得价格由 P_1 下降到 P_3，P_2-P_3 为单位税额，且 $P_2-P_3=(P_2-P_1)+(P_1-P_3)$。这时税收由购买者和供给者共同负担，即购买者负担的单位税额为 (P_2-P_1)，供给者负担的单位税额为 (P_1-P_3)。

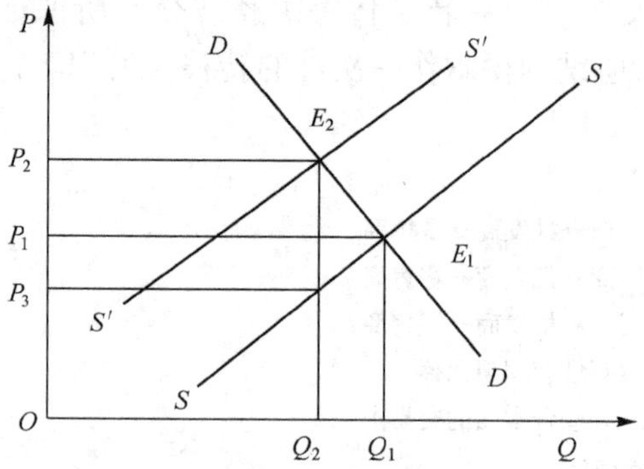

图 4-4　供求弹性与税负转嫁的关系

分析至此，可进一步推断和概括出商品供求弹性与税负转嫁之间的一般关系。

(1)商品需求弹性大小与税负向前转嫁的程度成反比，与税负向后转嫁的程度成正比。即商品需求弹性越大，税负前转的量越小，税负后转的量越大；商品需求弹性越小，税负前转的量越大，税负后转的量越小。特别地，当需求完全有弹性时，税负将全部由供给方负担；当需求完全无弹性时，税负将全部由需求方负担。

(2)商品供给弹性大小与税负向前转嫁的程度成正比，与税负向后转嫁的程度成反比。即商品供给弹性越大，税负前转的量越大，税负后转的量越小；商品供给弹性越小，税负前转的量越小，税负后转的量越大。特别地，当供给完全无弹性时，税负将全部由供给方负担；当供给完全有弹性时，税负将全部由需求方负担。

(3)当商品需求弹性大于供给弹性时，则税负由需求方负担的比例小于由供给方负担的比例，如果供给方是纳税人，税负只能实现较少部分的转嫁；当商品的需求弹性小于供给弹性时，则税负由需求方负担的比例大于由供给方负担的比例，如果供给方是纳税人，大部分税负的转嫁得以实现。

3. 课税范围与税负转嫁的关系

一般来说，课税范围越宽广，税负转嫁越容易；课税范围越狭窄，税负转嫁越困难。这是因为：课税范围越是狭窄，对商品或生产要素的购买者越有替代效应，从而需求也就越具有弹性。也就是说，课税范围只包括部分商品或生产要素，就极可能驱使购买者改变购买抉择，减少课税或增税商品或生产要素的购买量，而增加无税或低税商品或生产要素的购买量。在这种情况下，课税商品或生产要素价格的提高就要受到限制，税负自然难以转嫁。与此相反，课税范围越是宽广，越不容易对商品或生产要素的购买者产生替代效应，从而需求也就越缺乏弹性。也就是说，如果课税范围涉及了大部分，甚至全部商品或生产要素，购买者购买商品或生产要素的抉择一般不会因课税而改变。在这种情况下，课税商品或生产要素价格的提高就较为容易，税负自然容易转嫁。

4. 市场结构与税负转嫁的关系

现代市场条件下的市场结构通常分为四种类型：完全竞争、垄断竞争、寡头竞争和完全垄断。市场结构不同，税负转嫁的状况也是不同的。

(1)完全竞争市场，是指一种竞争完全不受任何阻碍和干扰的市场结构。完全竞争市场具有以下特点：市场上存在许多生产者和消费者，且其销售量和购买量所占市场份额很小，任何人都无力控制价格，市场上每个人都只能是价格的接受者，而不是决定者；产品是同质的，即不存在产品差异，生产者无法通过产品差别控制价格；各种资源可以完全自由流动而不受任何限制；市场信息畅通，生产者和消费者都能获得完备的信息，双方不存在相互的欺骗。

在这种市场结构下，市场价格由整个行业的供求关系决定。因此，在短期内，任何生产者都无法单独提高商品价格，将税收负担向前转嫁给消费者。但从长期看，在产品供给成本不变的情况下，全体生产者形成一股行业力量，才能通过提高价格，将税收负担完全转嫁。

(2)垄断竞争市场，是指一种既有垄断又有竞争，既不是完全竞争又不是完全垄断的市场结构。它具有两个特点：一是市场上存在许多生产者，且各自占有市场的份额都不大，各生产者对市场的控制力较小；二是产品之间存在差异，因差异的存在，使生产者成为其有差异产品的垄断者，但这些差异又是同类、相似的，具有很强的相互替代性，各差异产品之间又形成了竞争。

这种市场结构中的税负转嫁和完全竞争市场中的税负转嫁略有不同。在完全竞争市场中，单个生产者无力控制价格，短期内无法单独提价转嫁税收负担，只有通过行业才能把税收负担转嫁出去。在垄断竞争市场条件下，单个生产者可以利用产品差异性对产品价格作适当调整，从而有可能把部分税收负担前转给消费者。但由于尚未形成垄断市场，仍有竞争，不可能把全部税收负担转嫁出去获得垄断利润。因而是部分前转，部分后转。

(3)寡头垄断市场，是指一种少数几个生产者供给某种产品的大部分，这几个生产者的产量在该行业的总产量中各占有较大的份额，从而可以对市场的价格和产量发挥举足轻重影响的市场结构。

在这种市场结构下，各生产者在价格或产量方面的变化都会影响整个市场和其他竞争对手的行动。每个生产者在做出价格和产量的决策时，不仅需要考虑本身的成本和收益情况，还需要考虑对市场的影响以及竞争对手可能作出的反应。因此，政府征税以后，各寡头生产者肯定知道其余寡头竞争对手也会面临同样的情况，因而各寡头都会将政府所征的税加入价格转嫁给消费者。通常的情况是，寡头生产者早已达成协议，一旦各家成本同时增加(如加税)，就在原价基础上，自动根据某一公式，各自提高价格。

(4)完全垄断市场，是指整个行业的市场完全被一家厂商所控制的市场结构。

在这种市场结构下，实际上是生产者独家定价。政府若对某种产品征税，垄断生产者必然会千方百计地将税款加入价格转嫁给消费者。但转嫁多少则要视其产品的需求弹性而定。若其产品属于生活必需品，需求弹性较小，垄断生产者便可以按所征税款额度提高价格，把税负全部或大部分转嫁给消费者。若其产品属一般商品，需求弹性较大，垄断生产者提高价格会导致需求减少，价格的提高便会受到限制，税负就不会全部或大部分向前转嫁，而会更多地向后转嫁。

4.5 税收效应

税收效应是指纳税人因政府课税而在其经济选择或经济行为方面作出的反应。或者从另外一个角度说，是指国家课税对消费者的选择以至于生产者决策的影响，也就是通常所说的税收的调节作用。

税收不仅对纳税人的消费行为产生影响，也通过对市场价格机制的干扰影响纳税人的生产者行为。这些影响都表现为替代效应和收入效应。政府的课税造成消费者减少课税或重税商品的购买量，而增加无税或轻税商品的购买量，即发生税收对消费者选择的替代效应；政府的课税造成消费者可支配的收入减少，从而使消费者降低了商品的购买量，即发生了税收对消费者选择的收入效应。

税收通过对市场价格机制的干扰影响纳税人的生产者行为。由于政府课税，造成生产者减少课税或重税商品生产量，而增加无税或轻税商品的生产量，是税收对生产者选择的替代效应；由于政府课税，造成生产者可支配的生产要素的减少，从而使生产者降低了商品生产量，是税收对生产者选择的收入效应。

税收对经济的效应主要表现在以下几个方面。

4.5.1 税收对纳税人工作努力的影响

开征一种税或增加税额会对工作努力产生两种不同的效应。一种是收入效应，是指由于增加税收而使纳税人的境况变坏的效应。一般来说，开征某种税的目的是希望这种税的收入效应能激励纳税人更奋发工作，其原理是由于征税使纳税人的收入减少，不得不减少闲暇等其他方面的享受。收入效应的大小，是由某人的总收入与其缴纳的税金之比例，即由平均税率所决定的。另一种是替代效应，经济学理论所说的替代效应是用来说明相对价格变化及其所造成的和个人支出模式变化之间的关系。

马斯格雷夫于1959年提出了"恶意效应"的概念，指由于政府增加税收，纳税人就通过减少工作的手段，作为对政府的报复或作为减税主张的支援。纳税人越觉得税收不公平，这种效应就越强烈。如果这个结论成立。就有理由认为，税收的作用越明显，恶意效应就越大。

税收效应理论并不能预测税收变化对劳动力供给水平的总影响，因为收入效应和替代效应往往起反方向的作用。税收变化对工作努力所产生的实际效应取决于税收的收入效应和替代效应的相对强度，还取决于许多实际中的复杂问题。

研究税收对工作努力的影响的方法之一是分析劳动力供给曲线。税收是对劳动者个人收入的一部分扣除，所以征税会使人们对工作产生不同的反映，或妨碍或鼓励人们去努力工作。因而也就给纳税人的劳动投入带来两种影响：其一是收入效应，其二是替代效应。

税收对劳动投入的收入效应是指由于政府征税减少了纳税人可支配的收入，进而改变纳税人支出的分配，影响其消费和储蓄数额。收入效应的大小是由平均税率即纳税人的总收入与其缴纳税款的比例决定的。两者同方向变动，即平均税率越高，税收对纳税人产生的收入效应就越大；反之，收入效应就越低。

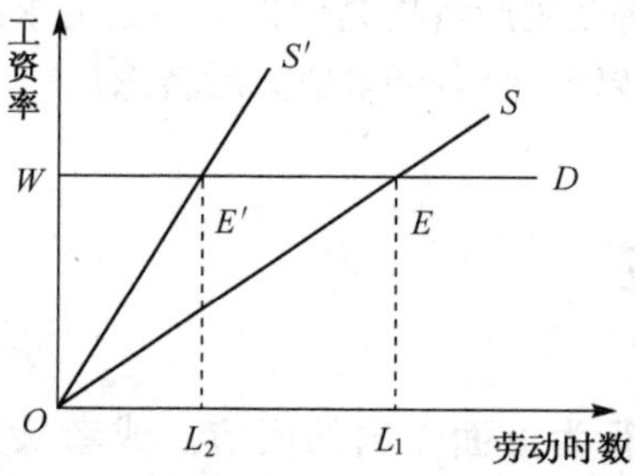

图 4-5　税收对劳动投入的替代效应

税收对劳动投入的替代效应是指由于政府征税，降低了闲暇相对于劳动的价格，从而引起纳税人用闲暇来代替劳动。其结果是征税造成劳动投入的下降。例如，当所得税税率提高后，如果人们从增加的劳动收入中得到的好处并不很大，他们则不会多干工作，而宁愿选择休息，即用闲暇来代替工作。替代效应的大小，在课征所得税的情况下，是由其边际税率决定的。两者也同方向变动，即边际税率越高，替代效应越大；反之，替代效应则越低，如图 4-5 所示。

D 为劳动的需求曲线，S 为税前的劳动供给曲线，S' 为税后的劳动供给曲线，即政府对劳动者的工资收入征收所得税，税率为 t。由于纳税，使得劳动的时数由 L_1 减少到 L_2，即政府征税对纳税人的劳动投入产生了替代效应。

税收对纳税人在劳动投入方面的两种效应的作用方向是相反的。在收入效应下，税收会激励纳税人为取得更多的收入而努力的工作；在替代效应下，税收会妨碍纳税人的工作热情，即对纳税人工作起反激励作用。两种效应相互抵消或相互作用后的净效应(综合效应)是怎样的状况，取决于不同税种的特点及纳税人对他们的不同反映。

从不同的税种对劳动投入的效应比较来看：人头税按固定的数额征收，不随收入额的增减而变化，因此不会改变收入和闲暇之间的相对价格，不具有妨碍劳动投入的替代效应反而会激励纳税人努力工作，增加收入；比例所得税对人们的劳动投入影响要大一些，与人头税相比具有一定的替代效应，在某种程度上会激励人们选择闲暇替代劳动；累进所得税对劳动投入的影响更大，比例所得税的边际税率与平均税率相等，而累进所得税的边际税率大于平均税率，使累进所得税的替代效应大于比例所得税，而替代效应总是有碍于增加劳动投入；商品税由于具有累退性质（随着收入的增加，纳税人所缴纳的税款占收入的比重反而下降），与比例所得税和累进所得税相比对劳动的投入具有更大的激励作用。因为累退税的边际税率低于平均税率，使其替代效应小于比例税和累进税。税收对劳动投入的效应也可以用需求弹性理论来分析。税收对纳税人的工作起阻碍作用还是激励作用，取决于纳税人对税后所得的需求弹性。假如，课税使其所得比以前减少，这样，当纳税人对所得的需求弹性减小时，税收对劳动投入是一种激励作用。比如，一个人有家属需要赡养，并希望其储蓄在将来达到不低于某一所得额，以获得能够满足其日常生活的需要，在这种情况下，则常因课税或增税的压力而迫使他更勤奋地工作，以弥补因课税或增税减少的所得；当纳税人对所得的需求弹性较大时，税收对劳动投入是一种阻碍作用。一个人生活达到一定的水平，可以容纳其所得作较大幅度的增加或减少，在这种情况下，因课税或增税使某一数量的劳动所得比以前减少，感到不值得像以前那样工作，从而选择闲暇来代替劳动。

4.5.2 税收对储蓄的影响

储蓄在经济生活中占有重要地位，如果人们将其部分收入储蓄起来，他们手中掌握的一部分经济资源就可投向各个部门。因此，从长时期看，储蓄水平可以影响经济增长率。储蓄水平的变化在短时期内也能影响经济活动水平。因此，税收对消费储蓄的影响是非常重要的。

储蓄在社会经济中的作用，主要表现在对投资的数量有很大的限制作用。储蓄是影响投资量的一个重要因素。由于投资＝私人储蓄＋政府税收－政府消费＋进口－出口，所以，投资要受到私人储蓄、政府储蓄和国外储蓄（国外储蓄就是资金的流入，资金流入用外贸差额来表示）三个因素的限制。

私人储蓄对投资的影响很大。一般把税后收入称为可支配收入，即个人总收入减去个人税收。了解税收对私人储蓄的影响如何，需要考察私人消费的确定和税收对私人消费的影响。

税收对储蓄的影响也可以分为收入效应和替代效应。

1. 替代效应

替代效应是指各种税收对储蓄报酬率的影响。因政府课税降低了纳税人的实际收入，造成纳税人以消费代替储蓄，税收对私人储蓄就发生了替代效应。在征税后，储蓄的收益下降了，这也意味着不鼓励人们储蓄。替代效应是由边际税率决定的，因此，考虑替代效应时，主要考虑边际税率的影响。一般来讲，由于替代效应的作用，征税会使人们减少储蓄量，增加现期消费量。

税收储蓄替代效应，常常可以作为所得税对储蓄的重复征税的问题来讨论。某人取得收入要课征所得税，而他将收入储蓄取得利息后，又必须缴纳所得税，这就是储蓄重复征税。从支出税角度看，则不存在重复征税问题，因为它只对储蓄征一次税，即当这笔收入用于支出时方予征税。在支出税条件下，个人储蓄的利息收入全部归个人所得，因而他的储蓄报酬就比征收所得税要高。

2. 收入效应

收入效应是指征税以后人们的收入减少了，由于收入水平下降，人们在做消费决策时，现期的消费量要下降，今后的消费量也要减少。这样，消费下降，相对来说，储蓄增加了。

决定储蓄的因素主要是个人所支配收入和税后利息率，若因征税压低了纳税人的可支配收入，进而促使其减少消费，为维持既定的储蓄水平而增加储蓄，税收对私人储蓄就发生了收入效应。

上述两个作用对储蓄的作用方向是不一致的。孤立地分析税收对储蓄产生的影响是很困难的。影响个人储蓄的可能因素很多，但不同税收的累进程度大小是决定其收入效应的重要因素。累进程度较大的税收要比累进程度较小的税收给社会富裕成员带来较重的负担。由于富人用于储蓄的收入占全部收入的比重比穷人大，因而累进程度较大的税收给储蓄所带来的负担较重。

4.5.3 税收对投资的影响

税收对投资的影响，除去因其对储蓄水平的间接影响外，这一效应还通过对投资收益率和折旧因素的影响来实现。

政府的课税会压低投资收益率，并使投资收益和投资成本比发生变动，从而对纳税人的投资行为产生方向相反的两种效应：如果其影响是降低了投资对纳税人的吸引力，造成纳税以消费替代投资，即发生了替代效应；如果其影响是减少了纳税人的可支配收益，促使纳税人为维持以往的收益水平而增加投资，即发生了收入效应。通过税收制度规定的税收折旧率与实际折旧率通常并不一致，若两者相等，税收对私人投资的影响表现为中性；若前者高于后者，税收对私人投资的影响表现为刺激性；若前者低于后者，税收对私人投资的影响表现为抑制性。

影响投资的税收因素一般有两个，一是公司税，二是折旧。也就是说，税收通过公司税税率和折旧率来影响投资。

税收对总收益率的影响一般有两种：一是使总收益率下降；二是限制总收益率的下降趋势。在第一种情况下，由于纳税的缘故，总收益率下降了。但是这种总收益率下降的趋势，也可能受到其他因素的限制。比如折旧因素，由于折旧可以直接从应税收入中扣除，这样，就可以降低课税所得。由于投资优惠因素，可以直接从应税额中减去投资成本。总的收益率等于减去部分公司税，在税前，总的收益率一定要至少等于投资的利润加上它的折旧。在征税时会出现这样的情况，总收益率要减去对总收益课征的税，再减去它的折旧率。

鼓励投资可以采取各种形式，包括加速折旧和投资性贷款，两者均可增加净收益率，并且都不是中性政策。前者有利于长期投资，后者有利于短期投资。

小　结

1. 税收是国家为了满足社会公共需要，凭借政治权力，按照法定标准，向社会成员强制、无偿地征收而取得的一种财政收入。它是各国政府取得财政收入的最基本的形式。税收属于分配范畴，税收分配的主体是国家，税收分配的依据是国家的政治权力，税收分配的对象是社会剩余产品。

2. 税收具有强制性、无偿性和固定性的特征。税收的强制性，是指国家征税凭借政治权力，通过颁布法律和法令进行的；税收的无偿性，是指国家征税以后，税收就归国家所有不再直接归还给原纳税人，也不直接向纳税人支付任何报酬和代价；税收的固定性，是指国家征税必须通过法律形式，事先规定对什么征税及征税的额度。

3. 纳税人又称纳税主体、纳税义务人、课税主体，它是指税法规定的负有纳税义务的单位和个人;负税人指最终负担税款的单位和个人;扣缴义务人指法律、行政法规规定负有代扣代缴义务的学校和其他单位,或者是个体工商户、个人合伙经营者和其他自然人。

4. 课税对象又称税收客体、征税对象、课税课体。税源指税收的经济来源或最终出处,各种税有不同的经济来源。税目指课税对象的具体项目或课税对象的具体划分。税基指的是计算应纳税额根据的标准,即根据什么来计算纳税人应缴纳的税额。

5. 税率是国家征税的比率,税率一般分为比例税率、累进税率和定额税率。比例税率就是对同一课税对象,不论其数额大小,统一按一个比例征税。可分为:单一比例税率、差别比例税率和幅度比例税率。

6. 累进税率是按课税对象数额的大小,划分为若干等级,每个等级由低到高规定相应的税率,课税对象数额越大税率越高,数额越小税率越低。累进税率可分为全额累进税率和超额累进税率。

7. 全额累进税率,是把课税对象的全部按照与之相对应的税率征税,即按照课税对象适应的最高级次的税率统一征税。当课税对象提高到另一个级距时,对课税对象的全额都按提高一级的税率征税;超额累进税率,是把课税对象按数额大小划分为不同的等级,对每个级别分别规定相应的税率,分别计算税额。全额累进税率的累进程度高,超额累进税率的累进程度低,在税率级次和比例相同的情况下,前者负担重,后者负担轻;其次,在所得额级距的临界点处,全额累进税率会出现税额增长超过所得额增长的不合理情况,超额累进税率则不存在这种问题;但超额累进税率计算烦琐。

8. 速算扣除数是指按全额累进税率计算的税额与按超额累进税率计算的税额的差额。

9. 定额税率也称固定税额,它是按课税对象的一定计量单位直接规定一个固定的税额,而不规定征收比例。

10. 纳税环节是指课税客体在运动过程的诸环节中依税法规定应该纳税的环节。广义的纳税环节是指全部征税对象在再生产中的分布;狭义的纳税环节是指应税商品在流转过程中应纳税的环节,是商品流转课税中的特殊概念。

11. 纳税期限是指纳税人按照税法规定缴纳税款的期限,它由纳税计算期和税款缴库期组成。纳税计算期是指纳税人据以计算纳税、扣缴义务人据以计算缴纳税款的期间;税款缴库期是指纳税计算期届满后,纳税人、扣缴义务人向税务机关报缴税款的期间。

12. 税收附加是地方政府按照国家规定的比例随同正税一起征收的列入地方预算外收入的一种款项。税收加成是指根据税制规定的税率征税以后,再以应纳税额为依据加征一定成数和税额。

13. 违章处理主要是指对纳税人违反税法的行为采取的处罚措施。税收违章行为主要有:偷税、漏税、欠税、抗税等。偷税是指纳税人有意违反税收法规,以欺骗、隐瞒等非法手段逃避缴纳税款的行为;漏税是指纳税人因不熟悉税法或财务制度,或计算错误而发生的漏缴、少缴税款的行为;欠税是指纳税人不按规定期限缴纳税款的拖欠行为;抗税是指纳税人抗拒依法履行纳税义务,拒不依法纳税的行为。

14. 税收按课税对象分类可分为:商品税、所得税、财产税、资源课税和行为税。按税收的计量(或计征)标准可分为从价税和从量税两大类。按税收与价格的关系分类可分为价内税和价外税两大类。按税负能否转嫁分类可分为直接税和间接税两大类。按税收管理权限和使用权限分类,可分为中央税、地方税和中央地方共享税三大类。

15. 税收负担是指纳税人因向国家缴纳税款而承受的收入损失和经济利益的牺牲。税收负担按税收负担所涉及的范围划分，可分为宏观税收负担、中观税收负担和微观税收负担；按照税收负担是否转嫁划分，可分为直接税收负担和间接税收负担；按照税收负担的真实度划分，可分为名义税收负担和实际税收负担。

16. 衡量税收负担的指标有宏观税收负担率和微观税收负担率。宏观税收负担率主要有国民生产总值负担率和国内生产总值负担率。国民生产总值税收负担率(T/GNP)，是指一定时期内税收收入总额与国民生产总值的比率。国内生产总值税收负担率(T/GDP)，是指一定时期内税收收入总额与同期国内生产总值的比率。微观税收负担率是指某地区、各行业、各纳税单位及个人其销售收入或净产值中税收含量的比值。

17. 税负转嫁，是指纳税人通过提高售价或压低购进价格等方法，将其缴纳的税款转移给他人负担的过程。税负归宿，是指税收负担的最终归着点或税收转嫁的最后结果。税负转嫁的形式包括前转、后转、消转、混转和税收资本化。

18. 商品需求弹性大小与税负向前转嫁的程度成反比，与税负向后转嫁的程度成正比。商品供给弹性大小与税负向前转嫁的程度成正比，与税负向后转嫁的程度成反比。当商品需求弹性大于供给弹性时，则税负由需求方负担的比例小于由供给方负担的比例，如果供给方是纳税人，税负只能实现较少部分的转嫁；当商品的需求弹性小于供给弹性时，则税负由需求方负担的比例大于由供给方负担的比例，如果供给方是纳税人，大部分税负的转嫁得以实现。

19. 现代市场条件下的市场结构通常分为四种类型：完全竞争、垄断竞争、寡头竞争和完全垄断。市场结构不同，税负转嫁的状况也是不同的。

20. 税收效应是指纳税人因政府课税而在其经济选择或经济行为方面作出的反应。税收对纳税人工作努力的影响，包括收入效应和替代效应；税收对储蓄的影响，也可以分为收入效应和替代效应；税收对投资的影响，也可以产生收入效应和替代效应。

思考题

1. 简述税收的概念、性质和特征。
2. 纳税人是否一定就是负税人，为什么？
3. 简述课税对象、税源和税基的关系。
4. 什么是比例税率和固定税额？两者有什么区别？
5. 全额累进税制与超额累进税制相比，哪一种税负较轻？试解释。
6. 简述偷税、漏税、欠税、抗税及其处理。
7. 商品税的主要特征是什么，与所得税的主要区别在哪里？
8. 简述税负转嫁的形式。
9. 论述拉弗曲线。
10. 请画图阐述税收对劳动投入的替代效应。

案例简介

案例[4-1]　爱沙尼亚社会税的负税人

爱沙尼亚为波罗的海三小国中面积最小者，主要的地理景观为平原、农地、森林和沼泽。

全境地势低平，平均海拔不到17米。位于南部的牧那马吉山为境内最高山，海拔约106米。全国湖泊约有1 400座，为狼、驼鹿、熊等野生动物的栖息地。首都塔林为一海港城市，市区中角楼及尖塔建筑为其典型特色景观，同时也使得该市成为观光客所喜爱造访的城市之一。

爱沙尼亚对劳动力征收所得税和社会税。劳动者个人缴纳26%个人所得税，同时，雇用他的企业还须为其工资缴纳33%的社会税，其中20%为社会保障税，13%为健康保险税。社会税实际上将爱沙尼亚的劳动力价格大大提升，虽然33%的社会税不需要劳动者本人支付，但企业必须为其支付。这样，企业为员工支付的工资实际为[工资额×(1+33%)]，这使有些企业开始降低薪水，很多企业不敢轻言提高员工工资和增加员工人数。

入盟后劳动力自由流动提上日程。由于爱沙尼亚劳动力税收负担过重，大量技术工人如建筑领域的技工、机械制造工人等，以及优秀专业技术人员如医生、教授等纷纷到芬兰、瑞典等国谋职，以获取高收入。劳动力大量外流使政府税收收入大幅减少，而且大量技术人员外流对整个国家造成的损失不可估量。

[资料来源：《入盟后爱沙尼亚关于税收政策的争论及趋势》，商务部网站，2005-4-19]

问题

如何看待爱沙尼亚对劳动力征税后出现的社会现象？

简要提示

爱沙尼亚政府规定社会税由雇主缴纳，现实的情况是：劳动力的工资被雇主压低，在劳动力可以自由流动的前提下，大量劳动力外流。

爱沙尼亚的工人，虽然法律规定社会税由雇主负担，但是雇主可以压低工人的工资，不增加员工人数，把这部分税负转嫁出去。工人是弹性较小的一方，在这里，工人的劳动供给弹性几乎为零，我们知道，商品供给弹性越大，税负前转的量越大，税负后转的量越小；商品供给弹性越小，税负前转的量越小，税负后转的量越大。特别地，当供给完全无弹性时，税负将全部由供给方负担；当供给完全有弹性时，税负将全部由需求方负担。也就是说，只要是对劳动力要素的征税，税负都向后转了，由工人负担。

当然，现实情况千变万化，工人的劳动供给弹性完全为零这一结论并不总是正确，所以，税款的负担者并不仅是工人。但是，工人的劳动供给弹性比较小这一结论总是正确的，对劳动力征税，工人总是比雇主负担更多的税收。

案例[4-2]　二套房税利弊几何？

国土资源部官员透露，我国的不动产税已经在研究当中。不动产税改革将保证个人居住的基本需求，家庭基本的住宅用地税率有可能为零，而购买第二套住房将可能被征高额不动产税。

大部分为当前畸高房价所苦的人们认为这种做法体现了税收公平，使有负担能力的人缴更多的税；还能给人为炒作的房地产市场降温，减少可能出现的泡沫；还有，该办法有望激活二手房市场。出于经济考虑，那些有着两套房子的人们如果认为囤积房子等待升值不可靠，或许就会急于将其出手，价格也将较为合理。假设能达到如此效果，那么可以想见，这一消息对当前的房地产开发就是一瓢不折不扣的冷水。因为如果二手房供应充足，对于平衡供需关系、抑制房价上升是最直接有效的手段。

但是问题并非那么简单，就当前国情分析，这种构想既有正面效果，也有负面作用，可称是一把“双刃剑”。其正面效果当然就像政策设计者的初衷，如上所说，可以体现公平，可以平抑房价。但可能还有另一面效果。

第一，征管的难题。对第二套或第 N 套住房，就难以统计清楚。比如有人会将房子分散登记于各个家庭成员名下，在官员财产申报制尚难推行的当前，怎样才能确保统计信息的确切？而且，房子越多的人，越是非富即贵，掌握有广泛的社会关系，向他们多余的房子课税，难度可想而知。所以，如何保证该税种不成纸上谈兵，是一个复杂的、需要多方配合的“系统工程”。

第二，向第二套住房征税，会不会使人们倾向买大的房子，从而诱使新开发的房屋面积趋大？当然，相信在推出“第二套房征税”政策时，肯定还会对“第一套房”的面积有所限制，但每家人口不一，需要的面积大小也不相同，而且家庭人口也是会有变化的，那么到底应该如何规定课税标准？是就高还是就低？就家庭“历史”情况还是就现状？此处，必须细加斟酌，以避免伤及人们的正常利益。

第三，该办法会不会提高租房的价格，值得担忧。当前，人们就业的流动性越来越强，这就带来两个很现实的问题：一是在向第二套房课税的情况下，其负担会不会转嫁到租房者头上？而且，这会不会造成租房难度的增大？二是如果某人在一城市有房而又去另一城市工作，那么他在工作地购房算不算需要课税的“第二套”？

第四，还有一种需要注意的可能是，这会不会导致有人为了避第二套住房的税，从法律上破坏家庭形式。就像曾经发生过的那样，有些夫妻为了上岗、为了报销取暖费等，可以“假离婚”。那么，会不会有人为了少缴税，搞假离婚或只同居不结婚呢？如果发生这样的情况，便未免是对婚姻法的不敬，而且也容易引起一些不良后果。对此，也需要认真加以考虑。

［资料来源：根据中国税务网相关资料整理］

问题

对第二套房征高税，可能引起的收入效应和替代效应有哪些？

简要提示

1. 房地产行业的健康发展关系国计民生，也是一项系统工程，客观认识和评价税收在其中的效应有助于我们成功地决策。任何税收政策，必须有相应的配套制度和征管技术手段支撑，否则就成为仅具象征意义的条文。对第二套房征税的政策也不例外。具体税种对不同的纳税人，收入和替代效应可能不同，造成纳税人最终的行为选择也不同。必须充分考虑纳税人的行为反应，才能使税收政策发挥作用，并将造成超额负担、影响税收效率的因素降到最低。

2. 一种物品的价格变化，比如价格降低，对你会产生两种效果：一是物品价格下降，相当于你的实际收入提高了，你会买更多的物品，从而获得更多的满足，经济学家把这称为“收入效应”；二是一种物品价格降低了，由于别的物品价格没变，与价格下降了的物品相比，相当于别的物品实际价格上升了，所以你会多买价格下降的物品，来替代价格没变的物品，经济学家把这称为“替代效应”。

从收入效应来说，开征二手房个税，将直接减少卖房者的利润，压缩他们再次投机房产的资本，降低循环炒作房产的空间，这也是出台这一措施的目的。从整个社会的角度，二手房的交易总量将会减少，交易频率将会降低。

而从替代效应来说，由于出售二手房要交纳个税，因此，变出售为出租的行为将会增加。另外，拥有多处私房的产权人也可能会选择空置房产以待价格上涨后出售。上述结果对规范房产资源、打击投机炒房行为也许有效，但因为可用于出售的房屋供给量减少，客观上将造成准备购买二手房的普通居住者的购房困难。

第5章

商品课税

本章学习要点

通过本章的学习，掌握商品课税的特征、类型和主要税种；理解增值税、消费税、营业税和关税的相关概念和税制要素；了解增值税、消费税、营业税和关税的发展历史。

本章学习重点与难点

本章的学习重点是商品课税各税种的概念、特点、类型和作用等；难点是掌握我国各商品税种的税制要素。

本章基本概念

商品课税、生产型增值税、收入型增值税、消费型增值税、营业税、消费税、关税

5.1 商品课税概述

商品课税是对商品和劳务征收的一类税，在各国税收中占有十分重要的地位，是许多国家的主要税收来源。本节简要介绍商品课税的特点、类型等，后面各节再逐一介绍商品课税的主要税种。

5.1.1 商品课税的特征

商品课税是指以商品和劳务的流转为课税对象的税收体系。它具有以下特点。

1. 普遍课税、隐蔽性强

商品课税以市场交易行为为课税前提，只要有市场交易行为就要课税。在现代经济社会中，商品的生产和交换存在于经济社会的各个环节之中，是社会生产的主要形式。因此，商品课税具有普遍性，这种普遍性使得商品课税税源充足，保证了国家财政收入的充裕。此外，被课税者很容易通过提高商品价格，把税负转嫁给消费者，而消费者又不直接感受到税收负担的压力。这种税负转嫁引起的征收上的隐蔽性减少了商品课税执行的阻力。

2.以商品和非商品的流转额为计税依据

商品流转额指商品销售收入或购进商品支付的金额，非商品流转额指交通运输、邮政通信等各类服务性行业提供服务取得的收入或取得服务支付的金额。商品课税以流转额为计税依据，在税率既定的情况下，税额的大小直接取决于商品和服务价格的高低及数量的多少，而与成本和费用水平无关，所以商品课税又称为流转税。

3.实行比例税率、计征简单

大部分商品课税使用比例税率，并以流转额为计税依据，而与商品成本和赢利水平无关，所以税额的计算、征收比较简便易行。此外，商品课税的纳税人和征税对象相对比较集中，有利于征收管理和节约征纳成本。

4.税收负担具有累退性

商品课税一般采用比例税率，其税负按消费或销售商品的数量比例负担，对于赢利率不同而销售收入相同的企业，由于所纳税额相同，而造成实际税收负担不均，即赢利水平越高税收负担越轻；反之，赢利水平越低，税收负担越重。

综上所述，商品课税的优点是税源充裕，课征方便，并可以抑制消费，增加储蓄和投资，有利于经济发展。但是，由于商品课税与商品价格相联系，在国内会干扰市场运行并形成分配不公，在国际间会阻碍资金、劳动力和商品的自由竞争和流动。由此可见，商品课税是特征鲜明、功能突出、缺陷明显的一个税类，在具体实践中应扬长避短，充分发挥其主体税类的作用。

5.1.2 商品课税的类型

根据商品课税的特点，可以从以下几方面对商品课税进行分类。

1.按征税范围分类

按征税范围分类分为大范围的商品税和小范围的商品税。如果将一切商品和劳务都列为征税对象，是大范围的商品税；如果只将消费性的商品和劳务列为征税对象，算小范围的商品税。

2.按征税环节分类

按征税环节分类分为单环节征税的商品税和多环节征税的商品税。所谓单环节是指在商品流转过程中选择其中一个环节征税，如有些国家开征的制造销售税、批发营业税、零售营业税等；多环节是指在商品流转过程中选择多个环节征税，如我国现行的增值税。

3.按计税方式分类

按计税方式分类分为从价商品税和从量商品税。从价商品税是指以商品和劳务的价格为计税依据，如我国现行的增值税、营业税和关税等；从量商品税是指以商品和劳务的数量为计税依据，如我国现行的对部分消费品开征的消费税。

4.按征税地点分类

按征税地点分类分为国内商品税和国境商品税。前者是指对在本国生产、销售和消费的商品和劳务征收的商品税；后者是指在国境对进出口商品征收的商品税，如关税等。

5.1.3 商品课税的主要税种

1994 年税收制度改革后，我国现行商品课税具有代表性的税种有增值税、消费税、营业税和关税，下面逐节介绍。

5.2 增 值 税

5.2.1 增值税概述

所谓增值税是指以商品在生产和流通过程中实现的增值额为课税对象的一种税，最早起源于丹麦，于 1954 年在法国首先推出，以后在西欧和北欧各国迅速推广，现在已成为许多发达国家和发展中国家广泛采用的一个国际性税种。

增值额是指企业或个人在生产经营过程中新创造的价值，即商品价值($C+V+M$)中扣除生产过程已消耗的生产资料价值(C)后的余额，即($V+M$)的部分。具体到一个单位来说，增值额是指这个单位的商品销售额或劳务收入额扣除规定的外购项目后的余额，相当于该单位职工所创造的价值，即($V+M$)；从商品生产全过程来说，一种商品在生产和流通各个环节的增值之和，相当于该商品消费时的最后销售总额，即一种商品价值是由该商品各个环节的增值额共同构成。

由于增值税是对商品在生产和流通过程中实现的增值额进行征税，从而彻底消除了重复征税的弊端，有利于解决税负不均的问题，有利于促进工业向专业化生产方向发展，又可以保证财政收入。因此，它产生后被许多国家采用。我国自 1994 年 1 月 1 日起全面实施增值税，并成为商品税制的主体税种。

5.2.2 增值税的特点

1. 避免重复征税

增值税只就商品价值或劳务中增值部分征税，从而避免了重复征税和税负不均问题，这是增值税的最大特点。

2. 采用普遍课征方式

凡是有经营行为并取得销售或劳务收入的单位和个人都应该纳税。一种商品从生产、批发到零售，只要存在增值额，均应该纳税，这种道道课征的方式可以使各关联企业在纳税上互相监督，减少甚至杜绝偷税漏税。因为上游企业漏税必然使下游企业多纳，在经济利益原则驱使下，下游企业必然主动监督上游企业的纳税情况。

3. 税负稳定合理

由于增值税是对增值额纳税，同一种商品或劳务，无论其生产或经营环节有多少，也不论该商品是由一个单位生产提供还是多个单位生产提供，只要零售价格相同，增值税税负始终保持一致。这也使增值税不受企业结构、生产结构和流通环节变化的影响，为生产经营者提供了平等的竞争条件。

4. 设置零税率，增强出口商品国际竞争力

为了增强出口商品的国际竞争力，增值税特设了一档零税率。对于需要出口退税的商品来说，在出口时一次性全部退还国内已缴纳的增值税，有利于出口商品以低价格出现在国际市场上，进而提高了其竞争力。这样可以鼓励外向型经济的发展，符合我国对外开放的原则，也符合国际惯例。

5. 采取价外计征的计算方法

传统税制的产品税、增值税和营业税均是价内税，即以含税价格为计税基础，现行增值税则是在原来产品税、增值税、营业税三税基础上转换而来的。实价价外税，即价格和税额分开，以不含税价格为计税依据，在零售以前各环节销售商品时，在专用发票上分别填写税款和不含税的价格。考虑到我国居民的购买习惯和承受心理，在商品零售环节仍大多采取价税合一的方法，但在纳税人缴纳增值税时，需要先核定应税销售额，再以应税销售额按适用税率进行计算应纳税额。

5.2.3 增值税的类型

一般来说，增值税的计税依据是商品和劳务价款中的增值额，但各国增值税制度中对购进固定资产已纳税金扣除的处理方法不同，据此增值税可分为以下三种类型。

1. 生产型增值税

生产型增值税即在计税时不允许扣除固定资产已纳税额。就整个社会而言，课税依据既包括消费资料，又包括生产资料，相当于生产的固定资产和各种消费产品的生产总值，即国民生产总值，故称为生产型增值税。

2. 收入型增值税

收入型增值税即征收增值税时，只允许扣除固定资产当期折旧部分的已纳税额。就全社会而言，课税依据相当于国民收入，故称为收入型增值税。这种增值税与消费型增值税相似，都允许扣除固定资产已纳税额部分，只是扣除的时间、方式存在差异。

3. 消费型增值税

消费型增值税即征收增值税时，允许将购置的固定资产的已纳税款一次性全部扣除。这样，就整个社会而言，课税对象只限于消费资料，故称消费型增值税。

三种类型增值税的主要区别在于对固定资产价值的处理不同，所以对财政收入和纳税人的影响也不一样。从财政收入角度看，生产型增值税的收入效应最大，消费型增值税的收入效应最小；从纳税人角度看，生产型增值税的激励程度最小，消费型增值税的激励程度最大。一个国家采取何种类型的增值税，取决于该国的经济政策和财政承受能力。消费型增值税彻底消除了阶梯式流转税重复征税带来的各种弊端，将增值税对投资的不利影响减小到了最低程度，有利于加速设备更新，推动技术进步，但消费型增值税税基窄，组织收入功能不强，所以多为发达国家采用。生产型增值税在一定程度上带有阶梯式流转税的弊端，并且会人为提高投资成本，影响纳税人投资积极性，但生产型增值税对资本有机构成低的行业或劳动密集型生产有利，且税基宽，组织收入能力强，所以多为第三世界发展中国家采用。

5.2.4 我国现行增值税制度

1.纳税人

根据《中华人民共和国增值税暂行条例》(2008 年 11 月 5 日国务院第 34 次常务会议修订通过，自 2009 年 1 月 1 日起施行)的规定，凡在中华人民共和国境内销售货物或者提供加工、修理修配劳务以及进口货物的单位和个人，都是增值税的纳税人。具体包括单位、个人、承租人和承包人，单位是指国有企业、集体企业、私人企业、股份企业、外资企业等其他企业和行政事业单位、军事单位、社会团体及其他单位；个人是指个体经营者及其他个人；对于企业租赁或承包给他人经营的，承租人或承包人为纳税人。

为了便于增值税的推行，简化征管手续，节约征税成本，我国按国际通行做法，把增值税纳税人分为一般纳税人和小规模纳税人，对小规模纳税人销售货物或提供应税劳务采取简易的征税办法。2009 年 1 月 1 日施行的《中华人民共和国增值税暂行条例实施细则》降低了小规模纳税人的认定标准，第二十八条对小规模纳税人的界定如下：从事货物生产或者提供应税劳务的纳税人，以及以从事货物生产或者提供应税劳务为主(指纳税人的年货物生产或者提供应税劳务的销售额占年应税销售额的比重在 50%以上)，并兼营货物批发或者零售的纳税人，年应征增值税销售额(以下简称应税销售额)在 50 万元以下(含本数，下同)的；除前述规定以外的纳税人，年应税销售额在 80 万元以下的；年应税销售额超过小规模纳税人标准的其他个人按小规模纳税人纳税；非企业性单位、不经常发生应税行为的企业可选择按小规模纳税人纳税。

2.征税范围

增值税的征税范围包括在中华人民共和国国境内销售货物，提供加工、修理修配劳务以及进口货物。具体如下。

(1)销售货物和进口货物。销售货物是指有偿转让货物的所有权。所谓货物是指有形动产，包括电力、热力、气体在内，但不包括土地、房屋和其他建筑物等不动产；所谓有偿指从购买方取得货币、货物和其他经济利益。进口货物是指由国外进入我国国境的货物，进口货物增值税由海关代征，与关税一并征收。

(2)提供加工、修理修配劳务。加工是指受托加工货物，即委托方提供原料及主要材料，受托方按照委托方的要求制造货物并收取加工费的业务；修理修配，是指受托方对损伤和丧失功能的货物进行修复，使其恢复原状和功能的业务。作为增值税应税劳务的提供加工、修理修配劳务，是指有偿提供加工、修理修配劳务。但单位或个体经营者聘用的员工为本单位或雇主提供加工、修理修配劳务，不包括在内。

(3)视同销售货物。根据《实施细则》规定，单位或个人的下列行为，视为销售货物，征收增值税：将货物交付他人代销；销售代销货物；设有两个以上机构并实行统一核算的纳税人，将货物从一个机构移送其他机构用于销售〔但相关机构设在同一县(市)的除外〕；将自产或委托加工的货物用于非增值税应税项目、用于集体福利和个人消费；将自产或委托加工或购进的货物作为投资，提供给其他单位或个体经营者、分配给股东或投资者、无偿赠送他人等。

(4)混合销售。一项销售行为既涉及货物又涉及非增值税应税劳务(指属于应缴营业税的交通运输业、建筑业、金融保险业、邮电通信业、文化体育业、娱乐业、服务业税目征收范围的劳务)，为混合销售行为。纳税人的下列混合销售行为，应当分别核算货物的销售额和非增值税应税劳务的营业额，并根据其销售货物的销售额计算缴纳增值税，非增值税应税劳务的营业额不缴纳增值税；未分别核算的，由主管税务机关核定其货物的销售额：销售自产货物并同时提供建筑业劳务的行为；财政部、国家税务总局规定的其他情形。除了上述混合销售规定外，从事货物的生产、批发或者零售的企业、企业性单位和个体工商户的混合销售行为，视为销售货物，应当缴纳增值税；其他单位和个人的混合销售行为，视为销售非增值税应税劳务，不缴纳增值税。

(5)兼营非增值税应税劳务。这是指纳税人在销售货物或提供增值税应税劳务，又提供非增值税应税劳务。兼营非应税劳务时，应分别核算货物或者应税劳务的销售额和非增值税应税项目的营业额；未分别核算的，由主管税务机关核定货物或者应税劳务的销售额。

3. 税率

增值税税率包括基本税率、低税率、零税率以及征收率等。具体适用如下。

(1)纳税人销售或进口货物，提供加工、修理修配劳务，适用基本税率，税率为17%。

(2)纳税人销售或进口粮食、食用植物油；自来水、暖气、热气、冷气、煤气、石油液化气、天然气、沼气，居民用煤炭制品；图书、报纸、杂志；饲料、化肥、农药、农机、农膜；国务院规定的其他货物，适用低税率，税率为13%。

(3)纳税人出口货物，除国务院另有规定的，适用零税率。

(4)小规模纳税人销售货物或提供应税劳务，采用征收率简便计征，征收率为3%。

4. 计税方法

增值税的计税方法从理论上讲有三种方法，即“加法”、“减法”和“扣税法”。基本上可分为直接计算法和间接计算法两种类型。

直接计算法是先直接计算出增值额，然后乘以适用税率得出应纳增值税额的方法，包括“加法”和“减法”。加法，即将构成增值额的诸要素，如工资、利润、利息和其他增值项目逐项相加作为增值额，然后按适用税率求出增值税额。在实践中，加法计算复杂，确定项目较为困难。减法，也称“扣额法”，是指从纳税期内的销售收入额中扣除非增值项目的金额，以其差额作为增值额，据以计算税额。其计算公式是：

应纳税额=(销售收入额－法定扣除项目金额)×适用税率

间接计算法，又称“扣税法”，是从按销售收入额计算的税额中，扣除法定外购商品的已纳税金，以其余额作为增值税的应纳税额。

目前，我国采用的是扣税法。下面具体介绍应纳税额的计算方法。

(1)一般纳税人应纳税额的计算

一般纳税人实行凭发票注明税款进行抵扣的制度，纳税人当期销售货物或提供应税劳务的应纳税款为当期销项税额抵扣当期进项税额后的余额，其计算公式为：

应纳税额=当期销项税额－当期进项税额

=当期销售额×税率－当期进项税额

当期销项税额小于当期进项税额不足抵扣时，其不足部分可以结转下期继续抵扣。

销售额是指纳税人销售货物或应税劳务向购买方收取的全部价款和价外费用。价外费用，包括价外向购买方收取的手续费、补贴、基金、集资费、返还利润、奖励费、违约金、滞纳金、延期付款利息、赔偿金、包装费、包装物租金、储备费、优质费、运输装卸费、代收款项、代垫款项及其他各种性质的价外收费。

一般纳税人销售货物或者应税劳务，采用销售额和销项税额合并定价方法的，按下列公式计算销售额：

销售额＝含税销售额÷(1＋税率)

纳税人销售货物或应税劳务的价格明显偏低并无正当理由和视同销售货物行为而无销售额者，按下列顺序确定销售额：按纳税人最近时期同类货物的平均销售价格确定；按其他纳税人最近时期同类货物的平均销售价格确定；按组成计税价格确定。组成计税价格的公式为：

组成计税价格＝成本×(1＋成本利润率)

属于应征消费税的货物，其组成计税价格中应加计消费税额。公式中的成本是指：销售自产货物的为实际生产成本，销售外购货物的为实际采购成本。公式中的成本利润率由国家税务总局确定。

进项税额是纳税人购进货物或者接受应税劳务所支付或者负担的增值税额。下列进项税额准予从销项税额中抵扣：从销售方取得的增值税专用发票上注明的增值税额；从海关取得的海关进口增值税专用缴款书上注明的增值税额；购进农产品，除取得增值税专用发票或者海关进口增值税专用缴款书外，按照农产品收购发票或者销售发票上注明的农产品买价和13%的扣除率计算的进项税额。进项税额的计算公式为：

进项税额＝买价×扣除率

购进或者销售货物以及在生产经营过程中支付运输费用的，按照运输费用结算单据上注明的运输费用金额和7%的扣除率计算的进项税额。进项税额的计算公式为：

进项税额＝运输费用金额×扣除率

下列项目的进项税额不得从销项税额中抵扣：用于非增值税应税项目(是指提供非增值税应税劳务、转让无形资产、销售不动产和不动产在建工程)、免征增值税项目、集体福利或者个人消费的购进货物(不包括既用于增值税应税项目也用于非增值税应税项目、免征增值税项目、集体福利或者个人消费的固定资产即混用的机器设备)或者应税劳务；非正常损失(是指因管理不善造成被盗、丢失、霉烂变质的损失)的购进货物及相关的应税劳务；非正常损失的在产品、产成品所耗用的购进货物或者应税劳务；国务院财政、税务主管部门规定的纳税人自用消费品(纳税人自用的应征消费税的摩托车、汽车、游艇)；上述四项规定的货物的运输费用和销售免税货物的运输费用。

(2)小规模纳税人应纳税额的计算

小规模纳税人销售货物或者应税劳务，按照销售额和征收率计算应纳税额，不得抵扣进项税额。应纳税额的计算公式是：

应纳税额＝销售额×征收率

小规模纳税人销售货物或应税劳务采用销售额和应纳税额合并定价方法的，可按下列公式计算销售额，即把含税销售额换算为不含税销售额：

销售额＝含税销售额÷(1＋征收率)

(3)进口货物应纳税额的计算

纳税人进口货物，按照组成计税价格和《条例》规定的税率计算应纳税额。其计算公式为：

组成计税价格＝关税完税价格＋关税＋消费税

应纳税额＝组成计税价格×税率

应当注意的是：纳税人销售货物或者应税劳务，应当向索取增值税专用发票的购买方开具增值税专用发票，并在增值税专用发票上分别注明销售额和销项税额。属于下列情形之一的，不得开具增值税专用发票：向消费者个人销售货物或者应税劳务的；销售货物或者应税劳务适用免税规定的；小规模纳税人销售货物或者应税劳务的。

5.减免税

现行税制规定了免税项目和起征点，具体内容如下。

(1)增值税的免税项目：农业生产者销售的自产农产品；避孕药品和用具；古旧图书；直接用于科学研究、科学试验和教学的进口仪器、设备；外国政府、国际组织无偿援助的进口物资和设备；由残疾人的组织直接进口供残疾人专用的物品；销售的自己使用过的物品。

(2)增值税的起征点。增值税起征点的适用范围限于个人。幅度规定如下：销售货物的，为月销售额 5 000～20 000 元；销售应税劳务的，为月销售额 5 000～20 000 元；按次纳税的，为每次(日)销售额 300～500 元。

6.纳税地点

(1)固定业户应当向其机构所在地的主管税务机关申报纳税。总机构和分支机构不在同一县(市)的，应当分别向各自所在地的主管税务机关申报纳税；经国务院财政、税务主管部门或者其授权的财政、税务机关批准，可以由总机构汇总向总机构所在地的主管税务机关申报纳税。

(2)固定业户到外县(市)销售货物或者应税劳务，应当向其机构所在地的主管税务机关申请开具外出经营活动税收管理证明，并向其机构所在地的主管税务机关申报纳税；未开具证明的，应当向销售地或者劳务发生地的主管税务机关申报纳税；未向销售地或者劳务发生地的主管税务机关申报纳税的，由其机构所在地的主管税务机关补征税款。

(3)非固定业户销售货物或者应税劳务，应当向销售地或者劳务发生地的主管税务机关申报纳税；未向销售地或者劳务发生地的主管税务机关申报纳税的，由其机构所在地或者居住地的主管税务机关补征税款。

(4)进口货物，应当向报关地海关申报纳税。扣缴义务人应当向其机构所在地或者居住地的主管税务机关申报缴纳其扣缴的税款。

7.纳税期限

增值税的纳税期限分别为 1 日、3 日、5 日、10 日、15 日、1 个月或者 1 个季度。纳税人的具体纳税期限，由主管税务机关根据纳税人应纳税额的大小分别核定；不能按照固定期限纳税的，可以按次纳税。

纳税人以 1 个月或者 1 个季度为 1 个纳税期的，自期满之日起 15 日内申报纳税；以 1 日、3 日、5 日、10 日或者 15 日为 1 个纳税期的，自期满之日起 5 日内预缴税款，于次月 1 日起 15 日内申报纳税并结清上月应纳税款。

纳税人进口货物，应当自海关填发海关进口增值税专用缴款书之日起 15 日内缴纳税款。

8.出口退税

纳税人出口货物适用退(免)税规定的，应当向海关办理出口手续，凭出口报关单等有关凭证，在规定的出口退(免)税申报期内按月向主管税务机关申报办理该项出口货物的退(免)税。具体办法由国务院财政、税务主管部门制定。

出口货物办理退税后发生退货或者退关的，纳税人应当依法补缴已退的税款。

5.3 消 费 税

5.3.1 消费税概述

消费税是对我国境内生产、委托加工及进口的应税消费品征收的一种税，它属于对流转额的征税。

消费税是世界各国广为实行的一种税，在我国的历史比较久远。中国早在西周时期，随着工商业的开始出现，就曾有对某种山林、园池出产的矿产品、木材和水产品等征收的山泽税，到了西汉时期，逐渐形成制度。随着商品经济的发展，以后各代对消费品课税的名称、范围、办法等也随之不断变化。

中华人民共和国成立以后，全国征收的货物税是具有消费税性质的税种。党的十一届三中全会以后，随着经济体制改革的深入进行，国务院于1984年将工商税分解为产品税、增值税和营业税。其中产品税，就是类似消费税性质的一个税种，在生产销售环节征税。到1993年年底为止，产品税税率共有21档不同的比例税率和1个定额税率。其中税率最高的是甲、乙级卷烟，税率为60%。

1988年，鉴于市场出现的彩色电视机和小轿车经营渠道混乱、倒买倒卖比较严重的情况，为了进行治理整顿，适当调节生产和消费，国务院决定，从1989年2月1日起，对彩电和小轿车在销售价格以外征收一道特别消费税，采取定额税率。

1992年10月，党的十四大确立了在中国建立社会主义市场经济体制的目标。1994年，国家对原有税制进行了一次全面、系统的改革。对全部工业品在生产和流通环节普遍征收增值税，在此基础上，选择少数消费品再交叉征收一道消费税。1994年的税制改革后，随着新的流转税制的推行，中国首次出现了正式以“消费税”命名的税种。

消费税在我国社会主义市场经济建立和发展过程中，发挥着重要的作用。

(1)有利于国家宏观调控，促进国民经济的健康发展。消费税作为特殊调节的税种，与增值税相配合，对特定的消费品实行交叉征收，双层调节。

(2)有利于调节分配，增加国家财政收入。消费税的征税对象多半属于非生活必需的高档消费品，购买者一般具有较高的收入水平。通过对这些消费品的征税，可以适当调节收入，缓解社会分配不公，同时还可以增加国家财政收入。

(3)有利于维护国家权益，促进对外经济贸易的发展。消费税不仅对国内生产的应税消费品征税，而且还对进口的应税消费品征税，对出口的应税消费品实行退(免)税。这样，既可以平衡国产和进口应税消费品的税收负担，维护国家权益，又有利于对外经济贸易的发展。

5.3.2 消费税的特点

消费税是建立在增值税普遍征收基础上，发挥特殊调节作用的税种，与增值税相比具有以下特点。

1. 征收范围具有选择性

我国的消费税不是对所有消费品和消费行为的课税，而是根据我国的经济发展水平、人民群众的消费水准和国家有关政策，选择对部分消费品课税。一般来说，在各国税制中，采取列举法对应税消费品或消费行为进行确定，凡是税法列举的征税；反之不征税。

2. 征税环节的单一性

消费税是一种单环节征税的商品税，在各国税制中，将消费税的征税环节确定在消费品生产或销售的某一环节，而不是每个环节都征税。我国消费税即实行单环节课税。其中，对纳税人生产的应税消费品，在出厂销售环节征收；对委托加工的应税消费品，在完成加工提货环节加以征收；对进口应税消费品，在进口环节征收。此外，在消费品的其他各个流转环节，不再征收消费税。

3. 税率具有差别性且实行价内税

消费税对不同类别应税消费品分别设计了不同税率，有高有低，差别较大。同时，根据各种消费品的不同特点，分别采用从价定率和从量定额两种征收方法。消费税还实行价内税，也就是将消费税税款包含在销售价格之中，征收也是根据消费品的含税价格定率或定额征收。

4. 税负具有转嫁性，是典型的间接税

正因为我国消费税为价内税，且在生产环节征税，那么其生产环节缴纳的税金成为售价的一个组成部分最终由消费者承担。消费税的转嫁必然伴随消费品相对价格变动，进而改变供需数量，因此，消费税不仅调节消费，对生产也具有明显的调节作用。

5. 具有较强的灵活性

从政策调节的角度看，消费税具有较强的灵活性。这是由消费税的征税范围和对象的选择性决定的，表现为应税对象、计税依据、税率选择等均有较强的灵活性。因此，各国的消费税的税制是千差万别的。

5.3.3 消费税的类型

根据消费税征税范围的大小，一般将消费税分为以下三种类型。

1. 有限型消费税

有限型消费税的征税范围很小，税目不多，一般在 20 种以下。课税对象主要包括传统的一些消费品，如烟类、酒类、石油类、车辆等，消费行为主要为一些典型的娱乐活动。

2. 中间型消费税

中间型消费税的征税范围较小，税目一般在 20～30 种之间。除了上述所列的一些消费品之外，还包括粮食制品、乳制品、纺织品、日用消费品、奢侈消费品以及一些服务，如保险、金融、运输等。

3. 延伸型消费税

延伸型消费税的征税范围较广，税目较多，一些国家甚至达到 100 种以上。征税范围除了上述两类所包括的外，还有一些生产性消费品，如水泥、钢材、铝制品等。

5.3.4 我国现行消费税制度

根据修订后自 2009 年 1 月 1 日起施行的《中华人民共和国消费税暂行条例》和《中华人民共和国消费税暂行条例实施细则》，我国现行消费税制度如下。

1.纳税人

凡是在中华人民共和国境内生产、委托加工和进口应税消费品的单位和个人，以及国务院确定的销售应税消费品的其他单位和个人，为消费税的纳税人，应当缴纳消费税。在中华人民共和国境内，是指生产、委托加工和进口属于应当缴纳消费税的消费品的起运地或者所在地在境内；单位是指企业、行政单位、事业单位、军事单位、社会团体及其他单位；个人是指个体工商户及其他个人。

2.征税范围

借鉴国外的成功经验和通行做法，考虑到我国的经济发展现状和消费政策、人民群众的消费水平和消费结构以及国家财政需要，目前我国消费税的范围包括如下方面：①一些过度消费会对人类健康、社会秩序、生态环境等方面造成危害的特殊消费品，如烟、酒、鞭炮、焰火等；②奢侈品、非生活必需品，如贵重首饰及珠宝玉石、化妆品；③高能耗及高档消费品，如小轿车、摩托车、高尔夫球及球具、高档手表、游艇；④不可再生和替代的资源性消费品，如汽油、柴油、木制一次性筷子、实木地板等；⑤具有一定财政意义的产品，如汽车轮胎等。

3.税率

我国消费税的税目和税率如下。

(1)烟

卷烟：甲类卷烟，56%加0.003元/支；乙类卷烟，36%加0.003元/支。雪茄烟，36%。烟丝，30%。

(2)酒及酒精

白酒：20%加0.5元/500克（或者500毫升）。黄酒：240元/吨。啤酒：甲类啤酒，250元/吨，乙类啤酒：220元/吨。其他酒：10%。酒精：5%。

(3)化妆品：税率为30%。

(4)贵重首饰及珠宝玉石

金银首饰、铂金首饰和钻石及钻石饰品，税率为5%。其他贵重首饰和珠宝玉石，税率为10%。

(5)鞭炮、焰火：税率为15%。

(6)成品油

汽油：含铅汽油，1.4元/升；无铅汽油，1.0元/升。柴油：0.80元/升。航空煤油：0.80元/升。石脑油：1.0元/升。溶剂油：1.0元/升。润滑油：1.0元/升。燃料油：0.80元/升。

(7)汽车轮胎：税率为3%。

(8)摩托车

汽缸容量(排气量，下同)在250毫升(含250毫升)以下的，税率为3%。汽缸容量在250毫升以上的，税率为10%。

(9)小汽车

乘用车：汽缸容量(排气量，下同)在1.0升(含1.0升)以下的，1%；汽缸容量在1.0升以上至1.5升(含1.5升)的，3%；汽缸容量在1.5升以上至2.0升(含2.0升)的，5%；汽缸容量在2.0升以上至2.5升(含2.5升)的，9%；汽缸容量在2.5升以上至3.0升(含3.0升)的，12%；汽缸容量在3.0升以上至4.0升(含4.0升)的，25%；汽缸容量在4.0升以上的，40%。

(10)中轻型商用客车：税率为5%。

(11)高尔夫球及球具：税率为10%。

(12)高档手表：税率为20%。

(13)游艇：税率为10%。

(14)木制一次性筷子：税率为5%。

(15)实木地板：税率为5%。

4.计税方法

(1)消费税实行从价定率、从量定额，或者从价定率和从量定额复合计税(以下简称复合计税)的办法计算应纳税额。应纳税额计算公式为：

实行从价定率办法计算的应纳税额＝销售额×比例税率

实行从量定额办法计算的应纳税额＝销售数量×定额税率

实行复合计税办法计算的应纳税额＝销售额×比例税率＋销售数量×定额税率

销售额为纳税人销售应税消费品向购买方收取的全部价款和价外费用，不包括应向购货方收取的增值税税款。如果纳税人应税消费品的销售额中未扣除增值税税款或者因不得开具增值税专用发票而发生价款和增值税税款合并收取的，在计算消费税时，应当换算为不含增值税税款的销售额。其换算公式为：

应税消费品的销售额＝含增值税的销售额÷(1＋增值税税率或者征收率)

纳税人兼营不同税率的应当缴纳消费税的消费品(以下简称应税消费品)，应当分别核算不同税率应税消费品的销售额、销售数量；未分别核算销售额、销售数量，或者将不同税率的应税消费品组成成套消费品销售的，从高适用税率。

(2)纳税人自产自用的应税消费品，按照纳税人生产的同类消费品的销售价格计算纳税；没有同类消费品销售价格的，按照组成计税价格计算纳税。

实行从价定率办法计算纳税的组成计税价格计算公式为：

组成计税价格＝(成本＋利润)÷(1－消费税比例税率)

实行复合计税办法计算纳税的组成计税价格计算公式为：

组成计税价格＝(成本＋利润＋自产自用数量×定额税率)÷(1－消费税比例税率)

(3)委托加工的应税消费品，按照受托方的同类消费品的销售价格计算纳税；没有同类消费品销售价格的，按照组成计税价格计算纳税。

实行从价定率办法计算纳税的组成计税价格计算公式为：

组成计税价格＝(材料成本＋加工费)÷(1－消费税比例税率)

实行复合计税办法计算纳税的组成计税价格计算公式为：

组成计税价格＝(材料成本＋加工费＋委托加工数量×定额税率)÷(1－消费税比例税率)

(4)进口的应税消费品，按照组成计税价格计算纳税。

实行从价定率办法计算纳税的组成计税价格计算公式为：

组成计税价格＝(关税完税价格＋关税)÷(1－消费税比例税率)

实行复合计税办法计算纳税的组成计税价格计算公式为：

组成计税价格＝(关税完税价格＋关税＋进口数量×消费税定额税率)÷(1－消费税比例税率)

(5)纳税人应税消费品的计税价格明显偏低并无正当理由的，由主管税务机关核定其计税价格。

5.减免税

对纳税人出口应税消费品，免征消费税；国务院另有规定的除外。航空煤油暂缓征收消费税。对用外购或委托加工收回的已税汽油生产的乙醇汽油免征消费税。出口应税消费品的免税办法，由国务院财政、税务主管部门规定。

出口的应税消费品办理退税后，发生退关，或者国外退货进口时予以免税的，报关出口者必须及时向其机构所在地或者居住地主管税务机关申报补缴已退的消费税税款。

纳税人直接出口的应税消费品办理免税后，发生退关或者国外退货，进口时已予以免税的，经机构所在地或者居住地主管税务机关批准，可暂不办理补税，待其转为国内销售时，再申报补缴消费税。

6.纳税期限

消费税的纳税期限分别为1日、3日、5日、10日、15日、1个月或者1个季度。纳税人的具体纳税期限，由主管税务机关根据纳税人应纳税额的大小分别核定；不能按照固定期限纳税的，可以按次纳税。

纳税人以1个月或者1个季度为1个纳税期的，自期满之日起15日内申报纳税；以1日、3日、5日、10日或者15日为1个纳税期的，自期满之日起5日内预缴税款，于次月1日起15日内申报纳税并结清上月应纳税款。

纳税人进口应税消费品，应当自海关填发海关进口消费税专用缴款书之日起15日内缴纳税款。

7.纳税地点

纳税人销售的应税消费品，以及自产自用的应税消费品，除国务院财政、税务主管部门另有规定外，应当向纳税人机构所在地或者居住地的主管税务机关申报纳税。纳税人的总机构与分支机构不在同一县(市)的，应当分别向各自机构所在地的主管税务机关申报纳税；经财政部、国家税务总局或者其授权的财政、税务机关批准，可以由总机构汇总向总机构所在地的主管税务机关申报纳税。

委托加工的应税消费品，除受托方为个人外，由受托方向机构所在地或者居住地的主管税务机关解缴消费税税款。

进口的应税消费品，应当向报关地海关申报纳税。

5.4 营 业 税

5.4.1 营业税概述

营业税是对在中华人民共和国境内提供应税劳务、转让无形资产以及销售不动产的单位和个人，就其取得的营业额征收的一种流转税。它和增值税、消费税等共同构成我国流转税制中的主要税种。

营业税是世界各国普遍实行的税种。在我国，营业税是一种老税种，1950 年前政务院公布的《工商业税暂行条例》，把固定工商业户应纳营业税和所得税合称为工商业税。1958 年简化税制时，工商业税中营业税部分并入工商统一税。1973 年工商统一税又与其他几个税合并为工商税。1984 年实行利改税第二步时，营业税从原工商税中分离出来，成为一个独立的税种。1994 年新税制改革规范了增值税，增值税征税范围延伸到商业批发、零售等领域，原营业税征税范围适当缩小了，其中部分税目改征增值税，并对部分税目、税率进行了调整。

目前，营业税征收涉及第三产业的部门，征税项目与人民生活息息相关，政策性强。随着我国第三产业的不断发展，营业税收入将逐步增长，具有重要的财政意义。营业税有利于平衡各种经济形式的税收负担，促进和协调第三产业的发展；有利于抑制高消费，调节经营企业利润水平；有利于国家聚集财政收入。

5.4.2 营业税的特点

改革后的营业税除有对流转额征收的一般特征外，还具有以下特点。

1. 征收面广、税源普遍

营业税的征税范围，在 1994 年税制改革前涉及整个第三产业，现在除了商业批发、商业零售等部分税目已改征增值税外，从交通运输到建筑安装，从金融保险到邮电通信，从文化体育到各种服务性行业，不分国有或非国有企业，不分城市和乡镇等，都要缴纳营业税。

2. 税负较低、征收简便

营业税的征税对象同生产和人民群众的生活息息相关，所以税负较低，多数行业税率为 3%和 5%，易为纳税人所接受。征收方法也很简便。

3. 按行业设计税目税率

营业税对同一行业，不论经济性质如何，均按同一税率纳税，税负合理，便于在平等条件下开展竞争。同时，针对不同行业的特点，适当分档制定税率，以便实行区别对待，有利于发挥税收对产业的保护和限制作用。

4. 以营业额为征税对象，收入比较稳定

营业税是依据营业收入额计算征收，不受经营单位成本费用高低的影响，只要发生营业行为，取得营业收入就要纳税，税收收入比较稳定，增长较快，有利于保证政府的财政收入。

5.4.3 我国现行营业税制度

根据修订后自 2009 年 1 月 1 日起施行的《中华人民共和国营业税暂行条例》和《中华人民共和国营业税暂行条例实施细则》，我国现行营业税制度如下。

1. 纳税人

在中华人民共和国境内提供营业税应税劳务、转让无形资产或者销售不动产的单位和个人，为营业税的纳税人，应当缴纳营业税。

这里所称在中华人民共和国境内（以下简称境内）提供条例规定的劳务、转让无形资产或者销售不动产，是指提供或者接受条例规定劳务的单位或者个人在境内；所转让的无形资产

(不含土地使用权)的接受单位或者个人在境内;所转让或者出租土地使用权的土地在境内;所销售或者出租的不动产在境内。

这里所称单位，是指企业、行政单位、事业单位、军事单位、社会团体及其他单位。所称个人，是指个体工商户和其他个人。单位以承包、承租、挂靠方式经营的，承包人、承租人、挂靠人(以下统称承包人)发生应税行为，承包人以发包人、出租人、被挂靠人(以下统称发包人)名义对外经营并由发包人承担相关法律责任的，以发包人为纳税人;否则以承包人为纳税人。中央铁路运营业务的纳税人为铁道部，合资铁路运营业务的纳税人为合资铁路公司，地方铁路运营业务的纳税人为地方铁路管理机构，基建临管线运营业务的纳税人为基建临管线管理机构。

2. 征税范围

营业税征税范围为在我国境内提供应税劳务、转让无形资产和销售不动产的有偿经营行为，但单位或者个体工商户聘用的员工为本单位或者雇主提供条例规定的劳务，不包括在内。营业税共设9个税目，具体包括:①交通运输业，征收范围包括陆路、水路、航空、管道运输及装卸搬运;②建筑业，征税范围包括建筑、安装、修缮、装饰及其他工程作业;③邮电通信业，征税范围包括邮政、电报、电话、报刊发行业等;④文化体育业，征税范围包括文化活动、艺术表演、体育比赛等;⑤金融保险业，征税范围包括金融、保险、典当等;⑥服务业，征税范围包括代理业、旅店业、饮食业、旅游业、仓储业、租赁业、广告业及其他服务业;⑦转让无形资产，征税范围包括转让土地使用权、专利权、非专利权、商标权、著作权、商誉等;⑧销售不动产，征税范围包括销售建筑物及其土地附着物;⑨娱乐业，征税范围包括歌厅、舞厅、卡拉OK厅、音乐茶座、台球、高尔夫球、保龄球、游艺等。

除此之外，还应注意以下几点。

(1)纳税人有下列情形之一的，视同发生应税行为。单位或者个人将不动产或者土地使用权无偿赠送其他单位或者个人;单位或者个人自己新建建筑物后销售，其所发生的自建行为;财政部、国家税务总局规定的其他情形。

(2)一项销售行为如果既涉及应税劳务又涉及货物，为混合销售行为。纳税人的下列混合销售行为，应当分别核算应税劳务的营业额和货物的销售额，其应税劳务的营业额缴纳营业税，货物销售额不缴纳营业税;未分别核算的，由主管税务机关核定其应税劳务的营业额:提供建筑业劳务的同时销售自产货物的行为;财政部、国家税务总局规定的其他情形。除此之外，从事货物的生产、批发或者零售的企业、企业性单位和个体工商户的混合销售行为，视为销售货物，不缴纳营业税;其他单位和个人的混合销售行为，视为提供应税劳务，缴纳营业税。

(3)纳税人兼营应税行为和货物或者非应税劳务的，应当分别核算应税行为的营业额和货物或者非应税劳务的销售额，其应税行为营业额缴纳营业税，货物或者非应税劳务销售额不缴纳营业税;未分别核算的，由主管税务机关核定其应税行为营业额。

3. 税率

营业税设3档差别比例税率:交通运输业、建筑业、邮电通信业、文化体育业税率为3%;金融保险业、服务业、转让无形资产、销售不动产税率为5%;娱乐业规定了5%～20%的幅度比例税率，由各省、自治区、直辖市政府在规定的幅度内选择适用的税率。

4. 计税方法

纳税人提供应税劳务、转让无形资产或者销售不动产，按照营业额和规定的税率计算应纳税额，应纳税额的计算公式为:

$$应纳税额=营业额\times税率$$

纳税人的营业额为纳税人提供应税劳务、转让无形资产或者销售不动产收取的全部价款和价外费用。营业额以人民币计算。纳税人以人民币以外的货币结算营业额的，应当折合成人民币计算。但是，符合税法规定的费用或开支可以从收入中扣除，具体规定如下。

(1)纳税人将承揽的运输业务分给其他单位或者个人的，以其取得的全部价款和价外费用扣除其支付给其他单位或者个人的运输费用后的余额为营业额。

(2)纳税人从事旅游业务的，以其取得的全部价款和价外费用扣除替旅游者支付给其他单位或者个人的住宿费、餐费、交通费、旅游景点门票和支付给其他接团旅游企业的旅游费后的余额为营业额。

(3)纳税人将建筑工程分包给其他单位的，以其取得的全部价款和价外费用扣除其支付给其他单位的分包款后的余额为营业额。

(4)外汇、有价证券、期货等金融商品买卖业务，以卖出价减去买入价后的余额为营业额。

(5)国务院财政、税务主管部门规定的其他情形。

这里所称的价外费用，包括收取的手续费、补贴、基金、集资费、返还利润、奖励费、违约金、滞纳金、延期付款利息、赔偿金、代收款项、代垫款项、罚息及其他各种性质的价外收费，但不包括同时符合以下条件代为收取的政府性基金或者行政事业性收费：由国务院或者财政部批准设立的政府性基金，由国务院或者省级人民政府及其财政、价格主管部门批准设立的行政事业性收费；收取时开具省级以上财政部门印制的财政票据；所收款项全额上缴财政。

纳税人兼有不同税目的应当缴纳营业税的劳务（以下简称应税劳务）、转让无形资产或者销售不动产，应当分别核算不同税目的营业额、转让额、销售额（以下统称营业额）；未分别核算营业额的，从高适用税率。

纳税人的营业额计算缴纳营业税后因发生退款减除营业额的，应当退还已缴纳营业税税款或者从纳税人以后的应缴纳营业税税额中减除。

纳税人发生应税行为，如果将价款与折扣额在同一张发票上注明的，以折扣后的价款为营业额；如果将折扣额另开发票的，不论其在财务上如何处理，均不得从营业额中扣除。

纳税人提供应税劳务、转让无形资产或者销售不动产的价格明显偏低并无正当理由的，由主管税务机关按下列顺序确定其营业额：按纳税人最近时期发生同类应税行为的平均价格核定；按其他纳税人最近时期发生同类应税行为的平均价格核定；公式为：

$$营业额=营业成本或者工程成本\times(1+成本利润率)\div(1-营业税税率)$$

公式中的成本利润率，由省、自治区、直辖市税务局确定。

5. 减免税

下列项目免征营业税：①托儿所、幼儿园、养老院、残疾人福利机构提供的育养服务，婚姻介绍，殡葬服务；②残疾人员个人提供的劳务；③医院、诊所和其他医疗机构提供的医疗服务；④学校和其他教育机构提供的教育劳务，学生勤工俭学提供的劳务；⑤农业机耕、排灌、病虫害防治、植物保护、农牧保险以及相关技术培训业务，家禽、牲畜、水生动物的配种和疾病防治；⑥纪念馆、博物馆、文化馆、文物保护单位管理机构、美术馆、展览馆、书画院、图书馆举办文化活动的门票收入，宗教场所举办文化、宗教活动的门票收入；⑦境内保险机构为出口货物提供的保险产品。

营业税的免税、减税项目由国务院规定。任何地区、部门均不得规定免税、减税项目。纳税人兼营免税、减税项目的，应当分别核算免税、减税项目的营业额；未分别核算营业额的，不得免税、减税。

营业税起征点，是指纳税人营业额合计达到起征点。营业税起征点的适用范围限于个人，幅度规定如下：按期纳税的，为月营业额5 000～20 000元；按次纳税的，为每次(日)营业额300～500元。省、自治区、直辖市财政厅(局)、税务局应当在规定的幅度内，根据实际情况确定本地区适用的起征点，并报财政部、国家税务总局备案。

6.纳税期限

营业税的纳税期限分别为5日、10日、15日、1个月或者1个季度。纳税人的具体纳税期限，由主管税务机关根据纳税人应纳税额的大小分别核定；不能按照固定期限纳税的，可以按次纳税。

纳税人以1个月或者1个季度为一个纳税期的，自期满之日起15日内申报纳税；以5日、10日或者15日为一个纳税期的，自期满之日起5日内预缴税款，于次月1日起15日内申报纳税并结清上月应纳税款。

7.纳税地点

(1)纳税人提供应税劳务应当向其机构所在地或者居住地的主管税务机关申报纳税。但是，纳税人提供的建筑业劳务以及国务院财政、税务主管部门规定的其他应税劳务，应当向应税劳务发生地的主管税务机关申报纳税。

(2)纳税人转让无形资产应当向其机构所在地或者居住地的主管税务机关申报纳税。但是，纳税人转让、出租土地使用权，应当向土地所在地的主管税务机关申报纳税。

(3)纳税人销售、出租不动产应当向不动产所在地的主管税务机关申报纳税。

扣缴义务人应当向其机构所在地或者居住地的主管税务机关申报缴纳其扣缴的税款。

5.5 关 税

5.5.1 关税概述

关税是指进出口商品在经过一国关境时，由该国政府设置的海关向进出口国所征收的税收。

国境是一个主权国家的领土范围，关境是执行统一的关税税则法令的关税领域。在一般情况下，国境的范围同关境的领域大小是一致的。但当国境内设有免征关税的自由港或自由贸易区时，关境就小于国境；当几个国家组成关税同盟，在成员国之间，对内取消关税，对外实行共同的关税税则，就各成员国来说，关境就大于国境。关税是在出入关境时征收，而不是出入国境时征收。

关税是一个古老的税种，它最初作为封建主保护过往客商交通安全的报酬而征收。古希腊、古罗马时代已开始征收关税。中国的关税历史悠久，早在3 000年前的西周，史书上已有设“关”的记载，有了“关市之赋”。春秋战国时期，关卡增多，并开始征收关税。此后关税制历代相沿。鸦片战争时期曾一度失去关税自主权。新中国成立后，彻底废除了帝国主义国家在我国的一切特权。1951年4月政务院颁布了第一部《中华人民共和国暂行海关法》，同年5月

1日又颁布了《海关进出口税则》，之后又继续进行修改。1985年3月7日，国务院发布《中华人民共和国进出口关税条例》。1987年1月22日，第六届全国人民代表大会常务委员会第十九次会议通过《中华人民共和国海关法》，其中第五章为《关税》。1987年9月12日，国务院根据海关法重新修订并发布《中华人民共和国进出口关税条例》。1993年年末又加以调整，形成了新的《海关进出口税则》，1994年1月1日起执行。2003年10月29日国务院第26次常务会议通过了《中华人民共和国进出口关税条例》，自2004年1月1日起施行。

5.5.2 关税的特点和分类

1.关税的特点

(1)关税是以货物、物品进出关境为纳税环节。现代关税制度在统一的关境内按照统一的关税税则实施，货物在边境口岸征收一次关税以后，在同一关境内流通不再征收关税。

(2)以准许进出关境的货物或物品为征税对象。关税条例规定，凡进出关境的货物和物品才征收关税。货物与物品是有区别的：货物是指从事贸易性进出口的商品；物品是指非贸易性进口，如入境旅客携带的、个人邮递的、运输工具运载的、服务人员携带的商品。这种划分，主要是为了区别不同性质的进出口商品，实行不同的税收负担政策。

(3)以不含关税的价格为完税价格。海关法规定，进口货物以海关审定的正常到岸价格为完税价格；出口货物以离岸价格扣除出口税为完税价格。所谓到岸价格，是指成本加运费、保险费价格。离岸价格通常为船上交货价格，由卖方负担出口税及货物上船前的一切费用风险。可见，关税完税价格中不含关税，关税属于价外税。

(4)对同一进口货物采用复式税则制。复式税则制是对每一税则货物设有普通和优惠两种税率。对产自于我国未订有关税互惠协议的国家的进口货物，按普通税率征收，对产自于我国订有关税互惠协议的国家的进口货物，按优惠税率征税。这种复式税则制充分反映了关税具有维护国家主权、平等互利地发展国际贸易往来和经济技术合作的特点。

2.关税的分类

(1)按征收目的划分，分为财政关税和保护关税。财政关税，以增加国家财政收入为主，通常向外国生产、国内消费需求大的产品征收，税率适中，目前多为发展中国家采用，对工业发达国家已经不再重要。保护关税，为保护国内经济发展而征收，税率较前者高，通过征收较高的进口税，使进口商品价格提高，削弱其在本国市场上的竞争力，达到限制进口、保护本国经济发展的目的。

(2)按征收方法划分，分为从价关税、从量关税、混合关税、选择关税和滑动关税。从价关税，依照进出口货物的价格作为标准征收关税。从量关税，依照进出口货物数量的计量单位(如“吨”、“箱”等)征收定量关税。混合关税，依各种需要对进出口货物进行从价、从量两种标准课征的一种关税。选择关税，指对同一种货物在税则中规定有从量、从价两种关税税率，在征税时选择其中征税额较多的一种关税，也可选择税额较少的一种为计税标准计征。滑动关税，对某种进口货物或物品其价格的上、下限，按国内物价涨落情况，分别采用几种高低不同税率的一种关税，当进口货物价格高于上限时，减低税率，低于下限时，提高税率，在幅度以内，按原定税率征收，其目的是保护国内生产不受国外物价波动的影响。

(3)按征税商品流向划分，分为进口税、出口税、进口附加税和过境税。进口税，是进口国家的海关在外国商品输入时，对本国进口商所征收的正常关税。出口税，是对本国出口的货物在运出国境时征收的一种关税。征收出口关税会增加出口货物的成本，不利于本国货物在国际市场的竞争，所以各国一般都不征收出口税，我国也只对少数货物或物品征收，以达到限制目的。进口附加税，是指国家根据某种特定目的，在征收一般进口税之外，加征的一种附加税，目的是防止外国商品倾销，应付国际收支逆差和对抗别国歧视。过境税，是一国对于通过其关境的外国商品征收的关税。由于过境货物或物品对本国市场和国内生产经营影响不大，现在各国一般都取消了此税，只有少数国家征收。

(4)按差别待遇和特定情况划分，分为普通关税、优惠关税和加重关税。普通关税，是指对与本国政府没有签订互惠协定的国家或地区运入本国国境的货物或物品征收的一种关税，一般税率较高。优惠关税，是对与本国政府签订互惠协定的国家或地区运入本国国境的货物或物品征收的一种关税，一般税率较低，这是对特定的受惠国给予的关税优惠待遇，主要有：互惠关税、优惠关税、最惠国待遇、普遍优惠制和关税减让等。加重关税，是对个别国家或地区运入货物或物品或者个别的货物或物品征收的一种关税，其税率比普通税率高，其目的是为了加强关税的保护作用或用作争取与外国签订贸易协定的手段。主要有：反倾销关税、反补贴关税、报复关税等。

5.5.3 关税的作用

1. 维护国家主权和经济利益

对进出口货物征收关税，表面上看似乎只是一个与对外贸易相联系的税收问题，其实一国采取什么样的关税政策直接关系到国与国之间的主权和经济利益。历史发展到今天，关税已成为各国政府维护本国政治、经济权益的一个重要手段。我国根据平等互利和对等原则，通过关税复式税则的运用等方式，争取国际间的关税互惠并反对他国对我国进行关税歧视，促进对外经济技术交往，扩大对外经济合作。

2. 保护和促进本国工农业生产的发展

一个国家采取什么样的关税政策，是实行自由贸易，还是采用保护关税政策，是由该国的经济发展水平、产业结构状况、国际贸易收支状况及参与国际经济竞争的能力等多种因素决定的。国际上许多发展经济学家认为，自由贸易政策不适合发展中国家的情况。相反，这些国家为了顺利地发展民族经济，实现工业化，必须实行保护关税政策。我国作为发展中国家，一直十分重视利用关税保护本国的“幼稚工业”，促进进口替代工业发展，关税在保护和促进本国工农业生产的发展方面发挥了重要作用。

3. 调节国民经济和对外贸易

关税是国家的重要经济杠杆，通过税率的高低变化和关税的减免，可以影响进出口规模，调节国民经济活动。如调节出口产品和出口产品生产企业的利润水平，有意识地引导各类产品的生产，调节进出口商品数量和结构，可促进国内市场商品的供需平衡，保护国内市场的物价稳定，等等。

4. 筹集国家财政收入

从世界大多数国家尤其是发达国家的税制结构分析，关税收入在整个财政收入中的比重不大，并呈下降趋势。但是，一些发展中国家，其中主要是那些国内工业不发达、工商税源有限、国民经济主要依赖于某种或某几种初级资源产品出口，以及国内许多消费品主要依赖于进口的国家，征收进出口关税仍然是他们取得财政收入的重要渠道之一。目前，发挥关税在筹集建设资金方面的作用，仍然是我国关税政策的一项重要内容。

5.5.4 我国现行关税制度

1. 纳税人

进口货物的收货人、出口货物的发货人、进境物品的所有人，是关税的纳税义务人。

2. 征税对象

关税的征税对象是准许进出境的货物和物品。货物是指贸易性商品；物品指入境旅客随身携带的行李物品、个人邮递物品、各种运输工具上的服务人员携带进口的自用物品、馈赠物品以及其他方式进境的个人物品。

3. 税率

关税税率具体分为进口货物税率、出口货物税率和入境物品税率三种类型。一般采用差别比例税率。进口货物税率可分为普通税率和优惠税率。

4. 计税方法

关税实行从价计征，以进出口货物或物品的完税价格为计税依据。其计算公式为：

$$应纳税额=应税货物或物品完税价格\times适用税率$$

实行从量计征，以进出口货物的数量为计税依据，从量计征的计算公式为：

$$应纳税额=货物数量\times单位税额$$

进口货物的完税价格，是以海关审定的成交价格为基础的到岸价格作为完税价格。到岸价格包括货价，加上货物运抵中国关境内输入地点起卸前的包装费、运费、保险费和其他劳务费等费用。出口货物完税价格，是以海关审定的货物售价与境外的离岸价格，扣除出口关税后，作为完税价格。海关应当按照《进境物品进口税税率表》及海关总署制定的《中华人民共和国进境物品归类表》、《中华人民共和国进境物品完税价格表》对进境物品进行归类，确定完税价格和确定适用税率。

5. 纳税期限

进口货物的纳税义务人应当自运输工具申报进境之日起 14 日内，出口货物的纳税义务人除海关特准的外，应当在货物运抵海关监管区后、装货的 24 小时以前，向货物的进出境地海关申报。进出口货物转关运输的，按照海关总署的规定执行。进口货物到达前，纳税义务人经海关核准可以先行申报。具体办法由海关总署另行规定。

纳税义务人应当自海关填发税款缴款书之日起 15 日内向指定银行缴纳税款。纳税义务人未按期缴纳税款的，从滞纳税款之日起，按日加收滞纳税款万分之五的滞纳金。

纳税义务人因不可抗力或者在国家税收政策调整的情形下，不能按期缴纳税款的，经海关总署批准，可以延期缴纳税款，但是最长不得超过 6 个月。

6. 减免税

下列进出口货物，免征关税：关税税额在人民币 50 元以下的一票货物；无商业价值的广告品和货样；外国政府、国际组织无偿赠送的物资；在海关放行前损失的货物；进出境运输工具装载的途中必需的燃料、物料和饮食用品。

在海关放行前遭受损坏的货物，可以根据海关认定的受损程度减征关税。

小 结

1. 商品课税是对商品和劳务征收的一类税，具有普遍课税、隐蔽性强，以商品和非商品的流转额为计税依据，实行比例税率、计征简单，税收负担具有累退性等特点。我国现行商品课税具有代表性的税种有增值税、消费税、营业税和关税。

2. 增值税是指以商品在生产和流通过程中实现的增值额为课税对象的一种税，特点是避免重复征税、采用普遍课征方式、税负稳定合理、设置零税率，增强出口商品国际竞争力、采取价外计征的计算方法。

3. 对购进固定资产已纳税金扣除的处理方法不同，增值税可以分为生产型、收入型、消费型三种类型。增值税税率包括基本税率17%、低税率13%、零税率以及征收率3%等几档。

4. 增值税的计税方法从理论上讲有三种方法，即“加法”、“减法”和“扣税法”。我国采用的是扣税法，一般纳税人应纳税额的计算公式为：

应纳税额＝当期销项税额－当期进项税额＝当期销售额×税率－当期进项税额

小规模纳税人应纳税额的计算公式为：

应纳税额＝销售额×征收率

5. 消费税是对我国境内生产、委托加工及进口的应税消费品征收的一种税，它属于对流转额的征税。特点是：征收范围具有选择性、征税环节的单一性、税率具有差别性且实行价内税、税负具有转嫁性和较强的灵活性。消费税分为有限型、中间型和延伸型三种类型。

6. 目前我国消费税的范围包括如下方面：①一些过度消费会对人类健康、社会秩序、生态环境等方面造成危害的特殊消费品，如烟、酒、鞭炮、焰火等；②奢侈品、非生活必需品，如贵重首饰及珠宝玉石、化妆品；③高能耗及高档消费品，如小轿车、摩托车、高尔夫球及球具、高档手表、游艇；④不可再生和替代的资源性消费品，如汽油、柴油、木制一次性筷子、实木地板等；⑤具有一定财政意义的产品，如汽车轮胎等。

7. 营业税是对在中华人民共和国境内提供应税劳务、转让无形资产以及销售不动产的单位和个人，就其取得的营业额征收的一种流转税。特点是：征收面广、税源普遍，税负较低、征收简便，按行业设计税目税率，以营业额为征税对象，收入比较稳定。

8. 营业税共设9个税目，具体包括：交通运输业、建筑业、邮电通信业、文化体育业、金融保险业、服务业、转让无形资产、销售不动产、娱乐业。

9. 关税是指进出口商品在经过一国关境时，由该国政府设置的海关向进出口国所征收的税收。特点是：以货物、物品进出关境为纳税环节，以准许进出关境的货物或物品为征税对象，属于价外税，采用复式税则制。关税可以起到维护国家主权和经济利益，保护和促进本国工农业生产的发展，调节国民经济和对外贸易，筹集国家财政收入的作用。

思考题

1. 商品课税具有哪些特点？

2. 什么是增值税？特点是什么？

3. 增值税可以分为几种类型？
4. 增值税的税率是如何规定的？
5. 增值税的计税方法是什么？
6. 消费税有哪些特点？
7. 消费税的征税范围有哪些？
8. 营业税的特点是什么？
9. 我国营业税有哪些税目？
10. 关税的作用是什么？

案例简介

案例[5-1]　2014 年全国范围内继续实施营业税改征增值税改革

2011 年，经国务院批准，财政部、国家税务总局联合下发营业税改征增值税（简称“营改增”）试点方案。从 2012 年 1 月 1 日起，在上海交通运输业和部分现代服务业开展营业税改征增值税试点。至此，货物劳务税收制度的改革拉开序幕。自 2012 年 8 月 1 日起至年底，国务院将扩大“营改增”试点至 10 省市，北京或 9 月启动。截止 2013 年 8 月 1 日，“营改增”范围已推广到全国试行。国务院总理李克强 12 月 4 日主持召开国务院常务会议，决定从 2014 年 1 月 1 日起，将铁路运输和邮政服务业纳入营业税改征增值税试点，至此交通运输业已全部纳入“营改增”范围。

1. 财政部收集建筑企业意见为推进“营改增”做准备。2014 年 9 月份财政部集中收集了建筑类央企以及中小企业“营改增”相关意见和诉求并做总结，为建筑业“营改增”工作做准备。建筑业目前适用于 3% 的营业税税率。按照计划，改革后的建筑业会适用 11% 的增值税税率。中国建设会计学会抽样调查结果显示，“营改增”后税负减少的建筑企业数量占 12%，税负增加的则占 88%。

2. 2015 年或将启动房地产“营改增”，增值税税率暂定为 11%。房地产行业“营改增”最晚 2016 年或将推行。2012 年 1 月 1 日起试点的“营改增”被认为是目前规模最大的结构性减税措施。目前仅剩房地产业、建筑业、金融业以及生活服务业等尚未实施“营改增”。自 2013 年开始调研，房地产业“营改增”方案迄今仍难出台，其难度之大，可见一斑。对于房地产业而言，除了直接影响税负的税率之外，与其他行业税种如何协调也是改革的难点所在。

3. 税务总局规范铁路邮政和电信跨境服务免税政策。税务总局货物和劳务税司负责人介绍，跨境服务免税与一般的增值税免税政策不同，服务的无形性和发生地的不确定性，使得跨境服务免税的边界界定较为困难。跨境服务免税办法，一方面是明确政策口径，便于征纳双方遵从，另一方面是规范操作程序，在简化办税流程的同时兼顾风险防控。该负责人表示，此次修订并重新发布《办法》，重点做了两个方面的补充和调整。一是结合“营改增”试点推行进度，在跨境服务类别中补充了邮政服务、收派服务和电信服务；二是吸收了税企双方对原《办法》提出的建议，在办税流程、备案资料等方面进行了调整和完善。

［资料来源：根据大智慧财经（上海，2014-09-26）相关资料整理］

问题

此次“营改增”的意义和目的是什么？

简要提示

1. 完善了中国流转税的税制。自1994年我国实行分税制改革后，全部税种在中央和地方之间进行了划分，本质上是根据中央政府和地方政府的事权确定相应的财力。分税制在过去多年的运行过程中，发挥了一系列积极的作用，但也逐渐积累和显露了一些问题。“营改增”作为财税体制改革的“导火索”，在解决重复征税问题的同时，也完善了我国的流转税制度。

2. 有效解决了双重征税的问题。“营改增”不是简单的税制简并。营业税和增值税对于市场活动的影响不同，税负也不同。增值税对增值额征收，而营业税则是对营业额全额计征。这样，就出现了双重征税的问题。“营改增”的实施，可以最大限度地减少重复征税。

3. 破解了混合销售、兼营造成的征管困境。人们可以把所有的课税对象看作一个光谱，分为两个极端，一个极端是纯货物，而另一个极端是纯劳务。在货物和劳务这两个极端之间，存在着很多种商品和劳务，它们相互包含，即劳务中包含着货物，货物中也包含着劳务。在中国目前的税制下，货物缴纳增值税，劳务缴纳营业税，但有的时候很难区分一个课税对象是货物还是劳务，这就给税收征管带来了困难。“营改增”实施后对全部课税对象都征收增值税，从而解决了混合销售、兼营给税收征管带来的困扰，可见它对税收征管具有积极的意义。

案例[5-2]　美国消费税的立法原则

税收的立法原则决定税收的征税范围、税收负担、征税环节等，处于税收制度的核心地位。它不仅是税收制度的建立及贯彻执行所必须遵循的指导思想，还是判断一国税制优劣的标准。美国的消费税立法原则简明、规范，强调调节经济职能，并易于贯彻执行。主要表现为以下四点。①受益原则，即以对国家提供的某种特殊服务和公共性服务设施是否受益为依据，凡从中受益者应尽纳税义务，不受益者不负担消费税。例如，对使用公路等公共产品者课征汽车产品及燃料税，税收收入用于公路等公共产品的建设与维修。②限制性课征原则，是国家根据法律规定和税收调节的要求，对那些应禁止或应限制的消费行为课税，如烟、酒、麻药、鸦片等。③节约性课征原则，是国家根据供求状况、消费品的性质及其在人们生活消费中所处的地位不同，选择那些资源供给缺乏，不宜大量消费，非生活必需品的消费品进行课征。④差别课税原则，即对不同性质的消费品课税，要体现税负的差别。

一般来说，按限制性原则课征的消费税，税负要重，这样才能起到抑制消费的作用；按受益原则课征的消费税，负担不宜过重，否则它将与为国家提供服务的宗旨相矛盾；按节约性原则课征的消费税，其税负的高低，要根据消费品供给的可能和人们购买的支付能力而定，最佳点要确定在既有利于节约消费，又要使消费者有一定的需求。

[资料来源：乐康. 借鉴国外先进经验 完善我国消费税制. 扬州大学税务学院学报，1999(1).]

问题

美国消费税的立法原则对我国消费税改革有何借鉴意义？

简要提示

引进和吸收美国消费税制的立法原则，有利于加强消费税的调节职能。差别课税原则对我国确定消费税负担政策有一定借鉴意义，借鉴受益原则、限制性课征原则、节约性课征原则有利于我国合理确定消费税的征税范围。尤其是确定受益原则在我国的合法地位，将有利于研究与出台使用费性质的消费税，将消费税的特定调节功能向纵深拓展。

对于我国贫富差距越来越大的现象，可以采取措施在税收、贸易政策上进行引导。消费税对奢侈品征税就可以起到引导消费、调节收入差距、调节消费品生产的作用。而我国目前的消费税的征税范围有待于进一步调整。同时对于高档消费品，我国实行生产制造领域征税、流通环节不征税，由于这一漏洞，国外奢侈品公司只选择在大城市开店，而不选择在华设厂。这样，这些产地在国外的高档商品几乎不用缴任何消费税。这些问题都有待于借鉴国际经验进一步改进。

案例[5-3]　2012年营业税改征增值税试点改革

2011年10月26日国务院常务会议决定：

1.从2012年1月1日起，在部分地区和行业开展深化增值税制度改革试点，逐步将目前征收营业税的行业改为征收增值税。

2.试点先行在上海市交通运输业和部分现代服务业等开展，条件成熟时可选择部分行业在全国范围进行试点。

3.在现行增值税17%标准税率和13%低税率基础上，新增11%和6%两档低税率。

4.试点期间，原归属试点地区的营业税收入，改征增值税后收入仍归属试点地区。试点行业原营业税优惠政策可以延续，并根据增值税特点调整。纳入改革试点的纳税人缴纳的增值税可按规定抵扣。

[资料来源：财政部网站]

问题

这次营业税改征增值税试点改革有何作用？

简要提示

当前，我国正处于加快转变经济发展方式的攻坚时期，大力发展第三产业，尤其是现代服务业，对推进经济结构调整和提高国家综合实力具有重要意义。按照建立健全有利于科学发展的财税制度要求，将营业税改征增值税，有利于完善税制，消除重复征税；有利于社会专业化分工，促进三次产业融合；有利于降低企业税收成本，增强企业发展能力；有利于优化投资、消费和出口结构，促进国民经济健康协调发展。

而且，营业税改征增值税涉及面较广，为保证改革顺利实施，在部分地区和部分行业开展试点十分必要。上海市服务业门类齐全，辐射作用明显，选择上海市先行试点，有利于为全面实施改革积累经验。

补充阅读

2015年中国将全面告别营业税

营业税改征增值税改革从2011年试点到2014年年底，已进入收官之年，由于2014年中国营改增减税1 918亿元之多，在财政收支紧张的当下，如此大幅度的减税拖累了“营改增”的步伐。

目前“营改增”的大方向没问题，节奏是根据实际情况来推进的，包括减收的财政压力、企业和税务部门的准备工作等，具体实施中遇到问题还可以再做调整。2015年，按照计划应该完成“营改增”的改革，也就是把生活服务业、金融业以及建筑业、房地产业的营业税全部改成增值税，最难的是不动产业转成征收增值税。“营改增”的目的，是要解决营业税和增值税并存所导致的抵扣链条中断、重复征税的问题，只有改革到底，扩大到所有劳务，才能彻底解决这一问题。

“营改增”进行到2015年，还有三个行业没有纳入其中，分别是建筑不动产、金融、生活服务业。建筑、房地产业都在准备“营改增”。在基层税务人士看来，“营改增”对于中央和地方收入都有影响，影响都还比较大。营业税不允许抵扣的，现在全部允许抵扣。原来征收的营业税税源，近1.7万亿，征了就是收入，现在征了营业税之后又进行抵扣，等于营业税收入这一块就没了。上述基层税务人士对经济观察报表示，减税压力非常大。

“营改增”减税与财政收支压力并存，一直是这几年财政领域存在的最大问题之一。2011年至2013年，全国一般公共预算收入增长分别是25%、12.9%和10.2%，到了2014年进一步下降为8.6%，财政增长从过去双位数增长进入个位数增长，趋势已经明显。“营改增”也在这个时间周期中次第推开。2011年，经国务院批准，财政部、国家税务总局联合下发营业税改征增值税试点方案。从2012年1月1日起，在上海交通运输业和部分现代服务业开展营业税改征增值税试点。2014年1月1日和6月1日，铁路运输、邮政和电信业相继纳入“营改增”试点。至此，“营改增”试点范围扩大到“3+7”个行业。

截至2014年年底，国税总局的数据显示，全国“营改增”试点纳税人共计410万户，全年有超过95%的“营改增”试点纳税人的税负不同程度下降，全年共减税1 918亿元。铁路运输、邮政业两个行业分别减税8亿元、4亿元，电信业改征增值税后，为下游一般纳税人增加了税款抵扣。国家税务总局新闻发言人表示，2015年力争将“营改增”范围扩大到建筑业和不动产、金融保险业和生活服务业，这些行业将增加800万户试点纳税人，户数是目前的两倍。但是支出的压力一直存在，七项挂钩支出，绑架了中央接近一半的财力。目前与财政收支增幅或生产总值挂钩的重点支出涉及教育、科技、农业、文化、医疗卫生、社保、计划生育7类，2012年仅财政安排的这7类重点支出即占全国财政支出的48%。

作为财税改革中税制改革的第一步，营业税改征增值税2015年结束，意味着中国将全面告别营业税。但这仅仅是税制改革的开始，而不是结束。在大多数财税专家看来，“营改增”后，增值税中央与地方的收入分成问题，增值税本身的改革问题都将提上议程。

现在的增值税在“营改增”后，依然面临许多问题。比如增值税多档税率，进项中固定资产一部分比如人力资本、货运车票、人力火车票抵扣不完整。例如，现在大多数公司用火车票抵的是所得税，而非增值税。另外，税负问题也被提及，“营改增”完成后，增值税将占全部税收的一半，国家将如何有效降低增值税的税负？现在增值税的税率，有17%、13%、11%、6%、3%、0六档，税率档次太多，所以要先测算税负率，然后再调整税负。后“营改增”时期，增值税税基扩大，但地方政府也失去了主体税种，中央与地方之间的增值税收入分成如何解决是一个问题。目前多档税率状态只能在一段时期内存在，长期是不合适的。

在财政部制定的立法计划中，增值税立法将于2020年之前完成，主要内容就是将全部货物和服务纳入增值税的征收范围，适当简化税率。

［资料来源：根据中国经济网经济观察报(2015-03-22)相关资料整理］

第6章 所得课税

本章学习要点

通过本章的学习，掌握企业所得税、个人所得税制度；理解所得课税的一般原理和税制结构；了解美国的个人所得税、日本的法人税。

本章学习重点与难点

本章的学习重点是所得课税的一般原理和税制结构；难点是我国现行企业所得税、个人所得税应纳税额的计算。

本章基本概念

所得税、分类所得税、综合所得税、企业所得税、居民企业、非居民企业、收入总额、不征税收入、免税收入、个人所得税、居民纳税人、非居民纳税人

6.1 所得税概述

6.1.1 所得税的概念及特点

1. 所得税的概念

所得税是指以纳税人的所得额为课税对象的各种税收的统称。税法规定的所得额，是指纳税人在一定时期内，由于生产、经营等取得的可用货币计量的收入，扣除为取得这些收入所需各种耗费后的净额。

所得税属于直接税，其纳税人和实际负担人是一致的，可以直接调节纳税人的收入，是现代税收制度中的主体税种。所得税的计算涉及纳税人经济活动的各个方面，因此能促使纳税人建立、健全会计和经营管理制度，有利于国家通过征税加强监督管理。

2.所得税的特点

(1)所得税是对纯所得的征税，税负相对公平。所得税的课税对象是纳税人的纯收入或净所得，而不是经营收入，一般实行多所得多征、少所得少征的累进征税办法，符合税收的量能负担原则;并且，所得税一般规定了起征点或免征额，可以在税收上照顾低收入者，不会影响纳税人的基本生活;同时，应纳税税额的计算涉及纳税人的成本、费用的各个方面，有利于加强税务监督，促使纳税人建立、健全财务会计制度和改善经营管理。

(2)税负不易转嫁。所得税的课税对象是纳税人的最终收益，纳税人一般就是负税人，因而可以直接调节纳税人的收入。特别是在采用累进税率的情况下，所得税在调节个人收入差距方面具有较明显的作用。对企业征收所得税，还可以发挥贯彻国家特定政策，调节经济的杠杆作用。

(3)税收中性。所得税的高低变化对生产不产生直接影响，只对不同企业、不同个人的收入水平产生调节作用;所得税一般不存在重复征税问题，对商品的相对价格没有影响，不会影响市场资源的优化配置。

(4)税制富有弹性，可满足财政需要。所得税来源于一国生产力资源的利用产生的剩余产品，随着资源利用效率的提高，剩余产品也会不断增长，因此所得税会随着稳定增长。同时，国家可根据需要对所得税的税率、减免等进行灵活调整，以适应政府支出的增减变化。

(5)计征复杂，征管难度大。主要表现为：计税依据——纯收入要经过一系列复杂的计算过程，比商品课税复杂得多;所得税累进税率的计算也要比商品税的比例税率或固定税率计算复杂。因此，征税成本较商品税高。

6.1.2 所得税税制的设计

1.课征制度类型

(1)分类所得税，是指将所得按某种方式分成若干类别，对不同类别的所得分别计征所得税，如将所得分为营业利润所得、利息所得、股息所得、工资薪金所得等，分别征收相应的所得税。这种分别不同类别所得进行征收的优点是：可以根据不同类别的所得确定相应的税收政策和征税方法，目前大多适用于征管技术较低的发展中国家;其缺点是税制比较复杂，计征比较烦琐。

(2)综合所得税，是指将纳税人的全部所得汇总在一起，按统一规定的税率征税，如企业所得税。其优点是计征简便，比较适用累进税率，有利于公平税负;其缺点是征税时核算综合所得比较困难，进行综合扣除时也较烦琐，同时要求征管技术水平较高，因此，目前主要在发达国家采用。

(3)混合所得税，是指分类所得税和综合所得税的混合，是对某些所得按类别分别征税，而对其他所得合并综合征税。

2.费用扣除的制度规定

(1)实报实销法，也称据实扣除法，完全根据纳税人的成本、费用支出或实际开支来确定税前扣除额。

(2)标准扣除法，是指对纳税人的必要成本、费用支出或基本生活费用，预先确定一个或多个标准，作为固定数额允许在税前先行扣除。

3.税率形式的选择

(1)比例税率。采用比例税率，对纳税人的所得额无论多少均以相等的税率征税，纳税人负担水平始终保持一定的比例。

(2)累进税率。采用累进税率，是指依据纳税人的所得额多少而课以不同税率的税收。其税率随所得额的增减而升降，税制富有弹性，能充分体现量能负担、公平税负的原则。

4.具体课征方法的确定

(1)源课法，是源泉课征法的简称，是指在所得额的发生地进行所得税的课征。一般适用于分类课征制，无法体现合理税负的原则。

(2)申报法，又称综合课征法，是指纳税人按税法规定自行申报其应税所得额，由税务机关调查核实后，再根据申报的应税所得依率计算应纳税额，由纳税人一次或分次缴纳。一般适用于综合课征制，符合量能负担和公平税负的原则。

6.1.3 所得税的产生与发展

所得税最早产生于英国。1799 年，由于英法战争，英国军费开支剧增，为了满足战争期间的开支需要，英国政府开征了所得税。后来随着战争的时续时停，所得税也时征时停，直到 1842 年，英国第三次复征所得税，该税才作为永久性税种确定下来。美国、法国、德国、日本等国先后于 19 世纪后半期、20 世纪初期开征所得税，其开征所得税的初衷也不外乎是出于战争需要。但所得税产生的原因不只是战争，而且具有深刻的政治、经济、军事与国际背景。此外，不少学者很早就所得的有关经济思想为所得税制建立和发展提供了理论依据。如亚当·斯密早在 1776 年的《国民财富的性质和原因的研究》一书中，分析了工资、利息、地租的形成；瓦格纳提出的量能负担学说；社会政策学派提出的累进税制的原则等。

目前，所得税是世界各国普遍征收的一种税类，已成为大多数国家的主体税种。在西方发达国家，税收体系大多以各类所得税为主体进行构建，国家财政收入的大部分也来自各类所得税。

综合西方各国所得税制度的产生与发展，可以得出几点结论：一是所得税经过了从临时税到固定税的发展历程。起初所得税是因战争临时需要开征的，因战争结束而停征，后来最终成为政府取得财政收入的一个固定税种；二是所得税税率形式从比例税率发展到累进税率；三是所得税类型从分类所得税发展到综合所得税。

6.1.4 我国所得税的结构体系

我国从 1937 年开征所得税，至今已有 70 多年的时间。1950 年政务院发布的《全国税政实施要则》规定了工商税中的所得税、存款利息所得税与薪给报酬所得税属于所得税性质，标志着我国所得税体系的初步建立。但其后所得税地位不断下降弱化。1980 年 9 月，我国颁布了《中华人民共和国中外合资经营企业所得税法》和《中华人民共和国个人所得税法》，标志着我国所得税的重建与加强。1981 年又颁布了《外国企业所得税法》，建立了我国的涉外所得税制；1983 年以后先后开征了国有企业所得税、集体企业所得税、城乡个体工商户所得税、个人收入调节税、私营企业所得税等；1991 年以后又先后合并了涉外企业所得税法、内资企业所得税法和个人所得税法，形成了企业所得税(内资企业)、外商投资企业和外国企业所得税、个人所得税三大税种。2007 年 3 月 16 日第十届全国人民代表大会通过了《中华人民共和国企业所得税法》，实现了内外资企业适用统一的企业所得税法。因此，现行我国所得税主要包括企业所得税和个人所得税。

6.2 企业所得税

6.2.1 企业所得税的概念

企业所得税是指对境内企业或组织，在一定期间内合法的生产、经营所得和其他所得征收的一种税。

我国企业所得税制，同我国政治经济情况的变化相联系，经历了20世纪50年代建立工商所得税、80年代多种所得税并存、90年代初步统一企业所得税制三个时期。长期以来，我国企业所得税按内资、外资企业分别立法，外资企业适用1991年第七届全国人民代表大会第四次会议通过的《中华人民共和国外商投资企业和外国企业所得税法》，内资企业适用1993年国务院发布的《中华人民共和国企业所得税暂行条例》，这对吸引外资、促进经济发展发挥了重要作用。加入世贸组织后，国内市场对外资进一步开放，内资企业也逐渐融入世界经济体系之中，继续采取内资、外资企业不同的税收政策，将使内资企业处于不平等竞争地位，影响统一、规范、公平竞争的市场环境的建立。

2007年3月16日第十届全国人民代表大会第五次会议通过了《中华人民共和国企业所得税法》(以下简称《企业所得税法》)，2007年12月6日国务院发布《中华人民共和国企业所得税法实施条例》(以下简称《企业所得税法实施条例》)，《企业所得税法》和《企业所得税法实施条例》均自2008年1月1日起施行。原《中华人民共和国外商投资企业和外国企业所得税法》和原《中华人民共和国企业所得税暂行条例》同时废止。

6.2.2 企业所得税的特点

与其他税种相比，所得税除了在税制要素的内容上不同以外，还具有以下特点。

(1)课征范围比较广。现行税制规定，在中华人民共和国境内的企业和其他取得收入的组织是企业所得税的纳税人，其一切所得都要依法纳税。因此，企业所得税在课征范围上具有广泛性。

(2)税收负担相对较公平。现行税制规定，内外资企业适用统一的企业所得税法，统一并适当降低企业所得税税率。

(3)企业所得税纳税人与负税人一致。因此，纳税人缴纳的所得税一般不易转嫁，而是由纳税人自己负担，真正能体现税收对社会收入分配的调节效应。

(4)具有收入弹性和自动稳定器的特点。现行所得税制度规定了许多扣除项目和优惠减免情况，同时也对不能扣除的费用等进行了罗列。这不仅有利于及时筹集财政收入，也有利于政府根据不同时期的经济发展情况灵活进行调整，以调节经济，保持了收入弹性功能。除此之外，所得税还具有随经济发展变化而发挥自动稳定器的作用，主要表现为：税率的适用范围、扣除标准适用范围、优惠范围等方面，会随着经济水平的变化，相应扩大或缩小，进而达到稳定经济的目的。

6.2.3 我国现行企业所得税制度

1.企业所得税的纳税人和扣缴义务人

(1)企业所得税的纳税人

企业所得税的纳税人是指在中华人民共和国境内的企业和其他取得收入的组织(以下统称

企业）。具体包括国有企业、集体企业、联营企业、私营企业、股份制企业、外商投资企业和外国企业、事业单位、社会团体、民办非企业单位和从事经营活动的其他组织，以及在中国境内设立机构、场所从事生产经营或虽然未设立机构、场所而有来源于中国境内所得的外国公司、企业和其他所得的组织。但不包括个人独资企业、合伙企业（是指依照中国法律、行政法规成立的个人独资企业、合伙企业）。

企业所得税的纳税人按照国际惯例一般分为居民企业和非居民企业，这是确定纳税人是否负有全面纳税义务的基础。

居民企业，是指依照一国法律法规在该国境内成立，或者实际管理机构、总机构在该国境内的企业。《企业所得税法》所称的居民企业是指依法在中国境内成立，或者依照外国（地区）法律成立但实际管理机构在中国境内的企业。“实际管理机构”是指对企业的生产经营、人员、账务、财产等实施实质性全面管理和控制的机构。例如，在我国注册成立的沃尔玛（中国）公司、通用汽车（中国）公司，就是我国的居民企业；在英国、百慕大群岛等国家和地区注册的公司，如果实际管理机构在我国境内，也是我国的居民企业。

非居民企业，是指按照一国税法规定不符合居民企业标准的企业。《企业所得税法》所称的非居民企业是指依照外国（地区）法律成立且实际管理机构不在中国境内，但在中国境内设立机构、场所的，或者在中国境内未设立机构、场所，但有来源于中国境内所得的企业。例如，在我国设立有代表处及其他分支机构的外国企业。

《企业所得税法》以法人组织为纳税人，改变了以往内资企业所得税以是否独立经济核算来判定纳税人的做法。也就是说，企业设有多个不具有法人资格营业机构的，实行由法人汇总纳税。实行法人（公司）税制是世界各国所得税制发展的方向，也是企业所得税改革的内在要求，有利于更加规范、科学、合理地确定企业纳税义务。目前，大多数国家对个人（自然人）以外的组织或者实体征收企业所得税，一般都是以法人作为纳税主体。《企业所得税法》以法人组织为纳税人符合国际的通行做法。

（2）扣缴义务人

非居民企业在中国境内未设立机构、场所的，或者虽设立机构、场所但取得的所得与其所设机构、场所没有实际联系的，其来源于中国境内的所得缴纳企业所得税，实行源泉扣缴，以支付人为扣缴义务人。税款由扣缴义务人在每次支付或者到期应支付时，从支付或者到期应支付的款项中扣缴。

2. 企业所得税的税率

企业所得税税率采用比例税率。

（1）一般税率

按照“简税制、宽税基、低税率、严征管”的税制改革基本原则，结合我国财政承受能力、企业负担水平，考虑世界上其他国家和地区，特别是周边地区的实际税率水平等因素，《企业所得税法》规定，企业所得税税率为25%。但对于非居民企业在中国境内未设立机构、场所的，或者虽设立机构、场所但取得的所得与其所设机构、场所没有实际联系的，来源于中国境内的所得适用20%的税率。

（2）优惠税率

此外，国家为了重点扶持和鼓励发展特定的产业和项目，还规定了以下两档优惠税率。

①符合条件的小型微利企业，减按20%的税率征收企业所得税。符合条件的小型微利企

业是指从事国家非限制和禁止行业，并符合下列条件的企业：工业企业，年度应纳税所得额不超过30万元，从业人数不超过100人，资产总额不超过3 000万元；其他企业，年度应纳税所得额不超过30万元，从业人数不超过80人，资产总额不超过1 000万元。

②国家需要重点扶持的高新技术企业，减按15%的税率征收企业所得税。国家需要重点扶持的高新技术企业是指拥有核心自主知识产权，并同时符合下列条件的企业：产品（服务）属于《国家重点支持的高新技术领域》规定的范围；研究开发费用占销售收入的比例不低于规定比例；高新技术产品（服务）收入占企业总收入的比例不低于规定比例；科技人员占企业职工总数的比例不低于规定比例；高新技术企业认定管理办法规定的其他条件。

国家重点支持的高新技术领域和高新技术企业认定管理办法由国务院科技、财政、税务主管部门会同国务院有关部门制定，报国务院批准后公布施行。

3. 企业所得税的计税依据

企业所得税的计税依据是应纳税所得额。应纳税所得额是指按照税法规定确定纳税人在一定期间所获得的所有应税收入减去在该纳税期间依法允许扣除的各种支出后的余额，是计算企业所得税税额的计税依据。

《企业所得税法》规定的应纳税所得额是指企业每一纳税年度的收入总额，减除不征税收入、免税收入、各项扣除及允许弥补的以前年度亏损后的余额。企业应纳税所得额的计算，以权责发生制为原则，属于当期的收入和费用，不论款项是否收付，均作为当期的收入和费用；不属于当期的收入和费用，即使款项已经在当期收付，均不作为当期的收入和费用。国务院财政、税务主管部门另有规定的除外。

应纳税所得额计算公式如下：

应纳税所得额＝每一纳税年度的收入总额－不征税收入－免税收入－各项扣除项目－允许弥补的以前年度亏损

按照税法规定计算的应纳税所得额与依据企业财务会计制度、企业会计准则计算的会计利润往往不一致，企业财务、会计处理办法与国家有关税收规定不一致的，应当依照税收法律、行政法规的规定计算纳税。

（1）收入总额

收入总额是指企业以货币形式和非货币形式从各种来源取得的收入。其中，货币形式包括现金、存款、应收账款、应收票据、准备持有至到期的债权投资及债务的豁免等；非货币形式包括固定资产、生物资产、无形资产、股权投资、存货、不准备持有至到期的债券投资、劳务及有关权益等。企业以非货币形式取得的收入，应当按照公允价值（指按照市场价格确定的价值）确定收入总额。

企业收入总额包括纳税人来源于中国境内、境外的生产经营收入和其他收入。具体有：销售货物收入；提供劳务收入；转让财产收入；股息、红利等权益性投资收益；利息收入；租金收入；特许权使用费收入；接受捐赠收入；其他收入等。

（2）不征税收入

不征税收入是指从性质上不属于企业营利性活动带来的经济利益、不负有纳税义务并不作为应纳税所得额组成部分的收入。按照《企业所得税法》的规定，下列收入为不征税收入。

① 财政拨款，是指各级人民政府对纳入预算管理的事业单位、社会团体等组织拨付的财政资金，但国务院和国务院财政、税务主管部门另有规定的除外。

② 依法收取并纳入财政管理的行政事业性收费、政府性基金。前者是指依照法律法规等有关规定，按照国务院规定程序批准，在实施社会公共管理，以及在向公民、法人或者其他组织提供特定公共服务过程中，向特定对象收取并纳入财政管理的费用；后者是指企业依照法律、行政法规等有关规定，代政府收取的具有专项用途的财政资金。

③ 国务院规定的其他不征税收入，是指企业取得的，由国务院财政、税务主管部门规定专项用途并经国务院批准的财政性资金。

(3)免税收入

免税收入是指属于企业的应税所得但按照税法规定免于征收企业所得税的收入。《企业所得税法》规定的免税收入包括以下四个方面。

① 国债利息收入。

② 符合规定条件的居民企业之间的股息、红利等权益性投资收益。

③ 在中国境内设立机构、场所的非居民企业从居民企业取得与该机构、场所有实际联系的股息、红利等权益性投资收益。

④ 符合规定条件的非营利组织的收入。

(4)准予税前扣除项目

新的企业所得税法规定，企业实际发生的与取得收入有关的、合理的支出，包括成本、费用、税金、损失和其他支出，准予在计算应纳税所得额时扣除。

① 成本，即生产经营成本，是指企业在生产经营活动中发生的销售成本、销货成本、业务支出及其他耗费。

② 费用，是指企业在生产经营活动中发生的销售费用、管理费用和财务费用，已经计入成本的有关费用除外。

③ 税金，是指企业发生的除企业所得税和允许抵扣的增值税以外的各项税金及其附加。通常包括纳税人按规定缴纳的消费税、营业税、城市维护建设税、资源税等，以及发生的土地使用税、车船税、房产税、印花税等。

④ 损失，是指企业在生产经营活动中发生的固定资产和存货的盘亏、毁损、报废损失，转让财产损失，呆账损失，坏账损失，自然灾害等不可抗力因素造成的损失及其他损失。

⑤ 其他支出，是指除成本、费用、税金、损失外，企业在生产经营活动中发生的与生产经营活动有关的、合理的支出。

根据《企业所得税法实施条例》的规定，下列各项支出符合规定的准予扣除。

① 企业发生的合理的工资薪金支出，准予扣除。

② 企业在生产经营活动中发生的合理的、不需要资本化的借款费用，准予扣除。

③ 企业发生的职工福利费支出，不超过工资薪金总额14%的部分，准予扣除。企业拨缴的工会经费，不超过工资薪金总额2%的部分，准予扣除。除国务院财政、税务主管部门另有规定外，企业发生的职工教育经费支出，不超过工资薪金总额2.5%的部分，准予扣除；超过部分，准予在以后纳税年度结转扣除。

④ 企业发生的与生产经营活动有关的业务招待费支出，按照发生额的60%扣除，但最高不得超过当年销售(营业)收入的5‰。

⑤ 企业发生的符合条件的广告费和业务宣传费支出，除国务院财政、税务主管部门另有规定外，不超过当年销售(营业)收入15%的部分，准予扣除；超过部分，准予在以后纳税年度结转扣除。

⑥ 企业依照法律、行政法规有关规定提取的用于环境保护、生态恢复等方面的专项资金，准予扣除。上述专项资金提取后改变用途的，不得扣除。

⑦ 企业参加财产保险，按照规定缴纳的保险费，准予扣除。

⑧ 企业发生的合理的劳动保护支出，准予扣除。

⑨ 企业发生的公益性捐赠支出，在年度利润总额12%以内的部分，准予在计算应纳税所得额时扣除。

⑩ 企业转让资产，该项资产的净值，准予在计算应纳税所得额时扣除。

需要说明的是，除《企业所得税法》和《企业所得税法实施条例》另有规定外，企业实际发生的成本、费用、税金、损失和其他支出，不得重复扣除。

(5)不得扣除项目

① 向投资者支付的利息、红利等权益性投资收益款项。

② 所得税税款。

③ 税收滞纳金、罚款和被没收的财物损失。

④ 公益性捐赠以外的捐赠支出、赞助支出。

⑤ 未经核定的准备金支出，即不符合国务院财政、税务主管部门规定的各项资产减值准备、风险准备等准备金支出。

⑥ 企业之间支付的管理费、企业内营业机构之间支付的租金和特许权使用费，以及非银行企业内营业机构之间支付的利息，不得扣除。

⑦ 与取得收入无关的其他支出。

(6)亏损弥补

纳税人发生年度亏损的，可以用下一纳税年度的所得弥补；下一纳税年度的所得不足弥补的，可以逐年延续弥补，但是延续弥补期最长不得超过5年。5年内不论是赢利或亏损，都作为实际弥补期限计算。这里所指的亏损不是企业财务报表中反映的亏损额，而是企业财务报表中的亏损额经主管税务机关按税法规定核实调整后的金额，是企业按照《企业所得税法》和《企业所得税法实施条例》的规定将每一纳税年度的收入总额减除不征税收入、免税收入和各项扣除后小于零的数额。亏损弥补自亏损年度报告的下一个年度起连续5年不间断地计算。

4.企业所得税的应纳税额

企业的应纳税所得额乘以适用税率，减除规定的减免税额和抵免税额后的余额，为应纳税额。企业所得税应纳税额计算公式为：

$$应纳税额=应纳税所得额\times适用税率-减免税额和抵免税额$$

减免税额和抵免税额，是指依照企业所得税法和国务院的税收优惠规定减征、免征和抵免的应纳税额。

新的企业所得税法规定，企业取得的下列所得已在境外缴纳的所得税税额，可以从其当期应纳税额中抵免，抵免限额为该项所得依照本法规定计算的应纳税额；超过抵免限额的部分，可以在以后五个年度内，用每年度抵免限额抵免当年应抵税额后的余额进行抵补：居民企业来源于中国境外的应税所得；非居民企业在中国境内设立机构、场所的，取得发生在中国境外但与该机构、场所有实际联系的应税所得。其中，税收抵免是指居住国政府对其居民企业来自国内外的所得一律汇总征税，但允许抵扣该居民企业在国外已纳的税额，以避免国际重复征税。抵免限额的计算公式为：

抵免限额＝境内、境外所得按税法计算的应纳税总额×
（来源于某外国的所得÷境内、境外所得总额）

5.企业所得税的税收优惠

新的企业所得税法根据国民经济和社会发展需要，借鉴国际上的成功经验，按照“简税制、宽税基、低税率、严征管”的要求，鼓励农业等基础产业发展，鼓励基础设施建设，鼓励环境保护，促进科技创新与技术进步，建立以“产业优惠为主，区域优惠为辅”的税收优惠新格局。

根据《企业所得税法》的规定，企业的下列所得，可以免征、减征企业所得税。

(1)从事农、林、牧、渔业项目的所得。企业从事下列项目的所得，免征企业所得税：蔬菜、谷物、薯类、油料、豆类、棉花、麻类、糖料、水果、坚果的种植；农作物新品种的选育；中药材的种植；林木的培育和种植；牲畜、家禽的饲养；林产品的采集；灌溉、农产品初加工、兽医、农技推广、农机作业和维修等农、林、牧、渔服务业项目；远洋捕捞。企业从事下列项目的所得，减半征收企业所得税：花卉、茶及其他饮料作物和香料作物的种植；海水养殖、内陆养殖。企业从事国家限制和禁止发展的项目，不得享受企业所得税优惠。

(2)从事国家重点扶持的公共基础设施项目投资经营的所得。国家重点扶持的公共基础设施项目，是指《公共基础设施项目企业所得税优惠目录》规定的港口码头、机场、铁路、公路、城市公共交通、电力、水利等项目。企业从事国家重点扶持的公共基础设施项目投资经营的所得，自项目取得第一笔生产经营收入所属纳税年度起，第一年至第三年免征企业所得税，第四年至第六年减半征收企业所得税。

(3)从事符合条件的环境保护、节能节水项目的所得。符合条件的环境保护、节能节水项目，包括公共污水处理、公共垃圾处理、沼气综合开发利用、节能减排技术改造、海水淡化等。企业从事符合条件的环境保护、节能节水项目的所得，自项目取得第一笔生产经营收入所属纳税年度起，第一年至第三年免征企业所得税，第四年至第六年减半征收企业所得税。

(4)符合条件的技术转让所得。一个纳税年度内，居民企业技术转让所得不超过500万元的部分，免征企业所得税；超过500万元的部分，减半征收企业所得税。

(5)非居民企业在中国境内未设立机构、场所的，或者虽设立机构、场所但取得的所得与其所设机构、场所没有实际联系的，其来源于中国境内的所得，减按10%的税率征收企业所得税。下列所得可以免征企业所得税：外国政府向中国政府提供贷款取得的利息所得；国际金融组织向中国政府和居民企业提供优惠贷款取得的利息所得；经国务院批准的其他所得。

6.企业所得税的纳税申报

(1)企业所得税的征收方式

① 企业所得税按纳税年度计算。纳税年度自公历1月1日起至12月31日止。企业在一个纳税年度中间开业或者终止经营活动，使该纳税年度的实际经营期不足12个月的，应当以其实际经营期为一个纳税年度。企业依法清算时，应当以清算期间作为一个纳税年度。

② 企业所得税分月或者分季预缴。企业应当自月份或者季度终了之日起15日内，向税务机关报送预缴企业所得税纳税申报表，预缴税款。企业应当自年度终了之日起5个月内，向税务机关报送年度企业所得税纳税申报表，并汇算清缴，结清应缴、应退税款。企业在报送企业所得税纳税申报表时，应当按照规定附送财务会计报告和其他有关资料。

③ 企业在年度中间终止经营活动的，应当自实际经营终止之日起60日内，向税务机关办理当期企业所得税汇算清缴。

④ 纳税人缴纳企业所得税税款以人民币计算。企业所得以人民币以外的货币计算的，预缴企业所得税时，应当按照月度或者季度最后一日的人民币汇率中间价，折合成人民币计算应纳税所得额。年度终了汇算清缴时，对已经按照月度或者季度预缴税款的，不再重新折合计算，只就该纳税年度内未缴纳企业所得税的部分，按照纳税年度最后一日的人民币汇率中间价，折合成人民币计算应纳税所得额。

⑤ 对非居民企业在中国境内未设立机构、场所的，或者虽设立机构、场所但取得的所得与其所设机构、场所没有实际联系的，其来源于中国境内的所得缴纳企业所得税，实行源泉扣缴，以支付人(是指按照有关法律规定或者合同约定对非居民企业直接负有支付相关款项义务的单位或者个人)为扣缴义务人。

⑥ 除国务院另有规定外，企业之间不得合并缴纳企业所得税。

(2)企业所得税的纳税地点

结合我国具体情况，参照国际税收惯例，从有利于税收征管的角度考虑，《企业所得税法》采用“登记注册地标准”和“实际管理机构所在地标准”相结合的方式来确定企业的纳税地点。

① 居民企业的纳税地点

现行企业所得税法规定：除税收法律、行政法规另有规定外，居民企业以企业登记注册地为纳税地点；但登记注册地在境外的，以实际管理机构所在地为纳税地点。

② 非居民企业的纳税地点

现行企业所得税法规定：非居民企业在中国境内设立机构、场所的，其所设机构、场所取得来源于中国境内的所得，以及发生在中国境外但与其所设机构、场所有实际联系的所得缴纳企业所得税，以机构、场所所在地为纳税地点。

非居民企业在中国境内设立两个或者两个以上机构、场所的，经税务机关审核批准，可以选择由其主要机构、场所汇总缴纳企业所得税。

非居民企业在中国境内未设立机构、场所的，或者虽设立机构、场所但取得的所得与其所设机构、场所没有实际联系的，其来源于中国境内的所得缴纳企业所得税，以扣缴义务人所在地为纳税地点。

6.2.4 我国目前统一企业所得税的意义

2007年3月16日第十届全国人民代表大会通过的《企业所得税法》实现了内外资企业适用统一的企业所得税法，统一并适当降低企业所得税税率，统一和规范税前扣除办法和标准，统一税收优惠政策，建立“产业优惠为主，区域优惠为辅”的新税收优惠体系，有利于为各类企业创造一个公平竞争的税收法制环境。具体来说，表现在以下五个方面。

(1)统一内外资企业所得税，有利于进一步完善我国社会主义市场经济体制。公平竞争是市场经济的一个重要特征和客观要求。通过统一内外资企业所得税，对各类企业实行统一的所得税制度，可以在税收方面为其创造一个公平竞争的市场环境，从而促进我国社会主义市场经济体制的进一步完善。

(2)统一内外资企业所得税，有利于促进经济增长方式转变和产业结构升级。统一内外资企业所得税，实行鼓励节约资源能源、保护环境及发展高新技术等以产业优惠为主的税收优惠政策，将有利于进一步发挥税收的调控作用，有利于引导我国的经济增长方式向集约型转变，推动我国产业结构的优化升级。

(3)统一内外资企业所得税，有利于促进区域经济的协调发展。统一内外资企业所得税，将优惠重点由以区域优惠为主转向以产业优惠为主，同时对西部地区需要重点扶持的产业继续实行所得税优惠政策，从而推动西部地区加快发展，缩小东、中、西部地区差距。

(4)统一内外资企业所得税，有利于提高我国利用外资的质量和水平。在国内资金比较充足、外资出口稳步增长的情况下，统一内外资企业所得税，调整优惠政策，可以积极引导外资投资方向，在更高层次上促进国民经济结构调整和经济增长方式转变，提高我国利用外资的质量和水平。

(5)统一内外资企业所得税，有利于推动我国税制的现代化建设。20 世纪 80 年代以来，国际上展开了以“降低税率、扩大税基、税收中性、严格征管”为主要特征的税制改革。进入 21 世纪，随着经济全球化的深入发展，各国纷纷推出了新的减税计划，从而形成了新一轮的世界性税制改革。在此背景下，我国对内外资企业所得税的统一，降低法定税率，调整税收优惠政策，不仅符合“宽税基、低税率”的国际税制改革潮流，而且使我国企业所得税制更具现代化，这对于促进我国企业提高自主创新能力，增加企业发展的后劲具有重要作用。

总之，统一内外资企业所得税，有利于促进我国经济结构优化和产业升级，有利于为各类企业创造一个公平竞争的税收法制环境，是适应我国社会主义市场经济发展新阶段的一项制度创新，是中国经济制度走向成熟、规范的标志性工作之一。

6.3 个人所得税

6.3.1 个人所得税的概念

个人所得税是对个人(即自然人)的劳务和非劳务所得征收的一种税。

1980 年 9 月 10 日，第五届全国人民代表大会通过《中华人民共和国个人所得税法》(以下简称《个人所得税法》)。1993 年 10 月 31 日，第八届全国人民代表大会第一次修订并公布实施《中华人民共和国个人所得税法》。该法是在合并原个人所得税、个人收入调节税和个体工商业户所得税的基础上建立起来的。1994 年 1 月 28 日，国务院发布《中华人民共和国个人所得税法实施条例》(以下简称《个人所得税法实施条例》)。《个人所得税法》和《个人所得税法实施条例》构成了我国现行个人所得税法律制度的主要依据。1999 年 8 月 30 日，第九届全国人民代表大会第二次修订《中华人民共和国个人所得税法》。2000 年 9 月，财政部、国家税务总局制定《关于个人独资企业和合伙企业投资者个人所得税的规定》，进一步完善了我国个人所得税法律制度。2005 年 10 月 27 日，第十届全国人民代表大会第三次修订《中华人民共和国个人所得税法》，自 2006 年 1 月 1 日起施行。2007 年 6 月 29 日，第十届全国人民代表大会常务委员会第二十八次会议对《个人所得税法》进行了第四次修正，自 2008 年 3 月 1 日起施行。2011 年 6 月 30 日，第十一届全国人民代表大会常务委员会第二十一次会议对《个人所得税法》进行了第五次修正，自 2011 年 9 月 1 日起施行。

个人所得税于 1799 年产生于英国，目前世界上已有 140 多个国家开征了个人所得税。据统计，发达国家个人所得税占税收总收入的比重，一般在 25%～40%之间，个别发达国家达到 40%以上；而发展中国家一般不超过 10%。我国 1998 年个人所得税比重仅为 3%左右；2009 年个人所得税收入为 3 949.35 亿元，占税收总收入比重为 6.64%。应该说，个人所得税在我国是一个很有潜力的税种。

6.3.2 个人所得税的特点

我国现行个人所得税具有以下特点。

(1)征收范围广。现行税法是将以前的三个相关的个人所得税法规进行合并调整，因此，其征税对象将中国公民、外籍人员和个体工商户纳入统一的个人所得税征收范围。

(2)遵循国际惯例，确定课税对象。现行税法引入"居民"概念，以居民为标志区分纳税人的纳税义务，进而明确了个人所得税的课税对象。

(3)实行分项课征方式。现行税法从我国国情出发，采取分项列举的办法，对列入课征项目的所得征税;反之，对于不列入课征项目的所得不征税。

(4)税收负担比较合理。现行税法将工资、薪金所得的适用税率分为七级超额累进，其他所得适用20%的税率，同时，在征收时分别不同项目进行不同额度和不同比例的扣除;对于一次性劳务报酬畸高的还要加成征收。因此，体现了量能负担和合理负担的原则。

6.3.3 我国现行个人所得税制度

1.个人所得税的纳税人和扣缴义务人

新修正的《个人所得税法》规定，个人所得税以所得人为纳税义务人，以支付所得的单位或者个人为扣缴义务人。个人所得超过国务院规定数额的，在两处以上取得工资、薪金所得或者没有扣缴义务人的，以及具有国务院规定的其他情形的，纳税义务人应当按照国家规定办理纳税申报。扣缴义务人应当按照国家规定办理个人所得税纳税申报。

个人所得税的纳税人，国际上有两种管辖权，即来源地税收管辖权和居民管辖权。我国的个人所得税制在纳税人的界定上既行使来源地税收管辖权，又行使居民管辖权，即把个人所得税的纳税人划分为居民和非居民两部分，并以此来区分纳税的无限责任和有限责任。

我国《个人所得税法》规定，居民纳税人是指在中国境内有住所，或者无住所而在境内居住满一年的个人。居民纳税人承担无限纳税义务，即从中国境内和境外取得的所得，依照税法规定缴纳个人所得税。非居民纳税人是指在中国境内无住所又不居住或者无住所而在境内居住不满一年的个人。非居民纳税人承担有限纳税义务，即仅就来源于中国境内取得的所得，缴纳个人所得税。

2.个人所得税的税目

按应纳税所得的类别划分，现行个人所得税的应税项目主要包括11个税目。

(1)工资、薪金所得，是指个人因任职或者受雇而取得的工资、薪金、奖金、年终加薪、劳动分红、津贴、补贴及与任职或者受雇有关的其他所得。此外，税法规定了一些不予征税的项目，包括：独生子女补贴;执行公务员工资制度未纳入基本工资总额的补贴、津贴差额和家属成员的副食补贴;托儿补助费;差旅费津贴、误餐补助。

(2)个体工商户的生产、经营所得，是指个体工商户从事工业、手工业、建筑业、交通运输业、商业、饮食业、服务业、修理业及其他行业生产、经营取得的所得;个人经政府有关部门批准，取得执照，从事办学、医疗、咨询及其他有偿服务活动取得的所得;其他个人从事个体工商业生产、经营取得的所得及其他与生产、经营有关的各项应纳税所得等。

(3)企业、事业单位的承包经营、承租经营所得，是指个人承包经营、承租经营及转包、转租取得的所得。

(4)劳务报酬所得，是指个人从事设计、装潢、安装、制图、化验、测试、医疗、法律、会计、咨询、讲学、新闻、广播、翻译、审稿、书画、雕刻、影视、录音、演出、表演、广告、展览、技术服务、介绍服务、经纪服务、代办服务及其他劳务取得的所得。

(5)稿酬所得，是指个人因其作品以图书、报刊形式出版、发表而取得的所得。

(6)特许权使用费所得，是指个人提供专利权、商标权、著作权、非专利技术及其他特许权的使用权取得的所得。提供著作权的使用权取得的所得，不包括稿酬所得。

(7)利息、股息、红利所得，是指个人拥有债权、股权而取得的利息、股息、红利所得。

(8)财产租赁所得，是指个人出租建筑物、土地使用权、机器设备、车船及其他财产取得的所得。

(9)财产转让所得，是指个人转让有价证券、股权、建筑物、土地使用权、机器设备、车船及其他财产取得的所得。目前，对股票转让所得暂不征收个人所得税；对个人出售自有住房取得的所得按照“财产转让所得”征收个人所得税，但对个人转让自用5年以上并且是家庭唯一生活用房取得的所得，继续免征个人所得税。

(10)偶然所得，是指个人得奖、中奖、中彩及其他偶然性质的所得。得奖是指参加各种有奖竞赛活动，取得名次得到的奖金；中奖、中彩是指参加各种有奖活动，如有奖销售、有奖储蓄，或者购买彩票，经过规定程序，抽中、摇中号码而取得的奖金。偶然所得应缴纳的个人所得税税款，一律由发奖单位或机构代扣代缴。

(11)经国务院财政部门确定征税的其他所得。除上述列举的各项个人应税所得外，其他确有必要征税的个人所得，由国务院财政部门确定。个人取得的所得，难以界定应纳税所得项目的，由主管税务机关确定。

3.个人所得税的税率

个人所得税采用分类课征制，不同收入项目适用的税率有所不同。

(1)工资、薪金所得，适用3%～45%的超额累进税率，见表6-1。

表6-1 个人所得税税率表(工资、薪金所得适用)

级数	全月应纳税所得额	税率(%)	速算扣除数
1	不超过1 500元的部分	3	0
2	超过1 500～4 500元的部分	10	105
3	超过4 500～9 000元的部分	20	555
4	超过9 000～35 000元的部分	25	1 005
5	超过35 000～55 000元的部分	30	2 755
6	超过55 000～80 000元的部分	35	5 505
7	超过80 000元的部分	45	13 505

注：本表所称全月应纳税所得额是以每月收入额减除3 500元后的余额或者减除附加费用后的余额。

(2)个体工商户的生产、经营所得和对企事业单位的承包经营、承租经营所得，适用5%～35%的超额累进税率，见表6-2。

(3)劳务报酬所得，适用比例税率，税率为20%。对劳务报酬所得一次收入畸高的，可以实行加成征收，即个人取得劳务报酬收入的应纳税所得额一次超过20 000～50 000元的部分，依照税法规定计算应纳税额后，再按照应纳税额加征五成；超过50 000元的部分，加征十成，见表6-3。

(4)稿酬所得，适用比例税率，税率为20%，并按应纳税额减征30%，实际税率为14%。

表 6-2 个人所得税税率表
(个体工商户的生产、经营所得和对企事业单位的承包经营、承租经营所得适用)

级 数	全年应纳税所得额	税率(%)	速算扣除数
1	不超过 15 000 元的部分	5	0
2	超过 15 000～30 000 元的部分	10	750
3	超过 30 000～60 000 元的部分	20	3 750
4	超过 60 000～100 000 元的部分	30	9 750
5	超过 100 000 元的部分	35	14 750

注：本表所称全年应纳税所得额是指依据《个人所得税法》的规定，以每一纳税年度的收入总额，减除成本、费用及损失后的余额。

表 6-3 个人所得税税率表(劳务报酬所得适用)

级 数	每次应纳税所得额	税率(%)	速算扣除数
1	不超过 20 000 元的部分	20	0
2	超过 20 000～50 000 元的部分	30	2 000
3	超过 50 000 元的部分	40	7 000

注：本表所称每次应纳税所得额是指每次收入额减除费用 800 元或者减除 20%的费用后的余额。

(5)特许权使用费所得，利息、股息、红利所得，财产租赁所得，财产转让所得，偶然所得和其他所得，适用比例税率，税率为 20%。出租居民居住用房适用 10%的税率。

4.个人所得税的计税依据

个人所得税的计税依据为个人取得的各项所得减去按规定标准扣除费用后的余额。个人取得的应纳税所得，包括现金、实物和有价证券。所得为实物的，应当按照取得的凭证上所注明的价格计算应纳税所得额;无凭证的实物或者凭证上所注明的价格明显偏低的，由主管税务机关参照当地的市场价格核定应纳税所得额。所得为有价证券的，由主管税务机关根据票面价格和市场价格核定应纳税所得额。

(1)工资、薪金所得，以每月收入额减除费用 3 500 元后的余额，为应纳税所得额。在中国境内的外商投资企业和外国企业中工作的外籍人员，应聘在中国境内的企业单位、事业单位、社会团体、国家机关中工作的外籍专家，在中国境内有住所而在中国境外任职或者受雇取得工资、薪金所得的人员，在 3 500 元的基础上，再附加 1 300 元的费用扣除额，即扣除4 800 元。

(2)个体工商户的生产经营所得，以每一纳税年度的收入总额，减除成本、费用及损失后的余额，为应纳税所得额。个人独资企业与合伙企业比照此税目执行。

(3)企事业单位的承包经营、承租经营所得，以每一纳税年度的收入总额，减除必要费用后的余额，为应纳税所得额。其中，“减除必要费用”是指按月减除 2 000 元。

(4)劳务报酬所得、稿酬所得、特许权使用费所得、财产租赁所得，每次收入不超过 4 000 元的，减除费用 800 元;4 000 元以上的，减除 20%的费用，其余额为应纳税所得额。

(5)财产转让所得，以转让财产的收入额减除财产原值和合理费用后的余额，为应纳税所得额。

(6)利息、股息、红利所得，偶然所得和其他所得，以每次收入额为应纳税所得额。

除上述规定外，个人将其所得通过中国境内的社会团体、国家机关向教育和其他社会公益事业及遭受严重自然灾害地区、贫困地区的捐赠，捐赠额未超过应纳税所得额 30%的部分，可以从其应纳税所得额中扣除。

5.个人所得税的应纳税额

根据国家有关税收规定，对适用超额累进税率的工资、薪金所得，个体工商户的生产经营所得，企业、事业单位的承包、承租经营所得，以及适用加成征收税率的劳务报酬所得，运用速算扣除数计算其应纳税额。

(1)工资、薪金所得应纳税额的计算

一般工资、薪金所得应纳税额的计算公式为：

应纳税额＝应纳税所得额×适用税率－速算扣除数
＝(每月收入额－3 500 元或 4 800 元)×适用税率－速算扣除数

(2)个体工商户应纳税额的计算

应纳税额＝应纳税所得额×适用税率－速算扣除数
＝(全年收入总额－成本、费用及损失)×适用税率－速算扣除数

对个人独资企业和合伙企业生产经营所得，实行查账征收或核定征收。

(3)对企事业单位承包经营、承租经营所得应纳税额的计算

应纳税额＝应纳税所得额×适用税率－速算扣除数
＝(纳税年度收入总额－必要费用)×适用税率－速算扣除数

(4)劳务报酬所得应纳税额的计算

① 每次收入不足 4 000 元的，计算公式为：

应纳税额＝应纳税所得额×适用税率
＝(每次收入额－800)×20%

② 每次收入在 4 000 元以上，20 000 元以下的，计算公式为：

应纳税额＝应纳税所得额×适用税率
＝每次收入额×(1－20%)×20%

③ 每次收入超过 20 000 元，计算公式为：

应纳税额＝应纳税所得额×适用税率－速算扣除数
＝每次收入额×(1－20%)×适用税率－速算扣除数

(5)稿酬所得应纳税额的计算

① 每次收入不足 4 000 元的，计算公式为：

应纳税额＝应纳税所得额×适用税率×(1－30%)
＝(每次收入额－800)×20%×(1－30%)

② 每次收入在 4 000 元以上的，计算公式为：

应纳税额＝应纳税所得额×适用税率×(1－30%)
＝每次收入额×(1－20%)×20%×(1－30%)

(6)特许权使用费所得应纳税额的计算

① 每次收入不足 4 000 元的，计算公式为：

应纳税额＝应纳税所得额×适用税率
＝(每次收入额－800)×20%

② 每次收入在4 000元以上的，计算公式为：

应纳税额=应纳税所得额×适用税率
=每次收入额×(1-20%)×20%

(7)利息、股息、红利所得应纳税额的计算

计算公式为：

应纳税额=应纳税所得额×适用税率
=每次收入额×20%

(8)财产租赁所得应纳税额的计算

① 每次(月)收入不足4 000元的，计算公式为：

应纳税额=[每次收入额-准予扣除项目金额-修缮费用(800元为限)-800]×20%

② 每次(月)收入在4 000元以上的，计算公式为：

应纳税额=[每次收入额-准予扣除项目金额-修缮费用(800元为限)]×(1-20%)×20%

(9)财产转让所得应纳税额的计算

计算公式为：

应纳税额=应纳税所得额×适用税率
=(收入总额-财产原值-合理费用)×20%

(10)偶然所得应纳税额的计算

计算公式为：

应纳税额=应纳税所得额×适用税率
=每次收入额×20%

(11)其他所得应纳税额的计算

计算公式为：

应纳税额=应纳税所得额×适用税率
=每次收入额×20%

纳税人从中国境外取得的所得，准予其在应纳税额中扣除已在境外缴纳的个人所得税额，但扣除额不得超过该纳税人境外所得依照税法规定计算的应纳税额。

6.个人所得税的税收优惠

(1)根据《个人所得税法》的规定，下列各项所得，免纳个人所得税。

① 省级人民政府、国务院部委和中国人民解放军军以上单位，以及外国组织、国际组织颁发的科学、教育、技术、文化、卫生、体育、环境保护等方面的奖金。

② 国债和国家发行的金融债券利息。

③ 按照国家统一规定发给的补贴、津贴；福利费、抚恤金、救济金；保险赔款；军人的转业费、复员费。

④ 按照国家统一规定发给干部、职工的安家费、退职费、退休工资、离休工资、离休生活补助费。

⑤ 依照我国有关法律规定应予免税的各国驻华使馆、领事馆的外交代表、领事官员和其他人员的所得。

⑥ 中国政府参加的国际公约、签订的协议中规定免税的所得。

⑦ 按照国家规定，单位为个人缴付和个人缴付的基本养老保险费、基本医疗保险费、失业保险费、住房公积金，从纳税人的应纳税所得额中扣除。

⑧ 个人转让自用达 5 年以上，并且是唯一的家庭生活用房取得的所得，暂免征收个人所得税。

⑨ 对个人购买福利彩票、赈灾彩票、体育彩票，一次性中奖收入在 1 万元以下(含 1 万元)的，暂免征收个人所得税；超过 1 万元的，全额征收个人所得税。

⑩ 其他经国务院财政部门批准免税的所得。

(2)根据《个人所得税法》的规定，有下列情况之一的，经批准可以减征个人所得税。

① 残疾、孤老人员和烈属的所得。

② 因严重自然灾害造成重大损失的。

③ 其他经国务院财政部门批准减税的。

例如，李某 2012 年 3 月取得如下收入：薪金收入 5 100 元；一次性稿酬收入 5 000 元；一次性讲学收入 500 元；一次性翻译资料收入 3 000 元；到期国债利息收入 886 元。试计算李某当月应缴纳个人所得税税额。

计算如下：

薪金收入应纳个人所得税＝(5 100－3 500)×10％－105＝55(元)

稿酬收入应纳个人所得税＝5 000×(1－20％)×20％×(1－30％)＝560(元)

讲学收入不需缴纳个人所得税。

翻译资料收入应纳个人所得税＝(3 000－800)×20％＝440(元)

国债利息收入免征个人所得税。

李某 3 月份应纳个人所得税＝55＋560＋440＝1 055(元)

7. 个人所得税的征收管理

(1)个人所得税的纳税申报

个人所得税实行代扣代缴和纳税人自行申报两种计征办法，其中以支付所得的单位和个人为扣缴义务人。纳税人有下列情形之一的，应当按照规定到主管税务机关办理纳税申报：

① 年所得 12 万元以上的；

② 从中国境内两处或者两处以上取得工资、薪金所得的；

③ 从中国境外取得所得的；

④ 取得应纳税所得，没有扣缴义务人的；

⑤ 国务院规定的其他情形。

年所得 12 万元以上的纳税人，在年度终了后 3 个月内到主管税务机关办理纳税申报。除自行申报纳税的情形之外，一律实行代扣代缴。自行申报纳税义务人，应该在取得所得的所在地税务机关申报纳税。纳税义务人从中国境外取得所得的，应该在户籍所在地税务机关或指定税务机关申报纳税。在两处以上取得的所得，按照税法第八条规定需合并计算纳税的，由纳税义务人申请、税务机关批准，可在其中一处税务机关申报纳税。纳税义务人要求变更纳税申报地点的，须经原主管税务机关批准。

(2)个人所得税的纳税期限

扣缴义务人、自行申报纳税人每月应纳的税款，都应当在次月 15 日内缴入国库，并向税务机关报送纳税申报表。

① 工资、薪金所得应纳的税款，按月计征，由扣缴义务人或者纳税人在次月 15 日内缴入国库，并向税务机关报送纳税申报表。特定行业的工资、薪金所得应纳的税款，可以实行按年计算、分月预缴的方式计征。

② 个体工商户的生产、经营所得应纳的税款，按年计算，分月预缴，由纳税人在次月 15 日内预缴，年度终了后 3 个月内汇算清缴，多退少补。

③ 对企事业单位的承包经营、承租经营所得应纳的税款，按年计算，由纳税人在年度终了后 30 日内缴入国库。纳税人在 1 年内分次取得承包经营、承租经营所得的，应当在取得每次所得后的 15 日内预缴，年度终了后 3 个月内汇算清缴，多退少补。

④ 从中国境外取得所得的纳税人，应当在年度终了后 30 日内，将应纳的税款缴入国库，并向税务机关报送纳税申报表。

缴纳税款和报送扣缴个人所得税报告表、纳税申报表期限的最后 1 日，如遇公休假日，可以顺延。

小结

1. 所得税是指以纳税人的所得额为课税对象的各种税收的统称。所得税属于直接税，其纳税人和实际负担人是一致的。现行我国所得税主要包括企业所得税和个人所得税。

2. 企业所得税是指对境内企业或组织，在一定期间内合法的生产、经营所得和其他所得征收的一种税。企业所得税纳税人是在中华人民共和国境内的企业和其他取得收入的组织。企业分为居民企业和非居民企业。个人独资企业和合伙企业不是企业所得税的纳税人。

3. 居民企业是指依法在中国境内成立，或者依照外国(地区)法律成立但实际管理机构在中国境内的企业。非居民企业是指依照外国(地区)法律成立且实际管理机构不在中国境内，但在中国境内设立机构、场所的，或者在中国境内未设立机构、场所，但有来源于中国境内所得的企业。

4. 企业所得税的征税范围包括在我国境内的企业和组织取得的生产经营所得和其他所得。企业所得税税率为 25%。此外，为了重点扶持和鼓励发展特定的产业和项目，规定了两档优惠税率：20%、15%。

5. 企业所得税的计税依据是应纳税所得额。应纳税所得额是纳税人每一纳税年度的收入总额减去不征税收入、免税收入、各项扣除项目及允许弥补的以前年度亏损后的余额。其中，确定收入总额时涉及准予扣除的项目、不得扣除项目、亏损弥补等内容。

6. 企业所得税应纳税额等于纳税人应纳税所得额乘以适用税率减去减免和抵免税额后的余额。企业所得税的税收优惠主要包括免税所得、减税所得。

7. 个人所得税以所得人为纳税义务人，以支付所得的单位或者个人为扣缴义务人。居民纳税人以来源于中国境内和境外的全部所得为征税对象，非居民纳税人则以来源于中国境内所得为征税对象。

8. 个人所得税的税目共 11 个应税项目。个人所得税的税率按照不同的税目规定了不同的税率。个人所得税的计税依据为个人取得的各项所得减去按规定标准扣除费用后的余额。个人所得税的应纳税额为应纳税所得额乘以适用税率，同时根据不同的税目规定了扣除标准。

思考题

1. 如何理解所得税？
2. 简述所得税课征制度类型。
3. 简述企业所得税的纳税人。
4. 简述企业所得税的计税依据。
5. 个人所得税中，居民纳税人和非居民纳税人在纳税义务方面有何不同？
6. 个人所得税征税对象中，各类所得的计税依据是什么？

案例简介

案例[6-1]　个人所得税改革

个人所得税起征点经过了几次调整，从最初的800元调整至2006年1月1日的1 600元，2008年3月1日提高至2 000元，2011年9月1日又提高至3 500元。尽管如此，上调个税起征点的呼声仍不绝于耳。对于上调的幅度，有专家认为，将个税起征点设定在5 000元比较合理。

除了提高个税起征点外，对于税收办法中显露出的“一刀切”、高收入者“灰色收入”难以纳入等的弊端，改革呼声也越来越高。有专家发出关于推动以家庭为单位征收个人所得税的倡议，受到热捧。但也有专家认为，与提高个税起征点相比，备受关注的个税综合征收在现阶段实施的可能性比较小，现阶段可能实行的还是各地统一标准，并且对象以个人为主。综合征收并非朝夕之工，一两年内难以将体系建立。

[资料来源：根据中国税务网相关资料整理]

问题

如何看待征管方式的改革？

简要提示

在个税征管方式上应建立系统和人性化的制度。常规个人所得税的起征点应随纳税人申报状态、家庭结构及个人情况的不同而不同，不应有统一的标准。比如美国，有单身申报、夫妻联合申报、丧偶家庭申报、夫妻单独申报及户主申报等几种申报状态，纳税人可根据各自不同的申报状态和个人情况，计算出起征点。这种征税方式尽可能兼顾了公平正义，因为纳税多的都是真正的高收入者，不会“伤及无辜”。

改变个税征管方式比提高起征点更重要。政策的修订和出台本身需要一个过程，在目前物价上涨情形下，有可能调整个税起征点的步伐还赶不上物价上涨的步伐。而短时间内频繁调整起征点，其变革成本也是惊人的。由于中国的经济发展程度的不均衡，最需要反思的是“一刀切”的征管方式本身，这个总体性问题应该优先于具体性问题。搞“一刀切”的起征点，无论数字本身被调到再高，也难言公平。

案例[6-2]　部分国家个人所得税特点

在日本，家庭费用负担不同纳税数额也不同。日本实施“所得税控除制度”，将纳税者本人生活所需的最低费用、抚养家属所需的最低费用以及社会保险费用等免征所得税。也就是说，对减去家庭生活必需的最低费用之后的所得，按照规定的税率纳税。许多日本人尽管年收入相同，但如果抚养的子女人数不一，需要赡养的老人数量不同，需缴纳的所得税税款也就有很大不同。

澳大利亚的税制在很多方面与其他西方发达国家相比具有自己鲜明的特色，是一个由“合理的税收法律＋完善的管理机构＋严密的审计机制”组成的有机体。在澳大利亚，每个纳税人都有一个税号，纳税人在投资或受雇时都要向银行或雇主提交税号。如果纳税人交不出税号，雇主或银行在发工资或者付利息时，就要根据法律按照最高个人税率对其扣税。引入税号制度主要是为了防止纳税人漏报收入。

墨西哥的个人所得税征收制度也非常有特色，简言之，这是一套征税和补贴相结合的制度。它在强调人人都有纳税义务的同时，又切实保障了中低收入者的利益。为了体现税法面前人人平等的原则，墨西哥规定个人所得税的起征点为0.01比索，也就是说，理论上所有人的所有收入都需要交纳所得税。根据墨西哥税法，凡是月收入在32 700比索以下的人都能享受到国家财政提供的纳税补贴，最低金额相当于实际纳税额的30%。此外，国家机关、企事业单位的正式员工还能享受到单位提供的一笔工资纳税额补贴。这些补贴导致了一个非常有趣的现象，就是纳税对于低收入阶层来说并不意味着支出，反而会带来更多的收入。以一个月收入2 000比索的人为例，按照税法规定，他的实际纳税额大约是164比索，当他履行了纳税手续，则可以分别从国家和单位领取82比索和360比索的补贴，这样一来，他的税后实际收入反而达到了2 278比索。这种补贴制度切实保护了低收入阶层的利益。

[资料来源：《市场报》，2005-9-28]

问题

结合不同国家个人所得税的特点，分析有哪些经验可供我国借鉴？

简要提示

日本政府一直努力减轻国民税务负担，不仅相继提高了免税额的起点，而且还不断大幅降低最高税率和减少税率档次，增加了国民的消费和投资能力，对经济发展起到了促进作用。在澳大利亚，形成了“合理的税收法律＋完善的管理机构＋严密的审计机制”体系，每个纳税人都有一个税号，税号让纳税人难逃“税网”。在墨西哥，个人所得税起征点低，培养纳税意识；保护低收入者利益；对偷逃税者无情。

第 7 章

资源税、财产税与其他课税

本章学习要点

通过本章的学习，掌握资源税和财产税的概念、特点、作用和主要税种；理解资源税和财产税每一税种的具体税制要素；了解其他税种的相关知识。

本章学习重点与难点

本章的学习重点是资源税和财产税的概念、特点、作用；难点是掌握资源税和财产税具体税种的税制要素。

本章基本概念

资源税、级差收入、土地增值税、财产税、房产税、车船税、契税、印花税、证券交易印花税、城市维护建设税、车辆购置税

7.1 资 源 税

在我国现行税制中，属于资源税类的税种有：资源税、土地增值税、耕地占用税和土地使用税等。下面主要介绍资源税和土地增值税。

7.1.1 资源税的概念和特点

1. 资源税的概念

资源税是以各种应税自然资源为课税对象，为了调节资源级差收入并体现国有资源有偿使用而征收的一种税。

资源税按其在各国的课征目的和意义的不同，可以分为一般资源税和级差资源税两种。

一般资源税是指国家对国有资源，如土地、矿藏、水流、森林、山岭、草原、荒地、滩涂等，根据国家的需要，对使用某种自然资源者取得应税资源的使用权而征收的税。这种税体现了普遍征收和有偿开采的原则，其实质是对绝对地租的征收。

级差资源税是国家对开发利用自然资源者由于自然条件的差别所取得的级差收入课征的一种税。它与一般资源税很难截然划分，它们的侧重点主要从征税目的来看。一般资源税主要是体现有偿占用的原则，加强对资源的管理和合理利用；级差资源税主要是调节资源使用者因资源条件不同所取得的级差收益，其实质是对级差地租的征收。从各国资源税的立法概况来看，现今征收资源税大多属于级差资源税。

我国地域广阔，自然资源种类多、分布广，各地资源结构和开发条件存在很大差异。因而，资源条件不同的企业，要获得等量的产品或收益，所支付的生产费用必然不同，利润水平也大不相同。资源赋存条件好、品位高、开采条件优越的企业，生产费用低，利润水平高；资源赋存条件不好、品位低、开采条件差的企业，生产费用高，利润水平低。但是为了发展经济，又不能只开采赋存条件好的资源，不开采赋存条件差的资源。自然资源产品的价格是依价值规律的要求形成的，凡同质的产品，其价格不会因企业生产费用的差别而有所差异，不会因企业利润水平的不同而有所差别。因而，资源赋存条件好的企业，就会获得一部分超额利润，即级差收入。以矿产资源为例，富矿的品位高、收入多，贫矿的品位低、收入少；易于开采的矿藏费用低、收入多，难于开采的矿藏费用高、收入少。因此，对因客观原因造成的利润水平相差悬殊的现象，如不加以调节，企业的赢利就不能真实地反映其经营状况，在利润分配上失去了合理的基础，使企业之间的经营效果、经济效益失去了可比性，不利于促使企业加强经济核算，合理开采资源。

对企业的级差收入进行调节，可以运用许多经济杠杆，其中主要有价格和税收。产品的价格，基本上是同样产品同质同价的，不会因企业利润不同，同质的产品形成不同的价格。因此，价格杠杆不能对级差收入进行合理的调节，还必须运用税收杠杆来调节。这是因为：第一，可以根据开采资源的不同类别，开设专门的税种对级差收入进行调节；第二，通过税收形式对级差收入进行调节，一般不会影响产品的价格水平和以资源产品为原料的加工企业的赢利水平；第三，以税收形式对级差收入进行调节，可以根据资源的丰瘠程度和级差收入的多少，在税率设计上有所差别，能较好地达到调节级差收入的目的。因此，我国开征了以调节自然资源级差收入为目的的资源税。

资源税于1984年在全国开征以来，为我国运用税收杠杆促进资源合理开发，调节资源级差收入起到了积极作用。但是，随着我国经济的不断发展，原资源税中的某些内容、某些规定已不适应我国经济发展的需要，因此，国务院于1993年12月25日颁布了新的《中华人民共和国资源税暂行条例》，随后又颁布了《中华人民共和国资源税暂行条例实施细则》。新的资源税条例和细则都于1994年1月1日起施行。2011年9月29日，国务院又对《中华人民共和国资源税暂行条例》进行了修改，于2011年11月1日起施行。

2. 资源税的特点

我国现行的资源税主要有以下五个特点。

(1) 只对特定资源征税。现行资源税既不是对各种自然资源都征税，也不是对所有具有商品属性的资源都征税，而只是对其中的矿产品资源和盐资源征税。在具体确定征税范围时，对矿产资源的绝大多数矿种采取了列举品目的办法，凡列入资源税税目税额表的矿种，都属于征税范围。目前世界上一些征收资源税的国家，其征税范围非常广，而我国现行资源税仅把煤炭、原油、天然气、黑色金属矿产品、有色金属矿产品、非金属矿产品和盐七种资源产品列入征税范围，因而，征税范围狭小。从资源税的改革和政府宏观经济调控的客观需要出发，我国资源税的征收范围应逐步扩大，有计划地将水资源、森林资源、草原资源、土地资源及其他矿产品列入征税范围。

(2)具有级差收入税的特点。所谓资源的级差收入，是指同一种资源由于所处的地理位置不同，内部结构、成分不同以及开发条件不同等客观原因造成在开发时，投入同量劳动而所获收益数量上的差异。国家通过开征资源税，将这部分由于客观因素造成的收入上的差异集中到国家财政中来，平衡企业利润水平，为企业竞争创造公平的外部环境，以促进资源的合理开发利用。同时，开征资源税，改国有资源的无偿使用为有偿使用，进一步理顺国家与资源开发企业之间的利润分配关系，从而增加了国家的财政收入。

(3)实行从量定额征收。目前，世界各国征收资源税的办法主要有三种：一是从价定率征收;二是从量定额征收;三是以矿产净收入为计税依据按率征收。我国现行资源税法规定资源税以应税资源产品的销售量或销售额为计税依据，有利于计征和缴纳。

(4)实行源泉课征。不论采掘或生产单位是否属于独立核算，资源税均规定在采掘或生产地源泉控制征收，这样既照顾了采掘地的利益，又避免了税款的流失。这与其他税种由独立核算的单位统一缴纳不同。

(5)属于中央和地方共享税。世界上征收资源税的国家，在资源税的管理权限和收入归属上，主要有三种类型，即中央税、地方税、中央和地方共享税。我国现行的资源税属于共享税，并按资源种类划分收入归属，海洋石油企业缴纳的资源税归中央政府，其余资源税归地方政府。

7.1.2 资源税的作用

1.有利于正确处理国家、企业和职工个人三者之间的分配关系

在社会主义社会，对占有和使用优等资源的单位和个人所得的级差收入，应该收归国家所有，不应归个别单位和个人所有。一方面，由于这些资源基本上是国家所有的，其级差收入当然应由国家占有;另一方面，由于资源级差收入，使占有优等资源的单位和个人多得，而占有劣等资源的单位和个人少得。国家过去对国有企业的经济分配，基本上实行的是“统收、统支”、“吃大锅饭”的办法。资源条件的好坏、赢利水平的高低，同开采利用资源的企业和职工没有多大关系。在经济体制改革过程中，国家与企业之间的分配制度正在进行改革，企业作为一个相对独立的经济实体，依法向国家纳税之后，税后利润留给企业自行支配，企业经营好坏与企业的经济利益及职工利益挂起了钩。在这种情况下，由于资源条件的好坏和开发的难易等客观因素造成企业之间级差收入的不平衡，如果国家不进行适当的调节，在企业之间的利润分配上就失去了合理的基础，企业的税后留利水平也会相差甚大，必然造成企业之间的苦乐不均，从而不利于正确贯彻处理国家、企业和个人之间的分配关系，也难于贯彻按劳分配的原则。国家通过征收资源税，将企业因资源条件优越而形成的级差收入收归国家，可以排除企业之间因资源条件的差异，即因客观原因所造成的利润分配上的不合理现象，有利于正确处理国家与企业及个人之间的分配关系，有利于贯彻按劳分配、多劳多得的分配原则，从而调动广大企业和广大职工的积极性。

2.有利于促进企业加强经济核算，提高经济效益

征收资源税，对级差收入进行调节，从而调节了企业因资源因素造成的利润水平相差悬殊和利润分配苦乐不均的问题，可以使开发资源企业的赢利水平趋于合理，使同行业的企业在赢利水平大体平衡的条件下开展竞争，进行经济效益的比较，促进企业加强经济核算，改善经营管理，提高经济效益。

3.有利于资源的合理开发和节约使用

自然资源的合理开发和节约使用，是关系到国家和人民长远利益的重大问题。在社会主义制度下，有计划地开发和节约使用自然资源是国民经济有计划按比例发展规律的要求。征收资源税，是保障资源合理开发和节约使用的重要措施。通过征收资源税，对级差收入进行调节，可以避免企业只开“富矿”不开“贫矿”，只开“大矿”不开“小矿”的行为。有利于国家加强对自然资源的保护和管理，防止经营者乱占滥用资源，减少资源的损失浪费，保证资源的合理开发和节约使用。同时，也有利于经营者出于自身经济利益方面的考虑，提高资源的开发利用率，最大限度地合理、有效、节约地开发利用国家资源。

4.有利于为国家取得一定的财政收入

对资源征税，拓宽了税收的调节领域，通过资源税与其他各税种的相互配合，有利于充分发挥税收的经济杠杆作用，为国家取得一定的财政收入。

7.1.3 我国现行资源税制度

1.纳税人

资源税的纳税义务人包括从事矿产品和盐资源开采或生产而进行销售或自用的所有单位和个人。单位，是指国有企业、集体企业、私营企业、股份制企业、其他企业和行政单位、事业单位、军事单位、社会团体及其他单位。个人，是指个体经营者和其他个人。

盐的资源税纳税人统一规定为盐场(厂)，真正实现盐资源税就场征收。

2.征税范围

资源税的征收范围包括具有商品属性的矿产品和盐等。设置了7个税目，具体有：原油，是指开采的天然原油，不包括人造石油；天然气，是指专门开采或与原油同时开采的天然气，暂不包括煤矿生产的天然气；煤炭，是指原煤，不包括洗煤、选煤及其他煤炭制品；其他非金属矿原矿，是指上列产品和井矿盐以外的非金属矿原矿；黑色金属矿原矿，包括铁矿石、锰矿石等；有色金属矿原矿，包括铜矿石、铅锌矿石等；盐，指固体盐和液体盐，固体盐包括海盐原盐、湖盐原盐和井矿盐，液体盐是指卤水。

3.税率

资源税税目税率表见表7-1。

表7-1 资源税税目税率表

税目		税率
一、原油		销售额的5%～10%
二、天然气		销售额的5%～10%
三、煤炭	焦煤	每吨8～20元
	其他煤炭	每吨0.3～5元
四、其他非金属矿原矿	普通非金属矿原矿	每吨或者每立方米0.5～20元
	贵重非金属矿原矿	每千克或者每克拉0.5～20元

（续表）

税目		税率
五、黑色金属矿原矿		每吨 2～30 元
六、有色金属矿原矿	稀土矿	每吨 0.4～60 元
	其他有色金属矿原矿	每吨 0.4～30 元
七、盐	固体盐	每吨 10～60 元
	液体盐	每吨 2～10 元

4. 计税方法

资源税的应纳税额，按照从价定率或者从量定额的办法，分别以应税产品的销售额乘以纳税人具体适用的比例税率或者以应税产品的销售数量乘以纳税人具体适用的定额税率计算。

应纳税额的计算公式为：

应纳税额＝课税数量×定额税率＝课税金额×比例税率

5. 减免税

有下列情形之一的，减征或者免征资源税：

(1)开采原油过程中用于加热、修井的原油，免税；

(2)纳税人开采或者生产应税产品过程中，因意外事故或者自然灾害等原因遭受重大损失的，由省、自治区、直辖市人民政府酌情决定减税或者免税；

(3)国务院规定的其他减税、免税项目。

纳税人的减税、免税项目，应当单独核算销售额或者销售数量；未单独核算或者不能准确提供销售额或者销售数量的，不予减税或者免税。

6. 纳税期限

纳税人销售应税产品，纳税义务发生时间为收讫销售款或者取得索取销售款凭据的当天；自产自用应税产品，纳税义务发生时间为移送使用的当天。

纳税人的纳税期限为 1 日、3 日、5 日、10 日、15 日或者 1 个月，由主管税务机关根据实际情况具体核定。不能按固定期限计算纳税的，可以按次计算纳税。

纳税人以 1 个月为 1 个纳税期的，自期满之日起 10 日内申报纳税；以 1 日、3 日、5 日、10 日或者 15 日为 1 个纳税期的，自期满之日起 5 日内预缴税款，于次月 1 日起 10 日内申报纳税并结清上月税款。

7. 纳税地点

纳税人应纳的资源税，应当向应税产品的开采或者生产所在地主管税务机关缴纳。纳税人在本省、自治区、直辖市范围内开采或者生产应税产品，其纳税地点需要调整的，由省、自治区、直辖市税务机关决定。

具体实施时，跨省开采资源税应税产品的单位，其下属生产单位与核算单位不在同一省、自治区、直辖市的，对其开采的矿产品，一律在开采地纳税，其应纳税款由独立核算、自负盈亏的单位按照开采地的实际销售量(或者自用量)及适用的单位税额计算划拨。

7.1.4 土地增值税

土地增值税是指向有偿转让国有土地使用权、地上的建筑物及其附着物并取得增值性收入的单位和个人征收的一种税。

我国自1994年1月1日开始征收土地增值税，其目的是为了发挥税收分配的经济杠杆作用，促进土地资源的合理使用，规范房地产交易秩序，抑制房地产的投机活动，防止国有土地收益的流失。根据1994年1月1日施行的《中华人民共和国土地增值税暂行条例》，土地增值税制度如下。

1. 纳税人

转让国有土地使用权、地上的建筑物及其附着物（以下简称转让房地产）并取得收入的单位和个人，为土地增值税的纳税义务人。

这里转让国有土地使用权、地上的建筑物及其附着物并取得收入，是指以出售或者其他方式有偿转让房地产的行为，不包括以继承、赠与方式无偿转让房地产的行为。国有土地是指按国家法律规定属于国家所有的土地。建筑物是指建于土地上的一切建筑物，包括地上地下的各种附属设施。附着物是指附着于土地上的不能移动，一经移动即遭损坏的物品。收入，包括转让房地产的全部价款及有关的经济收益。

2. 计税依据

土地增值税按照纳税人转让房地产所取得的增值额为计税依据。增值额是纳税人转让房地产所取得的收入减除规定扣除项目金额后的余额。计算增值额的扣除项目有：取得土地使用权所支付的金额；开发土地的成本、费用；新建房及配套设施的成本、费用，或者旧房及建筑物的评估价格；与转让房地产有关的税金；财政部规定的其他扣除项目。

3. 税率

土地增值税实行四级超率累进税率：增值额未超过扣除项目金额50%的部分，税率为30%，速算扣除率为0；增值额超过扣除项目金额50%、未超过扣除项目金额100%的部分，税率为40%，速算扣除率为5%；增值额超过扣除项目金额100%、未超过扣除项目金额200%的部分，税率为50%，速算扣除率为15%；增值额超过扣除项目金额200%的部分，税率为60%，速算扣除率为35%。

4. 计税方法

计算土地增值税税额，可按增值额乘以适用的税率减去扣除项目金额乘以速算扣除率的简便方法计算，具体公式如下：

$$土地增值税税额=增值额\times税率-扣除项目金额\times速算扣除率$$

纳税人有下列情形之一的，按照房地产评估价格计算征收：隐瞒、虚报房地产成交价格的；提供扣除项目金额不实的；转让房地产的成交价格低于房地产评估价格，又无正当理由的。

5. 减免税

有下列情形之一的，免征土地增值税：纳税人建造普通标准住宅出售，增值额未超过扣除项目金额20%的；因国家建设需要依法征用、收回的房地产。

个人因工作调动或改善居住条件而转让原自用住房，经向税务机关申报核准，凡居住满五年或五年以上的，免予征收土地增值税；居住满三年未满五年的，减半征收土地增值税；居住未满三年的，按规定计征土地增值税。

6. 征收管理

纳税人应当自转让房地产合同签订之日起七日内向房地产所在地主管税务机关办理纳税申报，并在税务机关核定的期限内缴纳土地增值税。

土地增值税由税务机关征收。土地管理部门、房产管理部门应当向税务机关提供有关资料，并协助税务机关依法征收土地增值税。

纳税人未按照条例缴纳土地增值税的，土地管理部门、房产管理部门不得办理有关的权属变更手续。

7.2 财 产 税

7.2.1 财产税的概念和特点

1. 财产税的概念

财产税是以纳税人所拥有或支配的某些财产为征税对象的一类税。

由于稽征技术方面的限制，也考虑到对经济方面的影响，财产税并不对全部财产课税，而是对某些特定财产税课。财产可分为两大类：一类是不动产，如土地、房屋、建筑物，这类财产不易被隐瞒和转移，对其征税容易；另一类是动产，又可分为有形动产和无形动产，有形动产主要包括营业用设备、原材料等收益性财产和家庭用消费性财产，无形动产包括有价证券等。由于动产易于被隐瞒和转移，不利于控制税源，征收管理比较困难，因此，各国在选择财产税的征税对象时，一般只对不动产征税，对动产则不征税。

财产税是一个古老的税种，它的设立比商品税和所得税要早得多。

现代意义上的财产税于1892年创立于荷兰，以后德国、丹麦、瑞典、挪威等国相继依法开征了财产税。19世纪末以来，随着商品税和所得税的兴起，财产税已从各国税法体系中的主体地位退居到从属地位。现今各国的财产税主要是房产税、遗产税、赠与税、土地税或地产税等。

2. 财产税的特点

(1)财产税的课税对象具有特殊性。与所得税不同，财产税是对收入的存量征税；同时，财产税的课税对象表现为物品，是具有特定范围的财产，而不像商品课税和所得课税那样包括全部所得和全部商品。

(2)课税比较公平。财产税是根据纳税人拥有或可支配的实际财产作为课税对象，比较符合量能负担的原则，可以发挥其调节纳税人的收入水平的作用，也符合收益纳税的原则。

(3)财产税属于直接税，税收负担较难转嫁。财产税对纳税人的实际财产征税，以纳税人的收入为税源，纳税人很难将税负向商品税那样转嫁给他人，只能最终真正负担税负。

(4)财产税的收入弹性小。由于财产税课税对象的特殊性，限制了财产税课征范围的普遍性。而且，财产的价格不像一般商品那样波动较大，为便于征收，各国一般对财产的价值采用一旦确定几年不变的办法，使得财产税在收入弹性上比较小。

(5)财产税征管比较复杂。大部分财产税实行从价计征，由于财产价值确定的困难性，加之纳税人隐匿其财产逃税等因素，使财产税从总体上看比较复杂。

7.2.2 财产税的作用

财产税是一个古老的税种，在漫长的社会发展史上，财产税曾是各国最主要的税种，尤其在以土地私有制为基础的封建社会中，财产税是国家的主要税收收入。进入现代社会以来，财产税收入在税收收入总额中的比重有所下降，但各国税收实践证明，财产税仍然是现代税收体系的重要组成部分。在筹集地方政府收入、公平社会财富分配等方面，财产税仍具有其他税种无法替代的作用。具体体现在以下几方面。

1. 财产税收入稳定，是地方财政收入的主要来源

财产税的课税对象具有稳定性，使财产税会随着应税财产的增加而稳步增长，不会受经济波动的较大影响。因此，实行分税制的国家一般都将财产税作为地方政府的财政收入来源，有的国家甚至是主要来源，如美国。

2. 财产税能有效地促进纳税人合理地使用财产

在纳税人拥有或使用应税财产数量既定的情况下，生产经营的水平越高，财产税负担相对较轻；反之，财产税负担则较重。对没有收益的消费性财产课税，会引起财产价值的减少或由财产所有人的其他收入来支付。这样就有利于促进纳税人尽可能充分发挥现有财产的作用，增加生产经营收入，减少财产的闲置和浪费，合理安排或节约使用各种应税财产。

3. 财产税有利于缓解社会分配不公、节制财富集中和贫富悬殊问题

财产税属于直接税，税负一般不易转嫁。国家通过开征遗产税与赠与税等财产税，从财产拥有人的财产中抽取一定份额，一方面可以调节财产所有人生前财产的集中程度，缓解社会分配不公的现象；另一方面，对于遗产继承人征收遗产税，有利于限制不劳而获造成的不良影响，鼓励勤劳致富，减少社会寄生阶层。

4. 财产税有利于增强税收的宏观调控作用

由于商品税和所得税是对商品流量和所得收入量进行调节，对由收入转化而来的财产存量的调节作用是很有限的，而财产税的开征恰恰能弥补商品税和所得税的不足，进而达到国家利用税收对社会经济进行宏观调控的目的。

7.2.3 财产税的分类

1. 一般财产税和个别财产税

根据征收范围和课征方式的不同，财产税可分为一般财产税和个别财产税两大类。

(1)一般财产税，也称综合财产税，是对纳税人所拥有的全部财产，按其综合计算的价值进行课征的一种财产税。理论上是如此，但现实中一般财产税并非将纳税人所有的财产都作为计税依据，在课征时通常要考虑到对一定货币数量以下的财产和纳税人日常生活必需品的免税，以及负债的扣除，有的国家一般财产税中还规定了起征点。

目前，世界各国的一般财产税大致有三种类型：名为一般财产税，实为有选择的财产税，如美国现今的财产税就属于这种类型；规定免税项目，以应税财产总价值额减去负债后的净额为计税依据，设免税扣除及给予生活费豁免，采用比例税率的一般财产税，如德国、荷兰等国就实行这种财产税；以应税财产总价值额减去负债后的净值额为计税依据，采用累进税率的一般财产税，如英国、印度、瑞典等国就推行这种类型的财产税。

(2)个别财产税，也称特别财产税或特种财产税，是对纳税人的某种财产单独课征的一种财产税。如对土地课征的土地税或地产税，对房屋课征的房产税，对土地和房屋合并征收的房地产税等均属于个别财产税。个别财产税在课征时一般不需要考虑免税和扣除。随着社会经济的不断发展，个别财产税呈现着合并的趋势，税种日趋减少。

2.静态财产税和动态财产税

根据课税对象形态的不同，财产税可分为静态财产税和动态财产税两大类。

(1)静态财产税，是对一定时期处于相对静止状态的财产，按其数量或价值进行课征的财产税，如地产税、房产税等均属于静态财产税。其特点是在征收时间上有一定的规律性，通常是定期征收，如房产税一般都是实行按年征收。

(2)动态财产税，是对因无偿转移而发生所有权变动的财产按其价值所课征的财产税，如遗产税、继承税等。动态财产税是以财产所有权的变动和转移为前提课征的，其特点是在财产交易时一次性征收，如遗产税是在发生遗产继承行为时一次性征收。

3.从量财产税和从价财产税

(1)从量财产税，是指以纳税人的应税财产数量为计税依据，实行从量定额征收的财产税。其特点是纳税人应纳税额的多少，完全取决于其拥有财产的数量，而与其财产的价值无关，因而从量财产税一般不受价格变动的影响。

(2)从价财产税，是指以纳税人的应税财产的价值为计税依据，实行从价定率征收的财产税。其特点是纳税人应纳税额的多少，视其所拥有财产的价值大小而定，从价财产税通常受价格变动的影响较大。从价财产税又可分为财产价值税和财产增值税。所谓财产价值税，就是按财产的全部价值计算课征的财产税。在现实中，财产的计税价格又有原始价值、重置价值和市场价值之分。所谓财产增值税，是指按财产的增值部分计算课征的财产税，即只对财产的现值超过原值的增值部分征税，而不考虑财产的总价值或财产净值。

4.经常财产税和临时财产税

根据财产存续时间的不同，财产税可分为经常财产税和临时财产税两大类。

(1)经常财产税，是指每年要按期课征具有经常性收入的财产税。这种税收通常占财产税收入的极大部分。

(2)临时财产税，是指非常时期政府为筹措财政资金而临时课征的财产税。如政府在国家遭遇战争、严重自然灾害或偿还债务等非常时期，为筹措经费，大多要征收包括财产税在内的各种临时税。临时财产税所占的比重一般不会太大，但税率可能比经常财产税税率要高。

7.2.4 我国财产税的立法沿革

财产税在我国也是一个古老的税种。我国奴隶社会对土地课征的“贡”、“助”、“彻”，是我国历史上财产税的雏形。到了春秋时期，由于生产力的发展，特别是铁制农具的广泛使用，在井田以外开垦的私田日益增多。私田不属于王室所有，不向王室缴纳贡赋，全部收获都归私田的所有者支配。私田的不断扩大，冲击着奴隶制经济基础。当时的一个主要诸侯国鲁国，为了增加财政收入和抑制开垦私田，于鲁宣公十五年(公元前594年)开始对井田以外的私田征税，称为“初税亩”。“初税亩”首次以法律形式承认了土地的私有权和地主经济的合法化，实行“初税亩”后，土地所有者除了纳税，全部收入归自己支配，土地可以自由买卖和出租。土地再不具有“王室所有”的性质，而真正成为了私人的财产，对土地征收的财产税也就从雏形阶段走向成熟。以后汉代课征的“车船税”，唐代课征的“间架税”，都属于财产税。

新中国成立后，财产税一直作为整个税制的辅助部分而存在。1950年1月由政务院颁布的《全国税政实施要则》规定的14种税中，属于财产税的有房产税、地产税等，以后房产税和地产税合并为城市房地产税。由于我国过去较长时间实行公有制占绝对优势的所有制形式，采取高度集中统一的计划经济体制，并实行平均主义大锅饭的分配体制，个人及非公有制经济拥有的财产特别是不动产数量很小，因此这一时期可供征收财产税的经济税源十分有限，虽然也开征了财产税性质的城市房地产税，但其收入在整个税收收入中的比重很小。

改革开放以来，我国国民经济迅速发展，社会财富的分配形成了新的格局，城乡居民收入水平大幅度提高，并出现了高收入阶层，个人和法人拥有的各类财产大量增加，在我国课征财产税已有了深厚的经济基础。对此，国家先后恢复开征了房产税、契税、城市房地产税、车船使用税等。1994年税制改革时，初步形成了以房产税、契税、车船税、遗产税为组成部分的财产税体系。

2007年又将车船使用牌照税和车船使用税合并为车船税，但由于私人财产缺乏合法地位，财产税的税源过小，导致长期以来中国财产税体系建设迟缓，财产税收入占全国税收收入总额和地方财政收入总额的比重过低。在建立和完善社会主义市场经济的过程中，尤其是随着《物权法》的颁布，财产税的前景极其光明，也为解决当前县乡财政困难开辟了可行的路径。

7.2.5 我国财产税的主要税种

我国现行税制中财产税的主要税种有房产税、车船税、契税和即将开征的遗产税及赠与税。

1. 房产税

(1) 房产税概述

房产税是以房屋为征税对象，以房产评估价值或租金收入为计税依据，向房产所有人或使用人征收的一种财产税。

房屋税的历史也较早，原与土地税合并征收，最早独立征收房屋税的是我国周朝时期。西方国家最早的房屋税是法国的烟囱税，后有炉灶税、窗税。早期的房屋税，都是按房屋外部标志从量计征，极不公平。后改为从价计征。现今各国均对房屋课税，有单独课征的，也有并入土地税一起征收的，还有合并到其他不动产一起征收的。

我国在新中国成立初期，决定在部分城市开征房产税。1951年8月政务院颁布了《城市房地产税暂行条例》，规定将房产税和地产税合并征收。1973年税制改革时，将对国有企业和集体企业征收的城市房地产税并入工商税，保留下来的城市房地产税仅对房产管理部门、个人以及华侨征收。1984年工商税制改革时，确定恢复房产税(但暂缓征收)。1986年9月15日，国务院颁布了《房产税暂行条例》，自当年10月1日起施行。

开征房产税，不仅有利于调节房产所有人的收入水平，而且有利于积累建设资金，促进房产的开发建设，改善城乡居民的居住条件，也有利于加强对房产的管理，提高房产的使用效益。

(2) 房产税的纳税人

在我国境内拥有房屋产权的单位和个人为房产税的纳税义务人。产权属于国家所有的，以经营管理人为纳税义务人；产权属于集体和个人所有的，由集体单位和个人为纳税义务人。

在房屋的管理和使用中，房屋出租是一种常见的方式，由此产生了房屋出典、承典以及租典纠纷。房屋出典，是指房屋产权所有人为了某种需要，将自己的房屋在一定期限内转让给他人使用，以押金形式换取一定数额的现金(或实物)，并立有某种契约或合同。“租典纠纷”，就是产权所有人在房产出典和租赁关系上，与承典人、租赁人发生的纠纷。为了便于征收管理，保证房产税的及时入库，税法规定，产权出典的，以承典人为纳税义务人；产权所有人、承典人不在房产所在地，或产权未确定的，或者租典纠纷未解决的，以房产代管人或使用人为纳税义务人。

以上房屋的产权所有人、经营管理单位、承典人、房产代管人或使用人统称为房产税的纳税义务人。

(3)房产税的征税对象和征税范围

房产税以我国境内用于生产经营的房屋为征税对象。由于房屋是一种不动产，所有与房屋不可分割的各种附属设备或一般不单独计算价值的配套设施，也作为房屋一并征税。

房产税的征税范围是开征房产税的地区。具体包括：建在城市、县城、建制镇和工矿区的房屋。但征税对象只限于生产经营性用房，城乡居民用于居住的房屋免征房产税，征税范围也不包括农村。随着经济的发展和住房制度的改革，住房将成为个人不动产的主要部分。因此，有必要考虑进一步扩大征税范围，以便为地方政府组织收入。

(4)房产税的计税依据和税率

房产税的计税依据是房产的计税价值或房产的租金收入。按照房产计税价值征税的，称为从价计征；按照房产租金收入计征的，称为从租计征。

计税价值以房产的评估价值为依据，如果没有评估价值的，则按房产原值计税。所谓评估价值是指房产在评估时的市场价值。房产评估价值由省、自治区、直辖市人民政府指定的专门财产评估机构进行评估，每3～5年评估一次，具体时间由省、自治区、直辖市人民政府确定。

采用从价计征的房产税是依照房产原值一次减除10%～30%后的余值计算缴纳。采用从租计征的房产税则是以房产租金收入为房产税的计税依据。

房产税实行比例税率。由于房产税的计税依据分为从价计征和从租计征两种形式，故房产税的税率也有两种。一种是按房产原值一次减除10%～30%后的余值计征的，税率为1.2%；另一种是按房产出租的租金收入计征的，税率为12%。

(5)房产税的计算

房产税的计算有下述两种方式。

① 从价计征是按房产的原值减除一定比例后的余值计征，其公式为：

$$应纳税额=应税房产原值\times(1-扣除比例)\times1.2\%$$

② 从租计征是按房产的租金收入计征，其公式为：

$$应纳税额=租金收入\times12\%$$

(6)房产税的减免

根据房产税法规定，下列房产免征房产税：国家机关、人民团体、军队的房产；由国家财政部门拨付事业费的单位的房产；宗教寺庙、公园、名胜古迹的房产；个人的房产。但上述单位和个人用于生产经营或者出租的房产则应依法征收房产税。此外，纳税人纳税确有困难的，可由省、自治区、直辖市人民政府确定，定期减征或免征房产税。

(7)房产税的征收管理

房产税由房产所在地的税务机关负责征收管理。纳税人应向房产所在地的税务机关申报纳税。房产税实行按年征收，分期缴纳。具体纳税期限由各省、自治区、直辖市人民政府确定。

2. 车船税

(1)车船税概述

车船税是对我国境内依法应当到公安、交通、农业、渔业、军事等管理部门办理登记的车辆、船舶，根据其种类，按照规定的计税单位和年税额标准计算征收的一种财产税。

我国对车船税征收的历史悠久。明清时，曾对内河商船征收船钞。新中国成立前，不少城市对车船征收牌照税。新中国成立后，中央人民政府政务院于1951年颁布了《车船使用牌照税暂行条例》，对车船征收车船使用牌照税。1986年9月国务院在实施工商税制改革时，又发布了《中华人民共和国车船使用税暂行条例》。《中华人民共和国车船税暂行条例》就是在《车船使用牌照税暂行条例》和《中华人民共和国车船使用税暂行条例》基础上合并修订而成的。

我国于2007年1月1日正式实施《中华人民共和国车船税暂行条例》，开征车船税以取代征缴了几十年之久的车船使用牌照税和车船使用税。自2007年7月1日起，车船税统一由经营机动车交通事故责任强制保险的保险公司代收代缴。

改革车船使用税和车船使用牌照税主要基于这样几点考虑：一是外资企业适用1951年颁布的《车船使用牌照税暂行条例》，而内资企业适用1986年发布的《车船使用税暂行条例》，内外税制不统一，不符合简化税制与公平税负的要求；二是车船使用税和车船使用牌照税的征税范围不尽合理，对自行车等非机动车和拖拉机征税，而对行政事业单位的车辆不征税，显然有失公平的原则，也不能体现国家的惠农政策；三是税额标准几十年没有调整，明显偏低，收入规模太小，致使该税种的作用难以发挥；四是没有有效的控管手段，漏征漏管现象严重。

基于以上情况，《车船税暂行条例》根据我国目前车船拥有、使用和管理现状以及发展趋势，在分析车船税制存在的问题和总结现行征管经验的基础上，对车船税的各税收要素做了全面的规定。与原规定相比，主要做了以下方面的改革：一是统一了各类企业的车船税制；二是由财产与行为税改为财产税；三是适当提高了税额标准；四是调整了减免税范围；五是强化了税源控管的力度。

征收车船使用税，有利于有关部门加强对车船的管理；促进纳税人提高车船使用效益；有利于通过税收手段开辟财源、集中财力，缓解发展交通运输业资金短缺的矛盾；有利于调节财富分配，体现社会公平。而新条例的出台，对于统一税制、公平税负、拓宽税基，增加地方财政收入，加强地方征税管理都具有重要的意义。

(2)车船税的纳税人

在中华人民共和国境内，车辆、船舶(以下简称车船)的所有人或者管理人为车船税的纳税人，应当缴纳车船税。车船，是指依法应当在车船管理部门登记的车船。

(3)车船税的征税范围

车船税是对依法应当在车船管理部门登记的车船进行征税，具体包括：载客汽车、载货汽车、三轮汽车、低速货车、摩托车和船舶。

(4)车船税的计税依据和税率

载客汽车和摩托车以"辆"为计税依据，载货汽车、三轮汽车、低速货车以"车辆自重"为计税依据，船舶以"净吨位"为计税依据。具体税目和税率见表7-2。

表 7-2　车船税税目税额表

税　目	按发动机汽缸容量（排气量）分档	计税单位	年基准税额	备　注
乘客汽车	1.0升(含)以下的	每辆	180元	核定载客人数9人(含)以下
	1.0升以上至1.6升(含)的		360元	
	1.6升以上至2.0升(含)的		420元	
	2.0升以上至2.5升(含)的		720元	
	2.5升以上至3.0升(含)的		1 800元	
	3.0升以上至4.0升(含)的		3 000元	
	4.0升以上的		4 500元	
商用车	大型客车	核定载客≥20人/辆	600元	核定载客人数9人以上，包括电车
	中型客车	核定载客10～19人/辆	480元	
	货车	整备质量/吨	96元	包括半挂牵引、三轮汽车和低速载货车等
挂车			48元	
其他车辆	专用作业车	整备质量/吨	96元	不包括拖拉机
	轮式专用机械车		96元	
摩托车		每辆	36元	

注：专项作业车、轮式专用机械车的计税单位及每年税额由国务院财政部门、税务主管部门参照本表确定。

载客汽车划分为大型客车、中型客车、小型客车和微型客车4个子税目。其中，大型客车是指核定载客人数大于或者等于20人的载客汽车；中型客车是指核定载客人数大于9人且小于20人的载客汽车；小型客车是指核定载客人数小于或者等于9人的载客汽车；微型客车是指发动机气缸总排气量小于或者等于1升的载客汽车。

载客汽车各子税目的每年税额幅度为：大型客车，480～660元；中型客车，420～660元；小型客车，360～660元；微型客车，60～480元。

三轮汽车是指在车辆管理部门登记为三轮汽车或者三轮农用运输车的机动车。低速货车是指在车辆管理部门登记为低速货车或者四轮农用运输车的机动车。

专项作业车是指装置有专用设备或者器具，用于专项作业的机动车；轮式专用机械车是指具有装卸、挖掘、平整等设备的轮式自行机械。专项作业车和轮式专用机械车的计税单位为自重每吨，每年税额为16～120元。具体适用税额由省、自治区、直辖市人民政府参照载货汽车的税额标准在规定的幅度内确定。

船舶具体适用税额为：净吨位小于或者等于200吨的，每吨3元；净吨位为201～2 000吨的，每吨4元；净吨位2 001～10 000吨的，每吨5元；净吨位10 001吨及其以上的，每吨6元。

拖船是指专门用于拖(推)动运输船舶的专业作业船舶。拖船按照发动机功率每2马力折合净吨位1吨计算征收车船税。

这里所涉及的核定载客人数、自重、净吨位、马力等计税标准，以车船管理部门核发的车船登记证书或者行驶证书相应项目所载数额为准。纳税人未按照规定到车船管理部门办理登记手续的，上述计税标准以车船出厂合格证明或者进口凭证相应项目所载数额为准；不能提供车船出厂合格证明或者进口凭证的，由主管地方税务机关根据车船自身状况并参照同类车船核定。

车辆自重尾数在0.5吨以下(含0.5吨)的，按照0.5吨计算；超过0.5吨的，按照1吨计算。船舶净吨位尾数在0.5吨以下(含0.5吨)的不予计算，超过0.5吨的按照1吨计算。1吨以下的小型车船，一律按照1吨计算。自重，是指机动车的整个装备质量。

(5)车船税的计算

车船税的基本计算公式为：

年应纳税额=计税单位×每年税额

购置的新车船，购置当年的应纳税额自纳税义务发生的当月起按月计算。计算公式为：

应纳税额=(年应纳税额÷12)×应纳税月份数

客货两用汽车按照载货汽车的计税单位和税额标准计征车船税。

(6)车船税的减免

下列车船免征车船税：非机动车船(不包括非机动驳船)；拖拉机；捕捞、养殖渔船；军队、武警专用的车船；警用车船；按照有关规定已经缴纳船舶吨税的船舶；依照我国有关法律和我国缔结或者参加的国际条约的规定应当予以免税的外国驻华使馆、领事馆和国际组织驻华机构及其有关人员的车船。

省、自治区、直辖市人民政府可以根据当地实际情况，对城市、农村公共交通车船给予定期减税、免税。

(7)车船税的征收管理

车船税由地方税务机关负责征收。车船税的纳税地点，由省、自治区、直辖市人民政府根据当地实际情况确定。跨省、自治区、直辖市使用的车船，纳税地点为车船的登记地。

车船税的纳税义务发生时间，为车船管理部门核发的车船登记证书或者行驶证书所记载日期的当月。车船税按年申报缴纳。具体申报纳税期限由省、自治区、直辖市人民政府确定。

车船的所有人或者管理人未缴纳车船税的，使用人应当代为缴纳车船税。

从事机动车交通事故责任强制保险业务的保险机构为机动车车船税的扣缴义务人，应当依法代收代缴车船税。税务机关付给扣缴义务人代收代缴手续费的标准由国务院财政部门、税务主管部门制定。

在一个纳税年度内，已完税的车船被盗抢、报废、灭失的，纳税人可以凭有关管理机关出具的证明和完税证明，向纳税所在地的主管地方税务机关申请退还自被盗抢、报废、灭失月份起至该纳税年度终了期间的税款。已办理退税的被盗抢车船，失而复得的，纳税人应当从公安机关出具相关证明的当月起计算缴纳车船税。

3. 契税

(1)契税概述

契税是在土地、房屋产权发生转移时，按照当事人双方订立的契约，向产权承受人征收的一种财产税。

契税在我国历史悠久，历代封建王朝都采纳该税种。新中国成立后，废止了旧中国的契税。1950年4月政务院公布的《契税暂行条例》已沿用了多年，现已不能适应经济发展的要求。因此，1997年国务院发布了《中华人民共和国契税暂行条例》，并于1997年10月1日起施行。

契税是一种重要的地方税种，在土地、房屋交易的发生地，不管何人，只要所有权属转移，都要依法纳税。目前，契税已成为地方财政收入的固定来源，在全国，地方契税收入呈迅速上升态势。征收契税有利于保护公民不动产的合法权益；加强房屋管理，减少房产纠纷；增加地方财政收入，为实现分税制的进一步完善创造条件。

(2)契税的纳税人

中华人民共和国境内转移土地、房屋权属，承受的单位和个人为契税的纳税人，应当缴纳契税。

(3)契税的征税范围

契税的课税对象是指境内转移土地、房屋权属，具体包括下列行为：国有土地使用权出让；土地使用权转让，包括出售、赠与和交换，不包括农村集体土地承包经营权的转移；房屋买卖；房屋赠与；房屋交换。

土地、房屋权属以下列方式转移的，视同土地使用权转让、房屋买卖或者房屋赠与征税：以土地、房屋权属作价投资、入股；以土地、房屋权属抵债；以获奖方式承受土地、房屋权属；以预购方式或者预付集资建房款方式承受土地、房屋权属。

(4)契税的计税依据和税率

契税的计税依据：国有土地使用权出让、土地使用权出售、房屋买卖，为成交价格；土地使用权赠与、房屋赠与，由征收机关参照土地使用权出售、房屋买卖的市场价格核定；土地使用权交换、房屋交换，为所交换的土地使用权、房屋价格的差额。

成交价格明显低于市场价格并且无正当理由的，或者所交换土地使用权、房屋价格的差额明显不合理并且无正当理由的，由征收机关参照市场价格核定。

契税税率为3%～5%。省、自治区、直辖市人民政府在该规定的幅度内按照本地区的实际情况确定，并报财政部和国家税务总局备案。

(5)契税的计算

应纳税额的计算公式为：

$$应纳税额=计税依据\times 税率$$

应纳税额以人民币计算。转移土地、房屋权属以外汇结算的，按照纳税义务发生之日中国人民银行公布的人民币市场汇率中间价折合成人民币计算。

(6)契税的减免

有下列情形之一的，减征或者免征契税：国家机关、事业单位、社会团体、军事单位承受土地、房屋用于办公、教学、医疗、科研和军事设施的，免征；城镇职工按规定第一次购买公有住房的，免征；因不可抗力灭失住房而重新购买住房的，酌情准予减征或者免征；土地、房屋被县级以上人民政府征用、占用后，重新承受土地、房屋权属的，是否减征或者免征契税，由省、自治区、直辖市人民政府确定；纳税人承受荒山、荒沟、荒丘、荒滩土地使用权，用于农、林、牧、渔业生产的，免征；依照我国有关法律规定以及我国缔结或参加的双边和多边条约或协定的规定应当予以免税的外国驻华使馆、领事馆、联合国驻华机构及其外交代表、领事官员和其他外交人员承受土地、房屋权属的，经外交部确认，可以免征；财政部规定的其他减征、免征契税的项目。

这里所称的城镇职工按规定第一次购买公有住房的，是指经县以上人民政府批准，在国家规定标准面积以内购买的公有住房。城镇职工享受免征契税，仅限于第一次购买的公有住房。超过国家规定标准面积的部分，仍应按照规定缴纳契税。

对个人购买自用普通住房的，暂减半征收契税。自2008年11月1日起，对“个人首次购买90平方米及以下普通住房”，契税税率暂统一下调到1%。首次购房证明由住房所在地国土与房产管理局出具。

经批准减征、免征契税的纳税人改变有关土地、房屋的用途，不再属于规定的减征、免征契税范围的，应当补缴已经减征、免征的税款。

(7)契税的征收管理

契税的纳税义务发生时间，为纳税人签订土地、房屋权属转移合同的当天，或者纳税人取得其他具有土地、房屋权属转移合同性质凭证的当天。纳税人因改变土地、房屋用途应当补缴已经减征、免征契税的，其纳税义务发生时间为改变有关土地、房屋用途的当天。纳税人应当自纳税义务发生之日起10日内，向土地、房屋所在地的契税征收机关办理纳税申报，并在契税征收机关核定的期限内缴纳税款。纳税人符合减征或者免征契税规定的，应当在签订土地、房屋权属转移合同后10日内，向土地、房屋所在地的契税征收机关办理减征或者免征契税手续。

契税征收机关为土地、房屋所在地的财政机关或者地方税务机关。具体征收机关由省、自治区、直辖市人民政府确定。土地管理部门、房产管理部门应当向契税征收机关提供有关资料，并协助契税征收机关依法征收契税。征收机关可以根据征收管理的需要，委托有关单位代征契税，具体代征单位由省、自治区、直辖市人民政府确定。代征手续费的支付比例，由财政部另行规定。

7.3 其他课税

7.3.1 印花税

1.概述

印花税是以经济活动中签订的各种合同、产权转移书据、营业账簿、权利许可证照等应税凭证文件为对象所征的税。

印花税是一个很古老的税种，从1624年世界上第一次在荷兰出现印花税后，由于印花税“取微用宏”，简便易行，欧美各国竞相效仿。丹麦在1660年、法国在1665年、美国在1671年、奥地利在1686年、英国在1694年先后开征了印花税。它在不长的时间内，就成为世界上普遍采用的一个税种，在国际上盛行。

印花税的特点是：兼有凭证税和行为税性质；征收范围广泛；税收负担比较轻；由纳税人自行完成纳税义务。

2.我国现行的印花税制度

1988年8月，国务院公布了《中华人民共和国印花税暂行条例》，于同年10月1日起恢复征收。

(1)纳税人

中华人民共和国境内书立、领受应纳税凭证的单位和个人，都是印花税的纳税义务人。具体有：立合同人、立账簿人、立据人、领受人。

(2)征税对象

现行印花税只对印花税条例列举的凭证征税。具体有五类：购销、加工承揽、建设工程承包、财产租赁、货物运输、仓储保管、借款、财产保险、技术合同或者具有合同性质的凭证，产权转移书据，营业账簿，权利、许可证照和经财政部确定征税的其他凭证。

(3)计税依据

印花税根据不同征税项目，分别实行从价计征和从量计征两种征收方式。

从价计税情况下计税依据的确定：各类经济合同，以合同上记载的金额、收入或费用为计税依据；产权转移书据，以书据中所载的金额为计税依据；记载资金的营业账簿，以实收资本和资本公积两项合计的金额为计税依据。

从量计税情况下计税依据的确定：实行从量计税的其他营业账簿和权利、许可证照，以计税数量为计税依据。

(4)税率

现行印花税采用比例税率和定额税率两种税率。比例税率有四档，即千分之一、万分之五、万分之三和万分之零点五。适用定额税率的是权利许可证照和营业账簿税目中的其他账簿，单位税额均为每件伍元。具体税目和适用税率如下。

购销合同：包括供应、预购、采购、购销结合及协作、调剂、补偿、易货等合同，按购销金额万分之三贴花。

加工承揽合同：包括加工、定做、修缮、修理、印刷、广告、测绘、测试等合同，按加工或承揽收入万分之五贴花。

建设工程勘察设计合同：包括勘察、设计合同，按收取费用万分之五贴花。

建筑安装工程承包合同：包括建筑、安装工程承包合同，按承包金额万分之三贴花。

财产租赁合同：包括租赁房屋、船舶、飞机、机动车辆、机械、器具、设备等合同，按租赁金额千分之一贴花，税额不足一元的，按一元贴花。

货物运输合同：包括民用航空运输、铁路运输、海上运输、内河运输、公路运输和联运合同，按运输费用万分之五贴花。单据作为合同使用的，按合同贴花。

仓储保管合同：包括仓储、保管合同，按仓储保管费用千分之一贴花。仓单或栈单作为合同使用的，按合同贴花。

借款合同：银行及其他金融组织和借款人(不包括银行同业拆借)所签订的借款合同，按借款金额万分之零点五贴花。单据作为合同使用的，按合同贴花。

财产保险合同：包括财产、责任、保证、信用等保险合同，按保险费收入千分之一贴花。单据作为合同使用的，按合同贴花。

技术合同：包括技术开发、转让、咨询、服务等合同，按所载金额万分之三贴花。

产权转移书据：包括财产所有权和版权、商标专用权、专利权、专有技术使用权等转移书据、土地使用权出让合同、土地使用权转让合同、商品房销售合同，按所载金额万分之五贴花。

营业账簿：指生产、经营用账册。记载资金的账簿按实收资本和资本公积的合计金额万分之五贴花，其他账簿按件贴花五元。

权利、许可证照：包括政府部门发给的房屋产权证、工商营业执照、商标注册证、专利证、土地使用证，按件贴花五元。

(5)应纳税额的计算

按比例税率计算应纳税额的方法计算公式为：

$$应纳税额=计税金额\times适用税率$$

按定额税率计算应纳税额的方法计算公式为：

$$应纳税额=凭证数量\times单位税额$$

(6)税收优惠

下列凭证免纳印花税：已缴纳印花税的凭证的副本或者抄本；财产所有人将财产赠给政府、社会福利单位、学校所立的书据；国家指定的收购部门与村民委员会、农民个人书立的农副产品收购合同；无息、贴息贷款合同；外国政府或者国际金融组织向我国政府及国家金融机构提供优惠贷款所书立的合同；经财政部批准免税的其他凭证。

从2008年11月1日起，对个人销售或购买住房暂免征收印花税。

为鼓励金融机构对小型、微型企业提供金融支持，促进小型、微型企业发展，自2011年11月1日起至2014年10月31日止，对金融机构与小型、微型企业签订的借款合同免征印花税。

对商店、门市部的零星加工修理业务开具的修理单，不贴印花。企业与主管部门等签订的租赁承包经营合同，不属于财产租赁合同，不应贴花。暂免贴印花的有：对房地产管理部门与个人订立的租房合同，凡用于生活居住的；对铁路、公路、航运、水路承运快件行李、包裹开具的托运单据。

(7)征税管理

印花税实行由纳税人根据规定自行计算应纳税额，购买并一次贴足印花税票的缴纳办法。为简化贴花手续，应纳税额较大或者贴花次数频繁的，纳税人可向税务机关提出申请，采取以缴款书代替贴花或者按期汇总缴纳的办法。

印花税票是缴纳印花税的完税凭证，由国家税务总局负责监制。其票面金额以人民币为单位，分为壹角、贰角、伍角、壹元、贰元、伍元、拾元、伍拾元、壹佰元9种。印花税票为有价证券。印花税票可以委托单位或个人代售，并由税务机关付给5%的手续费，支付来源从实征印花税款中提取。

印花税纳税申报工作均由纳税单位的财务部门负责，并指定专人负责各项应税凭证的管理、印花税的贴花完税工作，按规定填报印花税纳税申报表。凡印花税纳税申报单位均应按季进行申报，于每季度终了后10日内向所在地地方税务局报送“印花税纳税申报表”或“监督代售报告表”。只办理税务注册登记的机关、团体、部队、学校等印花税纳税单位，可在次年一月底前到当地税务机关申报上年税款。对实行印花税汇总缴纳的单位，缴款期限最长不得超过一个月。

3.证券交易印花税

证券交易印花税，是印花税的一部分。现行证券交易印花税是根据书立证券交易合同的金额对卖方计征，税率为1‰。

我国证券交易印花税率的变动过程如下。

1990年6月28日，深圳市颁布《关于对股权转让和个人持有股票收益征税的暂行规定》，首先开征股票交易印花税，由卖出股票者按成交金额的0.6%缴纳。

1990年11月23日，深圳市对股票的买方也开征0.6%的印花税。

1991年10月，为了刺激低迷的股市，深圳市将印花税率调整到0.3%。1991年10月10日，上海证券交易所对股票买方、卖方实行双向征收，税率为0.3%。

1992年6月12日，国家税务总局和国家体改委联合下发《关于股份制试点企业有关税收问题的暂行规定》，明确规定交易双方分别按0.3%的税率缴纳印花税。

1997年5月10日，针对当时证券市场过度投机的倾向，证券交易印花税率由0.3%提高到0.5%。

1998年6月12日，为了使证券市场能持续稳定向前发展，经国务院批准，国家税务总局又将税率由0.5%调低至0.4%。

1999年6月1日，为了活跃B股市场，中国国家税务总局再次将B股交易税率降低为0.3%。

2001年11月16日起，财政部调整证券(股票)交易印花税税率。对买卖、继承、赠与所书立的A股、B股股权转让书据，由立据双方当事人分别按0.2%的税率缴纳证券(股票)交易印花税。

2005年1月23日起，调整证券(股票)交易印花税税率，由0.2%调整为0.1%。

2007年5月30日起，调整证券(股票)交易印花税税率，由0.1%调整为0.3%。

2008年4月24日起，调整证券(股票)交易印花税税率，由0.3%调整为0.1%。

2008年9月19日起，对证券交易印花税政策进行调整，由现行双边征收改为单边征收，税率保持0.1%。即对买卖、继承、赠与所书立的A股、B股股权转让书据，由立据双方当事人分别按0.1%的税率缴纳股票交易印花税，改为由出让方按0.1%的税率缴纳股票交易印花税，授让方不再征收。

7.3.2 城市维护建设税

城市维护建设税(简称城建税)，是我国为了加强城市的维护建设，扩大和稳定城市维护建设资金的来源开征的一个税种。城市维护建设税是1984年工商税制全面改革中设置的一个新税种。1985年2月8日，国务院发布《中华人民共和国城市维护建设税暂行条例》，从1985年度起施行。1994年税制改革时，保留了该税种，做了一些调整，并准备适时进一步扩大征收范围和改变计征办法。

1. 纳税人

缴纳增值税、消费税、营业税的单位(不包括进口货物者)和个人为城市维护建设税的纳税人。

2. 计税依据

以纳税人实际缴纳的增值税、消费税、营业税税额为计税依据。

3. 税率

按纳税人所在地，分别规定为市区的税率是7%，县城和乡镇的税率是5%，其他地区的税率是1%。

4. 税额的计算

以纳税人实际缴纳的增值税、消费税、营业税税额乘以相应税率随同增值税、消费税、营业税一并缴纳。

5. 减免税

城建税以“三税”的实缴税额为计税依据征收，一般不规定减免税，但对下列情况可免征城建税：海关对进口产品代征的流转税，免征城建税；从1994年起，对三峡工程建设基金，免征城建税；对中外合资企业和外资企业暂不征收城建税。

需要特别注意的是：出口产品退还增值税、消费税的，不退还已纳的城建税；“三税”先征后返、先征后退、即征即退的，不退还城建税。

7.3.3 车辆购置税

1.概述

车辆购置税是对在我国境内购置规定车辆的单位和个人征收的一种税，它由车辆购置附加费演变而来。现行车辆购置税法的基本规范，是2001年1月1日起实施的《中华人民共和国车辆购置税暂行条例》。《条例》规定，车辆购置税的纳税人为购置(包括购买、进口、自产、受赠、获奖或以其他方式取得并自用)应税车辆的单位和个人，征税范围为汽车、摩托车、电车、挂车、农用运输车，税率为10%，应纳税额的计算公式为：

应纳税额=计税价格×税率

从2009年1月20日至12月31日，对1.6升及以下排量乘用车减按5%征收车辆购置税。从2010年1月1日至12月31日，对1.6升及以下排量乘用车减按7.5%征收车辆购置税。从2011年1月1日开始，对1.6升以下排量乘用车按10%征收车辆购置税。

2.车辆购置税的计算

车辆购置税的具体计算方法为：

车辆购置税应纳税额=计税价格×10%(1.6升及以下排量乘用车减按7.5%)

计税价格根据不同情况，按照下列情况确定：

(1)纳税人购买自用应税车辆的计税价格，为纳税人购买应税车辆而支付给销售者的全部价款和价外费用，不包括增值税税款。即按取得的《机动车销售统一发票》上开具的价费合计金额除以(1+17%)作为计税依据，乘以10%(1.6升及以下排量乘用车减按7.5%)即为应缴纳的车辆购置税。

(2)纳税人进口自用车辆的应税车辆的计税价格计算公式为：

计税价格=关税完税价格+关税+消费税

(3)纳税人自产、受赠、获奖或者以其他方式取得并自用车辆，计税依据由车购办参照国家税务总局核定的应税车辆最低计税价格核定。

购买自用或者进口自用车辆，纳税人申报的计税价格低于同类型应税车辆的最低计税价格(指出厂价格或进口自用车辆的计税价格)，又无正当理由的，计税依据为国家税务总局核定的应税车辆最低计税价格(指国家税务总局依据车辆生产企业提供的车辆价格信息并参照市场平均交易价格核定的车辆购置税计税价格)。

(4)按特殊情况确定的计税依据。对于进口旧车、因不可抗力因素导致受损的车辆、库存超过三年的车辆、行驶8万公里以上的试验车辆、国家税务总局规定的其他车辆，主管税务机关根据纳税人提供的《机动车销售统一发票》或有效凭证注明的价格确定计税价格。

小　结

1.资源税是以各种应税自然资源为课税对象，为了调节资源级差收入并体现国有资源有偿使用而征收的一种税。我国现行的资源税主要有以下五个特点：只对特定资源征税；具有级差收入税的特点；实行从量定额征收；实行源泉课征；属于中央和地方共享税。

2.征收资源税有利于正确处理国家、企业和职工个人三者之间的分配关系；有利于促进企业加强经济核算，提高经济效益；有利于资源合理开发和节约使用；有利于为国家取得一定的财政收入。

3. 资源税的纳税义务人包括从事矿产品和盐资源开采或生产而进行销售或自用的所有单位和个人。资源税的征收范围包括具有商品属性的矿产品和盐等。设置了7个税目，具体有：原油、天然气、煤炭、其他非金属矿原矿、黑色金属矿原矿、有色金属矿原矿、盐。资源税采用定额税率，以应税资源的计量单位吨或千立方米确定了0.3～60元的8个幅度税额。资源税的应纳税额，按照从价定率或者从量定额的办法，分别以应税产品的销售额乘以纳税人具体适用的比例税率或者以应税产品的销售数量乘以纳税人具体适用的定额税率计算。

4. 土地增值税以转让国有土地使用权、地上的建筑物及其附着物并取得增值性收入的单位和个人，为土地增值税的纳税义务人。以纳税人转让房地产所取得的增值额为计税依据。实行四级超率累进税率。税额具体计算公式为：

$$土地增值税税额=增值额\times 税率-扣除项目金额\times 速算扣除率$$

5. 财产税是以纳税人所拥有或支配的某些财产为征税对象的一类税。财产税具有以下特点：财产税的课税对象具有特殊性；课税比较公平；属于直接税，税收负担较难转嫁；财产税的收入弹性小；征管比较复杂。

6. 财产税收入稳定，是地方财政收入的主要来源，能有效地促进纳税人合理地使用财产，有利于缓解社会分配不公、节制财富集中和贫富悬殊问题，有利于增强税收的宏观调控作用。

7. 财产税可以分为：一般财产税和个别财产税；静态财产税和动态财产税；从量财产税和从价财产税；经常财产税和临时财产税。我国现行税制中财产税的主要税种有房产税、契税、车船税和即将开征的遗产税与赠与税。

8. 房产税是以房屋为征税对象，以房产评估价值或租金收入为计税依据，向房产所有人或使用人征收的一种财产税。房产税实行比例税率：一种是按房产原值一次减除10%～30%后的余值计征的，税率为1.2%；另一种是按房产出租的租金收入计征的，税率为12%。

9. 车船税是对我国境内依法应当到车船管理部门办理登记的车船进行征税，具体包括：载客汽车、载货汽车、三轮汽车、低速货车、摩托车和船舶。车船税的基本计算公式为：

$$年应纳税额=计税单位\times 每年税额$$

10. 契税是在土地、房屋产权发生转移时，按照当事人双方订立的契约，向产权承受人征收的一种财产税。契税的课税对象是指境内转移土地、房屋权属，具体包括下列行为：国有土地使用权出让；土地使用权转让，包括出售、赠与和交换，不包括农村集体土地承包经营权的转移；房屋买卖；房屋赠与；房屋交换。

11. 印花税是对境内书立、领受应纳税凭证的单位和个人征收的一种行为税，应税凭证具体有五类：购销、加工承揽、建设工程承包、财产租赁、货物运输、仓储保管、借款、财产保险、技术合同或者具有合同性质的凭证，产权转移书据，营业账簿，权利、许可证照和经财政部确定征税的其他凭证。

思考题

1. 资源税的特点有哪些？
2. 资源税有什么作用？
3. 资源税的征税范围包括什么？

4. 财产税有什么特点？
5. 财产税的作用有哪些？
6. 我国现行税制中财产税的主要税种有哪些？
7. 房产税的征税对象、计税依据和税率是如何规定的？
8. 车船税有哪些税目？
9. 契税的课税对象是什么？
10. 什么是印花税？其应税凭证包括什么？

案例简介

案例[7-1] 香港特区成熟的物业税制度

香港物业税制度经过数十年的发展，其制度设计、税收征管、评税技术等诸多方面已日臻成熟，在香港保有环节税系中发挥着重要作用。

物业税的课税对象是香港境内用于出租而非自用的土地(不包括农业用地，但包括码头)、房屋、其他建筑物等物业。纳税人是应税物业的业主。税率每一纳税年度调整一次，2002—2003课税年度的标准税率是15%，2003—2004课税年度是15.5%，由2004—2005至2007—2008课税年度是16%，而由于金融危机对香港经济的影响，物业税税率由2008—2009课税年度起下调至15%。计税方法为：

应纳税额=(实际租金收益-修理保养费)×税率

修理保养费=实际租金收益×20%

香港对物业税的免税情形如下。①对于自有物业，若全部自有自住则完全免税；部分自住部分出租的物业只有自住部分免税；部分自住部分经营的物业全部不能免税。②对于空置物业，即在课税年度没有被占用的，业主可获免税。为了应对金融危机的消极影响，根据香港特别行政区《税务局所课征的税项指南 2008—2009》，缴交物业税的业主可获宽减。2007—2008年度最后评税75%的税款，每宗个案以$25 000为上限。

在香港的不动产保有环节，不仅有物业税，还有差饷。差饷又称房地捐，是政府对拥有土地及楼宇的业主征收的直接税。与物业税相比，两者都是对土地、房屋等物业征税，但物业税的课税范围仅限于用于出租经营并获得租金收益的物业，而差饷税是对纳税人拥有的所有土地房屋，包括自用和非自用的都征税。香港物业税和差饷，都是香港政府重要的财政来源。

香港通过多年的实践，不断完善物业税征管条件，为其创造了良好的征收环境。物业估价署经过多年的积累，已经在全港范围建立了应收差饷物业的资料库，非常翔实地记录了每项物业的情况，包括坐落、面积、启用日期、所有人情况、建筑图纸、使用用途、缴纳历史等许多方面。随着新落成或改建物业的投入使用，资料库不断被及时地增补或更新。这些准确的信息是估算租金的基础。

此外，香港为了强化征管，2008年1月，税务局推出全新的纳税人网站“税务易”，为市民提供一站式的网上税务服务。纳税人可以使用便利的网络平台来进行申报，同时也使税务机关对相关信息的管理更为有效。

在香港，由于特区政府的特殊性，没有中央税与地方税之分，因此，从总体来看，物业税占全港政府收入总额的比重也不高，总的来说，长期维持在5%左右。在2007—2008年度中，由于金融危机的影响，差饷收入较上年减少了约三分之一，所以比重有所下降。但物业税仍然在政府收入中占有举足轻重的地位。香港的物业税、差饷税为城市公共设施的维护和建设提供了重要的保证。

[资料来源：刘源，黎筠.我国开展物业税改革研究——基于香港的比较借鉴与启示.财会研究，2009(17).]

问题

香港特区的物业税制度对我国内地出台物业税有何借鉴意义？

简要提示

我国香港特区的人文环境、经济地理、社会往来与内地接近，借鉴香港物业税制的成功经验对大陆物业税改革有参考价值。具体借鉴意义有：

1.税率的确定应当与经济状况相契合。在香港，物业税采用的是统一的比例税率，基本上每一课税年度都会根据当时的经济情况作出相应的调整，这样，适应不同时期的本地经济发展趋势，采用税率变动来提高或抑制民众对本地房地产业投资兴趣，不仅及时体现了税收对经济及社会分配的调节功能，而且有效组织了财政收入。

2.计税方法的设计与征管能力相匹配。香港的物业税计税依据是租金收益扣除修缮费用。评估租金的职责由物业估价署来担当，物业估价署按全年的合理市面租值估定租金收入。由于引入了规范的监管部门，制定评估的法规和操作规程，设置专门的评估机构，从法律和制度上对评估从业人员的从业资格和职业道德加以规范和约束，对评估从业人员进行定期培训和考核，不断提高其执业能力，使得物业税的计税方法有了保障。

3.坚持"宽税基、少税种、低税率"的基本原则。所谓"宽税基"是指除了对公共、宗教、慈善等机构的不动产实行免税外，其余的均要征税。宽税基有利于保障政府的收入来源，也是作为一种良税必备的条件，有利于提高税收的公平性，同时也减少了征管上的烦琐步骤，大大提高了征管的效率。"少税种"，即设置的有关房地产的税收种类相对较少，一方面可以避免因税种复杂而导致重复征税等税负不公平现象的发生；另一方面又可以降低税收征管成本，提高税收效率。在香港，与房地产相关的主要税收也就是物业税和差饷。"低税率"，即指物业税税率不高，香港物业税的税率为15%，差饷的税率为5%。宽税基与较低的税率相搭配，既保证了政府收入，又利于降低纳税人的"税痛"，对于降低偷逃税款是很有帮助的。这样的税制搭配可以说代表了物业税收作为财产税的未来发展方向。

案例[7-2]　我国煤炭资源税改革正式实施

为促进资源节约集约利用和环境保护，推动转变经济发展方式，规范资源税费制度，我国从2014年12月1日起在全国范围内实施煤炭资源税从价计征改革。和此前从量计征政策相比，一字之差带来不少变化。

根据政策，煤炭资源税的计征将按照销售收入乘以规定比例税率计征，税率幅度为2%～10%，具体适用税率由省级政府根据本地区具体情况确定。

资源税是为了保护和促进国有自然资源的合理开发与利用，适当调节资源级差收入而征收的一种税收。我国资源税开征于1984年，当时资源产品按照"从量定额"的办法征税。

在煤炭资源税从价计征实行的同时，从12月1日起，在全国范围内统一将煤炭、原油、天然气矿产资源补偿费费率降为零，停止征收煤炭、原油、天然气价格调节基金等。

一边是税率变化，一边是取消收费。政策调整给企业带来哪些变化？以200元/吨的优质原煤为例，如果按照6%的平均税率来计算，需要缴纳的煤炭资源税就是12元。但因为不用再交矿产资源补偿费和价格调节基金，每吨能省10～15元左右。最终，企业缴纳的税费并没有明显变化。

财政部、国家税务总局今后将会同有关部门加快推进其他品目资源税从价计征改革，还将结合相关资源特点、资源税费性质，逐步将水流等自然资源纳入资源税征收范围。

[资料来源：中国国土资源报(2014-12-02)]

问题

我国煤炭资源税的改革对经济发展有何影响？

简要提示

煤炭资源税改革对宏观经济和煤炭行业都会产生深远影响，在分析其影响之前需要对当前宏观经济和煤炭行业生产经营的现状有所认识。从宏观经济形势看，我国经济增速趋缓，但正逐步走出低谷，消费者价格指数走势相对平稳，生产者价格指数持续负增长，如何通过全面深化改革激发经济增长的内生动力是当前面临的重要任务。从煤炭行业的发展来看，煤炭产品价格持续低迷，煤炭企业利润空间受到挤压，亏损面有所扩大，行业总体效益较为严峻。推进煤炭资源税改革需要抓住煤炭市场价格走低的时间窗口，又不对煤炭企业的经营造成重大冲击，因此，必须正确认识改革对经济的影响，通盘考虑，权衡利弊，扬长避短，稳步推进煤炭资源税改革。

第8章

国　　债

本章学习要点

通过本章的学习，掌握国债的含义及特点、国债的类型、国债管理的概念；理解国债和国债市场的功能、国债发行和国债偿还条件；了解内债和外债以及相关理论。

本章学习重点与难点

本章的学习重点是了解国债的特点以及国债的类型；掌握国债发行的价格、国债发行利率、国债发行方式(包括固定收益出售方式、公募拍卖方式、连续经销方式、直接销售方式、强制摊派方式等)、国债偿还方式；难点是理解国债市场(包括国债发行市场和国债流通市场)、内债和外债相关内容。

本章基本概念

国债、凭证式国债、记账式国债、平价发行、折价发行、溢价发行、一次偿还法、调换偿还法、国债市场、国债偿还能力、偿债率、经济债务率、出口债务率指标

8.1 国债概述

8.1.1 国债的基本概念

1. 国债的产生与发展

国债作为一个财政范畴，其出现晚于税收。而作为国家信用的主要形式，其产生也晚于私人信用和商业信用。国债的产生离不开商品经济和信用经济的发展，商品和信用经济的发展则是国债产生的经济条件，只有当商品经济发展到一定阶段时，社会上才会出现较为充裕的闲置货币资金，并进而出现基于借贷关系基础上的信用经济时，国债的产生才有可能。通常认为，早期国债最早出现于公元前4世纪左右的古希腊和古罗马，当时在奴隶制的城邦制下，商品经济已经萌芽并得到缓慢发展，简单的货币信用关系也已存在，因此，产生了早期国债。但

当时的国债只是作为一种偶然出现的经济现象，并且一般是以高利贷形式出现，反映了当时商品经济、货币信用尚不发达的基本状况。

西方现代国债的产生和发展，则是伴随着资本主义生产方式和市场经济体制的产生和发展而出现的。国债真正的发展是在资本主义社会，特别是资本主义发展进入垄断阶段以后。首先，反映资本主义意识形态的个人主义为国债发行提供了充分的政治条件。在封建时代，"普天之下，莫非王土；率土之滨，莫非王臣"，所有臣民和财富在观念上都隶属于君主，政府与臣民之间在经济上平等的借贷关系不可能大规模发生。只有到资本主义社会，政府和居民个人作为平等经济主体观念的确立，国债发展才具备了充分的政治基础。其次，在资本主义社会，特别是其垄断阶段以后，政府的职能范围急剧扩张，财政支出开始膨胀，大规模发行国债成为必要。再次，大量的信用资本是国债发展的经济基础，而完善的国债市场和全国性的金融机构等则为国债发展提供了技术上的条件。与古代国债依附于高利贷信用关系不同的是，现代信用是建立在资本主义和市场经济的信用关系基础上，是在借贷资本运动的基础上产生的。现代意义上的国债最早出现于资本主义生产方式、市场经济体制和信用关系萌芽的13世纪的意大利各城市，但西方现代国债制度的最终确立和大发展，是在资产阶级夺取政权后的自由市场经济时期，如17世纪的荷兰、工业革命之后的英国等。

如今，国债的发展早已远远超出了发达的资本主义国家的范围，成为世界性的财政现象。不论社会制度怎样，不论经济发展水平如何，包括社会主义国家以及发展中国家在内的几乎所有国家，无不将国债作为政府筹集财政资金的重要形式和发展经济的重要杠杆。

2. 国债的含义

在信用经济高度发达的当今世界，为某种需要而举债已成为十分普遍的社会现象。举债的主体或举债人主要有两类：一是私人和企业，二是政府。私人和企业举借的债务称为民间债或私债，政府举借的债务称为公债。公债包括国债和地方债。国债是指中央政府在国内外发行债券或向外国政府、国际组织和银行借款所形成的国家债务。

3. 国债的特点

从债务人(政府)的角度讲，国债具有以下三个特点。

(1)自愿性。国债的发行与认购是建立在资金持有者自愿接受的基础上。除极少数强制国债外，人们是否认购、认购多少，完全由自己决定，这也与强制课征的税收明显不同。

(2)有偿性。国债的发行必须遵循信用原则：有借有还。债券或借款到期不仅要还本，而且还要支付一定的利息。国债具有偿还性，是一种预期的财政支出，这一特点和无偿性的税收是不同的。

(3)灵活性。国债的发行与否以及发行多少，一般完全由政府根据公共收支的状况，灵活地加以确定，而非如课税一般，通过法律形式预先约定。政府根据财政状况灵活确定是否发行国债、发行短期国债还是中长期国债以及发行多少。

从债权人(购买者)的角度讲，国债的特点表现在以下三个方面。

(1)安全性。国债是一个特殊的债务范畴，它与私债的本质区别在于发行的依据或担保物不同。私债是以私人信用为依据，由于作为私人信用保障的私人收入和财产的有限性，其信用基础相对薄弱，从而对债权人来说其风险较大。国债则不同，国债发行的依据是国家信用，而国家信用的基础又是国家的主权和资源，因此，由政府以国家主权和资源作为承担国债偿还责任的基础，其安全性是最高的。在信用评级机构对各类证券的评级中，以主权为基础的国债总是评级最高的。正是在这种意义上，人们通常把国债称作“金边债券”。

(2)流通性。国债流通性强，变现容易。由于政府的高度信用地位，使得国债的发行额十分庞大，发行也十分容易，由此造就了一个十分发达的二级市场，发达的二级市场客观地为国债的自由买卖和转让带来了方便，使国债的流动性增强，变现较为容易。

(3)收益稳定性。国债的付息由政府保证，对于投资者来说，投资国债的收益是比较稳定的。并且，大多数国家规定对于购买国债所获得的收益，可以享受税收上的免税待遇。

8.1.2 国债的类型

根据不同的分类标准可将国债划分成不同类别。主要有如下类型。

(1)按照国债发行的地域，可以将国债分为内债和外债。内债是在本国的借款和发行的债券。外债则是向其他国家政府、银行、国际金融组织的借款和在国外发行的债券。

(2)按照偿还期限的长短，可以将国债分为短期国债、中期国债、长期国债。根据不同时期的不同情况，有不同的区分方法：一般将偿还期限在一年以内的国债，称为短期国债；十年以上的称为长期国债；介于两者之间的称为中期国债。

以上三种都是有期国债。政府还可以发行不定期国债，不规定债务的时间期限，持有债权的人可以定期凭息票获得政府的利息支付。政府在财政资金充裕时也可随时从市场上买回这种债券以注销债务。

(3)按照债券是否流通，可以将国债分为可转让国债和不可转让国债。可以在金融市场上自由流通买卖的国债，称为可转让国债；不能在金融市场上自由流通转让的国债称为不可转让国债。

(4)按照利率情况为标志，可以将国债分为固定利率国债、市场利率国债和保值国债。发行国债时已经确定利率标准的称为固定利率国债；发行国债时不确定利率标准，待国债上市时，依市场的供求关系等随时变动，还本付息时国家也依市场利率确定其利率水平的国债称为市场利率国债；在国债发行时已确定利率基数，但其还将随市场物价水平的上浮而上浮的国债称为保值国债。

(5)按照借债的方法不同，可以将国债分为强制国债、爱国国债和自由国债。政府不论认购者愿意与否，利用政治权力强制发行的国债，称为强制国债；政府利用认购者的爱国热情发行的国债，称为爱国国债；政府发行的可以由认购者自主购买与否或购买多少的国债，称为自由国债，这是国债发行采取的最普遍的形式。

(6)按照国债的计量单位，可以将国债分为货币国债、实物国债和折实国债。货币国债是指以货币为计量单位发行的国债，可以分为本币、外币、黄金三种；实物国债，是指以实物为计量单位发行并以实物还本付息的国债；折实国债，是指以若干种类和数量的实物作为综合计量单位，折合市价发行国债并归还本息。

(7)按照国债的付息方式，可以将国债分为附息国债和零息国债。付息国债采用分期付息的方式，一般长期国债大多属于附息国债。零息国债也称无息票国债，在付息方式上，采用贴现方式或到期一次还本付息，中、短期国债大多属于这一类。

(8)其他分类。按照国债是否记名，可以将国债分为记名国债和无记名国债；按照国债是否具有相关凭证，可以将国债分为凭证式国债和记账式国债。凭证式国债是指国家采取不印刷实物券，而用填制“国库券收款凭证”的方式发行的国债。我国从 1994 年开始发行凭证式国债。凭证式国债其票面形式类似于银行定期存单，利率通常比同期银行存款利率高，具有类似储蓄、又优于储蓄的特点，通常被称为“储蓄式国债”，是以储蓄为目的的个人投资者理想的投资方式。记账式国债又称无纸化国债，它是指将投资者持有的国债登记于证券账户中，投资者仅取得收据或对账单以证实其所有权的一种国债;按照国债的认购对象，可以将国债分为居民认购的国债、机构认购的国债等;按照国债资金的最终用途，可以将国债分为建设性国债和赤字国债等。

中华人民共和国建立以后，20 世纪 50 年代发行的国内国债主要有两种：①1950 年发行的以实物为计量单位的人民胜利折实国债。②1954—1958 年发行的国家经济建设国债。1978 年中国共产党第十一届三中全会以后，随着经济发展和改革的需要，从 1981 年起，中国重新开始发行国内国债，主要有六种：国库券、特种国债、国家重点建设债券、国家建设债券、财政债券、保值国债。这些国债按照上述分类标准，基本上为中央政府发行的以货币为发行本位的中期附息现货债，但从利率与物价变动的关系看，又分为保值债券与不保值(固定利率)债券。

随着对外开放和经济往来的发展，为更有效地筹集资金，1987 年财政部代表中国政府首次在欧洲市场上发行了政府债券。

8.1.3 国债的功能

国债的功能是指国债本身所固有的内在功能，在社会主义市场经济体制下，国债具有以下功能。

1. 弥补财政赤字

当国家正常的财政收入难以满足支出需要而出现收支差额，即财政赤字时，通过发行国债来筹措资金弥补赤字是国债的首要功能。发行国债是世界各国普遍采取的弥补财政赤字的方法。与向银行透支或借款相比，发行国债有以下特点：一是发行国债只是社会购买力从国债认购者向政府转移，政府支付能力的增加是与认购者支付能力的减少相对应的。在正常情况下，它改变的只是社会需求结构，而不增加需求总量，因而一般不易引起通货膨胀;二是国债的认购者是社会上各自独立的企事业单位和个人，资金来源比较分散，购买者的负担相对较轻，对经济发展的负面影响较小，而向银行透支或借款仅集中于一家或几家银行，负担相对集中，也容易成为货币发行的诱导因素，对经济稳定发展的风险性要大一些。

1994 年 1 月，国务院出台了金融体制改革方案，并在方案中规定当年的财政赤字一律用发行国债的办法来弥补，从而使我国财政赤字的弥补方式发生了根本的变化，国债弥补财政赤字的功能也将得到更好的发挥。

2. 筹集建设资金

我国财政一方面承担着国有资产投资及其他经济建设支出的任务，另一方面则由于生产力水平不高而使收入在量上受到限制。这就使经济建设对资金的需要量与国家正常收入的可能量之间存在着突出的矛盾。国家通过发行国债，动员社会闲置资金参加社会经济建设，可以缓解上述矛盾，发挥国债筹集建设资金的功能。

用发行国债的办法筹集建设资金较之增加税负等筹资手段，有灵活、便利、易于公众接受等优点。税收是国家法律规定的强制性行为，提高税负必然要受纳税人承受能力的限制，幅度过大会损及微观经济主体的积累能力，破坏市场经济正常运作的微观基础;此外，提高税率、新增税种有严格的立法程序，操作比较烦琐。发行国债则与此不同，它一般遵循自愿原则，认购者可以根据自己的承受能力随意购买，它的对象主要是社会经济生活中暂时闲置的资金。因此，用发行国债的方法筹集资金，只要规模适度，方式妥当，一般不会对经济发展产生不利影响，也易于被认购者接受。此外，举借外债还可以引进外国资本弥补国内建设资金之不足，为更好地进行现代化建设服务。

3. 调节经济运行

国债在弥补财政赤字和筹集资金的过程中，客观上发挥着调节国民收入分配比例、影响社会总供求关系、调节经济运行的功能。

发行国债是将国民收入分配中个人和企业所得部分转移到国家手中，使政府可支配财力增加。债务收入的使用方向不同，将对国民财富的分配结构及资源流动方向产生不同的影响，进而在社会需求内部产生调节积累与消费的比例关系，优化资源配置比例的经济调节作用。此外，在社会总供求发生矛盾时，发行国债可以将社会需求中个人和企业的部分转移给国家，在社会需求过大而供给不足时，这种转移可以推迟企业或居民需求的实现时间，起到收缩社会需求、缓解供求矛盾的作用；反之，在社会有效需求不足而供给相对过剩的情况下，发行国债可以动员社会闲置资金，起到增加社会有效需求、均衡社会供求总量的作用。

8.1.4 我国国债的发展简史

我国最早发行国债是在清王朝。1898 年清王朝发行过“昭信股票”，可以算是我国历史上第一次发行的国债。“昭信股票”是 1898 年中国清政府为偿付对日本战争“赔款”而举借的内债，是中国历史上第一次用证书形式发行的内债。1894 年日本帝国主义发动对中国的侵略战争，即甲午中日战争。由于清王朝的极端腐败，中国战败。1895 年 4 月 17 日清政府被迫与日本签订丧权辱国的《中日马关条约》，规定“赔偿”日本侵略者军费库平银（库平银是清朝国库收支使用的标准货币单位）2 亿两，第一年交一半，其余分六年交清，未交清的部分每年必须偿付 5%的利息。甲午战争“赔款”加“赎辽费”3 000 万两，当时约合 3.5 亿日元，约等于当时日本全国银行存款总额的 2 倍，全国财政收入的 4.3 倍。而当时清政府全年的财政收入还不足 8 900 万两库平银。为筹集赔款，光绪二十四年（1898 年）发行了“昭信股票”。昭信股票以田赋、盐税为担保，募集金额为库平银 1 亿两，年息 5 厘。国债证书面额为 100 两、500 两及 1 000 两 3 种。偿还方法是：前十年付息，后十年本息并付，二十年还清。偿还财源是：盐税增征所得的年额 60 万两及漕粮、绿营经费、其他诸经费节减的剩余金供支付利息，十年后用外债偿还基金归还本金。募集债款 10 万两以上的人，由各省报请授奖；1 万两以上的应募者予以官位。债券由户部专设昭信局，各省设分局办理。由于昭信股票是用于莫须有的赔款，遭到社会的广泛反对，清政府被迫于当年 9 月下令，民间停办，官员仍准请购买。

1912 年清王朝又发行过国债，但工作没有结束，清王朝就灭亡了。

在“中华民国”时期，从 1912 年至 1936 年共发行了 72 亿元国债。1937 年抗日战争爆发，国民党曾发行过“救国国债”等 90 多亿元。

新民主主义革命时期，各根据地为发展经济和弥补财政收入不足，曾应用发行国债形式筹集资金。

新中国成立后，我国的国债发行分为三个阶段。

第一阶段是 1950 年，为了保证仍在进行的战争供给和恢复国民经济，新中国成立后于 1950 年发行了“人民胜利折实国债”，成为新中国历史上第一种国债，发行目的是为了支援解放战争，迅速统一全国，以利于安定民生，恢复和发展经济。为避免受物价波动的影响，规定国债的募集和还本付息均以实物为计算标准，其单位定名为分。每分以上海、天津、汉口、西安、广州、重庆六大城市的大米(天津为小米)3千克、面粉0.75千克、白细布1.33米和煤炭8千克的批发价，用加权平均的办法计算。此项平均市价，每10日公布一次。发行总额原定为2亿分，年息5厘，分5年偿还。第一期发行1亿分，第二期因国家财政经济状况好转，停止发行。到1956年11月底，本息全部偿清。

第二阶段是1954—1958年，分五次发行了总额为35.44亿元的“国家经济建设国债”，相当于同期国家预算经济建设支出总额862.24亿元的4.11%。1958年后，由于历史原因，国债的发行被终止。

第三阶段是1979年改革开放以后，我国重新认识“既无内债、又无外债”的债务理论问题，重新开始发行内债和外债，并积极完善国债制度，不断强化国债的作用，特别是从1998年开始实施积极的财政政策，发行国债对我国经济的发展起到了重要的作用。中国于1981年恢复了国债发行，时至今日国债市场的发展又可细分为几个具体的阶段。

1981—1987年间，国债年均发行规模仅为59.5亿元，且发行日也集中在每年的1月1日。这一期间尚不存在国债的一、二级市场，国债发行采取行政摊派形式，面向国营单位和个人，且存在利率差别，个人认购的国债年利率比单位认购的国债年利率高4个百分点。券种比较单一，除1987年发行了54亿元3年期重点建设债券外，均为5～9年的中长期国债。

1988—1993年间，国债年发行规模扩大到284亿元，增设了国家建设债券、财政债券、特种国债、保值国债等新品种。1988年，国家分两批在61个城市进行国债流通转让试点，初步形成了国债的场外交易市场。1990年后，国债开始在交易所交易，形成国债的场内交易市场，当年国债交易额占证券交易总额120亿元的80%以上。1991年，我国开始试行国债发行的承购包销;1993年10月和12月，上海证券交易所正式推出了国债期货和回购两个创新品种。

1994年，财政部首次发行了半年和一年的短期国债;1995年，国债二级市场交易活跃，特别是期货交易量屡创纪录，一些违规事件频频出现，致使国债期货交易于当年5月被迫暂停。

1996年，国债市场出现了一些新变化：首先，财政部改革以往国债集中发行为按月滚动发行，增加了国债发行的频度;其次，国债品种多样化，对短期国债首次实行了贴现发行，并新增了最短期限为3个月的国债，还首次发行了按年付息的10年期和7年期附息国债;再次，在承购包销的基础上，对可上市的8期国债采取了以价格(收益率)或划款期为标的的招标发行方式;最后，当年发行的国债以记账式国库券为主，逐步使国债走向无纸化。

1996年以后，国债市场交易量有所下降。同时，国债市场出现了托管走向集中和银行间债券市场与非银行间债券市场相分离的变化，呈现出“三足鼎立”之势，即全国银行间债券交易市场、深沪证交所国债市场和场外国债市场。

8.2 国债的发行与偿还

8.2.1 国债的发行

所谓国债的发行是指国债券售出的过程，也就是银行、企业单位和居民认购国债的过程。这是国债运行的起点和初始环节。国债发行主要涉及两个方面的问题：发行条件和发行方式。

1. 国债发行条件

(1)国债发行价格

国债发行价格一般有以下三种。

① 平价发行，是指政府债券按票面值出售，即认购者按照国债票面值支付认购金，政府按票面值取得收入，到期按票面还本。政府债券按照票面值出售，必须有两个前提条件：一是市场利率要与国债发行利率大体一致，如果市场利率高于国债利率，按面值出售便无人认购，市场利率低于国债利率，按面值出售，会提高政府的筹资成本；二是政府必须有良好的信用，只有在政府信用良好的情况下，人们才乐于按照面值认购，才能保证国债发行任务的完成。

② 折价发行，是指政府债券以低于票面值的价格出售，即认购者按照低于票面值的价格支付认购金，政府按这一折价取得收入，到期仍按票面值还本。债券的发行价格低于票面值，其原因主要有：一是压低发行价格比提高国债的利息率，更能掩盖财政拮据的实际情况，而且不致引起市场利息率随之上升而影响经济的正常发展；二是在发行任务较重的情况下，用减价的方式给予额外利益来鼓励投资者踊跃认购。

③ 溢价发行，是指政府债券以超过票面值的价格出售，即认购者按高于票面值的价格支付认购金，政府按这一增价取得收入，到期则按票面值还本。政府债券能按高于票面值的价格出售，应满足以下条件：一是国债利息率高于市场利息率，以致认购者有利可图；二是国债利率原与市场利率大体相当，但当债券出售时，市场利率下降，以致政府有可能提高债券出售价格。

上述三种发行价格，从政府财政的角度看，第一种价格即平价发行可以说是最为有利的。这是因为：首先，采用这种价格发行国债，政府可按事先规定的票面值取得预期收入，又按此偿还本金，除需按正常的利息率支付一定的债息外，不会给政府财政带来额外负担；其次，按照票面值出售债券，不会影响市场利率，抛开政府经济政策的因素，这是有利于经济的稳定的；再次，还有助于避免债券的投机之弊。溢价发行，尽管能在发行价格上为政府带来溢价收入，但溢价发行只有在国债利率高于市场利率的情况下才能实现，财政也要为此承受较高的利息支出。折价发行既不能为财政按照票面面值带来预期收入，偿还本金支出又要大于实际国债收入，而且还可能影响市场利率的稳定，对财政更为不利。

(2)国债发行利率

国债的利息率，就是政府国债利息额与国债本金额之间的比率。国债利率的确定是国债发行的重要环节。利率越高，发行越容易，但政府偿还债务的负担越重；反之，利率越低，发行越困难，但政府偿债负担越轻。因此，制定合理的国债利率是非常关键的。

国债利率的确定主要考虑以下因素。

① 金融市场利率水平。国债利率必须依据金融市场上各种证券的平均利率水平而定。证券利率水平提高，国债利率也应提高，否则国债发行会遇到困难；金融市场平均利率下降时，国债利率水平也应下调，否则政府会蒙受损失。

② 银行储蓄利率。一般而言，国债利率以银行利率为基准，一般要略高于同期银行储蓄存款利息，以利于投资者购买国债。但不要过高于银行储蓄存款利率，否则将形成存款“大搬家”。

③ 政府的信用状况。一般情况下，由于政府信誉高于证券市场私人买卖证券信誉，所以在政府信誉高的情况下，国债利率适当低于金融市场平均利率水平。但如果政府信誉不佳，就必须提高国债利率，才能保证国债顺利发行。

④ 社会资金供求状况。当社会资金供应充足，国债利率即可降低；当社会资金供应紧张，国债利率必须相应提高。否则，前者可能导致国家额外的利息支付；后者可能导致国债发行不顺利。

国债利率还受政府经济政策的影响，考虑政府经济政策的需要。国债利率的确定固然要考虑市场利率，但同时对市场利率产生影响。具体地讲，短期国债利率会影响货币市场，而长期国债利率则对资本市场利率发生影响。政府有时会利用国债利率来影响市场利率，实现调节经济运行的目标。

通胀时期——提高利率——抑制物价上升和经济过热

萧条时期——降低利率——刺激投资和消费，促进经济增长

滞胀时期——提高短期利率，抑制物价上升；降低长期利率，促进经济增长

美国20世纪70年代国债(联邦政府公债)各种期限的利率是：短期国债——8.752%利率，中期国债——7.609%利率，长期国债——6.742%利率。出现这种情况的背景是，自60年代以来，美国经济陷入滞胀困境，政府既要控制物价上升，又要促进经济增长。于是，把国债利率作为调控市场利率，进而调控经济的一种手段。提高短期国债利率目的在于抑制货币需求，降低物价；降低中长期国债利率，目的在于扩大投资需求，促进经济增长。

(3) 国债发行额

国债发行额是指发行多少数量的国债。影响国债发行额的因素有政府资金需求、市场承受能力、政府信誉以及证券种类、国债收入的用途及使用后的效率和今后的偿还能力等。只有充分考虑这些因素，才能恰当地确立国债发行的规模。

(4) 国债期限

国债期限是指从国债发行日起到还本付息日止的这段时间。国债期限影响到国债的发行对象、发行范围、发行方式以及流通与否等具体问题的选择。在确定国债期限时应考虑到政府使用资金的周转期、市场利率的发展趋势、流通市场的发达程度、投资人的投资意向、社会资金的闲置状况和债务收入的用途等。

此外，国债的发行条件还包括国债的票面金额和编号，国债的名称与发行目的，国债的发行对象、发行与交款时间、还本付息的方式，国债经销单位和债券流动性的规定等。表8-1、表8-2是我国财政债务发行情况和余额情况，供读者参考。

表8-1 1979—2013年国家财政债务发行情况 单位：亿元

年 份	合 计	国内债务	国外借款	国内其他债务
1979	35.31	—	35.31	—
1980	43.01	—	43.01	—
1981	121.74	48.66	73.08	—
1982	83.86	43.83	40.03	—
1983	79.41	41.58	37.83	—
1984	77.34	42.53	34.81	—
1985	89.85	60.61	29.24	—
1986	138.25	62.51	75.74	—
1987	223.55	63.07	106.48	54.00
1988	270.78	92.17	138.61	40.00
1989	407.97	56.01	144.06	207.84
1990	375.45	93.46	178.21	103.78

（续表）

年　份	合　计	国内债务	国外借款	国内其他债务
1991	461.40	199.30	180.13	81.97
1992	669.68	395.64	208.91	65.13
1993	739.22	314.78	357.90	66.54
1994	1 175.25	1 028.57	146.68	—
1995	1 549.76	1 510.86	38.90	—
1996	1 967.28	1 847.77	119.51	—
1997	2 476.82	2 412.03	64.79	—
1998	3 310.93	3 228.77	82.16	—
1999	3 715.03	3 702.13	—	12.90
2000	4 180.10	4 153.59	23.10	3.41
2001	4 604.00	4 483.53	120.47	—
2002	5 679.00	4 660.00	—	19.00
2003	6 153.53	6 029.24	120.68	3.61
2004	6 879.34	6 726.28	145.07	7.99
2005	6 922.87	6 922.87	—	—
2006	35 015.28	34 380.24	635.02	—
2007	52 074.65	51 467.39	607.26	—
2008	53 271.54	52 799.32	472.22	—
2009	60 237.68	59 736.95	500.73	—
2010	67 548.11	66 987.97	560.14	—
2011	72 044.51	71 410.80	633.71	—
2012	77 565.70	76 747.91	817.79	—
2013	86 746.91	85 836.05	910.86	—

注：(1)从 1999 年开始，国内其他债务项目为债务收入大于支出部分增列的偿债基金；
(2)从 2006 年起实行债务余额管理，国家财政预决算不再反映债务发行收入。
资料来源：中国统计年鉴 2014。

表 8-2　2005—2013 年中央财政债务余额情况　　单位：亿元

年　份	合　计	国内债务	国外借款
2005	32 614.21	31 848.59	765.52
2006	35 015.28	34 380.24	635.02
2007	82 074.65	51 467.39	607.26
2008	53 271.54	52 799.32	472.22
2009	60 237.68	59 736.95	500.73
2010	67 548.11	66 987.97	560.14
2011	72 044.51	71 410.80	633.71
2012	77 565.70	76 747.91	817.79
2013	86 746.91	85 836.05	910.86

注：从 2006 年起实行债务余额管理。
资料来源：中国统计年鉴 2014 年。

2. 国债的发行方式

(1)固定收益出售方式

固定收益出售方式是一种在金融市场上按预定的发行条件发行国债的方式。其特点是认购期限较短，发行条件固定，推销机构不限，主要适用于中长期债券的发行。在金融市场稳定的条件下采取这种方式是比较有利的。政府可据此预测市场容量，确定国债的收益条件和发行数量，也可灵活选择有利的销售时间。但在金融市场利率易变或不稳定的情况下，采取这种方式就会遇到一定困难，主要是政府不易把握市场行情并据此确定国债的收益条件及发行数量；即使勉强确定，也极有可能与市场行情不适应，难以保证国债发行任务的完成。

为了使固定收益出售不受市场波动的影响，采取这种方式销售国债的国家大都辅之以“销售担保”措施，主要包括以下两种。

① 辛迪加财团包销，即财政部门与银行、信贷机构和证券商等组成的辛迪加金融财团通过谈判签订合同，后者对政府的债券实行包销。如国债预定发行量未能完全推销掉，其余额由包销者自身购入。但作为包销者发行风险的补偿，政府必须支付高昂的佣金和手续费，因而实行这种措施的推销费用较高。

② 中央银行包销，即由中央银行负责包销政府债券，并承购未能推销掉的余额，然后由其负责在市场上继续出售。这种包销方式一般不需政府支付包销佣金和手续费，在推销费用上显然优于前者，但却可能导致中央银行货币增发，影响货币政策的效果。

(2)公募拍卖方式

公募拍卖方式也称公募招标方式。这是一种在金融市场上通过公开招标发行国债的方式。其主要特点是：发行条件通过投标确定，招投标过程由财政部门或中央银行负责组织，即以它们为发行(推销)机构。主要适用于中短期国债，特别是国库券的发行，主要由一级自营商参与国债的投标。

具体的招标或拍卖的方式是多种多样的。其中，按标的来划分，可以分为价格招标和收益招标。价格招标是指公债的利率和票面值固定不变，认购者根据国债的价格进行投标。投标价格可以高于债券面值，也可以低于面值。推销机构则由高到低出售，额满为止。收益招标是指固定债券出售价，认购者对债券的利率进行投标。发行机构则根据投标利率的高低，由低到高依次出售，额满为止。按照中标者认购国债的价格或利率来划分，又可分为单一价格(收益)招标和多种价格(收益)招标。单一价格(收益)招标又称荷兰式招标，即所有中标者都按最后一个中标者自报的价格或利率(终止价)来认购国债，因而适用于认购者的发行条件是单一的。多种价格(收益)招标，也称美国式招标，即各个中标者要按投标时自报的价格或利率来认购国债，因而适用于认购者的发行条件不一致。

采用公募拍卖方式发行国债时，常常要附加某些限制性条件。其中主要是规定最低标价(发行价格)和最高标价(发行利率)，低于最低标价或高于最高标价的投标，发行机构不予接受。

(3)连续经销方式

连续经销方式也称出卖发行法。一般是由财政部门委托金融机构、中央银行或证券经纪人在金融市场上设立专门柜台代为经销国债的方式。其特点是经销期限不定，发行条件不定，即不预先规定债券的出售价格和利率，而由财政部门或其代销机构根据推销中的市场行情相机确定，且可随时进行调整。这种方式主要适用于不可转让债券，特别是对居民发行的储蓄债券。其主要优点是可灵活确定国债的发行条件和发行时间，从而确保国债发行任务的完成；缺点是会排挤其他债券如企业债券和金融债券，从而妨碍工商企业民间的筹资活动(实际上，其他方式也同样存在这个问题，只不过连续经销方式表现更为突出)。目前只有澳大利亚、丹麦等少数国家采用。

(4)直接销售方式

直接销售方式也称承受发行法。它是由财政部门直接与认购者举行一对一谈判出售国债的发行方式。主要特点是发行机构只限于财政部门，而不通过任何中介或代理机构；认购者主要限于机构投资者，其中主要是商业银行、储蓄银行、保险公司、各种养老基金和政府信托基金等；发行条件通过直接谈判确定。这种方式主要适用于某些特殊类型的政府债券的推销。如我国 20 世纪 80 年代以来对银行、保险公司、养老保险基金和待业基金定向发行的财政债券、专项国债和特种国债等，就是采用这种方式发行的。

(5)综合方式

综合方式是一种综合上述各种方式的特点而加以综合使用的国债发行方式。在某些国家的国债发行过程中，有时并不单纯使用上述的任何一种方式，而是将这些方式中的一些特点综合起来，取其所长，结合使用。英国是一个最典型的例子。在英国，国债的发行往往采取先拍卖后连续经销的方式，即最初先将国债以公募拍卖方式出售，由于拍卖期限较短，且附有最低标价规定，难以避免投标数量不足。拍卖余额由英格兰银行负责购入，其后再以连续经销方式继续出售，直到完成预定的发行任务。英国的这种发行方式就是综合了公募拍卖和连续经销两种方式的特点，取长补短，也具有了相当的灵活性。

(6)强制摊派方式

强制摊派方式是一种政府利用政治权力推销国债的方式。其特点是带有强制性，即一旦摊销数额和对象确定，不论认购者是否愿意，都必须如数支付债款，接受债券，因而在形式上接近于税收。这种方式的优点是可为政府迅速地筹措到所需的资金，一般不会发生认购不足的情况。但它的弊端也非常明显，这就是它违背信用经济的基本要求，容易使认购者产生抵触情绪。因此，一般情况下不宜采用。

我国自 1981 年恢复发行国债之初，基本采取单一的行政摊派方式，这是由当时的客观条件决定的。一是我国发行国债不长，人们对国债的认识不够；二是国债利率低于同期银行储蓄利率，国债券又不能转让流通，限制了人们认购国债的积极性；三是人们的收入水平低。所有这些因素，决定了当时国债的发行只能采取行政摊派这种特殊的方式。1991—1993 年，随着国债发行条件的改善，在对部分国债的发行继续沿用行政摊派的同时，开始采用承购包销(固定收益)的发行方式。1994—1995 年，则基本上采取单一的承购包销方式。1996 年以来，国债的发行基本上是同时采用承购包销、公募拍卖和直接销售方式。基本的结构是：以公募拍卖方式出售可上市国债(记账式国债)；以承购包销方式出售储蓄国债(凭证式)；以直接销售方式向社会保障机构和保险公司出售定向国债。

8.2.2　国债的偿还

国债的偿还是指国债按照信用契约，对到期国债支付本息的过程，它是国债运行的终点。各国偿还国债的方式主要有：分期逐步偿还法、买销偿还法、抽签偿还法、一次偿还法和调换偿还法。

1.分期逐步偿还法

分期逐步偿还法即对一种债券规定几个还本期，每期偿还一定比例，直到债券到期时，本金全部偿清。如 5 年期票面额为 1 000 元的债券分 5 次在 5 年内偿还，每年偿还 1/5，持有人可以每年从政府收回 200 元，直到 5 年期限结束收回全部本金 1 000 元。这种偿还方式可以避免到期一次偿还给财政带来的压力，缺点是偿还期限固定，政府机动性较小。

2. 买销偿还法

买销偿还法是国家直接从市场上按市价买回国债券，销去债务的方法。这种偿还法只适用于可转让债券。其中由于各国中央银行进行公开市场业务活动，大量买卖短期债券，因此，市场购销偿还法就成为短期债券还本的主要方式。其长处是给投资者提供了中途兑现的可能性，并会对国债券的价格起支持作用；短处是只限于可转让国债，而且对国债流通市场有较高的要求。

3. 抽签偿还法

抽签偿还法有两种：一种是定期抽签法，另一种是一次抽签法。所谓定期抽签法，是国家根据某种国债的偿还年限及比例规定，按国债券的号码定期分次抽签以确定每年偿还一部分国债的方法。所谓一次抽签法，是在国债第一次偿还之前，把归还期内所有国债按债券号码一次抽签以确定每年偿还一部分国债的方法。我国 1981—1984 年发行的国库券就采用了这种发行方式。如 1981 年的国库券，自 1986—1990 年分 5 年偿还，每年偿还 1/5，政府通过抽签确定各年度应偿还的国库券号码并向社会公布。每年只对本年度中签的那部分国库券进行偿还。这种还本方式的利弊与分期逐步偿还法大致类似。

4. 一次偿还法

一次偿还法即对发行的国债券在到期日按票面额一次全部偿清。其优点是国债还本管理工作简单、易行，且不必为国债的还本而频繁地筹措资金；缺点是集中一次偿还国债本金，财政支付压力较大。我国 1985 年以后发行的国债一般都采取这种还本方式。

5. 调换偿还法

调换偿还法是国家通过发行新债替换到期旧债以偿还国债的方法。到期债券的持有人可用到期债券直接兑换相应数量的新发行债券，从而延长持有债券的时间。政府用新券换旧券，使到期债务后延。采用这种方式的目的是为了缓解兑付高峰、国家财政资金紧缺与债务集中偿还的矛盾。我国 1990 年、1991 年对到期国债券曾采取过这种转换债的方式偿还。具体做法是：继续沿用原来的债权凭证(或收款单)，按新公布的转换债利率，采取推迟偿还、分段计息的做法。这种偿还方式，严格来说，政府并没有按期偿还国债，不利于维护政府的信用，因此不宜经常采用。

无论采取什么方式偿还国债，都必须有稳定充足的资金来源。通常偿债的资金来源有：预算直接拨款；经常性国家预算收支结余；设立偿债基金；发新债以偿还旧债。

我国在 1994 年之前，偿还债务的资金来源主要是预算列支；从 1994 年起主要采取发新债还旧债的方法。

8.3 国债市场

8.3.1 国债市场的概念

国债市场，是国债发行和流通市场的统称，是买卖国债的场所。主要包括国债发行市场和国债流通市场。

1. 国债发行市场

国债发行市场，又称国债一级市场，指国债发行的场所。一般是政府财政部门与债券承销机构(一级自营商)及投资者(主要是机构投资者)之间的交易。自1981年我国恢复发行国债以来，一直在不断摸索和改革国债的发行方式。1991年，我国首次进行了以承购包销方式发行国债的试验，并获得成功。这标志着我国国债一级市场机制开始形成。

2. 国债流通市场

国债流通市场，又称国债二级市场，指投资者买卖、转让已经发行的国债的场所。具体是指国债通过发行市场被投资者认购以后，再由投资者转移给其他人。国债流通市场为债券所有权的转移创造了条件。在国债流通市场上进行国债交易，有的在证券交易所交易，即证券交易所营业厅交易，也有不在交易所营业厅从事交易，则称为场外交易。

(1)按交易的场所，国债流通市场可以分为证券交易所交易和场外交易。证券交易所交易是指在指定的交易营业厅从事的国债交易，不在交易所营业厅从事的交易即为场外交易。场外交易又可分为银行间国债交易和银行柜台国债交易等。银行间国债交易是指中央银行与商业银行之间以及商业银行相互之间在交易所之外所进行的国债交易。银行柜台交易主要是指商业银行与投资者之间在商业银行所进行的国债交易。

(2)按交易的方式，国债流通市场可以分为现货(券)交易、回购交易、期货交易和期权交易等。现货交易是指国债买卖双方在谈妥一笔交易后(即成交时)，马上办理交券付价交割手续的交易方式。回购交易是指债券持有人在卖出一笔国债的同时，与买方签订协议，承诺在约定期限后以约定的价格购回同笔国债的交易活动。期货交易是相对于国债现货交易而言的，其特点是买卖双方债券所有权的转让和货款的交割时间分割开来，双方签订交易合同后不是立即付款和交付债券，只是到了约定的交割时间才进行买方付款，卖方交付债券。期权交易是指交易双方为限制损失或保障利益而订约，同意在约定时间内，按照协定价格买进或卖出契约中指定的债券，也可以放弃买进或卖出这种债券的交易方式。

国债发行市场与流通市场是国债市场两个重要组成部分。两者相辅相成。从发行市场看，国债发行市场是流通市场的前提和基础环节。首先要发行国债，然后才谈得上流通国债。发行市场规定国债发行的条件、方式、时间、价格和发行国债的利率，对国债流通市场都会起重要影响。

从流通市场看，流通市场是国债顺利发行的重要保证。由于流通市场为发行市场发行的债券提供了变现的场所，使国债券的流动性有了实现的可能。所以国债流动性的高低，直接影响和制约着国债的发行。如果一种债券流通性好、变现性强，投资者认购的热情就高涨;反之，投资者不愿认购，就会造成发行困难。

国债的发行市场和流通市场应成为一个有机整体。只有这样，才能既有利于降低发行成本，又有助于投资者降低变现成本。所以，要求国债的发行和流通市场要有机地衔接起来，实现发行和流通一体化。

8.3.2 国债市场的功能

国债市场的功能具体表现在以下几个方面。

(1)实现国债的发行和偿还。政府通过国债一级市场和二级市场，完成发行与偿还国债的任务。

(2)调节社会资金的运行。国债市场是中央银行实现宏观调控的重要手段，金融宏观调控有三大手段，即存款准备金率、贴现率(利率)和公开市场业务。公开市场业务绝大部分是指国债买卖业务。如美国、英国国库券是联邦银行和英格兰银行公开市场的主要业务。我国目前公开市场上证券买卖业务，国债券占80%左右。

(3)国债市场能为社会闲置资本提供良好的投资场所，给投资者增加了一条重要的投资渠道。

(4)国债市场增加了国债的流通性，使债券变现能力增强，满足了购买者和持券者对债券灵活性的要求。

8.4 国债管理

国债管理就是政府对公债运行过程所进行的决策、组织、规划、指导、监督和调节。鉴于内、外债的特点存在一定差异，以下分别讨论。

8.4.1 内债管理

1.确定合适的内债规模

合适的内债规模是指内债在一定条件下的最合理的数量界限，它往往表现为一个区间。

(1)从用债的需要来看内债的适度规模问题

国外理论界有以下两种观点。

① 国债规模取决于政府预算差额。经济学家瓦格纳指出，凡是属于经常性的财政开支，必须以租税方式解决，凡是属于临时性的财政支出，宜以举借国债的方式解决，因此，国债的发行规模就要取决于财政预算的差额。这一类观点的理论基础，是把国债当作弥补财政赤字的一种工具或手段。

② 国债规模取决于经济发展状况和政府对经济实施宏观调控的需要。凯恩斯主义是在对西方20世纪30年代大危机的研究基础上提出，通过扩大政府支出、增加政府投资，能够提高各种有效需求、增加就业，而政府的这些政策，都以大量发行国债为前提。他们还主张，国债的发行可以随着经济的发展而不断增长，国债的发行规模应与各经济指标相联系，是动态的。

(2)从发债的可能性来看内债的适度规模问题

① 国债的承受能力。国债的承受能力包括两个方面：一是应债的客体，指承购国债的资金来源，主要取决于一国的经济发展速度和经济效益水平，国民收入或GDP越大，应债能力就越强；二是应债的主体，指承购公债的企事业单位和城乡居民，应债主体负担能力的高低直接制约着公债规模的大小。

② 国债的偿还能力。偿还能力是一个综合指标，由多种因素所决定。它在一定程度上代表着一个国家的经济实力。国债偿还主要是依靠税收，而税收的增加又依赖于国民收入或GDP的增加。因此，下面的指标可以衡量偿还能力的大小：公债占国民收入或GDP的比重；当年国债发行额与当年财政收入的比率；当年还本付息额与当年财政收入的比率。国家偿债支出不能影响社会再生产的正常进行和人民的正常生活。

2.建立合理的内债结构

(1)合理的期限结构

① 合理的国债期限结构，能促使国债年度还本付息的均衡化，避免形成偿债高峰，也有

利于国债管理和认购，满足不同类型投资的需要。国债期限结构的形成是十分复杂的，它不仅取决于政府的意愿和认购者的行为取向，也受到客观经济条件的制约。

② 对政府而言，发行更多的长期国债是有利的；而对于认购者而言，长期国债的流动性和变现力较差，他们更愿意购买中、短期公债。政府必须兼顾自身和应债主体两个方面的要求和愿望，同时考虑客观经济条件，对公债的期限结构作出合理的抉择。

(2)合适的持有者结构

应债主体的存在是国债发行的前提，应债主体结构对公债发行具有较大的制约作用。应债主体结构是指社会资金或收入在社会各经济主体之间的分配格局，即各类企业和各阶层居民各自占有社会资金的比例。国债持有者结构是政府对应债主体实际选择的结果。合适的国债持有者结构，可以使国债的发展具有丰裕的源泉和持续的动力。

(3)合适的国债利率水平与结构

利率水平及其结构是否合理，直接关系到偿债成本高低的问题。国债利率的选择和确定也是国债管理的重要内容。在发达国家，国债利率具有多极化和弹性化特征，制约国债利率的主要因素是证券市场上各种证券的平均利率水平。国债利率必须与市场利率保持大体相当的水平才能使国债具有吸引力，才能保证国债的发行不遇到困难。

8.4.2　外债管理

1.外债的主要形式

(1)外国政府贷款

外国政府贷款是指一国政府利用本国财政资金向另一国政府提供的优惠贷款。其利率较低，甚至是无息；贷款期限较长，一般可达20～30年，是一种带有经济援助性质的优惠贷款。但这种贷款往往规定专门的用途，且这种贷款一般是以两国政治关系较好为前提。

(2)国际金融机构贷款

①国际货币基金组织贷款。这是该组织对基金成员国政府提供的贷款。贷款只能用来解决成员国国际收支出现的暂时不平衡，成员国所能借款的额度取决于该国向基金组织交纳的股份。一般交纳的份额越大，能获得的借款额度就越大。此外，贷款无论使用何种货币，均按特别提款权单位计值。我国曾运用这种贷款调节国际收支平衡。

②世界银行集团贷款。世界银行集团包括国际复兴开发银行、国际开发协会和国际金融公司。世界银行贷款提供的对象主要是发展中国家的政府、政府部门和由政府担保的公私企业。

(3)外国银行贷款

外国银行贷款是指由国际商业银行用自由外汇(硬通货)提供的商业性贷款。有的还要求借款国的官方机构予以担保。利率大多以伦敦银行同业拆放利率为基础加上一定幅度的差价。其用途不受限制，资金期限以中、短期为主，利率较高且大部分是浮动利率，信贷方式灵活多样。

(4)出口信贷

出口信贷是指国家专门机构或银行以利息补贴或信贷国家担保方式，对出口贸易提供的含有官方补贴性质的贷款，包括卖方信贷和买方信贷。是国家支持商品出口(特别是支持那种金额大、交货期长的成套设备)，加强贸易竞争的一种手段。

(5)发行国际债券

发行国际债券是指以各种可兑换货币为面值发行的国际债券。这种形式正在成为国际信贷的主要形式。其特点是:对发行国和发行机构的资信要求较高;筹资金额较大;期限较长;资金可以自由使用、发行手续比较烦琐;发行费用和利率均较高。

2.确保适度的外债规模

外债规模管理是加强外债管理的重要内容。适度的外债规模需要考虑以下两个方面的情况。

(1)偿债率、负债率、经济债务率和出口债务率指标

① 偿债率，指当年还本付息额占当年出口收入的比重。这是衡量一国外债水平的一个中心指标，它反映着一个年度内在对外债务上还本付息的支出与当年商品劳务出口收汇的收入之间的关系。这个比率作为判断债务国清偿能力的高低和对它贷款风险大小的标志，同时也是用来显示未来债务偿还是否可能出现问题的一个寒暑表。

② 负债率，指到计算期为止，国家历年发行的外债尚未偿还的累积余额与当年国内生产总值的比例。这个指标反映着国家累积外债的总规模，是研究控制债务问题和防止出现债务危机的重要依据。

③ 经济债务率，指当年外债余额与国内生产总值的比例，说明一国新创造的价值中被外国资本所占的比重。目前国际上公认这一比值的安全线应该小于30%。

④ 出口债务率，指外债规模与出口收入之间的关系，其经济含义为当年外债余额占当年出口总收入的比重。按国际上公认的标准，这一比值应该小于100%。

(2)国内配套能力

为了更好地控制外债规模，除了运用上述几个指标对债务规模加以监控外，在实际操作中，还必须考虑一国的国内配套能力。国内配套能力主要包括如下内容。

① 资金配套。引进项目的规模能搞多大，必须考虑与国内资金的配套关系。借用外债，引进国外设备，同时要具备相应的国内配套资金，兴建土建工程，水、电、交通等配套措施，以及购买生产原料等，只有如此才能真正形成生产能力。

② 措施配套。只有各部门、各相关主体相互协调，才有可能对外债进行有效管理。一般来说，措施配套包括税收、海关、外汇管理、经济立法，以及引进必要的技术人才及管理人才等。

③ 物资配套。借用外债，重点是引进关键设备和技术，而土建材料、生产原料、燃料及设备配套等主要依靠国内资源。因此，要周密计划国内有多少配套物资，有多大承受能力。

表8-3为2007—2013年我国外债余额，表8-4为1985—2013年我国外债风险指标。

表8-3 2007—2013年我国外债余额 单位：亿美元

债务类型	2007	2008	2009	2010	2011	2012	2013
总计	3 892.2	3 901.6	4 286.5	5 489.4	6 950.0	7 369.9	8 631.7
按债务类型分							
外国政府贷款	300.6	324.7	349.2	320.8	333.0	310.5	265.2
国际金融组织贷款	283.7	270.5	333.8	355.5	350.0	341.0	332.8
国际商业贷款	1 820.9	2 010.3	1 986.5	2 701.1	3 775.0	3 803.4	4 668.7
贸易信贷	1 487.0	1 296.0	1 617.0	2 112.0	2 492.0	2 915.0	3 365.0
按偿还期限分							
长期债务余额	1 535.3	1 638.8	1 693.9	1 732.4	1 941.0	1 960.6	1 865.4
短期债务余额	2 356.9	2 262.8	2 592.6	3 757.0	5 009.0	5 409.3	6 766.3
按债务类型分							
外国政府贷款	7.7	8.3	8.1	5.8	4.8	4.2	3.1
国际金融组织贷款	7.3	6.9	7.8	6.5	5.0	4.6	3.9
国际商业贷款	46.8	51.5	46.3	49.2	54.3	51.6	54.1

（续表）

债务类型	2007	2008	2009	2010	2011	2012	2013
贸易信贷	38.2	33.2	37.7	38.5	35.9	39.6	39.0
按偿还期限分							
长期债务余额	39.4	42.0	39.5	31.6	27.9	26.6	21.6
短期债务余额	60.6	58.0	60.5	68.4	72.1	73.4	78.4

资料来源：中国统计年鉴2014。

表8-4　1985—2013年我国外债风险指标

年　份	偿债率(%)	负债率(%)	债务率(%)	年　份	偿债率(%)	负债率(%)	债务率(%)
1985	2.7	5.2	56.0	2000	9.2	12.2	52.1
1986	15.4	7.3	72.1	2001	7.5	15.3	67.9
1987	9.0	9.4	77.1	2002	7.9	13.9	55.5
1988	6.5	10.0	87.1	2003	6.9	13.4	45.2
1989	8.3	9.2	86.4	2004	3.2	13.6	40.2
1990	8.7	13.6	91.6	2005	3.1	13.1	35.4
1991	8.5	14.9	91.9	2006	2.1	12.5	31.9
1992	7.1	14.4	87.9	2007	2.0	11.1	29.0
1993	10.2	13.6	96.5	2008	1.8	8.6	24.7
1994	9.1	16.6	78.0	2009	2.9	8.6	32.2
1995	7.6	14.6	72.4	2010	1.6	9.3	29.2
1996	6.0	13.6	67.7	2011	1.7	9.5	33.3
1997	7.3	13.7	63.2	2012	1.6	9.0	32.8
1998	10.9	14.3	70.4	2013	1.6	9.4	35.6
1999	11.2	14.0	68.7				

注：(1)偿债率指偿还外债本息与当年贸易和非贸易外汇收入(国际收支口径)之比；

(2)负债率指外债余额与当年国内生产总值之比；

(3)债务率指外债余额与当年贸易和非贸易外汇收入(国际收支口径)之比。

资料来源：中国统计年鉴2014。

3.建立合理的外债结构

建立合理的外债结构意义重大，可以扩大本国借款的能力，维护国际信誉，有效减轻债务负担，避免出现偿债高峰期和在国际环境发生变化时产生债务危机。

(1)外债的来源结构，包括两层含义：一是债务资金的地区、国别来源；二是债务资金的机构来源。在债务资金来源上，不能依靠某一国或某一机构，而应采取多来源、多渠道、多方式的借债策略，以使债务国有可靠、稳定、均衡的外部资金来源，避免因国际金融市场动荡而出现借入困难和偿还成本的提高。另外，从国际政治角度考虑，也应拓宽来源渠道。

(2)外债的期限结构。合理的外债期限结构要求各种期限的债务之间保持适当的比例，长、中、短期搭配合理，以适应多方位、多层次的需要。在债务的期限分布上要求不同时间到期的外债数量要与本国在各个时期内的偿债能力相适应，尽量避免形成偿债高峰。

(3)外债的币种结构，是指借入外债时所作的外币币种选择、不同外币在债务中各自所占的比重及其变化情况。应结合汇率、利率，需要进口商品的轻重缓急，从总体上安排币种的选择，调整“篮子”中各种币种的比重，以降低借债的实际成本。国际金融市场是动荡多变的，为了避免因汇率变化所导致的损失，建立适当的外债币种结构十分必要。

(4)外债的利率结构。利率是构成债务总成本的主要内容。利率结构要均衡，浮动利率与固定利率的比重需适当控制。其中，浮动利率债务的控制是关键，因为国际金融市场变化多端，浮动利率外债过多，很有可能因为利率上升而增加(当然也有可能得到好处，但比较而言，风险相对大些)。同时，浮动利率易使债务总额变化不定，不便于国家对外债进行宏观控制，也无法计算某年确切的偿还额。如果恰逢国内经济不景气，国际债务利率上升，债务负担加重，这样偿还债务就会陷入困境。对外债利率结构的合理规划，是外债结构管理的重要环节。

(5)外债借入者结构，是指债务国内部借款人(公共部门、私人部门和金融机构)的构成及相互间的关系。公共部门借款主要是指政府部门、国有企业的借款;私人部门借款主要是指私营企业、事业单位的对外借债;金融机构借款主要是指各种银行和其他金融组织的对外借债。

通常，外债借款人与外债的使用投向是紧密联系的。如果债务国内部借款人结构合适，外债资金的投向就合理，使用效益会比较好，也就不太容易出现债务支付困难;反之，则容易造成还债困难。国家应对借入者结构进行适当的计划和控制，以防债务负担过重。

小 结

1. 国债是指中央政府在国内外发行债券或向外国政府、国际组织和银行借款所形成的国家债务。从债务人(政府)的角度讲，国债具有自愿性、有偿性和灵活性。从债权人(购买者)的角度讲，国债特点表现在安全性、流通性和收益稳定性三方面。国债具有的功能有：弥补财政赤字;筹集建设资金;调节经济运行。

2. 根据不同的分类标准可将国债划分成不同类别。以国债发行的地域为标准，国债可以分为内债和外债;按偿还期限的长短分类，可分为短期国债、中期国债、长期国债;按照债券是否流通，可分为可转让国债和不可转让国债;按照利率情况为标志，可分为固定利率国债、市场利率国债和保值国债;按照借债的方法不同，可分为强制国债、爱国国债和自由国债;按照国债的计量单位为标准，可分为货币国债、实物国债和折实国债;以国债的付息方式为标准，可分为附息国债和零息国债;以国债是否记名为标准，可分为记名国债和无记名国债;以国债是否具有相关凭证为标准，可分为凭证式国债和记账式国债;以国债的认购对象为标准，可分为居民认购的国债、机构认购的国债等;以国债资金的最终用途为标准，可分为建设性国债和赤字国债等。

3. 国债发行指国债券售出的过程，也就是银行、企业单位和居民认购国债的过程。国债发行主要涉及两个方面的问题：发行条件和发行方式。

4. 国债发行条件包括国债发行价格、国债发行利率、国债发行额和国债期限。国债发行价格有平价发行即政府债券按票面值出售;折价发行即政府债券以低于票面值的价格出售;溢价发行就是政府债券以超过票面值的价格出售。国债的利息额，就是政府国债利息额与国债本金额之间的比率。国债发行额是指发行多少数量的国债。国债期限是指从国债发行日起到还本付息日止的这段时间。

5. 国债的发行方式有固定收益出售方式，即在金融市场上按预定的发行条件发行国债的方式;公募拍卖方式，即在金融市场上通过公开招标发行国债的方式;连续经销方式，即由财政部门委托金融机构、中央银行或证券经纪人在金融市场上设立专门柜台代为经销国债的方式;直接销售方式，是由财政部门直接与认购者举行一对一谈判出售国债的发行方式;综合方式;强制摊派方式，是一种政府利用政治权力推销国债的方式。

6. 国债的偿还是指国债按照信用契约，对到期国债支付本息的过程，它是国债运行的终点。各国偿还国债的方式主要有：分期逐步偿还法、买销偿还法、抽签偿还法、一次偿还法和调换偿还法。

7.国债市场，是国债发行和流通市场的统称，是买卖国债的场所。国债发行市场，又称国债一级市场，指国债发行的场所。国债流通市场，又称国债二级市场，指投资者买卖、转让已经发行的国债的场所。

8.国债管理就是政府对公债运行过程所进行的决策、组织、规划、指导、监督和调节。合适的内债规模是指内债在一定条件下的最合理的数量界限，它往往表现为一个区间。

9.外债的主要形式有外国政府贷款，指一国政府利用本国财政资金向另一国政府提供的优惠贷款;国际金融机构贷款;外国银行贷款;出口信贷;发行国际债券。

10.偿债率，指当年还本付息额占当年出口收入的比重。经济债务率，指当年外债余额与国内生产总值的比例，说明一国新创造的价值中被外国资本所占的比重。出口债务率，指外债规模与出口收入之间的关系，其经济含义为当年外债余额占当年出口总收入的比重。

思考题

1.简述公债的存在条件。
2.简述公债的性质。
3.简述国债的分类。
4.国债的发行价格分为哪几种?
5.国债是通过什么方式发行的?
6.简述公债发行市场与流通市场之间有何关系?
7.应如何建立合理的内债结构?

案例简介

案例[8-1]　2014年我国国债净发行规模与2013年比较分析

2014年记账式国债净发行规模约为7 300亿。根据2014年国债发行计划，2014年凭证式和储蓄式国债共有18期发行，按照2013年的经验，每期凭证式或储蓄式国债发行规模约为200亿，2014年总发行规模约3 600亿。2014年关键期限和50年期国债共有44期，参考2013年的经验，20、30年期的国债发行期数可能在5支左右，按照每期290亿的发行规模估算(记账式国债每期约发行280～300亿)，根据凭证式和储蓄式国债过往的发行纪录，可以估算2014年到期规模约为1 900亿，因此2014年储蓄式和凭证式国债净发行规模约1 700亿。由9 000亿的中央财政赤字规模扣除储蓄式和凭证式国债净发行规模可得2014年记账式国债净发行规模约为7 300亿。

2014年记账式国债与2013年净发行规模基本持平，供给压力不大。2013年记账式国债净发行规模为7 448亿，则2014年净发行规模与2013年基本持平，尚未看到相比2013年更大的供给压力

[资料来源：根据中投证券(2014-03-05)研究报告资料整理]

问题

如何看待我国的国债规模?

简要提示

1.国债发行，除了少数年份负增长以外，其余年份国债发行规模是逐年递增的。我国庞大的政府机构还能得以正常运转，一个很重要的原因就是由于有了国债的支持。虽然国债的作

用功不可没，但是国债也确确实实存在债务负担问题。

2. 我国近年来发行长期国债是在特定情况下实施的特殊政策：一是国际经济环境严峻和国内需求不足的大背景；二是发行长期国债具备一定条件，如银行存款较多、物资供给充裕、利率水平较低等。发行国债搞建设，既可以利用闲置生产能力拉动经济增长，又可以减轻银行利息负担，也不会引发通货膨胀，因而是一举多得的重要举措。

案例[8-2]　中国持有美国国债规模跌至14个月新低

根据美国财政部发布的国际资本流动报告(TIC)显示，2014年4月中国减持美国国债89亿美元至1.263 2万亿美元，持有量创2013年2月以来新低；作为美国国债的最大两个持有国，中国的美国国债持有量在4月从1.272 1万亿美元下降到了1.263 2万亿美元，是2013年2月以来的最低水平；而中国的减持量几乎被日本的增持完全抵消，后者的美国国债持有量增加100亿美元至1.209 7万亿美元，仅仅略低于该国的美国国债持有量历史高位。

7月，美国前三大债权国中国、日本和比利时均减持美国国债。其中，中国减持35亿美元。美国最大债权国中国继7月减持美国国债后，8月则增持48亿美元美国国债。数据显示，中国8月持有美国国债1.269 7万亿美元，高于前一个月的1.264 9万亿美元。

[资料来源：根据凤凰财经西安晚报(2014-10-18)相关资料整理]

问题

如何看待中国减持美国国债这一举措?

简要提示

1. 导致目前中国持有美国国债的账面总值降低。中国减持美国国债后，美国的金融市场出现了两个短期趋势，一是美国国债的收益率上升，也就是交易价格下跌；二是美元汇率走强。从这两个短期趋势来看，中国在2013年11月和12月减持美国国债，是一个赢利的短线操作。当时卖出国债比现在卖出兑换的美元要多，而现在由于美元走强，国债价格下跌，则意味着上次两个月卖出的435亿的美国国债，现在可以更低的价格买回来。当然，中国目前现有的美国国债账面总值会走低，但持有的美元价格会走高。

2. 加速美元霸权地位的跌落。由于美元的霸权地位，它的波动，不仅仅会影响美国国债走势，也会影响到国际大宗商品、原油、矿产等剧烈波动，也会引起其他国家的货币的剧烈波动，而这就是华尔街获得巨大金融利润的机会所在。但在美国找到新的突破性产业，带领美国经济走出困境之前，任何美元的走强都只能是暂时性的，其本质是一种人为的操纵。这种依靠其货币霸权地位，利用金融手段获利的方法，完全是一种零和的博弈，美国之所得，就是其他国家的损失。这必然会加剧其他国家的不满，也会加速美元地位的跌落。笔者相信，美国政府也意识到这一点，但现在美国无法找到新的经济增长点，只好“饮鸩止渴”。

3. 降低中国持有美国资产的成本。对于其他国家而言，在美元的霸权地位被完全替代之前，无论愿意与否，都不得不陪着美国玩一局又一局的以美元为符号的金融游戏。中国作为美元资产的巨大利益相关者，也必然被裹挟在这一游戏之中。为了最大限度地保障中国资产的安全，并为将来以最小的代价从美元霸权体系脱钩，中国就应该向本次出人预料地减持美国国债一样，在深入研究、预测美国金融政策走向的基础上，在美元、美国国债以及其他相关国际资产之间，不断地高抛低吸，最大限度地将中国持有美国资产的成本降低。

第9章 财政支出概述

本章学习要点

通过本章的学习，掌握财政支出的含义、分类；理解财政支出的理论基础、财政支出的规模、结构等理论知识；了解我国财政支出的规模与结构、财政支出的效益分析、政府采购的含义、特点及其运行机制。

本章学习重点与难点

本章的学习重点是财政支出的分类、财政支出的规模和结构；难点是分析财政支出规模问题及增长趋势，财政支出的效益分析。

本章基本概念

财政支出、购买性支出、转移性支出、财政支出结构、瓦格纳法则、梯度渐进增长论、经济发展阶段论、财政支出效益、成本—收益法、最低费用选择法、公共定价法、政府采购制度

9.1 财政支出的含义、原则、分类

9.1.1 财政支出的含义

财政支出(public finance expenditure)也称公共财政支出，是指在市场经济条件下，政府为履行职能提供公共产品和服务，满足社会共同需要而进行的财政资金的支付。财政支出是国家将通过各种形式筹集上来的财政收入进行分配和使用的过程，它是整个财政分配活动的第二阶段。国家集中的财政收入只有按照行政及社会事业计划、国民经济发展需要进行统筹安排运用，才能为国家完成各项职能提供财力上的保证。财政支出体现着财政的目的和财政职能的基本内涵。财政支出规模和范围反映着政府介入经济生活和社会生活的规模和深度，反映着财政在经济生活和社会生活中的地位和作用。财政支出反映着政府的政策选择，一旦决定要向社会提供哪些、提供多少公共产品物品和服务，财政支出的规模和结构就被确定了。

从这个意义上讲，财政支出的过程就是执行政府政策的过程。政府通过财政支出可以有效调节资源配置，促进经济总量增长和结构调整。

9.1.2 财政支出的原则

1. 公平分配原则

财政支出公平分配原则是指通过财政支出对市场调节形成的初次分配结果，进行有效的再分配，以实现企业和个人在国民收入分配中做到机会平等。市场机制遵循价值规律和竞争规律，追求效益最大化，但市场机制本身对客观存在的生产要素差别、禀赋差别、区位差别等导致的分配差距不能进行有效的再分配和实现社会公平。这就需要政府通过再分配予以调整和克服。财政支出坚持公平分配原则，就是通过再分配纠正市场机制导致的财富分配不公平状况，实现社会分配公平，缩小贫富差距。

2. 稳定与发展原则

财政支出的稳定原则，是指财政支出应促进社会经济的稳定发展。在市场经济条件下，市场体系无法有效协调其自身的所有活动使之达到平衡，会出现经济周期的兴衰更迭、失业和通货膨胀等现象。政府可以利用财政措施进行调节，通过财政支出规模、结构的变化来调节经济，引导经济运行，使经济实现平稳的发展。如在总需求超过总供给时，财政可以减少支出来抑制社会总需求，在总需求小于总供给时，财政又可以增加支出来扩大社会总需求。除此之外，还可以通过财政制度性安排，使财政发挥“自动稳定器”的作用，如发挥失业救济金支出制度与经济逆向运动的稳定功能。作为宏观经济管理手段之一的公共支出，应该把宏观经济稳定目标作为支出的原则，即实现高就业水平、稳定的物价、适度的经济增长和良好的国际收支。

3. 效益原则

财政支出效益原则，是以市场机制发挥基础性作用为基点的，它是指遵循市场效率准则来安排财政支出，优化资源配置，以最小的社会成本取得最大的社会效益。效益原则包括宏观和微观两个含义：从宏观看，要实现社会均衡，这是指通过财政支出使社会资源在政府和微观经济主体之间的配置达到均衡，使资源既不妨碍私营部门的发展，又能满足公共部门的需求，实现社会效益最大化。达到这一均衡的标准是政府通过财政支出给社会带来的利益应大于由政府课税或用其他方式取得收入所付出的代价。从微观看，要进行成本—效益分析，这是指对财政的每项支出，都要进行成本—效益分析，以判定某项支出所耗资源与其带来的效益之间的比例关系，在此基础上决定对某个项目财政是否配置资源及配置多少资源。

9.1.3 财政支出的分类

将财政支出的内容进行合理的归纳，以便准确反映和科学分析支出活动的性质、结构、规模以及支出的效益和产生的时间。分类方法有下列五种。

(1)按经济性质将财政支出分为生产性支出和非生产性支出

生产性支出指与社会物质生产直接相关的支出，如支持农村生产支出、农业部门基金支出、企业挖潜改造支出等;非生产性支出指与社会物质生产无直接关系的支出，如国防支出、武装警察部队支出、文教卫生事业支出、抚恤和社会福利救济支出等。

按财政支出的经济性质，即按照财政支出是否能直接得到等价的补偿进行分类，可以把财政支出分为购买性支出和转移性支出。

购买性支出又称消耗性支出，是指政府购买商品和劳务，包括购买进行日常政务活动所需要的或者进行政府投资所需要的各种物品和劳务的支出，即由社会消费性支出和财政投资支出组成。它是政府的市场性再分配活动，对社会生产和就业的直接影响较大，执行资源配置的能力较强。在市场上遵循等价交换的原则，因此购买性支出体现的财政活动对政府能形成较强的效益约束，对与购买性支出发生关系的微观经济主体的预算约束是硬性的。

转移性支出是指政府按照一定方式，将一部分财政资金无偿地单方面转移给居民和其他受益者，主要由社会保障支出和财政补贴组成。它是政府的非市场性再分配活动，对收入分配的直接影响较大，执行收入分配的职能较强。

(2)按最终用途分类

从静态的价值构成上财政支出分为补偿性支出、积累性支出与消费性支出。补偿性支出主要是对在生产过程中固定资产的耗费部分进行弥补的支出，如挖潜改造资金。积累性支出指最终用于社会扩大再生产和增加社会储备的支出，如基本建设支出、工业交通部门基金支出、企业挖潜改造支出等，这部分支出是社会扩大再生产的保证；消费性支出指用于社会福利救济费等，这部分支出对提高整个社会的物质文化生活水平起着重大的作用。

(3)按财政支出与国家职能关系分类

① 经济建设费支出，包括基本建设支出、流动资金支出、地质勘探支出、国家物资储备支出、工业交通部门基金支出、商贸部门基金支出等；

② 社会文教费支出，包括科学事业费和卫生事业费支出等；

③ 行政管理费支出，包括公检法支出、武警部队支出等；

④其他支出，包括国防支出、债务支出、政策性补贴支出等。

(4)按国家预算收支科目将财政支出分为一般预算支出、基金预算支出、专用基金支出、资金调拨支出和财政周转金支出。

(5)按财政支出产生效益的时间分类可以分为经常性支出和资本性支出

经常性支出是维持公共部门正常运转或保障人们基本生活所必需的支出，主要包括人员经费、公用经费和社会保障支出。其特点是它的消耗会使社会直接受益或当期受益，直接构成了当期公共物品的成本，按照公平原则中当期公共物品受益与当期公共物品成本相对应的原则，经常性支出的弥补方式是税收。

资本性支出是用于购买或生产使用年限在一年以上的耐久品所需的支出，它们的耗费的结果将形成供一年以上长期使用的固定资产。它的补偿方式有两种：一是税收，二是国债。

9.1.4 国际分类方法

我国国民经济核算体系已由原来的平衡表体系转变为新的核算体系，而我国财政支出分类目前仍沿用过去的分类方法。为了便于经济分析以及便于国际比较，有必要借鉴国际先进经验并结合中国的实际建立新的分类方法。为此，下面介绍一下国际通行的分类方法。在国际上，从现有的分类方法来看，大体上可以归为两类：一类是用于理论和经验分析的理论分类；另一类是用于编制国家预算的统计分类。

1. 理论分类法

从理论分类来看，根据分析的目的不同，可按政府职能、支出目的、组织单位、支出利益等标准分类。例如，以财政支出的用途和去向为标准，财政支出可分为防务支出和民用支出两大类，前者包括国防、公安、司法等与防务有关的支出，后者包括除防务支出以外所有的其他各项支出。这种分类方法的目的在于分析一国财政支出的军事化程度或民用化程度。上面讲过的按经济性质分类，也是一种理论分类。

2. 统计分类法

从统计分类来看，按照国际货币基金组织的分类方法，有职能分类法和经济分类法。按职能分类，财政支出包括一般公共服务支出、国防支出、教育支出、保健支出、社会保障和福利支出、住房和社区生活设施支出、其他社区和社会服务支出、经济服务支出以及无法归类的其他支出。按经济分类，财政支出包括经常性支出、资本性支出和贷款。目前我国按费用类别分类法同国际货币基金组织的职能分类法比较接近。

9.2 财政支出结构分析

9.2.1 财政支出结构的内涵

财政支出结构是指在一定的经济体制和财政体制下，在财政资金的分配过程中，公共财政支出总额中各类支出的组合以及各类支出在支出总额中的比重，也就是我们所说的财政支出的构成。财政支出过程是政府实现其职能的过程，财政支出结构就是政府职能实现在量上的体现。公共财政支出结构反映了一国政府配置社会资源的重点和方向，一国的财政支出结构的现状及其变化也反映了该国政府正在履行的政府职能的重点。

9.2.2 财政支出结构的影响因素

1. 经济性因素

经济性因素主要指经济发展的水平、经济体制的选择和政府的经济干预政策等。关于经济发展水平对财政支出规模的影响，马斯格雷夫和罗斯托的分析具体说明了经济不同发展阶段对财政支出规模以及支出结构变化的影响，这些分析表明经济发展因素是影响财政支出规模的重要因素。经济体制的选择也会对财政支出规模发生影响，最为明显的例证便是我国经济体制改革前后的变化。

政府的经济干预政策也对财政支出规模发生影响，就一般而言，这无疑是正确的。但应当指出的是，若政府的经济干预主要是通过管制而非通过财政的资源配置活动或收入的转移活动来进行时，它对支出规模的影响并不明显。因此，政府通过管制或各种规则对经济活动的干预，并未发生政府的资源再配置或收入再分配活动，即财政支出规模基本未变。显然，政府通过法律或行政的手段对经济活动的干预与通过财政等经济手段对经济干预，具有不同的资源再配置效应和收入再分配效应。

财政支出结构状况既与一国经济体制和相应的政府职能有关，又受经济发展阶段的制约；

中国的财政支出结构的演变是与前者相适应的，而合理的财政支出结构最终还是要取决于经济发展阶段。

财政支出结构与政府职能存在着紧密的对应关系，政府职能可以划分为两大类，即经济管理职能和社会管理职能，从而形成经济管理支出和社会管理支出，前者也称为经济建设支出，后者也称为公共支出。以我国为例，随着社会主义市场经济的确立，政府的经济管理职能逐步弱化，社会管理职能日益加强。伴随着政府职能的这种转变，财政支出结构发生了很大变化，经济建设支出占财政支出总额的比重不断下降，相反，社会公共管理支出则大幅度提高。其中有合理原因，也存在不尽合理的因素。

财政支出结构也受财政支出的经济性质的影响。以财政支出是否与商品和服务相交换为标准，财政支出可分为购买性支出和转移性支出。购买性支出与转移性支出在财政支出总额中所占比重的大小，反映财政在不同时期的经济作用的不同和财政职能的变化。中国的支出结构具有发展中国家的特征，但又有其特殊性。

2. 政治性因素

政治性因素对财政支出规模的影响主要体现在两个方面：一是政局是否稳定；二是政体结构的行政效率。关于前者，皮考克与威斯曼的分析已略有所述，当一国政局不稳，出现内乱或外部冲突等突发性事件时，财政支出的规模必然会超常规地扩大。至于后者，若一国的行政机构臃肿、人浮于事、效率低下，经费开支必然增多，这是确定无疑的。

3. 社会性因素

例如人口状态、文化背景等因素，也在一定程度上影响着财政支出规模。在发展中国家里人口基数大、增长快，相应的教育、保健以及救济贫困人口的支出压力便大；而在一些发达国家里，人口出现老龄化问题，公众要求改善社会生活质量等，也会对支出提出新的需求。因此，某些社会性因素也影响财政支出的规模。

9.2.3　财政支出结构的调整与优化

一般而言，在市场经济体制下，一国的财政支出结构主要受两个因素的影响：首先，是一国经济体制和相应的政府的职能；其次，是该国所处的经济发展阶段。所以，判断一国财政支出结构是否合理，应主要从两个方面进行分析：一方面分析该国所处的经济发展阶段以及该阶段政府所追求的主要经济政策目标是什么；另一方面分析财政支出各项目之间的相对增长速度是否合理。财政支出结构是公共支出总额中各类支出所占的比重，财政支出结构表明了公共支出的基本内容以及各类财政支出的相对重要程度，是政府职能在量上的体现。政府职能决定财政支出结构，同时公共财政支出结构影响着政府活动的效力，反映一个时期的政策倾向和变化。科学合理的财政支出结构政策成为国家调节经济与社会发展和优化经济结构的强大杠杆，而不合理的财政支出结构会阻碍经济、社会的协调发展，所以，就涉及财政支出结构优化的问题。公共财政支出结构的调整和优化必须与政治经济发展的情况和政府经济目标相适应。

1. 适应性原则

适应性原则是指财政支出结构与可支配财力、支出目的、财政体制、经济发展阶段等的适应程度。首先，财政支出结构的调整要与政府可支配财力相适应。目前，我国正处在转轨时期，市场机制还不完善，还有很多需要政府调控的方面。但政府所掌握的财力是有限的，特别是目前财政收入占国民生产总值的比例较小，财力不足，因而公共财政支出结构的调整要与一国政府的财力水平相适应，凡是能由市场调节的事务，应由市场尽其所能地发挥市场机制的作用。财政支出重点要保证国家机器的运转、基础教育、基础设施等。其次，公共财政支出结构必须与支出目的相适应，不能偏离政府的财政支出目的。总体上，公共财政支出是为了满足不同种类、不同层次的社会公共需要。然而，由于一定时期的社会经济体制和其他条件的变化，使得财政支出在满足整个社会公共需要时有所侧重，这就要求财政支出结构的构成要素及其相互关系必须反映支出目的的变化发展方向。

2. 协调性原则

财政支出结构的协调主要指结构内部各个要素的相互适应，是明确支出重点与非重点的平衡发展，而不是各个要素不分主次的平均发展。在不同的条件下，各要素在财政支出结构中的地位不同，有着明确的主与次、重点与非重点的分别。支出结构的协调是动态的协调，是支出各要素在承认差别的基础上实现各支出要素之间相互促进的发展。这种意义上的平衡，并不意味着各个要素不分主次的平均发展，而是有所侧重的平衡发展。构成支出结构的要素，在不同的条件下，因其在支出结构中的地位不同，因而有着明确的主与次、重点与非重点的区分。协调不是要取消这种差别，而是要在承认这种差别的基础上实现要素之间相互促进的发展。

3. 效益性原则

效益性原则是指支出结构的变动应该使为支持结构的“所费”与结构发展带来的“所得”之间具有低投入、高产出的特征。换言之，效益性原则表明，优化的、合理的支出结构应当具有高效益的结构。效益涉及经济效益和社会效益，经济效益大都可由市场解决，优化财政支出结构应特别注重社会效益最大化原则。公共产品中的纯公共产品，因其社会效益最高，应首先保证这部分支出，然后再安排准公共产品财政负担的部分。政府应根据公共产品社会效益的不同，分层次、有重点地确定财政支出范围。从根本上说，支出结构的转换过程应该是不断提高结构效益的过程。首先，由于政府分配活动涉及经济和社会等领域，从而使支出结构效益不仅指经济效益，而且包涵社会效益、生态环境效益，因而对支出结构效益的考察，要全面，要同时关注这几种效益；其次，由于社会共同需要是多方面的，财政支出效益也要从多方面表现出来，即以政治、经济、文化、科学、社会的等多种形式表现出来，表现形式的多样性，说明了支出结构效益之间缺乏统一性，即性质不同的效益不能直接相加。这就决定了公共财政支出结构效益的衡量，只能以指标体系，而不是任何一个单一指标。从指标上看，支出结构效益的高低并非都能直接以量化的指标来表现，尤其是对社会效益和生态环境效益，就更难以直接量化。因此，支出结构效益，从概念上可以将其理解为投入与产出的比较，但在具体衡量结构效益时，对难以量化的效益状态，应采取间接的、相对的表示方法。

4. 渐进性原则

渐进性原则是指公共财政支出结构的优化要循序渐进。目前的财政支出结构是长期计划经济所积累的，尽管经过了多年的改革，但是一些旧的不合理的体制仍未完全打破，社会主义市场经济还不完善，政府职能还未根本改变。因而，财政支出结构的优化必须以政府职能转变为依据，循序渐进地进行，该退出的要逐步退出，该加强的要逐步加强。

5. 统一性原则

统一性原则即财权与事权相统一的原则。财政支出结构按行政级别划分有中央、省、市、县、乡各级财政支出，由于各级政府职责权限不同，财政支出范围也不同，即事权与财权应相一致。国家可通过立法等形式确定中央政府和地方政府各自的事权，根据各自事权确定相应的财权。在明确财政职责范围的前提下，合理、科学地划分中央与地方的支出范围。

总之，从理论上讲，公共财政支出结构的优化应该符合适应性、协调性、效益性、渐进性和统一性五项原则。而社会共同需要的多样性和多层次性，决定了公共财政支出内容的多样性和多层次性，这使得在考察公共财政支出结构优化合理与否时具有多视角的特点。因此，适应性、协调性、效益性和渐进性，只是优化公共财政支出结构所应遵循的一般原则和基本要求。

9.3 财政支出规模分析

9.3.1 财政支出规模的衡量指标

财政支出规模是指一个财政年度内政府通过预算安排的财政支出总额，财政支出规模是衡量一定时期内政府支配社会资源的多少，满足公共需要能力高低的重要指标，反映着政府对社会经济发展影响力的强弱。

衡量财政支出规模可采用两类指标，即绝对规模指标和相对规模指标。财政支出绝对规模是以一国货币单位表示的财政年度内政府实际安排和使用的财政资金的数额。它通常由按当年价格计算的财政支出的加总来反映，为了研究财政支出的真实情况，有时也可以按不变价格来反映，即以某一年的价格为基准来统计财政支出的绝对规模。绝对规模指标是计算相对指标的基础且对绝对指标从时间序列加以对比可以看出财政支出规模发展变化的趋势。财政支出的绝对规模从趋势上看，总量是不断增长的。但一般情况下，单纯使用绝对规模指标意义不是很大，因为有时会出现支出总量上升但实际支出下降的情况。因此，常用相对规模指标来衡量财政支出的规模。财政支出的相对规模是指财政支出的规模用和其他经济变量的关系来反映。相对指标本身可以反映政府公共经济部门在社会资源配置过程中的地位，通过指标的横向对比可以反映不同国家或地区的政府在社会经济生活中的地位的差异，通过指标的纵向比较也可以看出政府在社会经济生活中的地位和作用变化发展的趋势。

在相对规模指标中，我国常用两种测量方法来反映：一是当年财政支出占当年国内生产总值的比重，反映政府干预经济的程度；二是当年中央财政支出占全国财政支出的比重，反映中央政府对地方政府的控制程度，另外也可以用人均财政支出反映人均享受的公共服务水平。此外还有财政支出的边际系数，它等于财政支出增加额除以国民生产总值增加额和财政支出的弹性系数，它等于财政支出增长率除以国民生产总值增长率。作为衡量财政活动规模的指标，财政支出占 GDP 的比率比财政收入占 GDP 的比率更能反映实际情况。首先，是因为财政收入占 GDP 的比率常常被人们看作衡量财政集中程度的指标。因为，财政支出无论采取何种形式，无一例外地都表现为财政对 GDP 的实际使用和支配的规模，而财政收入则只是表明了财政可能使用和支配的规模，它常常并不代表实际发生的规模。其次，财政收入和财政支出都体现了财政对宏观经济运行的调控，但后者更能全面而准确地反映财政对宏观经济运行的调控能力。财政的配置资源、调节收入分配以及稳定和发展经济的职能，更直接地通过财政支出执行。衡量财政活动规模的两个指标是财政收入占GDP的比率和财政支出占GDP的比率，在大多数国家的大多数财政年度中，财政收入的量与财政支出的量都是不相等的，通常的情况是后者大于前者，财政支出占GDP的比率要高于财政收入的比率。

理论上讲，财政支出规模可大可小，但根据各国财政支出的实践，从财政支出的变化趋势看，在正常情况下，财政支出占国内生产总值的比重是不断上升的，而中央财政支出占全国财政支出的比重是相对稳定的，它决定于国家的制度安排。人均财政支出指标一般也呈现不断增长的趋势。

9.3.2 我国财政支出规模与结构

在经济体制改革前，我国财政支出占GDP的比重比较高，这是由当时的经济体制决定的。一方面，实行“低工资、高就业”政策，在GDP的初次分配中，个人所占的比重较小，同时，许多个人生活必需品是低价乃至无偿供给；另一方面，国有企业的利润乃至折旧基金几乎全部上缴国家，相应的，其固定资产和流动资金投资，乃至更新改造投资都是由国家拨付。简而言之，在改革前的社会主义经济中，国家扮演了一个总企业家和总家长的角色，这种角色占GDP的比重就必然较高。经济体制改革以后，这种情况发生了变化，因为改革要解决的核心问题就是要调动起千千万万个微观经济主体的积极性，使社会主义经济充满勃勃生机，财政支出占GDP的比重自然出现下降的趋势。我国列入预算内的财政支出占GDP的比重下降的速度很快，下降的幅度也很大。

而在经济发达的国家的发展中，可以看到相反的趋势。在早期的资本主义经济中，财政支出占GDP的比重是比较小的，那时，提倡个人自由，主张国家采取放任政策，对私人生活和私营企业的经营活动不加干预，国家的职能基本上限于所谓“维持社会秩序”和“保卫国家安全”，在经济、文化、社会等方面很少有所作为。其后，为了减少经济波动所造成的危害，市场经济国家也加强了对经济的干预，同时，为了防止社会动荡和保持社会安定，开始大力提高广大居民的生活水平并提供基本的社会保障，由此而导致财政支出的日益膨胀。另外，GDP的增长、筹措财政收入措施的加强，以及增发公债作为弥补支出的手段成为可能，也从财源方面支持了财政支出的膨胀。表9-1为我国近年来财政支出的规模。

表9-1　2007—2013年中国财政支出规模　　单位：亿元

项　目	2007年	2008年	2009年	2010年	2011年	2012年	2013年
一般公共服务	8 514.24	9 795.92	9 164.21	9 337.16	10 987.78	12 700.46	13 755.13
外交	215.28	240.72	250.94	269.22	309.58	333.83	355.76
对外援助	111.54	125.59	132.96	136.14	159.09	—	—
国防	3 554.91	4 178.76	4 951.10	5 333.37	6 027.91	6 691.92	7 410.62
公共安全	3 486.16	4 059.76	4 744.09	5 517.70	6 304.27	7 111.60	7 786.78
武装警察	585.17	664.13	866.29	933.84	1 082.02	—	—
教育	7 122.32	9 010.21	10 437.54	12 550.02	16 497.33	21 242.10	22 001.76
科学技术	2 135.70	2 611.00	3 276.80	4 196.70	4 797.00	4 452.63	5 084.30
文化体育与传媒	898.64	1 095.74	1 393.07	1 542.70	1 893.36	2 268.35	2 544.39
社会保障和就业	5 447.16	6 804.29	7 606.68	9 130.62	11 109.40	12 585.52	14 490.54
医疗卫生	1 989.96	2 757.04	3 994.19	4 804.18	6 429.51	7 245.11	8 279.90
节能环保	995.82	1 451.36	1 934.04	2 441.98	2 640.98	2 963.46	3 435.15
城乡社区事务	3 244.69	4 206.14	5 107.66	5 987.38	7 620.55	9 079.12	11 165.57

（续表）

项　目	2007 年	2008 年	2009 年	2010 年	2011 年	2012 年	2013 年
农林水事务	3 404.70	4 544.01	6 720.41	8 129.58	9 937.55	11 973.88	13 349.55
交通运输	1 915.38	2 354.00	4 647.59	5 488.47	7 497.80	8 196.16	9 348.82
车辆购置税	849.13	1 002.74	1 085.08	1 541.82	2 314.60	—	—
地震灾后恢复重建		798.34	1 174.45	1 132.54	174.45	103.81	42.79
其他	2 951.56	2 940.79	3 203.25	2 700.38	2 911.24	2 482.38	3 271.79
合计	49 781.35	62 592.66	76 299.93	89 874.16	109 247.79	125 952.97	140 212.10

注：(1)与以往年份相比，2007 年财政收支科目实施了较大改革，财政支出项目口径变化很大，因此，2007 年以后年度公共财政收支及社会保障财政支出数据与以前年度数据不可比；

(2)从 2011 年开始，预算外资金全部纳入预算内管理，相关数据不再单独列示。

资料来源：中国统计年鉴 2014。

1. 我国财政支出规模的变化趋势

从表 9-1 可以看出，2013 年全国财政支出为 140 212.10 亿元，比去年同期增加14 259.13亿元，同比增长 11%，与 2007 年全国财政支出相比增加了 90 430.75 亿元之多；2013 年教育支出 22 001.76 亿元，比上年增加 759.66 亿元，同比增长 3.6%，增长幅度较小；2013 年文化体育与传媒支出 2 544.39 亿元，是 2007 年的 2.8 倍之多，比上年增加 276.04 亿元，同比增长 12.2%；2013 年医疗卫生支出 8 279.90 亿元，比上年增加 1 034.79 亿元，同比增长 14.3.%；2013 年社会保障和就业支出 14 490.54 亿元，比上年增加 1 905.02 亿元，同比增长 15.1%，与 2007 年相比增加了 9 043.38 亿元，是 2007 年的 2.6 倍之多；2013 年农林水事务支出 13 349.55 亿元，同比增长 11.5%；2013 年城乡社区事务支出 11 165.57 亿元，同比增长 23.0%；节能环保支出 3 435.15 亿元，同比增长 15.9%；2013 年交通运输支出 9 348.82 亿元，同比增长 14.1%。从全国公共财政支出的增长情况来看，我国政府在民生方面的投资力度较大，预算支出执行管理进一步加强，民生等重点支出得到了一定的保障。

2. 我国财政支出结构所存在的问题

我国的财政支出结构中所存在的问题主要表现为：一方面存在着财政包揽过多的“越位”现象；另一方面还面临支出“缺位”的矛盾，即财政对公共产品提供不足，一些市场办不了而社会经济发展又要求办的事情，财政没有去办，或者硬性压给企业去办。

(1)对社会保障的支持不足。社会保障是事关我国改革发展和社会稳定的一个全局性问题，近些年国家也逐步加大了对社会保障的支持力度，但是从社会保障支出的绝对额和相对额来说都比较低，无法与其他国家相比。同时，我国目前由于财政资金不足，养老保险基金运转困难，城市下岗、失业职工生活保障所需资金来源不足。这些问题的存在表明：我国的社会保障支出明显不足，难以满足社会经济的协调发展和体制转换的需要，以及社会主义市场经济发展的要求。长此下去，不利于社会稳定与公共安全，不利于建立一个公平的、有保障的、福利完善的小康社会。

(2)教育和科研投入不足。教育和科技事业的发展是一个国家兴旺发达的根本，我国正在大力实施科教兴国战略，需要不断加大对教育和科研的财政支持力度。然而，就目前现状而言，政府在教育和科研的投入上仍存在不少问题。教育支出方面，我国是一个发展中国家，教育发展的重点首先应是强化基础教育，财政教育投入无疑也应该向这方面倾斜，但当前的问题是：一方面，教育投入总量不足，虽然我国财政性教育支出占财政支出的比例不断提高，但是教育经费占 GDP 的比重仍然过低，表现为财政性教育支出总量不足，使得我国的教育普及水平比较低，人均受教育程度不足五年；另一方面，财政对基础教育的支持力度不够，不符合我国发展中国家的实际情况，影响了国家经济的长远发展，不利于全民族科学文化素质的提高，又降低了财政教育支出的效益。

(3)事权与财权划分不清。当前，我国各级财政之间的事权划分仍不够清晰，有的仅对事权范围做了粗线条、原则性的界定，造成了各级财政支出分工不明确、支出范围划分不清的状况：许多理应由下级办理的项目仍由上级财政办理，或者事权在上级财政却要求下级财政资金配套或“拼盘”。下级财政在面临巨大支出压力的情况下，一般会采取“自行创收”的方法解决，这样极有可能衍生出“三乱”行为和种种腐败现象，而且“自行创收”一旦形成气候，不仅会助长乱投资和重复建设的不良风气，同时也会加重我国地方、产业和产品结构存在的历史积弊，加大调整的难度。国家在安排预算支出时，往往通过法律或政策把某些支出项目列为必保的重点，或是要使某项支出达到一定增幅。近几年来，重点支出的范围、法定支出的项目还有进一步扩大的趋势。当然，在一定时期内，为了更好地发挥财政的职能作用，规定少量支出项目的增长要达到一定的比例，的确有利于重点事业的发展，但重点支出、法定支出也应有一个度，如果这种项目不断扩大，乃至绝大部分项目都这样规定，就会出现重点泛化的倾向，不仅保证不了真正的重点，而且还会对整个财政运行状况带来不良影响。越来越多的财政支出项目，都用法定形式硬性规定其增长要求会造成财政预算安排上失去回旋余地和统筹协调能力，使财政支出结构固化，财政支出的刚性越来越强，突出不了真正要保的重点，并会极大地削弱财政的宏观调控能力。科学、规范的财政支出管理制度是提高财政资金支出效益、确保财政履行职能的关键，而我国目前缺乏一套科学规范、行之有效的财政支出管理和控制机制。从预算编制上看，支出预算内容较粗；在支出的分配上，透明度不高。一些支出项目未经充分论证，一般采用基数法来确定资金的分配，仅根据以往年度的支出，对当年支出进行一些调整。尤其在基层，一些地方预算编制只有半个月到一个月时间，对以往数字进行一定的调整即可，缺乏科学性和刚性，不利于支出结构的调整和优化；从预算执行上看，预算执行中的随意性与长官意志太大，预算约束软化的状况相当严重。财政支出管理制度的不健全，不利于财政供给范围的科学界定和支出结构的调整优化。

9.4 政府采购

9.4.1 政府采购的含义和特点

1.政府采购的含义

所谓政府采购制度就是政府为从事日常政务活动或为满足公共服务的目的，在利用财政性资金和政府借款、在财政监督下，以公开招投标为主的方式，从国内外采购货物、工程和服务的一项财政制度。它对加强财政支出管理，提高财政资金使用效益，规范政府采购行为具有重要意义，可平均节约资金 10%左右。政府采购实质上是对过去分散采购的改革和创新，它冲破了分散采购形成的既得利益障碍，实现了机制转换，变“暗箱”采购为“阳光”采购。由于引入了以竞争性招标投标为代表的、与市场经济通行规则相容的公开、公平、公正的新机制，可以较好地抑制分散采购中滋生腐败行为的可能条件，既可以消除分散采购中分散设租、寻租的腐败，还可以防止集中采购中集中设租、寻租的腐败。

政府采购制度是国际通用的财政支出管理办法，在西方发达国家已有一两百年的历史，最早形成于 18 世纪的英国(1782 年)及美国(1791 年)。我国政府采购工作试点始于 1996 年，1998 年后规模不断扩大。采购范围由单纯的货物类扩大到工程类和服务类。我国第一部政府采购规章是由财政部于 1999 年 4 月 17 日正式颁布的《政府采购管理暂行办法》。我国第一部政府采购法是 2002 年 6 月 29 日全国人民代表大会通过的《政府采购法》。

2. 政府采购的特点

与私人采购相比，政府采购具有以下明显的特征：政府采购资金来源是公共资金，这些资金的最终来源为纳税人的税收和政府公共服务收入；政府采购的目的主要是实现政府目的；政府采购的主体是领取国家财政资金的政府机关、事业单位和社会团体等；政府采购为非商业性采购，不以赢利为目的；采购范围广、规模大；采购过程要求能够充分体现公平、公正、公开的原则；采购制度一般是围绕政府意图而制定的，具有较强的政策性。

9.4.2 政府采购的原则和运行机制

政府采购必须遵循公开、公平、公正原则。政府采购制度的最大成效是能够节省财政支出。实践表明，通过政府采购方式至少能节省 10%的财政支出。

公开使采购活动具有较高的透明度，采购方要公开发布采购信息，使每个潜在的供应商都能获得均等的信息；同时，还要公开开标，公开中标结果。

公平就是要给每个潜在的供应商以平等的机会，使其享有同等的权利，并履行相应的义务。

公正是指评标时按事先公布的标准对待所有的供应商，任何供应商均不受歧视。

政府采购过程有一套相对完整、统一的程序。

(1)确定采购需求。采购需求由各采购方提出，报预算管理部门审核。审核采购预算的限额、采购需求的合理性，包括整体布局、产品的原产地等。

(2)选择采购方式。国际上通用的采购方式包括招标采购、询价采购、谈判采购等。其中，招标采购是最基本的采购方式，它通过招标方式邀请所有潜在的供应商参加投票，然后以某种事先确定并公布的标准，从所有投标者中选出中标者，并与其签订采购合同。

(3)审查供应商资格。合格的供应商应具有相应的专业技术资格、能力及设备，具有签订采购合同的法定权力，无相关的财务及法律纠纷等。

(4)签订采购合同。供应商在签订采购合同时，按标准交纳一定数额的履约保证金。

(5)履行采购合同。供应商按合同规定，向采购方提供合格的商品、工程或服务。

(6)验收与结算。采购方对合同执行结果进行验收，验收合格后，由预算管理部门与供应商进行结算。

9.4.3 政府采购法

我国于 2002 年为了规范政府采购行为，提高政府采购资金的使用效益，维护国家利益和社会公共利益，保护政府采购当事人的合法权益，促进廉政建设，制定了《中华人民共和国政府采购法》。其主要内容包括：第一章 总则；第二章 政府采购当事人；第三章 政府采购方式；

第四章 政府采购程序；第五章 政府采购合同；第六章 质疑与投诉；第七章 监督检查；第八章 法律责任；第九章 附则。本章附录中列出了其中较重要的部分内容。

小 结

1. 财政支出是国家将通过各种形式筹集上来的财政收入进行分配和使用的过程，它是整个财务分配活动的第二阶段。财政支出体现着财政的目的和财政职能的基本内涵。财政支出规模和范围反映着政府介入经济生活和社会生活的规模和深度，反映着财政在经济生活和社会生活中的地位和作用。西方经济理论中，关于财政支出的公共财政理论经历了很长的发展时期，取得了众多的理论成果。在自由竞争时期，西方的财政支出理论主要以亚当·斯密的理论为代表。到了20世纪30年代，以凯恩斯为代表的财政支出理论登上历史舞台。到20世纪70年代，由于滞胀的出现，凯恩斯主义在某种程度上陷入困境，各种新理论纷纷出台，其中包括现代货币主义、供给学派、理性预期学派等自由主义经济理论。

2. 财政支出的原则包括：公平分配原则、稳定与发展原则及效益原则。按经济性质将财政支出分为生产性支出和非生产性支出。从静态的价值构成上财政支出分为补偿性支出、积累性支出与消费性支出。财政支出结构是指在一定的经济体制和财政体制下，在财政资金的分配过程中，公共财政支出总额中各类支出的组合以及各类支出在支出总额中的比重，也就是我们所说的财政支出的构成。经济性、政治性及社会性因素都会对财政支出的结构产生影响。在实践中，财政支出的规模表现出了不断增长的趋势，引起了经济学家们的关注，他们试图对财政支出的增长作出解释。其中主要有三个代表性的观点，即瓦格纳法则、皮考克和魏茨曼梯度渐进增长论以及马斯格雷夫和罗斯托经济发展阶段论。在经济体制改革前，我国财政支出占GDP的比重是比较高的，这是由当时的经济体制决定的。经济体制改革以后，财政支出占GDP的比重自然出现下降的趋势。我国列入预算内的财政支出占GDP的比重下降的速度很快，下降的幅度也很大。

3. 所谓政府采购制度就是政府为从事日常政务活动或为满足公共服务的目的，在利用财政性资金和政府借款，在财政监督下，以公开招投标为主的方式，从国内外采购货物、工程和服务的一项财政制度。政府采购制度是国际通用的财政支出管理办法，在西方发达国家已有一两百年的历史，政府采购必须遵循公开、公平、公正原则。政府采购制度的最大成效是能够节省财政支出。

思考题

1. 财政支出如何分类？
2. 当前我国财政支出结构不尽合理表现在哪些方面，如何优化财政支出的结构？
3. 如何解释财政支出规模不断增长的趋势？

案例简介

案例[9-1] 财政支出结构仍需优化

中央财政支出预算各项目的2014年预算数已经公布，整体支出继续向民生、环保、国防倾斜。

其中，国防支出增长12.2%、节能环保支出增长7.1%、社会保障和就业支出增长9.8%、医疗卫生与计划生育支出增长15.1%、教育支出增长9.1%、住房保障支出增长9%、交通运输支出增长5.1%、农林水支出增长8.6%、一般公共服务支出增长2.6%、科学技术支出增长8.9%、文化体育与传媒支出增长9.2%、粮油物资储备支出增长10.1%、公共安全支出增长6.1%。

尽管社保、教育、医疗的预算增速仍高于财政收入目标增速，但相对于2013年已有明显放缓。环保预算增速下降的幅度更大，甚至低于GDP增速。与此同时，国防支出的预算增速逆势上扬。

预算增速的变化已经反应到中央财政支出预算结构上，2014年教育和环保占比有所下降、国防有所上升。在2014年中央预算中，民生仍然是重点领域，但主要支出项目预算增速较2013年有所下降。其中，医疗卫生下降12个百分点、社会保障和就业支出下降4.1个百分点、教育支出下降0.2个百分点。

尽管民生支出的占比改善显著，但与发达国家相比仍然是较低的水平。数据显示，2011年，欧盟27国的医疗卫生、教育、社会保护在中央(联邦)政府支出中的合计占比为47.8%；2013年美国联邦财政支出中，社会保障、医疗保险(放心保)、医疗补助合计占比为48.0%。

目前来看，要扩大财政支出中的民生比重，难度在增加。要加大民生支出，就得压缩其他支出。在当前政府职能、财政体制下，已经没有多大空间。比如国防，经过数年调整，目前在财政支出中已经处于比较低的水平，而中国周边局势日趋紧张，军事装备也随着科技发展渐趋资本密集型；再如一般公共服务，自2007年公布以来，在国家财政中的占比已经持续下降，但数量庞大的机关事业单位及历史欠账使得其调整的空间可能并没有看起来那么大。

国防支出增速上升可能是2014年《政府工作报告》中最受国际社会关注的一个变化。预算报告显示，中央财政支出预算中的国防支出增速从2013年的10.7%升至2014年的12.2%。不少外媒人士认为，这是中国对近期周边局势趋于紧张的回应，甚至开始质疑中国的“和平崛起”战略，“中国威胁论”循环上演。

但是，这一增速无论与其他国家横向对比，还是与自身纵向比较，都不算高，甚至可以说有些偏低。在GDP和财政扩张的过程中，中国其实在有意压制国防支出的增长。

[资料来源：根据证券市场周刊(2014-03-18)资料整理]

问题

1. 为何作出上述预算调整？

2. 如何看待我国在国防预算支出上的变化？

简要提示

1. 财政投入的不足阻碍了人民生活水平的提高以及经济的可持续发展。与民生相关的支出经过数年扩张，基数已经比较高，相同增速带来的增量在扩大。不过在财政支出中，社保、医疗、教育占比是在持续上升的。在中央财政支出预算中，这三项支出合计占比已从2010年的15.3%连续上升至2014年的19.1%，其中，社保和医疗占比稳定上升、教育占比在2013年有所下降。目前，中国全社会环保投入占GDP的比重还比较低。2012年是8 253亿元，占国内生产总值(GDP)的1.59%。根据世界银行总结的经验，当治理环境污染的投资占GDP的比例达到1%～1.5%时，可以控制环境恶化的趋势；当该比例达到2%～3%时，环境质量可有所改善。20世纪70年代，美国环境保护投资占GDP约为2%、德国为2.1%、英国是2.4%，日本在20世纪80年代末期超过3%。

2. 我国在国防预算支出上的变化幅度及其占比较小。从中央财政预算增长的角度看，相对于过去10年，12.2%的国防预算增速并不算高，甚至可以说，比大多数年份都要低。从GDP角度看，中国国防支出占GDP的比重大幅低于美国。已公布数据显示，2012年，中国国防支出的GDP占比仅为1.29%，美国则为4.13%。从财政支出角度看，中国国防支出的财政占比也大幅低于美国。2012年，中国国防支出在全国公共财政支出中的占比仅为5.3%，美国国防支出在联邦财政支出中占比为19.0%。

案例[9-2] 20万亿地方债半数到期 借新还旧风险难避

2014年是地方政府性债务到期的高峰年份之一，大约有3.5万亿的债务到期。不仅如此，未来3年里政府有将近10万亿的债务到期。地方政府面临着一定的集中偿付压力，防范出现系统性偿付风险备受关注。

从债务期限结构来看，截至2013年6月底，2013年7月至12月地方政府需偿还的债务为24 949.06亿元，预计至2013年12月底，这部分地方政府债务已经得到偿还。2014年到期的地方政府债务为35 681.13亿元，占地方政府债务总额的19.94%，其中：政府负有偿还责任的债务为23 826.39亿元，占该类地方政府债务余额的21.89%；政府负有担保责任的债务4 373.05亿元，占该类地方政府债务余额的16.41%；政府可能承担一定救助责任的债务7 481.69亿元，占该类地方政府债务余额的17.24%。整体看，2014年地方政府需偿还的债务规模很大，且政府负有偿还责任的债务占本期到期偿还债务总额的66.78%，存在一定的集中偿债压力。2015—2017年，地方政府到期应偿还的债务分别为27 771.11亿元、19 421.30亿元和14 295.17亿元，虽逐年递减，但是政府“借新债还旧债”的模式，并不意味着偿债压力会逐步缓解。

从2014年全国财政收入来看，宏观经济增速将不会比2013年明显好转，且在结构性减税政策影响下，预计以税收收入为主的公共预算收入继续保持中低速增长，维持在10%左右，全国财政收入预计在14.36万亿元，其中地方公共预算收入7.5万元，不考虑土地出让收入情况下，2014年地方公共预算收入到期债务为2.1倍，如果考虑加上2014年地方政府性基金收入3万亿元和中央转移支付每年4.5万亿元，则(地方公共预算收入+政府性基金收入+转移支付收入)到期债务为4.2倍，整体而言，地方财政收入对到期债务具有较高的承载力，即使如此，金融系统的高流动性、高风险率、突发性事件在偿付如此大的债务负担时出问题的可能性大大增加。

从地方政府借债主体层级来看，2013年6月底省级、市级、县级政府债务余额分别为51 939.75亿元、72 902.44亿元和50 419.18亿元，与2010年相比分别增长了61.75%、56.34%和77.34%，各层级政府债务增长速度都超过了50%，其中县级政府债务增长了77.34%，增速最快。从各层级政府债务占比来看，虽县级债务快速增长，占比有所上升，但地方政府债务的主体仍然是市级政府债务，截至2013年6月占比达40.75%。

地方政府性债务对土地出让收入的依赖程度较高。截至2012年底，11个省级、316个市级、1 396个县级政府承诺以土地出让收入偿还的债务为34 865.24亿元，占省、市、县三级政府负有偿还责任债务余额93 642.66亿元的37.23%。靠土地出让收入来偿还债务会加剧经济系统内部的通胀，不利于经济的发展。

[资料来源：根据财讯网(2014-01-17)相关资料整理]

问题

1. 地方政府债务为何如此巨大？

2. 这与我国地方政府的支出结构有何关系？

简要提示

1. 造成地方巨额债务的原因很多。从地方政府财政支出的角度来看，一是经济建设费支出占比偏高；二是行政管理费开支持续膨胀难以遏制；三是社会事业投入比例偏低现象难以改变；四是压缩非财政开支比例的努力难以见效。而与之相应的却是政府投融资体制改革滞后。在我国经济体制转轨中，原有的计划经济体制下的政府投融资体制已经打破，新的适应市场经济的政府投融资体制还未建立。这种新旧交替的政府投融资体制必然存在许多漏洞和缺陷，主要表现在政府投资范围过宽，不仅涵盖公共产品领域。在竞争性领域，由于国有经济的固有弊端，无法和民营、外资企业竞争，政府投资建成的国有企业大批亏损破产。由于政府投融资体制的上述缺陷，形成了相当一批无效投资，项目收益根本无法还款，还款责任最终转嫁给地方政府，形成巨额的政府债券。

2. 从财政支出的角度来考虑。官员考核激励机制和地方经济竞赛相互作用，推动形成“经济建设型”财政。在以 GDP 和财政收入增长为主要指标的官员政绩考核体系的导向下，地方政府之间的经济竞赛普遍存在，机构人员膨胀和预算控制不完善相互作用，推动形成了“吃饭养人型”财政。此外还有中央地方事权、财政划分不合理和税种设置不科学等原因。

第10章

购买性支出

本章学习要点

通过本章的学习，掌握社会消费性支出、财政投资性支出的含义和支出项目、我国文教科学卫生支出的现状、财政投融资制度的内涵；理解行政管理支出、国防支出及基础设施支出、农业支出的属性；了解本章涉及的我国相关支出项目的现状。

本章学习重点与难点

本章的学习重点是理解行政、国防支出的内涵，科教文卫事业支出的性质和内容；掌握财政在科教文卫事业领域支出的范围定位。难点是掌握财政投资的含义及财政投融资制度的内涵。

【本章基本概念】

社会消费性支出、行政管理支出、政府财政支出、财政投融资

10.1 社会消费性支出

10.1.1 社会消费性支出的含义

社会消费性支出是由政府直接在市场上购买并消耗商品和服务所形成的支出，是购买性支出的重要组成部分，是政府履行其政治职能和社会职能的重要财力保证。近年来，消费性支出保持着稳步增长的势头，在保证国家安全、行使政府职能等方面发挥着举足轻重的作用。

社会消费性支出是维持政府机构正常运转和政府提供公共服务所需经费的总称，它主要包括行政管理支出、国防支出、教育支出、科教文卫支出等。社会消费性支出与投资性支出虽同属购买性支出，但两者不同，主要区别在于：社会消费性支出的使用不形成任何资产，是非生产性支出。就其本质来说，它满足的是纯社会公共需要。因此，为这一服务的提供以及为此而支出的资金的筹措，就与一般的商品和服务有所不同，遵循另一原则。

从世界各国的一般发展趋势来看，社会消费性支出的绝对规模总的来看呈现的是一种扩张的趋势，相对规模在一定发展阶段也是扩张趋势，达到一定规模则相对停滞。其中有些项目增长较快，相对规模在上升，而有些项目增长较慢，相对规模在下降。

10.1.2 行政管理支出

行政管理支出的合理安排，是建立高效率政权机关及其他各类管理机关的重要前提，也是社会资源能否得到有效配置的重要保证，如果必要的行政管理经费供应不足，会影响到政府职能的正常行使。

1.行政管理支出的性质和特点

政府履行其行政管理职能所需要的行政管理支出，是指国家财政用于各级国家权力机关、国家行政机关、国家司法检察机关和外事机构行使其职能所需的费用支出(广义的行政管理支出还包括国防支出)。它是维持国家政权存在、保证国家管理机构正常运转所必需的费用，是国家财政支出的重要组成部分，也是纳税人必须支付的社会成本。

(1)行政管理支出的性质

对行政管理支出的正确认识，首先取决于对政府的认识。政府作为生产者，生产各种形式的公共决策，保障了社会秩序和市场机制的正常运转。由于政府行政管理产品和服务的受益者是整个社会，某个人享受正常的社会秩序并不会妨碍其他人也享受正常的社会秩序，同时一般来说，也不可能在某人没有付费或不愿付费时就将其排除在享受正常的社会秩序的范围之外(当然有些具体的行政管理可以在技术上予以排除，如人民法院有关诉讼费用的规定是属于成本补偿的范畴，而警察办案即使有明确的受益人也不能收费的情况则属于一种制度安排)。如果由市场来提供，其收入将不足以补偿全部生产成本，故而私人企业不愿意生产它们。因此，政府的行政管理是一种比较典型的公共产品。

(2)行政管理支出的特点

财政统计口径的行政管理费包括人大、政府机关、政协、共产党机关、民主党派机关及社会团体机关等单位的行政管理经费。具体分析时可将政府的行政管理支出按照预算收支科目分解为以下四大类：公检法经费、外交外事支出、行政费用和武装警察部队经费。它具有以下几个特点：

① 行政管理支出属于公共支出。政府作为组织整个国家事务管理的机关，一般具有政治、社会及经济职能，所以行政管理支出既是保证国家权力机关、国家行政机关、国家司法检察机关和外事机构行使其职能的物质保证，又是保证政府管理部门正常运转、发挥经济职能必需的基础。所以政府的行政管理职能是一种公共产品，其经费来源也应通过强制性的税收而不是销售产品的方式取得。并且，行政管理支出的使用应面向全体社会成员，尽可能为他们创造良好的社会秩序和生产、生活环境，最大限度地发挥政府生产性职能的作用。

② 行政管理支出具有稳定性。政府的职能在一定时期内比较稳定，行政机构的设置则是根据履行其职能的实际需要确定的，并经过一定的法律程序，体现了国家在既定时期社会行政管理与经济管理工作的需要，也体现了各级政府之间或各职能机构之间的职权划分。因此，行政管理支出在保持合理增长趋势的条件下，应具有相对稳定性，不应有大起大落的波动。

③ 行政管理支出的效率难以考核。政府规模一般指政府雇员的数量，也可以用行政管理支出占财政支出与GDP比重来衡量。所以行政管理支出可以从公用经费和人员经费两个方面

研究。公用经费是政府实现其生产者职能直接所需的经费支出，是政府行政管理支出的主体。当政府生产的各种公共产品和决策的数量和范围增大时，公用经费必然要相应地增加，而作为实现政府行政管理职能间接所需的人员经费也会有所增加。但支出的效率往往难以评价，一是因为无法确定政府应该雇佣多少人员才是合理的，二是无法确定行政管理支出总额应占财政支出或 GDP 比重多少才是最有效的。

2. 我国行政管理支出分析

(1)行政管理支出增长的原因分析

政府就其实质来说，是公共力量的实体化，掌握着公共权力和代表公共利益。从总体来说，政府职能的扩张与政府规模的扩大是必然的，众多经济(财政)学家包括瓦格纳、马克思、马斯格雷夫、皮科克和怀斯曼及布坎南对此都有经验的总结与理论的论证。政府支出的扩张因素之一就是行政经费的扩张。有人认为，行政管理支出膨胀一般可归于如下两个原因。

一是主观原因，政府在主观上希望做一个称职的政府，希望把政府应当做的事情做得尽善尽美。如果现在的政府工作存在着问题和不足，那么政府作出的第一个选择就是通过扩大机构、增设部门和增加人员来处理这些问题和解决这些不足。

二是客观原因，因为社会对政府的要求总是无止境的，而且社会是一个动态发展着的过程，它的每一个前进步伐都会对政府提出许许多多新的要求。随着政府职能的扩展，政府机构的扩展就顺理成章了，行政经费的膨胀也就成了必然要求。

笔者还认为主要是行政经费的自利性特征造成行政经费容易膨胀。因为一般公众只能从行政经费所支持的政府服务中获益，但政府机构与政府雇员除此以外还能从行政经费本身获益，即政府机构与政府雇员从这类支出中获得的边际收益高于一般公众，这是与其他类型财政支出不同的。这也是行政部门争经费预算总额的重要原因，从而导致了行政经费(当然也包括其他经费)的膨胀。

当然，更为直观的判断是行政机构臃肿、人浮于事现象普遍，同时对行政机构缺乏有效的效率考核，由此也使政府雇员合理数量的判断缺乏一个科学的认识，只能定期进行机构的精简。

(2)行政管理经费的不足与预算外资金

行政管理经费的不断增长是一个总趋势，但不管如何增长，只要是合理的和必要的，增长就是必要的;而只要是不合理的，则连原有水平也可能不应维持。研究政府的行政管理支出，主要是要考虑在保证政府合理行使行政职能的前提下如何尽可能降低成本，否则单纯为了压缩支出而减少行政经费，可能会不适宜地减少了政府行使其行政职能所必需的支出。更为重要的是，政府部门有其得天独厚的条件，当正常行使职能受到预算经费的约束时，政府部门的第一选择就是利用职权在其管辖范围内“寻租”，这就是乱收费的起源之一。

① 预算外行政事业经费

前面讨论了行政经费中公用经费相对不足与预算外资金迅速增长，事实上行政管理经费中的大部分都是来自预算外，预算内经费已经很难保证行政经费的充足。具体表现为地方各级财政的运行状况极不平衡，地级(包括地级市)和乡镇财政为结余，县级财政赤字较多。同时，中国农村由于其经济发展水平与城市相比具有较大差距，因而农村政府的财政状况明显差于城市。从预算收入与预算支出情况看，县级财政存在着严重的预算赤字情况。1978—2012 年预算外资金分项目收入情况见表 10-1。

表 10-1　1978—2012 年预算外资金分项目收入　　单位：亿元

年　份	合　计	行政事业性收费	政府性基金收入	乡镇自筹统筹资金	地方财政收入	国有企业和主管部门收入	其他收入
1978	347.11	63.41	—	—	31.09	252.61	—
1980	557.40	74.44	—	—	40.85	442.11	—
1985	1 530.03	233.22	—	—	44.08	1 252.73	—
1990	2 708.64	576.95	—	—	60.59	2 071.10	—
1991	3 243.30	697.00	—	—	68.77	2 477.53	—
1992	3 854.92	885.45	—	—	90.88	2 878.59	—
1993	1 432.54	1 317.83	—	—	114.71	—	—
1994	1 862.53	1 722.50	—	—	140.03	—	—
1995	2 406.50	2 234.85	—	—	171.65	—	—
1996	3 893.34	3 395.75	—	272.90	224.69	—	—
1997	2 826.00	2 414.32	—	295.78	115.90	—	—
1998	3 082.29	1 981.92	478.41	337.31	—	54.67	229.98
1999	3 385.17	2 354.28	396.51	358.86	—	50.11	225.41
2000	3 826.43	2 654.54	383.51	403.34	—	59.22	325.81
2001	4 300.00	3 090.00	380.00	410.00	—	60.00	360.00
2002	4 479.00	3 238.00	376.00	272.00	—	72.00	521.00
2003	4 566.80	3 335.74	287.10	293.14	—	52.33	598.49
2004	4 699.18	3 208.42	351.29	213.09	—	64.12	862.26
2005	5 544.16	3 858.19	359.29	192.94	—	47.84	1 085.90
2006	6 407.88	4 216.80	376.49	221.29	—	44.91	1 548.39
2007	6 820.32	4 681.05	—	180.25	—	40.16	1 918.86
2008	6 617.25	4 835.81	—	220.74	—	47.08	1 513.62
2009	6 414.65	4 598.14	—	220.56	—	84.10	1 511.85
2010	5 794.42	3 691.82	—	257.18	—	58.14	1 787.28
2011	6 154.61	4 173.52	—	363.64	—	76.93	1 793.23
2012	6 792.37	4 663.92	—	463.21	—	81.23	1 832.46

注 1：1993—1996 年的预算外资金收入范围分别有所调整，与以前各年不可比；从 1997 年起，预算外资金收入不包括预算内管理的政府性基金(收费)；从 2004 年起，预算外资金收入为财政预算外专户收入。

注 2：从 2003 年起，农村税收改革在全国推开，乡镇自筹与统筹资金逐步取消，但个别省份在 2003 年以后仍有清欠收入。

注 3：其他收入，包括彩票公益基金、中央电视台广告收入等。

注 4：从 2011 年起，预算外资金收支全部纳入预算内管理，相关指标不再单独列示。

资料来源：中国统计年鉴 2013。

1996—2012 年预算外资金分项目支出情况见表 10-2。

表 10-2　1996—2012 年预算外资金分项目支出　　单位：亿元

年　份	合　计	一般公共服务	教　育	社会保障和就业	交通运输	城乡社区事务	其他支出
1996	3 838.32	—	—	—	—	—	—
1997	2 685.54	—	—	—	—	—	—
1998	2 918.31	—	—	—	—	—	—
1999	3 139.14	—	—	—	—	—	—
2000	3 529.01	—	—	—	—	—	—
2001	3 850.00	—	—	—	—	—	—
2002	3 831.00	—	—	—	—	—	—

（续表）

年　份	合　计	一般公共服务	教　育	社会保障和就业	交通运输	城乡社区事务	其他支出
2003	4 156.36	—	—	—	—	—	—
2004	4 351.73	—	—	—	—	—	—
2005	5 242.48	—	—	—	—	—	—
2006	5 866.95	—	—	—	—	—	—
2007	6 112.42	611.71	2 196.93	255.94	975.96	771.02	1 300.87
2008	6 346.36	565.38	2 325.98	217.83	1 066.20	807.66	1 363.31
2009	6 228.29	539.63	2 365.21	172.45	1 047.53	646.84	1 456.63
2010	5 754.69	378.57	2 482.29	184.22	355.97	612.85	1 740.79
2011	6 321.54	298.67	2 681.28	196.56	746.31	691.87	1 531.63
2012	7 123.56	374.86	2 867.58	246.31	874.76	964.32	1 468.28

注1：1993—1996年的预算外资金收入范围分别有所调整，与以往各年不可比；从1997年起，预算外资金收入不包括预算内管理的政府性基金（收费）；从2004年起，预算外资金收入为财政预算外专户收入。

注2：2007年预算外资金按新的支出功能分类科目反映。

注3：从2011年起，预算外资金收支全部纳入预算内管理，相关指标不再单独列示。

资料来源：中国统计年鉴2013。

1986—2012年中央和地方预算外资金收支及比重情况见表10-3。

表10-3　1986—2012年中央和地方预算外资金收支及比重　　单位：亿元

项目收入年份	全　国	中　央	地　方	中央比重（%）	地方比重（%）
1986	1 737.31	716.63	1 020.68	41.2	58.8
1987	2 028.8	828.03	1 200.77	40.8	59.2
1988	2 360.77	907.15	1 453.62	38.4	61.6
1989	2 658.83	1 072.28	1 586.55	40.3	59.7
1990	2 708.64	1 073.28	1 635.36	39.6	60.4
1991	3 243.3	1 381.1	1 862.2	42.6	57.4
1992	3 854.92	1 707.73	2 147.19	44.3	55.7
1993	1 432.54	245.9	1 186.64	17.2	82.8
1994	1 862.53	283.32	1 579.21	15.2	84.8
1995	2 406.5	317.57	2 088.93	13.2	86.8
1996	3 893.34	947.66	2 945.68	24.3	75.7
1997	2 826	145.08	2 680.92	5.1	94.9
1998	3 082.29	164.15	2 918.14	5.3	94.7
1999	3 385.17	230.45	3 154.72	6.8	93.2
2000	3 826.43	247.63	3 578.79	6.5	93.5
2001	4 300	347	3 953	8.1	91.9
2002	4 479	440	4 039	9.8	90.2
2003	4 566.8	379.37	4 187.43	8.3	91.7
2004	4 699.18	350.69	4 348.49	7.5	92.5
2005	5 544.16	402.58	5 141.58	7.3	92.7
2006	6 407.88	467.11	5 940.77	7.3	92.7
2007	6 820.32	530.37	6 289.95	7.8	92.2
2008	6 617.25	579.26	6 037.99	8.8	91.2
2009	6 414.65	647.37	5 767.28	10.1	89.9
2010	5 794.42	564.31	5 230.11	9.7	90.3
2011	6 154.61	746.38	5 408.23	12.1	87.9
2012	6 792.37	687.48	6 104.89	10.1	89.9

（续表）

项目收入年份	全　国	中　央	地　方	中央比重(%)	地方比重(%)
1986	1 578.37	640.94	937.43	40.6	59.4
1987	1 840.75	741.61	1 099.14	40.3	59.7
1988	2 145.27	842.86	1 302.41	39.3	60.7
1989	2 503.1	975.87	1 527.23	39	61
1990	2 707.06	1 037.69	1 669.37	38.3	61.7
1991	3 092.26	1 263.27	1 828.99	40.9	59.1
1992	3 649.9	1 592.81	2 057.09	43.6	56.4
1993	1 314.3	198.87	1 115.43	15.1	84.9
1994	1 710.39	225.02	1 485.37	13.2	86.8
1995	2 331.26	351.38	1 979.88	15.1	84.9
1996	3 838.32	1 034.92	2 803.4	27	73
1997	2 685.54	143.91	2 541.63	5.4	94.6
1998	2 918.31	139.74	2 778.57	4.8	95.2
1999	3 139.14	164.82	2 974.32	5.3	94.7
2000	3 529.01	210.74	3 318.28	6	94
2001	3 850	258.13	3 591.87	6.7	93.3
2002	3 831	259	3 572	6.8	93.2
2003	4 156.36	329.32	3 827.04	7.9	92.1
2004	4 351.73	389.5	3 962.23	9	91
2005	5 242.48	458.34	4 784.14	8.7	91.3
2006	5 866.95	377.72	5 489.23	6.4	93.6
2007	6 112.42	453.34	5 659.08	7.4	92.6
2008	6 346.36	394.58	5 951.78	6.2	93.8
2009	6 228.29	485.26	5 743.03	7.8	92.2
2010	5 754.69	535.14	5 219.55	9.3	90.7
2011	6 321.54	497.28	5 824.26	7.9	92.1
2012	7 123.56	586.76	6 536.8	8.2	91.8

资料来源：中国统计年鉴 2014。

一般我国比较强调预算内财政收支的平衡，但没有更多地考虑预算收入能否满足当地居民对基本公共产品和服务的需要。中央政府集中了设定税种与决定税率的权力，地方政府无权设定税率和调整税率，所以地方政府在制度范围内弥补财政赤字或财政缺口只能依赖上级政府的转移支付，在很大程度上是取决于各地方领导人的讨价还价能力。这样地方政府，特别是县、乡两级政府的理性选择只能是在自己的权力范围内通过预算外经费来弥补财政赤字和财政缺口。

② 行政收费的特点及相关问题

行政收费的特点：一是收费的主体是政府或代替政府行使某种行政职能的其他部门；二是收费事由为某一特定的公共管理或服务项目；三是收费对象一般是政府提供的公共管理或服务的直接受益者或是政府不希望看到的情况发生的直接责任者；四是收费具有地方区域性、临时性、分散性和不稳定性；五是收费所得收入的集中度远小于税收。

行政收费作为行政管理经费补充也存在一些问题：一是预算未将征收单位预算内外资金

统筹安排；二是大部分收费没有实行收缴分离；三是在支出上、规定上不够明确，导致了支出的随意性；四是除有权部门允许设定且纳入统计范围的收费以外，还存在一些未经许可且无法统计的集资、摊派、收费与罚款等的收入(特别是乡镇)；五是票据种类繁多。

针对此问题，解决的思路主要有：一是缩小预算外收入范围，以利于加强管理；二是加快财政预算管理体制改革；三是严格审批新项目的开征，禁止没有审批的项目的征收与没有收费权的部门行使收费职能，并通过银行系统对收费账户及其收支流量进行控制，及时监控；四是对政府职能明确划分，规范政府行为，并将办事程序公布于众，广泛宣传，尽可能减少政府“寻租”空间。

3. 行政管理支出的效率与成本

行政管理支出的效率体现在既定支出水平下履行行政政府部门的正常职能。但成本多少为合理以及什么内容可计入，目前没有权威的研究结果与统计资料能回答这个问题。

据国务院有关部门对近两年中国部分省市所做的一项调查结果表明：政府人工成本包括配置成本、开发成本、使用成本和保障成本，使用成本占人工成本的比例超过80%；使用成本中，工资(包括基本工资、津贴补贴和奖金)占人工成本的45%以上，福利占总使用成本40%以上，占人工成本30%以上；收入增长慢，实物收入比重偏高；社会保障体系的社会化程度低，裁减人员仍然由政府支出消化，不利于降低政府行政管理成本。

与逐步取消福利分房同步，我国陆续对国家机关和事业单位工作人员进行加薪。历次加薪显然提高了行政管理支出的成本，但对效率的提高还缺乏进一步的实证分析。

此外，从成本角度看，我国行政管理经费支出范围模糊，如支出单位过多过杂，各种学会、协会、基金会以及各式各样的“中心”和临时机构等都包括在行政支出范围内，而这些机构的数量近年来增长较快；另外支出项目较为混乱，许多不该列入的项目也挤入到行政管理经费中，如公费旅游、出国、公款吃喝、超标准办公用房、超标准会议(包括各种庆典纪念活动)费用、公车私用等；当经费允许或仅仅是为了地方或部门间的攀比，有权部门大量购买小汽车、大量修建各种培训中心以增加在职消费；更有甚者，在福利分房早已停止的今天，还有政府部门以各种名义修建“经济适用房”，并按职务官衔大小确定面积、以远低于市场的“价格”“出售”给个人。这些情况的出现都挤占了本来就不宽裕的行政管理经常性经费，也是与我国政府职能范围不明确的现状相对应的，还暴露出行政经费管理不严、监督不利的问题。由于这些费用大多与一定的权力等级相联系，在缺乏透明、规范、严格的公用经费支出管理制度的条件下，很容易导致部分领导干部的官僚作风，甚者滋生腐败。要从根上杜绝公用经费支出方面的不合理现象，必须抓好对“一把手”的监督与考核，并建立起一套规范透明的公用经费支出管理体制。

10.1.3 国防支出

1. 国防支出的内容

财政的国防支出，是指财政用于国防建设、国防科研事业、军队正规化建设以及民兵建设方面的费用支出。国防开支是任何一个主权国家维护其安全、独立所必不可少的开支。我国财政的国防支出内容包括国防费、国防科研事业费、民兵建设费、动员预编费、招飞事业费、专项工程以及其他支出等。

所谓国防支出，是为满足全体社会成员安全需要的军费支出。国防支出的目的在于加强国防建设，建立现代的国防力量，维护国家独立，保障领土完整、安全和主权不受侵犯。

实际上，国家一经建立，必须执行的一个重要职能就是防御外敌侵犯，保卫国家安全，为此就需要建立军队和军事设施。因而，国防支出与行政支出一样是国家财政的基本支出。当然，国家在国防名义下所采取的行动以及在国防支出名义下安排的支出可能并不都是用于防御目的的。

国防支出的内容包括军队支出、后备役支出、国防科研事业费和防空经费等。它主要是直接用于军事建设的经费，包括人员经费和装备经费。同国家管理支出相比，国防支出所提供的服务也具有纯公共商品属性和纯消费性。其区别主要表现在两个方面。第一，需求的外生性与供给的内生性。理论上说，如果一国国防支出真正以防御为目的，决定其需求的因素主要是其国防安全风险的大小，即被侵略的概率和侵略力量的大小。对一国而言，显然，这是两个外生变量。而其他需求(包括公共需求和私人需求)往往与内生变量(如价格弹性和收入弹性)有关。对国防服务的供给来说，主要受其国力、财力的制约。第二，资本密集型，即国防服务属于资本密集型行业。冷战时代结束后，加强国防建设并不是指军队的人员编制越大越好，随着科学技术的发展，国防装备投入显得日益重要。

2. 制约国防支出的因素

制约国防支出的因素主要包括以下几个方面。

(1)政治因素

政治因素包括国内政治因素和国际政治因素。由于国防支出主要是用于防御外敌，因而同国内政治似乎并无直接关系。但是，国内政局是否稳定，各地区之间是否协调，各民族之间是否团结，老百姓对政府的服务是否认可等，实际上会影响到国防支出的规模。至于国际局势对国防支出的影响，则是不言而喻的。如前所述，影响公众国防需求的因素是外生的，国防实际上是两国间或多国间的一种博弈行为，在这种双方或多方博弈均衡中，一方的行为取决于他方。如20世纪50年代，第二次世界大战虽早已结束，战争的危险却依然存在，因为“热战”虽已停止，“冷战”却紧锣密鼓地进行。处在这样紧张的国际环境中，各国无疑都要做好准备，或准备侵略，或准备反侵略，使国防开支居高不下。20世纪60年代末期以后，虽然局部战争仍然存在，但战争的危险毕竟日趋减少，尤其是进入20世纪80年代以后，国际社会曾掀起了几次规模较大的裁军活动，国际形势趋于缓和。在这样的背景下，世界各国的国防支出大多相对减少。这说明国防支出规模与国际政治形势密切相关。

(2)经济因素

国防支出是财政通过对国民收入的再分配形成的。因此，国防支出规模首先受国家财政状况的制约。通常情况下，国家财政状况越好，国防支出的规模也就可能越大。而国家财政的状况，最终又受经济发展水平的制约。经济发展速度越快，效益越高，用于国防支出的资源就可以更多一些。这里有两个重要的指标：一是国防支出占财政支出的比重；二是国防支出占国民生产总值(GDP)的比重。在比重一定的情况下，国民生产总值或财政支出的规模越大，国防支出的规模也就越大。

(3)经费使用效率因素

国防服务虽不像私人商品那样可以进行直接的成本收益考察，但也是有效率可言的。私人商品的效率考核重点放在既定成本下的利润最大化，而国防服务的效率衡量则重点放在既定目标下的成本最小化。在国防的目标已定的情况下，经费使用的效率越高，国防支出的规模就可以越小，反之亦然。

(4)兵员制度

一国政府在动员兵力时，可以采取完全自愿的方法，也可以采取强制性的办法，前者称为自愿兵役制，后者称为义务兵役制。两种不同的动员制度各有利弊。一般讲，义务兵役制可以有效地保证兵员供给，军事人员的薪金常常低于劳动力市场均衡时的工资水平，有助于减少直接的军事开支费用。但相应地，国家需要更多地承担他们退役后的基本生活保障，从而增加社会保障方面的支出。自愿兵役制可以给每个适龄公民以平等选择的机会，有助于实现官兵的报酬与其机会成本的均衡，也有利于提高官兵的军事素质和部队战斗力。从总体上看，理论界更倾向于选择后一种兵役制度。

此外，一定时期的国防开支，还受物价水平、技术水平和地域因素的制约。就技术水平来说，它对国防支出的影响表现在：第一，国防服务属于资本密集型行业，其发展受技术水平的制约，只有高新技术的发展才能为国防服务奠定现代化的基础；第二，国防需求的外生性决定了国防技术具有高度的排他性。因此，从根本上说，强大的国防是建立在一国自身技术现代化的基础之上。就地域因素来说，一般地，地域越是广大，国家用于保卫疆土的防卫性支出就越多。

10.1.4 科教文卫支出

1.发展科教文卫事业的重要意义

(1)科学技术是第一生产力，是经济发展的重要推动力量

随着经济的发展，科学技术的进步日益成为生产发展和劳动生产率提高的基本前提。从人类社会发展的历史看，巨大社会变革的直接动因是生产技术的变革，而生产技术的变革则以科学发明及其应用于生产为基础。正是在这个意义上，马克思将科学视为“最高意义上的革命力量”。从18世纪60年代的以蒸汽机的广泛应用为主要标志的第一次技术革命开始，经过19世纪以电磁应用为标志的第二次技术革命，直到20世纪50年代以原子能、电子计算机和空间技术为标志的第三次技术革命，以及目前正在进行的以信息技术为标志的第四次技术革命，生产力的发展大部分是由科学技术的发展直接带来的。每次技术革命都会带来社会生产力的大发展。在当今发达国家，经济增长中物质成分所起的作用下降，知识成分的作用大幅度提高，以至于成为其决定性的力量。

(2)教育是科学技术这种“第一生产力”的源泉和基础

首先，教育是科学技术进步的基础，只有通过教育，科技成果才能传播开来。其次，教育是劳动力再生产的重要条件。在现代生产条件下，劳动者的科学文化知识、劳动技术和管理，主要通过教育获得，劳动力的质量和劳动生产率同劳动者受教育的程度呈正相关关系。再次，再教育是解决结构性失业问题的主要手段。结构性失业是指在经济发展过程中，因劳动力结构的变化滞后于产业结构调整而产生的失业。只有通过对失业人口进行再教育和再培训，才能让他们走上新的工作岗位，填补新兴产业部门的空缺，达到充分就业。最后，教育是社会主义精神文明建设与物质文明一起抓的结合点。在我国社会主义现代化建设中，要取得社会主义物质文明和精神文明双丰收，加强对广大人民群众的教育，普遍提高全民族的科学文化素质是最主要的途径之一。

(3)人民的健康水平是国民经济发展的重要保证

现代条件下的高度紧张、高度复杂的生产活动，要求劳动者具有健康的体魄和良好的心理

状态。而健康的身体和健全的心理需要有优良的医疗卫生设施和良好的体育运动方能保证。

正是由于科学、教育、文化、卫生事业在现代社会经济发展中发挥着日益重要的作用，各国政府才不遗余力地发展科教文卫事业。

2.科教文卫支出的内容及其分类

科教文卫支出，是国家财政用于科学、教育、文化和卫生等事业部门的经费支出。科教文卫支出内容多、范围广，为了便于了解科教文卫支出的内容，可以对其作如下分类。

(1)按支出的部门划分，科教文卫支出主要包括以下内容

①文化事业费；②教育事业费；③科学事业费；④卫生事业费；⑤体育事业费；⑥通讯事业费；⑦广播电视事业费。

文化事业费是指文化部和地方文化部门的事业费，包括艺术表演团体经费、图书馆经费、群众文化经费等；教育事业费主要指各级教育部门的事业费，包括教育部门举办的各类中小学及幼儿教育经费、国家批准设立的各类全日制普通高等院校经费、教育部门举办的成人高等教育以及广播电视教育经费等；科学事业费是指各级科委、科协和社会科学院及其归口管理部门的事业费，包括各级科研管理机构经费、科学研究经费、科普活动经费、国际学术交流经费等；卫生事业费是指卫生部及地方卫生部门的事业费，包括医院经费、防治防疫事业费、妇幼保健费、合作医疗补助费等；体育事业费是指国家体委及地方体委系统的事业费；通讯事业费是指新华通讯社及专业通讯社的事业费；广播电视事业费是指中央广播电视部门及地方广播电视部门的事业费，包括广播电台经费、电视台经费、县广播站经费等。此外，文教科学卫生事业费还包括出版、文物、档案、地震、海洋、计划生育等项事业的事业费支出。

(2)按支出的作用划分

科教文卫支出可以分成人员经费支出和公用经费支出。人员经费支出主要用于科教文卫等单位的工资、补助工资、职工福利费、离退休人员费用、奖学金等开支项目；公用经费支出用于解决科教文卫单位为完成事业计划所需要的各项费用开支，包括公务费、设备购置费、修缮费和业务费。公务费是指科教文卫单位进行日常业务工作所发生的费用，包括办公费、邮电费、水电费、工作人员差旅费、会议费、机动车船用油和燃料费、公路养路费等；设备购置费是指科教文卫单位购置不同基本建设投资额度、按固定资产管理的设备所发生的费用，包括办公用一般设备及车辆购置费、教学及科研等单位的专业设备购置费、图书购置费等；修缮费是指科教文卫单位电网因维修房屋、设备等固定资产所开支的费用及零星土建工程等费用等；业务费是指科教文卫单位为完成某项专业而开支的消耗性费用以及购置低级易耗品所支付的费用，包括进行防治、防疫而使用的消耗性医药卫生材料费、科学考察研究费、学校的教学实验费及生产实习费等。

3.我国的教育支出

教育分普及教育与高等教育两类，从经济性质来看，普及教育属于纯公共产品，因为普及教育对于每个公民来说既是一种权利，又是一种义务，每个公民都可以无差别地享受这种教育，即这种产品具有非竞争性和非排他性的特点，因而普及教育属于纯公共产品的范畴。既然普及教育属于纯公共产品，理所当然应该由政府提供。而高等教育则不同，一方面，高等教育能够提高公民的素质，促进社会经济发展，具有很强的外部性，属于公共产品的范畴；另一方面，能够接受高等教育的人数是有限的，一个人接受了高等教育，必然减少他人接受高等教育的机会，即高等教育具有排他性，从这层意义上讲，高等教育又属于私人产品的范畴。综合起

来说，高等教育属于混合产品。既然高等教育属于混合产品，就不能像国防和国家安全一样，完全由政府提供，允许私人参与投资，也应该向接受教育者收取一定的费用。

自新中国成立以来，中国财政对教育的投入经历了发展、停滞、快速发展几个阶段。十一届三中全会之后，中共中央把教育确定为国家经济建设的战略重点，教育经费大幅度增加。2003 年财政用于教育的经费达到 3 323.49 亿元，是 1978 年 75.05 亿元的 44.28 倍；占财政总支出的比重也从 1978 年的 6.69%上升到 2003 年的 13.48%。2013 年中国各地区教育经费情况和 2012 年各类学校教育经费情况分别见表 10-4 和表 10-5。

表 10-4　2013 年各地区教育经费情况

单位：万元

地　区	合　计	国家财政性教育经费	预算内教育经费	民办学校办学经费	社会捐赠经费	事业收入	学杂费	其他教育经费
中　央	13 625 888	7 880 511	7 624 808	—	144 330	4 604 769	2 196 828	996 279
地　方	107 854 775	74 921 631	68 924 274	809 337	786 254	27 167 588	19 112 254	4 169 963
北　京	4 077 284	3 175 975	2 935 078	8 623	35 123	689 123	449 661	168 441
天　津	1 657 108	1 148 940	1 050 730	635	3 112	448 370	264 956	56 051
河　北	4 403 700	3 103 586	2 841 172	31 470	13 471	1 110 183	857 400	144 991
山　西	2 649 876	1 948 361	1 744 404	45 399	12 391	611 628	458 880	32 097
内蒙古	2 019 987	1 629 515	1 488 405	11 670	4 825	349 364	270 176	24 613
辽　宁	4 122 455	3 000 631	2 756 211	13 004	1 659	972 359	787 899	134 803
吉　林	2 133 095	1 567 665	1 490 651	7 350	15 867	502 890	375 790	39 323
黑龙江	2 736 590	2 055 103	1 862 016	9 713	2 138	647 487	534 429	22 148
上　海	4 318 320	3 261 409	2 894 908	3 366	7 882	809 273	608 812	236 390
江　苏	8 513 327	5 259 263	4 653 318	28 881	158 561	2 438 439	1 493 058	628 184
浙　江	7 058 575	4 401 972	3 748 654	16 557	150 086	1 911 896	1 292 083	578 064
安　徽	3 451 326	2 441 218	2 287 926	26 856	19 953	870 219	628 532	93 080
福　建	3 322 233	2 217 201	2 054 017	84 037	26 495	908 022	640 198	86 478
江　西	2 850 048	1 857 367	1 776 743	23 337	16 783	869 447	695 897	83 115
山　东	6 802 414	4 755 635	4 188 713	16 569	30 038	1 757 555	1 326 515	242 616
河　南	5 493 997	4 075 505	3 864 069	27 612	6 879	1 241 162	944 466	142 839
湖　北	3 689 008	2 297 161	2 122 204	40 928	13 865	1 164 047	838 330	173 008
湖　南	4 196 365	2 628 646	2 474 606	29 305	17 645	1 350 044	981 992	170 725
广　东	10 734 751	6 614 097	6 221 849	179 245	99 518	3 481 229	2 171 005	360 662
广　西	2 758 915	2 058 340	1 918 820	22 550	11 370	595 607	427 644	71 048
海　南	757 981	549 796	485 361	5 515	15 327	168 763	117 976	18 580
重　庆	2 309 734	1 471 782	1 397 009	7 688	50 021	540 819	352 725	239 425
四　川	5 009 787	3 478 766	3 265 608	86 289	18 881	1 332 195	778 055	93 655
贵　州	2 070 113	1 670 164	1 564 471	8 763	6 991	330 465	243 661	53 730
云　南	2 757 505	2 191 078	2 088 192	18 037	24 169	4 613 82	329 005	62 839
西　藏	420 562	406 063	403 688	67	108	14 232	12 128	92
陕　西	2 855 270	1 826 039	1 712 961	48 857	5 164	892 350	741 797	82 860
甘　肃	1 672 565	1 347 784	1 277 373	2 256	5 706	293 362	220 916	23 456
青　海	458 238	405 548	391 399	1 267	2 738	42 098	28 100	6 586
宁　夏	636 974	533 091	510 833	2 145	2 405	69 671	45 576	29 664
新　疆	1 916 673	1 543 932	1 452 886	1 345	7 085	293 908	194 594	70 403

资料来源：中国统计年鉴 2014。

表 10-5　2012 年各类学校教育经费情况　　　　单位：万元

学校类别	合计	国家财政性教育经费	预算内教育经费	民办学校中举办者投入	社会捐赠经费	事业收入	学杂费	其他教育经费
全国总计	276 959 700	222 362 300	76 549 082	809 337	930 584	31 772 357	21 309 082	5 166 242
按学校类别分组								
高等学校	37 623 007	16 481 188	15 999 151	319 221	274 666	17 661 572	12 774 453	2 886 360
普通高等学校	36 341 851	15 983 187	15 543 042	318 788	271 809	16 987 027	12 231 914	2 781 040
成人高等学校	1 281 156	498 001	456 108	433	2 857	674 545	542 539	105 320
中等职业学校	8 517 983	5 121 957	4 408 752	73 563	28 909	2 956 031	2 401 011	337 523
中等专业学校	3 473 353	1 951 638	1 756 232	25 661	8 637	1 327 253	1 098 837	160 165
职业高中	3 479 313	2 280 925	1 855 047	34 694	18 599	1 034 984	841 389	110 111
技工学校	994 454	518 894	453 351	6 989	1 027	425 050	355 015	42 495
成人中专学校	570 862	370 500	344 123	6 219	646	168 743	105 770	24 753
中学	34 524 462	25 360 850	22 934 512	281 573	313 234	7 618 742	5 032 149	950 063
普通中学	34 482 325	25 338 822	22 915 519	281 218	313 204	7 602 049	5 027 409	947 033
普通高中	13 935 044	7 948 195	6 899 098	156 258	129 281	5 249 418	3 709 708	451 892
普通初中	20 547 281	17 390 627	16 016 421	124 959	183 922	2 352 631	1 317 701	495 142
农村普通初中	11 043 073	10 323 297	9 726 062	14 992	56 506	465 003	112 389	183 274
成人中学	42 137	22 029	18 993	355	31	16 693	4 740	3 030
小学	29 487 237	26 742 621	25 179 148	134 938	263 988	1 831 040	989 097	514 650
普通小学	29 482 975	26 738 863	25 175 463	134 938	263 988	1 830 565	988 689	514 621
农村普通小学	18 834 664	18 069 991	17 349 040	18 069	110 054	410 576	85 598	225 974
成人小学	4 262	3 758	3 685	—	—	476	408	29
特殊教育学校	311 627	288 135	261 311	42	3 751	10 801	2 788	8 898
幼儿园	1 571 389	1 028 269	954 947	—	15 228	482 644	—	4 248
教育行政单位	1 912 362	1 587 424	1 242 310	—	11 439	208 985	—	104 515
教育事业单位	4 598 098	3 558 280	2 945 770	—	15 064	747 847	—	276 907
其他	2 934 499	2 633 418	2 623 182	—	4 305	254 695	109 584	42 080

注：(1)国家财政性教育经费主要包括公共财政预算教育经费、各级政府征收用于教育的税费、企业办学中的企业拨款、校办产业和社会服务收入用于教育的经费等；

(2)2012 年对部分教育经费统计指标进行了修订，"公共财政教育支出"(包含在国家财政性教育经费中)2012 年以前包括教育事业费、科研经费、基建经费、其他经费和教育费附加；2012 年包括教育事业费、基建经费和教育费附加。

资料来源：中国统计年鉴 2014。

4. 我国的医疗卫生支出

医疗卫生保健是人类必不可少的产品，按照这种产品产生的个人效益和社会效益间的关系，可以将这种产品划分为：公共卫生、基本医疗和特需医疗。不同产品的提供方式不同：公共卫生，如社区卫生、健康普及教育，在消费上具有非排他性、非竞争性，人人可以获益而不影响他人获益的机会、数量和质量，属于纯公共产品。公共产品领域是一个具有极大外部性的领域，同时有"搭便车"的现象，这种产品不可能完全由市场来提供，应由政府承担提供的角色，否则就会出现供应不足的情况；基本医疗，能给国民带来与经济发展水平相适应的基本健康，而这种健康对个人来说能提高个人劳动生产率，增加其收入，而全民健康则能促进整个社会经济的良性循环，增加全国财富，所以基本医疗属于准公共产品，其最有效的提供方式是私人提供和政府补贴相结合；特需医疗，是满足少数人医疗保健高层次与特殊需求而提供的特需门诊、家庭医生、特别护理等服务，该产品在消费上具有明显的竞争性和排他性，属于私人产品，其有效的提供方式是市场提供。2000—2013 年的卫生总费用情况见表 10-6。

表 10-6 2000—2013 年的卫生总费用

年份	卫生总费用（亿元）	政府卫生支出		社会卫生支出		居民个人现金卫生支出		人均卫生费用（元）			
		绝对数（亿元）	占卫生总费用比重（%）	绝对数（亿元）	占卫生总费用比重（%）	绝对数（亿元）	占卫生总费用比重（%）	合计	城市	农村	卫生总费用占 GDP 比重（%）
2000	4 586.63	709.52	15.47	1 171.94	25.55	2 705.17	58.98	361.90	813.74	214.65	4.62
2001	5 025.93	800.61	15.93	1 211.43	24.10	3 013.89	59.97	393.80	841.20	244.77	4.58
2002	5 790.03	908.51	15.69	1 539.38	26.59	3 342.14	57.72	450.70	987.07	259.33	4.81
2003	6 584.10	1 116.94	16.96	1 788.50	27.16	3 678.66	55.87	509.50	1 108.91	274.67	4.85
2004	7 590.29	1 293.58	17.04	2 225.35	29.32	4 071.35	53.64	583.90	1 261.93	301.61	4.75
2005	8 659.91	1 552.53	17.93	2 586.41	29.87	4 520.98	52.21	662.30	1 126.36	315.83	4.68
2006	9 843.34	1 778.86	18.07	3 210.92	32.62	4 853.56	49.31	748.80	1 248.30	361.89	4.55
2007	11 573.97	2 581.58	22.31	3 893.72	33.64	5 098.66	44.05	875.96	1 516.29	358.11	4.35
2008	14 535.40	3 593.94	24.73	5 065.60	34.85	5 875.86	40.42	1 094.52	1 861.76	455.19	4.63
2009	17 541.92	4 816.26	27.46	6 154.49	35.08	6 571.16	37.46	1 314.26	2 176.63	561.99	5.15
2010	19 980.39	5 732.49	28.69	7 196.61	36.02	7 051.29	35.29	1 490.06	2 315.48	666.30	4.98
2011	24 345.91	7 464.18	30.66	8 416.45	34.57	8 465.28	34.77	1 806.95	2 697.48	879.44	5.15
2012	28 119.00	8 431.98	29.99	10 030.70	35.67	9 656.32	34.34	2 076.67	2 999.28	1 064.83	5.41
2013	31 668.95	9 545.81	30.14	11 393.79	35.98	10 729.34	33.88	2 327.37	3 234.12	1 274.44	5.57

注：(1)本表系按当年价格计算核算数，2012 年为初步测算数；

(2)2001 年起卫生总费用不含高等医学教育经费，2006 年起包括城乡医疗救助经费。

资料来源：中国统计年鉴 2014。

2009 年以来，医疗卫生改革坚持用投入促改革，用投入换机制。2009－2011 年全国财政医疗卫生累计支出 15 228 亿元，其中中央财政累计支出 4 506 亿元，与 2008 年同口径基数相比，三年新增投入分别达到 12 471 亿元和 3 679 亿元。2012 年，全国财政医疗卫生支出 7 199 亿元，其中中央财政支出 2 048 亿元，分别比上年增长 12％和 17.2％。

5. 我国的科技支出

科技投入是科技进步的必要条件和基本保证，而政府的科技投入则是全社会科技投入的重要方面。研究与开发(R&D)活动作为整个科技活动的核心，其发展水平已成为衡量一国科学技术水平高低的重要标志。联合国教科文组织和世界上多数国家都将 R&D 经费作为科技投入的重要指标。R&D 经费占国内生产总值的比例，即 R&D/GDP，是一国科技投入相对强度的表征，也便于国际间的比较。由于历史原因，过去这一重要的科技投入指标未能在国家年度统计公报中予以使用。近年来，我国的 R&D 指标已正式使用，并列入了国家的统计公报，使我国科技投入有了一个可以与国际上进行比较的基本指标。1995—2013 年全国研究与开发经费支出情况见表 10-7。

表 10-7 1995—2013 全国研究与开发(R&D)经费支出

年 份	研究与试验发展经费支出（亿元）	基础研究		应用研究		试验发展		占国内生产总值比重（%）
		数值（亿元）	比重（%）	数值（亿元）	比重（%）	数值（亿元）	比重（%）	
1995	348.69	18.06	5.18	92.02	26.39	238.60	68.43	0.57
1996	404.48	20.24	5.00	99.12	24.51	285.12	70.49	0.57
1997	509.16	27.44	5.39	132.46	26.02	349.26	68.60	0.64

（续表）

年　份	研究与试验发展经费支出(亿元)	基础研究		应用研究		试验发展		占国内生产总值比重(%)
		数值(亿元)	比重(%)	数值(亿元)	比重(%)	数值(亿元)	比重(%)	
1998	551.12	28.95	5.25	124.62	22.61	397.54	72.13	0.65
1999	678.91	33.90	4.99	151.55	22.32	493.46	72.68	0.76
2000	895.66	46.73	5.22	151.90	16.96	697.03	77.82	0.90
2001	1 042.49	55.60	5.33	184.85	17.73	802.03	76.93	0.95
2002	1 287.64	73.77	5.73	246.68	19.16	967.20	75.12	1.07
2003	1 539.63	87.65	5.69	311.45	20.23	1 140.52	74.08	1.13
2004	1 966.33	117.18	5.96	400.49	20.37	1 448.67	73.67	1.23
2005	2 449.97	131.21	5.36	433.53	17.70	1 885.24	76.95	1.34
2006	3 003.10	155.76	5.19	488.97	16.28	2 358.37	78.53	1.42
2007	3 710.24	174.52	4.70	492.94	13.29	3 042.78	82.01	1.49
2008	4 616	220.8	4.78	575.2	12.47	3 820	82.76	1.47
2009	5 802.1	270.3	4.66	730.8	12.60	4 801	82.75	1.70
2010	7 062.6	324.5	4.59	893.8	12.66	5 844.3	82.75	1.76
2011	8 687	411.8	4.74	1 028.4	11.84	7 246.8	83.42	1.84
2012	10 298.4	498.8	4.84	1 162	11.28	8 637.6	83.87	1.98
2013	11 846.6	555.0	4.68	1 269.1	10.71	10 022	84.6	2.08

资料来源：中国统计年鉴 2014。

10.2　财政投资性支出

10.2.1　财政投资概述

1.政府财政投资的含义和特点

(1)政府财政投资的含义

财政投资是以政府为投资主体，以财政资金为主要投资来源的投资活动。它是指政府为了实现其职能，满足社会公共需要，实现经济和社会发展战略，投入财政资金，用以转化为实物资产的行为过程。财政投资也就是政府投资，这是社会总投资的重要组成部分。社会总投资分为政府财政投资和非政府投资。非政府投资是指由具有独立经济利益的微观经济主体进行的投资。

(2)政府财政投资的特点

由于经济社会体制模式的不同以及经济发展水平阶段的不同，政府投资和非政府投资在整个社会投资中的比重会有较大的区别。从体制模式来看，一般而言，实行计划经济的国家，政府投资所占的比重较大，非政府投资所占的比重较小；而在市场经济的国家，政府投资所占的比重相对较小，非政府投资所占比重相对较大。从经济发展水平的不同阶段看，在经济发达的国家，政府投资所占比重较小，非政府投资所占比重较大；在经济欠发达和中等发达水平的国家，政府投资所占比重较大，而非政府投资所占比重较小。

在任何社会中，投资都可以分为公共部门投资和私人部门投资两大部分。一般而言，财政投资就是公共部门投资，是政府为购置满足公共需求所必需的资产而花费的财政支出，是以公共部门为主体，将公共收入用于国民经济诸部门的一种集中性、政策性投资。财政投资的主要领域具有共同性，无论从历史的角度还是从各国的实践来看，财政投资的领域或范围主要是具有公共性、外溢性、基础性的领域，包括经济基础设施投资、基础产业投资、支援农业支出、高新技术产业投资、地区发展支出和物资储备支出等。

财政投资作为整个社会经济投资的组成部分，与私人部门的投资是一种相互联系、相互补充的关系，具有不同的特点和作用领域。政府财政投资的特点如下。

① 以公共部门为投资主体。财政投资是以公共部门为投资主体，私人部门投资则是以单位和个人为投资主体。由于投资主体的不同，导致他们在投资资金来源及其筹资手段、资金的使用规模、投资的原则或依据、投资的重点及方向、投资的管理形式等方面都存在着差异。

② 投资资金来源主要是税收。财政投资的资金来源主要是通过税收等形式，从私人部门集中起来的公共收入。在一定时期，政府也可以通过举借外债或内债，作为财政投资来源。而私人部门投资的资金来源主要是自有资本以及通过债券、股票等形式从资本市场上筹集的资金。

③ 投资规模巨大。财政投资是大规模的、集中性的投资，私人部门的投资无论其投资来源和筹集手段如何多样化，都要受到其自身赢利水平和偿债能力的限制，任何企业、单位和个人的投资规模都无法与财政投资相比。

④ 投资原则是社会福利最大化。在市场经济条件下，私人部门投资是从自身经济利益出发，投资目标是实现自身价值最大化。它们注重的是投资项目的内在成本效益，而较少考虑投资项目的外在成本效益，倾向于选择投资少、见效快、建设周期短、赢利大的项目，绝不会投资赔本项目。而财政投资虽然也考虑投资项目的成本效益问题，但是其投资目标是社会效益的最大化，是从国家整体利益出发来选择和安排投资项目。因此，财政投资往往会选择那些一次性投资金额大、风险高、建设周期长、收效慢，不符合私人部门投资原则的项目，如能源、交通、环境保护、城市公用设施和基础设施等，起到弥补私人部门投资不足的作用。

⑤ 投资管理复杂。在私人部门投资中，投资主体就是建设单位，可以参与投资的全过程，直接承担投资的决策风险和设计、施工、经济风险，在管理中主要是通过经济合同处理与设计、施工单位的关系。在财政投资中，财政部门一般只参与投资项目的立项、审批以及可行性研究工作，而具体的施工及以后投资项目的运营则由建设单位负责。因此，财政投资管理比私人部门投资复杂，不仅需要处理建设单位与设计、施工单位之间的关系，还要正确处理财政部门与建设单位之间的关系。

2. 我国的财政投资支出

由于社会经济制度和经济发展阶段的不同，政府投资和私人投资在各国社会总投资中的比重有较大的差异。

财政投资在各国社会总投资中所占的比重存在着相当大的差异，影响财政投资支出规模的因素主要有两个。

(1)经济体制的不同。如果一国实行的是计划经济管理体制，政府是主要的经济主体和投资主体，财政投资占全社会总投资的比重无疑很高；如果一国实行的是市场经济管理体制，社会中的投资主体多元化，民间部门、私人投资占很大比重。

(2)经济发展阶段的不同。经济发展的不同阶段财政投资的规模也会有很大差异。总的来看，中上等收入国家的财政投资规模比较小，中下等收入和低收入国家的财政投资规模比较大。我国在由计划经济体制转向市场经济体制的过程中，政府投资占社会总投资的比重有所下降，是符合一般发展趋势的。国家财政在全社会固定资产投资中的情况见表 10-8。

表 10-8　1981—2013 年全社会固定资产投资资金来源和按构成分固定资产投资总量

年　　份	投资资金来源(亿元)				投资按构成分(亿元)		
	国家预算内资金	国内贷款	利用外资	自筹和其他资金	建筑安装工程	设备工器具购置	其他费用
1981	269.8	122.0	36.4	532.9	689.8	223.6	47.5
1982	279.3	176.1	60.5	714.5	871.1	291.4	67.9
1983	339.7	175.5	66.6	848.3	993.3	358.3	78.4
1984	421.0	258.5	70.7	1 082.7	1 217.6	509.2	106.1
1985	407.8	510.3	91.5	1 533.6	1 655.5	718.1	169.7
1986	455.6	658.5	137.3	1 869.2	2 059.7	852.0	209.0
1987	496.6	872.0	182.0	2 241.1	2 475.7	1 038.8	277.3
1988	432.0	977.8	275.3	2 968.7	3 099.7	1 305.4	348.8
1989	366.1	763.0	291.1	2 990.3	2 994.6	1 115.8	300.0
1990	393.0	885.5	284.6	2 954.4	3 008.7	1 165.5	342.7
1991	380.4	1 314.7	318.9	3 580.4	3 647.7	1 460.2	486.6
1992	347.5	2 214.0	468.7	5 050.0	5 163.4	2 125.1	791.6
1993	483.7	3 072.0	954.3	8 562.4	8 201.2	3 315.9	1 555.2
1994	529.6	3 997.6	1 769.0	11 531.0	10 786.5	4 328.3	1 928.1
1995	621.1	4 198.7	2 295.9	13 409.2	13 173.3	4 262.5	2 583.5
1996	625.9	4 573.7	2 746.6	15 412.4	15 109.3	4 926.0	2 878.3
1997	696.7	4 782.6	2 683.9	17 096.5	15 614.0	6 044.8	3 282.3
1998	1 197.4	5 542.9	2 617.0	19 359.6	17 874.5	6 528.5	4 003.1
1999	1 852.1	5 725.9	2 006.8	20 169.7	18 795.9	7 053.0	4 005.7
2000	2 109.5	6 727.3	1 696.3	22 577.4	20 536.3	7 785.6	4 595.9
2001	2 546.4	7 239.8	1 730.7	26 470.0	22 954.9	8 833.8	5 424.8
2002	3 161.0	8 859.1	2 085.0	30 941.9	26 578.9	9 884.5	7 036.6
2003	2 687.8	12 044.4	2 599.4	41 284.8	33 447.2	12 681.9	9 437.5
2004	3 254.9	13 788.0	3 285.7	54 236.3	42 803.6	16 527.0	11 146.8
2005	4 154.3	16 319.0	3 978.8	70 138.7	53 382.6	21 422.9	13 968.1
2006	4 672.0	19 590.5	4 334.3	90 360.2	66 775.8	25 563.9	17 658.4
2007	5 857.1	23 044.2	5 132.7	116 769.7	83 518.3	31 574.8	22 230.9
2008	7 954.8	26 443.7	5 311.9	143 204.9	104 958.9	40 594.1	27 275.5
2009	12 685.7	39 302.8	4 623.7	193 617.4	138 758.3	50 844.2	34 996.2
2010	13 012.7	44 020.8	4 703.6	224 042.0	155 580.5	53 842.8	42 260.5
2011	14 843.3	46 344.5	5 062.0	279 734.4	200 195.7	65 152.3	46 137.1
2012	18 958.7	51 593.5	4 468.8	334 654.7	243 617.5	77 724.1	53 353.1
2013	22 305.3	59 442.0	4 319.4	405 545.8	298 424.2	91 074.4	56 795.5
构　　成(%)							
1981	28.1	12.7	3.8	55.4	71.8	23.3	4.9
1982	22.7	14.3	4.9	58.1	70.8	23.7	5.5
1983	23.8	12.3	4.7	59.2	69.5	25.1	5.4
1984	23.0	14.1	3.9	59.0	66.4	27.8	5.8
1985	16.0	20.1	3.6	60.3	65.1	28.2	6.7
1986	14.6	21.1	4.4	59.9	66.0	27.3	6.7
1987	13.1	23.0	4.8	59.1	65.3	27.4	7.3
1988	9.3	21.0	5.9	63.8	65.2	27.5	7.3
1989	8.3	17.3	6.6	67.8	67.9	25.3	6.8
1990	8.7	19.6	6.3	65.4	66.6	25.8	7.6
1991	6.8	23.5	5.7	64.0	65.2	26.1	8.7
1992	4.3	27.4	5.8	62.5	63.9	26.3	9.8
1993	3.7	23.5	7.3	65.5	62.7	25.4	11.9
1994	3.0	22.4	9.9	64.7	63.3	25.4	11.3

（续表）

构成(%)							
1995	3.0	20.5	11.2	65.3	65.8	21.3	12.9
1996	2.7	19.6	11.8	66.0	66.0	21.5	12.5
1997	2.8	18.9	10.6	67.7	62.6	24.2	13.2
1998	4.2	19.3	9.1	67.4	62.9	23.0	14.1
1999	6.2	19.2	6.7	67.8	63.0	23.6	13.4
2000	6.4	20.3	5.1	68.2	62.4	23.7	13.9
2001	6.7	19.1	4.6	69.6	61.7	23.7	14.6
2002	7.0	19.7	4.6	68.7	61.1	22.7	16.2
2003	4.6	20.5	4.4	70.5	60.2	22.8	17.0
2004	4.4	18.5	4.4	72.7	60.7	23.5	15.8
2005	4.4	17.3	4.2	74.1	60.1	24.1	15.7
2006	3.9	16.5	3.6	76.0	60.7	23.2	16.1
2007	3.9	15.3	3.4	77.4	60.8	23.0	16.2
2008	4.3	14.5	2.9	78.3	60.7	23.5	15.8
2009	5.1	15.7	1.8	77.4	61.8	22.6	15.6
2010	4.7	15.2	1.6	78.5	61.6	22.2	16.2
2011	4.3	13.4	1.5	80.9	64.3	20.9	14.8
2012	4.6	12.6	1.1	81.7	65.0	20.7	14.2
2013	4.5	12.1	0.9	82.5	66.9	20.4	12.7

资料来源：中国统计年鉴 2014。

10.2.2 基础设施投资

社会基础设施在一国经济发展中占有十分重要的地位，决定了一国经济增长的潜力和国民经济的整体布局。对提高一国的综合国力、优化经济结构和改善经济环境具有重要的意义。因此，基础设施支出成为各国政府财政支出的重要内容之一。

1. 基础设施与经济发展

1994 年世界银行发展报告对基础设施的定义是：社会基础设施是指永久性的成套的工程构筑、设备、设施和它们所提供的为企业生产和居民生活共同需要的服务。基础设施种类繁多，其中经济基础设施主要包括三部分：一是公共设施，电力、电信、自来水、卫生设备和排污、固体废弃物的收集和处理及管道煤气等；二是公共工程，公路、大坝和排灌渠道等水利设施；三是其他交通部门，铁路、市内交通、港口和航道、机场等。

由于基础设施是在国民经济和人民生活中起基础性作用的产业和项目，因此，其对一国的发展至关重要。其重要性体现如下。

(1)提高效率，促进经济增长。基础设施是经济增长的前提，甚至是一国发展成功与否的关键。因为良好的基础设施能够降低生产成本，提高生产效率，扩大对外贸易，促进生产多样化，缓解人口压力。据世界银行 1994 年发展报告，发展中国家基础设施存量每增长 1%，GDP 就会增长 1%。特别是当经济发展中存在基础设施瓶颈约束时，消除这一约束对经济增长的促进作用就更为明显，这一点已为各国的发展所证实。

(2)减轻贫困，促进公平。一国基础设施的发展程度直接决定其社会福利水平的高低。良好的饮用水及环境卫生基础设施不仅能为居民提供健康的生存环境，降低发病率和死亡率，还能减轻妇女的家务负担，促进妇女就业；发展交通和灌溉系统不仅能够增加和稳定贫困者的收入，而且能够降低食物这种在穷人消费支出中占很大比重的生活必需品的价格，使城乡的贫困者共同受益；改善城市边缘贫困者聚居区的交通运输和通信条件，有助于贫困者获得就业机会和培训机会；以工代赈建设的基础项目能够直接为贫困者提供就业机会，增加收入，解决温饱。

(3)在经济紧缩时期，增加基础设施支出，可以带动投资，增加就业、收入和消费，抑制或减缓经济的下滑势头。

由于基础设施在国民经济和人民生活中的作用极为重要，又因其建设和运营涉及大量的资源动员和配置，因而如何以经济有效的方式提供满足经济发展需要和消费者满意的社会基础设施，成为各国普遍关心的问题。

2.基础设施的特点

与其他产业相比，基础设施具有不同的特征，主要体现如下。

(1)基础设施一般具有准公共产品的特点。从整个生产过程来看，基础设施为整个生产过程提供“共同生产条件”，基础设施所创造的产品或服务几乎是国民经济活动的共同需要，具有联合消费、共同受益的特点。有些基础设施的服务对象不能像私人产品那样能够加以自由选择或排他，或实现这种排他性的成本过高，从而使基础设施表现出一定的公共产品的属性。但另一方面，基础设施在能够取得良好的社会效益，在其经济效益价值更多地转移到下游产业部门和消费者身上的同时，自身也可以从收取服务费或产品销售中获得一定补偿，从而使基础设施表现为消费的准公共产品。例如环境治理，受益者是全体居民，而政府支出可从排污费收入中得到部分补偿。

(2)基础设施的规模经济效益十分明显，具有自然垄断性质。电、热、水、气等基础产品的生产，都有一个规模经济问题。如果由私人企业建设基础产品，建成的设施不是不敷使用，就是能力闲置，造成社会资源的浪费和不便。

(3)基础设施建设日益成为政府调控经济的一个手段。经济不景气时，私人部门的消费需求和投资需求都不强，企业无法吸纳失业人口，会造成社会不稳定。基础设施一般规模很大、资本成本比维护成本和经营成本大得多，沉没成本很高，在总成本中有很大一部分成本必须在项目开始运营之前就已发生。基础设施行业的进入和退出成本很大，但竞争性差，建设周期和回收周期长，具有潜在的高风险，这种风险由政府承担是最有效率的。经济欠发达国家在经济增长过程中常常经受基础“瓶颈”的困扰，由于民间经济的财力有限，政府只能通过财政集中动员一部分资源，以加快基础“瓶颈”部门的发展。实际上，发展中国家的财政，除具有一般弥补“市场失灵”的作用外，还部分地充当着社会资本原始积累的角色。由于投资本身存在乘数效应，所以国家出面进行基础设施投资，有利于启动国内需求，缓解社会就业压力。

3.基础设施项目的分类

根据是否能够赢利、赢利多少，可以将基础设施各产业方向的投资大致分为四类。

(1)纯公益性项目。产出服务无偿提供，不仅无法收回投资，连日常经营费用和维修费都要从外部补充。如生态、环保、防洪排涝、城市道路等项目。

(2)低收费项目。产出服务虽有收益，但未必能够补偿日常经营费用和维修费用，投资基本无法回收，更无法赢利。如灌溉、工程调水供水等项目。

(3)一般收费项目。营业收入补偿经营费用有余，但只能部分地实现投资回收，难以靠自身积累来完成更新。如城市供水、供气等。

(4)能够全部回收投资，而且能够产生资本积累的项目。如特定的铁路线、特定的收费公路及桥隧、独立电厂、电站等。其中有些项目的投资赢利性超过一般竞争性行业，如以还本付息加固定收费率确定上网电价的电厂、由用户投资而由企业受益的城市电信等。

4.基础设施的投资方式

基础设施投资的最关键问题是投资方式问题，投资方式不仅关系到投资的效率，还决定了基础设施投资的资金来源。基础设施主要有以下几种投资方式。

(1)政府直接投资、无偿提供方式

政府直接投资、无偿提供方式是指政府直接进行基础设施投资，并由政府弥补全部生产成本，向公众免费提供。这是一种最基本的基础设施投资方式。这类基础设施，诸如市区道路、上下水道、过街天桥等，虽然单项投资规模不大，但数量众多；特别是它们具有明显的共用品性质，极强的非排他性或很高的排他成本决定了只能由政府进行投资建设。政府从事这类基础设施投资主要是靠税收来筹措资金。

(2)政府直接投资、非商业性经营方式

政府直接投资、非商业性经营方式是指政府直接进行基础设施投资，由特定的政府部门进行非营利性经营。这是一种常见的基础设施投资方式。这类基础设施，诸如机场、码头、邮政等，同样具有明显的共用品性质，要由政府投资建设。但由于这类基础设施的投资规模一般都比较大，而且从技术上说是可以排他的，排他成本也不高，因此，政府在提供这些服务时，要向使用者收费；收费标准一般比较低，只要在一定时期内收回投资成本即可。

(3)财政投融资方式

财政投融资方式不仅是基础设施投资的重要方式，也是政府在其他领域投资的有效方式。

(4)建设—经营—移交方式(Build-Operate-Transfer，BOT)

BOT是项目融资的最基本方式之一。项目融资是以项目的资产、预期收益或权益作抵押取得的一种无追索权或有限追索权的债务融资。无追索权项目融资是指贷款人对项目发起人无任何追索权，只能依靠项目所产生的收益作为还本付息的唯一来源的项目融资；有限追索权项目融资是指项目发起人只承担有限责任和义务的项目融资。BOT是“建设—经营—移交”的简称，指政府将一些拟建基础设施建设项目通过招商转让给某一财团或公司，由其组建一个项目经营公司进行建设经营，并在双方协定的一定时期内，由该项目公司通过经营该项目偿还债务，收回投资，协议期满，项目产权转让给政府。这是近年来兴起的一种基础设施投资方式。BOT投资方式的最大特点是旨在鼓励和吸引私人投资者特别是外国直接投资者对发电厂(站)、高速公路、能源开发等基础设施进行投资。BOT投资的关键性文件是许可协议，有关BOT投资中的投资方出资额、出资方式、协议年限、协议期内双方经营与获利权限及方式、协议期满后项目资产转让(或留置)方式等一律应在特许权转让协议中载明。

项目融资方式是在发达国家发展起来的一种利用外资和国内私人资本从事基础设施建设的一种模式。BOT项目融资一般包括以下三个阶段。

① 建设阶段。一般情况下，投资者根据东道国政府的法律、法规，按照一定的出资份额和股份，组成双方合营的公司。

② 运营阶段。在BOT中，运营即企业的运转、操作以及管理。在具体的运营方式上，可以选择独立经营、参与经营以及其他经营方式。

③ 在特许权期满后，项目公司将一个运行良好的项目移交给项目所在国政府或者政府所属机构，这是采用BOT融资方式和其他项目融资方式的主要差别之一。

通常情况下，投资方大都远在经营期满之前，就能通过固定资产折旧以及分利方式收回投资。因此，在BOT项目融资的协议中都规定在项目合营期满，全部财产无条件地归东道国所有，不另行清算，国际上BOT项目的特许运营期限一般为5～20年。

5. 基础设施支出的总量与结构

从总量上看，基础设施的发展不能落后于经济发展的需要，又不能超越经济发展水平太多。基础设施的不足将成为经济发展的瓶颈，而基础设施过多则又会造成资源的大量浪费。事实说明，任何脱离本国经济发展水平和国际局势变化实际情况而建立的基础设施只能导致资源的大量浪费。

2013年基础设施支出目标为4 370亿元，比2012年的目标高出9%，而2012年的目标比2011年的目标高出5%。各项分类支出显示，约有三分之一专用于农村项目，如水坝、农村电网，而经济适用房和社会福利项目(如医院和学校)也占很大比例。重大项目(包括高速公路、机场和能源基础设施)将比去年增长更快，这与铁路建设重新提速相一致。

政府在规划基础设施总量时，首先必须认识基础设施发展的阶段性，因为不同的经济发展阶段对基础设施的需求也不同。我国当前工业化、城市化的飞速发展，对基础设施、特别是物质性的基础设施产生了迫切的需求。政府在安排支出时，应考虑经济发展的当前需要和可以预见到的未来的需要，安排基础设施优先发展。因为基础设施的发展落后于直接生产活动将会造成严重的社会与经济问题。当前，社会经济发展的重点是基础设施的发展。那么，政府究竟应当安排多少资金用于基础设施的发展呢？这一比例的确定比较困难。因为基础设施的规模不仅受经济发展水平和阶段的影响，而且受一国规模大小、地理分布特征和人口多少的影响。只有预先知道直接生产性活动的经济地理分布、产品结构以及增长的时间分布格局，才有可能设计出符合客观需要的基础设施资金配置比例。而这一点在目前的认识水平上几乎是不可能的。尤其在一个地理分散的国家，要确定基础设施的投资规模、分布和阶段是十分困难的。

对基础设施的资金来源分析存在数据获取方面的困难，这主要是由于我国的统计年鉴中没有本书所界定的基础设施投资的科目。但是总的来说，我国基础设施的财政投资在财政经济总投资中所占比重较低，根本达不到世界银行对发展中国家抽样的平均水平(40%～60%)。这一方面是由于改革开放以来，我国国民收入的分配格局发生了重大变化，收入分配向居民和企业倾斜，政府特别是中央政府的财政收入显著减少，由此影响了整个财政支出水平；另一方面，我国的财政体制较之公共财政的要求仍有距离，财政在支出领域仍然承担着大量非公共产品的提供责任。我国现有的财政支出结构中，用于其他产品生产的财政支出在60%以上，而用于公共产品生产的不足40%；在发达国家，用于公共产品生产的比例高达80%。国有企业分布在建筑业和加工业等一般性和竞争性领域的比重为60%以上，而分布在能源、交通运输、邮电等基础设施产业和基础设施上的不足20%。

10.2.3 财政对农业的投资

1. 财政农业投资的主要内容

在农业方面，政府的投入主要表现为财政支援农业的投入，这又分为预算内资金投入和预算外资金投入两部分。预算内资金投入是指列入国家预算支出直接拨付的支农资金；预算外资金投入是指不列入国家预算内地方财政部门和农业有关主管单位用于发展农业的投入。列入国家预算支出的支农资金，主要包括以下内容。

(1)农林、水利、气象等方面的基本建设投资支出。对农业和农垦部门的基本建设投资，主要包括对国有农场和生产建设垦区的基本建设投资；对林业的基本建设投资，主要包括建设场房、购买设备、种苗和栽树等费用；对水利的基本建设投资，主要包括根治大河、修筑水库、桥梁等基本建设费用；对气象方面的基本建设投资，主要包括建设气象台(站)、购买设备等费用。此外，还包括属于上述系统的事业单位的基本建设投资。

(2)农林企业挖潜改造资金支出，是指国家财政用于农垦、农牧、农机、林业、水利、水产、气象等企业的挖潜改造资金。

(3)农林部门科技三项费用，是指国家财政用于农业、畜牧、农机、林业、水利、水产、气象等部门的新产品试制费、中间试验费和重要科学研究补助费等科学技术三项费用。

(4)农林、水利、气象等部门的事业费支出，是指财政用于农垦、农场、农林、畜牧、农机、林业、水利、水产、气象、乡镇企业，以及农业资源调查和土地管理等方面的事业费。

(5)支援农业生产支出，是指国家财政对农村集体经济单位和农户的各项生产性支出的支援。主要包括：小型农田水利和水土保持补助费、支援农村合作生产组织资金、农技推广和植保补助费、农村草场和畜禽保护补助费、农村造林和林木保护补助费、农村水产补助费、农业发展专项资金和发展粮食生产专项资金支出等。

预算外资金也是国家增加农业资金投入的重要来源，自改革开放以来、预算外资金迅速增长，由于预算外资金具有分散性的特点，这就需要财政部门加强管理，积极引导使之成为发展农业生产的重要投入。

除此之外，国家还利用信贷、价格以及税收优惠等多种手段，全方位地支援农业生产发展。

(1)信贷支援是指财政向银行增拨信贷资金作为银行自有资金来源，而后由银行向农村发放各种农业贷款的支农方式。这笔信贷资金由农业银行负责运营。此外，财政还对银行发放的某些农业贷款提供贴息补助。

(2)价格支援是指国家通过提高农副产品的收购价格，降低农用生产资料的销售价格来支援农业发展的一种方式。农副产品收购部门及农用生产资料生产部门由此产生的亏损由财政予以补贴。

(3)税收优惠是指国家利用减免税手段支援农业发展的方式。我国取消农业税，对农村兴办的乡镇工商企业，在税收上也给予减免优惠。这些措施大大减轻了农业生产的负担。

2.财政农业投资的重点

在我国目前的情况下，政府从事农业投资十分必要，因为农业部门自身难以产生足够的积累，而且生产率较低，难以承受贷款的负担，更重要的是许多农业投资只适于由政府来进行。

(1)农业固定资产投资。如大型水库和各种灌溉工程等，其特点是投资量大，投资期限长，牵涉面广，投资以后产生的效益不易分割，而且投资的成本及其效益之间的关系不十分明显。由于具有上述特点，农业固定资产投资不可能由分散的农户独立进行。在理论上，似乎存在着一种按“谁受益、谁投资”的原则来组织农户集资投资的可能，但由于衡量农户的受益程度十分困难，集资安排很难贯彻。对于此类大型固定资产投资项目来说，按地区来度量受益程度，从而分地区来负担项目费用似乎是可以做到的，但在这种安排下，地区应负担的费用大体要由地方财政安排支出，而这在概念上就已经属于政府投资了。

(2)改造传统农业的关键在于引进新的农业生产要素。新的生产要素必须有农业科研，而科研成果应用于农业生产，必须经过推广的程序。为了使农户接受新的生产要素，还需对农户进行宣传、教育和培训。因此，完成这一系列任务就需要筹集大批资金。在这里，一项科研成果的推出，将会使全部运用这项成果的农户受益，但从事这项科研活动的单位却无论如何也不可能将这项科研成果所产生的全部收益攫为己有。因此，农业科研单位的研究成果所产生的利益是“外溢”的，但是，进行这项科研活动所需的一切费用却只能由科研单位自己承担。不仅如此，科研活动存在着风险，而这些风险也只能由科研单位独力承担。科研的费用及其失败的风险构成科研成果的成本。将科研成果产生的利益同科研成果的成本相比较，就不难看出，在这里，得益(别人得益)与成本(自己负担)是不相对称的。

诸如此类，像农业科研、科学技术推广、农户教育之类的对农业发展至关重要的农业投资，依靠单个的甚至是组织成为较大集体的农户来办是很困难的。这些投资也只能由政府来承担。

3. 我国财政农业投资情况

新中国成立以后，国家为了建立基础工业体系，政府采取了重工业超前发展的经济战略。这一阶段，我国国民收入分配出现了农业向工业、农村向城市倾斜的局面，无论是总量上还是从其占国民收入积累的比重来看，国家为实现工业化所提取农业剩余的规模都是巨大的。当然，国家在汲取农业剩余的同时，也对农业采取了一系列扶持政策，包括“稳定负担、增产不增税”的政策，以及调动各方力量兴修农田水利工程等，但同时国家又通过指令性的征购，利用工农产品“剪刀差”，而获得了廉价的农产品，直接影响到农业投资的效益。

从 1979 年开始，我国经济体制实行了重大改革，国民经济发展战略也作出了重大调整，在产业政策上明确地把农业、能源和交通并列为国民经济发展的战略重点。政府加大对农业体制的改革力度，不断推出各项惠农政策，也开始逐渐加大对农业支持的财政政策，这是我国农业取得较快发展的重要因素。

2012 年，中央财政预算安排农业综合开发资金 290 亿元，比 2011 年增加 60 亿元，增长 26.09%。农业综合开发坚持以粮食主产区为重点，加强中低产田改造、高标准农田建设，加快中型灌区节水配套改造，大力推进粮食核心产区建设，积极支持农业产业化经营，推进现代农业发展，为实现粮食生产“九连增”和农民增收“九连快”作出了重要贡献。

(1)加大对粮食主产区的支持力度。2012 年，中央财政安排 13 个粮食主产区农业综合开发资金 194.72 亿元，比 2011 年增加 46.83 亿元，占中央财政投入的 67.14%。重点加大对各地区产粮大县，特别是纳入《全国新增 1 000 亿斤粮食生产能力规划(2009—2020 年)》的 800 个产粮大县的投入力度。

(2)大力推进中低产田改造和高标准农田建设。2012 年，中央财政安排用于以中低产田改造、高标准农田建设为主要内容的土地治理项目资金达到 240.53 亿元，比 2011 年增加 53.09 亿元，占中央财政资金的 82.94%。计划改造中低产田、建设高标准农田 3 003.48 万亩(中低产田改造 1 658.7 万亩，高标准农田示范工程建设 1 344.78 万亩)，预计新增粮食生产能力 41.89 亿公斤。

(3)加强中型灌区节水配套改造。2012 年，中央财政预算安排中型灌区节水配套改造投入 12.53 亿元，比 2011 年增加 3.31 亿元，新建续建中型灌区节水配套改造项目 235 个，比 2011 年增加 60 个，为改造中低产田、建设高标准农田提供可靠的外部水利灌溉条件。

(4)大力扶持农业产业化经营发展。为发展壮大区域主导产业和带动农民持续增收，2012 年，中央财政安排农业综合开发产业化经营项目资金 39.88 亿元，支持各地建设产业化经营项目 5 834 个，预计新增经济林、蔬菜、药材等优质农产品种植面积 102.18 万亩，新增水产养殖面积 6.62 万亩，新增肉蛋奶类产品生产能力 5.2 亿公斤。2012 年分地区农业支出的情况见表 10-9。

表 10-9 2012 年分地区农业的支出 单位：亿元

地区	农林水事务	地区	农林水事务	地区	农林水事务	地区	农林水事务
北京	222.69	上海	217.97	湖北	4 190.20	贵州	361.87
天津	100.98	江苏	754.09	湖南	447.74	西藏	142.62
河北	443.62	浙江	408.20	广东	539.56	陕西	376.45
山西	309.63	安徽	430.47	广西	369.07	甘肃	302.37
内蒙古	450.83	福建	244.16	海南	123.62	青海	134.31
辽宁	405.02	江西	384.77	重庆	256.35	宁夏	139.80
吉林	291.30	山东	673.82	四川	654.95	新疆	365.39
黑龙江	430.39	河南	551.73	云南	518.60		
地方合计	11 471.39						

资料来源：中国统计年鉴 2013。

2012《关于加快推进农业科技创新，持续增强农产品供给保障能力的若干意见》指出：持续加大财政用于“三农”的支出，持续加大国家固定资产投资对农业、农村的投入，持续加大农业科技投入，确保增量和比例均有提高。发挥政府在农业科技投入中的主导作用，保证财政农业科技投入增幅明显高于财政经常性收入增幅，逐步提高农业研发投入占农业增加值的比重，建立投入稳定增长的长效机制。

10.2.4 财政投融资制度

1. 财政投融资的概念和特征

(1) 财政投融资的概念

财政投融资是以国家信用为基础，通过多种渠道筹措资金，有偿地投资于具有公共性的领域。财政投融资是一种政策性投融资，它既不同于一般的财政投资，也不同于一般的商业性投资，而是介于这两者之间的一种新型的政府投资方式。财政投融资的来源和运用都是有偿的，不仅要偿还本金，还要支付利息，只是利率相对比较低或无息。财政投融资的资金主要用于社会效益明显或正外部性很大的公共性项目的投资，主要是基础产业、基础设施、地区开发、中小企业发展以及居民生活设施等。资金使用不以营利为目的，但应尽可能收回全部投资成本。在投资项目的选择上，坚持社会效益与经济效益兼顾原则，除了国家产业政策重点扶持的建设项目外，尽量投资于周期短、见效快的项目；在贷款的利率上，实行低利率政策，即基本贷款利率低于较长时期的市场贷款利率，政府每年多支付的利率补助金，一般由经常性预算来弥补。

从基础设施的投入产出看，一次性投入金额巨大、资本专用性强、资本回收期长，存在明显的产品进入和退出障碍。加上其产品具有公共性，单纯的财政资金或信贷资金都不是基础设施建设资金的最佳选择，而兼有两者特点的财政投融资资金无疑是较合适的选择，可以起到公共预算投资和商业银行投资无法起到的作用。国际经验表明，采取将财政融资的良好信誉与金融投资的高效运作有机结合起来的办法，进行融资和投资，即财政投融资，是发挥政府在基础设施投资中作用的最佳途径。

(2)财政投融资的基本特征

① 财政投融资是一种政府投入资本金的政策性融资。它是在大力发展商业银行的同时构建的新型投融资渠道。随着市场经济体制的逐步完善，市场融资的份额将扩大，商业银行是以安全性、流动性、赢利性为经营原则的，只有构建政策性投融资机制才能实施政府财政投资的目标。

② 财政投融资的目的性很强，范围有严格限制。它主要为具有提供“公共物品”特征的、需要政府扶持或保护的或直接由政府定价的基础设施和基础产业部门融资。

③ 计划性与市场机制相结合。虽然财政投融资的政策性和计划性强，但它以市场作为配置资金的主要依据，实行市场化运作。

④ 由国家设立专门机构(政策性金融机构)进行管理和经营。政策性金融机构不是一般意义上的金融企业，而是执行长期性投融资政策的机构，是政府投资的代理人。

⑤ 预算管理比较灵活。在预算年度内，一般预算的调整(削减预算或追加预算)需要经过人民代表大会审批通过，既费时又有不被批准的风险。而财政投融资预算在一定范围内的追加，无须经主管部门的审批。

⑥ 财政投融资是资金运用上的政策性与有偿性的统一。政策性是指它不以赢利为主要目标，而是主要贯彻实施政府特定的经济和社会发展政策。这是它区别于一般金融活动的本质。有偿性是指财政投融资资金的运用不同于财政的无偿拨款，它要求收回本金并收取一定的使用费用。

2.我国财政投融资的资金来源与资金运用

(1)我国财政投融资的资金来源

我国的财政投融资，从新中国成立初期就已经存在，并在后来得到不断发展。财政在20世纪50年代对国有企业实行的小型技术改造贷款、70年代建立的支农周转金、80年代末推行的基本建设资金“拨改贷”、90年代政策性银行的成立等，均标志着我国财政投融资的发展。

我国现有的投融资不仅分散，而且规模过小，财政投融资的资金来源主要靠财政注入，缺少吸纳社会财力的手段。财政投融资的资金使用具有政策性强、社会效益大、期限较长、赢利低、风险大的特点。因此，财政投融资的资金来源应是具有稳定性、期限较长、融资成本较低的财政性和社会性资金。从今后发展来看，我国财政投融资的资金来源主要有以下几个方面：发行建设性国债、发行市政建设债券、养老保险金、财政拨给政策性银行的资本金以及政策性银行发行的各种金融债券、邮政储蓄、土地批租收益、财政担保等。

(2)我国财政投融资的资金运用

财政投融资是一种财政活动，其资金的运用和投向必须为充分体现国家的宏观经济政策，实现国家宏观经济目标服务。具体来说，就是要充分体现国家的产业政策、地区协调发展政策和进出口贸易政策。根据这个要求，财政投融资的资金投向应主要是那些投资额大、风险大、收益率低但又为国民经济发展必不可缺的产业，一方面促进实现产业结构的合理化，另一方面促进实现产业结构的高级化。因此，当前我国财政投融资的资金投向应主要是如下方面。

① 制约国民经济持续、快速增长的“瓶颈”产业，如农业、交通、能源、原材料等基础产业。

② 需要国家进行鼓励和扶持的新型产业、高新技术产业和进出口贸易等。新兴产业、高新技术产业能为一国经济的发展带来强大的后劲。但产业创新、技术创新要面临很大的风险，

这时应利用财政投融资扶持它们的发展，为它们提供低息贷款等。财政投融资也应运用于进出口贸易，通过扶持和资助，提高一些关键产品的出口能力和国际竞争力，鼓励企业进口一些国内急需的大型机械、设备等。

③ 平衡地区发展，消除地区差别。为落后地区经济发展提供支持和援助。运用财政投融资手段，为贫困地区改变落后面貌提供贷款或直接为贫困地区建设一大批扶贫工程。

④ 生活环境、卫生福利、居民住宅建设等需要国家财政扶助的项目。

小 结

1. 购买性支出是政府用于购买日常政务活动所需商品和劳务的支出以及进行公共投资所需的支出，它遵循等价交换的原则。购买性支出占GDP和公共支出比重的大小，反映了公共部门对资源配置以及经济稳定的影响程度。

2. 政府投资支出占社会总投资的比重大小，主要取决于该国的社会经济体制和所处的经济发展阶段。政府投资具有公共性和基础性，具有社会效益，其投资项目多是大型化和战略化的。因此，政府投资的最适宜领域，一是社会公益性、基础性和公共性投资领域；二是高新技术、重要能源和资源以及稀缺资源的开发领域。

3. 基础产业投资具有投资规模大、建设周期长、微观赢利小、社会效益大的特点，这些特点使得政府部门不愿或无力对其投资。为促进经济的协调发展，政府应积极参与基础产业的投资，通过选择不同的投资方式，尽可能地满足投资需要。

4. 农业作为弱势产业，依靠市场和自身的积累难以正常发展，所以政府有必要对农业进行投资。政府对农业的投资重点应侧重于农业基础设施、农业科技研究与推广、生态环境保护等方面。

5. 行政管理支出和国防支出虽然不属于生产性支出，但它们是国家机器存在和政府基本职能实现的基本保证，是为社会成员的正常生产和生活提供基本条件的。因此，这两类支出的管理应做到“保障供给，厉行节约”。

6. 科教文卫部门提供的服务一般都属于混合公共物品，为了促进其发展，政府、企业和居民个人应当共同出资。

思考题

1. 简述行政管理支出的性质。
2. 试述行政管理支出对经济产生何种影响。
3. 结合我国行政管理费的增长原因，分析如何控制行政管理费的增长。
4. 试述国防支出的性质。
5. 试述影响国防支出的因素。
6. 分析我国科教文卫支出占GDP比重偏低的原因。
7. 为什么说发展科教文卫事业要多渠道筹措资金?
8. 如何对科教文卫事业加强管理，提高效益?
9. 为什么农业的发展需要财政的投资?
10. 试述农业财政投资的范围和重点。

11. 试述政府投资的特点。

12. 试述财政投融资及其基本特征。

案例简介

案例[10-1]　水利投融资体制的国外现状

水利投融资体制按照投资主体结构及分工安排、融资渠道的开辟与规定以及投资补偿等可以分解成水利投资体制、水利融资体制、水利补偿体制三个部分。

1. 水利投资体制

美国一是明确投资主体及其事权的划分。美国水利项目建设与开发的投资主体包括各级政府、各私人部门和居民，政府占据了绝对重要的投资主体地位，水利项目60%以上投资均源于各级政府的资金投入。庞大的政府投资需要在各级具有相对独立利益主体的政府间划分水利权，于是按职责管辖范围，联邦政府主要负责大河及跨河流的治理，州及地方政府主要负责中小河流的治理。防洪抢险方面，洪水超过十年一遇的由联邦政府负责；涉及改善生态环境等公益性项目，主要是各级政府拨款；对水电、洪水项目主要推向市场或按受益者分摊投资共同建设。二是按水利事权的划分实施投资主体分摊投。防洪工程主要是州政府负责。对较大项目，州政府可通过游说众参议员经国会批准后取得资金保证，联邦政府负担65%，地方政府负担35%。根据防洪法案，陆军工程师团负责全国防洪工作，每年约有15亿美元用于防洪工作。农业灌溉骨干工程、农村供水工程一般是联邦政府赠50%，其余50%由地方负责，由税式支出或政府担保贷款。对低于贫困标准的地区，联邦政府通常采取赠款零利率贷款的办法予以资助。联邦法律规定任何一个项目赠款不得超过工程总投资的75%，目前实际操作为50%。灌溉工程的可行性研究、设计等技术方面的费用，全由联邦政府支持。三是不同时期，投资重点选择不同。美国的水资源开发经历了早期水资源计划发展时期、建设时期和管理时期等不同的发展阶段，而不同时期、不同地区的水资源开发具有不同的发展目标和相关政策。如20世纪70年代，美国对西部地区确立环境和生态保护为水利建设的首要目标，其投入占建设资金比重8%以上。

日本根据不同工程实施投资分摊的政策。日本的水利资金投资主体主要是国家、地方政府、农民和项目主业，国家和地方政府仅对水利公益事业进行大量投入，而水利非公益事业则推向市场，由项目业主负担，政府提供一定的补助。尽管如此，日本水利资金投入以国家和地方政府的资金注入占据主导地位，并且水利投资在各类公益事业投资中一直处于首位。

2. 水利融资体制

美国(1)广辟融资渠道。一是各级政府财政拨款；二是联邦政府提供优惠贷款，美国农业部负责向农村提供低息或无息贷款，用于农村供水、电力、通信等基础设施建设；三是向社会发行债券，美国水利项目建设单位可以由政府授权向社会发行免税债券，债券利率一般高于银行利率，还款期限20～30年；四是建立政府专用基金，联邦政府建立了水质净化和饮用水项目；五是向受益区征税，从受益区居民所缴地价税中抽取用于水利工程建设和维护运行的资金，地价税率为0.008 9%；六是开发机构自筹资金，对于有明显经济效益的水利工程，开发机构可以向社会以发行股票的形式和自筹的形式自筹部分水利资金，这在美国的非公益性水利项目中，自筹资金比例一般在20%～40%左右，此外，水利工程的外来资金来源还可来自社会团体或个人的捐赠等。(2)融资方式与使用结构多样化。美国水利资金的融资方表现为直接融资与间接融资并存，政府财政性资金虽在水利资金中占据主要地位，但只有少部分财政性资金具有无偿性，大部分财政性资金则通过市场化贷给非公益性水利项目有偿使用。从水利资金使用结构来看，它随不同的建设时期和不同性质的工程项目有所不同，防洪工程较多地依靠政府拨款，而水利和城镇供水项目较多地依靠发行债券。

日本实施多元化融资的政策。主要有各级政府财政拨款、向银行贷款、向社会发行债券、自筹和接受捐赠款项等。

3. 水利补偿体制

美国防洪和改善生态等公益性项目的维护运行管理费用主要由各级政府财政拨款或向保护区内征收的地产税开支组成。以供水和发电为主兼有防洪、灌溉等功能的综合水利工程，维护运行管理费用由管理单位通过征收水(电)费补偿并自负盈亏;灌溉工程在使用期限内，其运行管理费由地方政府支付，对于水利工程的折旧费，实施严格提取，并专门用于水利项目的更新改造和再投资。

日本实施分摊补偿的政策。一般是国家和地方政府负担一半以上(50%～80%)，农民负担一部分(20%～50%)。水利工程的折旧费专门用于水利工程的更新改造。

[资料来源：中国水利安全网，2010-5-25]

问题

根据以上资料简要分析国外水利投融资体制对我国的启示。

简要提示

1. 完善水利投资体制。一是明确市场与政府投资分摊比例，清晰的划分水利项目的类别;二是完善政府财政投入体制。政府财政投入体制包括财政投入稳定增长体制、财政补偿体制和财政信贷体制三个方面的内容。要保持水利建设投入水平与其他基础设施建设投入水平的协同性，就需要水利财政投入的稳定增长。

2. 完善水利融资体制。按照水利项目投资分工制度的不同，一是调整水利融资政策，形成新的有效率的水利融资政策;二是改善融资环境，规范货币市场和资本市场;三是创立新的融资方式，鼓励有实力的水利管理单位上市发行股票和债券，扩大资本金和经营规模;四是改善投资环境，积极利用外资，鼓励国内外投资者以独资、合资合作、BOT等多种方式参与水利建设。

3. 完善水利投资回收补偿机制。对属于产业部分的水利项目，关键是要理顺水(电)价，同时运用财政、金融和税收手段，使供水(电)收入达到弥补运行费用和水利设施投资的水平;对防洪等公益型项目的运行维护管理，各级财政要足额支付。

案例[10-2] 美国扶持农业发展的财政经济政策

由于农业生产是经济再生产过程同自然再生产过程的统一，而自然条件的变化对农产品供求与价格都会产生较大影响，从而可能影响农业的稳定，这使美国政府自20世纪30年代初开始，对农业采取了一系列支持政策，以保持农业的稳定发展。主要表现在以下几个方面。

1. 支持农业基础设施建设和农业的教育、科研工作。美国联邦政府举办以促进农业发展为中心的大型综合开发项目，最为典型的是田纳西流域工程计划，使田纳西流域的收入增长了4倍。在每个州都建立一个州立农业学院，或者在州立大学设立农学院，各州赠地给学院建立农业试验站，联邦政府的农业部设研究试验局，组织农业科研工作。同时，政府为农业发展与应用研究提供经费。

2.推行休耕、限耕计划，控制耕种面积。具体方法是：每一农场主的基本耕种面积要分为三个部分，即计划内面积、弹性面积和环保性休耕面积。计划内面积必须耕种计划作物并可得到政府的补贴，弹性面积可耕种任何计划作物和除水果、蔬菜以外的任何计划外作物，但不能获得政府补贴；环保性休耕面积是不耕种的面积。农场主是否参加政府的休耕、限耕计划是自愿的，但凡是参加这一计划的农场主都可得到现金、实物或贷款补偿。

3.价格支持政策。联邦政府采取了无追索权贷款和政府购买的手段。

4.直接收入支持政策。就是通过直接给农场主提供收入支持，保障他们收入的稳定。其具体手段包括目标价格和差额支付。

5.为农产品的销售创造市场。包括扩大国内消费和促进农产品出口。在扩大消费方面，美国政府在支付社会福利费用时尽量增加食品的消费，这包括向低收入者发放用于领取食品的“食品券”，向在校儿童供应有政府补贴的早、午餐等。扩大出口方面，美国政府主要采取提供补贴和给买主以出口信贷的办法来促进农产品的出口。

［资料来源：靳晓黎.外国宏观经济管理.中国物价出版社.1999.］

问题

上述材料对我国的财政农业支出有什么启示？

简要提示

综上所述，可以明显看出，美国政府对于农业的支持是不遗余力的。这些政策使农场主的收入稳定提高，使他们应付经济危机能力得到加强，从而保证了美国农业生产的稳定。当然，美国也为此付出了巨大的代价，尤其是财政方面的负担日益加重。因此，近年来美国经济界对现行的农业政策展开了各种形式的争论，有的主张取消价格和收入支持政策而代之以收入保险政策，有的主张采取“收入稳定补贴”政策等，但由于长期实行的这些支持政策已经形成了一些特定的利益集团，改革现行政策的阻力较大，因而现行政策发生根本性改动的可能性不大。

在我国，农业仍属弱势产业，其特殊的生产条件及其对国民经济的影响客观上需要政府的扶持。而美国对农业支持的多种政策中，政府财政投资、直接支出安排与政府购买都起着重要的作用，这对美国农业的稳定和发展，对地区经济的开发增长都发挥了重要的影响，其经验值得我国学习借鉴。

第11章 转移性支出

本章学习要点

通过本章的学习，掌握社会保障支出的特征，财政补贴的必要性、作用及税式支出的内涵；理解构建我国社会保障体系的主要措施；了解财政补贴的思路以及税式支出的主要方式。

本章学习重点与难点

本章的学习重点是社会保障支出的特征，财政补贴的必要性、作用及税式支出的内涵；难点是掌握构建我国社会保障体系的主要措施，明确完善财政补贴的思路以及税式支出的主要方式。

本章基本概念

社会保障支出、社会保障、社会保险、社会福利、社会救济和优抚、财政补贴、税式支出

11.1 社会保障支出

社会保障支出是公共财政支出的一个重要组成部分。我国的社会保障体系由社会保险、社会救济和社会福利等主要部分构成，其中，目前我国的社会保险包括基本养老保险、失业保险、基本医疗保险、工伤保险和生育保险5个项目。

11.1.1 社会保障的含义

1. 各国对社会保障的界定

德国对社会保障的界定：社会保障是为竞争中不幸失败或失去竞争能力的人提供基本生活保障的、具有互助性质的安全制度，起到维护社会公平和社会安全的作用。

英国对社会保障的界定：社会保障是一项以国家为主体的公共福利计划，是国民收入再分配的一种手段，它应该遵循普遍性原则，对全体国民实施从“摇篮到坟墓”的全面的安全保障。

美国对社会保障的界定：社会保障是一种“社会安全网”，对国民可能遭遇的各种风险如年老、失业、疾病等加以防护。

日本对社会保障的界定：社会保障是一种“社会安全网”，对国民可能遭遇的各种风险疾病、负伤、分娩、残疾、死亡、失业、多子女及其他原因造成的贫困，以保险方法和国家直接负担，寻求经济保障途径。

国际劳工组织对社会保障的界定：社会保障可理解为一个社会在出现规定的事件或在规定的情况下向其成员提供的保护，其目的如下。

(1)尽可能防止使收入丧失或收入锐减的意外出现。

(2)当意外确实发生时，尽可能提供医疗并对引起的经济后果提供财政保护。

(3)尽可能为遭受意外者身体康复和职业恢复提供便利。

(4)尽可能为抚养儿童提供福利待遇。

本书对社会保障的定义是：社会保障是国家和社会通过立法实施的、通过国民收入再分配，对社会成员的基本生活权利提供安全保障的社会行为及其机制、制度和事业的总称。社会保障的责任主体是国家和政府，实施依据是社会立法，实施手段是国民收入再分配，保障的目标是满足公民的基本生活需要。

2. 社会保障的主要特征

社会成员在暂时或永久丧失劳动能力时，或失去劳动机会和生活来源时，所产生的特殊的基本生活需要是客观存在的。其原因是社会成员可能遭遇突发的自然风险、社会风险和经济风险，即不是所有社会成员的基本生活需要在任何时候都可以得到保证的。

社会保障的一般属性是一种国民收入社会化消费的再分配形式，其中劳动者的社会保障不是宗教团体或社会团体的慈善事业，也不是政府济贫的单纯的社会伦理的调节，而是劳动力再生产的一个组成部分，是在一定社会经济形态下法定的分配制度。社会保障制度在任何社会形态下都是必需的，不同社会形态下的社会保障具有不同的社会属性。其原因是社会保障是一种分配关系，它的性质由社会生产关系的性质所决定。

我国社会保障具有以下几个特点。

(1)保障性。即无论在什么情况下，我国对社会成员生存的基本生活需要都必须予以物质保证。为强化这种社会保障的保证性，在我国的宪法中做出了明确规定：“退休人员的生活受到国家和社会的保障”。中华人民共和国公民在年老、疾病或者丧失劳动能力的情况下，有从国家和社会获得物质帮助的权利。社会保障具有法律保证性，就可使社会成员具有安全感，保持社会心理平衡和社会的安定。

(2)社会性。社会保障对于社会成员来说，应该不分部门和行业，不分就业单位的所有制性质，不分有无职业，不分城市和农村，只要其生活发生了困难，都应普遍地给予基本生活的物质保障。社会成员之间只存在保障基金的筹集方式、保障的项目、标准的不同，不存在可否享受社会保障的差别。

(3)公平性。实现公平保障是社会保障追求的主要目标。社会保险基金的分配虽然不可能绝对平均，但社会成员在享受社会保障机会和权利上带有较大的机会均等和利益均享的特征。也就是说，凡是生存发生困难的社会成员，都可以机会均等地获得社会保障。

(4)互济性。社会养老保险基金和失业保险基金等社会保险基金是具有互济性的，其原因是社会中每个劳动者一生中就业状况不尽相同，退休后的寿命也有差别，对社会保障的需要量也不相同。因此，每个劳动者的社会保障基金的扣除、储存、分配和使用，在数量上、时效上是不相等的。有的人分配使用的数量可能多于扣除、储存数，有的人则可能少于扣除、储存数，这样就发生了社会保障基金在劳动者之间互相调剂，体现了劳动者的互助互济。社会救济和某些社会福利体现了劳动者对特定社会成员的无偿援助，完全是种社会互济。社会保障基金只有进行社会统筹，才能充分发挥社会互济性的效果。

(5)储存性。社会保障基金都是政府、社会先行扣除、缴纳和储存，然后再分配使用的。特别是劳动者(包括城乡个体劳动者)的社会保险基金都应依照法律强制扣除、缴纳和储存。这就是说，在劳动者能够劳动的时候，社会就要逐年将其创造的一部分价值强制地扣除、储存起来，等劳动者将来丧失劳动能力和失业时，再根据实际需要分配和使用。即使是社会救济和民政福利，也应通过对国民收入的再分配储存起来建立基金制。社会保障基金必须进行事先扣除储存，才能切实保证社会保险的实行。

(6)强制性。虽然社会保障是为全体社会成员提供，但每个人从社会保障中所获得的收益与其支付并不对称，甚至有很大差别。这样，有些社会成员通过成本效益分析之后就有可能选择不参与社会保障，这不利于社会整体利益。因此，任何一个国家都是以立法的形式来保证社会保障参与的强制性。我国《宪法》就明确规定：中华人民共和国公民在年老、疾病或丧失劳动能力的情况下，有从国家和社会获得物质帮助的权利，国家发展公民享受这些权利所需要的社会保险、社会救济和医疗卫生事业。法律规定范围内的单位及职工都必须参加社会保障，按规定缴纳保险费，违反者必须负法律责任。

11.1.2 社会保障体系

1. 社会保障与国民经济的关系

(1)社会保障是劳动力再生产的保证机制

社会保障作为一种分配机制，在社会再生产过程中处于联结生产与消费的中介环节。社会保障的标准、水平、结构和形式，是由生产的水平、结构和形式决定的，社会保障是社会生产发展到一定阶段的产物，是社会生产力发展水平的社会标志。但是，社会保障对于社会生产具有重要的反作用。因为劳动者的社会保障可以扫除劳动力再生产过程中的障碍，保证劳动力再生产连续进行，进而保证社会再生产顺利进行。社会再生产是物质产品再生产和劳动力再生产的统一，劳动者的社会保障对于保证劳动者的身心健康、家庭经济生活的稳定、保护和恢复劳动力具有重要作用。同时，劳动者的社会保障实施范围还包括对其子女的医疗保障和基本生活保障，这也为培育新一代社会劳动力提供了一定的物质保证。

(2)社会保障对社会经济发挥调节作用

社会保障对社会经济发挥的调节作用主要体现在两方面：一是通过社会保障机制来激励劳动者为社会经济多做贡献，从而促进社会经济发展；二是发挥社会保障对经济运行的自动调节作用，促进经济稳定协调发展。社会保障对劳动者的激励机制发挥作用，是因为劳动者的社会保障是权利与义务相结合，即劳动者享受权利要以履行劳动义务为前提。因此，它必然促进经济的发展，可从以下几方面分析。

① 劳动者退休养老保险待遇与其过去的劳动贡献相联系。这就可以调动劳动者的生产积极性，激励他们努力工作，以促进社会经济的发展。在我国，退休养老保险除按国家法定标准提供物质保障以外，经济效益好的企业还可以使本单位的职工享受到补充保险，这对于激励企

业努力改善经营管理、提高经济效益具有促进作用。同时，对于那些在社会经济事业中作出了重大贡献的劳动者，社会保障可以给予较优异的待遇，以此鼓励劳动者建功立业。

② 社会保障保证失业人员的基本生活需要，是建立市场经济体制，转换企业、单位经营机制的前提条件。我国过去对企业多余人员采取由企业包下来养起来的企业内部待业办法，现改变为企业可根据本身情况及法规条款规定来辞退多余的不合格的劳动者，使之处于社会待业状态，享受社会失业保险，这样有利于完善社会主义市场经济制度，使市场竞争机制发挥更大的作用。那些经营管理不善、效益低下、在竞争中被淘汰破产企业的职工就可能成为社会的待业者。

③ 社会救济和优抚要保障受救济优抚者的基本生活，扶持他们恢复或发展生产，自强自救，勤劳致富。

世界各国的社会保障支出都具有刺激经济发展，熨平经济周期波动的调节作用。在经济不景气的萎缩时期，由于失业人数增加，社会保障用于失业救济和其他福利方面的支出必然随之增加。这时，社会保障基金可能出现支出大于收入，或是支出增长幅度高于积累增长幅度的情况，政府应根据情况给予适当的资助。由于社会保障基金支出在政府干预下具有随经济萎缩而自动增加的功能，所以它能有效地把社会总需求维持在一个适当的水平，以减缓经济萧条的冲击，推动经济的复苏发展。在经济繁荣膨胀时期，就业人数增加，人均收入也相应增加，可能同时产生两方面的效应。其一是社会保障基金积累速度和规模随人们收入的增加而扩大；其二是由于充分就业，更多的人与家庭摆脱贫困，政府和社会用于失业救济、困难补助及其他社会保障方面支出减少，有利于抑制社会需求的过热增长，有利于经济稳定、协调发展。由上可知，在经济萧条时期，社会保障基金的自动支付，可起到刺激经济的作用；在经济繁荣时期，社会保障基金自动增加积累，可起到抑制经济过热的作用。

(3)社会保障可以有效地维持社会稳定

社会稳定是国民经济顺利发展的条件，而社会保障是稳定社会的有效机制。

当前我国还存在着一部分贫困群体，主要原因如下。

① 我国实行以按劳分配为主体、多种分配方式并存的收入分配制度，由于每个人的劳动能力、家庭负担以及其他条件的不同，可能导致个人收入差距的拉大。部分社会成员可能由于本身劳动能力的暂时或永久的丧失而陷入贫困境地，成为社会不安定因素。

② 在社会主义市场经济条件下，市场竞争机制作用的结果，必然会使一部分地区、一部分人先富裕起来；也可能有部分地区和部分人在竞争中失败，而陷入贫困、破产、失业，面临生活困难。

③ 随着企业经营机制的完善和劳务市场发育，劳动者可以自主地选择职业和就业单位，企业可根据自身需要选择劳动力。这样就可能发生部分劳动者在前述双向选择流动过程中，暂时或较长时间内处于失业状态，失去收入来源，导致生活困难。

由于以上三方面原因导致收入差别和贫富程度的扩大或大量产生失业人员，如不能及时得到调节缓解，就可能由于贫富两极分化而造成社会秩序紊乱，影响国民经济稳定发展。社会保障可以在一定程度上缩小社会成员在收入和生活水平上的悬殊差距，可对生活确有困难的社会成员提供基本生活保障，以弥补市场机制和按劳分配机制的缺陷，进而达到协调社会成员关系，安定社会环境和融洽社会关系的目的。社会保障的效应是增强社会保障对象对生活保障感、心理平衡感、社会公平感、人际关系密切感和政治上的向心力，这些都是社会安定、经济发展必不可少的。

社会保障作为经济的调节机制和社会的稳定机制的运行，它其实是作用于社会经济的一个密不可分的整体。

2. 典型国家的社会保障体系

(1)以英国为代表的福利型社会保障制度

英国是最早以立法形式建立社会保障的国家，其社会保障的体系如图 11-1 所示，主要包括如下项目。

① 社会保险——养老保险、医疗保险、失业保险、工伤保险、生育保险。

② 社会救助——基本收入维持、负所得税、住房补助、社会基金。

③ 社会津贴——病人津贴、疾病照顾津贴、工伤津贴、法定产妇津贴、法定疾病津贴、住房补贴、儿童津贴、无劳动能力者生活津贴等。

其特点是：体系完整，覆盖面广，与福利制度相联系；分类合理，体现不同功能；财政负担繁重，福利刚性明显。

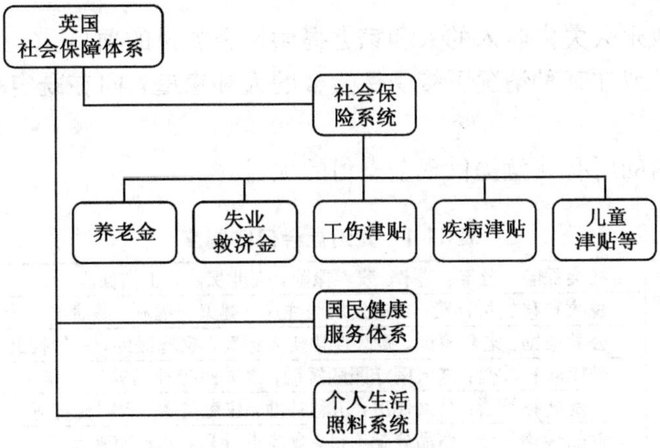

图 11-1　英国社会保障体系

(2)以新加坡为代表的储蓄型社会保障制度

新加坡的中央公积金制度创立于 1955 年 7 月。新加坡社会保障体系由社会保险和社会福利两部分组成。其中，社会保险是由国家强制实施个人储蓄的中央公积金制度(central provident fund)构成，是新加坡社会保障体系的主体部分；社会福利是指政府对无法维持最低生活水平的成员给予救助，如对低收入家庭发放住房补贴、生活救济和救助金等，它是社会保障制度的辅助部分。新加坡社会保障体系如图 11-2 所示。

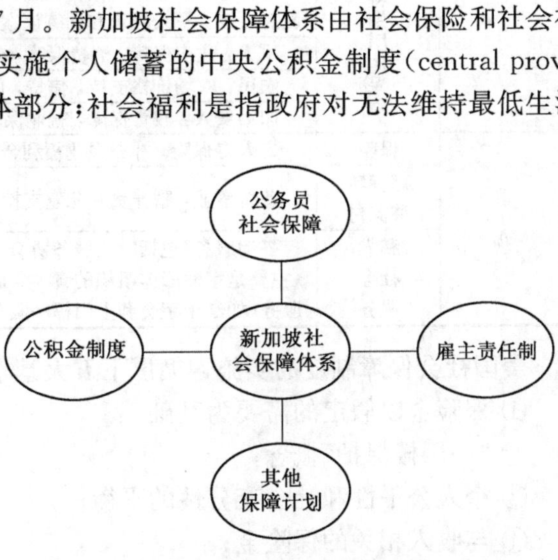

图 11-2　新加坡社会保障体系

中央公积金制度实行会员制，属于个人账户储存基金模式。即所有受雇的新加坡公民和永久居民都是公积金局的会员，无论是雇主和雇员都必须按雇员月薪收入的一定比例缴交强制性的公积金，公积金局每月收缴的公积金款项经过计算记入每个会员的个人账户中。因此，会员的公积金存款与他本人的工作收入紧密相连，而所享受的保障待遇又与其个人账户上的存款直接挂钩。也就是说，会员的收入越高，其公积金存款就越多，相应的社会保障待遇越高，年老时的保障就越好。其保障功能主要包括如下几项。

① 养老保障功能——这是新加坡社会保障中最主要的功能。

② 医疗保障功能——主要保障功能是支付个人或家人的住院费用。

③ 购买住房功能——这是新加坡社会保障的创新功能。

该公积金制度的特点是：征收具有强制性、支取不存在随意性；筹资模式是完全积累式的，雇主和雇员按规定比例支付社会保险费；公积金记入个人账户，采取以福利为主、社会保障为辅的原则；个人的公积金存款与本人的劳动贡献和工资收入紧密结合在一起；中央公积金功能多样，是综合性的自我保障体系。

(3)美国社会保障制度

美国社会保障制度（见表 11-1）发端于 1935 年颁布的社会保障法令。美国社会保障仅限定在以下三个项目范围内。

① 向那些临时或永久失去收入的人和家庭提供现金支付的项目。

② 向在上述条件或在某种情况下接受保险金的人和家庭，向在既定范畴内的所有人提供医疗照顾的项目。

③ 向既定范畴内的所有儿童提供现金支付的项目。

表 11-1　美国社会保障制度

公共项目	转移补偿项目	社会保险：老年、艺术、残疾保险，失业保险，工伤保险
		税收转移支付补偿：社区发展与住房，健康与福利，教育与人力，州与地方援助等
		公共援助：老年援助，永久性残疾人援助，家庭援助，一般援助等
		健康转移补偿：老人医疗照顾援助，老人医疗补助等
		住房转移补偿：公共住房，房租补助，住房贷款，农村住房等
		食品转移补偿：商品分配项目，食品券计划，儿童哺乳计划等
	社会服务项目	公共援助中的社会服务，儿童福利，邻里服务中心，职业补习，社会卫生服务，雇员服务，地区重建，邻里青年俱乐部，人力发展和训练，工作俱乐部
	特别团体保障	退休军人：退休军人补偿金，生活津贴，生活保险，健康服务，职业补习，未成年儿童教育援助，军人教育和训练议案
		军人：住房保障，消费保障，保险与抚恤，一般社会服务
		农民：农场价格支持，信贷，保险，农业雇用劳力
		印第安人：教育保障，就业保障，健康保障
私人项目	保险	人寿保险，补充失业福利金，年工资担保，职员抚恤计划，健康保险
	慈善转移支付	慈善事业，赡养费和儿童支持
	私人社会服务	咨询服务（包括家庭服务协会、儿童福利团体、各教会分支的社会服务等），娱乐服务（主要是宗教团体组织的青少年服务），训练和重修（如戒毒治疗中心等），健康照顾，代理服务（如红十字会和上门福利服务等），社区协调项目等

美国社会保障制度的实施遵循以下五大基本原则：

① 保险金以假定的需要为基础；

② “一层楼保护”概念；

③ 个人公平性和社会充分性的平衡；

④ 与收入相关的保险金；

⑤ 以自我支持的捐献为基础。

3.我国社会保障体系

我国的社会保障制度已经有50余年的历史。在计划经济时期实行以《劳动保险条例》为代表的“低工资、高就业、高补贴、高福利”的国家包着企业、企业包着职工的统包政策。这种“大一统”的保障体制解除了职工的后顾之忧，同时也丧失了“动力”机制，乃至给后来的体制变革背上了沉重的历史包袱。改革开放以来，国有企业逐步走向独立，企业保险随之走向社会统筹。但是，原有的高福利、高赡养费率又导致高缴费率，社会统筹的推进异常艰辛。

进入20世纪90年代中期以来，随着社会主义市场经济的定位和国企改革的进一步深化，我国社会保障制度进入一个体制和制度创新的阶段。在体制上，围绕“一个中心、两个确保、三条保障线”做了大量的艰苦工作；在制度创新方面，将个人账户制度引入养老保险和医疗保险，形成“低水平、广覆盖、多层次、双方负担、统账结合”的基本思路。

随着市场化改革的加快，我国社会保障体系在维系经济改革和国民经济持续增长、保障社会稳定方面取得了一定成效。

我国社会保障的主要体系如图11-3所示。

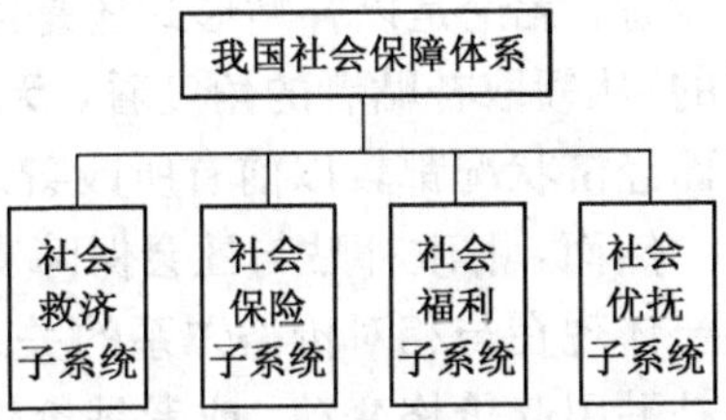

图11-3 我国社会保障体系

(1)社会保险

社会保险是国家通过立法采取强制手段对国民收入分配，筹集专项基金，对劳动者在遇到生、老、病、伤、残时失去劳动能力，或是失业时给予的物质帮助。社会保险是现代社会保障的核心内容。社会保险不同于由保险公司提供的商业保险。两者的区别主要有三点。一是社会保险的保险基金除了来自受保人或其就业单位缴纳的保费以外，政府一般还给予一定的资助，而商业保险则完全依靠收取保费筹集保险基金；二是社会保险的受保人领取保险金的权利与缴纳保险费的义务在数量上有一定的对应关系，但并不像商业保险那样遵从对等的原则；三是社会保险是由国家立法采取强制行政手段实行的强制保险，而商业保险一般为自愿保险。

社会保险的范围受一国的生产力发展水平和财力的限制。我国社会保险的内容主要包括以下几项：退休养老保险、伤残保险、医疗保险、疾病生育保险、工伤保险、丧葬补助以及失业保险等。

(2)社会福利

社会福利是指国家和社会有关部门为社会成员提供的各种福利性补贴和举办各种福利事业的总称。它分为一般的社会福利和特殊的社会福利。一般意义的社会福利即指国家和社会有关部门及团体举办的社会服务事业和社会服务设施。特殊的社会福利是指政府民政部门或社会团体为残疾人和无劳动生活能力的人举办的福利事业。该项社会福利在我国目前基本是财政拨款兴办。它主要包括兴办孤儿院、敬老院、精神病福利院等社会福利院，以及开办残疾人福利工厂、残疾人学校等项目。同时，为老年人、儿童、残疾人提供的免费或低费的社会服务，也应包括在社会福利之列。

(3)社会救济和优抚

社会救济和优抚是指国家和社会对无劳动能力和生活来源的人、遭受自然灾害而生活困难的人以及为公作出贡献的优抚对象给予的物质帮助。我国社会救济由政府部门统筹管理，主要包括城乡困难户救济、农村“五保户”救济、灾民救济和社会优抚救济等内容。

11.2 财政补贴

11.2.1 财政补贴的含义和特征

1. 财政补贴的含义

财政补贴是国家为了实行特定的经济、政治和社会目标，将一部分财政资金无偿补助给企业和居民的一种再分配形式。在这种分配形式中，财政补贴的主体是国家；补贴的对象是企业和居民；补贴的目的是为了贯彻一定的政策，满足某种特定的需要，实现特定的政治、经济和社会目标；补贴的性质是通过财政资金的无偿补助而进行的一种社会财富的再分配。

财政补贴支出与社会保障支出同属财政的转移性支出，它们之间有很多相似之处：从政府角度看，无论是以补贴形式还是以社会保障形式拨付支出，都不能换回任何东西，支付都是无偿的；从领取补贴者的角度看，无论以什么名目得到政府的补贴，都意味着实际收入的增加，因而经济状况都较以前有所改善。

然而，财政补贴与社会保障支出作为转移性支出的两种形式，又有明显的差别。这种差别主要体现在与相对价格体系的关系上。财政补贴总是与相对价格的变动联系在一起的，或者是补贴引起价格变动，或者是价格变动引起财政补贴。因为有这种关系，很多人习惯上把财政补贴称为价格补贴或财政价格补贴。社会保障支出则与产品和劳务的价格不发生直接联系，人们获得社会保障收入后，若用于购买，可能使购买商品的价格发生变动。但这种变动，既不确定，又是间接的。因为与相对价格结构有直接联系，财政补贴便具有改变资源配置结构、供给结构与需求结构的影响，而社会保障支出则很少有这种影响。

经以上分析，笔者总结认为所谓财政补贴，是指在某一确定的经济体制结构下，财政支付给企业和个人的、能够改变现有产品和生产要素相对价格，从而可以改变资源配置结构、供给结构和需求结构的无偿支出。

2. 财政补贴的特征

(1)政策性。财政补贴是国家为了实现某种特定需要而实施的，在补贴对象、补贴数额、补贴期限上等都要体现政府的目标，因而具有很强的政策性。由于国家的政策是多方面的，不仅有经济的，还有社会各方面的，所以财政补贴就成为国家调节经济的一个杠杆，而且也是调节各种社会关系、保持社会稳定的一种重要手段。

(2)灵活性。国家的经济情况、社会形式等是经常变化的，财政补贴作为国家调节经济的手段，其方法、内容等也就要随着形势的变化而作出相应的调整，及时地进行修正，以便于适应客观实际的要求。所以，财政补贴具有一定的灵活性。

(3)时效性。财政补贴一般是根据国家一定的政策实施的，当国家的政策发生变化后，财政补贴的适应性就会发生一定程度的失灵，其效用就会受到影响，当相应的政策失去效力时，财政补贴就应随之终止。财政补贴带有明显的时效性。

11.2.2 财政补贴分类

财政补贴根据不同的需要，可以进行各种不同的分类。通常财政补贴的分类有如下几个方面。

1.按财政补贴的项目和形式分类

按财政补贴的项目和形式分类，主要有价格补贴、企业亏损补贴、财政贴息、房租补贴、职工生活补贴和外贸补贴等。

(1)价格补贴，是指因国家价格政策形成有关方面的利益变动而由国家给予的补贴。主要包括农副产品价格补贴、农业生产资料价格补贴、工矿产品价格补贴、国家批准的其他政策性价格补贴等。

(2)企业亏损补贴，是指由于国家政策的多方面干预使企业发生亏损而由国家财政给予的补贴。这种补贴要列入国家计划，且仅限于国有企业，所以也称为计划亏损补贴。

企业亏损补贴与价格补贴都与产品的价格有关，但两者又有明显的区别：第一，价格补贴直接与市场零售商品有关，而企业亏损补贴主要与工业生产资料有关；第二，价格补贴的直接受益人是居民，企业亏损补贴的直接受益人是相关的企业；第三，价格补贴是在流通环节上的补贴，而企业亏损补贴是在生产环节上的补贴；第四，价格补贴的对象是商品，而企业亏损补贴的对象是企业。

价格补贴与企业亏损补贴在很长一个时期内不是作为支出项目列入财政支出，而是作为冲减收入处理的。1986年以后价格补贴改为在支出中列支，企业亏损补贴依然是作为冲减收入处理。

(3)财政贴息，是指国家财政对某些企业或项目的贷款利息，在一定时期内给予全部或一定比例的补贴。其实质就是对企业成本价格提供补贴。

(4)房租补贴，是指因为房租水平过低，不足以维持房屋的简单再生产，而由国家财政进行补贴。据统计，我国每年用于房租的补贴有几百亿元。另外，对城市一些公用事业，由于收费过低，也需要财政给予补贴。这些补贴与房租补贴有类似的性质，如公共交通、自来水、煤气等。

(5)职工生活补贴，是指提高农副产品销售价格以后，为了保证职工和居民的生活水平不降低，而由国家财政给予职工或城镇居民的补贴。我国改革开放以来，由于调整农副产品的销售价格，陆续向职工(或城镇居民)发放生活补贴，这些补贴已逐步随改革的深化而并入工资或被取消。

(6)外贸补贴，是指国家财政以各种形式对外贸出口和进口给予的补贴。其中，主要是财政的直接补贴，用于弥补外贸企业的政策性亏损。因此，从性质上看，它属于企业亏损补贴，但由于其特点，所以通常把它从中单列出来。

2.按补贴的环节分类

按补贴的环节分类，可以分为生产环节补贴、流通环节补贴、分配环节补贴和消费环节补贴。

从我国的情况看，属于生产环节补贴的主要有农业生产资料价格补贴、工矿产品价格补贴、生产企业的政策性亏损补贴等；属于流通环节补贴的主要有农副产品价格补贴、商业和外贸企业的政策性亏损补贴等；属于分配环节补贴的主要有财政贴息和税式支出等；属于消费环节补贴的主要有职工副食品补贴等。财政补贴在生产、流通、分配、消费各环节上的选择，主要取决于补贴要解决的矛盾以及如何有利于发挥补贴的功能。

3.按补贴的经济性质分类

按补贴的经济性质分类，可以分为生产补贴和生活补贴。

(1)生产补贴。这是因为某类产品是经济发展所必需的，但其价格偏低，在当前又难以提高，因而需要给生产单位以财政补贴。如农业生产资料价格补贴、财政贴息等。

(2)生活补贴。这是因为国家实行低工资政策，在生活必需品的价格提高以后，为了保证职工实际生活水平不降低而给予职工的财政补贴，如职工副食品价格补贴。实际上，支付给商业部门的粮棉油等农副产品价格补贴，也是为了维持职工的生活水平不降低，就其实质分析也属于生活补贴。

4.按补贴的内容分类

按补贴的内容分类，可以分为现金补贴和实物补贴。

(1)现金补贴。这是补贴接受主体在自身权利之外得到超额收入的那部分财政补贴，即不发生补贴利益转移的那部分财政补贴，一般也把它称为“明补”。而实物补贴则是接受补贴主体并未真正获益的财政补贴，即补贴利益发生了转移的那部分财政补贴，一般所说的“暗补”是与此相近的概念。

(2)实物补贴。这是从补贴接受主体手中转移给最终受益者的。而现实的补贴，则只能在实际获益者同补贴接受主体进行商品买卖时才能发生。在这中间，财政补贴是附着在具体的产品之上的。对于实际获益者来说，他享受的方式是以一定量的货币购得了较多的补贴商品，或者是为购买定量的补贴商品，他付出了较少的货币。现金补贴使补贴接受主体获得了货币购买力，因而现金补贴的影响可能涉及各种商品的供求。实物补贴因附着在某种商品之上，则只能影响到某些具体的商品供求关系。在我国的现实生活中，现金补贴主要有职工副食品补贴等，实物补贴则主要体现在农副产品价格补贴、农业生产资料价格补贴等。

我国财政补贴以价格补贴和企业亏损补贴为主要项目，且每年反映在国家预算上仅有这两项补贴。

11.3 税式支出

11.3.1 税式支出的概念与分类

随着税收制度的建立和完善，对税收实行优惠成为世界各国的普遍现象。其结果是一方面国家损失了大量的税收收入，另一方面企业享受税收优惠的依赖思想日趋严重。为了充分发挥税收优惠的调节作用，防止税收优惠的无效投入，“税式支出”这一概念于20世纪70年代在美国应运而生。

1.税式支出的概念

1973年，美国财政部部长助理、哈佛大学教授斯坦利·S·萨里在其所著《税收改革的途径》一书中结合美国实践第一次对“税式支出”作了理论阐述。在萨里等学者看来，美国的所得税制，实际上是由不相同的甚至是矛盾的两部分构成：一部分称为正规的或基本的税制结构，包括为完善和严密对净所得进行课税的各项法规；另一部分则是政府出于引导、扶持某些经济活动或刺激投资意愿而制定的各种税收优待措施。这些特殊的条款目的不在于取得收入，而是为了实现上述目标政府要放弃一些税收。这些与正规税制结构相背离的特殊减免条款项目，就构成了“税式支出体系”。1974年，美国国会通过的预算法案正式批准实行的税式支出制度中将税式支出定义为：由于联邦税法规定的某些特殊收入不予计列、免税、税前扣除，或者特殊的税收抵免、优惠税率、延期纳税而造成的财政收入的减少。其后，世界其他国家也相继实施税式支出报告制度。

此后，西方各国在官方文件中相继引进了“税式支出”这一概念，但在不同的国家和同一国家的不同时期，税式支出概念的表达方式不尽相同。美国和前联邦德国，从税收收入的损失这一角度出发，把税式支出定义为：联邦税法条款所允许的从毛收入中不予计列、豁免、扣除、特别抵免、优惠税率、纳税义务延期等而形成的收入损失。有的国家则强调以是否减轻了纳税人的税负来定义税式支出，如法国将税式支出定义为：税收制度的任何立法或行政措施所规定的优惠项目，只要减少了国家的税收收入，并减轻了纳税人的税收负担，就可以视其为税式支出。而有的国家则是从与直接支出相比较的角度来下定义，如澳大利亚把税式支出定义为：原则上可以由直接支出代替的那些特殊的税收立法。所有这些定义的共同点是：税式支出是与“正规”的、“标准”的、“基础”的或“一般可接受”的税制结构的背离。

综观世界各国对税式支出的界定可以看出，税式支出是国家为了实现特定的政策目标，以特殊的法律条款规定的、给予特定类型的活动或纳税人以各种税收优惠待遇而形成的收入损失或放弃的收入。税式支出作为一种特殊的财政支出形式，从内容上看，表现为各种税收优惠项目；从数量上看，主要是政府主动放弃的税收收入额。

2. 税式支出的分类

从不同角度出发，税式支出可分为以下几类。

(1)按支出所发挥的作用分类，税式支出可分为照顾性税式支出和刺激性税式支出。照顾性税式支出是针对纳税人由于客观原因在生产经营上发生临时困难而无力纳税所采取的照顾性措施。刺激性税式支出是指用来改善资源配置、提高经济效率的特殊减免规定，主要目的在于正确引导产业结构、产品结构、进出口结构以及市场供求，促进纳税人开发新产品、新技术以及积极安排劳动就业等。

(2)按支出方向分类，税式支出可以分为体现国家产业发展政策、区域发展政策和社会政策三类。体现国家产业发展政策的税式支出是指对于国家鼓励优先发展的产业给予税收优惠；体现国家区域发展政策的税式支出是指对于国家规定的地区给予税收优惠；体现国家社会政策的税式支出是指对于特定的社会阶层、人群给予税收优惠。

(3)按支出方式分类，税式支出可以分为直接的税式支出和间接的税式支出。直接的税式支出是通过减免税收使纳税人直接受益的财政支出；间接的税式支出是通过加速折旧等方式为纳税人提供无息的“税收贷款”使纳税人间接受益的财政支出。

11.3.2 税式支出的形式

税式支出是国家运用税收优惠调节社会经济的一种手段。根据世界各国的税收实践，税式支出的具体形式主要有以下八种。

1. 税收豁免

税收豁免是指在一定期限内免除某些纳税人或纳税项目应纳之税款。豁免期限、豁免纳税人和豁免项目依据当时的社会经济形式确定。税收豁免有部分豁免与全部豁免之分。部分豁免就是免除纳税人或纳税项目的部分应纳税款；全部豁免就是免除全部应纳税款。这在我国的税收实践中称为“减免税”。最常见的税收豁免有两类，即关税与货物税的税收豁免和所得税的税收豁免。对关税和货物税进行税收豁免，可以降低产品价格从而降低企业生产成本、增加居民对产品的消费。对所得税进行税收豁免，一方面可以刺激投资、发展经济;另一方面可以促进某些社会政策的实现，稳定社会秩序。

2. 纳税扣除

纳税扣除是指准许纳税人把一些合乎规定的特殊开支，按一定比例或全部从应税所得中扣除，以减轻其税负。在累进税制下，纳税人的税收负担随着其应税所得额的提高而呈递增态势，即当纳税人的应税所得额有一定的增加量时，累进税率就可以把它推到一个较高的纳税档次中。纳税扣除的结果是降低了纳税人的应税所得额，从而使其以较低的税率纳税。一般而言，纳税扣除有直接扣除和加成扣除两种。直接扣除是指允许纳税人将其某些合乎规定的费用作全部的或部分的扣除。加成扣除是指允许纳税人对其某些规定项目的费用可以超支，以增加费用的方式来减少应税所得。

3. 税收抵免

税收抵免是指准许纳税人把某些合乎规定的特殊支出，按一定的比例或全部从其应纳税额中扣除，以减轻其负担，常见的税收抵免一般有两类：投资抵免和国外税收抵免。投资抵免是指允许纳税人将一定比例的设备购置费从其当年应纳公司所得税额中扣除。这相当于政府对私人投资的补助。故投资抵免也被称为“投资津贴”。投资抵免的目的在于刺激民间投资，促进资本形成，增加经济增长的潜力。国外税收抵免是指允许纳税人用其在非居住国(或非国籍国)已纳税款抵免其在本国的纳税义务。其目的在于避免对跨国纳税人进行国际重复征税，消除国际间资本、劳务和技术流动的障碍，妥善处理有关国家间的税收利益分配关系。无论哪一种关系的税收抵免，都会遇到是否允许抵免额超过应纳税额的问题。允许抵免额超过应纳税额的税收抵免称为“无限额的抵免”或“完全的抵免”;不允许抵免额超过应纳税额的税收抵免称为“有限额的税收抵免”或“不完全的抵免”。现实的税收抵免大多是“有限额的抵免”，即各国政府通常都规定一个“抵免限额”，超过该限额的不予抵免。这样的做法是为了避免抵免额大于应纳税额过多时加大政府的损失。

4. 优惠税率

优惠税率是指对特定的纳税人或纳税项目采用低于一般税率的税率征税。优惠税率使用的范围可视实际需要加以调整。适用优惠税率的期限可长可短。一般而言，长期优惠税率的鼓励程度大于短期优惠税率，尤其是那些投资巨大但获利较迟的企业，常可从长期优惠税率中得到较大好处。

5. 延期纳税

延期纳税也称“税负延迟缴纳”，是指允许纳税人将其应纳税款延迟缴纳或分期缴纳。这种方法可适用于各种税收特别是数额较大的税收上。延期纳税表现为将纳税人的纳税义务向后推延，其实只相当于在一定时期内政府给予纳税人一笔与其延期纳税额相等的无息贷款，这在一定程度上可以帮助企业解决财务困难。对于政府而言，实行延期纳税相当于推后收税，其损失的是一定量的利息。

6. 盈亏互抵

盈亏互抵是指允许纳税人以某一年度的亏损，抵消以后年度的盈余，以减少其以后年度的应纳税款;或是冲抵以前年度的盈余，申请退还以前年度已纳的部分税款。一般而言，盈亏互抵都有一定的时间限制，且只适用于所得税。比如美国联邦公司所得税法规定：公司当年的净经营亏损，可以从过去 3 年的盈余中扣除，并由此从税务机关得到相应的退税。若过去 3 年的盈余仍不足抵补，不足部分可结转到今后 7 年的盈余中抵补。

7. 优惠退税

退税的情况很多，比如多征、误征的税款，按规定提取的地方附加，按规定提取的代征手续费等，都要通过退税来解决。但这些退税属于一般的规范性退税，不属于税式支出形式的退税。作为税式支出形式的退税是指优惠退税，即国家为鼓励纳税人从事或扩大某种经济活动而给予的税款退还。它有两种形式：出口退税和再投资退税。出口退税是指国家为鼓励出口，使出口产品以不含税的价格进入国际市场而给予纳税人的税款退还，如退还进口税，退还已纳的国内销售税、消费税、增值税等；再投资退税是指国家为鼓励投资者将获得的利润进行再投资，全部或部分退还其再投资部分已缴纳的税款。

8. 加速折旧

加速折旧是指政府为鼓励特定行业或部门的投资，允许纳税人在固定资产投入使用初期提取较多的折旧，以提前收回投资。由于累计折旧不能超过固定资产的可折旧成本，前期提取较多的折旧必然导致后期所能提取的折旧额相应减少。又由于折旧是企业的一项费用，它与企业应税所得的大小以及与企业所得税税负的大小成反比，所以加速折旧从量上并不能减轻纳税人的负担，它所起的效果是使企业的纳税时间向后推延。这一点类似于延期纳税。对于纳税人而言，尽管其总税负未变，但推迟纳税的结果是相当于从政府那里得到一笔无息贷款。

11.3.3 税式支出的预算控制

1. 税式支出的预算控制方法

西方国家对税式支出进行预算控制的方法大体有三种类型。

(1)非制度化的临时监督与控制。这是一种临时的单项估计，即当政府决定以税式支出的形式对某一部门或行业提供财政补助时，才对其放弃的税收收入进行估价，并没有形成统一的、定期的和系统的制度。

(2)重点项目的预算控制。即国家只对那些比较重要的税式支出项目规定编制定期报表，纳入国家预算管理，但不建立独立的税式支出体系。

(3)全面的预算管理。即国家对各种税式支出项目严格规定统一的税式支出账户，按年度定期编报，连同主要的税式支出成本估价，附于年度预算报表之后，建立规范的税式支出预算。也就是说，对全部税式支出项目按年编制报表连同主要的税式支出成本估价，附于年度报告之后。

2. 税式支出管理制度的建立

(1)基本要求

① 税式支出管理的总目标是总量适度、结构优化。总量适度是指税式支出安排要考虑财政的总体承受能力，使预算直接支出和税式支出的总规模控制在适度、合理的范围内；结构优化是指在总量控制的前提下，做到直接支出和税式支出的相互协调、平衡。

② 税式支出管理的重点是提高税式支出效率。通过科学的方法将税式支出的数量完整地统计上来，还要对其效果进行全面的评估，并根据评估的结果作出保留、扩大、缩减、取消的

决定。这就需要把税式支出与直接支出同等对待，运用成本—收益法评估其效率，准确把握政府付出了多少税收成本，带来多大经济效益。

③ 税式支出管理制度的建立步骤应采取循序渐进、逐步规范、分段进行的模式。目前我国税制本身不尽完善，内外资企业适用不同的税制，同时，各种税收政策随经济体制改革处于不断调整过程中。另外，我国建立税式支出管理制度所需的统计资料和所需的技术手段还很欠缺。因此，我国的税式支出管理制度建设不能急于求成，只能采取由简到繁、分段进行、逐步规范的模式。

(2)具体思路

① 关于税式支出的范围。按照税式支出理论，作为一种税收制度，是由规范性税制结构条款和“偏离规范性税制结构”的特殊性条款两个不同要素所组成。中国税式支出管理制度建设初期不宜将税式支出的范围确定得过于宽泛，而应遵循合理且可行的原则，具体来说，可将重点放在预算直接支出可以替代的、有特定目的并不仅为少数人享受的税收优惠政策上。关于涉及的税种，不能照搬西方发达国家以所得税税式支出分析为中心的模式，而要针对中国商品和劳务税比重较大、涉及的税收优惠较多的现实，在分析中将其置于与所得税同等重要的位置。

② 关于税式支出的评估。对税式支出评估是一项比较艰巨的工作，其关键是正确地选择评估的方法。一般而言，用税式支出与预算直接支出比较尽管不是一种专业性的工作，但常常是有效的。因为一项税式支出若可以用预算直接支出取代，且政府支出成本不变或有所降低，就可以考虑取消相应的税式支出政策。同理，若取消一项税式支出带来的税收收入超过税式支出额，也可以考虑取消这项政策，因为它是低效的。若在税式支出评估中采用成本效益分析方法，则要在净效益现值法、效益成本法和内部收益之间进行比较选择，在改革初期，我们仍倾向于采用简便的方法。但需要注意的是，在税式支出总量固定的情况下，意欲在各方案之间进行最佳分配，宜采用效益成本比较法来进行评估，而当税式支出方案是一个整体，与其他方案没有关联时，则宜采取净效益现值法来进行评估。

小　结

1. 转移性支出是政府单方面把一部分收入的所有权，无偿地转移出去而发生的支出。其结果是能够改变社会成员对社会财富的占有比例和结果，影响商品的生产、流通与分配。

2. 转移性支出包括社会保障支出、财政补贴、税式支出等。

3. 社会保障是政府通过其组织，采用法规的方式为社会成员的基本生活需要提供的保障。政府介入这一领域的主要理由是：通过社会保障来调节收入分配的差距，防止因选择不当而造成的生活困难，克服商业保险中存在的逆向选择和管理成本过高等困难。

4. 社会保障是政府在全社会范围内组织实施的对社会成员遭遇年老、失业、疾病、伤害和其他事故造成收入减少等提供的基本生活保障，其主要内容有养老保险、失业保险、医疗保险、工伤保险等。我国要加快社会保障制度的完善和改革。

5. 财政补贴支出是为贯彻国家经济政策和实现社会稳定等特定的经济目的而进行的一种财政支出，它同社会保障支出都会增加领取者的收入，但财政补贴直接影响价格，而社会保障对价格的影响是间接的。

6. 税式支出是政府通过税收优惠制度或政策而给予纳税人的扶持，是一种政府放弃的财政收入。税式支出对调整产业结构、进出口结构等有着重要的导向和刺激作用。

思考题

1. 试述社会保障资金的来源及筹集方式。
2. 为什么说财政补贴是一种经济调节手段?
3. 试述财政补贴的特征及内容和形式。
4. 什么是税式支出?与直接支出相比,其自身特点是什么?税式支出的手段有哪些?
5. 目前税式支出的预算控制方法有哪些?

案例简介

案例[11-1] 关于"社会保障"含义的理解

英国的《贝弗里奇报告》将社会保障定义为一种公共福利计划,认为"社会保障是指人们在失业、疾病伤害、老年以及死亡、薪金中断时,予以经济援助并辅助其生育婚丧的意外费用的经济保障制度"。这一定义认为社会保障的保障对象是"人们",没有地域、性别和身份之别。只要遇有上述情形,都可以成为社会保障的受益者。

美国的《社会福利辞典》这样表述:"社会保障是对国民可能遭遇到的各种危险如疾病、老年、失业等加以保护的社会安全网"。在此,认为社会保障的对象是"国民",同"人们"基本一样,没有城乡工农之别。

我国真正全面引入"社会保障"一词,是在20世纪80年代中期。对于社会保障有很多表述,相应地,保障对象也有不同表述。社会保障是"国家和社会为补偿现代社会中被削弱了的家庭保障功能,帮助全体社会成员对付现代社会中的经济风险,运用社会化的保障手段,依法保障全体社会成员基本生活的经济福利制度"。在此表述中两次强调使用了"全体社会成员"一词,可见社会保障的对象是"全体社会成员"。

从上面所列举的国内外关于社会保障的这些表述中,不难发现:无论是西方国家,还是国内学界,关于社会保障的保护对象,尽管用词上略有不同,如有的用"人们",有的用"公民"、"国民"、"社会成员"等,但其实质都是泛指一个国家的全体居民或全体社会成员,而不分城市和乡村,不分工人和农民,也不分干部与群众。只要是合法的居民,都有权利享受到政府规定的社会保障。

但是,纵观我国社会保障的理念、制度和实践,有以下两个方面值得关注。(1)重城市轻农村。历史动态中有一种长期失衡的状况,即分析研讨城镇职工社会保障的多,而研究农民社会保障的少。无论是制度建设、体系建设,还是项目、内容、待遇,社会保障在城乡之间两极分化。然而,对扭曲的城乡保障关系,人们似乎在思想与理念上给予认可。更有一种强音至今未息:城市的问题没解决好,哪还能考虑农村?(2)强制性与自愿性的冲突。在城镇,养老、医疗、失业等社会保险是政府强制推行的,具有明显的统一性和规范性,并已被各阶层认知与接受。但是,在农村推行的养老保险和合作医疗,从开始之日,便将自愿性作为制度设计与安排的一条重要基本原则,明令规定不得强制农民参加合作医疗等。

目前,我国国民收入差距拉得过大、过快,社会阶层分化加剧。在经济发展的同时,如何让绝大多数人民群众能够分享到经济发展的成果,这对于社会稳定和保持发展的可持续性,至关重要。从国际经验看，建立普遍的、与经济水平相适应的社会保障制度，是实现经济和社会可持续发展的必要条件。党中央已经提出了“统筹城乡经济社会发展”的方针。“两会”期间，“三农”问题依旧是热门的话题。在工业化、城市化进程中，“失地又失业”的农民，如不及时给予必要的社会保障，其状况比下岗职工恐怕还要窘迫。大批进城务工农民，奔波于城乡之间，如果没有工伤、生育和大病医疗方面的必要保障，其生存质量乃至生命将受到严重威胁。因此，城乡统筹的社会保障已经刻不容缓了。

[资料来源：首都经贸大学精品课程《社会保障学》]

问题

1. 社会保障保护的对象是全民还是城镇居民？

2. 如何看待中国现阶段城镇和农村差距悬殊的社会保障状况？

3. 在中国目前阶段，你认为哪些人的社会保障问题最值得关注？

简要提示

1. 社会保障的对象应是全体社会成员，不分城镇还是农村人口。

2. 目前保障状况有地区差距，是客观条件形成的。任何事物的发展都有一个过程，我国农村医保正在全国普及开来。

3. 当前，农民工、失地农民等弱势群体的社会保障问题值得关注。

案例[11-2]　企业取得财政补贴收入是否需要缴税

某公司是一家以销售水果为主的单位，由于水果成本很难确定，税务机关对该公司的企业所得税按定率核定征收方式征收。2014 年 10 月，该公司因低价销售香蕉而收到当地政府的财政补贴 8 万元。

[资料来源：中国税务网(2014-09-07)]。

问题

该企业取得 8 万元财政补贴收入需要缴税吗？

简要提示

财政补贴收入对于国家政府部门(包含财政、科技部门，发改委，开发区管委会等)给予企业的各种财政性补贴款项是否应计入应纳税所得额、应计入哪个纳税年度的问题，很多企业存在错误的理解。不少企业认为，既然是国家财政性补贴，应当属于免税收入。但事实上，财政性补贴根据不同情况可能是免税收入，也可能是不征税收入，还可能是应税收入。税务上将收入总额分为征税收入和不征税收入，征税收入进而又分为应税收入和免税收入。免税收入属于应征税而未征税收入，其与不征税收入存在很大区别。无论是免税收入还是不征税收入，税法均有明确列示。

补充阅读

财政性补贴收入的划分原则

财税[2009]87 号文件规定：对企业在 2008 年 1 月 1 日至 2010 年 12 月 31 日期间从县级以上各级人民政府财政部门及其他部门取得的应计入收入总额的财政性资金，凡同时符合以下条件的，可以作为不征税收入：

1. 企业能够提供资金拨付文件，且文件中规定该资金的专项用途；

2. 财政部门或其他拨付资金的政府部门对该资金有专门的资金管理办法或具体管理要求；

3. 企业对该资金以及以该资金发生的支出单独进行核算。

对于不符合上述条件的财政性补贴即属于征税收入（应税收入或免税收入），当且仅当由国务院、财政部或国家税务总局三个部门中的一个或多个部门明确下发文件确认为免税收入的，则属于免税收入，在计入会计收入的年度可进行纳税调整处理；否则即属于应税收入，应当在取得财政补贴款项的当年度计入应纳税所得额。

关于财政性资金、行政事业性收费、政府性基金、有关企业所得税政策问题的通知 财税[2008]151号

各省、自治区、直辖市、计划单列市财政厅（局）、国家税务局、地方税务局，新疆生产建设兵团财务局：

根据《中华人民共和国企业所得税法》及《中华人民共和国企业所得税法实施条例》的有关规定，现对财政性资金、行政事业性收费、政府性基金、有关企业所得税政策问题明确如下。

一、财政性资金

（一）企业取得的各类财政性资金，除属于国家投资和资金使用后要求归还本金的以外，均应计入企业当年收入总额。

（二）对企业取得的由国务院财政、税务主管部门规定专项用途并经国务院批准的财政性资金，准予作为不征税收入，在计算应纳税所得额时从收入总额中减除。

（三）纳入预算管理的事业单位、社会团体等组织按照核定的预算和经费报领关系收到的由财政部门或上级单位拨入的财政补助收入，准予作为不征税收入，在计算应纳税所得额时从收入总额中减除，但国务院和国务院财政、税务主管部门另有规定的除外。

本条所称财政性资金，是指企业取得的来源于政府及其有关部门的财政补助、补贴、贷款贴息，以及其他各类财政专项资金，包括直接减免的增值税和即征即退、先征后退、先征后返的各种税收，但不包括企业按规定取得的出口退税款；所称国家投资，是指国家以投资者身份投入企业并按有关规定相应增加企业实收资本（股本）的直接投资。

二、关于政府性基金和行政事业性收费

（一）企业按照规定缴纳的、由国务院或财政部批准设立的政府性基金以及由国务院和省、自治区、直辖市人民政府及其财政、价格主管部门批准设立的行政事业性收费，准予在计算应纳税所得额时扣除。企业缴纳的不符合上述审批管理权限设立的基金、收费，不得在计算应纳税所得额时扣除。

（二）企业收取的各种基金、收费，应计入企业当年收入总额。

（三）对企业依照法律、法规及国务院有关规定收取并上缴财政的政府性基金和行政事业性收费，准予作为不征税收入，于上缴财政的当年在计算应纳税所得额时从收入总额中减除；未上缴财政的部分，不得从收入总额中减除。

三、企业的不征税收入用于支出所形成的费用，不得在计算应纳税所得额时扣除；企业的不征税收入用于支出所形成的资产，其计算的折旧、摊销不得在计算应纳税所得额时扣除。

四、本通知自2008年1月1日起执行。

企业所得税法实施条例

企业所得税法实施条例第七条

收入总额中的下列收入为不征税收入：

1. 财政拨款；

2. 依法收取并纳入财政管理的行政事业性收费、政府性基金；

3. 国务院规定的其他不征税收入。

企业所得税法实施条例第二十六条

企业所得税法第七条第(一)项所称财政拨款，是指各级人民政府对纳入预算管理的事业单位、社会团体等组织拨付的财政资金，但国务院和国务院财政、税务主管部门另有规定的除外。

企业所得税法第七条第(二)项所称行政事业性收费，是指依照法律法规等有关规定，按照国务院规定程序批准，在实施社会公共管理以及在向公民、法人或者其他组织提供特定公共服务过程中，向特定对象收取并纳入财政管理的费用。

企业所得税法第七条第(二)项所称政府性基金，是指企业依照法律、行政法规等有关规定，代政府收取的具有专项用途的财政资金。

企业所得税法第七条第(三)项所称国务院规定的其他不征税收入，是指企业取得的，由国务院财政、税务主管部门规定专项用途并经国务院批准的财政性资金。

[资料来源：根据税务网(2014-05-15)相关资料整理]

第12章

国家预算

本章学习要点

通过本章的学习，掌握国家预算的概念、原则和分类；理解国家预算体系的组成；了解国家预算的程序、我国关于国库集中收付制度、部门预算制度、“收支两条线”管理、政府收支分类改革等相关内容。

本章学习重点与难点

本章的学习重点是掌握国家预算的分类和国家预算的形式，理解单式预算、复式预算各自的优缺点；难点是我国的国库集中收付制度。

【本章基本概念】

国家预算、单式预算、复式预算、增量预算、零基预算、绩效预算、项目预算、部门预算、中央预算、地方预算、国库集中收付制度

12.1 国家预算概述

国家预算是比税收、公债都要年轻的一个财政范畴，是社会经济发展到一定阶段的产物。13～17世纪，封建贵族阶级日趋没落，新兴资产阶级逐渐成为社会财富的代表，为了争夺财政权力并最终打击封建势力，资产阶级提出政府财政收支必须编制计划，而且经议会批准方能生效，经过长达5个多世纪的斗争，资产阶级的这一要求得以实现。1787年，英国首相威廉·皮特要求国会通过“财政收支计划书”，英国成为世界上第一个编制国家预算的国家，而后其他资本主义国家也陆续接受了这一做法。到20世纪，几乎所有的国家都建立了国家预算制度。国家预算成为财政体系中不可或缺的重要组成部分。

12.1.1 国家预算的概念

国家预算是经法定程序批准的国家年度财政收支计划。预算收入方面反映具体财力规模

来源，预算支出方面反映财力的使用方向，国家预算是政府筹集、分配和管理财政资金的重要工具。我们可从以下角度理解国家预算的概念。

1. 国家预算是国家年度财政收支计划

国家预算是国家基本财政收支计划，预算收入反映国家支配的财力规模和来源，预算支出反映国家财力分配使用的方向和构成，预算收支的对比反映国家财力的平衡状况。通过编制国家预算可以有计划地组织收入和合理安排支出，贯彻执行国家的方针政策，保证各项任务的实现。

2. 国家预算是经法定程序审批的法律文件

国家预算从形成的程序看，是由政府负责编制，经国家权力机关依据法定程序审批后形成的法律文件。一旦经权力机关审批就具有法律效力，政府就必须贯彻执行，不得任意修改，如需调整必须经权力机关批准。因此，预算的形成过程，体现了国家权力机关和全体公民对政府活动的制约与监督。现代预算制度改革的核心也就在于以法制约束，消除旧预算制度的封建性因素，推进民主化、法制化进程。

3. 国家预算是实现财政职能的重要工具

国家预算是财政为实现其职能，有计划地筹集和分配由国家集中支配的财政资金的重要工具。通过预算管理手段，把政府公共资源全部纳入政府宏观调控的范畴，从而满足社会共同需要，既可为政府履行行政职能提供财力保障，也可实现政府资源的优化配置，还可以通过预算收支总量的变动和预算收支结构的调整，来维护社会经济的稳定和促进社会经济的协调发展。

4. 国家预算是政府计划和政策的重要工具

从公共管理者的角度来看，国家预算阐明了政府有关的资金量，因而在反映政府政策和计划方面，比大多数计划性文件都要明确。国家预算还体现了行政首脑的施政纲领，明确规定了在给定的有限资源内，政府将建设、强调或忽略的项目。

12.1.2 国家预算的类型

随着社会经济生活和财政活动逐步复杂化，国家预算由最初的政府收支一览表逐步发展为包括多种预算形式和预算方法的复杂系统，对这些预算进行分类，是进一步理解国家预算的前提。

1. 以预算的形式差别为依据分类

以预算的形式差别为依据，国家预算可分为单式预算和复式预算。

单式预算是国家财政收支计划通过统一的一个计划表格来反映。复式预算是国家财政收支计划通过两个以上计划表格来反映，一般分为经常预算和建设预算(或债务预算)。

2. 按预算编制方法的不同分类

按预算编制方法的不同，国家预算可分为增量预算和零基预算。

增量预算是指计划年度财政收支计划指标是在以前财政年度的基础上，按新的财政年度经济发展状况加以调整以后确定的。因此，增量预算与以前年度财政收支的执行情况及新的财政年度国家经济发展趋势密切相关。它比较简单易编，对增量部分的控制与管理较好，但对基数部分控制与管理较松。

零基预算是指计划年度财政收支计划指标的确定，只以计划年度社会经济发展的预测为依据，不考虑以前年度的财政收支状况。它之所以称为“零基”，就是它的计划的起点为零，是“从零开始”之意。零基预算的优点在于不受现行财政收支执行情况的约束，有利于优化支出结构，提高预算效率，控制预算规模，但同时要求具备科学的预测和评估方法以及统一的标准。因它没有基数，故对整个预算收支的控制都较严，可避免不必要的浪费，节省预算资金。但也正因为没有基数，所以工作量大，费时费力。

3. 按投入项目能否直接反映其经济效果分类

按投入项目能否直接反映其经济效果，国家预算可分为绩效预算和项目预算。

绩效预算和项目预算，是某些建设项目或某些行政支出的安排和核算方法，属于工程预算或行政事业单位预算的范畴。

绩效预算，是指根据成本—效益比较的原则，以政府职能和施政计划为中心，决定支出项目是否必要及其金额大小的预算形式。其特点是按计划决定预算，按预算计算成本，按成本分析效益，然后根据效益来衡量其业绩，侧重于采取了什么行动以及每种行动的有效性如何。

项目预算，是在绩效预算的基础上发展起来的。项目预算就是将目标计划、规划制定与预算编制融为一体的一种预算组织形式，它是根据国家确立的目标，着重按项目安排和运用定量分析方法编制的一种预算，侧重于考察预期的预算目标的完成情况。它只反映投入项目的用途和支出金额，而不考虑其支出的经济效果。

4. 按预算财政收支项目分类

按预算财政收支项目分类，国家预算可分为普通预算和特别预算。

普通预算又称为经费预算，是政府编制的一般财政经常性收支项目(科目)的预算。

特别预算又称为投资预算，是指政府对某些具有特别意义的项目(特别事业、特殊用途的收支)另行安排的预算，如国有企业投资预算、公共工程投资预算、社会保障预算及各类特种基金预算。

5. 按预算作用时间的长短分类

按预算作用时间的长短分类，国家预算可分为年度预算和中长期预算。

年度预算是指时间跨度为 1 年(预算年度)的标准预算。无论是日历年制，还是跨年制，只要时间是 1 个财政年度的预算都是年度预算。

中长期预算实际是政府的中长期财政状况的预测，一般 1 年以上 10 年以下的计划为中期预算，10 年以上的为长期预算。在市场经济中，经济周期性波动是客观存在的，而制定财政中长期计划是在市场经济条件下政府实施反周期波动，从而调节经济的重要手段，是实现经济增长的重要工具。随着我国市场经济体制的日益完善和政府职能的转变，中长期预算将发挥其重要作用。

6. 按预算的成立时限分类

按预算的成立时限分类，国家预算可分为正式预算、临时预算和追加预算。

正式预算，是指政府依法就各预算年度的预计收支编成预算草案，并经立法机关审核通过宣告正式成立，取得法律地位的预算。

临时预算，是指预算年度开始时，由于某种特殊原因使得政府编制的预算草案未能完成法律程序，因而不能依法成立，在这种情况下，为了保证正式预算成立前政府活动的正常进行而编制的暂时性预算。临时预算不具备法律效力，只是作为政府在正式预算成立前进行必要的财政收支活动的依据。

追加预算，是指正式预算在执行过程中，由于情况的变化需要增加正式预算的收支时而依法编制的一种预算，是正式预算的补充。

12.1.3 国家预算的原则

国家预算的原则是指制定政府财政收支计划的方针，一国的预算原则不仅要依据预算本身的属性，而且要结合本国的经济实践，体现国家的政治、经济政策。时至今日，影响较大并为世界大多数国家所接受的主要有下述五条原则。

1. 公开性

国家预算反映政府的活动范围、方向与政策，与全体公民的切身利益密切相关。全部财政收支必须经过立法机关审查批准，而且要采取一定形式向社会公布，让公民了解财政收支情况，并置于民众的监督之下。

2. 可靠性

可靠性是指预算收支的每一个项目的数字指标，都必须运用科学方法，依据充分确实的资料，进行正确的计算与填列，不得假定、估算或编造。

3. 完整性

国家预算应包括政府的全部预算收支项目，完整地反映以国家为主体的全部财政资金收支活动情况，不允许在预算之外存在任何以政府为主体的资金收支活动，预算的完整性是建立规范化、法制化预算的前提条件。

4. 统一性

尽管各级政府都设有财政部门，也有相应的预算，但这些预算都是国家预算的组成部分，所有地方政府预算连同中央预算一起共同组成统一的国家预算。这就要求设立统一的预算科目，每一个科目都要严格按统一的口径、程序计算和填列。

5. 年度性

任何一个国家预算的编制与实现，都要有时间上的界限，即表现为一定的期间，一般都将1年作为基本单位，称预算年度(也称财政年度)。所谓年度性原则，是指政府必须按照法定预算年度编制国家预算，这一预算要反映全年的财政收支活动，不允许将不属于本年度财政收支的内容列入本年度的国家预算中。

目前，世界各国采用的预算年度有两种：一是历年制预算年度，即从每年1月1日至同年12月31日止。目前采用历年制的国家最多，包括中国、法国、德国、意大利、挪威和瑞士等国家；二是跨年制预算年度，即人为地确定一个预算年度的起止日期，中间历经12个月，但却跨越了两个年度，如英国的预算年度从每年4月1日开始，至次年3月31日止。

应当指出的是，上述预算原则是就一般意义而言的，不是绝对的，一种预算原则的确立，不仅要以预算本身的属性为依据，而且要与本国的经济实践相结合，要充分体现国家的政治经济政策，一个国家的预算原则一般是通过制定国家预算法来实现的。

12.1.4 国家预算的功能

1. 国家预算反映政府的活动范围和方向

国家预算是政府的基本财政收支计划。从形式上看，按一定标准将公共收入与支出分门别类地列入特定的表格，不仅表明了政府各部门是如何使用其经费的，也表明了政府的各项收入是如何筹措的，从而能够清楚地反映政府的财政活动，成为反映政府活动的一面镜子。从实际内容看，国家预算的编制是政府对公共收支的计划安排，预算的执行是公共收支的筹措和使用过程，预算的执行结果又会形成决算，所以国家预算反映着政府介入经济社会生活的范围、规模和程度。一本国家预算，就是一本政府财政收支活动的详细计划和记录。

2. 国家预算可以控制政府支出的规模

一方面，政府的全部收支项目及其规模都纳入预算，预算能够全面反映政府的收支状况。另一方面，国家预算必须经过立法机关的审批才能生效，并最终形成国家重要的立法文件，这就使得政府的支出置于立法机关和全体公民的监督和制约之下。而这一监督和制约，实际形成了对政府支出规模的有效控制。

3. 国家预算可以反映和监督各部门、单位资金使用情况

国家预算的监督功能，是实现积累资金、合理分配资金和保证经济稳定发展的客观要求和有力保证。这一功能是在积累资金、合理分配资金和调整预算支出结构的过程中实现的。国家预算通过对预算资金的核算管理，可以对国民经济各部门、各单位的预算执行情况进行监督检查，也可以反映出这些单位部门执行国家财政管理制度、规定的情况，保证资金的筹集和使用能够按照预定计划进行，更好地促进国民经济持续、稳定、健康发展。

12.2 国家预算的体系与形式

12.2.1 国家预算的体系

国家预算是由国家立法机关审批的年度财政收支计划，一般而言，有一级政府即有一级财政收支活动主体，也就应有一级预算。在现代社会，大多数国家都实行多级预算，从而也就产生了国家预算体系问题。

我国国家预算组成体系是按照一级政府设立一级预算的原则建立的，《中华人民共和国预算法》明确规定：我国实行一级政府一级预算，预算级次的设置与政权体系的层次基本对应，设立中央、省、自治区、直辖市、设区的市、自治州、县、自治县、不设区的市、市辖区、乡、民族乡、镇五级预算。不具备设立预算条件的乡、民族乡、镇，经省、自治区、直辖市政府确定，可以暂不设立预算。从总体上看，我国的国家预算体系可分类如下。

1. 按照国家预算管理层次分类

按照国家预算管理层次分类，可分为中央预算和地方预算。

(1)中央预算

中央预算即中央政府预算，是经法定程序批准的中央政府的年度财政收支计划。中央预算由中央各部门(含直属单位)的预算组成，并包括地方向中央上解的收入数额和中央对地方返还或者给予补助的数额。中央各部门是指与财政部直接发生预算缴款、拨款关系的国家机关、军队、政党组织和社会团体；中央直属单位是指与财政部发生缴款、拨款关系的企业和事业单位。中央预算是中央履行职能的基本财力保证，在国家预算体系中占据主导地位，其原因如下。

① 中央预算集中了政府预算资金的50%～70%，它对国家的宏观调控发挥着重要作用。

② 中央预算担负着重点建设、国防、外事等支出，关系国民经济全局的基础工业与基础设施的建设，也主要由中央预算投资，这对我国社会经济的发展起着极其重要的作用。

③ 中央预算还担负着调剂各个地方预算余缺，促使其实现预算收支平衡的任务，并担负着支援少数民族地区和经济不发达地区迅速发展经济和社会事业的任务。

(2)地方预算

地方预算即地方政府预算，是经法定程序批准的地方各级政府的年度财政收支计划的统称，由各省、自治区、直辖市总预算组成。地方各级总预算由本级政府预算(简称本级预算)和汇总的下一级总预算组成；下一级只有本级预算的，下一级总预算即指下一级的本级预算。没有下一级预算的，总预算即指本级预算。地方各级政府预算由本级各部门(含直属单位)的预算组成。地方各级政府预算包括下级政府向上级政府上解的收入数额和上级政府对下级政府返还或者给予补助的数额。地方预算是保证地方政府职能实施的财力保证，在预算管理体系中占有重要地位。其原因如下。

① 政府预算收入中大部分依靠地方预算负责组织，政府预算支出中一半以上通过地方预算拨付，地方预算任务完成得如何，对整个国家预算有重要影响。

② 地方预算担负着地方各项经济、文化建设以及城市建设资金的拨付与管理，对城乡及少数民族地区的建设负有直接的责任。

③ 地方预算的各项收支与广大人民群众的利益有更直接的联系，它对贯彻党的各项方针、政策，不断提高人民群众的物质文化生活发挥着重要作用。

2.按照国家预算收支管理范围分类

按照国家预算收支管理范围分类，分为财政总预算、部门预算和单位预算。

(1)财政总预算

财政总预算是指各级地方行政区域的预算，由汇总的本级政府预算和汇总的下一级总预算汇编而成，不仅包括本级一般财政收支和特别预算，也包括下级政府的总预算，从而形成完整的国家预算体系。没有下一级预算的，总预算即指本级预算。财政部门就是专司该级政府财政职能的机构，该级政府的预算称为总预算。

(2)部门预算

部门预算是政府财政总预算的基础。部门预算是指一个部门编制一本预算的国家预算制度，它是由政府各部门编制，财政部门审核，各级人民代表大会审议通过的反映部门所有收入和支出的预算。部门预算反映各本级部门(含直属单位)本系统内各级单位全部收支的预算，由本部门所属各单位预算组成。各部门是指与本级政府财政部门直接发生预算缴拨款关系的地方国家机关、军队、政党组织和社会团体。直属单位是指与本级政府财政部门直接发生预算缴拨款关系的企业和事业单位。各级政府预算反映该级政府的职能与任务，政府就要按其履行独立职能设置相应的职能机构，例如，中央政府设置教育部、民政部、监察部等行政职能机构。

(3)单位预算

基层单位预算是部门预算的基础。政府内部设置的职能机构主要是行政部门或称预算单位。政府职能机构是一个组织，为了更好地履行职责，需要成立相应的分支机构，独立提供某种公共劳务的分支机构也构成预算单位。单位预算是实行预算管理的国家机关、社会团体和其他单位，在某一预算年度内的收入和支出计划，是处理国家财政与行政事业单位预算资金缴拨的基本依据，也是部门预算编制的基础。单位预算管理不仅对保证事业计划和行政任务的完成，而且对财政预算的顺利执行都有重要意义。

12.2.2 国家预算的形式

国家预算的形式就是预算的具体编制方式，也称预算形式，不仅要满足立法要求，而且还要满足决策者不断变化的要求。

1. 单式预算

单式预算是传统的预算组织形式，其做法是在预算年度内，将全部的财政收入与支出汇总编入单一的总预算内，排列在一张表上，收入总计等于支出总计(包括结余)，而不去区分各项或各级财政收支的经济性质。单式预算见表 12-1。

表 12-1 单式预算例表(简化)

收入		支出	
预算科目	预算数	预算科目	预算数
一 各项税收 二 其他收入 三 …… ……		一 基建支出 二 其他支出 三 …… ……	
上年结余收入		年终滚存结余	
收入总计		支出总计	

(1)单式预算的优点

① 符合预算的完整性原则。单式预算是将政府的全部财政收支汇编在一个统一的预算表格中，因而能从整体上反映年度内政府财政收支的状况，便于了解政府财政的全貌，完整性强，体现国库统一和会计统一的原则要求。

② 能简洁地反映年度内财政收支状况。只要是收入项目，就一概列入收入栏内，只要是支出项目，就一概列入支出栏内，简便易行，有利于政府对收支水平予以适当限制，促进预算收支平衡的实现。

③ 便于立法机关审查批准和社会公众了解国家预算。

(2)单式预算的缺点

① 不利于经济效率分析。全部财政收支未按经济性质分列和分别汇总平衡，难以对支出项目和资金使用效益进行深入考查、追踪管理，透明度较差，不能清晰反映各类公共物品的成本，不利于宏观经济调控和对预算进行经济分析。

② 不能清晰地反映预算赤字的规模。由于把债务收入列为正常预算收入，人为地扩大了预算收入的规模，用经常性收入加债务收入减当年预算支出等于结余(或赤字)的方法平衡预算，掩盖了预算赤字的真实状况。

2. 复式预算

复式预算是在单式预算的基础上产生和发展起来的，是将预算收支科目按一定的方式划分为两个或两个以上的预算形式，分别编列，各预算之间又有内在联系。复式预算可采取双重或多重方式，它是由几个预算组成的一组预算。

最早实行复式预算制度的国家是丹麦，1927年丹麦编制了世界上第一个复式预算，将财政收支按经济性质分别编为两种收支表，将政府经济性质收支与债务性收支单列。复式预算的典型形式是双重预算，按经济性质把财政收支分别编入经常预算和资本预算（又称普通预算和特别预算、经费预算和投资预算等）。从内容上看，经常预算包括一般政府财政收支，在一般情况下，经常预算的收支应保持平衡并力争结余，这项结余转入资本预算。资本预算反映政府有关公共事业的投资支出及其借款和各种资金的结余。复式预算的另外一种形式是多重预算，即由一个主预算和若干个分预算组成，如日本的中央预算包括一般会计预算、特别会计预算、政府机关预算、财政投融资预算。我国的复式预算包括政府公共预算、国有资本经营预算、社会保障预算和其他预算。

(1)复式预算的优点

① 复式预算结构清晰。复式预算把政府预算收支按经济性质划分得明确具体，其结构一般划分为经常性预算和资本性预算，或者按经济性质把支出划分为若干部分，打破了过去把所有预算收入和预算支出总额统列在一起进行平衡的传统结构。

② 便于分类管理和控制。由于经常性预算与资本性预算各部分保持相对独立性，这有利于贯彻政府有关方面的不同政策要求，加强对各类预算收支进行分类管理与控制；便于分析研究预算赤字产生的真实原因，有利于控制经常性支出不合理增长；便于对资本性支出采用成本—收益法进行分析。

③ 增强了预算的透明度。实行复式预算后，要求经常性预算收支平衡，略有结余，资本性预算收入小于支出的差额为预算赤字，这样可以明确反映出预算赤字的真实数额和形成原因，增强了预算的透明度。

(2)复式预算的缺点

① 复式预算整体功能差。由于这种结构把预算分为两个或两个以上的部分，失去了国家预算的完整性，因而不能清楚地反映预算收支全貌。

② 复式预算的划分标准难以掌握。实行复式预算要求对每项收支必须进行定性分类以便列入不同预算，这项工作无论在技术上还是预算管理上都是高标准要求，一时难以达到，而且多年来从实践上看，定性分类的标准始终没有统一，这又给预算管理工作带来一定难度。

③ 复式预算的结构较为复杂，给权力机关审批预算带来一定困难。

3.我国编制复式预算的历程

我国的复式预算制度始自20世纪90年代初期，与改革开放以来我国经济市场化程度逐渐加深有直接联系。从1992年开始，国家预算采用复式预算的编制办法，将原来单式预算中的各项财政收支，按照不同的经济性质分解为经常性预算和建设性预算两大部分。为了使我国的复式预算制度适应市场经济发展的要求，1993年11月中共十四届三中全会通过了《中共中央关于建立社会主义市场经济体制若干问题的决定》，指出要改进和规范复式预算制度，“建立政府公共预算和国有资产经营预算”。1994年3月八届全国人大二次会议通过了《预算法》。其中，第二十六条规定：“中央预算和地方各级政府预算按照复式预算编制”。1995年11月国务院第三十七次常务会议通过了《预算法实施条例》。其中，第二十条规定：“各级政府预算按照复式预算编制，分为政府公共预算、国有资产经营预算、社会保障预算和其他预算。复式预算的编制办法和实施步骤，由国务院另行规定”。

然而，至今为止，我国的复式预算制度基本上只是在中央政府预算层次上实施，并未完全实施和推广，部分地方政府预算仍是按单式预算编制的。我国政府预算并没有完全按照《预算法》第二十六条的规定进行编制。即便是中央的复式预算，也只是在原有单式预算基础上按收支经济性质不同分列而已，并没对预算科目、分类、会计、管理制度等做实质性的改革。这一问题，有望随着政府预算管理制度改革的逐步深入而得到解决。

12.3 国家预算的编制、执行与决算

预算程序指预算的周期过程，它起于一个财政年度开始以前，而讫止于一个财政年度结束之后。世界各国的预算程序分为预算编制、预算审批、预算执行和政府决算四个阶段。

12.3.1 国家预算的编制

1.预算草案的编制机构和时间

预算编制是预算管理的起点，是预算管理过程中的一个关键性步骤，预算收支计划安排是否妥当，是国家预算能否顺利实现的前提。一般而言，国家预算的编制由政府行政机关负责，编制工作基本上可以分为两步：一是预算草案的具体编制，二是概算的核定。

(1)编制机构

根据世界各国主持具体编制工作的机构不同，编制预算草案的机构可分为两种类型。

① 由财政部门主持预算编制工作，内容包括收入与支出两个部分。财政部门负责指导政府各部门编制支出预算草案并审核和协调这些预算草案，同时根据多种经济统计资料和预测，编制收入预算草案，最后综合收入与支出两个部分，把预算交给有法定预算提案权或咨请国会审议权的个人或机构核定。属于这种类型的国家主要有英国、德国、意大利、日本和中国。

② 由政府特设的预算机关主持预算编制工作，财政部门只负责编制收入预算。分开编制的原因是想通过这一方式来加强预算编制工作，保证收入和支出预算的合理性和科学性，避免财政部门统编支出和收入预算可能带来的各种矛盾。属于这种类型的国家有美国和法国等。

概算的核定与国家的政体相联系，西方国家概算的核定有三种类型：由总统核定预算草案，如美国；由内阁核定预算草案，如英国、法国；由委员会核定预算草案，如瑞士。

(2)编制时间

各国预算编制工作开始的时间不尽相同，美国的预算编制工作是从财政年度开始前的18个月就开始，而中国的预算编制一般在财政年度开始前的一个季度才开始。各国预算编制的具体过程一般是：财政部受国务院委托首先向各地方、各部门发出编制概算的通知和具体规定，然后各地方、各部门编成预算估计书提交财政部门，最后由财政部门审核汇编。

2.预算编制的原则

编制预算时必须贯彻和遵循以下原则。

(1)合理性原则，预算编制必须从全局出发，分清主次，保证重点，兼顾一般，促进国民经济协调发展。

(2)及时性原则，是指各级政府、各部门都应按照国务院规定的时间编制预算草案。

(3)真实性原则，即国家预算必须真实可靠，由于存在无法预料的因素，应建立国家预算的后备基金，用于当年预算执行中的自然灾害救灾开支及其他难以预见的特殊开支。

(4)平衡性原则，中央政府公共预算不列赤字，中央预算中必需的建设投资的部分资金，可以通过举借国内外债务等方式筹措，但是借债应当有合理的规模和结构，地方政府预算要坚持量入为出、收支平衡的原则编制，不列赤字。

3.预算草案的编制依据

各级政府编制预算草案时须遵循以下规定。

(1)预算的编制必须遵循《预算法》的有关规定。《预算法》是编制国家预算的基本依据，在编制过程中，凡是《预算法》中涉及的内容，比如预算编制职权的划分、预算形式、预算编制程序等都必须按照预算法的要求执行。

(2)预算的编制与国民经济和社会发展计划相一致。国民经济和社会发展计划是国家在一定时期对社会经济发展所做的规划，是政府组织和调节社会经济活动的重要行动指南，反映了国家在宏观上对社会经济发展的总体设计和要求。编制国家预算时，各项预算指标要体现国民经济和社会发展计划的要求，并与其保持协调一致。

(3)预算的编制要参照上一年度预算的执行情况。上一年度预算的执行情况反映了上一年度财政施政的基本规模和方向，也在一定程度上说明政府职能的正常实现对公共财力的实际需要量。因为年度之间的公共收支有一定的连续性和可参考性，所以上一年度预算的执行情况是编制下一年度国家预算的重要参考因素。在预算编制中应当充分分析上一年度各收支指标的适宜状况，并在预算编制中结合计划年度的实际情况加以适当调整，才能够保证预算的科学性和合理性。

4.国家预算编制的准备工作

编制国家预算是一项复杂而又细致的工作，既要安排好各种比例关系，又要进行大量的数据计算，因此在正式编制国家预算之前，须做好一系列准备工作。

(1)对本年度的预算执行情况进行预计和分析。此项工作一般是在当年下半年或第四季度初进行。根据当年前几个月的实际执行情况以及年终以前时期的预计数，并参照历年的收支规律进行科学估算，这是编制下年度预算的基础。

(2)修订国家预算收支科目和预算表格。国家预算收支科目是国家预算收支的总分类及明细分类，它系统地反映国家预算收入的来源和预算支出的方向，预算表格是预算收支指标体系的表现形式。

(3)拟定计划年度预算收支指标。在对本年度预算收支执行情况进行预计分析的基础上，财政部要根据国家的方针政策和经济发展状况，拟定计划年度国家预算收支控制指标，控制指标经国务院审定后下达，作为各地区、各部门编制预算的依据。

(4)颁发编制国家预算草案的批示和具体规定。

5.国家预算编制的程序

各国预算编制的具体程序一般是：财政部受国务院委托首先向各地方、各部门发出编制预算的通知和具体规定，然后各地方各部门编成预算估计书提交财政部门，最后由财政部门审核汇编。

在我国，政府预算草案的编制一般采用自上而下和自下而上，上下结合，经过多次反复编制而成。其基本程序如下：

(1)国务院财政部门作出编制预算草案的指示；

(2)各省(市、自治区)和中央各部门提出预算建议数，报送财政部；

(3)财政部拟定预算收支指标，经国务院批准后下达；

(4)各级政府部门编制预算草案；

(5)汇编成国家预算草案，报送国务院审查通过后，提请全国人民代表大会审查批准。

12.3.2 国家预算的审批

国家预算的审批阶段，是指国家立法机关对预算草案进行审查，批准和确立其法律地位的阶段。市场经济要求预算管理的法治化。

在西方国家，审批政府预算的权力属于国家立法机构，即议会。在实行一院制的国家中，政府预算直接由其批准，属于这种类型的国家有瑞典、荷兰、西班牙等国。在实行两院制的国家中，大部分国家议会的两院都拥有批准政府预算的权力。一般而言，两院中的下议院(或众议院)在预算的批准上拥有比上议院(或参议院)更大的权力，往往拥有预算先议权和最后批准权，属于这种情况的有美国、法国、日本等国。但在另一些国家中，只有下议院才有批准政府预算的权力，上议院仅限于提出建议，属于这种情况的主要是英国。我国实行人民代表大会制，各级政府预算由同级人民代表大会批准，审批的一般程序是：首先由财政部门代表本级政府向人民代表大会做预算报告并提交预算草案，然后由人大财经委员会进行具体审查并提出审查报告，审查报告须提请大会审议表决。国家预算经权力机构批准后，才具有法律效力。

12.3.3 国家预算的执行

预算的执行是指经法定程序批准的预算进入具体实施阶段，包括组织预算收入、拨付预算资金和预算调整等内容。各级预算由本级政府组织执行，各级政府是预算执行的组织领导机关，各级政府财政部门在本级政府的领导下具体负责预算的组织实施，各级预算收入征收部门是负责预算收入的征收管理机关。国家金库是具体经办预算收入的收纳及库款支拨的机关，一般由本国中央银行代理，有关各部门、各单位是部门预算和单位预算的执行主体。

1.国家预算收入的执行

预算收入征收部门，必须依照法律、行政法规的规定，及时、正确、足额征收应征的预算收入。其具体要求包括：征收机关(各级财政部门、税务机关、海关以及国家金库)必须应收尽收，不收过头税费，不得违反法律、行政法规规定，擅自减征、缓征或免征应征的预算收入；有预算收入上缴任务的部门和单位，必须依照法律、行政法规和国务院财政部门规定，将应当上缴的预算资金及时、足额地上缴国家金库，不得截留、占用、挪用或者拖欠。

2.国家预算支出的执行

财政部门在拨付资金和主管部门在转拨资金时，要做到按预算拨款、按预算级次拨款、按规定的程序拨款和按进度拨款，在保证资金供应的同时，财政部门和参与预算执行的部门、各单位要加强预算支出的控制管理。具体要求如下：

(1)控制支出用途，确保预算资金按预算规定的用途使用，保证各单位有效地使用资金，不得随意改变资金的用途；

(2)控制支出范围，不得任意扩大预算资金的开支范围；

(3)控制支出标准，严格执行国家规定的开支标准；

(4)建立健全控制管理体系，建立健全会计核算和财务管理制度，确定支出效果的考核标准，以有效发挥资金使用效益。

3.预备费的设置

预备费是各级总预算中不规定具体用途的当年后备基金，主要用于解决在预算执行中发生的某些临时急需和事前难以预料的特殊开支。

在各国的预算中，一般都设有预备费，但名称不尽相同，如美国称为后备基金，日本称为预备费，罗马尼亚称为预算后备基金。

我国《预算法》明确规定：各级政府预算应当按照本级预算支出额的1%～3%设置预备费。在预算执行中，如果发生较大的自然灾害或其他临时性支出需要时，可以动用预备费。各级政府预算预备费的动用方案，由本级政府财政部门提出，报本级政府决定。

4.预算调整

预算调整是预算执行中的一项重要工作内容。所谓预算调整是指经过批准的各级预算，在执行中因特殊情况需要增加支出或者减少收入，使原批准的收支平衡的预算的总支出超过总收入，或者使原批准的预算中举借债务数额增加的部分变更。预算的调整一般有两种情况：全面调整和局部调整。

(1)全面调整，是指国际国内环境变化导致预算的变动已经超出了预备费所能承受的限度，必须进行全局性调整，要按法定程序报人大审批后方可调整，一般不经常发生，只在某些特殊情况下才出现。

(2)局部调整。是指国际国内环境变化导致预算的变动没有超出预备费所能承受的限度，可以按规定先调整后报批。局部调整主要有四种方式。

① 动用预备费，在预算执行过程中，如果发生较大的自然灾害和社会突发事件，以及政府预算没有列入而当前又必须解决的临时性开支等情况，可以动用预备费。

② 预算的追加追减，所谓预算的追加，就是在原核定预算的基础上增加收入或增加支出数额的过程；减少收入或减少支出数额的过程称为追减预算。

③ 经费流用，也称“科目流用”，指在不变动预算支出总额的条件下，局部地改变资金的用途，通过预算支出科目之间经费的相互调剂来进行。

④ 预算划转，是指由于行政区划或企业、事业单位隶属关系的改变，必须相应改变其预算的隶属关系，及时地将其全部预算划归新的主管部门或接管单位。

12.3.4 政府决算

政府决算是经法定程序批准的年度预算执行结果的会计报告。政府决算由决算报表和文字说明两部分构成，它通常按照我国统一的决算体系逐级汇编而成，分为编制、报送和审批三个环节。决算是预算管理的一个必不可少的重要环节，是总结预算执行情况，接受人大监督的必备工作。通过决算的编制，总结研究预算编制、执行，加强预算管理和平衡收支方面的经验教训，有助于提高以后年度预算工作水平，也为政府制定经济政策提供参考依据。

政府决算包括中央决算和地方各级总决算。中央决算由中央各部门(含直属单位)决算组成。并包括地方向中央上解的收入数额和中央对地方返还或者给予补助的数额。地方决算由各省、自治区、直辖市总决算组成。地方各级总决算由本级政府决算和汇总的下一级总决算组成。地方各级政府决算由本级各部门(含直属单位)的决算组成。地方各级政府决算包括下级政府向上级政府上解的收入数额和上级政府对下级政府返还或者给予补助的数额。

政府决算的编制，通常采取自下而上的方法，编制程序大致是：执行预算的基层单位首先编制决算并报送上级主管部门；主管部门进行审核后汇编成部门总决算，上报同级财政部门；县、市财政部门根据基层单位报送的单位决算汇编成县、市级总决算，报送省级财政部门；省级财政部门将本级收支决算和县、市总决算汇编成总决算报送财政部，财政部根据地方总决算和中央总决算编制政府决算。

政府决算编写完成后，报送国务院审查并提交全国人民代表大会批准，地方各级总决算，由地方财政部门报请同级人民政府审查后，提交同级人民代表大会审查批准。

小　结

1. 国家预算是经法定程序批准的国家年度财政收支计划，它是政府筹集、分配和管理财政资金的重要工具，是调控国民经济运行的重要杠杆。

2. 以预算的形式差别为依据，国家预算可分为单式预算和复式预算；按预算编制方法的不同，国家预算可分为增量预算和零基预算；按投入项目能否直接反映其经济效果，国家预算可分为绩效预算和项目预算；按预算财政收支项目分类，国家预算可分为普通预算和特别预算；按预算作用时间的长短，国家预算可分为年度预算和中长期预算；按预算的成立时限分，国家预算可分为正式预算、临时预算和追加预算。

3. 国家预算的原则是公开性、可靠性、完整性、统一性、年度性。

4. 我国预算法明确规定，我国实行一级政府一级预算。中央政府预算由中央各部门的预算组成，地方预算由各省、自治区、直辖市总预算组成；地方各级总预算由本级政府预算和汇总的下一级总预算组成；地方各级政府预算由本级各部门的预算组成。部门预算由单位预算组成。

5. 国家预算程序分为预算编制、预算审批、预算执行和政府决算四个阶段。

6. 预算草案是未经法定程序审查和批准的政府年度财政收支计划，预算草案的批准与各国的政体有关系。已确立的国家预算由政府负责执行，在中国，负责预算执行的组织领导机构，是国务院及地方各级人民政府，而各级政府的财政部门则是预算执行的具体负责和管理机构。

7. 国家预算的执行可分为收入的执行、支出的执行、设置预备费、预算调整四个环节。经过批准的各级政府预算，在执行中因特殊情况需要改变预定的收支指标，就是预算调整。它分为全面调整和局部调整。局部调整包括动用预备费、预算的追加追减、经费流用、预算划转等。

8. 政府决算是经法定程序批准的年度预算执行结果的会计报告，是政府预算执行效果的总结。政府决算由决算报表和文字说明两部分构成，它通常按照我国统一的决算体系逐级汇编而成。

思考题

1. 什么是国家预算，国家预算有哪些类别？

2. 简述复式预算的优缺点。

3. 简述国家预算的功能。

4. 试述国家预算的原则。

5. 简述国家预算体系的组成。

6. 预算调整的方法主要有哪些？

案例简介

案例[12-1]　广州市政府首次"晒"账本 增加财政预算透明度

2009 年 10 月，广州市首次在网上公开 114 个政府部门年度财政预算，市民上网可以查看政府账本。广州市财政局在网上公开了该市一百多个政府部门的年度预算，成为全国首个将政府"账本"摊在阳光下的城市，该网站更一度因为蜂拥而至的下载浏览而"瘫痪"。

公众在广州市财政局网站可以看到，这个《2009 年广州市本级部门预算》的文件包含了 114 个部门的预算情况。文件使用的是图片格式，可以在线看，也可以免费下载，内容庞大，主要包括"部门基本情况"、"预算收支基本情况"、"收支预算总表"以及更加详尽的"收入预算总表"和"支出预算总表"等。114 个政府部门到底是怎么花钱的？这些以前一直被人们认为是"秘密"的内容如今都可以由公众下载浏览，这的确是一个很大的进步。

据相关工作人员介绍，预算文件中的预算内容较为详细。如在广州市社保局预算中，"项目支出基本情况"分为"经常性专项支出 277 010.89 万元"、"一次性专项支出 10 581.71 万元"，并用文字叙述了各项支出的大致内容，例如，"广州市城镇老年居民养老政府资助资金 17 819.12 万元"、"市高级技校 1 084.1 万元：模具精密加工配套设备，新建课室多媒体及监控设备，更新教学电脑 130 台"。

得知在网上可以看到政府账本，广州市民表示支持这一做法，这是广州市首次在网上公开年度"账本"。大批市民上网查看，导致网站一度"瘫痪"无法打开。不过市民查看后表示"看不懂"，并有不少疑问，认为各部门预算还有待进一步细化，许多部门预算只是"点到为止"，较为含糊。如广州市委办公厅的"支出预算总表"，只简单罗列了行政运行、专项服务、专项业务、事业运行等几项，而预算总额达到 9 548.83 万元，公众对这些预算的具体去向并不太了解。对此，市财政局回应：如果市民对预算有任何疑问，可以在财政局网站上的"网上咨询"栏目中提出，财政局工作人员会尽快给予答复。

广州市财政局表示，会继续在网上公开部门预算，以后只要部门预算通过市人民代表大会审批，都将在网上公开。将部门预算情况在网站上全部公布出来，很大程度上就是让全社会来进行监督。

[资料来源：据《广州日报》(2009-10-23)相关报道整理]

问题

1. 广州市财政局网上公开政府预算对我国其他地区有何借鉴意义？

2. 广州市财政局公开政府预算哪些地方还需要完善？

简要提示

1. 广州市政府公开账目领风气之先，值得肯定。政府是市民的管家，政府花的每一分钱都由纳税人提供，市民有权了解使用情况，随时审查账目，对财政进行监督。以往市民经常质疑纳税人的钱哪去了，现在终于能查到纳税人的钱是如何花的，体现政府依法行政、政务公开。

实现了财政的钱“取之于民、用之于民”。让老百姓知情，把“账单”公示实际就是赋予市民无形的“监督权”，市民由不知情到知情，是一个很大的进步。广州将各部门下属所有单位都列入预算公开，敢向老百姓公开账本，说明广州市财政局的工作很透明，这件事意义非常大，使政府信息公开向前迈出了很大一步，这一做法值得推广全国。

2.部门预算网上公开，百姓知情权已经获得满足，但参与还不够。由于预算编制是一项专业工作，如何做到让非专业人员都看懂是个大问题。对此，应该增加市民的参与度，例如，允许市民直接与有关部门联系，获取更加细致的信息。

从编制方法上看，并没有对支出数字作出对比和说明，比如某个支出数字占总支出的比例，与往年相比是增加还是减少，等等。由于缺乏以往数据比对，支出只有“大数”不够细致，市民难以对预算数据作深入的分析研究。由此可见，广州市财政局公开账本走出了不容易的第一大步，但在预算公开的道路上还有很多步要走。

案例[12-2]　佛山南海探索预算绩效管理改革之路

2012 年的春天，对广东省佛山市南海区海寿小学校长张永辉来说，忙碌而有意义——他的绿色教育梦想正在逐步实现。南海区不久前举行的一场“特色学校创建”预算分配竞争性项目现场答辩会，让这个坐落在西江中一座孤岛上、仅有11位老师、百余名学生的“麻雀小学”，获得了区镇两级 88 万元资金，是学校史上从政府获得的最大一笔扶持资金。这是南海区推进财政预算改革的一幕。这个启动绩效预算改革实践的地区，如今正将竞争性分配机制引入民生等领域，摸索一条深化预算改革的新路。随着全国财政收入跃入 10 万亿元大关，2013 年我国财政支出规模将超过 12 万亿元，如何让政府的钱花得透明、高效，成为时下社会关注的热点。透过预算改革的“南海样本”，我们或许可以窥见未来我国预算绩效管理改革的方向。

在民生领域引入竞争性分配机制尚属新事物，是南海区提升财政绩效的最新举措之一。在日前南海区举行的另一场竞争性分配资金答辩会上，6 家医院分别由院长带队，就 9 个重点医学(特色)专科同台竞技，轮流答辩，争夺共计 200 万元的财政卫生资金。这是第一次在卫生领域搞竞争性资金分配，以前僧多粥少，申报单位之间容易产生恶性竞争，现在同台公开竞争，最重要的结果是在医院内部和院与院之间形成良性竞争，从而达到提升南海整体医疗水平的目的。

目前，南海区除人员经费和公用经费按定额标准核定外，50 万元以上的各类财政专项资金已全部纳入预算绩效管理范围，项目的预期绩效成为财政资金分配的重要依据，申报项目按综合评分排序，做到了关系民生的重大事项和综合绩效好的支出项目优先考虑，实现了由“人为分钱”向“制度分钱”的根本性转变。南海出台了《关于区级财政资金竞争性分配改革的意见》，目前财政资金竞争性分配机制已经应用在企业技改、公共服务、社会民生等多个领域。

预算绩效管理，国际上统称“绩效预算”，被称为让预算单位“不敢乱花钱”的改革。南海区的绩效预算实践最早启动于 2004 年，从最初引入第三方专家、人大代表和社会公众进行闭门评审，到如今扩展到现场答辩竞争，经过多年的摸索，“花钱看效果”的理念如今已贯穿南海财政资金分配中。为了确保政府花钱高效、务实，南海区建立了一套绩效评价指标体系，确保资金分配时“有章可循”，花完钱“有据可查”。区人大、监察、审计和财政等多部门还联合对 50 万元以上项目“全程追效”，并按 5%的比例随机抽取进行绩效“大考”，给每个预算执行单位戴上了“紧箍咒”。同时，项目资金分批发放，只有达到事先承诺的效果，才能获得全部资金。从南海实践的效果看，绩效预算改革减少了大量不合理支出。南海区政府统计，2010 年全区共有516个项目接受评价，涉及金额27亿元，专家同意立项项目338个，建议安排金额17亿元，核减资金超10亿元，约三分之一项目被淘汰。

作为财政预算管理模式上的一次变革，南海的改革实践朝着预算绩效管理改革的方向迈出了新的一步，为其他地区乃至全国推进预算绩效管理改革提供了参考样本。

[资料来源：根据新华网(2014-04-01)相关资料整理]

问题

此案例对我国其他地区有何启示?

简要提示

佛山市南海区绩效预算的推行彻底实现了政府“钱柜”透明化，财政资金分配公平化。随着绩效预算的逐步推进，绩效预算结果将从政府部门内部公开扩展到对社会公众的公开，公众将对政府如何花钱、花钱的效果等拥有更多的知情权。绩效预算的背后不是绩效财政，而是绩效政府。南海绩效预算的实践充分说明，绩效预算具有推进政府职能和行政模式转型、提高政府效能的作用。它实现了从源头上治理腐败的目的，兼顾了公平与效率两方面的改革目标。中国需要预算管理的改革深化，需要推进以绩效为导向的预算管理模式。

案例[12-3]　我国预算制度改革前瞻

我国在1978年以前，是按计划经济的要求编制预算。改革开放以来，随着社会主义市场经济体制的建立和发展，国家预算的规模、科目、法规等都有很大的改进。但对照构建和谐社会主义的要求和党的十七大精神，在许多方面需要改革、完善。改革的内容和艰巨性超过了历史上任何一次预算改革。

目前，国家预算存在的主要问题如下。

一是预算完整性差。政府的各项收入没有完全纳入财政预算管理，巨额收入及支出游离于人民代表大会监督之外。以2006年为例，政府除了近37 000亿元税收外，还有13 000亿元政府各行政部门和各行政事业单位的收费及罚款，8 000亿元的社保收入，7 000亿元的土地收入，至少2 000亿元的国有企业上缴的利润。总计67 000亿元的收入中，纳入预算管理的只有39 000亿元，近28 000亿元在预算管理之外。怎么花的?花在哪里?没有经过人大审议、批准。预算不完整与政府财政行为不规范互为因果。

二是基本公共服务均等化差。基本公共服务均等化既是预算支出应有的目标，也是构建和谐社会的要求。但由于我国长期以来财政投入重城市、轻农村；重东部、轻中西部；重公务人员、轻弱势群体，使公共产品和公共服务的配置在城乡之间、地区之间、群体之间差异很大。近年来虽然注意解决这一问题，并有成效，但社保、教育、医疗、住房、环保等方面受益的差距仍很大。

三是行政成本高，民生投入低。近年来我国政府收入的增长超过了GDP的增长。2006年政府收入总计67 000亿元，占当年GDP的32%。我们习惯于将税收负担与西方比，忽视财政支出结构与西方比，西方国家在社保、教育、医疗等民生支出方面比重高，行政成本低，而我国则相反，基本民生方面的投入占GDP比例低于世界平均水平。①公务人员的职务消费占全国财政总收入的比重达24%，加上预算外支出，行政公务的实际开支比例高达37.8%。②每年公费用车、公费招待、公费出国耗费9 000亿元左右;豪华办公楼、行政中心、培训中心的建设、维修、运行，每年消耗也在10 000亿元左右。③城乡尤其是中西部落后地区许多居民的基本生活、医疗、住房等困难，却得不到应有的社会保障。我国预算支出结构不合理可见一斑。

[资料来源:陈光焱，中国预算制度的历史变迁与现今改革，地方财政研究.2008(5).]

问题

我国如何构建符合公共财政要求的预算制度?

简要提示

一是要加强国家预算的权威性和完整性。国家预算的目的是使政府收支行为规范化，这就必须从立法上做到国家预算管理权大于地方、部门官员的收支权。提高预算机关的地位、权力。将各级政府的全部收支列入预算，实行规范、有效的预算管理和监督。

二是加强国家预算的科学性。优化中央和地方的预算编制方案，以公共服务均等化和建立廉价高效的政府为目标，重新安排公共财政支出的顺序，把社会保障、义务教育、公共卫生等民生基本需要排在重点位置。将财政支出结构的优化，通过预算编制的细化具体落实。

三是建立民主决策、民主管理、民主监督的预算管理机制。国家预算必须经过人民代表大会充分讨论、研究后作出决定，不能走过场;每年应制定公共服务均等化、降低行政成本、增加民生支出的具体目标和措施，并有相关责任制、奖惩制;实行阳光预算，全部决策过程透明，以便广大群众监督;还应发挥监察、审计和舆论媒体的作用，促进政府收支行为规范化。

第13章 财政管理体制

本章学习要点

通过本章的学习，掌握我国分税制改革的主要内容和进一步完善分税制的思路、我国政府间转移支付的具体内容；理解财政管理体制的含义、类型和原则，政府间转移支付的含义、类型；了解我国财政管理体制的制度变迁。

本章学习重点与难点

本章的学习重点是财政管理体制的含义、我国财政管理体制的制度变迁、分税制的依据、我国财政管理体制中财权与事权的划分；难点是我国的分税制目前存在的问题及改革方向。

本章基本概念

财政管理体制、分税制、政府间财政转移支付制度

13.1 财政管理体制概述

13.1.1 财政管理体制的含义

财政管理体制是财政管理的核心和最基本的管理制度，其实质是处理各级政府间的财政关系。所谓财政管理体制，就是为了处理政府间财政关系，规定政府各科层组织应承担的职责及其相应的财权财力所形成的制度。财政管理体制的概念有广义和狭义之分。广义的财政管理体制主要包括预算管理体制、税收管理体制、公共部门财务管理体制等。狭义的财政管理体制是指政府预算管理体制，它划分各级政府间的财力，规定了预算资金使用的范围、方向和权限。通常讲的财政管理体制，指的就是政府预算管理体制。简单地讲，财政管理体制实质是处理财政资金分配和管理上的集权与分权、集中与分散的关系问题。财政管理体制的内容主要包括四个方面：政府间财政管理级次的划分(组织形式)；政府间事权的配置(支出责任)；政府间财权的划分(收入权限)；政府间财政均衡的调节(转移支付)。

13.1.2 财政管理体制的类型

1. 集权型财政体制

集权型财政体制是一种预算分配权限主要集中在中央的管理体制。其主要特点是：财权财力高度集中于中央，地方组织的财政收入都统一上缴中央，地方的支出统一由中央拨付，地方的收入和支出基本上不发生联系。

2. 行政性分权型财政体制

行政性分权型财政体制是计划经济体制时，在中央统一领导和统一计划下，由地方掌握部分预算分配权限的管理体制。其主要特点是：除中央必须集中的财政资金外，给地方或大或小的机动财力和调剂权限。在中央与地方政府之间的财政收支关系的确定上，随意性比较大，且缺乏稳定性。

3. 经济性分权型财政体制

经济性分权型财政体制是在比较规范的现代市场经济中实行的地方自治型分级财政模式。其主要特点是：在保持中央调控能力的前提下，地方有自主的财政收支权与调剂权。中央与地方政府之间的财政收支关系一般是以法律的形式规定，具有较强的稳定性。

13.1.3 财政管理体制的原则

1. 统一领导、分级管理的原则

我国在政治上是一个统一的社会主义国家，同时我国幅员辽阔，各地的经济基础和自然条件相差悬殊。财政管理体制必须适应我国政权体制的要求。一级政府有一级施政范围，就必须相应地建立一级财政。我国要建立以社会主义公有制为主体的市场经济，同样需要计划，财政必须有计划地筹集和分配资金。在财政管理体制中，统一领导与分级财政，就是中央集权和地方分权的关系问题。集权与分权，是一对矛盾。这种矛盾只能是根据生产发展的要求和客观情况的变化而调整。一般来说，凡是关系国家全局的管理权限一定要集中到中央，不能任意分散，以保证中央的统一领导；凡是需要由地方因地制宜的管理权限，一定要放给地方，中央不能过分限制，以充分调动地方的积极性。

2. 财政管理体制必须与国家政权结构和国家经济管理体制相适应的原则

一级政权及相应的行政管理机构承担着它们职权范围内的经济和社会文教等方面事业的权力和责任，必须赋予相应的管理财政收支的权力和财力才能保证其职能的实现。国民经济管理体制的变革都牵涉到财力和财权的分配问题，如企业改革、价格改革等，都和财力的分配分不开，也要求财政管理体制加以相应变革。财政问题直接关系到各地方、各部门、各企事业单位和广大群众的经济利益，必须随着国民经济管理体制的变革而相应地调整财政管理体制，从而相应地调节经济利益关系，才有利于调动各方面的积极性。财政管理体制既然是整个国民经济管理体制的一个重要组成部分，那么财政管理体制就必须随着国民经济管理体制的发展变化而变化。

3. 财权与事权相统一、责权结合的原则

财权与事权要统一，就是说各级政府有什么样的职权、什么样的办事的事权，就要有相应

的财权。要实现财权与事权的统一，就必须要有权与责的结合。权与责相结合反映在财政体制上，就是要使各级财政都有各自的收入来源和支出范围，并且要把财政支出同财政收入尽量挂起钩来。只有权与责结合了，才能切实保证财权与事权的统一。具体来说，需要考虑以下几方面问题：首先界定各级政府间的事权范围和财政支出责任，一般是根据满足一项社会公共需要的受益范围来进行划分。比如，国防与外交，其受益范围是全国性的，就界定为中央政府的事权；地区的治安或环卫，其受益范围是地方政府的辖区范围之内，就界定为地方政府的事权。当然，有不少的公共支出的受益范围并不如上述例子可以清晰划分，一般来讲还可以依效率原则进行划分，哪一级政府处理的行政效率更高，就由哪一级政府处理。还要根据事权与财权相结合的原则，合理划分各级政府的收入。政府间收入的划分除考虑合理分配各项政府的财力外，还要考虑收入项目的调节功能、征管效率等因素。比如，1994 年实行的中央与地方的分税制财政管理体制，收入划分的提法是将维护国家权益、实施宏观调控所必需的税种划为中央税；将同经济发展直接相关的主要税种划为中央与地方共享税；将适合地方征管的税种划为地方税。其次要简明规范，在确保完善财政管理体制目标实现的前提下，办法力求简单透明、统一规范、便于操作。同时，还要建立相配套的转移支付制度。转移支付制度是财政管理体制的一个组成部分。在分级财政体制下，由于地区之间经济社会发展的不平衡，从而造成地区间的财政能力往往相差很大，通过转移支付制度的实施，促进各地区间财力状态的均衡，以增加地方政府满足社会公共需要的能力。转移支付制度一般要求以公式化方式分配转移支付资金，力求简化并相对稳定。

13.1.4 我国财政管理体制的变迁

自新中国成立以来我国在财政体制的变革中进行了不断探索，从总体来看，大致分为以下五个阶段。

1. 高度集中、统收统支的阶段（1950—1952 年）

建国初期经济形势是通货膨胀严重，工人大量失业，国民经济处于崩溃的边缘；为促进国民经济的恢复发展，采取了统收统支的财政体制。该体制的基本特征是中央政府处于主导地位，并且中央政府统一制定所有收支项目管理办法，一切开支标准也同样由中央政府统一决定。地方政府组织的财政收入要全部上缴中央财政，地方政府所需的相关支出全部由中央财政另行拨付。因此，该体制也被称为“收支两条线”。1951—1952 年间，随着国家财政经济状况的开始好转，为了调动地方的积极性，开始实行在中央统一领导下的初步分级管理，国家预算划分为中央、大行政区和省（市）三级管理。但是，在这种体制下，财权和财力仍然集中在中央，划归省级财政的收入只充抵原来的中央拨款，地方机动财力有限。因此，1951—1952 年的财政体制基本上还是统收统支的办法，但在一定程度上开始向分级管理的体制过渡。

2. 划分收支、分类分成阶段（1953—1957 年）

1953 年，我国进入第一个五年计划时期。随着大行政区机构的改变和撤销、县级政权的建立和健全，国家的财政体制也做了相应的改变，由原来的中央、大行政区、省（市）三级管理，改为中央、省（市）和县（市）三级管理，并划分了各自的财政收支范围。

1954 年，根据周恩来、邓小平同志的指示精神，开始实行分类分成办法，将财政收入划分为固定收入、固定比例分成收入、中央调剂收入三大类。地方预算每年由中央核定。地方的预算支出，首先用地方固定收入和固定比例分成抵补，不足部分由中央调剂收入弥补。分成比例一年一定。

“一五”期间，财政体制虽然每年都有一些变化，但主要倾向仍然是在集中财力保证重点建设的前提下，实行划分收支、分级管理的财政体制。

3. 划分收支、总额分成阶段(1958—1979 年)

从 1958 年起实行“以收定支，五年不变”的财政体制。这次重大改革的背景是：“一五”期间建设的 156 项骨干工程已陆续建成投产，中央各部门所属的企事业单位数量剧增，难以做到有效监管。1956 年 4 月，毛泽东在《论十大关系》中提出“中央和地方两个积极性，比只有一个积极性好得多”的论断，“以收定支，五年不变”的财政体制正是在这种思想的指导下设计的。它把三种收入(地方固定收入、企业分成收入、调剂分成收入)划归地方，分类分成，多收了可以多支，少收了只能少支。

1958 年的财政体制改革，是新中国成立以来传统体制下的第一次财政分权。但是由于财力下放过度，中央财政收支所占比重锐减，于是在 1959 年开始实行“收支下放，计划包干，地区调剂，总额分成，一年一变”的财政体制，即各地的财政收支相抵后，收不抵支的部分由中央财政给予补助，收大于支的部分按一定比例上缴中央财政。从 1959 年到 1970 年，以及后来的 1976—1979 年，“总额分成”的管理体制共存续了 16 年。

4. “分灶吃饭”——划分收支、分级包干阶段(1980—1993 年)

为进一步调动地方的积极性，遵循“放权让利”的思路，从 20 世纪 80 年代初开始实行财政大包干的过渡体制。

1980 年 2 月，国务院决定实行“划分收支、分级包干”的财政管理体制，其要旨是：把收入分成固定收入、固定比例分成收入和调剂收入，实行分类分成，财政支出主要按照企业和事业单位的隶属关系进行划分，地方财政在划定的收支范围内多收可多支，少收则少支，自求平衡。

1983 年和 1985 年国家对国有企业实行两步利改税，企业由上缴利润改交税金，同时开征了几种新税，完善了税制体系。从 1985 年起财政体制也相应调整为“划分税种、核定收支、分级包干”。

1987 年开始在全国范围推行承包经营责任制，财政体制在某些方面与之不相适应。1988 年，根据财政经济生活中出现的新情况，开始全方位实行财政承包制。

财政包干体制使地方政府成为相对独立的利益主体，但它从本质上看仍未摆脱集权型的财政分配模式，没有从根本上解决中央与地方政府之间财力分配的约束机制与激励机制问题，但它与当时经济体制改革的方向是吻合的，为后来分税制财政体制的改革奠定了基础。

5. 分税制财政管理体制(1994 年以后)

随着改革开放进程的加速，分类分成和总额分成的财政管理体制已经无法满足经济发展的需要，其弊端不断出现。1992 年党的十四大明确提出了建立社会主义市场经济体制的目标。为了正确处理中央和地方的关系，调动一切积极因素加快社会主义市场经济体制的建立，实现社会主义现代化，在前期试点的基础上，于 1994 年 1 月 1 日起开始在全国推行分税制财政体制。

13.2 分 税 制

13.2.1 分税制含义

分税制财政管理体制，简称分税制，分税制是国际上较为普遍实行的财政体制，是处理中央与地方财政分配关系的一种较为规范的方式。分税制是指在国家各级政府之间明确划分事权及支出范围的基础上，按照事权与财力相统一的原则，结合税种的特征，划分中央与地方的税收管理权限和税收收入，并辅之以转移支付制度的财政管理体制。其实质是根据各级政府的事权确定其相应的财权，通过对税收收入的划分形成中央和地方两个收入体系，为各级政府提供稳定的收入来源。分税制总体包括四个方面：一是中央与地方的事权和支出划分；二是中央与地方的收入划分；三是政府间财政转移支付制度；四是预算编制与资金调度。根据党的十四届三中全会的决定，为了进一步理顺中央与地方的财政分配关系，更好地发挥国家财政的职能作用，增强中央的宏观调控能力，促进社会主义市场经济体制的建立和国民经济持续、快速、健康的发展，国务院决定，从1994年1月1日起改革现行地方财政包干体制，对各省、自治区、直辖市以及计划单列市实行分税制财政管理体制。

13.2.2 分税制依据

分税制得以确立的依据主要有以下三个方面。

1. 以各级政府的事权范围为依据

政府行使事权，必须有相应的财力保障和政策工具。实行分税制，应当界定各级政府的事权范围，让地方政府拥有一定的税权，拥有法定的固定收入来源和财力保障。因此，应当根据权责对等的原则，建立中央和地方两套税制，中央税由中央立法，地方税由地方参照中央税立法，中央政府和地方政府对中央税和地方税分别管理，分别征收，分别使用。事权划分的原则为：提供共享物品和服务的功能应尽可能下放；如果提供地方性共享物品和服务会产生跨地区外部效应和规模经济效应，应由尽可能低的一级政府负责将外部效应内部化，并充分实现规模经济；调节收入和财富分配的功能主要应由中央政府承担，但同时鼓励各地尽量克服本地内部出现的不公平现象；保持宏观经济稳定的功能应完全由中央政府承担。财权划分的原则为：可能影响宏观经济稳定的税收应由中央负责，下级政府征收的税不应与经济周期相关；累进性很强的再分配税种应归中央征收；其他累进个人税种应由最有能力全面实施此类税种的那级政府征收；税基在各地方分布严重不平衡的税种应由中央征收；税基有高度流动性的税种应由中央征收；只要可能，各级政府都应向公共服务的受益人收取使用费，并以此作为财政收入的一个来源。

2. 以各类税种的自身特征为依据

分税制要以税种自身的特征为依据来划分税种的归属级次。在税种设置合理的前提下，原则上应把收入大、对国民经济调控功能较强、与维护国家主权关系紧密、宜于中央集中掌握和征收管理的税种或税源划为中央税；把宜于发挥地方优势、税源分散不宜统一征收管理的税种或税源划为地方税；把征收面宽、与生产和流通直接相联系、税源波动较大、征管难度大、收入弹性大的税种划为中央地方共享税。这种以税种特性为依据划分中央税、地方税和中央地方共享税的方法，有利于加强税收的征收管理和强化税收功能。

3. 以加强和方便税收征管为依据

分税制作为一种税收管理制度，其税种的划分，应方便税务机关进行征管和纳税人履行纳税义务。

13.2.3 国际上常见的分税制类型

从世界各国分税制的情况来看，目前国际上常见的分税制类型主要包括以下几种。

1. 分税级次为两级和两级以上的分税制类型

根据分配级次的不同，分税制类型常见的有两种：一种是中央政府与地方政府两级分税制；另一种是中央政府、州（省、自治区、直辖市）政府、县（府、郡、自治州、盟、旗）政府三级分税制。

2. 完善程度为彻底型和不彻底型的分税制类型

在各国税收实践中，实行分税制的国家基本上可划分为彻底分税制与不彻底分税制两种形式。

彻底分税制（也称“完全分税制”）是指彻底划分中央和地方税收管理权限，不设置中央地方共享税的一种分税制制度。采取这种分税制的，大多是联邦制国家，如美国等。它具有如下特点：政府首脑由民众选举产生并对选民负责，政府事权明晰，民众意愿对政府行为有较大的影响，税权和事权对应密切，税收管理权限划分清楚，中央与地方税务机构分设。一般而言，实行这种制度需要有良好的法制环境作为支撑。如果民众没有对立法、执法的有效建设和监督权力，实行彻底分税制只会带来官本位下的腐化和短期行为，使地方经济受到损害。因此，在法制建设不太完善的国家和时期，设想实行彻底分税制，是行不通的。

不彻底分税制（也称“不完全分税制”）是指税收管理权限交叉，设置中央税、地方税以及中央和地方共享税的一种分税制制度。它既具有固定性的特点又具有灵活性的特征。采用这种分税制的，大多是管理权限比较集中的国家，如英国、日本等。

3. 税权分配程度为集权为主的、分权为主的、集权和分权相结合的分税制的类型

（1）集权为主的分税制。这种类型以英国、法国、瑞典为代表。它们的共同特点是：政治集权、经济干预；税权集中；中央税收为主体。经济发展水平比较低的发展中国家在近几年的税制改革中也大多采用了这种模式。

（2）分权为主的分税制。这种类型以德国、原南斯拉夫为代表，其特点是：三级政府三级预算，相对独立；税种分为各级政府的固定税和共享税两大类，共享税是主体。

（3）集权与分权相结合的分税制。这种类型以美国、日本为代表。此类国家在沿袭各自历史传统和信奉的经济理论的基础上，形成了大致相同的分税制特点。主要包括：有比较完善的中央和地方两个税收管理体系；有比较灵活的中央财政对地方财政的调控措施；有比较健全的税收管理体系。经济发展水平较高的发展中国家也多采取这种模式。

13.2.4 我国的分税制

根据党的十四届三中全会的决定，为了进一步理顺中央与地方的财政分配关系，更好地发

挥国家财政的职能作用，增强中央的宏观调控能力，促进社会主义市场经济体制的建立和国民经济持续、快速、健康的发展，国务院于1993年年底决定，从1994年1月1日起改革现行地方财政包干体制，对各省、自治区、直辖市以及计划单列市实行分税制财政管理体制，并颁布《国务院关于实行分税制财政管理体制的决定》，具体如下。

1.分税制财政体制改革的指导思想

(1)正确处理中央与地方的分配关系，调动两个积极性，促进国家财政收入合理增长。既要考虑地方利益，调动地方发展经济、增收节支的积极性，又要逐步提高中央财政收入的比重，适当增加中央财力，增强中央政府的宏观调控能力。为此，中央要从今后财政收入的增量中适当多得一些，以保证中央财政收入的稳定增长。

(2)合理调节地区之间财力分配。既要有利于经济发达地区继续保持较快的发展势头，又要通过中央财政对地方的税收返还和转移支付，扶持经济不发达地区的发展和老工业基地的改造。同时，促使地方加强对财政支出的约束。

(3)坚持统一政策与分级管理相结合的原则。划分税种不仅要考虑中央与地方的收入分配，还必须考虑税收对经济发展和社会分配的调节作用。中央税、共享税以及地方税的立法权都要集中在中央，以保证中央政令统一，维护全国统一市场和企业平等竞争。税收实行分级征管，中央税和共享税由中央税务机构负责征收，共享税中地方分享的部分，由中央税务机构直接划入地方金库，地方税由地方税务机构负责征收。

(4)坚持整体设计与逐步推进相结合的原则。分税制改革既要借鉴国外经验，又要从我国的实际出发。在明确改革目标的基础上，办法力求规范化，但必须抓住重点，分步实施，逐步完善。当前，要针对收入流失比较严重的状况，通过划分税种和分别征管堵塞漏洞，保证财政收入的合理增长；要先把主要税种划分好，其他收入的划分逐步规范；作为过渡办法，现行的补助、上解和有些结算事项继续按原体制运转；中央财政收入占全部财政收入的比例要逐步提高，对地方利益格局的调整也宜逐步进行。总之，通过渐进式改革先把分税制的基本框架建立起来，在实施中逐步完善。

2.分税制财政管理体制的具体内容

(1)中央与地方事权和支出的划分

根据现在中央政府与地方政府事权的划分，中央财政主要承担国家安全、外交和中央国家机关运转所需经费，调整国民经济结构，协调地区发展，实施宏观调控所必需的支出以及由中央直接管理的事业发展支出。具体包括：国防费、武警经费、外交和援外支出、中央级行政管理费、中央统管的基本建设投资、中央直属企业的技术改造和新产品试制费、地质勘探费、由中央财政安排的支农支出、由中央负担的国内外债务的还本付息支出以及中央本级负担的公检法支出和科教文卫等各项事业费支出。

地方财政主要承担本地区政权机关运转所需支出以及本地区经济、事业发展所需支出。具体包括：地方行政管理费、公检法支出、部分武警经费、民兵事业费、地方统筹的基本建设投资、地方企业的技术改造和新产品试制经费、支农支出、城市维护和建设经费、地方科教文卫等各项事业费，价格补贴支出以及其他支出。

(2)中央与地方收入的划分

根据事权与财权相结合的原则，按税种划分中央与地方的收入。将维护国家权益、实施宏观调控所必需的税种划为中央税；将同经济发展直接相关的主要税种划为中央与地方共享税；

将适合地方征管的税种划为地方税，并充实地方税税种，增加地方税收入。具体划分如下。

中央固定收入包括：关税、海关代征消费税和增值税、消费税、中央企业所得税、地方银行和外资银行及非银行金融企业所得税，铁道部门、各银行总行、各保险总公司等集中交纳的收入(包括营业税、所得税、利润和城市维护建设税)，中央企业上缴利润等。外贸企业出口退税，除1993年地方已经负担的20%部分列入地方上缴中央基数外，以后发生的出口退税全部由中央财政负担。

地方固定收入包括：营业税(不含铁道部门、各银行总行、各保险总公司集中缴纳的营业税)、地方企业所得税(不含上述地方银行和外资银行及非银行金融企业所得税)、地方企业上缴利润、个人所得税、城镇土地使用税、固定资产投资方向调节税、城市维护建设税(不含铁道部门、各银行总行、各保险总公司集中缴纳的部分)、房产税、车船使用税、印花税、屠宰税、农牧业税、对农业特产收入征收的农业税(简称农业特产税)、耕地占用税、契税、遗产和赠予税、土地增值税、国有土地有偿使用收入等。

中央与地方共享收入包括：增值税、资源税、证券交易税。增值税中央分享75%，地方分享25%。资源税按不同的资源品种划分，大部分资源税作为地方收入，海洋石油资源税作为中央收入。证券交易税，中央与地方各分享50%。

(3)中央财政对地方税收返还数额的确定

为了保持现有地方既得利益格局，逐步达到改革的目标，中央财政对地方税收返还数额以1993年为基期年核定。按照1993年地方实际收入以及税制改革和中央与地方收入划分情况，核定1993年中央从地方净上划的收入数额(即消费税加75%的增值税减中央下划收入)。1993年中央净上划收入，全额返还地方，保证现有地方既得财力，并以此作为以后中央对地方税收返还基数。1994年以后，税收返还额在1993年基数上逐年递增，递增率按全国增值税和消费税的平均增长率的1∶0.3系数确定，即上述两税全国平均每增长1%，中央财政对地方的税收返还增长0.3%。如若1994年以后中央净上划收入达不到1993年基数，则相应扣减税收返还数额。

(4)原体制中央补助、地方上解以及有关结算事项的处理

为顺利推行分税制改革，1994年实行分税制以后，原体制的分配格局暂时不变，过渡一段时间再逐步规范化。原体制中央对地方的补助继续按规定补助。原体制地方上解仍按不同体制类型执行：实行递增上解的地区，按原规定继续递增上解；实行定额上解的地区，按原确定的上解额，继续定额上解；实行总额分成的地区和原分税制试点地区，暂按递增上解办法，即按1993年实际上解数，并核定一个递增率，每年递增上解。原来中央拨给地方的各项专款，该下拨的继续下拨。地方1993年承担的20%部分出口退税以及其他年度结算的上解和补助项目相抵后，确定一个数额，作为一般上解或一般补助处理，以后年度按此定额结算。

3.配套改革和其他政策措施

(1)改革国有企业利润分配制度。根据建立现代企业制度的基本要求，结合税制改革和实施《企业财务通则》、《企业会计准则》，合理调整和规范国家与企业的利润分配关系。从1994年1月1日起，国有企业统一按国家规定的33%的税率缴纳所得税，取消各种包税的做法。考虑到部分企业利润上缴水平较低的现状，作为过渡办法，增设27%和18%两档照顾税率。企业固定资产贷款的利息列入成本，本金一律用企业留用资金归还。取消对国有企业征收的能源交通重点建设基金和预算调节基金。逐步建立国有资产投资收益按股分红、按资分利或

税后利润上缴的分配制度。作为过渡措施，近期可根据具体情况，对1993年以前注册的多数国有全资老企业实行税后利润不上缴的办法，同时，微利企业缴纳的所得税也不退库。

(2)同步进行税收管理体制改革。建立以增值税为主体的流转税体系，统一企业所得税制。从1994年1月1日起，在现有税务机构基础上，分设中央税务机构和地方税务机构。在机构分设过程中，要稳定现有税务队伍，保持税收工作的连续性，保证及时足额收税。

(3)改进预算编制办法，硬化预算约束。实行分税制之后，中央财政对地方的税收返还列中央预算支出，地方相应列收入；地方财政对中央的上解列地方预算支出，中央相应列收入。中央与地方财政之间都不得互相挤占收入。改变目前中央代编地方预算的做法，每年由国务院提前向地方提出编制预算的要求。地方编制预算后，报财政部汇总成国家预算。

(4)建立适应分税制需要的国库体系和税收返还制度。根据分税制财政体制的要求，原则上一级政府一级财政，同时，相应要有一级金库。在执行国家统一政策的前提下，中央金库与地方金库分别向中央财政和地方财政负责。实行分税制以后，地方财政支出有一部分要靠中央财政税收返还来安排。为此，要建立中央财政对地方税收返还和转移支付制度，并且逐步规范化，以保证地方财政支出的资金需要。

(5)建立并规范国债市场。为了保证财税改革方案的顺利出台，1994年国债发行规模要适当增加。为此，中央银行要开展国债市场业务，允许国有商业银行进入国债市场，允许银行和非银行金融机构以国债向中央银行贴现融资。国债发行经常化，国债利率市场化，国债二级市场由有关部门协调管理。

(6)妥善处理原由省级政府批准的减免税政策问题。考虑到有的省、自治区、直辖市政府已经对一些项目和企业做了减免税的决定，为了使这些企业有一个过渡，在制止和取缔越权减免税的同时，对于1993年6月30日前，经省级政府批准实施的未到期地方减免税项目或减免税企业，重新报财政部和国家税务总局审查、确认后，从1994年起，对这些没有到期的减免税项目和企业实行先征税后退还的办法。这部分税收中属中央收入部分，由中央财政统一返还给省、自治区、直辖市政府，连同地方收入部分，由省、自治区、直辖市政府按政策规定统筹返还给企业，用于发展生产。这项政策执行到1995年。

(7)各地区要进行分税制配套改革。各省、自治区、直辖市以及计划单列市人民政府要根据本决定制定对所属市、县的财政管理体制。凡属中央的收入，不得以任何方式纳入地方收入范围。在分税制财政体制改革的过程中，各地区要注意调查研究，及时总结经验，解决出现的问题，为进一步改进和完善分税制财政管理体制创造条件。

4. 1994年后分税制的调整

1994年后，根据分税制运行情况和宏观调控的需要，财政部对中央与地方的收入划分进行了以下调整。

(1)1994年分税制设立时，中央与地方共享收入中的证券交易税的分享比例为各自占50%。从1997年1月1日起，将中央与地方共享收入中的证券交易(印花)税的分享比例由原来中央与地方各自占50%，调整为中央占80%，地方占20%；后又调整为中央占88%，地方占12%。自2000年10月1日起，证券交易(印花)税的分享比例调整为中央占91%，地方占9%，并将分3年把证券交易(印花)税的分享比例调整到中央占97%，地方占3%。

(2)1997年11月1日起，将金融保险业的营业税税率由5%提高到8%；2001年1月1日起，分3年把金融保险业营业税税率降低到5%。提高税率所增加的收入归中央财政。

(3)为了严格控制土地使用，对国有土地有偿使用收入分配做了必要调整，将其中新批转为非农建设用地的部分收入上缴中央财政。

(4)为进一步规范中央和地方政府之间的分配关系，建立合理的分配机制，减缓地区间财力差距的扩大和支持西部大开发，逐步实现共同富裕，从 2002 年 1 月 1 日起，将现行按企业隶属关系划分中央和地方所得税收入的办法改为中央和地方按统一比例分享。除铁路运输、国家邮政、中国工商银行、中国农业银行、中国银行、中国建设银行、国家开发银行、中国农业发展银行、中国进出口银行以及海洋石油天然气企业缴纳的所得税继续作为中央收入外，其他企业所得税和个人所得税收入由中央与地方按比例分享。2002 年所得税收入中央分享 50%，地方分享 50%；2003 年所得税收入中央分享 60%，地方分享 40%；2003 年以后年份的分享比例根据实际收入情况再行考虑。并且，以 2001 年为基期，按改革方案确定的分享范围和比例计算，地方分享的所得税收入，如果小于地方实际所得税收入，差额部分由中央作为基数返还地方；如果大于地方实际所得税收入，差额部分由地方作为基数上解中央。对于跨地区经营、集中缴库的中央企业所得税等收入，按相关因素在有关地区之间进行分配。中央财政因所得税分享改革增加的收入全部用于对地方（主要是中西部地区）的转移支付。地方所得的转移支付资金由地方政府根据本地实际，统筹安排，合理使用，首先用于保障机关事业单位职工工资发放和机构正常运转等基本需要。

小 结

1. 财政管理体制是财政管理的核心和最基本的管理制度，其实质是处理各级政府间的财政关系。财政管理体制的概念有广义和狭义之分。财政管理体制的类型包括：集权型财政体制、行政性分权型财政体制和经济性分权型财政体制。自从新中国成立以来，我国在财政体制的变革中进行了不断探索：我国最初实行的是高度集中、统收统支管理体制；随着改革开放进程的加速，分类分成和总额分成以及分级包干的财政管理体制已经无法满足经济发展的需要，其弊端不断出现；为了正确处理中央和地方的关系，调动一切积极因素加快社会主义市场经济体制的建立，实现社会主义现代化，在前期试点的基础上，于 1994 年 1 月 1 日起开始在全国推行分税制财政体制。

2. 分税制财政管理体制，简称分税制，分税制是国际上较为普遍实行的财政体制，是处理中央与地方财政分配关系的一种较为规范的方式。分税制总体包括四个方面：一是中央与地方的事权和支出划分；二是中央与地方的收入划分；三是政府间财政转移支付制度；四是预算编制与资金调度。根据现在中央政府与地方政府事权的划分，中央财政主要承担国家安全、外交和中央国家机关运转所需经费，调整国民经济结构、协调地区发展、实施宏观调控所必需的支出以及由中央直接管理的事业发展支出。地方财政主要承担本地区政权机关运转所需支出以及本地区经济、事业发展所需支出。

思考题

1. 简述 20 世纪 80 年代以来，中国财政体制的改革情况。
2. 我国分税制改革的指导思想是什么？
3. 简述我国分税制改革的主要内容。

案例简介

案例[13-1]　地方财政困局

“财政收入压力太大，只能保刚性(支出)这块，干活的钱没有。”11月初的东北已经天寒地冻，某农业大县一普通乡镇的政府办公室里，暖气只是个摆设，靠着南边窗户赏赐的阳光，才有些许温暖，镇长为自己囊中羞涩拿不出取暖费而感到抱歉。他告诉《瞭望》新闻周刊，“上边总说这个投钱，那个投钱，但政策性投入到我们这层，实际看到的非常少，就是投下来，大部分也配套不起。饭店菜再好，咱没钱也进不去、吃不起啊。”他举例说，去年申请了一个340万元的公共设施项目，投入160万元，需要配套180万元。而该镇去年全部财政收入也只有250万元。最近让他着急“上火”的是“村村通”，“这个项目32万元，上面给了24万，县里拨了2万元，自筹要6万元，没地儿找去啊。”甚至“乡镇干部涨工资也得配套，配套不起就开不起”。他介绍说，乡镇政府工作人员加离退休人员一共38人，每月该镇工资支出9.7万元，除了县里拨3.7万元，还差6万元需要自筹。即使如此，该镇干部实际工资与正常工资仍然相差1 000多元。至于村干部的工资，“我们13个村有10个村工资拿不到，有的甚至三年都没领到工资了”。他感慨地说，“基层财政就像走钢丝，越走越险。”事实上，《瞭望》新闻周刊调研中发现的一组数据，一定程度解读了地方财政运行艰难的原因。据财政部网站公布，2009年1～9月份，中央本级收入占财政总收入的53.4%，地方收入占46.6%；中央本级支出占财政总支出的21%，地方支出占79%。这意味着，中央政府拥有较多的财力只负责了较少的事务支出，地方政府用较少的财力要处理大部分的事务支出。这种财权上的集权与事权上的高度分权局面，集中暴露了一个当下中国政府治理的大痼疾——政府间财力和事权严重失调，正在将地方财政变成了一根只能越绷越紧的“钢丝绳”。在“对上负责”的体制因素驱动下，财权层层上收，事权层层下放，财政压力直接下压到县乡基层。在财政收入大幅增长的近十年，正如基层干部自我调侃的那样，竟然伴生了一个尴尬局面——“中央财政蒸蒸日上，省级财政喜气洋洋，市级财政稳稳当当，县级财政哭爹喊娘，乡镇财政精精光光”。

[资料来源：地方财政之殇.《瞭望》新闻周刊.2009(46).]

问题

县乡财政为何如此困难？

简要提示

1.税源不足，县乡财政难为“无米之炊”。在分税制财政体制下，中央集中了大部分增值税和消费税，而留给地方的只是一些征收成本高的小税种，这使得经济不发达的县乡财政收入明显减少，地方税收在财政收入中的比重呈下降态势，行政性收费、罚没收入和其他非税收收入成为拉动财政收入增长的主体。

2.财权上收，事权下放，县乡财政负担加重。在中央集中财权的同时，省市级也将这种趋势盲目扩大和延伸，对所属县乡集中财力。与之相对应，事权却有所下移。县乡政府一直要提供义务教育、基础设施建设、社会治安等公共产品，同时还要在一定程度上支持地方经济发展。而且县乡两级政府所要履行的事权，大都刚性强、欠账多、所需支出基数大，无法压缩。以微薄的财权承担超负荷的事权，县乡财政苦不堪言。

3.政府级次过多，直接降低了分税制收入划分的可行性。截止到2009年年末，我国现行税种有21个，数量已不算少，可相对于我国过多的政府级次来说，28个税种在五级政府之间分配的确是个不小的难题。1994年以来，分税制改革的实践也恰恰证明了这一点，也就是分税制改革的不彻底性，许多地方上下级政府之间实际上实行的仍然是分灶吃饭的财政体制，其中县、乡两级政府之间更加普遍。

案例[13-2] 浙江的“省管县”体制

浙江在财政上实行省直接对县的体制，在组织体制上实行省管县市党政正职的体制。因此，在全国普遍实行市领导县体制的情况下，浙江在事实上实行的是市不管县，省直接对县的行政管理体制。

1992年至今，浙江已连续四次出台政策，扩大一部分经济比较发达市(县)的经济管理权限。1992年出台了扩大萧山、余杭、鄞县等13个市(县)部分经济管理权限的政策，主要包括扩大固定资产投资项目审批权、外商投资项目审批权等4项。1997年，省政府同意萧山、余杭试行享受地级市一部分经济管理权限，主要有固定资产投资审批管理权限等11项。2002年，省委、省政府出台政策，进一步扩大和完善20个经济强县(市)的经济管理权限，将313项原本属于地级市的经济管理权限下放给这些县市。这些权限几乎涵盖了省、市两级政府经济管理权限的所有方面。2006年，省委、省政府再一次出台文件，开展扩大义乌市经济社会管理权限改革试点工作。决定除规划管理、重要资源配置、重大社会事务管理等经济社会管理事项外，赋予义乌市与设区市同等的经济社会管理权限。

浙江的客观条件比较有利于实施省管县体制。一是所辖的县较少。1980年，浙江有11个地级市，66个县，大致只有一些省份的1/2～1/3。二是面积较小。全省10.18万平方公里，80%的县位于以杭州为中心200余公里的半径内，即使在交通条件较差的20多年前，多数县在半天路程之内。三是地级市实力较弱。当时浙江仅7个地级市，国民收入仅占全省的23.5%，所以浙江经济的主体是县。所以无论是从行政管理还是从利益格局角度讲，都有利于实施省管县财政体制。

实施市管县具有经济社会和政治的多方面积极意义。在发展上增强了县市活力，有利于加快县级经济发展。市管县体制减少了中间层次，提高了行政效率。县市具有较强自主权，有力地增强了县级经济活力。目前在全国百强县中，浙江占有30个。

在改革上形成了虚省实市的利益格局，有利于提升市场经济竞争。省级的直接利益主体较少，市和县处于同一竞争层面，因此与其他省份相比，在空间格局上形成了一种单一竞争主体局面，避免了多层次行政干预对于市场竞争关系的扭曲。

在行政上弱化了市对县的领导，有利于全省统筹发展。浙江的县市在事实上亲省而远市，同时市在事实上也把县作为平等的伙伴关系，大大提高了全省经济社会发展的全局性。

[资料来源：中国经济体制改革研究会网站]

问题

进行“省直管县”改革的背景是什么？

简要提示

1. 改革背景。首先是县级财政困难。现在社会各界认为各省实行县财省管试点的原因主要在于，县(市)一级的财权与事权不对称，财政供养人员过多，县乡政府债务沉重，资金调度困难，绝大部分县(市)依靠省财政转移支付，才能保证国家规定工资和津补贴的正常发放。其次，“市管县”体制弊端日益显现。现行的“市管县”体制已不适应市场经济特别是区域经济发展的需要。“市管县”模式削弱了县域经济的自主权。一些规模小、辐射功能弱的地级市无法带动所辖县发展。“市县竞争”造成内耗及资源过度向中心城市集中。据了解，在“市管县”的财政体制下，县级地区容易“营养不良”，地级市的工作重心一般都放在城区而不是农村，市级财政侧重于市区的发展，在经济利益上可能出现“市县争利”。

2.政策支持。2009年7月9日，财政部公布《关于推进省直接管理县财政改革的意见》，明确提出“省直管县”财政改革将在2012年年底前在中国大部分地区推行的实施目标，由此，这一话题的热度更是大幅上扬。所谓“省直管县”财政管理体制是与“市管县”财政管理体制相比较而言的一种财政管理体制，即省级直接管理地市与县(市)财政，地方政府间在事权和支出责任、收入的划分，以及省对下转移支付补助、专项拨款补助、各项结算补助、预算资金调度等都是省直接对地市和县(市)；地市没有管理县(市)财政的职能，不直接与县(市)发生财政关系。

第14章 财政平衡与财政赤字

本章学习要点

通过本章的学习，掌握财政平衡的含义和计算口径、财政赤字的概念、影响因素及弥补方式；理解财政平衡与社会总量平衡之间的关系、财政赤字的经济效应；了解财政赤字政策的作用及实施。

本章学习重点与难点

本章的学习重点是财政平衡与社会经济总量间的关系与财政赤字；难点是利用经济学理论推导并深入理解财政平衡与社会经济总量间的关系，以及财政赤字政策调控经济的方法。

本章基本概念

财政平衡、财政盈余、财政赤字、社会总需求、社会总供给、社会经济总量平衡、硬赤字软赤字、决算赤字、预设赤字、结构性赤字、周期性赤字

14.1 财政平衡与财政赤字概述

14.1.1 财政平衡的含义

财政平衡是“财政收支平衡”的简称，通常是指年度财政收入与年度财政支出在总量对比上的相等或者平衡。

财政收支总量关系存在三种情况：一是财政收入与财政支出数额相等，即定义所述之财政平衡；二是财政收入大于财政支出，即财政盈余；三是财政支出大于财政收入，即财政赤字。当今世界上大多数国家的财政收支都是通过政府预算实现的，财政收支总量在编制国家预算时，上述三种情况都可能出现。

14.1.2 财政平衡概念的理解

1.财政平衡是一种相对平衡

只要财政盈余或赤字不超过一定的数量界限，就可以视为财政收支的平衡形态。因而我们把财政收支平衡状况概括为三种形式：一是财政收支完全平衡。如前所述，财政收支绝对相等在实践中是无法做到的。根据历史经验，财政盈余占财政收入的2%以下可视为财政收支完全平衡；二是财政收支基本平衡，这是指财政收入小于财政支出，略有赤字，略有赤字以财政赤字占财政总收入的3%以内为度；三是财政收支不平衡，即一般是指财政收入远远大于或者小于财政支出，出现较大的财政盈余或财政赤字。

国民经济的正常发展时期，政府不论是在编制预算时还是在预算的执行过程中，都要努力实现收支平衡。财政盈余虽然表示政府收入充裕，满足社会公共需要的能力较强，能够应付经济的较大波动，但长年财政盈余却会挤占社会需求，影响社会总需求与总供给平衡，意味着财政资金没有得到充分、有效的利用；而财政长年高额赤字则是政府的国库拮据、入不敷出的表现，若消除赤字的举措不适当还可能造成恶性通货膨胀，对资源配置产生不良影响。

2.财政平衡是一种动态平衡

理解财政平衡要引入时间变量，区分短期平衡与长期平衡，掌握两者之间的联系。短期平衡一般指年度平衡，要求在同一财政年度内收支保持基本平衡；长期平衡也称周期平衡，要求在某一经济周期内保持财政收支的基本平衡。短期平衡是经济周期内的中间状态，是当年财政预算的执行结果，也是下一年财政预算的基础，是短期内一国或地区分析经济形势的重要依据之一。但是政府不能仅局限于一个财政年度内的收支状况，还应综合考虑年度之间的联系和相互衔接，研究未来财政年度收支的发展趋势，研究经济周期对财政的影响以及财政对经济周期的调节作用，以求得一个时期的内在平衡。

3.理解财政平衡要有全局观

财政收支是宏观经济体系中的重要环节，它与经济运行中的其他因素紧密相连，相互影响，相互制约，因而不能将财政收支孤立地进行考虑，要理顺财政收支与其他因素间的联动关系，从而制定适宜的财政收支政策。

(1)财政收支与宏观经济目标间的关系。宏观经济目标随一国经济形势和环境的不同而有所差别，也受政府经济对经济形势的判断和其管理理念影响，具有一定的主观性。它的制定要考虑上一年度财政收支预算执行的情况，同时又是财政收支政策制定的依据。

(2)财政收支与经济增长间的关系。财政收入与支出在国民收入核算体系中计入GDP，是GDP的有效组成部分，其变动直接影响产出的核算，因而是一个重要的统计变量。同时，财政收入和支出不仅能够直接进入GDP核算体系，同时也是国民收入决定模型中重要的外生变量，对投资、消费等变量施加影响取得乘数效应，进一步改变国民收入量。从动态角度来看，本期经济增长状况还将为下一期财政预算提供参考，成为下一期财政收入支出规模的决策依据。

(3)财政收支与国民收入分配间的关系。财政收支参与国民收入分配，是社会产品再分配的一个重要环节，直接影响社会分配的公平程度和分配效率，是一国经济发展和社会稳定的重要保障。

(4)各级政府财政收支的关系。我国建立的是中央地方分级财政，财政收支平衡既要考虑全国范围内中央财政的平衡，也要考虑中央、地方财政的平衡以及地方间财政的平衡。

4. 注意财政平衡的真实性

从我国的实践看，出现财政收入虚假成分的因素一般有以下几种。

(1)质量不合格或者品种不对路的商品积压，由此而形成一部分财政收入就是没有"物质保证"的货币收入。由于产业结构不合理，或者产品的生产与需求相互脱节，使质量不合格或者品种不适销的产品转到销售部门，当销售部门向生产单位支付货款后，生产单位上缴税收或者利润，商品都积压在仓库里。这种不能实现价值的货物都形成了财政收入，就是虚假的财政收入。

(2)存在着财政挂账和企业挂账。一是财政挂账，即将当年收不抵支的差额结转到下一年，从而减少当年赤字；二是企业挂账，即本应由财政拨补的政策性亏损补贴不按时弥补，采取"挂账"的方式处理，从而减少当年的财政支出。

(3)通货膨胀。通货膨胀的实质是纸币的发行量过多，单位纸币所代表的商品量减少。因此，在存在通货膨胀的情况下，以货币所表示的财政收入额当中，就有一部分收入是没有物质保证的收入，其实质上就是虚假的财政收入。虚假的财政平衡往往掩盖了实际上的财政赤字，不能反映财政的真实状况，从而误导对决策的选择。

14.1.3 财政收支矛盾

任何国家在任何经济发展阶段的财政都面临财政收支总量关系的处理问题。就经济内容上分析，收支正好相等在理论上是可以成立的，但从实际经济运行来看，几乎是不存在的。就现代市场经济国家而言，年年有预算盈余的国家也为数很少，财政赤字已经是一种世界性经济现象。因此，财政平衡不过是把收支对比的一种理想状态，作为预算的编制和执行追求的参照系而已。财政收支在数量上的这种矛盾是财政分配的基本矛盾，具有一定的客观性，主要源于如下因素。

1. 社会公共需要增长与国民收入合理分配间的矛盾

财政的主要目的是满足社会公共需要，协调和促进经济发展。按照经济学理论，国民经济中市场供给失灵的物品应由政府通过财政手段提供，经济增长和结构调整也需要财政手段进行协调，主要方式是政府参与市场经济活动，在市场中购买相关产品并组织生产和分配，这产生了政府对社会产品的大量需要，随着经济和社会的发展这一需要也在不断扩张。

政府满足社会需要的资金来源为财政收入，通过参与国民收入分配的方式获得。财政收入参与分配的基本原则是适度规模、合理负担、扩大财源，其多少要受一国经济发展水平、经济环境以及经济制度安排的制约。这在客观上导致社会公共物品供给与国民收入分配之间的基本矛盾，决定了财政收入与财政支出之间矛盾存在的可能性。

2. 经济波动的可能

经济是一个复杂的系统，其运行可能受到方方面面因素的影响，经济波动成为常态。同时，受到有限理性的约束，人们对经济的预期是不完全的，这使得政府预算的执行结果有很大程度的不确定性，即使初始预算是平衡的，最终也可能导致不平衡的结果。

3. 财政政策调整的需要

经济稳定和增长是财政的一项重要职能，一国处于不同经济环境时可通过适当调整财政政策的方式达到相应的经济目标，而财政政策效果会直接反映在财政收支上。扩张的财政政策往往伴随着财政支出的增加和财政收入的减少，对应社会总需求的扩张，是赤字政策。紧缩的财政政策则相反，对应财政支出的减少和财政收入的增加，是盈余政策。因而，一国财政政策的调整也使财政赤字和财政盈余成为可能。

4.政府的有限理性

财政是完全的政府行为，财政制度的有效性取决于政府制定的经济目标和政府经济管理的能力。政府的有限更改可能导致财政决策的失误，也会引起计算与实际的不一致，这都会引起财政收支矛盾。由于人们认识往往落后于客观实际，在制定与执行政策、计划时，不容易完全符合客观经济规律，以至既定的财政计划(国家预算)即使是平衡的，但执行的结果往往有较大出入，这里有两种情况：一是由于计划考虑不周、经验不足，或工作指导上失误而造成的计划本身的偏高或偏低。若计划偏高，超过实际可能，会造成入不敷出，出现赤字;计划偏低，则资源得不到充分利用，年终盈余过多。二是在年度执行计划过程中，由于自觉调整政策，修改计划，对财政收支造成影响，也会导致财政收支不平衡。

5.财政收入与财政支出时间上的不一致性

一般而言，财政收入具有均衡性，而有些财政支出具有集中性。这样，即使财政年度收支预算平衡，在收支过程中也会出现支多收少或收多支少的情况。

14.1.4 财政平衡的计算口径

在如何理解财政收支平衡的问题上，还有一个关于财政收支平衡的计算口径问题。计算财政的盈余或赤字，通常有以下两种不同的口径。

赤字或盈余=(经常收入－经常支出－投资支出)－(债务收入－债务支出)

赤字或盈余=经常收入－经常支出－投资支出

其中，经常收入是指政府通过税收等法定渠道所取得的财政收入;经常支出是发挥政府基本职能所安排的支出;投资支出是与固定资产形成直接有关的支出;债务收入包括国家在国内外发行的债券收入、向国外或银行的借款收入;债务支出是指还本付息的支出。

这两种口径的主要差别在于：债务收入是否计入正常收入之中，以及债务的清偿是否计入正常支出之中。按第一种口径，债务收入计入正常财政收入，相应地债务还本付息也计入正常支出;按第二种口径，债务收入不列为正常收入，相应地债务的偿还也不列为正常支出，但利息的支付却列入正常支出。

世界各国的计算口径是不同的。前苏联历来把公债列为正常财政收入而不作为弥补赤字的来源，美国则一向不把公债收入作为正常收入，而明确地作为弥补赤字的来源。日本则把公债分为建设公债和赤字公债，仅将赤字公债作为弥补赤字的来源。我国自1953—1993年都基本上采用第一种方法，这样，从账面上看，财政收支永远是平衡的。但这样做存在着以下几个问题。

(1)它掩盖了财政赤字的真实情况，因为按这种口径计算，只有财政向银行透支时才有赤字，否则，即使财政发生了较大赤字，只要它不向央行透支，从账面上看，收支都是平衡的，有时甚至发生结余。

(2)由于这种口径大大缩小了赤字的数额，会使人们对财政困难认识不足，从而导致财政赤字的扩张。

(3)由于财政赤字数额不能得到真实的反映，也就难以分析财政支出对经济运行所产生的影响。而按第二种方法计算，如果财政出现赤字，就表明财政在其正常收入之外增加了一笔支出，它可能会增加社会总需求。对于这个差额，政府只能在税收之外设法加以弥补(如发行公债)。运用这种方法计算能够较为真实地反映财政赤字的状况及财政收支对国民经济的影响。

一般而言，债务收入以不列入经常财政收入为好。第一，从历史上考察，公债是与财政赤字相联系的经济范畴，财政赤字既是国家公债制度的原因又是它的结果;第二，债务收入在性质上不同于税收等经常性收入，经常的财政收入是通过无偿的形式取得的，归财政所有和永久支配使用，而债务收入是要偿还的，虽然可视同当年的财政收入使用，但毕竟不同于当年的财政收入;借债迟早是要偿还的，会相应地减少以后年度可支配的资金。因此把举债视同当年的经常收入是不够严密的，同国际的通用口径也不一致;第三，如果把债务收入列为财政收入，那么财政向银行的透支或借款也是一种债务，也应列为财政收入。既然债务收入列为财政收入，债务的还本付息就要相应地列为支出，按这样的处理，财政收支就永远是恒等的，也就没有什么赤字或盈余可言。那么不仅在我国，就是资本主义国家的预算也都是“平衡”的预算了。由此可以看出，按第二种口径计算的盈余和赤字，应是衡量财政收支对比的最一般口径。

国际货币基金组织编制的《政府财政统计年鉴》中则把举债同弥补赤字联系在一起，年鉴所说的赤字或盈余是如下两项比较的结果。

(1)收入和补助总额。收入包括税和非税的各种传统财政收入项目以及出售固定资产和股票等资本性收入，补助则指来自国内外的无偿补助收入。

(2)支出和净增贷款。支出包括行政、国防、文教卫生、社会福利、经济服务、对国内外的补助等传统支出项目以及获得固定资产和股票等资本性支出。净增贷款指本期对国内外提供的贷款数额与贷款回收数额之间的差额。

(1)减(2)等于盈余或赤字，发生赤字则国内外债务以同等金额增加;发生盈余，则国内外债务以同等金额减少。

1978—2013 年我国财政收支状况，见表 14-1。

表 14-1 1978—2013 年我国财政收支状况一览表

年　份	财政收入(亿元)	财政支出(亿元)	增长速度(%)		财政盈余/赤字(亿元)
			财政收入	财政支出	
1978	1 132.26	1 122.09	29.5	33.0	10.17
1979	1 146.38	1 281.79	1.2	14.2	−135.41
1980	1 159.93	1 228.83	1.2	−4.1	−68.90
1981	1 175.79	1 138.41	1.4	−7.5	37.38
1982	1 212.33	1 229.98	3.1	8.0	−17.65
1983	1 366.95	1 409.52	12.8	14.6	−42.57
1984	1 642.86	1 701.02	20.2	20.7	−58.16
1985	2 004.82	2 004.25	22.0	17.8	0.57
1986	2 122.01	2 204.91	5.8	10.0	−82.90
1987	2 199.35	2 262.18	3.6	2.6	−62.83
1988	2 357.24	2 491.21	7.2	10.1	−133.97
1989	2 664.90	2 823.78	13.1	13.3	−158.88
1990	2 937.10	3 083.59	10.2	9.2	−146.49
1991	3 149.48	3 386.62	7.2	9.8	−237.14
1992	3 483.37	3 742.20	10.6	10.5	−258.83
1993	4 348.95	4 642.30	24.8	24.1	−293.35
1994	5 218.10	5 792.62	20.0	24.8	−574.52

（续表）

年　份	财政收入（亿元）	财政支出（亿元）	增长速度(%)		财政盈余/赤字（亿元）
			财政收入	财政支出	
1995	6 242.20	6 823.72	19.6	17.8	−581.52
1996	7 407.99	7 937.55	18.7	16.3	−529.56
1997	8 651.14	9 233.56	16.8	16.3	−582.42
1998	9 875.95	10 798.18	14.2	16.9	−922.23
1999	11 444.08	13 187.67	15.9	22.1	−1 743.59
2000	13 395.23	15 886.50	17.0	20.5	−2 491.27
2001	16 386.04	18 902.58	22.3	19.0	−2 516.54
2002	18 903.64	22 053.15	15.4	16.7	−3 149.51
2003	21 715.25	24 649.95	14.9	11.8	−2 934.70
2004	26 396.47	28 486.89	21.6	15.6	−2 090.42
2005	31 649.29	33 930.28	19.9	19.1	−2 280.99
2006	38 760.20	40 422.73	22.5	19.1	−1 662.53
2007	51 321.78	49 781.35	32.4	23.2	1 540.43
2008	61 330.35	62 592.66	19.5	25.7	−1 262.31
2009	68 518.30	76 299.93	11.7	21.9	−7 781.63
2010	83 101.51	89 874.16	21.3	17.8	−6 772.65
2011	103 874.43	109 247.79	25.0	21.6	−5 373.36
2012	117 253.52	125 952.97	12.9	15.3	−8 699.45
2013	129 209.64	140 212.10	10.2	11.3	−11 002.46

注：(1)在公共财政收支中，价格补贴1985年以前冲减财政收入，1986年以后列为财政支出，为了可比，本表将1985年以前冲减财政收入的价格补贴改列在财政支出中；

(2)公共财政收入中不包括国内外债务收入；

(3)从2000年起，公共财政支出中包括国内外债务付息支出。

数据来源：国家统计局网站。

14.2 财政平衡与社会总供求平衡

14.2.1 社会总需求和社会总供给

社会总需求是指一个国家或地区在一定时期内(通常1年)由社会可用于投资和消费的支出所实际形成的对产品和劳务的购买力总量。它包括两个部分：一是国内需求，包括投资需求和消费需求，投资需求由固定资产投资需求和流动资产投资需求组成，消费需求由居民个人消费需求和社会集团消费需求组成；二是国外需求，即产品和劳务的输出。用$A\cdot D$表示总需求，C表示消费，I表示投资，G表示政府购买，$N\cdot X$表示国外需求，则总需求可用公式表示为：

$$A\cdot D=C+I+G+N\cdot X$$

社会总供给是指该国家或地区在一定时期内(通常为1年)由社会生产活动实际可以提供给市场的可供最终使用的产品和劳务总量，通常以国民生产总值作为其货币表现形式。社会总供给包括如下两个部分。

(1)由国内生产活动提供的产品和劳务，包括农林牧渔业、工业、建筑业等行业提供的产品，也包括由交通运输、邮电通信、银行保险、商业服务业等行业提供的服务，即国内生产总值。

(2)由国外提供的产品和劳务，即商品和劳务输入。其具体计算公式为：

$$A \cdot S=C+S+T+M$$

其中，$A \cdot S$ 表示社会总供给，C 表示消费，S 表示储蓄，T 表示净税收，M 表示国外提供的产品和劳务，由于各时期的供求状况相互影响，在测算社会总供给时，应考虑各时期之间的衔接。其计算公式又可表示为：

社会总供给＝本期形成的社会总供给＋期初供给结余总额

14.2.2 社会经济总量失衡与平衡

从市场流通角度讲，市场经济是货币经济，商品生产、流通、消费过程也就是收入的形成、分配、支出使用过程。一方面，生产者出售商品，向市场提供了物质或劳务产品，形成市场供给，并从市场得到销售收入；另一方面，又将其所得收入用于特定用途的支出，形成市场需求。将全社会范围内各单个厂商的供给(也就是收入)加总，即形成社会总供给；将全部需求(也就是支出)加总，即形成社会总需求。一般所说的社会总供给和总需求是就最终产品总量而言的。

1. 社会总供给与总需求的失衡与平衡的理解

社会总供给与总需求的平衡与失衡是从数量角度衡量社会总需求与总供给的对比关系，当两者在数量上不相等时称为总供给与总需求的失衡，相等时称为总供给和总需求的平衡。

总供给与总需求的失衡表现为两种形式：总量失衡和结构失衡。一般所说的社会总供给和社会总需求是就最终产品总量而言的。

总量失衡可归结为两种情况：其一，是总需求过度低于总供给，即供给过剩，需求不足；其二，是总需求过度高于总供给，即需求过旺，供给短缺。市场经济条件下，市场不可能维持经常的均衡状态，经济运行具有周期性，因而必须加强政府的宏观调控。宏观调控的主要任务是通过经常性的“微调”保持总供求的大体平衡，使总需求与总供给的差额维持在经济运行可以承受的限度内，不致发生严重的失衡。

总供给与总需求的平衡是国民经济得以顺利运行的必要条件。它是一种复杂的动态过程，包括国民经济中的物资可供量(有效供给)与社会购买力(有效需求)数量相当、结构适应、流通顺畅。社会总供求的平衡是宏观经济理论的核心问题。

2. 社会经济总量均衡的必要性

社会经济运行动态过程中，影响平衡的因素来自各个方面且千变万化，从哲学的角度来说，平衡只是相对的、暂时的，不平衡才是绝对的。我们的任务就是在这错综复杂的过程中，不断发现问题，解决矛盾，使之不断达到相对的平衡。从一国经济发展和稳定增长的角度来看，社会经济总量的均衡是必要的，原因如下。

(1)社会总供给与社会总需求的平衡是保证国民经济持续、稳定、协调发展的决定性因素。只有社会总供给与社会总需求平衡，国民经济才能稳定增长。否则，就会使经济大起大落。只有社会总供给与社会总需求平衡，才能保证国家重点建设，合理调整产业结构，否则就会发生预算外固定资产投资挤预算内固定资产投资，一般建设挤重点建设。

(2)社会总供给与社会总需求的平衡是保证经济体制改革顺利进行的必要条件。在社会总需求膨胀，财力、物力资源不平衡的情况下，均衡的市场难以形成，市场机制不能有效地发挥调节功能，就会造成经济生活紊乱。

(3)社会总供给与社会总需求的平衡是提高经济效益的重要条件。社会总需求超过社会总供给，就会形成卖方市场，企业将失去改善经营管理、提高产品质量、进行竞争的压力，从而影响社会经济效益的提高。社会总供给略大于社会总需求，就会形成买方市场，将给企业以压力，促其改善经营管理，提高产品质量，从而提高社会经济效益。

(4)社会总供给与社会总需求的平衡，是保证生产资料价格总水平与消费资料价格总水平基本稳定的前提。价格是受供求关系的影响而发生波动的，生产资料与消费资料供需不平衡往往是由财力不平衡造成的。固定资产投资规模过大往往是生产资料价格，特别是计划外调拨的生产资料价格上涨的根本原因；消费基金增长过快也会影响消费资料价格上涨。

14.2.3 财政平衡与社会总量平衡的经济学分析

根据现代经济学关于总供给与总需求短期均衡关系的理论，开放条件下总供给与总需求平衡有如下恒等关系：

$$C+S+T+M=C+I+G+X$$

等式左边表示社会总供给，由消费、储蓄、税收和进口构成，等式右边表示社会总需求，由消费、投资、政府购买和出口构成，将该恒等式进行变形，可以得出如下描述财政预算收支与储蓄和投资账户以及贸易经常账户之间关系的恒等关系：

$$G-T=(S-I)+(M-X)$$

等式左边表示由财政支出和财政收入构成的预算收支平衡状况，当 $G>T$，财政预算出现赤字；当 $G<T$，财政盈余；$G=T$，财政平衡。等式右边由两部分不同账户组成，S 和 I 是储蓄和投资账户，M 和 X 是对外贸易经常账户。

通过前边的理论描述和以上恒等关系分析，对财政平衡和社会总供需关系可以得出以下认识：市场经济条件下的宏观调控的主要目标是社会经济总量的基本平衡。财政平衡是社会总供需平衡中的一个组成部分，财政收支的变动，会影响社会总供给与总需求的对比关系。财政收支属于政府行为，是政府宏观调控的重要手段。而消费、储蓄、投资以及进出口属于个人和企业的经济行为，是通过市场实现的。政府通过正确运用财政收支这一平衡杠杆，可以引导个人和企业的经济行为，协调消费、储蓄、投资以及进出口的关系，促进社会总供给与总需求的平衡。针对社会总供需出现的不平衡状况，可以通过改变财政收支以调节社会总供需的变化。具体分为以下两种情况。

1. 当社会总需求大于总供给时，即当 $C+S+T+M<C+T+G+X$ 时，政府通过财政收支进行调节有三种途径。

(1)可以直接削减财政支出，以抑制总需求膨胀，从而达到平衡，即

$$C+S+T+M=C+I+G\downarrow+X$$

(2)也可以用增加税收的办法，扩大供给，以使总供需达到平衡，即

$$C+S+T\uparrow+M=C+T+G+X$$

(3)还可以将上述两种措施双管齐下，在既缩小需求的同时，又增加供给，从而加快总供需平衡，即

$$C+S+T\uparrow+M=C+I+G\downarrow+X$$

2.当出现总供给大于总需求时，则政府财政收支采取与上述相反的措施。

(1)扩大财政支出：

$$C+S+T+M=C+I+G\uparrow+X$$

(2)减少税收：

$$C+S+T\downarrow+M=C+I+G+X$$

(3)扩大财政支出与减轻税负同时运用：

$$C+S+T\downarrow+M=C+I+G\uparrow+X$$

以上措施的具体应用，已在西方市场经济国家以及我国体制转换过程中防止经济波动、促进经济稳定发展的实践中得到有效的证实。从实证分析来看，西方发达的市场经济国家，在解决 20 世纪 30 年代以及目前的经济大危机时，就采用了凯恩斯的国家干预主张，利用扩大政府财政开支，刺激消费，在相当程度上缓和了以有效需求不足为特征的经济衰退。

14.3 财政赤字

14.3.1 财政赤字概述

1.财政赤字的含义

财政赤字一般是指财政支出大于财政收入的差额，通常是按照财政年度计算的。由于会计核算中用红字处理，所以称为财政赤字。

财政收支一般通过政府预算安排和实施，财政赤字是在政府预算中安排或者预算执行结果中表现出来的，所以也称财政赤字为预算赤字。财政赤字是财政收支未能实现平衡的一种表现，是一种世界性的财政现象。

财政赤字的大小对于判断财政政策的方向和力度是至关重要的。财政政策是重要的宏观经济政策之一，而财政赤字则是衡量财政政策状况的重要指标。因此，正确衡量财政赤字对于制定财政政策具有十分重要的意义。可是，对于如何正确衡量财政赤字，经济学家并没有达成共识。一些经济学家认为，目前通常意义上的财政赤字并不是财政政策状况的一个好指标。这就是说，他们认为按照目前公认的方法衡量的财政赤字既不能准确地衡量财政政策对目前经济的影响，又不能准确地衡量给后代纳税人造成的负担。

2.财政赤字形成的原因

(1)与经济周期有关。当经济繁荣时，由于税收收入大幅度增长，财政出现盈余或赤字规模偏小。当经济衰退时，税收收入下降，但由于财政支出的刚性特征，财政支出仍保持以前规模，为启动需求扩大的财政投资和社会保障支出还会扩大支出规模。因此，在经济衰退期往往出现财政赤字。

(2)与政府职能不断扩大有关。计划经济体制下政府投资是社会总投资的主渠道，基建规模过大、重复建设、盲目投资是导致财政赤字的主要原因。经济体制改革以后，由于预算内投资比重下降，政府投资对财政赤字的影响力减弱，产生赤字的主要原因是政府为经济体制改革的变迁所付出的成本(机会成本)。具体而言，政府对国有企业进行了一系列的放权让利改革。预算体制也发生了重要变化，财政收入占GDP的比重下降，政府可支配的财力大大减少。虽然改革激发了企业和地方政府的积极性，导致经济快速增长，但由于经济效率的提高带来财政收入的提高还需要一个过程，而财政支出急剧上升，使得财政越来越无法应付经济增长的需求，造成了财政困境。

(3)与税收征管和财政资源分配的信息不对称有关。由于信息上的不对称，财政资源使用时缺乏足够的监督，财政支出容易超出合理使用规模，产生道德风险。也由于信息上的不对称，加上纳税制度设置上的疏漏，使得税务机关不能将税收应收尽收。这类财政支出的扩张和财政收入的减少很大程度上影响了财政赤字的形成。

(4)与外部冲击有关。在国家遭遇天灾人祸和政治冲突时，抗洪救灾、反恐怖支出、国防开支等开支都会导致财政支出大规模上升。

关于财政赤字成因的讨论，还涉及财政赤字是内生变量还是外生变量的问题。财政赤字是内生变量，是指财政赤字是由经济体系内部的各种经济变量以及微观经济主体的经济行为形成的。财政赤字是外生变量，是指财政赤字是政府实行某种经济政策造成的，而不是经济变量或微观经济主体的经济行为形成的。前面关于财政赤字主要是体制改革成本的观点，实际上是把财政赤字主要归因于经济体制改革引起的，即是外生变量。当然，也不排除微观经济主体和各种经济变量的影响造成了财政赤字。实际上，外生变量和内生变量是可以相互转化的。一旦采取了经济改革措施，就可通过经济运行机制导致或加剧财政赤字，外生变量就转化为内生变量。

在国外，赤字膨胀的原因还与长时期的高利率和政治僵局有关。由于实际利率过高，意味着政府对未偿还债务(主要是对到期债务再延期)的利息支付成本上升，造成借新债还旧债。赤字规模继续扩大。赤字膨胀的另一个因素是政治僵局，增加税收和减少支出，虽可以减少赤字，但都不受公众欢迎。只要没有危机，没有一个政治家愿意为削减预算赤字而冒风险。这样，预算赤字会继续扩大，而债务利息支付也会不断扩大。

3. 财政赤字的类型

为了全面理解财政赤字的经济含义，我们把赤字的基本类型作如下分类。

(1)硬赤字与软赤字

所谓硬赤字是指用债务收入弥补收支差额以后仍然存在的赤字，其计算口径是：

(经常收入＋债务收入)－(经常支出＋债务支出)＝财政赤字

使用这种计算方法时，财政收入不仅包括经常收入，而且包括债务收入，即把举债收入列为财政收入，然后减去当年支出。显然，利用这种计算方法计算出来的财政赤字，无法利用债务收入进行弥补，对于硬赤字的弥补而言，财政只能通过向中央银行借款或透支。在银行信贷资金紧张的情况下，硬赤字的经济后果将是向社会投放没有物资保证的货币购买力，从而构成通货膨胀的成因，引起物价上涨，冲击经济的正常运行。因此，硬赤字对国民经济的危害是十分明显的。

所谓软赤字是指未经债务收入弥补的赤字，其计算口径是：

经常收入－经常支出＝财政赤字

在这里，经常收入中不包括债务收入，此时出现的财政赤字完全可以通过举借债务来弥补。因此，弥补软赤字的经济来源是举债，就是通过发行公债来弥补软赤字，西方经济学家将这一赤字弥补方法称为“赤字债务化”。通过发行公债弥补财政赤字，并没有向社会投放没有物资保证的货币购买力，只是将一部分具有真实价值的货币购买力进行了转移，即由公债购买者使用转为国家使用；待到公债还本付息时，再将一部分具有真实价值的货币购买力由国家转入到购债者手中。这种购买力转移不会造成社会需求总量和供给总量的失衡，也不会构成引发通货膨胀的成因。所以，目前世界上多数国家都采用软赤字的计算口径来统计本国的财政赤字。我国自1993年起，财政部统计公布的财政赤字也为软赤字。

采用软赤字的计算口径并利用发行公债来弥补财政赤字，虽然没有向社会投放过多的货币购买力，但必须要注意债务负担的规模。因为债务收入与其他财政收入不同，需要用以后年度的财政收入进行还本付息，如果财政赤字和债务规模不加控制，将会给财政背上沉重的还债包袱。因此，必须对举债和赤字总额进行宏观控制，讲求债务收入投向和经济效益，防止造成财政债务还本付息的重负。在财政管理实践中，要兴利除弊，充分发挥软赤字的积极作用，应当做到：第一，赤字和债务必须保持适度规模，不能超越经济和财政承受能力，防止加重公债还本付息的财政负担；第二，严格控制债务收入投向，应限于经济建设投资，提高经济效益，用经济效益提高增加的收益还本付息，不能将债务收入用来增加行政事业经费等开支。

(2)决算赤字和预设赤字

决算赤字是指在某一财政年度，计划的财政收支是平衡的，即政府预算时并没有安排赤字，而在预算执行过程中，由于主客观不可预测的因素影响，致使决算出现支出大于收入的情况，这种支出大于收入的差额在国家决算中即表现为“决算赤字”，它说明的是一种事实。

预设赤字是指在某一财政年度，政府计划安排的总支出超过经常性收入并存在于决算中的差额。这种赤字不仅表现在预算的执行结果上，而且自始至终都是有意识安排的。这种预算又被称为“赤字预算”(或者“赤字财政”)。这种意识很可能是有目的地要实施一种扩张性的财政政策，也可能是由于支出具有强烈的刚性，在税收增长难以一下子上去的情况下，不得已留下的赤字缺口。

(3)结构性赤字和周期性赤字

结构性赤字是非周期性因素引起的财政赤字，换言之，即为发生在充分就业条件下的赤字，因而也叫充分就业赤字。它是政府财政政策变动的结果，是外生变量，它体现政策变量对经济的影响，是政府主动决定的。

周期性财政赤字是指政府基于“熨平”经济周期性的波动而自动产生和增减的财政赤字，它体现经济运行对财政平衡的决定作用，是一种内生变量。从理论和许多发达国家实践上看，在经济高涨的时期，由于企业和个人的经济收入增加，一般情况下政府财政收入也必然会相应增加，所以一般不会形成赤字，反而可出现财政盈余；但在经济衰退时期，企业和个人的收入都会减少，尤其是衰退到谷底时，企业和个人的收入水平降到了最低点，政府财政收入难以正常增长，却可能因失业率增高等因素而导致财政支出大量增加。如果这种经济衰退是由于有效需求不足引起的，政府还需要增加投资等手段刺激和扩大社会经济需求，这些都会促使政府财政支出加大，形成财政赤字。一般从理论上来讲，在一个经济运行周期过程中，经济高涨阶段和经济运行的谷底阶段是对称性的，在经济运行的谷底阶段所形成的财政赤字可以被经济高涨阶段所形成的财政盈余所抵消。这种整个经济周期中政府财政收支呈平衡趋势，是理论探索的理想状态，在现实当中一些国家的赤字变化也有一定的规律性反映，而正好达到一个经济财政盈余与财政赤字全抵消，只是一种可能的巧合。因为它还要涉及经济运行中各种复杂因素的影响。

14.3.2　影响财政赤字的因素

1.通货膨胀和利率

当研究财政赤字对经济的影响时，最重要的理论问题是通货膨胀起什么作用。几乎所有的经济学家都认为，应该按实际值而不是名义值衡量财政赤字和公债，所衡量的赤字应该等于公债实际值的变动，而不是公债名义值的变动。

如果D是公债余额的名义值，P代表价格水平，那么实际公债余额就是D/P。将财政赤字的名义值调整为实际值相对复杂。因为实际的财政赤字(RDEF)等于实际公债余额每年的变化值，因此：

$$\mathrm{RDEF}=D\cdot(D/P)/Dt=(D\cdot D/Dt)/P-[(D\cdot P/Dt)/P]\cdot(D/P)$$

由上述数学表达式可见，实际赤字就是经过价格调整的名义赤字减去通货膨胀率乘以实际公债余额。等式右边的第二项$[(D\cdot P/Dt)/P]\cdot(D/P)$代表了以前国家债务的贬值额，通货膨胀使政府(债务人)需要偿还的债务减轻了。这种没有在政府支出或税收的官方报告中反应的贬值，实质上是对政府债券持有者征收的通货膨胀税。由于通货膨胀因素，公债持有者的实际财富减少了。因此，通过通货膨胀政府不但能对货币持有者征收通货膨胀税，对国债持有者同样也征收了通货膨胀税。显而易见，国债规模越大、通货膨胀率越高，政府对国债持有者征收的通货膨胀税就越多。通货膨胀是政府减少自身债务的一种隐蔽方式，像巴西或墨西哥这类具有高通货膨胀率和巨额国债的国家，甚至可以通过这种公债贬值的方法来支付大部分政府支出。

与通货膨胀对实际财政赤字的影响相类似，利率的变化对财政赤字也会产生影响。根据投资学原理，在未来产生收益(支出)流的资产(负债)的市场价值取决于未来的收益(支出)流和利率水平。因此，当利率升高时，现存的公债余额的市场价值会降低，低于其面值，这将增加财政收入，降低财政赤字；当利率降低时，则发生相反的过程。利率的变化对期限较长的公债的影响要超过期限较短的国债。需要说明的是，根据著名的费雪方程式，名义利率等于预期的通货膨胀率加上实际利率，因此预期到的通货膨胀本身就会提高名义利率。通货膨胀除了对前期公债余额产生贬值影响外，还通过名义利率的上涨使非指数化的公债的市场价值降低，进一步减少(增加)了财政赤字(盈余)。

2.经济周期

财政赤字变化中的一部分是作为对经济周期波动的反应而自动地产生的。例如，当经济陷入衰退时，收入会减少，因此人们支付的个人所得税也相应地减少，在实行超额累进所得税的国家这种情况更容易发生。公司的利润减少，因此公司所得税也减少了。同时，在经济陷入衰退时，政府支出倾向于增加，失业保障支出和政府救济都增加。即使决定税收和政府支出的法律没有任何变动，财政赤字也会增加。

另一方面，如果决定税收和支出的某些法律改变了，例如，立法机关决定提高某种税率或决定增加某项政府支出，情况就有所不同。即使经济始终处于潜在的产出水平，这些措施也会增加财政赤字。

财政政策(至少在短期内)既改变结构性赤字又改变周期性赤字，财政措施在增加(减少)结构性赤字的同时可能减少(增加)周期性赤字。绝大多数经济学家认为，改变结构性赤字的净作用是按同一方向改变现实的财政赤字。在经济衰退期，扩张性财政政策在增加结构性赤字的同时减少了周期性赤字，但结构性赤字的增加额将超过周期性赤字的增加额，净效果是增加了现实的赤字。因此，即使在经济衰退时期，扩张性财政政策(增加结构性赤字、减少周期性赤字)也会增加现实的赤字，这也就进一步增加了国债余额的绝对规模。

3. 未考虑的政府负债

一些经济学家认为，通常意义上的财政赤字具有误导作用，因为它没有包括一些重要的政府负债。公众持有的公债是政府债务中最大的一部分，也是最明确的部分，但公债并不代表政府全部的债务。美国西北大学的教授 Eisner(1986)就因为不遗余力地提倡如下观点而闻名：要想全面地考察政府的财务状况变化以及由此导致的财政赤字变化，必须全面地考察政府所有的资产和负债。

但是如何准确衡量政府的负债却是一个技术上很棘手的问题。例如，政府拥有大量的隐性负债，如政府为私人企业贷款提供的担保、国有银行的不良资产以及地方政府的借款等，其准确价值很难衡量。政府拥有的大量资产也因为没有交易市场而无法衡量其市场价值。

另外，衡量政府负债价值更多地牵涉到一些概念性的问题。例如，目前法律规定的社会保障体系未来的支付算不算政府债务？在社会保障体系的养老保险中，公众在年轻时把他们的部分收入交给这个体系，并期望在年老时得到养老金。这些由法律规定的未来支付的养老金应该包括在政府的负债中。未来的这些负债的现值与目前的社会保障税的差额应该包括在财政赤字当中。

4. 资本预算

许多经济学家认为，准确地衡量财政赤字需要考虑到政府的资产和负债两个方面。特别是，应该用债务的变动减去资产的变动来衡量财政赤字。

一种既衡量资产又衡量负债的预算做法被称为资本预算化(capital budgeting)。因为这种方法考虑到了资本的变动。整个政府预算实行复式预算，其中经常预算包括经常性支出和政府资产的折旧，而资本性预算则只包括资本性支出。例如，假设政府出售国有股并用其收入偿还公债利息。按照目前的预算方法，财政赤字将会减少。按资本预算化的方法，出售政府资产得到的收入并没有减少赤字，因为政府债务的减少被资产的减少抵消了。根据同样的逻辑，政府通过发行公债为购买资本品筹资也不会增加财政赤字。

5. 代际核算

美国经济学家 Kotilikoff 对目前衡量的财政赤字提出了严厉的批评。他认为，财政赤字像童话中没有穿衣服的皇帝一样：每个人都清楚地看到了问题，但没有一个人愿意承认问题。他甚至认为"就概念层次而言，财政赤字在学术上已经破产了"。但在实用层次上，仍然有许多已失去"预算平衡"真实含义的官方赤字。他呼吁"迫切需要的是把过时的、具有误导作用的，而且基本是非经济的财政政策衡量指标，即财政赤字，变为代际核算"。

Kotilikoff 说明代际核算是以如下观点为其理论根据：一个人的经济福利取决于他整个一生的收入。因此，当评价财政政策时，不应该只关注某一年的税收和支出，而应该考察人们在一生中所缴纳的税收和得到的转移支付。代际核算计算出各代人一生的净税收，即每代人一生要缴纳的税收的现值减去其一生能享受的政府支出的现值。由此可见，代际核算能衡量财政政策对各代人一生的影响。代际核算对于财政政策如何在各代人之间分配资源提供了重要信息。

14.3.3 财政赤字的经济效应

财政赤字对经济的影响，主要是通过不同的弥补赤字的手段的实施来体现的。分析其对经济发展的正反作用，必须根据赤字形成的不同原因，并针对一定经济环境和条件，把赤字的动机和结果，置于一定的限定前提下进行考察。关于赤字货币化对容易引发通货膨胀的情形已做了论述，下面主要对财政赤字的排挤效应与拉动效应简要分析。

1.财政赤字的排挤效应

财政赤字存在排挤效应，指政府通过赤字而扩大的政府投资会引起非政府投资的相应减少，即增加的政府投资挤出了非政府部门的部分投资。理论界一般认为，在政府通过发行公债、运用债务收入来弥补财政赤字时，构成政府债务收入的资源实质上是民间可以用来进行投资的资源。在此情况下财政赤字排挤效应的发生，一方面是政府通过发行公债，将民间的这部分资源转为政府的债务收入，并用它来弥补政府的财政赤字，形成了对民间投资的直接“排挤”；另一方面，在整个经济运行的货币供应量不变的条件下，政府的财政赤字支出实质上是增加了市场上对货币的需求量，因而财政赤字支出的增加必然导致市场上利率水平的提高，相应地抑制了民间对资金的需求，从而进一步导致民间投资的减少。这就是通常所讲的，财政赤字支出往往容易通过利率的上升间接排挤民间投资的情形。当然排挤效应理论也注意到，排挤效应出现的前提条件，直接作用于排挤程度如何。从一般情况看，主要取决于一个国家的整体经济环境，包括民间投资经济能力、国家的市场培育状况，尤其是资金市场的利率对市场的资金供求反映的敏感机制健全程度等。

2.财政赤字的拉动效应

财政赤字拉动效应是指政府的财政赤字支出形成的促使经济增长和私人投资增加的效果。它反映的是财政赤字支出对经济发展的正面的或者积极的影响。财政赤字的拉动效应，主要可以从以下几种情况来分析。

(1)财政赤字支出使全社会投资支出增加。政府的财政赤字支出，通过加大资本性支出，通常会带来国民收入增加，从而会使整个社会(主要是民营经济)的投资支出增加。这时财政赤字拉动效应的原理是：当政府的财政赤字支出使国民收入的增加能够抵消掉利率提高对投资的负面影响时，政府的财政赤字支出就会使整个社会，尤其是私人投资开始增加，从而产生对经济的拉动效应。这种情况下，决定拉动效应的关键，是把握好赤字支出的方向和使用效率。

(2)财政赤字一般不会排挤民间投资。当有些国家的利率管制制度使得利率水平对财政赤字的反应灵敏度很小时，或者在经济运行中民间投资利率变化缺乏弹性的状态下，财政赤字一般不会通过影响利率水平而排挤民间的投资。一些经验研究表明，发展中国家较普遍存在着私人投资对利率反应不灵敏的现象。在一些发展中国家，当政府投资成为经济发展必不可少的部分时，赤字也就难以避免。

(3)动机不同，结果不同。财政赤字在不同的宏观经济条件下，政府利用赤字的动机不同，会产生不同的结果。当经济中产生供过于求的情况，有支付能力的需求相对不足，市场出现萧条，政府必须实行扩张的财政政策，以校正经济发展中的波动。财政赤字可以有助于扩大购买力，增加有支付能力的社会需求，缓解供需总量矛盾，在一定限度内给经济发展注入了新的活力，起到推动经济发展的作用。

(4)政府债券的投资形式带动经济增长。财政赤字支出采用政府债券的投资形式，为社会投资开拓了风险较小的选择空间，引导社会投资增加，带动整个经济增长。通常情况下，人们进行投资决策时表现为对各类资产的选择上，主要考虑收入和风险两种因素，一般认为，政府公债的风险是比较小的。这种由于政府的财政赤字引导出的替代功能，对整个社会经济产生拉动效应。

14.3.4 财政赤字的弥补方式

从一般意义上来讲，下列手段都可以被政府用来作为弥补财政赤字的手段，但在现实中，财政赤字的成因及类型不同，每一种手段的适用范围，要根据对经济发展可能的影响和作用来选择。

1. 财政发行

财政发行是指一个国家的货币当局为政府弥补财政赤字而增加的货币发行。与财政发行相对应的货币发行是经济发行。经济发行是指一个国家的货币当局根据国民经济发展的需要而增加的货币发行。一般而言，经济发行是通过信用渠道实现的，是货币发行的正常方式。财政发行通常是超过经济运行正常需要量而增发的货币量，是通过政府支出渠道实现的。在一定条件下，财政透支也会造成财政发行。

无论是经济发行还是财政发行，都具有扩张社会经济需求的作用。但经济发行的原动力是经济发展对货币流通量的需要，适度的经济发行一般不会引发通货膨胀。而财政发行则不然，其发行的原动力是为了弥补赤字的非市场需求，容易引起通货膨胀。财政发行在经济实践中，只是在计划经济或者中央集权的经济体制下，通过银行代理国库制度才做到的。在现代市场经济运行中，各国政府一般不采取财政发行的方式弥补财政赤字。

2. 财政透支

财政透支是指政府财政在其银行的账户支取的款项超过其存款的数额。这是政府弥补赤字最不得已的手段。在我国计划经济条件下，实行银行代理国库制度，政府的财政收入和财政支出是通过银行的账户办理的。如果政府是在编制预算时通过财政与信贷的综合平衡有计划地安排财政透支，实际上是用银行的信贷资金弥补财政赤字，一般也不会引起通货膨胀。但是，如果财政透支的数量过大，时间过长，致使银行无力垫付，或者在财政透支的同时，已经出现了信用膨胀的现象，那么财政透支必然导致增发纸币发行，这种赤字的货币化，会引起通货膨胀的后果。1994 年以前，我国曾经以财政透支作为弥补财政赤字的主要方式。从 1994 年我国实施分税制的财政体制改革后，政府不再以财政透支的方式弥补财政赤字。当今世界上大多数市场经济国家，也不采用财政透支的方式弥补财政赤字。

3. 动用历年结余

动用历年结余就是使用以前年度财政收入大于支出形成的结余来弥补财政赤字。财政出现结余，说明一部分财政收入没有形成现实的购买力。在我国，由于实行银行代理金库制，因此，这部分结余从银行账户上看，表现为财政存款的增加。当动用财政结余时，就表现为银行存款的减少。因此，只要结余是真实的结余，动用结余是不会存在财政向银行透支的问题。但是，财政结余已构成银行信贷资金的一项来源，随着生产的发展而用于信贷支出。财政动用结余，就意味着信贷资金来源的减少，如果银行的准备金不足，又不能及时通过适当的收缩信用规模来保证财政提款，就有可能导致信用膨胀和通货膨胀。因此，财政动用上年结余，必须协调好与银行的关系，搞好财政资金与信贷资金的平衡。

4.发行公债

通过发行公债弥补财政赤字，是现代各国的普遍做法。尽管各国财政赤字形成原因和发债目的是不尽相同的，但各国发行国债的绝大部分实际上都是用于弥补政府财政赤字。尤其是美国、英国、德国、日本等发达国家，完全依靠发行内债弥补赤字。一些发展中国家，由于经济基础薄弱、人口多、资源贫乏、生产力低下，仅靠国内筹集弥补赤字的能力有限，还向国外发债以弥补赤字。用公债弥补财政赤字，实质上是将不属于国家支配的社会资金在一定时期内转为国家使用，是社会资金使用权在一定时期内的转移和使用结构的调整。以发行公债的方式弥补财政赤字，只要合理把握，一般不会影响经济正常发展，主要原因如下。

(1)发行公债只是将部分社会资金的使用权暂时转移，使分散的购买力在一定期限内集中到政府手中，不会改变流通中的货币与可供物资的对应关系，因此，适度的国债不会导致通货膨胀。

(2)公债的认购通常实行自愿的原则，通过发行公债获取的资金基本上是社会资金运动中游离出来的部分，即社会暂歇的资金，将这部分资金暂时集中使用，不会对经济发展产生不利的影响。

但是，不能把公债视为可以无限制使用的弥补财政赤字的手段。当财政赤字长期、连续、大量发生，债务规模超出合理区间，形成债台高筑局面时，就可能引出危机性的后果。而且，社会闲置资金是有限的，国家集中过多往往会侵蚀经济主体的必要资金，从而降低社会经济生活的活力与效率。

5.增加税收

增加税收包括开增新税、扩大税基和提高税率。但它具有相当的局限性，并不是弥补财政赤字稳定可靠的方法。

首先，由于税收法律的规定性，决定了不管采用哪一种方法增加税收，都必须经过一系列的法律程序，这使增加税收的时间成本增大，难解政府的燃眉之急。其次，由于增加税收必定加重负担，减少纳税人的经济利益。所以，纳税人对税收的增减变化是极为敏感的，这就使得政府依靠增税来弥补财政赤字的试图往往受到很大的阻力，从而使增税可能议而不决。再次，拉弗曲线表示增税是受到限制的，不可能无限的增加，否则，必将给国民经济造成严重的恶果。

1993 年以前，由于我国的赤字是财政的经常性收入与债务收入加在一起之后，仍然入不敷出的硬缺口(硬赤字)，当这种赤字发生时，因国债收入已经打入预算收入，弥补硬赤字只有两条途径：一是运用过去年度的财政结余，从我国实际情况考察，这种方式余地极小，因为 1979 年以后连续出现赤字，已经没有结余可利用;另一条途径是向银行透支或借款，这种弥补方式容易引起“赤字货币化”的通货膨胀。例如 1979—1980 年发生较高额的赤字，按硬赤字口径计算，1979 年为 170.67 亿元，1980 年为 127.05 亿元。1980 年财政向银行透支额的年末余额为 170.2 亿元，引起了当年和下一年度的货币发行量较大幅度的增加和零售物价指数的上涨，1979—1980 年零售物价指数共上涨 8%。1994 年，国家规定财政不再向银行借款用以弥补赤字，财政赤字完全依靠国债弥补，至此，我国财政“硬赤字”计算口径不再存在，结束了财政向银行透支或借款弥补赤字的方式。1994 年以后的财政赤字全部以发行国债弥补。

14.3.5 赤字财政政策

1.赤字财政政策的重要性

在经济萧条时期，赤字财政政策是增加政府支出，减少政府税收，这样就必然出现财政赤字。凯恩斯认为，赤字财政政策应该为实现充分就业服务，因此，赤字财政政策不仅是必要的，而且也是可能的。原因如下。

(1)债务人是国家，债权人是公众。国家与公众的根本利益是一致的。政府的财政赤字是国家欠公众的债务，也就是自己欠自己的债务。

(2)政府的政权是稳定的，这就保证了债务的偿还是有保证的，不会引起信用危机。

(3)债务用于发展经济，使政府有能力偿还债务，弥补财政赤字。这就是一般所说的"公债哲学"。

政府实行赤字财政政策是通过发行公债来进行的。公债并不是直接卖给公众或厂商，因为这样可能会减少公众与厂商的消费和投资。使赤字财政政策起不到应有的刺激经济的作用。当经济恢复发展起来后，就可以向政府缴纳更多的税收，从而偿还政府债务。

2.赤字财政政策的积极作用

赤字财政政策是在经济运行低谷期使用的一项短期政策。在短期内，经济若处于非充分就业状态，社会的闲散资源并未充分利用时，财政赤字可扩大总需求，带动相关产业的发展，刺激经济回升。在当前世界经济增长乏力的条件下，中国经济能够保持平稳增长态势，扩张性赤字财政政策功不可没。从这个角度说，财政赤字是国家宏观调控的手段，它能有效动员社会资源，积累庞大的社会资本，支持经济体制改革，促进经济的持续增长。实际上财政赤字是国家为经济发展、社会稳定等目标，依靠坚实和稳定的国家信用调整和干预经济，是国家在经济调控中发挥作用的一个表现。

3.赤字财政政策的消极作用

(1)赤字财政政策并不是包治百病的良药。刺激投资，就是扩大生产能力。实行扩张性政策，有可能是用进一步加深未来的生产过剩的办法来暂时减轻当前的生产过剩。因此，长期扩张积累的后果必然会导致更猛烈的经济危机的暴发。

(2)财政赤字可能增加政府债务负担，引发财政危机。财政风险指财政不能提供足够的财力致使国家机器的运转遭受严重损害的可能性，当这种可能性转化为现实时，轻者导致财政入不敷出，重者引起财政危机和政府信用的丧失。财政赤字规模存在着一个具有客观性质的合理界限，如果赤字规模过大，会引发国家信用危机。对财政赤字风险性的评价，国际上通常用四个指标：一是财政赤字率，即赤字占 GDP 的比重，一般以不超过 3%为警戒线；二是债务负担率，即国债余额占 GDP 的比重，一般以不超过 60%为警戒线；三是财政债务依存度，即当年国债发行额/(当年财政支出＋当年到期国债还本付息)，一般以不超过 30%为警戒线；四是国债偿还率，即当年国债还本付息/当年财政支出，一般以不超过 10%为警戒线。

(3)赤字财政政策孕育着通货膨胀的种子，可能诱发通货膨胀。从某种程度上说，赤字财政与价格水平的膨胀性上升有着固定的关系。其原因并不难寻。在一个社会里，赤字财政导致货币需求总量增加，而现存的商品和劳务的供给量却没有以相同的比例增加，这必然要使经济产生一种通货膨胀缺口，引起价格水平提高。在财政赤字不引起货币供给量增加的情况下，赤字与需求拉上型通货膨胀有直接关系。

因此，采取赤字财政政策必须审时度势，十分谨慎，要为将来的政策调整留下空间和余地。在政策导向上不应再鼓励地方政府和各个部门扩大投资、多上项目；同时，要选择好政府投资的项目，避免形成新的重复建设。如果政府投资项目选择不当，虽然作为固定资产投资会增加当年的国内生产总值，并对投资品的生产起到一定的拉动作用，但对于今后的继续发展或者作用不大，或者成为一堆无用的废物。考虑到目前的经济状况，可以适当减少"需求乘数"较高的政府投资，增加在公共卫生、农村教育等方面的支出。与此同时必须在提高财政支出的效率上做文章，在财政支出项目上必须进行科学论证，减少目前很多项目缺乏长远规划、盲目投资的现象；在财政支出过程中应建立有效的监督管理机制，增加支出的透明度，杜绝挪用、贪污财政资金现象；正确处理总量扩张与结构调整的关系，适当转变政府财政投资方向，在坚持基础设施投资为主的同时，加大对传统产业技术改造和新型高科技产业的投资，推动产业结构向合理化、高级化方向演变，加快国有经济从粗放型增长向集约型增长的转变。

小　结

1. 财政平衡是指年度财政收入与年度财政支出在总量对比上的相等或者平衡。具有相对性、动态性、全局性和真实性。财政平衡中所体现的财政收入与支出的矛盾是财政分配的基本矛盾。

2. 财政平衡中所体现的财政收入与支出的矛盾是财政分配的基本矛盾，主要源于社会公共需要增长与国民收入合理分配间的矛盾、经济波动、财政政策调整等诸因素。

3. 财政平衡根据债务收入是否计入正常收入之中，以及债务的清偿是否计入正常支出之中可采取两种不同的计算口径，通常以不将债务收入计入收入的核算方法更为合理，使用也更加广泛。

4. 总供给与总需求的平衡是国民经济得以顺利运行的必要条件。它是一种复杂的动态过程，包括国民经济中的物资可供量(有效供给)与社会购买力(有效需求)数量相当、结构适应、流通顺畅。社会总供求的平衡是宏观经济理论的核心问题。

5. 财政平衡是社会总供需平衡中的一个组成部分，财政收支的变动，会影响社会总供给与总需求的对比关系。政府通过正确运用财政收支这一平衡杠杆，可以引导个人和企业的经济行为，协调消费、储蓄、投资以及进出口的关系，促进社会总供给与总需求的平衡。

6. 财政赤字是指财政支出大于财政收入的差额，一般通过政府预算安排和实施，在预算执行结果中表现出来，是衡量财政政策状况的重要指标。财政赤字政策主要的理论基础是凯恩斯的需求管理理论。在实践当中，市场供给失灵使政府有必要通过组织财政支出的方式完成供给，从而导致财政支出大于财政收入，形成财政赤字。

7. 按照不同的划分标准，财政赤字可以分为硬赤字、软赤字，决算赤字和预设赤字，结构性赤字和周期性赤字。

8. 通货膨胀和利率、经济周期、政府负债、资本预算及代际核算等因素会影响一国财政赤字的大小；同时，财政赤字又会通过排挤效应、拉动效应影响一国宏观经济的运行。

9. 财政赤字的主要弥补方法包括财政发行、财政透支、运用历年结余和发行公债、增加税收等，其中财政发行、动用结余和财政透支有可能导致严重的通货膨胀，各国一般谨慎使用。发行公债、增加税收相对负面影响较小，为各国普遍接受，使用时也需要根据国家经济的实际情况做适当的选择。

10. 财政赤字政策是一国根据自身经济运营状况主动选择预算赤字的政策措施，主要目的在于通过加大财政支出、降低税收以刺激国内总需求，促进经济增长，但这种政策不适宜在中长期使用，否则可能产生挤出效应。

思考题

1. 什么是财政平衡，理解财政平衡概念时需要注意哪些问题？
2. 财政平衡的计算口径有几种？它们的主要差别是什么？
3. 简述财政平衡与社会经济总量平衡之间的关系。
4. 分析财政政策的主要类型是什么？
5. 财政赤字会对经济产生什么影响？
6. 弥补财政赤字的方法有哪些，各有什么利弊？
7. 什么是财政赤字政策？财政赤字政策有哪些作用？

案例简介

案例[14-1]　香港特区财政失衡引发改革呼声

香港特区的公共开支占本地生产总值高达 20%以上，比有军费开支及外交开支的新加坡以及军费开支庞大的台湾地区还要高。这首先是由于香港特区为实现平稳过渡，基本上原封不动地把港英臃肿的统治机构接受下来，“小社会、大政府”的形态基本不变。这既包括有四百多个职系、一千个职级、十九万多公务员，也包括靠政府拨款维持的约百间机构、十四万多雇员，还包括政府全资拥有的九铁、地铁等公营机构。这些庞大机构，三十多万人，要靠全港三百万劳动人口养活。由于税基窄、税种不多，真正承担供养责任的是约二百六十万人，尤其是其中二、三十万人。这是香港特区 2000 年后几个财政年度持续保有巨额财政赤字的基本因素。

[资料来源：根据《香港特区财政赤字及其潜在影响》(无忧会计网，2005-11-11)整理]

问题

1. 什么原因导致香港产出财政收支矛盾？
2. 提出你认为合理有效的平抑财政收支矛盾的方案。

简要提示

1. 政府在制定财政决策时的理性是有限的，由于面临目标冲突、知识不完备以及时间因素的影响，政府制定的制度及公共政策有可能导致公共利益偏离的情况。由于香港政府所处特殊历史时期，回归后政府对其财政收入、支出政策调整的滞后与香港经济的发展不相适应，因而引发政府机构臃肿、人员薪酬制度不合理的现象，造成财政收入与支出的严重不平衡。

2. 一方面调整税收制度，扩大税基和税源，保障政府财政工作具有可靠的收入来源；另一方面调整税率改善社会产品分配结构，降低公务员的可支配收入，并从根本上调整政府政治制度，改革政府机构，降低财政支出的需求，平抑财政收入支出的不平衡。

案例[14-2]　陷入财政赤字危机的奥巴马政府

美国财政部日前公布的数据显示，在 2008—2009 年财政年度的前 9 个月，美国联邦财政赤字首次超过1万亿美元。据奥巴马政府预计，联邦财政赤字到今年年底将达1.84万亿美元，约占美国国内生产总值的13%，为1945年以来的最高水平。

目前看，巨额财政赤字问题会对美国政府的经济刺激措施产生不利影响。《华尔街日报》14日发表文章认为：公共债务和失业率攀升正在对奥巴马政府产生“政治影响”。财政赤字问题已经成为在野的共和党攻击政府的一大话题。美国国会少数党(共和党)领袖约翰·博纳说：“1万亿美元财政赤字清楚地表明我们国家的财政状况已经岌岌可危。而政府却仍在不停地借钱开销，让我们的子孙后代背负重债。”

由于财政赤字不断突破“红线”，奥巴马政府正在力推的医疗制度改革面临巨大阻力。尽管奥巴马称医疗改革在长期内会降低财政赤字水平，但这项改革在未来10年内却会使美国政府多支出1万亿美元。

从远期看，如果财政赤字问题不尽早得到解决，美国经济很难实现可持续发展。美国联邦政府原总审计长戴维·沃克认为，美国面临的最大挑战是政府在财政方面不负责任。研究美国公共债务问题的华盛顿智库布鲁金斯学会经济学家威廉·盖尔担忧，财政赤字危机一旦到来，对美国经济乃至世界经济的影响将不可估量。

[资料来源：根据《中国经济信息网》2010-2-9资料整理]

问题

1. 造成财政赤字的原因有哪些？

2. 长期高额财政赤字会给国家经济造成哪些影响？

简要提示

1. 社会公共需要的激增，国家宏观经济、社会发展目标的调整，政府政策制定的失误等因素均可能导致财政赤字的产生。

2. 长期巨额财政赤字可能加速通货膨胀，若赤字由政府财政投资支出增加造成还可能挤占非政府投资，减少国内总需求；同时财政收支的恶化还可能降低公众对政府的信心，导致低迷预期，影响经济未来走势。

第15章

财政政策

本章学习要点

通过本章的学习，掌握财政政策的含义、主体、目标、工具和分类；理解财政政策的传导机制和乘数；了解财政政策与货币政策的类型和配合方式。

本章学习重点与难点

本章的学习重点是财政政策的工具、财政政策与货币政策的配合方式；难点是掌握财政政策的传导机制和乘数效应。

【本章基本概念】

财政政策、充分就业、自动稳定的财政政策、相机抉择的财政政策、投资或公共支出乘数效应、税收乘数效应、预算平衡乘数效应、货币政策、扩张性财政政策、紧缩性财政政策

15.1 财政政策概述

15.1.1 财政政策的含义与性质

1.财政政策的定义

财政政策是国家通过税收和公共支出等手段，来达到发展、稳定、实现公平与效率、抑制通货膨胀等目标的长期财政战略和短期财政策略。也可简要概括为：财政政策就是政府为达到预期的经济、社会发展目标而确定的财政战略和财政策略。财政政策与其他任何政策一样，是国家有意识活动的产物，国家可以利用财政政策来达到自己经济和政治的预定目标。财政政策一方面是通过财政收支的具体活动来贯彻实施的，另一方面财政政策又对财政收支活动具有指导和制约作用。

2.财政政策的性质

(1)财政政策是一个相对完整的政策体系。财政政策贯穿于财政工作全过程，体现在收

入、支出、预算平衡和国家债务等各个方面。因此，财政政策是由税收政策、支出政策、预算平衡政策和国债政策等构成的一个相对完整的政策体系。

(2)财政政策具有层次性。财政政策既有涉及全局性的财政措施，也有仅涉及局部的或者某一领域的财政措施。例如，是实行平衡财政政策还是实行赤字财政政策，是实行扩张性财政政策还是实行紧缩性财政政策等，这些都是属于全局性的财政措施。又如，对高科技企业、外商投资企业给予税收优惠的政策措施，对沿海经济特区采取的税收优惠措施等就属于区域性财政政策。

(3)财政政策是经济政策的重要组成部分。经济学界已普遍认为：在政府的诸多经济政策中，有两种对经济发展和宏观调控至关重要的政策，这就是财政政策与货币政策。前者调控经济过程中的参与者之间的收入流量，后者调控货币供给和利率结构。财政政策是政府干预经济运行的一种主要控制手段，是政府使经济运行最大限度地接近宏观发展目标的有力的政策工具。

(4)财政政策具有明显的阶段性和相对稳定性。在经济发展的各个不同阶段，都具有不同的目标，与此相适应，财政政策的目标和内容也具有一定的阶段性。然而财政政策的任何一个目标被确定之后，要实现它就要经过一个时间长短不一的过程。在这一目标尚未实现之前，这种财政政策一般不会终止，因而使财政政策又具有相对稳定性。这种稳定性与阶段变化性的统一，正是财政政策的长期战略与短期策略的体现。

15.1.2 财政政策的主体

财政政策主体，就是财政政策的制定者和执行者。财政政策主体行为的规范、正确与否，对财政政策的制定和执行具有决定性作用，并直接影响财政政策效应的大小。

与我国政权层次的划分相适应，财政政策的作用主体也由中央政府和地方政府构成，其中中央政府是财政政策最主要的作用主体。有关社会经济发展的全局性问题，比如当国家准备在全国范围内压缩或刺激投资规模、控制通货膨胀或通货紧缩时，政策制定者的角色必须由中央政府担任，而地方政府应充当政策执行主体。而如果是涉及一个地区的中观财政政策，地方政府可以拥有较大的制定权利，但是地方政府政策的制定必须符合中央制定的财政政策的调控要求。

改革开放以来，我国实行了“分灶吃饭”和“分税制”的财政管理体制，地方政府自主权增大，拥有政策执行者和政策制定者的双重身份，这就使得地方政府对中央政府的政策态度发生了变化。表现之一是“上有政策，下有对策”的消极执行态度，即当中央财政政策对自己有利时就执行，否则就消极抵制；表现之二是政策的攀比行为。由于中央政府对地方政府实行不同的开放政策，如对沿海地区实行了各种政策优惠，就避免不了中西部地区地方政府竞相制定优惠政策，从而使中央对局部地区的优惠政策扩大化，优惠政策变成了普惠政策，这在一定程度上加大了中央政府的宏观调控难度。这也就要求政策制定者要科学合理地制定政策，使政策尽可能符合实际。同时要求政策执行者服从中央政府的宏观调控，严格按政策要求办事。

15.1.3 财政政策的目标

财政政策的目标，就是国家通过运用财政政策所要达到的预期目的，它反映着政府制定和实施财政政策的意图。具有强烈的目的性，是各种宏观经济政策共有的主要特征之一，因而财政政策的目标是整个财政政策的出发点，对财政政策具有导向作用，它在整个财政政策体系中处于核心地位。它决定着选择什么样的财政手段、采取什么样的政策措施，也决定着将产生什么样的财政政策效应。

一国财政政策目标的选择是随着该国经济的发展和社会政治状况的改变而发生变化的。例如，在自由资本主义时期，政府只是作为“守夜人”出现在社会经济舞台上，古典经济学家的代表人物亚当·斯密竭力主张财政收支平衡，反对财政收支赤字，反对发行公债。而资本主义垄断时期的经济学家凯恩斯则认为应通过政府的财政政策和货币政策，刺激消费需求和投资需求，从而实现充分就业的均衡。到了 20 世纪 50 年代末和 60 年代，资本主义国家又把经济增长看成了主要目标，形成了以高增长率为目标的财政政策。可见，财政政策的目标在不同的国家或同一国家的不同时期是不同的，它是由多方面的因素决定的。总体而言，我国财政政策的基本目标可以归结为以下几个方面。

1. 物价水平稳定

通货膨胀是一个到处扩散其影响的经济过程，每一个公民和经济中的其他经济主体都会在某种程度上受到它的不良影响。因此，物价稳定就是世界各国都在追求的重要目标，也是财政政策稳定功能的基本要求。所谓物价水平的相对稳定，是指把物价总水平的波动约束在经济稳定发展可容纳的空间内。一般而言，价格波动在 3%～5%之内，即为物价稳定。

财政政策的扩张和收缩直接影响社会总需求的增加和减少，从而引起价格的上升和下降。物价总水平持续不断上升的现象就是通货膨胀；反之，物价总水平不断下降的现象就是通货紧缩。通货膨胀表示货币价值或实际购买力降低；通货紧缩表示货币价值或实际购买力增加。由于通货的剧烈波动、物价水平的大起大落，成为经济增长的主要障碍之一，所以财政政策的实施必须考虑到如何保持通货稳定。物价相对稳定，并不是冻结物价，而是把物价总水平的波动约束在经济稳定发展可容纳的空间。物价相对稳定，可以具体理解为避免通货紧缩和抑制通货膨胀。当政府为了实现物价稳定的目标，采取相应的财政政策时，首先应分清通货膨胀的具体原因。如果是由于需求过旺造成的，需要调整财政投资支出、转移性支出或通过税收控制工资的增长速度；如果是由结构性摩擦造成的，则必须从调整经济结构着手，即财政在制定利益调整的政策时，应有助于产业结构的优化。

2. 充分就业

充分就业几乎在任何时期都是财政政策的最重要的目标之一。充分就业本意是指所有的人力、物力、财力都已得到充分利用的一种经济状态。但西方经济学中特别强调人力资源的作用，他们认为任何经济活动都是人和其他各种生产要素相结合，共同发生作用的结果，因此他们推论：人只要有了工作，也就意味着其他各种生产要素得到了充分利用，从这个意义上说，充分就业是指想要工作的劳动者都没有多大困难地找到现行货币工资率付酬的一种经济状况。西方经济学家认为：充分就业概念必须排除摩擦性失业、结构性失业和季节性失业，因为这些因素在某种程度上总是存在的。因此，充分就业并不是指百分之百的就业。因为即使有足够的职位空缺，失业率也不会等于零，也仍然会存在摩擦性失业、结构性失业和季节性失业。

对于充分就业，凯恩斯在其名著《就业利息和货币通论》中认为，如果“非自愿失业”已经消除，失业仅限于摩擦性失业和自愿性失业，就是实现充分就业。另外一些经济学家认为：如果职位空缺恰好等于失业人员的总额，即需求不足性失业等于零就实现了充分就业。也有经济学家认为：如果再提高就业率必须以通货膨胀为代价，就是实现了充分就业，等等。西方经济学家通常以失业率作为是否达到充分就业的尺度标准。失业率的大小表示与充分就业的差距。

失业率越大，距充分就业距离就越大。一般而言，经济衰退期间失业率高，经济繁荣期间失业率低。具体到数量指标上，保守的观点就认为失业率在2%～3%以下才算是充分就业，激进的观点认为只要失业率低于5%就可以算是充分就业。在美国，4%的失业率一般是作为临时性失业的正常比率，也是对充分就业来说可以容忍的最高失业水平。

一般而言，失业按其形成的原因可分为几种情况，须分别采取不同的方法和政策去解决。

(1)摩擦性失业，是指因劳动市场运行机制不完善或因经济变动过程中工作转换而产生的失业。这种摩擦性失业被认为是不可避免的，工人是心甘情愿的。只要改善就业机会、信息传播的方式，就能缩短寻找工作时间，减少摩擦性失业。

(2)结构性失业，是指劳动者不适应经济的技术结构和经济结构的变化、产业兴衰转移而引起的失业，就是说社会上有效需求并非不足，因而存在职位空缺，但由于劳动者的工种、技术熟练程度不适合对劳动者的需要以及某些地区限制而造成的失业。解决这种失业的办法是对工人进行培训和再教育，并鼓励工人流动，从而降低跨行业的结构性失业和跨地区的结构性失业。

(3)季节性失业，是指某些行业的生产具有受季节变化影响的特点而引起的失业，比如农业工人在收获期充分就业，但一年中却有几个月无事可做，其他如建筑业、捕鱼业、农产品加工业等也都如此。这种失业被认为是临时性的，一旦淡季过去，旺季到来，工人便可恢复工作。

(4)周期性失业，是指由于周期性爆发的经济衰退而造成的失业。发生经济衰退时，社会总需求下降，对劳动力需求不足。这种失业和经济活动水平密切相关，当经济活动总水平下降时，失业增加;反之则失业减少。刺激社会总需求，避免或缓和经济衰退，财政政策是一个有力的政策手段，可以有效地降低周期性失业。

前三种失业的存在与劳动力市场和商品市场的实际结构性特征有关，也与市场信息的不完全性、寻找工作的成本和劳动力转移的成本有关。由这些失业构成的失业率，被弗里德曼称为自然失业率。自然失业是周期性失业的对称，后者是经济危机时期出现的失业，危机过后可以慢慢消失，但是自然性失业是难以通过反周期的办法消除的。

一般认为，降低或减少周期性失业是财政政策在实现充分就业方面的主要任务。而对于结构性失业、摩擦性失业和季节性失业，政府可以通过增加就业信息传播渠道或提供再就业教育的方法解决，不宜通过财政政策来解决。

值得注意的是，上述两个目标之间往往存在矛盾。西方经济学中的“菲利浦斯曲线”说明失业与通货膨胀之间有此消彼长、互相代替的关系。当财政实行扩张性政策，追求低失业率，提高经济增长率的目标，往往伴随着通货膨胀。当通货膨胀过高，政府试图抑制而实行财政紧缩政策时，则有要付出经济增长速度减慢、失业率增大的代价。因此采用任何财政政策都将面临着两难的选择。

3.经济稳定增长

经济稳定增长是财政政策的最终目标。经济增长是指一定时期内经济社会所生产的人均产量和人均收入的持续增长。经济增长通常用一定时期内实现的国内生产总值年均增长率来衡量。经济的持续均衡增长离不开合理的积累与消费的比率以及经济结构的优化，也就离不开财政政策功能的发挥。而财政政策在实现经济均衡稳定增长这一政策目标时，一方面应处理好社会积累和消费的关系，保持适度的社会储蓄率;另一方面应注意运用公共投资支出和税收杠杆，发挥财政在结构调整和推进技术创新中的作用。

经济增长本质是生产能力的提高。生产能力可以通过生产函数表现出来，在 $Y=A\cdot F(L,K)$ 式中，Y 表示产出，F 表示函数在一定技术条件下的投入与产出关系，L 表示劳动量，K 表示资本量，A 表示技术进步。生产函数说明，生产能力是由投入的劳动量、资本量等基本因素以及技术水平和结构等特殊因素综合作用而形成的。经济增长的源泉是劳动量和资本量的供给以及这些要素的生产率，然而经济周期的存在将影响到上述生产要素的均衡增长，进而影响经济稳定增长。在经济衰退期间，私人部门投资急剧下降，对劳动力需求减少，失业率上升，企业利润下降，生产停滞，破产倒闭企业增多；在经济繁荣期间则相反，一般会造成通货膨胀。因此，熨平经济波动从而保持经济增长稳定就成为财政政策的主要内容和最终目标。

经济稳定增长也有经济“适度”增长的含义，就是经济要量力而行，要视财力、物力可能(储蓄水平)制定增长率。储蓄水平由收入水平和储蓄倾向两个因素决定。在一个低收入国家，储蓄的能力极其有限，单纯靠国内储蓄很难实现增长目标，这时引进外资就可成为发展的一个重要推动力。另外，物力可能是指能支撑经济增长的物质承受能力。物力是各种物质资源的总称。经济发展可能受到包括能源、钢材、木材、水泥、交通运输等方面资源的限制，因此，在发展过程中，在发展政策的选择上必须充分考虑这些制约因素。财政政策在推进经济增长的过程中，一方面要在政策取向上注意处理好储蓄与消费的关系，保持适度的社会储蓄率；另一方面要充分认识到国家经济发展中的若干制约因素，注意发挥财政在结构调整和推进创新方面的作用。

4. 国际收支平衡

国际收支是一国与其他国家在一定时期(通常是一年)内全部经济往来的系统记录。国际收支包括四个项目：经常项目、资本项目、遗漏与误差和官方平衡项目。一国的国际收支平衡状况不仅可以反映该国的对外经济交流的情况，还可以反映该国的货币稳定、经济稳定和资本市场稳定等一系列问题。

通常将国际收支差额等于零看作国际收支平衡的标志。一个国家顺差过多，意味着外币资金的积压，未能及时充分地利用。顺差过多也会导致国内货币供给的增加。一个国家逆差过多要比顺差过多更难以解决。也许是引进外资过多，使用不当，发生债务危机；也许是进口过多，出口能力有限，出口上不去，国民经济陷入恶性循环。由于财政的扩张和收缩会引起价格、利率和外汇的升降变化，引起商品和劳务进口量的变化，从而将引起外汇收支平衡状态的变化，进而影响国民经济的均衡发展。所以财政政策不仅要把国际收支均衡作为一个战略目标，而且，各国在实现国际收支时要进行财政政策措施的相互协调，否则世界经济就不会顺利发展。

5. 社会生活质量逐步提高

经济系统的最终目标是满足社会全体成员的需要，需要的满足程度，不仅取决于个人消费需求的实现，而且取决于社会公共需要的实现。这种公共需要的满足，综合表现为社会生活质量的提高。比如，公共安全、基础科学、教育、环境等公共物品和公共服务水平的提高都标志着社会生活质量的提高，而促进这些物品和公共服务质量的提高，必须由政府承担起主要责任。在市场经济条件下，政府职能是多方位的，公共管理、宏观调控和社会发展都是政府义不容辞的职责，而这些都离不开财政政策的支撑。通过财政政策的有效实施以及财政资金投入方向和投入力度变化所产生的导向作用，一方面可以有效地推动经济增长，另一方面也能够协调城市与农村、地区与地区、经济与社会、人与自然之间的发展，提高生活质量。因此，财政政策应把提高社会生活质量，促进社会文明进步作为政策目标之一。

15.1.4 财政政策的工具

财政政策工具是财政政策主体所选择的用以达到政策目标的手段和方法，它是财政政策的载体。财政政策的作用工具很多，包括税收、公债、经常支出、资本支出、转移支出、贴息等，可以说遍及所有财政分配范畴。在此将财政政策工具分为三类，即国家预算、财政收入和财政支出，分别进行分析。

1. 国家预算政策工具

国家预算是国家财政收入和支出的年度计划。国家预算的编制过程本身就是政府调控经济、合理配置社会产品以及安排政府收入和支出规模与结构的过程，政府可以通过年度预先制定的收支规模和收支差额，以及在执行过程中的收支追加变动实现其调控功能。通过预算可以确定政府可支配的收入规模，可以确定政府的投资规模和消费规模，影响经济中的货币流量，从而对整个社会的货币流通、经济稳定发展和社会总需求产生影响。预算政策对经济的调控作用，主要表现在以下两方面。

(1)通过国家预算收支规模的变动及其平衡状态可以有效地调节社会总供给与总需求的平衡关系。这种调节作用，是根据各个时期供求总量平衡状况，通过调整国家预算收支之间的对比关系来实现的。当社会总需求大于社会总供给时，可采取收大于支的盈余政策进行调节；当总供给大于总需求时，可采取支大于收的赤字财政政策来调节；在社会供需基本平衡时，可采取收支平衡的平衡预算政策。

(2)通过调整国家预算支出结构来调节国民经济中的各种比例关系和经济结构。当国家预算支出增加对某个部门资金的供应就能促进该部门的发展，而减少对某个部门资金的供应就能限制该部门的发展，从而起到调节各种比例关系和调节经济结构的作用，并且，这种调节具有直接、迅速的特点。

2. 财政收入调控工具

财政收入是国家参与社会产品分配和调节经济的主要方式，是财政政策的主要手段。财政收入调控手段主要包括税收和国债。

(1)税收

税收是财政政策的一个有力工具，主要用来实现经济稳定的目标和收入合理分配的目标。税收调节社会总供求的方式有两种：一是在自动稳定机制作用下，税收受经济的波动自动增减，减少经济波动的幅度；另一种是政府根据经济形势的发展变化，采取相机抉择的税收政策，即政府可以通过选择税种、税率、税收优惠和税收惩罚等调节工具和作用力度的变化，主动实现供求平衡，并且通过税收鼓励或限制某些行业和产品的发展，实现调节经济结构的目的。此外，通过累进所得税制和财产税制，对高收入者和拥有较多财产的家庭征收更多的税，有利于实现收入公平分配。

税收比率的确定是财政政策实现调节目标的基本政策之一。税收比率就是税收收入占GDP的比重。当一国把税收作为财政收入的基本来源时，税收比率就成为衡量财力集中与分散程度的一个重要指标。税收比率高就意味着政府集中掌握的财力或动员资源的能力高；反之则低。政府动员资源的能力如何，对于宏观经济运行的稳定以及经济的发展会产生巨大的影响。一般而言，政府提高税收比率，会对民间部门经济起收缩作用。税收比率提高意味着更多收入从民间部门流向政府部门，相应地，民间部门的需求下降，民间部门的产出将减少。政府若降低税收比率，则会对民间部门经济起扩张作用，需求将相应地上升，产出也相应地增加。

税收比率确定后，税负的分配就显得十分重要。税负分配，一方面是由政府部门来进行，主要是通过税种选择和制定不同的税率来实现；另一方面是通过市场活动来进行，主要是通过税负转嫁的形式实现。税负转嫁的结果，使纳税人名义税负与实际税负不相同。因此可以说，税负转嫁是在政府税负初次分配的基础上，通过市场机制的作用而进行的税负再分配。两个层次的税负分配，对于收入的变动、相应的个人与企业的生产经营活动，以及各经济主体的行为都会产生重要的影响。

税收优惠与税收惩罚主要是在征收正税的基础上，为了某些特殊需要而实行的鼓励性措施或惩罚性措施。这种措施在运用上具有较大的灵活性，它往往起到正税所难以起到的作用。因此，在各国税法中都不同程度地保留着某些税收优惠性和惩罚性的措施。税收的优惠性措施包括许多内容，如减税、免税、宽限、加速折旧以及建立保税区等。与税收优惠措施相反的是税收的惩罚性措施，如报复性关税、双重征税、税收加成和征收滞纳金等。无论是优惠性的还是惩罚性的措施，对实现财政政策的某些目标都可起到一定的作用。

(2)国债

国债最初是政府组织收入、弥补财政赤字的重要手段，随着信用制度的发展，它已经成为现代社会实现财政政策目标的重要工具。国债的调节作用，主要体现在以下三种效应上。

①挤出效应，即由于国债发行吸收了私人部门的资金，使私人或企业的消费和投资减少，对私人或企业的投资起到调节作用。在信用紧缩时期，这种对私人部门"挤出"的效应可部分地抵消政府扩大开支所引起的乘数效应。

②货币效应，是指国债发行引起的货币流通方面、货币供应量和通货膨胀的影响和变化，它一方面可能使部分"潜在货币"变为现实流通货币，另一方面则可能把存于民间部门的货币转到政府部门或由于中央银行购买国债增加货币的投放。国债发行的最终结果会增加政府开支，如果发行大量国债，则由于大幅度增加政府开支，会产生乘数效应，通货膨胀压力增大。

③利率效应，是指通过国债利率水平的调整以及对资本市场的供求影响来影响市场利率水平，从而产生对经济的扩张或紧缩效应。国债的低利率适合扩张型财政政策；相反，国债的高利率适合紧缩型财政政策。

3.财政支出调控工具

财政支出也是财政政策的重要手段之一。按照其经济性质，财政支出可以分为购买性支出和转移性支出两类，两者均对宏观经济具有直接或间接的调节作用。

(1)政府购买性投资支出

政府购买性投资指财政用于资本项目的建设支出，它最终将形成各种类型的固定资产。在市场经济条件下，政府购买性投资的项目主要是那些具有自然垄断特征、外部效应大、产业关联度高、具有示范和诱导作用的基础性产业、公共设施以及新型的高科技主导产业。政府的投资能力与投资方向对经济结构的调整起关键作用。

考虑到国民经济基础产业的"瓶颈"制约现状，政府投资所产生的效应，就不局限于自身的投资收益。作为一种诱发性投资，它可将"基础瓶颈"制约所压抑的民间部门的生产潜力释放出来，并使国民收入达到一个较高的水平。这就是政府投资在"基础瓶颈"条件下所产生的"乘数效应"。政府通过增加基础性产业投资提高了基础性产业的产出量，使整个社会生产可能性曲线向外推移，进而与更高的社会无差异曲线相切，社会总产出较以前得到提高。

在传统计划经济体制下，政府投资并不完全具有这种“乘数效应”。其症结在于：政府投资在规模上过大，而且并不都集中在上述具有“乘数效应”的产业部门，许多本应让民间部门发展的投资领域，政府包揽过多，重复建设、盲目建设的现象严重，此时，尽管政府投资规模很大，但投资效益很低。经济改革使一部分储蓄从政府部门转向民间部门，民间部门的投资在增长，但民间部门投资基础性产业受财力有限、预期收益不稳定等因素的制约，因此在一个相当长的时期内，保持政府投资的适当比例，对于产业结构调整具有重大意义。

(2)政府转移性支出

转移性支出是政府把部分财政资金以社会福利或财政补贴等方式无偿地转移给微观经济主体的财政支出形式，它主要包括社会保障支出和财政补贴等。转移性支出对宏观经济的影响表现在两个方面：一是调整经济结构，政府可以通过财政资金的转移支付，实现社会产品的公平分配和宏观经济的均衡发展，比如加大对贫困地区的转移支付力度，通过社会保障和财政补贴提高低收入阶层的购买力；二是调节经济总量，比如当经济处于萧条状态时，政府可以通过增加财政资金的转移支付力度，增加社会保障资金的支出，从而增加人们的可支配收入，扩大社会总需求，以此刺激经济的恢复和发展。

可以看出，不管经济环境如何变化，财政政策工具基本上集中在税收、支出和公债等方面，但这并不意味着财政政策工具就一成不变。随着中国市场经济体制的不断完善和综合国力的不断增强，财政政策工具也会不断地丰富，比如西方发达国家广泛使用的市场建设债券就可以在适当的时机作为财政政策工具使用，同时预算、税收、转移支付等财政政策工具也会不断地完善和细化。

15.1.5 财政政策的类型

1.按照财政政策在调节社会总需求过程中发挥作用方式的不同划分

按照财政政策在调节社会总需求过程中发挥作用方式的不同划分，可将财政政策分为自动稳定的财政政策和相机抉择的财政政策。

(1)自动稳定的财政政策

自动稳定的财政政策是指某些能够根据经济运行态势的变化自动对经济发生稳定作用的财政政策，它不需要借助于外在的力量就可对经济产生直接影响。财政政策的自动稳定性主要表现如下。

①税收的自动稳定性，特别是累进税对经济活动的变化反应相当灵敏。当经济不景气时，一国的GDP增长速度会大幅度下降，甚至呈负增长。在这种情况下，即使税率没有进行调整，税收收入的增长速度也会大幅度下滑，甚至出现负增长，税收收入的下滑幅度要大于经济的下滑幅度，从而会产生一种自动减税的扩张效应，以抑制国民经济的进一步下滑。

②政府支出的自动稳定性，特别是对个人的转移支付具有明显的自动稳定功能。当经济处于危机和萧条阶段时，失业者和其他社会弱势群体大量增加，相应的，政府用于失业保险、失业救济等方面的社会保障支出也会大幅度增加，以保证他们必要的生活支出，从而使社会总需求不至于下降得过多。如果经济逐步转向繁荣，失业人数大大减少，政府用于失业保险及失业救济等方面的支出会大大减少，这在一定程度上可以抑制社会总需求的膨胀。

(2)相机抉择的财政政策

相机抉择的财政政策是指政府根据不同的经济情况选择采用不同的财政政策手段，有针对性地对经济进行调节，以此实现经济的稳定增长、总需求的平衡和充分就业等。一般而言，相机抉择的财政政策可分为汲水政策和补偿政策。汲水政策是一种促使经济复苏的政策，即在经济萧条时靠一定的公共投资使经济自动恢复活力。补偿政策则是政府为了稳定经济，有意识地从当时经济状态的反方向进行调节的财政政策，即在经济繁荣时，为了减少通货膨胀因素，政府通过增收节支等方法，抑制和减少私人的过剩需求；而在经济衰退时，政府通过减收增支的方法来增加消费和投资需求，促进社会有效需求的增加。

2. 根据财政政策在调节国民经济总量时对经济产生的效果不同划分

根据财政政策在调节国民经济总量时对经济产生的效果不同划分，把财政政策分为扩张性财政政策、紧缩性财政政策和中性财政政策。

(1)扩张性财政政策

扩张性财政政策是指通过财政分配活动来增加和刺激社会总需求，促使供求达到平衡的财政政策。在一国经济出现衰退时，政府通过减税(降低税率)和增加财政支出规模等，扩大社会的投资需求和消费需求。当同时减少税收和增加财政支出时，扩张性财政政策一般会导致财政赤字，从这个意义上讲，扩张性财政政策就是赤字财政政策。

(2)紧缩性财政政策

紧缩性财政政策是指通过财政分配活动来减少和抑制总需求，从而稳定经济的财政政策。在经济出现过热或发生过高的通货膨胀时，通过增税(提高税率)和减少财政支出规模减少社会的投资需求和消费需求。同时采用增加税收和减少财政支出时，紧缩性财政政策一般会导致财政节余。

(3)中性财政政策

中性财政政策是指财政的分配活动对社会总需求的影响保持中性，对总需求既不产生扩张性效应，也不产生紧缩性效应的政策。一般来说，在经济稳定健康增长的情况下，通常是采用中性的财政政策，旨在对经济运行中潜在的结构性不合理进行调节，这样有利于市场机制作用的充分发挥。

除此之外，按照财政政策作用的时间长短划分，可分为长期财政政策和中短期财政政策。长期财政政策是在一个较长时期内发挥作用的政策，又称基本财政政策；中短期财政政策是在一个较短时期或一年内发挥作用的财政政策，又称一般性财政政策。按调节手段分类，可划分为税收政策、国债政策、支出政策、投资政策、补贴政策、固定资产折旧政策、国有资产政策和国家预算政策等。

15.2 财政政策的传导机制与效应

15.2.1 财政政策的传导机制

在市场经济条件下，财政政策的实施存在着从财政政策工具到财政政策目标的转变过程。财政政策的传导机制是指财政政策在实现财政政策目标的过程中，各个政策工具通过某些媒介体的相互作用而形成的一个有机联系的整体。财政政策传导机制中的媒介体主要是收入分配、货币供应和价格，财政政策工具通过这些媒介体的作用达到预期的目标。因此，财政政策能否实现预期目标，在很大程度上与传导机制的作用联系在一起。

1. 以收入分配为媒介体的财政政策传导过程

推动社会总需求变化的决定因素是各种收入要素，而收入又是分配的结果。财政政策正是通过对利益的调整来进行再分配，促进物价水平稳定、充分就业和经济增长等政策目标的实现。

对个人收入分配的影响，主要体现在调整政策工具以改变货币收入者实际的货币收入或者改变货币收入者的实际购买力。通过个人所得税税收的调整，可以减少高收入者的可支配收入，缩小居民收入差距。而通过社会保障支出或消费性财政补贴，可以增加低收入者的个人收入。居民个人收入的变化会影响居民的储蓄和消费行为，并影响劳动者的生产积极性，从而影响总产出水平。

对企业利润分配的影响，主要体现在改变企业税后利润的分配。国有企业的利润在上缴所得税后才能自主支配，税收上缴越多，企业留利就越少。税收政策的调整体现了国家与企业之间的分配关系。国家可以通过企业所得税影响企业税后利润的变化，从而影响企业的生产经营行为，尤其是影响企业的投资行为，最终对社会产出水平产生重要的影响。

2. 以货币供应为媒介体的财政政策传导过程

政府预算、国债等政策工具极易通过改变货币供应量影响企业的信贷行为、投资行为和物价变动，最终影响充分就业和经济增长等政策目标。一方面，财政政策对货币流通速度以及货币存量结构会造成影响；另一方面，财政收支的变化都会通过货币供给量媒介作用于总需求。例如，“赤字财政”要求政府融资，而政府融资首先需要扩大货币供给量，然后才可能扩大总需求。如果不扩大货币供应量，在利率市场化条件下，利率水平必然上升，就会产生对私人投资的“挤出效应”，使财政政策的目标大打折扣。

3. 以价格为媒介体的财政政策传导过程

许多财政政策工具的作用是通过价格机制体现出来的，或者是与价格共同作用发挥调节作用的。例如，税收、财政补贴等政策工具就是通过对赢利能力较高的加工行业和赢利能力较低的农业、基础产业的产品价格的影响，实现物价稳定和经济适度增长的政策目标。尽管在市场经济体制下，价格市场化是一般性的要求，但并不是说市场形成的价格都是合理的，政府对不合理的价格进行适度控制仍是必要的。

15.2.2 财政政策的效应

财政政策的效应是指政府为了实现一定的政策目标，一旦操作一定的政策工具，即财政政策措施一经付诸实践，必将对社会经济活动产生作用，同时社会经济各方面对此也将作出相应反应。财政政策效应包括两方面的含义：一是财政政策对社会经济活动产生的有效作用；二是在财政政策的有效作用下，社会经济做出的反应。财政政策在其作用过程中产生的主要效应如下。

1. “内在稳定器”效应

所谓“内在稳定器”是一种宏观经济的内在调节机制，它能在宏观经济的不稳定情况下自动发挥作用，使宏观经济趋向稳定。财政政策的这种“内在稳定器”效应无须借助外力就可直接产生调控效果。财政政策工具的这种内在的、自动产生的稳定效果，可以随着社会经济的发展，自行发挥调节作用，不需要政府专门采取干预行动。财政政策的“内在稳定器”效应主要表现在两方面。

(1)累进的所得税制。特别是公司所得税和累进的个人所得税，对经济活动水平的变化反应相当敏感。如果当初政府预算收支平衡，税率没有变动，而经济活动出现不景气，国民生产就要减少，致使税收收入自动降低；如果政府预算支出保持不变，则由税收收入的减少导致预算赤字发生，从而“自动”产生刺激需求的力量，以抑制国民生产的继续下降。

(2)公共支出尤其是社会福利支出。在健全的社会福利、社会保障制度下，各种社会福利支出，一般会随着经济的繁荣而自动减少，这有助于抑制需求的过度膨胀；也会随着经济的萧条而自动增加，这有助于阻止需求的下降，从而促使经济趋于稳定。如果国民经济出现衰退，就会有很多人具备申请失业救济金的资格，政府必须对失业者支付津贴或救济金，以使他们能够维持必要的开支，从而使国民经济中的总需求不致下降过多；同样，如果经济繁荣来临，失业者可重新获得工作机会，在总需求接近充分就业水平时，政府就可以停止这种救济性的支出，使总需求不致过旺。“内在稳定器”效应的两方面是有机结合在一起的，它们相互配合，共同发挥作用。

2. 乘数效应

(1)投资或公共支出乘数效应，是指投资或政府公共支出变动引起的社会总需求变动对国民收入增加或减少的影响程度。一个部门或企业的投资支出会转化为其他部门的收入，这个部门把得到的收入再扣除储蓄后用于消费或投资，又会转化为另外一个部门的收入。如此循环下去，就会导致国民收入以投资或支出的倍数递增。以上道理同样适用于投资的减少。投资的减少将导致国民收入以投资的倍数递减，公共支出乘数的作用原理与投资乘数相同。

(2)税收乘数效应，是指税收的增加或减少对国民收入倍数的减少或增加的程度。由于增加了税收，消费和投资需求就会下降。一个部门收入的下降又会引起另一个部门收入的下降，如此循环下去，国民收入就会以税收增加的倍数下降，这时税收乘数为负值；相反，由于减少了税收，使私人消费和投资增加，从而通过乘数影响的国民收入就会增加的更多，这时税收乘数为正值。一般而言，税收乘数小于投资乘数和政府公共支出乘数。

(3)预算平衡乘数效应

当政府支出的扩大与税收的增加相等时，国民收入的扩大正好等于政府支出的扩大量或税收的增加量。当政府支出减少与税收的减少相等时，国民收入的缩小正好等于政府支出的减少量或税收的减少量。

乘数效应包括正反两个方面：当政府投资或公共支出扩大、税收减少时，对国民收入有加倍扩大的作用，从而产生宏观经济的扩张效应。当政府投资或公共支出削减、税收增加时，对国民收入有加倍收缩的作用，从而产生宏观经济的紧缩效应。

3. 奖抑效应

奖抑效应主要是指政府通过财政补贴、各种奖惩措施、优惠政策对国民经济的某些地区、部门、行业、产品及某种经济行为予以鼓励、扶持或者限制、惩罚而产生的有效影响。

4. 货币效应

财政政策的货币效应，一方面表现为政府投资、公共支出、财政补贴等本身形成一部分社会货币购买力，从而对货币流通形成直接影响，产生货币效应；另一方面，财政政策的货币效应主要体现在公债上。公债政策的货币效应又取决于公债认购的对象和资金，如中央银行用纸币购买公债，这无异于纸币发行，从而产生通货膨胀效应；如果商业银行购买公债，且可以用公债作为准备金而增加贷款的话，也会导致货币发行，从而使流通中的货币增加，等等。

15.3 财政政策与货币政策的配合

15.3.1 货币政策概述

1.货币政策的含义

货币政策是指一国政府为实现一定的宏观经济目标所制定的关于调整货币供应的基本方针及其相应的措施。货币政策是由信贷政策、利率政策和汇率政策等具体政策组成的一个有机的政策体系。货币政策目标同财政政策目标是一致的。但是货币政策目标有其自身的特殊性，它是从调节和控制货币供求量的角度来实现宏观经济目标的。改革开放以来，中国的货币政策的独立性越来越强，它与财政政策一起成为国家调控国民经济的主要手段。

我国的《中国人民银行法》规定：货币政策的目标是保持货币币值的稳定，并以此促进经济增长。货币政策必须借助于一定的货币政策手段来发挥作用。货币政策的核心在于通过货币政策手段的恰当运用以调节货币供应量，使货币供应量与货币需要量之间保持一个对应的关系，进而调节社会总供求的关系。从货币政策的分类来看，根据货币政策对国民经济总量的不同作用可以将货币政策分为扩张性货币政策、紧缩性货币政策与中性货币政策。扩张性货币政策是指通过货币量的超量供应，以刺激和增加社会总需求的政策；紧缩性货币政策是指通过控制货币供应量，使之小于货币实际需要量，以抑制社会总需求的政策；中性货币政策是指货币供应量等于货币需要量，对社会总供求的关系不产生影响的政策。

2.货币政策手段

(1)法定存款准备金，是指商业银行等金融机构按照规定的比率，将所吸收的存款的一部分交存中央银行，本身不得使用。应交存的比率，称法定存款准备率。中央银行通过调高或调低法定存款准备率，来增加或减少商业银行应交存的存款准备金，从而影响商业银行的贷款能力和派生存款能力，以达到调节货币供应量的目的。

(2)再贴现率，是指商业银行向中央银行办理再贴现时使用的利率。中央银行通过调高或调低再贴现率的办法，可以影响商业银行的贷款数量。如果中央银行调高再贴现率，商业银行的借入资金成本增大，就会迫使商业银行提高贷款利率，从而紧缩企业的借款需求，减少贷款量和货币供应量；反之，则会刺激扩大贷款和货币供应规模。再贴现率便于灵活运用，可以根据需求及时调整，因而是可以经常使用的调节手段。

(3)公开市场业务，是指中央银行通过在金融市场上买进或卖出有价证券进行调节的一种方式。在金融市场比较发达的国家，更多的是运用这一手段进行调节。公开市场业务较之法定存款准备金和贴现率来说，具有更多的优点。比如主动权操纵在中央银行手中，可以买进或卖出，多买或少买；通过买卖证券，直接左右市场货币供应量；同时，中央银行一般是通过证券经纪人来买卖证券的，其政策意图不易被社会察觉，具有一定的隐蔽性，可以减轻社会震荡。

15.3.2 财政政策与货币政策的组合策略

1.财政政策与货币政策的共同点

财政政策与货币政策的共同点，在于它们都是国家调节社会总供给与社会总需求的宏观管理政策，通过影响总需求进而影响总供给，共同促进国民经济持续、快速和健康发展。

2.财政政策与货币政策的不同点

财政政策与货币政策的主要区别在于：财政政策的侧重点是解决财政赤字和结构性平衡问题；货币政策主要是调节货币供求总量，解决通货膨胀问题。这种区别，引申出以下四个不同特点。

(1)透明度不同。财政政策的透明度高，因为财政一收一支，是结余还是赤字，都非常清楚。而银行信贷则不同，银行信贷的透明度差，银行信贷收支和平衡的真实情况，很难看得很透彻。

(2)时滞性不同。货币政策和财政政策都存在政策作用的时滞问题，即制定和执行政策的过程中所出现的时间滞后现象，这主要是因为从发现宏观经济问题，到采取政策行动，并最终对经济运行产生影响，总是需要一段传导时间。

财政政策的时滞性较长。在西方国家，由于税收的调整和财政支出的调整涉及各方面的利害冲突，因此，财政政策调整要经过旷日持久的辩论，国会通过，总统签字，要考虑选民的意愿等，因而决策时间长。一般而言，财政政策的重大变动都必须经过最高立法机关批准，并且要交付有关单位具体实施，政策的决策和执行阶段较长；而货币政策的决策时滞相对较短，认识时滞较长，与财政政策刚好相反。

(3)可控性不同。财政政策可以由政府通过直接控制和调节来实现。例如，要控制总需求，无非是砍基建压消费，采取措施后能够立见成效。货币政策通常需要通过操作工具的传导来实现最终目标。但是由于财政政策对总需求的调节一般能够立竿见影，而货币政策对社会总需求的影响比较间接，还需要金融部门、企业等经济主体的配合，因而货币政策的效果时滞要比财政政策长。

(4)调节需求总量和结构的功能不同。财政政策从本质上反映的是一种以国家为主体的分配关系，其主要作用对象是国民收入再分配，原则上不能创造信用和货币。因此财政政策的调节功能更多地表现在结构调整和资源配置方面。比如财政可以通过税收、转移支付和财政投资直接影响消费需求和投资需求，实现产业结构和产品结构的优化调整。而货币政策主要是通过对货币供应量或市场利率的调节，间接影响融资主体的信贷成本和投资行为，进而影响消费需求和投资需求。因而，货币政策对控制社会需求总量的作用突出，但结构性调整功能是不完全的。

总之，财政政策与货币政策，各有其自身的特点和作用，存在着功能上的差异。一般而言，财政政策直接解决经济结构问题，货币政策直接解决经济总量问题。在经济紧缩时，主要使用货币政策；在经济扩张时，主要使用财政政策。两种政策调控的侧重点不同，这就要求两种政策必须密切配合，相互补充，而不能代替。

3.财政政策与货币政策的配合模式

由于财政政策和货币政策的调控目标具有一致性，调控功能又各有特色，因此为了达到理想的调控效果，通常需要将财政政策和货币政策配合使用，其配合模式大致有以下四种。

(1)紧缩性财政政策和紧缩性货币政策。紧缩性财政政策和紧缩性货币政策的组合，简称“双紧”政策。当社会总需求严重超过总供给时，通货膨胀势头正猛，物价涨幅过高，经济过热，于是抑制通货膨胀，遏制物价的大幅攀升，维持正常的生产、流通和生活秩序，恢复经济总量平衡就成为当务之急。此时适宜采用“双紧”政策。实施“紧”的财政政策通过缩减政府支出和提高税率等方式使财政分配呈现紧缩状态，压低社会总需求；同时实施“紧”的货币政策，通过提高存款准备金率、再贴现率和在公开市场上大量抛售有价证券等方式，减少货币供应量，提高利率，抑制投资和消费支出。两者相互配合使用，可以使利率水平得到迅速的提高，在较短时间内产生紧缩效应，使总供求趋于平衡。但这种做法也会带来较大的副作用，它会使GDP迅速大幅减少，稍有不慎就会带来市场疲软，生产大幅度下降，企业资金周转困难。因此，“双紧”政策在一般情况下实施时间不宜太长，政策力度不宜太大。

(2)扩张性财政政策和扩张性货币政策。扩张性财政政策和扩张性货币政策的组合，简称“双松”政策。扩张性财政政策是指通过减税和增支来刺激和增加社会总需求，扩张性货币政策是指通过降低存款准备金率、中央银行再贴现率和在公开市场上大量收购有价证券等方式向流通中投放货币，放松银根以降低市场利率，刺激社会的投资，扩大信贷规模，增加货币供给，增加社会总需求。在社会总需求严重不足、通货紧缩的情况下，通过“双松”政策的运用，能够导致社会总需求的扩大，从而在一定程度上解决社会需求不足和通货紧缩问题，并通过增加社会需求，来刺激经济增长。但如果政策力度过大，或采用这种政策组合的时间过长，往往又会带来通货膨胀的风险。

(3)紧缩性财政政策和扩张性货币政策。紧缩性财政政策和扩张性货币政策的组合，简称“一紧一松”模式。当国民经济总体上处于复苏阶段时，国家经济形势基本稳定，经济结构合理，但是企业投资并不十分旺盛，部分资源闲置。此时宜采用“一紧一松”模式。实行“松”的货币政策，降低利率，放松银根，活跃投资，刺激经济发展。实施“紧”的财政政策，减少财政支出，强化税收征管，防止经济过旺和抑制通货膨胀。两种政策配合使用，能在控制通货膨胀的同时，保持适度的经济增长。但长期采用这种做法，可能引起通货膨胀。

(4)扩张性财政政策和紧缩性货币政策。扩张性财政政策和紧缩性货币政策的组合，简称“一松一紧”模式。当经济运行中出现通货膨胀与经济停滞并存、产业结构和产品结构失衡，治理“滞胀”、刺激经济增长成为政府调节经济的首要目标，此时适宜采用“一松一紧”模式。实行“紧”的货币政策，适当减少货币供应量，调高利率，抑制通货膨胀，但为了不造成经济的进一步衰退，有必要实施减税和增加财政支出等扩张性财政政策，同时发挥财政政策的结构调节功能，优化产业结构和产品结构，促进经济增长，缓解滞胀。两种政策配合使用，可以在刺激社会总需求的同时控制通货膨胀。但是长期采取这种做法，会积累大量财政赤字。

以上是财政政策和货币政策搭配使用的一般模式，除了紧缩和扩张两种情况外，财政、货币政策还可以是中性状态。中性的财政政策，是指财政收入量入为出、自求平衡的政策；中性的货币政策，是指保持货币的供应量合理、稳定的增长，维持物价稳定的政策。

15.4 经济新常态下我国财政政策的选择

当前，中国经济正在进入新的发展阶段。在经济新常态下，以往的一些政策已经不适应经济新常态的发展要求，必须做重大的调整和变化，并逐步“常态化”。新常态下的财政、货币政策，必须立足于服务全局，努力促进国民经济运行的基本稳定与质量提高，并在加快发展方式转变，稳增长、调结构、促改革、惠民生中，把短期的、年度的调控与中长期的全面改革目标衔接起来。

15.4.1 经济新常态的含义

中国经济新常态的核心就是指三个变化，即经济增长速度由高速转为中高速，经济结构优化升级，经济发展方式由要素驱动、投资驱动转向创新驱动。这既是新常态的典型特征，又是中国经济良性发展的一个过程。即在经济增长速度放缓的同时，经济结构不断优化，经济效益明显提高。

我们主要应从以下三个角度来把握中国经济新常态的内涵。首先，经济新常态是中国经济进入新的发展阶段的必然趋势。经济发展的一般的规律是，当经济发展水平达到中等收入后，经济增长率将出现30%～40%的递减，世界各国和地区无一例外。而且更重要的是，在新常态时期，经济结构将全面优化升级，经济发展质量和效益全面提高。其次，新常态是经济发展的必然结果，要顺应这种发展趋势。要改变原来以经济高增长来评判发展状态的思维，特别是在人均 GDP 已超过 1 万美元的地区，要把经济发展的重点转移到经济结构优化升级和提高经济质量和效益上。最后，就目前形势来看，新常态是中国经济新的发展目标，而并非已经实现的状态，需要积极的努力作为才能达到。中国当前的经济新常态的实质就是经济发展从原来传统粗放的高速增长阶段转变为高效率、低成本、可持续的中高速增长阶段。

15.4.2 经济新常态对我国经济的影响

根据国家统计局中国经济景气监测中心的数据资料显示，中国改革开放 30 多年来，GDP 增速只有 3 次低于 8%，但是每次过后又回到了高速增长的轨道上。2012、2013 年，我国 GDP 均增长 7.7%，2014 年的 GDP 只有 7.4%。因此，中国经济过去的高速增长可能要改变了。

1. 对经济增长速度的影响

从经济增长速度方面来看，经济增长速度回落，从过去 10%左右的高速增长转为 7%～8%的中高速增长是新常态对我国经济增速影响的最基本特征。放眼世界，当一个国家或地区的经济在经历了一段时间的高速增长后，都会出现增速“换挡”现象：1950—1972 年，日本 GDP 年均增速为 9.7%，1973—1990 年期间回落至 4.26%，1991—2012 年期间更是降至 0.86%；1961—1996 年期间，韩国 GDP 年均增速为 8.02%，1997—2012 年期间仅为 4.07%。不少国家的经济增速都是从 8%以上的“高速挡”直接切换到 4%左右的“中速挡”，而中国经济有望在 7%～8%的“中高速挡”运行一段时间。这是因为中国作为一个区域发展很不平衡的大国，各个区域经济能接续发力，导致我国经济发展的能量巨大而持久。例如，当第三产业在我国东部地区兴起时，退出的第二产业不会消失，而是转移到中西部地区，推动中西部经济的快速增长。产业结构方面，在中国经济新常态下，我国服务业比重的上升将是长期趋势，第三产业正逐步成为中国经济的产业主体。2013 年，我国第三产业(服务业)增加值占 GDP 比重达 46.1%，但是美国等发达国家服务业已占 GDP 的 80%以上。需求结构方面，中国的经济在新常态下发展速度必将由以往的高速转变成中高速的发展趋势，消费需求逐步成为需求主体。

2. 对经济推动力的影响

从经济推动力方面来看，在经济新常态下，中国经济将从要素驱动和投资驱动转向创新驱动。1998—2008年，全国规模以上工业企业利润总额年均增速高达35.6%，2013年年均增长速度降至12.2%，而到了2014年年均增速仅仅达到了3.3%，比上一年下降了8.9个百分点。我国制造业的发展持续低迷，表明随着劳动力、资源和土地等价格上涨，已难以为继过去依靠低要素成本驱动的经济发展方式，必须把科技创新作为中国经济主要的发展动力。经济新常态下我国经济增长将更平稳、物价将更稳定、质量将更提升。中国经济进入新常态以前，其增长更多地依赖于投资和出口。其中出口需求常常因为外部环境的变化而变化，投资需求也会随着经济周期出现波动。相比而言，中国经济在新常态下更多地依靠消费拉动增长。因此，我国经济发展将相对稳定，周期性波动的波幅会明显缩小。而且，中国经济平稳增长将使得我国物价相对稳定。数据显示，物价在2012年和2013年仅上涨2.6%，2014年上半年更是仅为2.3%。总之，在经济新常态下，随着资源环境约束强化，中国经济转向创新驱动，经济增长的质量和效益将成为企业和社会追求的更高目标。

15.4.3 经济新常态下我国财政政策的选择

我国财政在经济新常态下面临着总量收支矛盾和结构上的中央与地方矛盾(以下简称结构央地矛盾)。这两种矛盾实质上是由于我国财政体制与未来经济社会发展环境不协调导致的。在我国经济进入新常态的同时，在未来较长一段时间里中国经济会产生增速放缓、结构调整、新型城镇化推进中的民生支出等问题。这些问题都会加深财政总量收支矛盾和结构央地矛盾，加大我国财政风险，从而制约中国经济发展。面对上述困境，中国政府在采取财政政策方面应注意以下四个方面。

1. 保持积极的财政政策

中国应该不断加强实施积极的财政政策。通过坚持实施积极、灵活的财政政策，既要保证其区间调控，同时也要注重定向调控。对于积极的财政政策来说不仅要注重对其结构的优化、效率的提高，同时要对定向调控的力度进行合理控制。目前的经济下行是不断加大的，所以更加需要实施积极的财政政策。面对经济减速，财政政策一方面是会受到经济的影响，同时还会加快财政收入的下降；另一方面财政对于逆周期调控有着很大的责任，需要不断扩大支出，因此需要适度的扩大赤字和债务规模。

首先，需要将年赤字率控制在3%以下，并且适当地增加财政赤字。其次坚持对财政存量的盘活，这样才能不断扩大地方财政的收入。同时也要科学合理地结合财政政策和税制改革，有效化解地方性债务风险和扩大地方政府的融资，才能更好地使财政资金利用率得到提高。最后，认真分析企业面临的困难，制定有效的解决措施，并能更好地促进企业的长远发展。例如，可以实施严格的预算管理，利用结余的财政资金冲减中小企业的部分税费财政贴息。各级政府拿出部分财政资金根据成本加适度的利润为基础去购买一些已建筑房，从而有效替代保障房的建设。

央行应该不断加强对短期流动性安全的管理，有效防止出现“钱荒”的状态，并且要正确处理金融改革金融结构优化以及对金融风险防范的关系。对于金融政策的调控，我们应该将调控的重点放在对中小企业的改革上，有效降低中小企业的融资成本，给予那些经营困难、负债较高但是运营健康的企业更多的金融补给。同时要特别注意保持宏观政策的稳定和连续性，保证其在未来的发展中政策不会发生大幅度的变化。面对经济增长的减速和未来中期的增长前景，中央要更好地促进新兴产业和服务业的战略性发展，推进经济体系市场化改革和政府职能的稳步发展，打破政府和国有企业对不同产业的垄断，更好地促进要素的市场化发展，大力支持私有经济的快速发展，使其能不断推进教育和研究的进一步改革，加大对人力资本的投资并且不断提高要素的生产率水平。

2. 强化预算与优化支出结构

观察 2014 年的财政收入形式，我国的财政收入高增长已经远离，开始进入中低速的增长阶段。面对我国财政收入增速的放缓，就会使得收支矛盾更加突出。所以需要不断优化我国财政收入的收支结构，从而进一步提高其利用率。现代的政府预算制度是以财政制度为基础的，所以必须加强对财政预算的管理才能有效控制财政支出。政府可以实施全口径预算制度，首先，要将政府的收入、支出以及债务等全部纳入预算中，然后，实施对预算的统一、完整、全面和规范化的管理，加强对预算管理的监督和制约机制，从而有效保证资金的安全有效使用。中央经济工作会议曾提出对财政支出结构的合理调整，有效提高资金的使用效率。对于财政支出需要量力而行，并且要把资金用到有用的地方，厉行节约。2015 年中央在投资结构上要集中力量办大事，对重大项目的投资坚持全局性、基础性和战略性的发展，注重对棚户区的改造以及保障性住房的配套设施建设，提高对农田以及农村民生的建设以及水利建设等项目的支持力度。对于政府的财政支出来说，既要注重对民生的保障和支持，同时也要注重对教育、就业、社会保障以及医疗卫生等与人们密切相关的领域，从而更好地改善人们的生活。此外，对于财税体制“营改增”的改革，应不断扩大其试点行业，这样才能使更多的企业享受结构性减税的好处，推进更多相关产业的进一步发展。例如政府可以同时给予高耗能、高污染的产品一定的税收优惠，将其纳入消费税的征收范围中。并且要大力支持对企业创新的税收支持力度。

3. 采取以消费和投资为核心的财政政策

一般而言，消费性需求与居民就业和收入联系密切，具有较强的稳定性。因此，财政政策应偏向于积极促进就业，以促进消费增长。比如，实行财政补贴和税收优惠政策等以促进民营中小、小微企业发展，使其吸纳大量就业劳动力。保证居民收入，进而促进消费需求。同时，还应确保低收入群体的基本生活，发挥财政“兜底”的作用。目前，我国消费的个性化、多样化趋势越来越明显，正在逐渐取代模仿型、排浪式消费模式，新的消费增长点亟待打造、培育。这种转变迫切地需要财政政策充分利用税收、补贴等工具来营造一个良好的市场环境。另外，在充分发挥消费促进经济增长的基础性作用的同时，投资拉动经济的关键作用也不能被忽视。审核批准投资领域的一系列基础建设项目有利于使得投资“这辆马车”持续稳定地拉动我国经济发展。需要注意的是，在发挥投资拉动经济增长关键作用的同时，更应注重投资结构的优化升级。比如，主要在我国中西部地区进行基础建设投资，以平衡我国区域经济的发展。目前，我国居民储蓄率依然居高不下，这就要求较高水平的投资与其相匹配。然而，简单盲目的扩大投资规模已不再适合中国经济新常态，扩大投资需求才是我国经济发展的投资重点。重在充分发挥政府投资的引导作用，保障民生等领域重点项目资金投入。财政资金的投向更需要倾斜于优化投资结构上，避免重复建设，提高投资效率，充分用好每一分财政资金。认真落实积极财政政策的各项措施，优化投资结构，打造多点支撑的消费增长格局；发挥以消费和投资为核心的财政政策促进经济快速平稳增长。

4. 合理搭配财政政策与货币政策

经济新常态下的财政政策和货币政策必须从服务全局的角度，努力提高国民经济的质量和效益，保证其运行的稳定性，并在加快转变经济发展方式下良好地衔接短期调控与中长期实现“五位一体”全面改革目标。坚持推行积极的财政政策，适当扩大财政赤字，加快财政支出进度，落实结构性减税、推进税制改革等多项措施并举，继续加大对居民消费、战略新兴产业等重点领域以及“三农”、小微企业等薄弱环节的支持力度。

首先，财政政策和货币政策对总量调控与结构调控、需求管理与供给管理方面互有侧重。货币政策的调节通常显现出总量调节的特征，而财政政策在配合货币政策时，理应把现阶段的总量扩张与明确的“区别对待”结构导向政策相结合，突出重点，兼顾其他，以财税政策手段倾斜支持三农、社保、小微企业、科教创新、教育文化、战略性新兴产业等领域。另外，2014 年货币政策方面“定向降准”等把总量型政策工具结构性运用的操作，也值得及时总结经验，加入“供给管理”的区别对待式政策组合。以财政、金融相互协调机制支持的政策性金融和开发性金融的发展，亦需放入“供给管理”框架充分发挥作用。其次，财政政策和货币政策的制定与实施必须积极有效地服务于深化财税和金融改革。2014 年作为财政改革的“全面改革元年”，财政改革必然成为这一年率先启动的重大改革，在预算管理、税制和中央地方体制关系三大方面推出一系列举措，也在财政信息透明度、跨年度预算编制、资金绩效提升、转移支付、地方债务、具体税种改革和中央地方分配关系等方面产生众多与新制度供给相匹配的新政策供给需求。金融改革的一些重要事项，如存款保险制和中小金融机构兴办、人民币“走出去”与汇率机制的优化，特别是关键性的利率市场化改革等，亦都摆上了改革议程，需要政策配合。总之，财政政策和货币政策在制定与实施过程中应该合理搭配，注重供给管理和服务支持改革，以适合我国经济新常态的“趋稳”、“蓄势”与“创新”需要而服务全局。

小　结

1. 财政政策是国家通过税收和公共支出等手段，来达到发展、稳定、实现公平与效率、抑制通货膨胀等目标的长期财政战略和短期财政策略。也可简要概括为：财政政策就是政府为达到预期的经济、社会发展目标而确定的财政战略和财政策略。

2. 财政政策具有以下性质：财政政策是一个相对完整的政策体系；财政政策具有层次性；财政政策是经济政策的重要组成部分；财政政策具有明显的阶段性和相对稳定性。

3. 财政政策主体，就是财政政策的制定者和执行者，财政政策主体行为的规范、正确与否，对财政政策的制定和执行具有决定性作用，并直接影响财政政策效应的大小；财政政策的目标，就是国家通过运用财政政策所要达到的预期目的，它反映着政府制定和实施财政政策的意图。主要包括：物价水平稳定、充分就业、经济稳定增长、国际收支平衡和社会生活质量逐步提高等目标。

4. 财政政策工具是财政政策主体所选择的用以达到政策目标的手段和方法，它是财政政策的载体。财政政策的作用工具很多，包括国家预算政策工具、财政收入调控工具和财政支出调控工具。

5. 财政政策的类型主要有：一是按照财政政策在调节社会总需求过程中发挥作用方式的不同划分，可将财政政策分为自动稳定的财政政策和相机抉择的财政政策；二是根据财政政策在调节国民经济总量对经济产生的效果不同，把财政政策分为扩张性财政政策、紧缩性财政政策和中性财政政策。

6. 财政政策的传导机制主要有以下几种方式：以收入分配为媒介体的财政政策传导过程；

以货币供应为媒介体的财政政策传导过程和以价格为媒介体的财政政策传导过程。财政政策在其作用过程中产生的效应主要有:"内在稳定器"效应、乘数效应、奖抑效应和货币效应。

7. 货币政策是指一国政府为实现一定的宏观经济目标所制定的关于调整货币供应基本方针及其相应的措施;货币政策手段主要包括法定存款准备金、再贴现率和公开市场业务这三大工具。

8. 财政政策与货币政策的共同点在于它们都是国家调节社会总供给与社会总需求的宏观管理政策,通过影响总需求进而影响总供给,共同促进国民经济持续、快速和健康发展;两者的不同点在于透明度不同、时滞性不同以及调节需求总量和结构的功能不同。

9. 财政政策与货币政策的配合模式主要有:紧缩性财政政策和紧缩性货币政策;扩张性财政政策和扩张性货币政策;紧缩性财政政策和扩张性货币政策以及扩张性财政政策和紧缩性货币政策。

10. 经济新常态下中国财政政策的选择是采取积极的财政政策,以拉动投资与消费,实现经济持续稳定的增长。

思考题

1. 什么是财政政策,它具有什么性质?
2. 简述财政政策的主体和目标。
3. 简述财政政策都包括哪些政策工具?
4 分析财政政策的主要类型是什么?
5 分析财政政策的传导机制主要有哪几种方式?
6. 财政政策在其作用过程中产生的效应主要是什么?
7 分析货币政策的含义和主要工具是什么?
8. 财政政策与货币政策的共同点和不同点是什么?
9. 分析财政政策与货币政策的配合模式是什么?
10. 经济新常态下中国财政政策的选择是采取积极的财政政策,其原因和具体措施是什么?

案例简介

案例[15-1] 2015年中国地方政府重点项目计划投资超过15万亿元

据上证报资讯粗略统计,目前四川、福建、湖北、湖南、河南、安徽、宁夏、贵州、广西、新疆、云南、江苏、浙江等14个省份重点项目投资计划总规模逾15万亿元。根据各省公布的投资方向,交通、能源、农林水利、信息等基础设施建设,生态环保、民生等领域是重点。除此之外,产业转型升级也是投资重点,不少省份大举投资战略性新兴产业。

2015年1月20日,国家统计局公布2014年全国经济增速放缓至7.4%,随后全国31省份相继公布各自地区生产总值。除了西藏以12%勉强完成经济增长目标外,其余30省份全部未能完成各自预期目标。并且,各省在今年政府工作报告中都强调,今年经济下行压力仍然较大。因此,"扩大有效投资"成为各省稳增长的抓手。

根据河南省发改委1月28日向河南省两会提交的报告，河南省2015年计划总投资3.57万亿，其中8 000个重大项目计划完成投资1.5万亿。而浙江省发改委向该省两会提交的报告指出，年度推进省“411”重大项目960个左右，计划投资7 200亿元左右。

西部省份对基建投资重视尤甚。广西今年重点项目投资2 008亿元，其中基础设施投资984亿，占比最大，其次为民生及社会管理、生态环保；新疆计划投资3 000多亿元，用于重大水利、交通、能源等项目建设；云南今年将重点督查20项重大建设项目，总投资1 371亿元。其中，铁路、公路、机场等项目投资731亿元，占比超过一半。

从四川省重点项目投资计划来看，产业类投资依然是“重头戏”，项目数达281个，占总量的56.2%。其中，围绕转型升级安排战略性新兴产业项目74个，年度计划投资312亿元。在浙江省今年重点项目投资中，产业转型升级类投资和基础设施完善类投资“平分秋色”，两大类别投资均超过2 000亿元。湖北今年要确保完成投资2.9万亿元以上，重点投向高端制造、高新技术产业、现代农业、现代服务业、环保、基础设施、城市地下管网改造等。

[资料来源：根据中国经济动态(2015-02-04)相关资料整理]

问题

对于上述案例中15万亿元的投资，如此大规模的投入，资金应从哪里来呢？

简要提示

虽然中央经济工作会议定的基调是积极的财政政策，但地方政府这一块很困难，43号文件之后，地方政府融资渠道被大大压缩，房地产行业疲软导致卖地收入锐减，实体经济不景气导致税收下降。虽说可以发地方政府债，但规模太小。地方财政面临多重压力，那么要完成投资计划，民间集资是一个很好的方法。调动民间投资积极性，引导其参与到社会基本公共服务领域、市政公用设施领域、重大基础设施领域、重点产业发展领域的建设和运营。重大项目建设行动计划时，则应更加重视投融资体制改革，更加重视民间投资主体作用。吸引民间资本的方式有很多种，PPP(Public Private Partnership，公私伙伴模式，它是政府和私人企业之间为提供公共产品和服务，基于具体项目的一种合作融资模式)是一种方式，股权融资是一种方式，资产证券化也是一种方式，还有其他很多方式，只要觉得民间资本能够选择的合作模式或者进入模式都是可以的。

案例[15-2]　中国经济新常态下的财政政策

新常态下的财政、货币政策，必须立足于服务全局，努力促进国民经济运行的基本稳定与提高质量，并在加快发展方式转变，稳增长、调结构、促改革、惠民生中，把短期的、年度的调控与中长期实现“五位一体”全面改革目标衔接起来。在新常态下，我国的宏观调控管理政策需要从思路上调整，结合“促改革、调结构、稳增长、惠民生”，达到使经济增长完成“趋稳”、“蓄势”和进入“新常态”的次高速增长区间的目的。当前，在维持积极的财政政策和稳健的货币政策不变的同时，我国宏观调控总体贯彻了“相机抉择”的原则。2014年被称为中国“全面改革元年”，宏观经济运行状态的调控具有为全面改革的展开提供条件配套的特殊意义，而年初经济运行一度表现出的较明显的下行压力，亦使当局宏观调控的动向与举措备受关注。半年过后，已看到颇具亮色的调控成绩：继龙头指标GDP于一季度报出7.4%的增长率之后，二季度的运行又在明显趋稳的同时略有回升，GDP增长率达到7.5%，使上半年的经济增速站在7.4%以上。从PMI(PMI是一套月度发布的、综合性的经济监测指标体系，能够判断经济是否在发展)等先行指标的动态和一系列经济指标综合分析，预计下半年，我国宏观经济运行有望重演前面两年“前低后高”轨迹，至少不会出现明显下滑，使全年经济增速达到7.5%左右，应是大概率事件，即年初“两会”上提出的年度经济增速引导性预期值，应当可以实现。

客观地看，上半年我国宏观调控的特色和亮点，有如下四个方面。

一是一以贯之地体现了“让市场充分起作用”、加快发展方式转变、打造中国经济升级版的调控理念。只要中国经济运行处在可接受的区间之内，政府决不启动大规模经济刺激方案——这是在7.5%引导目标量值加上“左右”二字的情况下，清晰宣示了“使市场充分起作用”的空间，而市场竞争中的“优胜劣汰”，正是挤压、排解过剩和落后产能，促使企业和产品升级换代的有效压力与动力机制。

二是在维持积极财政政策和稳健货币政策的框架不变的同时，成功地贯彻宏观调控的“相机抉择”原则，从宏观运行状态的“区间掌握”出发，宏观调控当局在认为无须对财政、货币两大宏观政策“积极—稳健”搭配这一基本框架和各自定位作出调整。在政府投资安排、财政支出重点和支出进度、货币政策力度和定向等方面，作出了一些必要的“稳增长”举措。

三是在宏观调控中鲜明地运用“供给管理”方式和手段，注重区别对待，突出重点，强调结构优化，兼顾一般。在财政“结构性减税”事项上，特别注重对于中小微企业的减税支持，这有利于鼓励“草根创业”和民间资本释放潜力、活力，在货币政策几轮适当掌握的“定向降准”中，颇具中国特色地把存款准备金率这一总量调节型政策工具加以结构化运用，支持三农、小微企业等“弱势”领域。这些都使中国宏观调控在供给侧的“有效供给”机制得到与“需求管理”相结合的较好发挥。

四是把宏观调控与深化改革有机结合，把短期与中长期目标有效衔接。在调控中，坚定地实施减少行政审批、简化企业工商注册程序等改革举措，并为下半年即将正式展开的财税配套改革、公车制度改革等做了很好的铺垫，体现了在宏观调控中把短期状态掌握与中长期“攻坚克难”配套改革过程衔接起来、寓调控于改革的全局协调和长远追求。

两大政策的设计与运作必须积极有效地服务于、配合于推进财税、金融等方面改革的展开和深化。财政改革作为在被称为“全面改革元年”的2014年率先启动的重头戏，将在预算管理、税制和中央地方体制关系三大方面推出一系列举措，也将在财政信息透明度、跨年度预算编制、地方债务、具体税种改革和中央地方分配关系等方面产生众多与新制度供给相匹配的新政策供给需求。金融改革的一些重要事项，如存款保险制和中小金融机构兴办、人民币“走出去”与汇率机制的优化，特别是关键性的利率市场化改革等，亦都摆上了改革议程，需要政策配合。两大政策还要在深化改革中与国债发行、公开市场操作、国库现金管理等“结合部”方面创新机制。以财政政策为主支持公车改革、司法改革、资源产品价格改革，等等，亦是无法回避的重要任务。政策的设计和优化，需要服务改革、寓于改革。

中国经济未来增长的潜在空间包括：新型城镇化的发展空间；实体经济技改换代空间；基础设施多轮升级空间；服务业成为长期增长新引擎的空间；与科技、信息等因素结合的农业现代化空间；环保产业应运而生的增长和支撑作用空间；地区间的梯度推移空间；消费占比低的调整和人均收入增长空间；以巨额外汇储备支持“走出去”的对外投资空间，等等。但所有这些空间的打开、潜力的释放，莫不需要以改革来“激活”，以制度供给来提供放大“乘数”。

[资料来源：根据中国金融四十人论坛网(2014-10-11)相关资料整理]

问题

经济新常态下，我国财政与货币政策的优化应该注意哪些方面？

简要提示

关于财政、货币两大政策的优化，需把握好适合经济新常态的“趋稳”、“蓄势”与“创新”的需要而服务全局。首先，两大政策协调搭配的框架，要坚定不移地贯彻“使市场充分起作用”的调控哲理。只要宏观经济运行状态处在可接受的区间之内，决不贸然启动财政、货币两大政策的“双松”搭配。其次，两大政策在总量调控与结构调控、需求管理与供给管理互有侧重、优势互补的同时，总体上需更多地考虑强化与优化“供给侧管理”。货币政策的调节通常势必带有总量调节特征，而财政政策在配合货币政策时，理应把现阶段的总量扩张（以赤字规模和举债安排为代表）与明确的“区别对待”结构导向政策相结合，突出重点，兼顾其他，以财税政策手段倾斜支持三农、社保、小微企业、科教创新、教育文化、战略性新兴产业等领域。

参考文献

[1] 段治平. 财政与税收. 北京：清华大学出版社，北京交通大学出版社，2007.

[2] 蒋洪. 财政学. 北京：高等教育出版社，2007.

[3] 寇铁军. 财政学教程. 大连：东北财经大学出版社，2009.

[4] 邓子基. 财政学. 北京：高等教育出版社，2008.

[5] 梅阳. 财政学. 上海：立信会计出版社，2001.

[6] 邓晓兰. 财政学. 西安：西安交通大学出版社，2007.

[7] 储敏伟，杨君昌. 财政学. 北京：高等教育出版社，2006.

[8] 郝书辰，曲顺兰. 财政学. 北京：经济科学出版社，2007.

[9] 牛淑珍. 新编财政学. 上海：复旦大学出版社，2005.

[10] 于海峰，姚凤民. 公共财政学. 广州：华南理工大学出版社，2005.

[11] (美)哈维·S·罗森. 财政学. 赵志耘，译. 北京：中国人民大学出版社，2003.

[12] 陈共. 财政学. 北京：中国人民大学出版社，2009.

[13] 王福重. 财政学. 北京：机械工业出版社，2007.

[14] 张新平. 财政学. 武汉：华中科技大学出版社，2007.

[15] 岳松，陈昌龙. 财政与税收. 北京：清华大学出版社，北京交通大学出版社，2008.

[16] (美)大卫·N·海曼. 财政学. 张进昌，译. 北京：北京大学出版社，2006.

[17] 梁俊娇，张毅生. 美国个人所得税申报、征收和稽核制度. 中国税务，2002. 1.

[18] 孙凯. 美国联邦税收制度. 北京：中国税务出版社，1997.

[19] 王晓刚，王则柯. 美国税制. 北京：中国经济出版社，1999.

[20] 吴佑坤. 美国税收信息化的观感与借鉴. 中国税务，2006. 6.

[21] 郭爱萍. 财政学. 南昌：江西人民出版社，2005.

[22] 申长平. 财政学概论. 大连：东北财经大学出版社，2005.

[23] 许云霄. 公共选择理论. 北京：北京大学出版社，2006.

[24] 曾建华. 财政学. 北京：清华大学出版社，2009.

[25] 刘怡. 财政学. 北京：北京大学出版社，2004.

[26] 丛树海. 财政支出学. 北京：中国人民大学出版社，2002.

[27] Paul R. Krugman Maurice Obstfeld. International Economics：Theory and Policy Fifth Edition(英文版). 北京：清华大学出版社，2004.

[28] 孙翊刚. 中国财政史. 北京：中国社会科学出版社，2003.

[29] 戴天柱. 中国财政投融资研究. 北京：经济管理出版社，2001.

[30] 包丽萍，刘明慧，贺蕊莉. 政府预算. 大连：东北财经大学出版社，2000.

[31] 陈良瑾. 社会救助与社会福利. 北京：中国劳动社会保障出版社，2009.

[32] 葛寿昌. 社会保障经济学. 上海：复旦大学出版社，1990.

[33] 林嘉. 社会保障法的理念实践与创新. 北京：中国人民大学出版社，2002.

[34] 刘蓉. 税式支出的经济分析. 成都：西南财经大学出版社，2000.

[35] 张晋武. 中国税式支出制度构建研究. 北京：人民出版社，2008.

[36] 王玮. 税收学原理. 北京：清华大学出版社，2010.

［37］ 王延中. 中国的劳动与社会保障问题. 北京：经济管理出版社，2004.
［38］ 张琪. 社会保障概论. 北京：中国劳动社会保障出版社，2006.
［39］ 张素琴. 财政学. 上海：立信会计出版社，2005.
［40］ 安秀梅. 财政学. 北京：中国人民大学出版社，2008.
［41］ 张馨. 财政学. 北京：科学出版社，2006.
［42］ 毛程连. 财政学. 上海：复旦大学出版社，2009.
［43］ 陈纪瑜. 财政学. 长沙：湖南人民出版社，2000.
［44］ (美)保罗・A・萨缪尔森，威廉・D・诺德豪斯. 经济学(十二版). 萧琛等，译. 北京：华夏出版社，1999.
［45］ 吴厚德. 财政学. 广州：中山大学出版社，2001.
［46］ 阮明烽. 新编财政学教程. 杭州：浙江大学出版社，2006.
［47］ 高鸿业. 西方经济学. 北京：中国人民大学出版社，2004.
［48］ (美)约瑟夫・E・斯蒂格利茨. 公共部门经济学. 第三版. 郭庆旺等，译. 北京：中国人民大学出版社，2005.
［49］ 张晓光. 财政学. 北京：中国农业出版社，2007.
［50］ 冯宗荣. 财政学. 成都：四川大学出版社，2004.
［51］ 罗晓林. 财政学. 广州：广东高等教育出版社，2004.
［52］ 孙文基. 财政学. 中国财政经济出版社，2004.
［53］ 袁星侯. 西方复式预算制度的启示. 决策与信息(财经观察)，2006(3).
［54］ 廖家勤. 我国财政支出规模变化的分析及其合理控制. 当代财经，2004(12).
［55］ 王玉华. 我国财政支出结构研究. 东北师范大学博士学位论文，2007.
［56］ 吴碧. 我国财政支出对经济增长影响的研究. 华中科技大学硕士学位论文，2007.
［57］ 吴刘杰. 论当前我国分税制财政管理体制面临的主要问题及应对策略. 经济研究导刊，2008(5).
［58］ 李红霞. 关于分税制财政体制改革的思考. 财贸经济，2007(增刊).
［59］ 吉江平. 关于完善现行分税制财政体制的思考与建议. 泰州职业技术学院学报，2004(5).
［60］ 王琴. 关于分税制改革的思考与建议. 社会科学论坛，2005(3).
［61］ 刘清亮. 缓解我国地方财政困境问题研究. 河北农业大学博士学位论文，2007.
［62］ 朱岩. 当前我国国债市场存在的主要问题及对策建议. 南方金融，2009(2).
［63］ (德)马克思，恩格斯. 马克思恩格斯全集. 第25卷. 编译：中共马克思恩格斯列宁斯大林著作编译局，编者：邓仁娥. 北京：人民出版社. 2001.
［64］ 闫坤，刘陈杰. 2014年上半年我国宏观经济与财政政策分析报告——下半年稳增长与新常态下经济合理增速测算. 经济研究参考，2014(46).
［65］ 贾康. 新常态下的财政政策思路与方向. 中国财政，2014(21).

华东政法大学65周年校庆文丛

法治经济的理论探索与市场实践

吴弘 / 著

法律出版社
LAW PRESS·CHINA

崛起、奋进与辉煌
——华东政法大学65周年校庆文丛总序

2017年，是华东政法大学65华诞。65年来，华政人秉持着“逆境中崛起，忧患中奋进，辉煌中卓越”的精神，菁莪造士，棫朴作人。学校始终坚持将学术研究与育人、育德相结合，为全面推进依法治国做出了巨大的贡献，为国家、为社会培养和输送了大量法治人才。一代代华政学子自强不息，青蓝相接，成为社会的中坚、事业的巨擘、国家的栋梁，为社会主义现代化和法治国家建设不断添砖加瓦。

65年栉风沐雨，华政洗尽铅华，砥砺前行。1952年，华政在原圣约翰大学、复旦大学、南京大学、东吴大学、厦门大学、沪江大学、安徽大学、上海学院、震旦大学九所院校的法律系、政治系和社会系的基础上组建而成。历经65年的沧桑变革与辛勤耕耘，华政现已发展成为一所以法学为主，兼有政治学、经济学、管理学、文学、工学等学科的办学特色鲜明的多科性大学，人才培养硕果累累，科研事业蒸蒸日上，课程教学、实践教学步步登高，国际交流与社会合作事业欣欣向荣，国家级项目、高质量论文等科研成果数量长居全国政法院校前列，被誉为法学教育的“东方明珠”。

登高望远，脚踏实地。站在新的起点上，学校进一步贯彻落实“以人为本，依法治校，质量为先，特色兴校”的办学理念，秉持“立德树人，德法兼修”的人才培养目标，努力形成“三全育人”的培养管理格局，培养更多应用型、复合型、高素质的创新人才，为全力推进法治中国建设和高等教育改革做出新的贡献！

革故鼎新，继往开来。65周年校庆是华东政法大学发展史上的重要里程碑，更是迈向新征程开创新辉煌的重要机遇。当前华政正抢抓国家“双一流”建设的战略机遇，深度聚焦学校“十三五”规划目标，紧紧围绕学校综合改革“四梁八柱”整体布局，坚持“开门办学、开放办学、创新办学”发展理念，深化

"教学立校、学术兴校、人才强校"发展模式，构建"法科一流、多科融合"发展格局，深入实施"两基地（高端法律及法学相关学科人才培养基地、法学及相关学科研究基地）、两中心（中外法律文献中心、中国法治战略研究中心）、一平台（"互联网 + 法律"大数据平台）"发展战略，进一步夯实基础、深化特色、提升实力。同时，华政正着力推进"两院两部一市"共建项目，力争到 21 世纪中叶，能把学校建设成为一所"国际知名、国内领先，法科一流、多科融合，特色鲜明、创新发展，推动法治文明进步的高水平应用研究型大学和令人向往的高雅学府"。

薪火相传，生生不息。65 周年校庆既是对辉煌历史的回望、检阅，也是对崭新篇章的伏笔、铺陈。在饱览华政园风姿绰约、恢弘大气景观的同时，我们始终不会忘却风雨兼程、踏实肯干的"帐篷精神"。近些年来，学校的国家社科基金法学类课题立项数持续名列全国第一，国家社科基金重大项目和教育部重大项目取得历史性突破，主要核心期刊发文量多年位居前茅。据中国法学创新网发布的最新法学各学科的十强排名，学校在法理学和国际法学两个领域排名居全国第一。当然我们深知，办学治校犹如逆水行舟，机遇与挑战并存，雄关漫道，吾辈唯有勠力同心。

为迎接 65 周年校庆，进一步提升华政的学术影响力、贡献力，学校研究决定启动 65 周年校庆文丛工作，在全校范围内遴选优秀学术成果，集结成书出版。文丛不仅囊括了近年来华政法学、政治学、经济学、管理学、文学等学科的优秀学术成果，也包含了华政知名学者的个人论文集。这样的安排，既是对华政 65 华诞的贺礼，也是向广大教职员工长期以来为学校发展做出极大贡献的致敬。

65 芳华，荣耀秋菊，华茂春松，似惊鸿一瞥，更如流风回雪。衷心祝愿华政铸就更灿烂的辉煌，衷心希望华政人做出更杰出的贡献。

华东政法大学 65 周年校庆文丛编委会
2017 年 7 月

目　　录

前　言

我们这一代有幸躬逢盛世，见证并亲身参与了市场经济也就是法治经济的发展历程。我们在市场与经济法兴起之时开始学习与研究它们，伴随改革深化而深入认识市场发展与经济法的相互作用规律，并运用经济法服务、支持市场发展。

我国的改革开放从一开始就是以市场为导向的，社会主义市场经济体制的提出，使我们对经济法理论长期思考而难以解答的一些问题迎刃而解，从而得以完善经济法理论与经济法学体系。

在经济法产生的规律方面，认识到了经济法与市场经济的内在联系。在自然经济阶段，自给自足的生产方式和少量的剩余产品交换只能产生原始的经济关系，调整这些原始经济关系的是古代各国“诸法合一”的法律形式。社会大分工促进了生产力的发展，出现了商品生产和交换，产生了简单的商品经济关系，“诸法合一”不能胜任，促使法律分工、“民刑分离”。随着资本主义的兴起，开始了市场经济的孕育和形成过程，对法律提出了更高要求，虽民商法已逐渐成形，但仍不敷经济关系日趋复杂之需，经济法遂应运而生了。随着商品生产和交换规模的扩大，统一市场体系的建成，国际国内市场的相互衔接，资本主义国家最终形成了现代市场经济体制，现代经济法也正式作为一个部门法登上了历史舞台。

在经济法的本质方面，认识到了国家干预与市场规律之间的辩证关系。市场经济是主要按照价值规律要求、适应市场供求变化、发挥竞争机制作用来配置资源的经济体制。市场经济是发达的商品经济。商品经济需要把不断重复的交换行为以共同的规则加以规制，使每一参与交换的主体都服从该规则；而市场经济条件下的商品生产交换都是社会化的，这就要求这种规则要从习惯上升为全社会的准则——法律。市场经济又是以竞争为特点的经济，需要以法律规则促进竞争和维护竞争秩序；而自由市场有其固有局限性，例如市场主体受个体利益的驱动，其行为往往与社会公共利益相冲突，甚至会危及整个社会，这一切都要求有一个新的部门法加以调整。在此背景下，以国家干预为特征的经济法的兴起和发展就理所应当了。

我们以建设中国特色社会主义理论为指导，以市场经济为核心，对经济法基础理论和经济法学体系作了崭新的研究论述。分析了经济法产生发展与市场经济的关系，提出了两者具有内在的必然联系的观点；分析了社会主义市场经济法的特点，界定了经济法的调整对象为由国家干预和协调的经济关系；指出在市场经济条件下，经济法的基本原则应是保护各种市场主体合法权益、保护弱者、兼顾公正与效率、兼顾各方利益等。

法治经济是规范化、程序性、公平竞争、平等保护、平衡各方权益的经济，法治经济也是完善监管、防范风险、保障安全、促进市场健康发展的经济。研究市场监管法的理论与实践问题，特别是为金融市场发展提供经济法学理论支持，成为笔者的研究重点。本书梳理了市场监管法律制度的理论，对市场监管法的理论基础、制度结构以及监管体制、监管内容、监管方式、对监管者的监管等作了全面阐述，界定了市场监管法在经济法体系中的重要地位，初步形成了市场监管法的理论体系。

笔者也关注法治经济在具体市场领域的运行情况，追踪证券、信托等法律制定修改及实施中前沿问题、针对市场实践中的法律问题的热点与难点，进行调研剖析、深入研究，提出理论解析的思路与解决问题的方案。例如，笔者围绕上海国际金融中心的建设，从经济法的视角，对该国际金融中心的立法、司法、执法环节，与信用、监管、法律服务等金融生态作了长期跟踪研究，就促进金融创新、机构发展、人才集聚、司法保障、纠纷解决等提出一系列措施建议，也被决策部门和金融市场采纳，直接为与法治经济发展贡献于自身的力量。

遵学校科研处诸君之嘱，选择自己部分近些年发表的经济法论文以及完成的经济法课题汇编成集，从中可窥见我国法治经济发展轨迹的一个侧面，以此作为对国家改革开放40周年的纪念，并作为对母校65周年校庆的薄礼。

法治经济是一个发展的过程，需要不断地进行理论探索与市场实践，我愿继续奋力前行。

吴弘

2017年4月15日

第一部分　经济法基础理论

第一节　建设法治经济的经济法思考[1]

党的十八届四中全会提出了建设中国特色社会主义法治体系，建设社会主义法治国家总目标，这对于全面建成小康社会、实现中华民族伟大复兴的中国梦具有重要意义。十八届四中全会通过了《中共中央关于全面推进依法治国若干重大问题的决定》，明确指出："社会主义市场经济本质上是法治经济"，并作出一系列的要求，为我国健全社会主义市场经济发展注入了新的活力与动力，开启了法治经济的新时代。

建设法治经济，是符合经济发展一般规律、实现民族复兴的一项正确举措。正如英国学者丹尼尔·汉南（Daniel Hannan）指出，经济繁荣的一项基本前提是彼此信任，这种信任不仅仅存在于各交易主体之间，更包括信任裁判当局。汉南在其著作《我们如何发明了自由以及为什么这很重要》中阐述道："信任陌生人帮助英国和美国富裕起来。英美两国促进了世俗民主和私营企业的发展。勤劳的人们离开家乡追求财富，他们有的移民，并在异国他乡安顿下来，比如美国。这些努力之所以能够获得成功，仰赖的是一套行之有效的民事司法体系。在这种体系下，外地人可以像本地人一样获益。"[2]

不可否认的是，建设法治经济既是学术问题，也是实践问

〔1〕 吴弘、宋澜：《建设法治经济的经济法思考》，载吴弘主编：《法治经济与经济法治》，法律出版社2015年版。

〔2〕 Daniel Hannan, *Inventing Freedom: How the English-Speaking Peoples Made the Modern World*, (HarperCollins, 2014)

题。关于如何理解“市场经济本质上是法治经济”这一命题，当代政治学、经济学、社会学、法学和管理学等其他学科都已经给予了各自的解释。本文重在结合十八大与十八届三中全会、四中全会的会议精神，讨论我国现阶段建设法治经济时，在宏观形势、产权制度、主体条件、核心环节上必须解决的问题，力求相关障碍的解决。

一、法治经济的提出及其内涵

古今中外，经济秩序的形成往往被认为是对社会生产力水平的回应，经济决定法律也是马克思主义法理学的精髓和基石〔1〕，但这并非是自发形成的，政府的主动推进常常成为不可或缺的要素。因为，经济对法律的决定作用是从“归根到底”“原始的”“最终的”意义上来说的。这就是说，一方面，经济的决定性作用不是简单的决定；另一方面，经济因素不是“唯一”的因素。〔2〕恩格斯在其晚年的一些书信中对“法律是经济情况的反映”这种观点作了修正和解释。他说，“经济因素并不是社会发展唯一的和全部的因素。上层建筑的各个部分—包括法律和制度—与经济基础相互作用，并且在一定的限度内可以更改经济基础。”〔3〕

法律制度之所以能够引起经济学研究高度重视，关键就在于人类经济发展的历史充分证明，对经济增长起更大作用的往往是制度性因素而非技术性因素。正如公元前110年汉武帝时期，桑弘羊升任治粟都尉兼领大农令，确定盐铁专营而奠定了中国皇权社会国家垄断经营的先河；亦如1897年英属殖民地爆发南海泡沫危机时，*Saloman v A Saloman Co.*案的判决直接导致英国现代公司法从传统信托法中分离，〔4〕这些构建性的法律制度对日后经济社会的影响都是明显且巨大的。目前我国经济正进入结构转型升级、增长速度放缓、刺激政策调整的“新常态”时期，需要大力加强法治建设，以法治的力量为中国

〔1〕 马克思：“只有毫无历史知识的人才不知道：君主们在任何时候都不得不服从经济条件，并且从来不能向经济条件发号施令。无论是政治的立法或市民的立法，都只是表明和记载经济关系的要求而已。”《马克思恩格斯全集》（第4卷），人民出版社1958年版，第121～122页。

〔2〕 钱弘道：《关于对法律进行经济分析的三个角度》，载《法制与社会发展》2004年第3期。

〔3〕 《马克思恩格斯选集》（第4卷），人民出版社1972年版，第484页。

〔4〕 Saloman v. A Saloman Co., Ltd.［1897］AC 22. 在此案之前，英国公司的股东间为合伙性质，公司财产被看作由公司做为受托人持有的、以股东为受益人的信托财产。

经济提质增效提供动力，确保各项重大经济改革在法治轨道上顺利推进。

“市场经济就是法治经济”是针对新中国历史上几十年的“计划经济”，以及中国历史上几千年的“权力经济”提出来的。计划经济依赖集权制度，实行国家统一收支，经济主体享有极少的经济自由；而权力经济是无规则的非程序性经济，皇权社会所谓的“官商”、殖民地半殖民地所谓的“买办”、现代社会所谓的“官倒”，都是权力经济的典型形态。当下中国法治经济的最核心要求仍然是打造约束权力的笼子。[1]这在本文的最后一个部分将有详细的论述。

相反，法治经济是规范化的程序性经济。法治经济的规范化、制度化功能能避免因领导者的个人能力、品质和主张的差异及其升降进退而导致经济政策出现短期效应，有利于经济的稳定发展和实现长远目标。法治经济不仅重视法的实体正义，而且重视程序正义，通过实现程序正义来保证实体正义，更有效地维护主体的合法权益，并使法律更具有可操作性。

在中国经济市场化的过程中，法治与经济相互依赖及良性互动关系也是一个不断被认识并持续深化认识的过程。国务院总理李克强在2014年3月13日答记者问时强调：改革就是正确地处理好政府和市场的关系，市场经济也是法治经济，我们要努力做到让市场主体“法无禁止即可为”，让政府部门“法无授权不可为”，调动千千万万人的积极性，为中国经济的发展不断地注入新动力。这两点对于自贸试验区按照法治化要求做好事中、事后监管，也可谓意义重大。

所以，我们理解的法治经济，是在全面推进法治中国建设的形势下，用法治的方式实现经济目标与规划的制定，实现经济调控、规制与监管的完成；用法治的方式来界定各方经济关系、调整利益关系。法治经济从根本上讲就是经济治理结构的现代化，以坚实的法律基础支撑市场有效运行，从而使法治成为一种具有稳定性和普遍性的国家体制，形成一种全新的市场经济秩序。法治方式不仅是指立法手段，还包括了各种法律方法的综合运用。[2]在协调经济建设与法治建设关系的过程中，需要把法治放到优先建设的位置，即不仅把法治当成手段，以法治方式推进经济发展，而且还应把法治当成目标、实现国家治理能力和水平的现代化。

---

〔1〕 裴长洪：《法治经济：习近平社会主义市场经济理论新亮点》，载《经济学动态》2015年第1期。

〔2〕 陈金钊：《如何理解法治与改革的关系》，载《人大复印资料法理学、法史学》2014年第9期。

二、建设法治经济的关键是划清政府与市场的边界

2013年11月16日，习近平同志做了关于《中共中央关于全面深化改革若干重大问题的决定》的说明，指出："发展社会主义市场经济，既要发挥市场作用，也要发挥政府作用，但市场作用和政府作用的职能是不同的。全会决定对更好发挥政府作用提出了明确要求，有效的政府治理，是发挥社会主义市场经济体制优势的内在要求。"

（一）"限制政府权力"的逻辑起点

讨论"政府与市场的作用边界"这一命题本身，就包含着市场经济特定的政治哲学。18世纪英国著名哲学家大卫·休谟一反历史上关于政治家是追求公益的道德人预设，尖锐地提出："在设计任何政府制度和确定该制度中的若干制约和监核机构时，必须把每个成员都假定为是个无赖，并设想他的一切行为都是为了谋求私利，别无其他目的。""把每个人都设想为无赖之徒确实是条正确的政治箴言"，〔1〕这构成了现代法治的政治基础。

市场经济的政治逻辑就是有限的政府、民主的政治。这里可以从两方面进行解读。一方面，市场经济的发展，必须对政府权力、职能和规模进行限制，否则市场秩序就没有社会空间。一个庞大的、繁荣的、稳定的、有序的市场经济存在本身就是对政府权力扩张的最有效的限制。另一方面，民主政治的发展水平决定了法治经济的发展程度。换句话说，市场经济法治化能否实现或者多大程度上实现，是由民主政治的发展决定的。行政性垄断、地方政府公司主义〔2〕等问题都最终依赖政府自身职能的转变，依赖民主政治来解决。因此，市场经济有两个基本的法律要素：一个权力有限的政府和一个权利充分的市场。

（二）充分利用现有体制加强社会主义民主政治制度建设

现代市场经济要求把国家对社会资源的垄断权交给市场，还原为市场主体的自主性权利。法治不仅是市场在资源配置中起决定性作用的保障，也是

---

〔1〕［德］马丁·路德：《路德选集》(上)，徐庆誉、汤清译，基督教文艺出版社1968年版，第446页。

〔2〕在市场经济中，政府不仅以国家财产权主体的身份进入市场，成为一个独立的市场主体，而且因为巨大的经济利益成为一方颇具影响力的利益主体。美国斯坦福大学政治系教授戴慕珍（Jean Qi）曾使用"地方政府公司主义"（local state corporatism）这一概念相对直接地剖析了中国地方政府在土地招投标、能源开发等诸多领域的企业化行为。

处理好政府与市场关系的保障。“法无授权不可为”为处理好政府与市场的关系确立了基本原则。要求政府职能从聚焦于事前审批，转换到事中、事后监管机制。建设有为、有效、有力、有责的法治政府，实现政府职能法定化，形成对地方政府干预市场的制度约束。

如何切实打造以负面清单、权力清单、责任清单为主线的“三面清单”，划清政府权力与责任的边界，提高对政府的监督与质询，是我们现阶段需要考虑的问题。有学者指出，我国可参考韩国改革成功经验，设立专门的政府监管改革委员会。韩国在1997年8月通过《行政规制基本法》，成立了规制改革委员会，专门用以划定行政机关的权限范围，废除冗余的行政规制，并在充分讨论和公开的情况下公布符合国情的规定。这一举措被认为是韩国成功克服金融危机，并提高了国家竞争力的关键一步。学者们认为，我国也应当参考这一经验，成立专门的政府监管改革委员会，通过政府、专家和社会公众的参与，在科学、民主的基础上明确市场和政府的分界点。

我们认为，成立任何机构都要考虑其设立的成本、设立后与现行机构的职责划分及关系。在充分利用我国现有政治资源的基础上，完全可以通过推动人民代表大会制度与时俱进及推进民主协商广泛多层制度化发展的方式，以进一步规范政府行为，促进政府强化市场思维、尊重市场。

从完善代议机构职能、健全人大讨论决定重大事项的角度来讲，西方民主国家的诸多实践值得我们关注。比如，本轮次贷危机之后，为确定危机前全球市场有无异常，英国金融服务监管局（Financial Services Authority）与美国商品期货交易协会（US Commodity Futures Trading Commission）、美国司法部（US Department of Justice）在复盘行动中通力合作，最终查证出巴克莱、花旗等多家全球性金融机构对伦敦银行间拆借利率及欧洲银行间拆借利率的人为操纵行为。在监管机构做出处罚的不到1个月内，英国众议院作为最高权力机关，又对整个事件及监管机构采取的规制措施进行了听证、采信及辩论，最终于2012年8月18日公布了众议院的第一份“研究报告”（Fixing LIBOR：Some Prelimina-ry Findings，Second Report of Session 2012-13）。[1]相较之下，我国各级人大在各类重大决策中、在特定问题调查中还可以更积极地回应社会

〔1〕 英国众议院网站：http：//www.publications.parliament.uk/pa/cm201213/cmselect/cmtreasy/481/481.pdf，最后访问日期：2015年7月21日。

关切；主动对重要经济事件或现状进行评估，从而更好地发挥其根本政治制度的作用。

从健全依法决策机制、打通上传下达的协商民主渠道的角度来讲，要把公众参与、专家论证、风险评估、合法性审查、集体讨论决定确定为重大行政决策法定程序，确保决策制度科学、程序正当、过程公开、责任明确。党的十八届三中全会的《决定》指出，要构建开放型的经济新体制、加快自由贸易区建设。2014年7月上海市人大通过的《中国（上海）自由贸易试验区条例》第52条提出，“本市制定有关自贸试验区的地方性法规、政府规章、规范性文件，应当主动公开草案内容，征求社会公众、相关行业组织和企业等方面的意见；通过并公布后，应当对社会各方意见的处理情况作出说明；在公布和实施之间，应当预留合理期限，作为实施准备期”。据此，上海自贸区政策出台前“应当”进行公开及征求工作，然而这项必经程序的实施似乎也不尽理想，可见我国协商民主体系的程序环节仍有待完善。十八届三中全会要求推进的立法协商、行政协商、参政协商、社会协商相结合的多层协商制度定能成为我国法治经济的有力保障。

三、建设法治经济的基础是平等保护各类产权

四中全会强调“健全以公平为核心原则的产权保护制度，加强对各种所有制经济组织和自然人财产权的保护，清理有违公平的法律法规条款”。产权是所有制的核心，各种所有权平等得到保护，任何人不享受特别待遇，这是法治经济的基本特征，也是现代社会基本精神。十八届三中全会以来，发展国有资本、集体资本、非公有资本等交叉持股、相互融合的混合所有制经济成为改革重点。在推行混合所有制过程中，要着力解决混合所有制改革的难点，真正建立产权清晰、权责明确、保护严格、流转顺畅的现代产权制度。

（一）正视政府在产权制度方面“不可信承诺”的问题

法国知名史学家布罗代尔在其著作《文明史纲》中简明地说，“中国政府的权力太大了，使富有的非统治者不能享有真正的安全，导致他们对任意征收、变相掠夺的恐惧始终挥之不去”。[1]建立中国法治经济的基础就是要完善

---

〔1〕［法］布罗代尔：《文明史纲》，肖昶等译，广西师范大学出版社2003年版，第247页。

产权制度规范、克服政策的随意性。

就好像20世纪80年代，陕西治沙英雄石光银响应“允许个人承包荒沙，所造林木谁造谁拥有”的号召，率先带领群众承包治沙22.8万亩，在毛乌素沙漠南缘筑起了一条绿色长城。但是，由于国家限额采伐审批程序的收紧，石光银始终拿不到砍伐许可证。到1998年因政策调整，石光银辛勤建造的绿色长城直接被认定为生态林而禁止开采；但是当地政府因为管理费用昂贵等原因也不予收购。尽管国家不断出台相关林业政策，但石光银治沙公司除却政策补偿之外的经济损失至今仍然依靠农业、畜牧业、药业等其他方面的收益加以弥补。[1]尽管石光银荣获全国劳动模范等诸多荣誉，但这并不能掩盖政府在政策设计和政策调整过程中对私人产权问题的漠视。

在政府行为不受约束的情况下，经济人对政府的承诺变得不可信，这就是老百姓通常所担心的“政策多变”。这种现象在经济学上称为政府的“不可信承诺问题”。因此，只有建设法治经济，当法律可以约束政府行为时，理性的经济人才可能预测到稳定的政策环境。我国在鼓励荒山荒地造林和退耕还林以及林权依法流转、稳定林权承包关系上，还有很长的路要走。[2]

（二）在混合所有制的推广中践行平等保护不同所有制产权

各种产权的平等保护，不是宪法或者纲领里宣誓性的语句，而应当落实到每一项改革措施中。在企业权利保护方面，要“加强对国有、集体资产所有权、经营权和各类企业法人财产权的保护”。“创新适应公有制多种实现形式的产权保护制度”，四中全会要求为混合所有制的实践提供法律保障。

然而，目前在推广PPP项目[3]的过程中，对私人资本的政策保护程度仍值得商榷。在财政部2015年印发的《政府和社会资本合作项目财政承受能力论证指引》（财金〔2015〕21号），“股权投资支出责任”是指：在政府与社会资本

---

〔1〕 如依据1998年的天然林保护工程、2000年的退耕还林政策、2001年的三北防护林工程等，石光银都获得了相关补偿。2003年《中共中央国务院关于加快林业发展的决定》更是明确指出，凡纳入公益林的森林资源，政府将以各种方式对投资给予合理补偿；要探索直接收购各种社会主体营造的非国有公益林等。

〔2〕 姚顺波、尤利群：《生态林补偿制度研究——石光银案例的经济分析》，载《北京林业大学学报》（社会科学版）2005年第9期。

〔3〕 PPP即政府和社会资本合作模式（Public-Private-Partnership），是指政府与私人组织之间，为了提供某种公共物品和服务（非一般商业项目或活动），通过特许经营、政府购买服务、股权合作等多种方式，彼此之间形成一种伙伴式的合作关系，并通过签署合同来明确双方的权利和义务，以使合作各方达到比预期单独行动更为有利的结果。

共同组建项目公司的情况下，政府承担“股权投资支出责任”；如果社会资本单独组建项目公司，政府不承担“股权投资支出责任”。“股权投资支出责任”也即各方共同投资、共享利益、共担风险。但是，这样的规定对社会资本本质上是不公平、不合理的。社会资本可能是通过合法的外资投资、外汇管理渠道进入我国，也可能是我国社会各方在履行了公民的纳税义务后的资本积累。社会资本在进行一般商业投资时确实应该承担相应的投资风险。但是，我们确实没有理由要求社会资本在港口、能源、水利系统、城市基础设施建设、保障性安居工程、医疗及养老服务设施，甚至公立幼儿园建立[1]等基础设施和公共服务领域协助政府进行投资后，在无法通过出资多少决定控股权的情况下，[2]还要承担“PPP项目可能产生的政策风险、商业风险、环境风险、法律风险”。[3]公共产品范围广泛，公共产品的供给从政治学的角度来说，是政府的唯一职责。因而，在制定合理的成本预算、厘清不同类风险责任承担的基础上，[4]应保证现有PPP项目社会资本一定回报率，根据项目性质或经营情况约定利益分配及监督机制，从而让社会资本盈利而不暴利。

四、建设法治经济的条件是维护公平竞争

市场主体有效参与竞争和创新需要一个公平的竞争环境。竞争能带来繁荣，有法治保障的竞争才能带来持续的繁荣。四中全会强调“反对垄断，促进合理竞争，维护公平竞争的市场秩序”，应当有力推动公平竞争环境的建设，提高市场经济效率，促进经济创新，保障市场机制的正常运行。

十八届三中全会《决定》指出，要建立公平开放透明的市场规则，打破经济生活中的各种玻璃门、旋转门。在股票发行的一级市场上，机构与中小散户

〔1〕 陈岩:《四川尝试PPP模式建公益性幼儿园 缓解入园难入园贵》，载《四川日报》2015年5月21日。

〔2〕 任鹏飞等:《社会资本参与PPP项目受尽欺负：政府吃肉企业喝汤》，载《经济参考报》2015年1月27日。

〔3〕 参见《国务院关于创新重点领域投融资机制鼓励社会投资的指导意见》(国发〔2014〕60号)文件第九部分，“建立健全政府和社会资本合作(PPP)机制”。

〔4〕 国家保护企业以法人财产权依法自主经营、自负盈亏，企业有权拒绝任何组织和个人无法律依据的要求。同时，四中全会强调“加强企业社会责任立法”，社会资本在受法律保护、依法维权的同时，也要承担起相应的义务，依法经营。风险共担是PPP伙伴关系的一个重要基础。但是，应当进行不同的区分。比如经营过失、技术风险等应当由负责日常管理的社会资本承担，而土地风险、价格风险、政策风险等就要由政府承担。

的新股存在不尽公平的现象。例如，首次公开发行股票，个人投资者唯有持有一定数量非限售股份才能参与网上申购；而机构申购新股可以线下进行，从而不用附带买老股、不用预先冻结申购资金（机构只需上报数字、拿到额度了再打进现金）。机构申报的额度是每次80万～100万股，普通股民则是100股一打。这些高高在上的新股，由于净资产、公积金不高，不乏会出现走海普瑞、华锐风电的阴跌之路的情况。在新股发行尚且实行审核制，二级市场存在巨大价差的当下，在中国1.4亿人（次）在证券市场开户的自然人或机构中，存在如此明显的申购差别，普通股民的愤愤之情也能够理解了。

在市场经济条件下，之所以产生市场运行规则，其中一个重要原因是产权使用的外部性。例如，车辆使用道路的权利和行人使用道路的权利就可能发生负外部性，这两种产权使用行为发生冲突就会出现社会中常见的现象——交通事故，因此制定交通规则就成为社会生活的必需公共品。财产法和产权制度的经济目标就是使资源得到最佳利用。虽然，股票打新过程中，机构投资者利用其更为优势的资金能力、专业能力和博弈能力，为自己赢得更为优越的竞争条件本无可厚非，但是，监管者应当更为重视的是对不同财产权利用过程中所产生的竞争和冲突进行调整和选择安排，维持投资者间的公平竞争是市场持续繁荣的根基。

法治经济为我国市场环境的公平、公正提供了进一步保障，依法打破各种垄断，为公平竞争拓展了市场空间。最近，资本市场新的退市制度的实施，严格执行劣质公司退出市场，加强了投资者保护，体现了依法治市，也为推行发行上市注册制、放松准入奠定了基础。又如，在食品安全领域，严格执行食品原产地可追溯、质量标示等法律制度，严厉打击制假贩假行为，既保护了消费者的健康安全，又保障了正当经营者稳定发展。

五、建设法治经济的保障是加强经济法

法治经济，需要重视法治对经济的适应，更要明了法治对经济的影响。经济法作为法的部门，无疑是建设法治经济的主力军，也是解决中国法治经济的突出问题的排头兵，应该在经济运行的各方面发挥更大作用。

（一）在经济立法、执法和司法领域全面树立法治理念

亚里士多德对法治做出的概括，大家已耳熟能详：“一是成立的法律获得

普遍的服从。二是大家所服从的法律其本身是制定得良好的法律。"[1]法治完善要求立法、司法、执法本身更加科学。在经济立法方面，例如，在本次股市行情及救市过程中，我国证券监督管理委员会的规范频繁变换，烦琐之极，这是法治社会所不允许的。四中全会强调"良法是善治之前提"，必须以保护产权、维护契约、统一市场、平等交换、公平竞争、有效监管为基本导向，完善社会主义市场经济法律制度。要求"加强市场法律制度建设，编纂民法典，制定和完善发展规划、投资管理、土地管理、能源和矿产资源、农业、财政税收、金融等方面法律法规，促进商品和要素自由流动、公平交易、平等使用"。可以预见，近期我国证券期货、互联网领域、预算、房产税消费税等方面的立法有望加快，为市场经济持续稳定发展提供有力保障。

在经济执法方面，四中全会强调从行政监管转为法治监管，要求"依法加强和改善宏观调控、市场监管"，也就是经济调控程序化、经济规划科学化、经济决策民主化；市场竞争有序化、市场风险可控化、市场信息公开化。通过市场经济法律的执行，使更多人分享市场深化、改革开放的红利。四中全会还要求推进综合执法，大幅减少市县两级政府执法种类，重点在食品药品安全、工商质检、公共卫生、安全生产、文化旅游、资源环境、农林水利、交通运输、城乡建设、海洋渔业等领域内推行综合执法，有条件的地区可以推行跨部门综合执法。

在经济司法方面，四中全会强调保证公正司法和提高司法公信力，要求"健全事实认定符合客观真相；办案结果符合实体公正；办案过程符合程序公正的法律制度"。"切实解决执行难，制定强制执行法，规范查封、扣押、冻结、处理涉案财物的司法程序"。我国的司法捆绑在整个行政体制之中，法治经济要求司法机关为市场主体提供公正救济的方式以保障法治经济的运行。

（二）加强宏观经济调控中的全面法治建设

对宏观经济形势的判断具有复杂性、灵活性和前沿性等特点。然而，鉴于宏观调控政策对经济社会影响深远，其目标和手段的制度化、法治化刻不容缓。中国经济目前压力巨大。近日，李克强总理在2015年夏季达沃斯论坛上坦言，经济活动中的一些深层次矛盾和问题也随着经济波动日渐暴露。[2]20世

---

〔1〕［古希腊］亚里士多德：《政治学》，吴寿彭译，商务印书馆1997年版，第199页。

〔2〕《李克强夏季达沃斯致辞 打消中国经济硬着落忧虑》，载人民网：http://theory.people.com.cn/n/2015/0913/c40531-27577409.html，最后访问日期：2015年9月16日。

纪90年代之前，中国是短缺经济，依靠简单的基础产业部门投入就可以得到改变。如今我国制造业的问题是中高层次短缺，科技创新的体制改革刻不容缓。同时，我国宽松的货币政策已不可持续。2014年全国GDP总量为70万亿元，而目前我国M2已达到130万亿元。〔1〕依靠货币投入、能源投入带动的经济增长方式已面临严峻挑战。

在这样的背景下，使用宏观调控手段，避免经济“硬着陆”是政府必须履行的重要经济职能。然而，我们应该看到，在我国宏观经济调控的历史上，经济立法之质量、程序之合法性，往往与经济法治相距甚远。〔2〕这其实是我国现阶段一系列与宏观调控法治化的相关问题从实践到理论都未统一的结果。

一个最好的例子就是，我们应该审视当下中国采取的宏观经济政策是否符合法治化要求。2008年11月，为了应对全球性的经济危机的调控目标，我国国务院常务会议作出“进一步扩大内需，促进经济增长”的十项措施，决定“到2010年底投资各项工程建设约四万亿人民币”。在实行强刺激政策以后，我国固定资产投资增长率的名义值超过30%。这是上一届政府留给我们的政治遗产。

然而，已有学者指出，从2012年至今，我国发改委批准的投资项目总和已超过十万亿元。中国经济货币规模已接近空前水平，中国政府在试图“调结构”时，仍然走了一条靠投资拉动的老路。对此，我们似乎可以从发布的PPP项目规模窥见一斑。在当前稳增长的背景下，PPP已成为重要抓手，从中央到地方都进行着PPP的总动员。日前，财政部金融司巡视员刘健在某投资沙龙上透露，各省政府推出的PPP项目据统计大约为1800多个，总投资达到3.4万亿元。〔3〕2015年5月，国家发展改革委在门户网站开设PPP项目库专栏，公开发布的PPP项目共计1043个，总投资1.97万亿元。可见，两部委系统发布的项目总

---

〔1〕 国家统计局数据库：http://data.stats.gov.cn；中国人民银行调查统计司官网：http://www.pbc.gov.cn/diaochatongjisi/116219/index.html，最后访问日期：2015年9月28日。

〔2〕 如2006年5月，在稳定房地产市场的宏观调控政策目标下，建设部、国家发改委、监察部、财政部等部门联合出台了《关于调整住房供应结构稳定住房价格的意见》。此意见规定，凡新审批、新开工的商品住房建筑，套型建筑面积90平方米以下住房（含经济适用住房）面积所占比重必须达到开发建设总面积的70%以上……过去已审批但未取得施工许可证的项目凡不合上述要求的，应根据要求进行套型调整……

〔3〕《PPP总投资已达3.4万亿养老金险资借信托入市》，载新浪财经网：http://finance.sina.com.cn/trust/20150917/083523272736.shtml，最后访问日期：2015年10月4日。

和估计达5.37万亿元，已超2008年4万亿元的水平。[1]

十八届三中全会通过的《中共中央关于全面深化改革若干重大问题的决定》已经明确，享有宏观调控权的只能是中央政府。我国现行宏观调控部门体系在2008年国务院机构改革以及政府职能转变的基础上形成，总体上形成了以发改委、财政部和中国人民银行三大综合经济部门为核心，商务部、工信部、农业部、环保部、国土资源部和统计局等专业职能部门为补充的较为完整的宏观调控主体体系。[2]但是，我国宏观调控的法治化仍然有诸多问题值得思考。比如，中央政府干预经济的所有行为都是宏观调控吗？宏观调控作为国家和政府干预市场经济的职能和手段是否会在“巨物理论”的惯性下，在治理“市场失灵”的同时出现“政府失灵”？宏观调控的实施是否要受规范化的程序控制？宏观调控的行为是否应当受到司法的监督并承担相应的法律责任？我国“十二五”规划接近收官，各级政府正紧锣密鼓编撰“十三五”规划。作为宏观调控手段之一的五年规划，关系到国计民生和全民利益，其编制、审批理应由全民参与，因此规划宏观调控权是否应当由国家代议机关——在我国就是各级人民代表大会享有？[3]

（三）完善由供给决定的要素市场价格形成机制

我国商品供给已相当丰富，且定价已基本实现市场化。[4]市场经济的显著特征是分散的经济决策者根据市场价格自主决定资源的配置及使用各种要素的成本。[5]正如诺贝尔经济学奖获得者布坎南在《自由市场和国家》一书中说，“18世纪哲学家伟大的发现是：适宜地设计法律和制度，市场中分散的谋私利的个人会产生一种自发的秩序，即产生一个分配结果的模式；它不是由任何个体决定的，但是它可以合适地归类为能反映参加者价值最大化的秩序”。[6]然而，由于目前我国要素市场风险积聚，因此改革更为紧迫。

[1] 参见国家发展和改革委员会固定资产投资司：PPP项目库，http://tzs.ndrc.gov.cn/zttp/PPPxmk/，最后访问日期：2015年9月30日。

[2] 谢地、刘佳丽：《垄断行业监管机制的法经济学研究》，经济科学出版社2013年版，第57页。

[3] 徐澜波：《宏观调控法治化问题研究》，中南大学2013年博士学位论文。

[4] 改革开放前，中国大多数商品价格由政府决定。1978年，全社会商品零售总额中政府定价比重为97%，在工业生产资料销售收入总额中政府定价为100%，农副产品收购总额中占92.6%。经过不断的市场化改革，2001年社会零售商品、农副产品的生产资料中，由市场定价的比重已经超过90%。

[5] 市场价格机制不是万能的，比如在高等教育等公共服务领域是否适合市场化改革就是值得商榷的。

[6] [美]布坎南：《自由市场和国家》，吴良健等译，北京经济学院出版社1985年版，第88页。

《国务院关于创新重点领域投融资机制鼓励社会投资的指导意见》指出，要理顺能源价格机制。进一步推进天然气价格改革，2015年实现存量气和增量气价格并轨，逐步放开非居民用天然气气源价格，落实页岩气、煤层气等非常规天然气价格市场化政策推进天然气分布式能源冷、热、电价格市场化……完善可再生能源发电价格政策，研究建立流域梯级效益补偿机制，适时调整完善燃煤发电机组环保电价政策。

在电价方面，根据《电力监管条例》第4条规定："国务院电力监管机构依照本条例和国务院相关规定，履行电力监管和行政执法执行；同时，国务院有关部门依照有关法律、行政法规和国务院有关规定，履行相关的监管职能和行政执法职能"。此条款的后半部分实则为其他部门干预电力提供了便利。根据《国家电力监督委员会配置、内设机构和人员编制规定》，国家电监会的权力在电力价格调控上仅为"根据市场情况，向政府价格主管部门提出调整电价的建议"。从这一规定可以看出，国家发改委最终掌握了电价的最终定价权、投资审批权等重要的监管权力。〔1〕这种政策部门替代监管机构直接采取干预市场的管制方式，是否合适值得商榷。

在金融市场上，其最核心基准是利率。然而，利率市场化绝不仅仅意味着"放开"，也绝不仅限于存款利率的管控从大额存款开始逐步放松，或者说社会上关注的"放开存款利率上限"。它至少包括三大要义：一是建立健全由市场供求决定利率的机制，使得利率的水平、风险结构和期限结构由资金供求双方在市场上通过反复博弈来决定；二是打破市场分割，建设完善的市场利率体系和有效的利率传导机制；三是中央银行要全面改造其调控理念、工具和机制，最终熟练掌握一套市场化的调控利率的手段。这样看来，我国利率市场化的任务还很繁重。〔2〕当然，在利率市场化的过程中，有很多国际经验与教训值得我们借鉴。比如，伦敦银行间拆借利率（以下简称Libor）的计算规则就充分体现了设计者对"市场经济"本质的理解与贯彻，即根据每个银行愿意借贷的成本汇总为一个市场上普遍实行的价格。英国银行间协会（British Bankers Association）很好地阐释了Libor内涵：这个利率是在任一交易日、伦敦当地

〔1〕 钟瑛嫦、王贵：《反垄断法保护竞争的宗旨与市场监管制度的衔接》，载《中国价格监管与反垄断》2015年第8期。

〔2〕 李扬：《深水区的金融改革》，载《金融与保险》2015年第1期。

时间11点之前，任何一个特定货币选中的委员会银行（由于世界上几乎所有的离岸货币都会在伦敦交易，所以Libor实际是对各种不同货币的报价）愿意借取资金的价格，无论这一银行是否有借钱的意愿，抑或者后续以一个合理的市场规模接受其他银行的借款。[1]计算时，会剔除报价最高的4位和最低的4位，只保留中间的8位，以便消除偏远数据的影响。Libor在2012年操纵丑闻曝光后，其报价体制、数据构成、监管方式等都正在实施变革，这也是值得我们关注的。

第二节　市场经济与经济法理论问题的再思考

建设社会主义市场经济体制目标的提出，使沉寂一时的经济法基础理论研究又趋活跃。市场经济要求经济法理论进行再思考，因为完善经济法制需要科学依据，经济法学的发展与经济法教学也需要理论基础；同时，市场经济的发展为经济法理论的再思考提供了可能。过去理论界欲言又止的问题或难以自圆其说的观点，放在市场经济的条件下都可化难为易或不解自明。当然，这种再思考不是对经济法的重新认识，而是一种认识的深化；不是对以往经济法理论研究成果的彻底否定和摒弃，而是在以往基础上的完善甚至超越。本文试图就经济法产生发展的规律、经济法的调整对象和经济法的基本原则等几个问题略陈管见，在方便教学的同时，以期引起更深入的探讨。

一、市场经济与干预、协调是经济法兴起和发展的动因

经济法作为调整一定经济关系的部门法，并不是在国家和法产生的初期就出现的，它是随着商品经济的出现而萌芽，随着市场经济的孕育发展而发展起来的。

在自然经济阶段，自给自足的生产方式和少量的剩余产品交换只能产生原始的经济关系，调整这些原始经济关系的是古代各国“诸法合一”的法律形式。社会大分工促进了生产力的发展，出现了商品生产和交换，产生了简单的

---

〔1〕 BBA Libor Definitions, “Retrieved from BBA Libor”, Accessed Aug16th,2015,http://www.bbalibor.com/disclaimer/bbalibor-explained/definitions.

商品经济关系，“诸法合一”不能胜任，促使法律分工，“民刑分离”。

随着资本主义的兴起，开始了市场经济孕育和形成的过程，对法律提出了更高的要求。虽然民商法已逐渐成形，但仍不能满足经济关系日趋复杂的需要，经济法因此应运而生。市场经济数百年的孕育和发展的过程也正是经济法孕育和发展的过程，并且两者相互作用。在资本主义原始积累时期，在重商主义政策的影响下，一些西方国家就进行了一些经济立法的尝试，试图以法律力量促进封建生产方式向资本主义生产方式转变，扩大市场，壮大资产阶级的经济力量和政权的物质基础。如18世纪英国“圈地运动”中，就先后颁布过2000多个法令，此时还出现过工厂法、劳工法、矿业法、济贫法、谷物法等。一些理论家也开始提出和探讨有关经济法的概念，“经济法”这一名词最早出现在1755年法国摩莱里著的《自然法典》中。19世纪初开始，西方国家相继受当时一些理论思潮的影响，特别是亚当·斯密经济思想，采取自由放任主义，较少干预市场，主要依靠民商法调整经济关系，使民商法有较大发展。以1804年《拿破仑法典》为标志，民商法很快成为一种相当成熟的部门法。即使如此，为了公共利益的需要，各国仍在劳动、公用事业、金融货币、外贸、价格及关税等方面颁行经济法。

随着商品生产和交换规模的扩大，统一市场体系的建成，国际市场的开拓，资本主义国家最终形成了现代市场经济体制，现代经济法也同时作为一种部门法登上了历史舞台。19世纪末20世纪初，西方各国都面临着垄断和竞争无序、周期性经济危机、争夺世界市场等问题，市场信息可靠度的不稳定性、市场主体个体利益与社会利益的冲突导致“市场失效”[1]，危及整个社会。对这一切，市场机制本身无法解决，以私有神圣、契约自由为原则的民法也无力应付，这就迫切需要一个新的法律部门加以调整。在此背景下，主张国家干预经济的凯恩斯主义受到各国的重视，体现社会公共利益、以国家干预为特征的经济法兴起与壮大就理所应当了。值得一提的是，以大量经济立法干预经济为核心的美国“罗斯福新政”，对克服市场自发调节的不足，缓和危机，刺激经济发展起了一定的积极作用，对其他国家也产生了较大影响。

---

〔1〕 市场机制在一定情况下失灵，参见马洪编著：《什么是社会主义市场经济》，中国发展出版社1993年版。

“二战”后，西方资本主义各国由于历史背景和现实问题的不同，经济发展环境和国家干预范围有别，各国市场经济模式逐渐明显，各国经济法发展也各有特色。但较为一致的是，西方各国国家干预和经济立法的重点放在了宏观调控、社会福利和促进科技进步等方面，这对于资本主义市场经济保持相当的生机活力不无帮助。以日本的行业经济振兴法为代表，经济法已涉及协调经济发展的内容。

有一种观点只承认西方国家是在市场经济条件下，因国家干预而产生了经济法，而社会主义国家是在没有市场经济的情况下，因为创设经济制度而产生了经济法。[1]其实不然，创设经济制度的不一定是经济法（往往是宪法），社会主义国家在计划经济体制下，更多地采用行政命令和政策规范经济活动，即使有个别经济法律规范，也只是经济法的萌芽，尚不能是真正意义上（作为部门法）的经济法。

旧中国长期处于封建社会和半封建、半殖民地社会，商品经济尚不发达，市场经济暂未形成，经济法也没有生存的土壤。新中国成立后，曾较长期实行高度集中的计划经济体制，这期间从国家全面管理经济的要求出发，也曾尝试过设置经济法，但终因计划经济在本质上是由政府行政命令直接指挥的经济活动，偏重于“人治”，使经济法难以建立起来，个别规范也流于形式。原苏联、东欧国家虽几经周折规定了一些经济法律规范，但随着苏联解体和东欧剧变而化为废纸一堆，不能不说是一种失败。

20世纪80年代初，中国在邓小平建设有中国特色的社会主义理论指导下，开始了以市场为取向的经济体制改革。正是以这场深刻的改革为起点，我国经济法开始兴起，并伴随市场化改革开放的进程而发展。10多年的改革中，在维护经济主体合法权益、转换企业经营机制、推动经济联合、促进科技进步、扩大对外经济技术合作、加强宏观调控和整顿经济秩序等方面制定了大量的经济法律规范。经济关系与经济生活的许多方面基本上实现了有法可依，经济司法制度得到建立并发展起来，经济法广泛普及，理论研究得到重视，极大地保障和推动了改革开放的顺利进行。经过10多年的改革，我国市场作用扩大，经济发展加速，综合国力增强，人民生活改善，取得了举世瞩目的成就。

---

〔1〕 董娟:《市场经济下经济法的调整对象》，载《理论与现代化》1995年第10期。

为进一步解放和发展生产力，我国于1992年正式向全世界宣告实行社会主义市场经济，并将此载入宪法，这也要求经济法更快发展。1992年10月，中共十四大提出：加强经济立法，特别是抓紧制定与完善保障改革开放、加强宏观经济管理、规范微观经济行为的法律和法规，是建立社会主义市场经济体制的迫切要求。1993年3月，八届人大一次会议决定：本届人大把加快经济立法作为首要任务。

虽然西方市场经济国家的经济法产生进程是从自由放任到国家调控，而我国经济法的产生进程却是从高度集中走向市场化，但经济法产生发展的根本原因却是一样的，即市场经济条件下需要国家干预、协调，因为社会主义市场经济与资本主义市场经济有同样的要求：既要充分发挥市场机制作用，又要有效实行宏观调控，对市场运行进行导向和监控，克服市场自身不足；既要鼓励市场主体积极竞争、优胜劣汰，又要制止不正当竞争、维护经济秩序。面临这一要求，资本主义国家是在放弃了自由放任主义而民商法又不能胜任的情况下，产生并发展了经济法；我国则是在放弃了高度集中，改变由国家全面直接管理方法的背景下，产生并发展经济法的。

当然，社会主义市场经济又有着与资本主义市场经济不同的特征，即我们有共产党的领导，以公有制为主体，以共同富裕为目标，有社会主义政治优势和基本经济制度为后盾。由这些特征决定，社会主义市场经济体制下，国家权力介入经济生活的广度和深度与资本主义市场经济有所不同，即不仅有干预，还有更多的协调。所以，我国的经济法发展不能照抄照搬西方国家经济法，而是要对其借鉴、改造和吸收，创造有中国特色的适合社会主义市场经济的经济法。

二、国家干预、协调的经济关系是经济法的调整对象

我国法学界较一致地认为，经济法的调整对象是一定范围的经济关系。在纷繁复杂的社会关系中，经济法调整的是具有物质利益内容的经济关系。但在市场经济中，经济主体和经济活动众多，经济关系复杂多样，需要整个经济法律体系各个部门法共同调整，经济法只调整其中的一部分。至于“一定范围的经济关系”的具体内涵，我国学者曾一度分歧较大，有主张经济法综合调整纵向（管理）和横向（协作）经济关系的，也有主张仅调整纵向或经济行政

关系的，还有主张以调整纵向为主兼及横向（与管理密切联系）经济关系，等等。〔1〕随着以市场为取向的改革的深化，以及建立社会主义市场经济体制的正式确立，对经济法调整对象的认识正逐步趋向一致，但表述上和细节上仍有差异。〔2〕

根据经济法伴随市场经济孕育发展的历史事实和实际作用，也根据不同市场经济中经济法公益性和宏观性的共同特征，以及根据市场经济对经济法的内在要求，我们可以认为：经济法的调整对象是由国家干预和协调的经济关系。

所谓干预，是指国家出于一定目的，凭借权力过问经济主体的行为。其中，对一些行为进行限制、制止、疏导的干预被称为消极干预；对一些行为进行保护、鼓励、促进的干预被称为积极干预。所谓协调，是指国家运用权力努力帮助社会供需平衡和经济发展配合恰当。其中，既可包含积极干预的一些内容，还包含国家更为主动、直接介入经济生活的一些措施，如投资建设、筹建市场（交易场所）、建立国有市场主体、国家订货、经济援助等。

如前所述，市场需要干预，干预产生经济法，但经济法又不能仅仅限于干预。现代市场经济，特别是社会主义市场经济，不仅需要国家置身于市场之外，对一般经济活动进行干预，还需要国家适时介入市场，介入经济活动进行协调。

我们认为，干预和协调的内涵与外延不同，两者不可相互代替。干预与协调并列，反映了国家调控的范围和程度都比单列干预或协调更广更深一些，它既可体现国家作为社会管理者行使行政管理权（公权）调控经济的特征，也满足国家作为国有资产所有者行使所有权的需要。以国家干预和协调的经济关系作为经济法的调整对象，既照顾到不同市场经济国家经济法的共同特点，也更符合我国的实际情况；同时在理论上也吸收了学术界主要观点的合理内涵，容易形成多数人认同的一般观点。

国家干预和协调的经济关系是社会经济关系的主流，也是市场经济活动

〔1〕 参见《中国经济法诸论》，法律出版社1987年版，第153页。

〔2〕 较重要的观点有："需要干预经济关系说"，参见李昌麒主编：《经济法学》，中国政法大学出版社1994年版；"协调运行经济关系说"，参见杨紫煊、徐杰主编：《经济法学》，北京大学出版社1994年版；"宏观调控关系说"，参见刘仲铭：《反思与自省：市场经济体制下经济法的重新定位》，载《中外法学》1996年第1期。

的核心，具体应包括以下几方面的关系：

（一）市场主体调控关系

市场主体调控关系是指国家对各类市场主体，特别是企业的设立、变更、终止及内部管理进行干预和协调所产生的各种经济关系。社会主义市场经济需要建立活跃的市场主体体系，其中企业是最为重要的主体。对市场主体的干预和协调就是国家根据社会整体利益需要，对市场主体体系进行统筹、规划、调节，对各个主体区别不同情况加以指导、组织、服务和监督，如对企业设立的审批或核准登记、税收的优惠、对企业财务会计和分配制度的限制，等等。这种干预和协调不是要将市场主体变成政府机构的附属物，而是要创造市场主体生存、发展的合适空间，促使市场主体内部结构优化、经营机制转变和经济效益提高。

经济法对市场主体调控关系的调整就是通过全面规定市场主体资格条件、法律地位、责任形式、权利义务等，实现既保证其成为自主经营、自负盈亏的合格主体，又保障其交易安全、不受非法侵害的目的。

（二）市场运行调控关系

市场运行调控关系是指国家在建设和完善市场体系、规范市场行为、维护市场秩序中产生的经济关系。社会主义市场经济需要形成统一、开放、竞争、有序的大市场，使商品和各种生产要素能自由流动。由于我国长期实行高度集中的计划经济体制，在向市场体制全面转轨时期，由政府出面协调、干预市场的建设，有利于市场体制的早日完善。市场在发展过程中，不可避免地会出现竞争与不正当竞争的矛盾，个体利益与社会利益的冲突。由于市场本身无力消除这些矛盾和冲突，市场自发机制不能维护市场秩序，此时就需要国家进行干预、协调，以便及时制止违法行为，保护合法活动。经济法对市场运行调控关系的调整分为两个方面：一方面是对市场交易的一般行为，规定共同规则和普遍要求，这就是由反垄断和反不正当竞争法、消费者权益保护法等组成的市场秩序法；另一方面是根据各个不同市场的特点，分别制定具体规则和特殊要求，这就是涵盖商品市场和要素市场的市场体系法。对市场运行调控关系的调整，还要求加强执法监督，保障市场的健康运行。

（三）宏观经济调控关系

宏观经济调控关系是指国家对国民经济总体活动和有关国计民生的重大

因素实行全面性协调和干预而产生的经济关系。任何市场都存在因自发调节所不能解决的长远的、全局性的、社会公共利益的问题，而只能由国家进行调控。中国作为一个社会主义大国，人多地广，发展也不平衡，国家的宏观调控尤显重要。宏观调控就是国家以间接调控方式为主（如优惠、补贴等），以直接调控方法为辅（如计划、投资等），选择经济和社会发展战略目标，调整重大结构和布局，兼顾公平与效率，保护资源与环境，以及建设公共基础设施等，实现经济总量的基本平衡和经济结构的优化，使国民经济得以持续、快速、健康地发展。

经济法对宏观经济调控关系的调整是通过明确国家调控的任务、目标、范围、程度、方法，以及执行调控的机构等来确保宏观经济的有效调控，促进经济稳定增长和人民生产水平的提高。

（四）社会保障关系

社会保障关系是指国家对劳动者和其他需要扶持的主体（主要为个人）在市场竞争中的合法经济权益进行保障性干预和协调而产生的经济关系。市场充满激烈竞争，然而有竞争就会有优胜劣汰。为了维护社会正义与公平，在提高劳动者和其他主体竞争能力的同时，需要对竞争中的失败者（如失业者）和缺乏竞争能力的人（老、弱、病、残、伤）提供物质保障。这种物质保障是一个体系，涉及就业及培训、失业、养老、医疗、生育、伤残等保障。但市场不能提供这些保障，这就需要在国家干预、协调下，建立起强制性的社会化经济保障体系，由国家、市场主体和劳动者个人承担起相应的责任。

经济法对社会保障关系的调整，主要是通过明确劳动者的权利义务，规定并实施劳动就业、社会保险、社会救济、社会互助等制度，保护和合理利用劳动力资源，维护社会安定和劳动者合法权益。

有的学者不赞成把市场主体调控关系和社会保障关系作为经济法的调整对象，认为这两种经济关系应分属商法和社会法调整。[1]我们认为这种担心是不必要的，因为经济法调整的这两种经济关系中有些内容是传统的商法和尚待完善的社会法所无法涉足的。即使有些内容与商法或社会法研究的对象相交叉，也不至于影响有关法律部门各自的体系完整和共同发展，更不会妨碍经

〔1〕 刘国欢：《经济法调整对象理论的回顾、评析与展望》，载《法律科学》1996年第1期。

济立法，因为经济法律规范本身就是综合性的。

三、干预、协调贯穿于经济法的基本原则之中

经济法的基本原则是体现在经济法律规范中的基本准则，是对经济立法、司法、执法和经济法学研究具有普遍意义的指导思想。法的基本原则必然要反映法所调整的社会关系的特性，我国经济法的基本原则是以宪法规定的社会主义市场经济制度为基本依据，反映市场经济体制下国家干预和协调经济的本质特征。因此，干预和协调就贯穿于经济法的基本原则之中，也决定了我国经济法基本原则的具体内容。

（一）国家干预、协调的适度原则

国家对经济的干预和协调是必须的。根据市场供求关系自动调节商品生产经营的市场机制是市场经济的基础，但市场机制又具有盲目性和局限性，需要国家干预和协调。

国家对经济的干预和协调应该是适度的。过度意味着又退回到高度集中的老路上去，过松则又无异于自由放任而导致“市场失效”。所谓适度，就是将市场机制与国家干预和协调之间的有机结合。

西方市场经济各国经过长期实践和探索，逐步掌握了适合其国情的“结合点”或“度”，并能随着市场经济发展情况和认知程度的深化加以调整。我国虽然也已在改革中积累了一些经验，但还存在一个发展和认识的过程。为了防止偏废一头或摆动过大，应将“适度干预和协调”作为经济法的一个原则，贯穿于经济立法、司法、执法的全过程，寻找出市场机制与国家干预和协调的最佳结合点。

运用市场机制，就要讲价值规律，就应维护合同自由和经济民主；国家干预和协调则应倡导社会正义与社会责任。经济法的任务就是要根据实际情况把国家协调和干预的范围、程度、性质、内容、方式规定下来，以求充分发挥市场作用，获得最佳经济效益。

（二）公开、公平、公正原则

公开、公平、公正原则是从证券市场产生的，但其内容经扩充后，充分反映了国家对经济干预和协调的特征，从而成为作用于整个市场经济的经济法原则。

所谓公开即：经济公开、公开市场、机会均等、依法入市；经营者信息公开，管理者办事公开，接受社会监督；市场主体开诚布公，不弄虚作假、投机行骗。所谓公平即公平竞争、公平交易。市场经济的公平是法律地位的公平、市场条件的公平、法律规则的同一。不公平的竞争行为将被制止，而不平均的竞争结果则是正常的。所谓公正即管理公正，国家对各个市场主体同等保护，不搞税负不公、差别待遇；不搞分配不公、“鞭打快牛”；更不能搞行政垄断、以权经商、权钱交易。“三公”原则相互联系、相辅相成。经济法的任务是按公开、公平、公正原则，细化落实各种市场的规范。

（三）保护弱者原则

现代市场经济崇尚社会正义和平等，社会主义市场经济更是如此。但在市场经济中，始终会存在事实上的不平等。如果一边是组织集中、依托政府或拥有强大经济实力，在市场活动中居于优势地位的主体，另一边是个体分散、实力微弱、处于被动地位的主体，那么后者显然更容易受到来自前者的伤害而成为牺牲者。保护弱者不成为牺牲者是社会正义和平等对法律的要求，也是国家干预和协调经济的目标之一。

一般而言，在国家管理机关与被管理者之间，被管理者是弱者；在大公司、大企业集团与中小企业之间，中小企业是弱者；在经营者与消费者之间，消费者是弱者；在劳动力使用者与劳动者之间，劳动者是弱者……国家有责任从法律、政治、经济以及教育等各方面担负起保护弱者的责任。

经济法的任务就是在立法和司法中向弱者倾斜，通过干预、协调，增强弱者地位，使弱者在维护自身合法权益时，能同强者抗衡，实现真正的平等。

（四）保护各种市场主体合法权益原则

在我国现阶段，各个市场主体除了都拥有独立的地位和各自的经济利益外，还分别属于不同的经济性质（不同的所有权）。按照市场经济规则，不同的经济性质并不影响市场主体法律地位的平等，只有各种所有权及各自的合法权益都受到同样的保护，才能使经济运行充满生机和活力，也才是真正的市场经济。国家的干预和协调就是将各种市场主体处于同一环境中加以保护。

在高度集中的计划体制时期，曾有差别地强调对国有经济成分，尤其是国有企业加以特别保护，从而淡化了对其他经济成分的保护，这已不适应市场经济的要求了，而且实践也证明这样做不利于国有企业提高自身素质和经济效益。随着现代企业制度和法人所有权的建立，按所有制划分市场主体并分类保护的做法将被更新，各种市场主体的合法权益都将得到统一保护，国有资产也将通过相关市场主体的市场活动实现保值增值。

经济法的任务就是要确保社会主义市场的统一，确保各种所有权及各个市场主体的平等地位，并规定给予同等保护和对侵权行为予以制裁。

（五）兼顾各方利益的原则

在市场经济的条件下，每个主体都追求效率和自身物质利益，在利益分配上就会发生个体与社会、局部与全局的矛盾。解决这些矛盾不能再靠计划调拨、行政分配的方式，而是应依据经济法的原则，由国家干预或协调加以解决。

对利益关系的干预和协调，要合理兼顾国家集体、个人利益；兼顾中央和地方利益；兼顾不同地区、部门利益；兼顾不同阶层、群体利益。这种利益关系的干预和协调应以权利义务一致为前提，以经济效益为基础，以社会公共利益为终极目标。

经济法的任务就是通过兼顾各方利益的立法和执法，调动各方面积极性，加快社会主义市场经济的建设步伐。

第三节　宪法中基本经济制度修改的若干问题

在市场经济建设日新月异，认识不断深化和理论不断创新的今天，越来越多的专家学者提出了适时修宪的问题，宪法在实践中进一步修正补充已成必然的趋势，对经济制度的调整完善是修宪的一个重要环节。

一、修改宪法经济制度的必要性

经济制度是指人类社会发展到一定阶段的生产关系的总和，是政治制度和社会意识形态的基础。先进的经济制度是推进人类社会发展的动力，改革落后的经济制度的就是排除生产力和社会发展的阻碍。经济制度受政治法律制度的保护，首先在宪法中得到体现。作为宪法组成内容的经济制度，是指由宪法和法律在确认和调整经济关系时所形成的各种制度的总和。[1]发达市场经济国家的宪法虽无经济制度的完整表述，但一些基本原则仍可散见于各时期的宪法文件和宪法习惯中。[2]前苏联东欧国家的宪法则往往以专章形式规定其经济制度，这种对经济制度作较完整的规定的形式对于发展中国家的宪法较有影响。当前各国的经济立宪已成发展趋势，即使发达市场国家的宪法也对经济制度的规定日益公开化、具体化，大多数国家的宪法都有涉及经济制度的内容。[3]

我国宪法历来重视经济制度的规定，将其作为国家基本制度的组成部分，主要内容涉及财产所有制及经济形式、经济体制、国民经济管理指导思想、分配原则，以及经济管理基本方法等。我国宪法通过经济制度的规定，确立了公有制为主导的经济性质和按劳分配为主的分配方式，确立了适合中国国情的经济体制，明确了社会主义经济建设的方针、措施，为我国经济法、民商法等法律的制定与实施提供了坚实基础，也为我国经济建设实践提供了宪法保障。我国宪法还充分反映客观经济规律，反映建设中国特色的社会主义的理论与实践，不断对经济制度作了修改完善，我国现行宪法自1982年颁行以后的三次修改均与经济制度的内容有关。如1993年的宪法修正案中，将原“国家在社会主义公有制基础上实行计划经济”修改为“国家实行社会主义市场经济”，1999年修正案中又进一步增加了“发展社会主义市场经济”基本要求；又如1988年的修正案中增加了“私营经济是社会主义公有制经济的补充”的规定，1999年又进一步明确私营经济“是社会主义市场经济的重要组成部分”。这些修改完善，充分适应并促进了改革开放和市场经济建设。

党的“十六大”以“三个代表”重要思想为指导，提出了“全面建设小康社会，开创中国特色社会主义事业新局面”的纲领，成为我们今后经济建设、宪法和法制建设以及其他各项工作的奋斗目标。现行宪法的经济制度虽经多次局部修改，但与迅猛发展的实践相比仍具有局限性，一些内容已极不适应市场经济的需要，有的甚至束缚了相关立法和改革实践。如现行所有制的规定，已影响到相关民商法物权制度、公司产权制度的建立健全，也与现实实际状况不

〔1〕 殷啸虎等：《宪法学》，中国法制出版社2001年版，第187页。

〔2〕 赵树民：《比较宪法学新论》，中国社会科学院出版社2000年版，第216页。

〔3〕 殷啸虎等：《宪法学》，中国法制出版社2001年版，第188页。

相符和。因此，适时修改完善经济制度，对于我国宪法的与时俱进和顺应时代要求，对于社会主义市场经济的发展是至关重要的。

宪法经济制度的修改，要坚持以特色理论和“三个代表”为指导思想，立足于改革开放，着眼于社会主义初级阶段宏伟目标的全面实现。

宪法经济制度的修改，既不是简单地在宪法中取消经济制度，也不是细化经济制度。经济生活在现代国家中占有重要地位，试图在宪法中取消经济制度是不合时宜的。但经济制度在宪法中也不宜具体化，特别要防止重蹈阶段性经济政策规定过多而不得不经常调整的覆辙，要将经济制度的基本方针、基本原则和基本制度规定在宪法中，而将具体制度规范交由经济法、民法、商法等部门法担当。

二、坚持和完善基本经济制度

我国的基本经济制度是1999年修正的宪法第6条所表述的：“国家在社会主义初级阶段，坚持公有制为主体、多种所有制经济共同发展的基本经济制度”。十六大报告要求我们“根据解放和发展生产力的要求，坚持和完善公有制为主体、多种所有制经济共同发展的基本经济制度”。对于完善基本经济制度的具体任务，十六大报告也明确提出了两个“毫不动摇”和一个“统一”的要求，即必须毫不动摇地巩固和发展公有制经济，必须毫不动摇地鼓励、支持和引导非公有制经济发展，将两者统一于社会主义现代化建设的进程中。我们应按照十六大关于坚持和完善基本经济制度的精神，修订宪法相关规定。

首先，应优化国有经济在国民经济中的主导地位。一方面，要改变对主导地位表现形式的传统观念，国有经济的主导地位不仅要表现在社会总资产和经营性资产中取得量的优势，更要表现在对国民经济的有效控制上发挥质的作用。因此，国有经济要加强对国民经济重要领域和重要行业的控制力，同时从一些市场能办好的领域和行业中退出。另一方面，国有经济的主导地位不能牺牲市场效率，不能违背市场规律，国有经济要以市场化的方式存在，并支配、影响其他经济形式。据此建议，将宪法第7条的相关内容修改为“国家以市场化的方式保障国有经济的巩固和发展”。

其次，应准确界定并促进集体经济发展。集体所有制经济也是我国社会主义公有制的组成部分，但目前面临的主要问题是城乡都存在产权关系不清晰集体经济组织的所有者缺失、劳动者不关心所有权的所谓“大集体、小全民”问题。从理顺所有制关系，鼓励和保护劳动群众的积极性考虑，集体经济应定位于所有者与劳动者的统一，以区别于投资者、经营者、劳动者分离的股份制经济。建议宪法第8条的相关内容修改为“国家保护城乡集体经济组织的财产所有权和其他合法权益，鼓励、指导和帮助集体经济的巩固与发展。”

再次，应旗帜鲜明地支持个体、私营经济的发展。长期处于社会主义初级阶段是我国的基本国情，生产力整体水平不高、发展不平衡是其特征，经济的多层次性使个体、私营等非公有制经济仍然起着重要作用，是社会主义市场经济的重要组成部分，理应成为基本经济制度的一部分，其发展也应得到宪法的明确保障。因此要进一步提升私有经济的地位，不再限制其发展，将现行宪法中“国家对个体经济、私营经济实行引导、监督和管理”修改为“国家对个体经济、私营经济实行鼓励、支持和引导”。

最后，应正式确认股份制经济的地位，并大力促进其发展。股份制经济与现代企业制度、资本市场相联系，是市场经济中最常见的经济形式。它动员了更多的资金转化为资本，使法人的投资者多元化，在现代经济中具有不可替代的优势。在我国社会主义市场经济的股份制实践中，国家、集体、个人都成为企事业法人的投资者，从此意义上讲，股份制经济既不是纯公有，也并不是私有，更不是公有与私有的合伙，股份制经济应属于非公有制经济的范围，但通过它可以使公有制经济扩大控制力、影响力。股份制经济应成为非公有制经济的主流，但在我国现行宪法中却没有它的地位（仅有外资经济），这种缺位又导致民商法的相关制度无所适从：既不可对实践中大量的股份经济不闻不问，而自行规定又有“违宪”之嫌。因此，在宪法中正式确立法人所有的股份制经济，正式确立股份制经济的重要地位，这是解放和发展生产力，也是健全社会主义市场经济法制，还是中国与世界接轨的必然要求。建议宪法中增加规定：“国家保护法人所有权，鼓励、支持和引导股份制经济的发展”。

三、平等保护不同所有制财产

在市场经济条件下，每个市场主体虽然分别属于不同的经济性质，其各自财产属于不同的所有制，但按照市场经济规则，不同的经济性质不妨碍各主体法律地位的平等，不同的所有制也不影响其独立财产及合法权益受到同等保护。宪法对不同所有制财产的保护制度是基本经济制度在个体对象上的表现。

在高度集中的计划经济体制的影响下，我国曾有差别地对待不同所有制财产，宪法与法律一直强调公有财产神圣不可侵犯，理论界也历来主张在方式、顺序等方面给予公有财产特别保护。这样的后果是，一方面使部分国有企业躺在“特别保护”的大伞下吃财政“大锅饭”，或躲在“不可侵犯”的盾牌后逃避经济和法律责任，既不利于国有企业提高竞争能力和经济效益，也不利于经济秩序稳定和法制严肃性；另一方面又使非公有经济的保护被淡化甚至轻视，有关主体的积极性受到伤害。

对不同所有制的差别对待还体现在具体法律中。如《刑法》中规定国有企业工作人员将本单位财物非法占为己有的，以贪污罪论处，最高刑罚可处以死刑；而非国有企业工作人员从事同样行为，只以侵占财产罪论处，一般处以5年以下有期徒刑，数额巨大的才处以5年以上有期徒刑，定罪量刑明显不一。此外，对徇私经营罪、合同渎职罪及渎职破产罪等打击亦只针对国有企业、国有资产的侵害行为，其他所有者的财产受同样损害就难以得到同样保护。

对不同所有制的差别对待也影响到司法和行政执法。如公有资产遭到侵害时，有关部门的查处较及时，执法力度较到位；但一些地方和部门却往往对私营企业员工非法占有、挪用、卷逃企业资金的行为查处不及时，或只按民事纠纷处理，甚至不了了之。在经济纠纷审理中，也往往存在偏袒公有当事人一方，而使非公有当事人吃亏的问题。在行政管理中，对公有单位的不当行政干预已大大减少，但个别单位和人员任意干涉民营企业的经营、乱摊派等现象仍然存在。

这种以所有制区别对待的传统做法极不符合市场经济的要求，应被平等保护不同所有制财产的新观念和新制度所更替。

平等保护不同所有制财产是社会主义市场经济的必然选择。充分尊重和平等保护各个主体的财产所有权，是经济运行保持生机和活力的需要，也是市场经济法制的基础。市场经济要求维护市场统一，包括主体待遇统一、交易规则统一、法律适用统一，各种合法权益受同样保护，对侵权行为同样制裁。

平等保护不同所有制财产是各国立法惯例，也是我国应尽的国际义务。1789年的法国《人权宣言》就宣布“财产是神圣不可侵犯的权利”，以后各资本主义市场经济国家在其宪法中纷纷强调财产神圣不可侵犯，但并无对私有财产优先保护的含义，应理解为对各类财产平等保护。[1]我国在加入WTO时已承诺，遵守非歧视原则，给予国外企业和个人国民待遇，由于外资的非公有性质，则平等保护不同所有制财产当然是题中之意。

平等保护不同所有制财产还是推行现代企业制度，发展股份制经济的保障。在一个拥有国家、集体、法人、个人等众多投资者的股份制企业（公司）里，绝不可能只给国有股东分红而冷落他人，也不可能只保护公有股东利益而忽视其他股东。股份制企业是不能简单以公有或私有划分的，也只有平等保护不同所有制财产，才能保护股份制企业的财产。

因此，建议将现行宪法中对公有财产的特别保护与对非公财产的一般保护，改为对不同所有制财产的平等保护，公开宣布“国家和集体的财产、法人和个人的合法财产神圣不可侵犯”。为实现真正的平等，还需对法人所有财产和私人财产制度作出较具体的规定。

四、准确表述市场经济建设的指导方针

修改宪法经济制度，应在取消一些与市场经济不相符合的、计划性、阶段性、政策性条款的同时，将真正反映市场经济客观规律，反映国家经济建设目标要求的基本指导方针，作为经济工作的准则在宪法中加以规定。

第一，完善宏观调控。

宏观调控是政府为实现经济总量平衡，促进经济结构优化，保证国民经济持续、稳定、健康发展，推动社会全面进步而采取的调节与控制措施。市场虽能在资源配置中发挥有效作用，但也存在着生产盲目性、垄断、“搭便车”、信息不对称及分配不公等缺陷，这些缺陷会破坏市场机制的正常作用，造成市场失灵。而市场自身又难以克服市场缺陷，需要政府用“看得见的手”进行宏观调控。政府通过制定长期发展规划和产业政策，引导生产力合理布局和结构调整；通过控制财政、金融、税收等调节手段，保持币值和物价稳定，就业充分、分配合理，国际收支平衡，经济稳定增长；政府通过提供公共设施、社会事业及法律、安全、外交等公共服务，为经济发展创设良好的社会环境和国际

---

〔1〕 童之伟：《与时俱进 完善宪法》，载《法学》2003年第1期。

环境。

加强宏观调控，就要转变政府职能，将政府的国有资产所有者代表的身份与作为社会管理者的身份分开，将政府的宏观调控职能与经济监管职能分开；就要以经济方式为主，以间接方式为主，注重调控程序与调控质量，改变计划经济时期管得过多、统得过死的弊病；就要根据不同发展阶段的具体目标和实际情况，灵活采用不同的调控手段。我国现行宪法第14条却过于具体地规定了宏观调控的内容，不少内容又明显带有计划经济的烙印，建议取消该条，而将第15条中“完善宏观调控”的原则规定适当扩充为“国家根据社会主义市场经济的需要，加强和改善宏观调控”。

第二，加强经济监管。

经济监管是国家为了社会公共利益的需要，对市场主体及其行为进行限制、约束等干预的活动。经济监管是对市场障碍的排除，是市场健康、高效运行的保证。经济监管有利于形成和维护良好的市场环境和竞争秩序，制止不正当竞争，保护合法经营者与消费者的权益；经济监管也有利于市场主体增强自我约束和自我发展能力，在提高竞争力的同时承担社会责任；经济监管还有利于抵御市场风险和防范市场危机，确保市场安全，进而保障国家经济、社会乃至政治安全。

经济监管由政府及其他公共机构为主实施，有时也有社会团体、民间机构共同参与，还需要企业自律、群众监督和舆论监督的广泛支持。经济监管的领域不仅包括工商、税务、质量、计量、会计、审计监督等综合监管，也包括商品、银行、保险、证券、房地产、技术、信息、劳动力等市场的专项监管。经济监管的方式既有事先控制（如市场准入），也有同步监控（如检验稽查），还有事后矫正（如查处违法）。经济监管的对象是市场主体及其行为，各类市场活动的参与者，不论其所有制性质，也不论是组织还是个人都受到监管。我国现行宪法对经济监管对象的规定过于狭窄——仅限于私有经济（第11条），目标也较单一——仅限于维护经济秩序（第15条），与市场实际需要尚有距离。建议宪法列专条规定：“国家对各类市场主体及其活动进行监督管理，禁止任何组织和个人扰乱社会经济秩序，防范市场风险，确保市场经济安全。”

第三，推行现代企业制度。

现代企业制度是与社会化大生产和现代市场经济相适应的企业组织形式

和产权制度。[1]市场经济在其数百年的孕育发展过程中，形成了以公司制为代表的现代企业制度。在我国的改革实践中，现代企业以鲜明的特征显示其优势：其产权明晰，以投资确定在企业的权利义务，有利于克服所有者不明或缺位的问题；其政企分离，以独立的地位争取自身的物质利益，有利于真正割断政府与企业间千丝万缕的羁绊；其权责分明，以法人财产承担有限责任，有利于企业成为自主经营、自负盈亏的实体；其管理科学，以各行其权、相互制约的法人治理结构（内部机构）实行有效管理，有利于解决原厂长负责制缺乏监督、民主管理又流于形式的弊病。

现代企业制度不仅是非公有投资人的首选形式，也是公有经济特别是国有资产的主要存在形式，原来意义上的国有企业或集体企业实际上已不复存在，国有资产只有通过现代企业（包括国有独资、控股公司）的市场活动，才能实现保值增值。企业的国有资产所有权主要是指国家对投入企业的资本行使的股东权，并且不能侵犯企业法人所有权。企业在不侵犯投资人（包括国家）所有权的情况下，独立行使自己的权利。现行宪法第16、17条已无意义，建议改为“国家推行现代企业制度，企业依法经营管理，并以自有资产承担法律责任”。

第四，健全经济法制。

建立和完善社会主义市场经济体制，必须有完备的法律作保障。国家运用经济、行政和法律手段对经济的管理，都需要有法律依据；企业从事经营活动和市场竞争，也需要法律规则，经济法制对于经济制度至关重要。不论是完善宏观调控，还是加强经济监管，都有赖于经济法制的健全。健全经济法制，不仅包括加强经济立法，还包括经济执法、依法经营、依法管理。因此建议将现行宪法第15条中的“国家加强经济立法”改为“国家加强经济立法，促进经济法的实施”。

此外，对健全市场体系、扩大对外经济开放、发展农村经济和建立适合国情的社会保障制度也应作出原则性规定。

---

〔1〕 于纪渭：《股份制经济学概论》，复旦大学出版社1996年版，第20页。

第二部分　宏观调控法

第一节　市场深化背景下宏观调控法治化[1]

宏观调控是促进国民经济整体持续、稳定和协调发展的重大课题，是我国市场经济体制建设和发展的重要内容。在全面深化改革和全面推进依法治国的进程中，对宏观调控法治化的研究意义深远。

准确把握和深入理解宏观调控法治化的概念，正确认识宏观调控法治化的价值，都是实现宏观调控法治化目标不可或缺的基础。宏观调控法治化包含多个方面的内容，是一个结构庞大、内容复杂的体系。对其内涵的探究和理解，也应当从多种不同的角度进行。通过深入剖析，再将之统一于宏观调控法治化的整体内涵之上，才能对宏观调控法治化进行全面、系统、深入的把握，更好的发挥宏观调控应有的功能。

一、域外宏观调控法治化经验的启示

由于经济发展阶段、社会政治条件、历史文化背景以及社会意识形态等方面的差异，各国往往根据各自的国情选择和推行不同的经济体制模式。自20世纪30年代产生以来，宏观调控法作为政府间接干预经济的一种制度设计，其重要性越来越受到各国政府的重视。80年代以来，无论是发达国家还是发展中国家，都明显地加强了对经济宏观调控，并使宏观调控方面的法治地位上升，使之逐渐成为经济法体系中起主导作用的构成

〔1〕 本文为中国法学会2015年重点委托课题“市场与宏观调控法治化”的部分成果。

部分。上述各国宏观调控法治化实践，带给我们的启示主要有：

(一)健全的市场经济体制需要法治化

尽管上述各国在具体国情、经济发展模式及其发展水平等方面有诸多差异，但在处理市场与政府的关系上，法制受到高度重视。各国在宏观调控方式、调控手段的运用和选择上呈现出一定的区别，但是在对市场进行宏观调控时，毫无例外地都依法弥补市场缺陷，以有效发挥市场机制的作用为目标。各国成熟的宏观调控模式和完善的宏观调控立法，是其全面开放、健全发达的市场经济体制的基础和组成部分。我国计划经济时期的调控，就是计划调控、行政调控，因而实际上是一种有计划而无市场，只有计划和行政刚性的“控”，并无市场和其他经济参数的“调”的经济运行方式，也不是真正的宏观调控。随着市场经济体制的逐步完善，市场失灵的现象和问题逐步暴露，宏观调控的必要性也引起市场各方充分重视。因此，我国建设完善的市场经济体制和成熟的宏观调控体系，必然要实现宏观调控法治化，将政府的宏观调控纳入法制化轨道，重视法律制度的制定和实施。

(二)宏观调控法治重点关注经济危机防范

一些国家的宏观调控法律是经济危机的直接结果。经济危机是市场经济所共有的伴生物，会对社会财富带来较大破坏，但也给一国的市场经济体制改革和完善提供了较好的契机，前述美国、德国、日本等国家很多宏观调控法律都是在对经济危机进行反思总结后制定的。美国于1960年代末至1970年代初出现了“滞胀”现象，失业率和通货膨胀率均上升至两位数，在此背景下，美国国会于1978年通过了《充分就业和国民经济平衡增长法》。在第二次世界大战后近20年的时间里，联邦德国政府的宏观经济政策均偏向“有限调节的社会市场经济理论”，加之国内外各种有利条件，实现了高达8.6%的飞速增长。然而1966～1967年，联邦德国爆发了战后第一次经济危机，导致了“基督教民主联盟—基督教社会联盟”政党的下台，这一危机直接推动了《经济稳定与增长促进法》的制定与实施。可以看到，国外宏观调控法律是伴随应对经济危机的出现而丰富的。社会主义市场经济也存在市场失灵的问题，2008年世界范围内的经济金融危机对我国经济也产生了较大消极影响，2015年的股票市场剧烈波动对金融市场宏观调控提出了新的挑战，我们应当对这些危机进行必要总结，将其中较为确定的宏观调控规律用法律的手段予以固定。

（三）强调立法在权力制衡中的重要性

由于世界各国的政治体制和干预目标不同，对于宏观调控的具体执行部门存在较大差异，但由于是国家对市场的干预，因此行政机关在宏观调控政策的执行过程中起到十分重要的作用，这也给行政权过度侵犯私权留下了隐患。为了防止行政权的多度扩张和出现“政府失灵”等问题，各国在进行宏观调控的同时都强调立法机关在调控过程中对行政机关的制衡作用，如美国的参众两院的立法活动。我国立法机关——全国人民代表大会及其常务委员会，是宏观调控的决策部门。根据我国宪法规定，其有权根据全国人大组织法和立法法的规定享有制定和解释法律的权利，在宏观调控领域制定宏观调控基本法以及单行法。但是，目前我国仍缺乏一部宏观调控基本法，且一般情况下的宏观调控更多是以行政命令形式出现，也缺乏宏观调控单行法的规范。另外根据我国宪法规定，人民代表大会及其常委会具有监督权，对由其产生的国家机关的工作和法律的实施进行检查、调查、督促、纠正、处理的强制性权力。据此，立法机关应当具有对宏观调控执行的监督权，但是实践中很难发挥对宏观调控的监督权。为防止行政权力的过度扩张，应当从立法到监督全方位发挥立法机关在宏观调控的积极作用。

二、宏观调控法治化应遵循的基本原则

基本原则是法律基础性的原理，或是为了其他法律要素提供基础或本源的综合性原理或出发点。[1]宏观调控法治化过程中所应遵循的基本原则是宏观调控法本质属性在法律技术方面的体现，是宏观调控法价值的体现，是指导宏观调控立法所坚持的基本思想。[2]根据学术界的理论研究成果和宏观调控实践中不断总结的经验，宏观调控法治化所遵循的基本原则应体现在以下几方面：

（一）权力限制原则

博登海默认为一个人一旦拥有绝对权力，就会试图将其意志毫无约束地强加于为他所控制的人，因此权利必须加以约束和限制。宏观调控权行使的对象是宏观调控经济领域的重大问题，宏观调控主体与相对人（受控主体）之间的法律地位不平等，加之法律制度欠缺，宏观调控主体拥有很大程度的自由裁量权。

〔1〕 张文显：《法理学》，高等教育出版社2007年版，第121页。

〔2〕 李昌麟、胡光志：《宏观调控法若干基本范畴的法律探析》，载《中国法学》2002年第2期。

如果不对其行为加以限制，很容易导致权力滥用甚至越权等违法行为。

（二）合理适度原则

宏观调控实现法治化的目的是以法律手段保障宏观调控政策的实施。通过立法限制调控主体的行为，合理配置权利，维护宏观调控秩序，使宏观调控发挥正常作用。在市场经济体制下，要充分尊重市场自由和竞争，宏观调控的范围、力度、手段要控制在合理的范围之内，国家对宏观经济的管理不能过宽过严。

（三）维护调控对象权利原则

宏观调控从总体和全局出发，保障社会总需求和总供给达到平衡状态，以实现社会整体协调发展。所以宏观调控的决策和执行会对部分市场主体造成不利影响，甚至牺牲其利益，加之宏观调控法律关系双方的地位是不平等的，调控对象（受调控主体）处于弱势地位。所以在宏观调控立法中必须赋予和保障调控对象应有的法律权利，使其能在宏观调控决策和执行中拥有参与权、知情权、监督权、获得补偿和求偿权。

（四）调控手段法治化原则

国家进行宏观调控以经济手段、法律手段和必要的行政手段为主。但是在实践中，市场经济发展形势千变万化，调控对象千差万别，必须要求多种调控手段综合运用。且在市场经济条件下，国家宏观调控以间接手段为主，不能直接、强制性参与经济活动。所以必须要求宏观调控手段合法化，使其具有明确的法律依据和有力保障。但宏观调控手段应是有限的，要防止宏观调控泛化。

三、当前要解决的宏观调控法治化的认识问题

（一）宏观调控及时性与程序化矛盾

宏观调控中需要一定的决策程序，这就涉及宏观调控决策参与与法律调整的问题。这涉及在宏观调控中应当灵活运用程序，还是应当严格遵守程序。因为程序的启动，往往需要一定的时间，而宏观调控往往需要特定的时机，当程序启动后往往时机已过。但是，若允许国家不经过法定程序就进行宏观调控，被视为程序不正义。

所以，宏观调控及时性与程序性的矛盾，也是实质正义和程序正义的一种

抉择。当然，最优的解决办法自然是两者的一种均衡，从而得到社会整体福利的最大化。

有学者将这种矛盾称作“规则约束下的相机抉择”，宏观调控法也被视为规范政府宏观调控相机抉择行为的法律。这一矛盾是基于诺奖得主基德兰德和普雷斯科特的时间一致性理论。时间一致性理论旨在解释为何凯恩斯主义的国家干预政策不能产生其相应的作用。

凯恩斯主义中，认为产出和就业的短期波动是因为需求的变动而产生的，因此不应当拘泥于规则，而应积极根据经济形势相机抉择经济政策，这样应该而且能够系统地控制总需求从而避免产出的连续波动。但是美国的滞涨及其后面的里根新政，使凯恩斯主义受到了极大冲击，凯恩斯主义式的国家干预往往不能达到预定的目的。

而时间一致性理论认为，许多政策的决定受固有的时间一致性问题约束，不能坚持时间一致性的相机抉择不能实现政府事先的承诺。如果政府无法对未来政策作出有约束力的承诺，那么就会面临政府公信力受到质疑的问题，公众便会认为未来的政府政策并不一定与当前公布的政策保持一致。换句话说，宏观调控如果是“相机抉择”而缺乏规则约束，则可能导致公众与政府产生博弈，公众出于对政府的不信任和对于政府未来政策的预期而做出其他选择，这就导致了现有宏观调控政策的失败。

在这种理论之下，两位经济学家经分析得出：第一，宏观调控离不开相机抉择。相机抉择是国家宏观调控的基本方式，目前也很难达到对于长期的调控。其实凯恩斯说过：“In the long run, we are all dead.”这一点是对于重视长期均衡的古典经济学的挑战。固然我们应当重视短期调控政策对于长期的影响，但是，并不存在亘古不变的调控政策。

最重要的是第二点，即相机抉择必须在规则约束下进行。这一点无疑是对于时间一致性的尊重。政府信用是十分重要的。假使人民信任政府，则政府短期内最优的调控措施无疑能起到最大的作用。政府若一味追求效率，在经济形势发生变化时不按照法定程序要求进行宏观调控政策的变化，则人民很难相信政府政策的持久性，就会不按照现有政策进行资源配置。从这点来说，通过群体决策的博弈，在规则约束下的相机抉择恰恰能满足公众利益的最大化。同时，规范的决策程序保证了决策的科学、民主。就整体上而言，不但公众利益可达到最大化；就利益内部分配而言，也尽可能地避免了利益集团在这种资源配置中谋取私利。

其实，就这个理论引申而言，可以看出，宏观调控难以达到计量意义上的最优，即对于市场的变化做出即刻的政策调整。而“相机抉择”中所要遵循的规则（在这个意义上，更多地指宏观调控法相关法律法规）也无助于宏观调控达到最优。

那么，宏观调控要达到的目的是什么？这也是法学家和经济学家对于宏观调控法制化的争议焦点。经济学家多认为宏观调控的法制化，事实上会对经济产生束缚，旷日持久的立法过程会使得经济错失调控的时机，不如更多适用灵活多变的政策调整相关宏观调控中的资源配置。而法学家多赞成宏观调控的法制化，认为法制化至少避免作为代理人的决策者的道德风险，保护利益的分配，更何况法制化也很可能带来更大的利益。

要解决这个问题，首先应当思考的是：宏观调控法律的价值取向是怎样的？其立法目的是什么？宏观调控中的程序正义和实质正义应该如何满足？我们强调的宏观调控法是“程序法和实体法的统一”应如何理解，为何在实践中宏观调控法的程序法时常被忽视？

就正义的角度而言，首先正义是价值，是宏观调控法要追求的目标之一，而不仅仅是手段。从正义这一角度来讲，正义是首要的价值。罗尔斯将程序正义分为三种形态：完善程序正义、纯粹程序正义以及不完善程序正义，其区别就在于是否存在一个正当结果的独立判断标准，完善程序正义存在这一标准，也有旨在达到这一结果的程序；纯粹程序正义无此标准，但有程序；不完善程序正义则是有此标准，无此程序。在此基础上，有学者认为宏观调控应当以纯粹程序正义的路径进行驱动，这是因为宏观调控法很难说存在一定的结果标准，在此基础上，宏观调控的程序宏观调控程序法的构建需要两个模式转换：一是由“行政机关主导决策”向“权力机关主导决策”转换；二是由“纵向权力分配”向“横向权利分配”模式转换。

目前，宏观调控的程序制度没有得到充分重视。目前的程序化也并不一定是法制化。程序化还停留在程序中审批事项，总是按照政府级别高低，抑或官员职级大小“逐级申报”，政策落实总是遵循“上级传达，下级执行”的路径。这也就为何目前的宏观调控法虽具程序，但具有执行难的问题。次贷危机发生后，为应对全球性经济衰退，我国出台4万亿元经济刺激计划起到了一定作用，其及时性得到肯定，但其仓促出台过程的非程序化一直饱受诟病。

总之，根据这一理论，强调宏观调控法的稳定性和强制性具有积极的意义。如果法律不稳定、不具有强制性，不仅宏观调控行为的作出不具有科学性、民主性，而且宏观调控行为也难以达到预期的目的。所以在宏观调控法的立法当中，更多的应该关注宏观调控法的可执行性和其相关的强制力，而不仅是宣示纲领性的口号。

（二）市场调控主体与市场监管主体的关系

市场调控主体和市场监管主体共同的出发点自然是针对市场失灵。两者同样是针对市场主体可能由于信息不对称、道德风险等问题导致的资源配置效率下降的问题。

不同的是，对市场监管更多关注市场安全与防范风险，是用公法来调整私法关系；而市场调控更多是从一个宏观的角度，采用种种手段促进资源的合理配置。这就是为何谈及市场监管主体更加注重行为监管，而谈及市场调控主体更多是从市场全局来进行规范，通过政策进行引导。

市场监管法具有更多“裁判员”的性质，其具有“啄木鸟”的属性，具有的强制性使得市场监管关系存在监管与服从的属性，同时市场监管具有更多的标准化和针对性。宏观调控不直接作用于微观经济，而是作用于整个宏观经济，通过经济杠杆对宏观经济运行发生影响，进而间接地引导微观经济。市场监管法由于对时机的要求，则赋予了监管更多的权力，更注重时机；宏观调控政策的出台和实施则有一套严格的法定程序，必须按部就班、循序渐进推行。微观经济学中更注重对于个体行为的研究，市场监管法对于个体和行为更为关注；而宏观经济学更注重研究个体行为对于整体经济的影响，所以调控更注重的是无数个个体组成的群体、国民经济全局。

目前，很多声音在淡化市场调控中法律或者调控主体的规则，认为应当实时调整市场，并应当赋予调控更多自主权。这正是混淆了市场调控和市场监管的作用。市场调控的性质，恰恰决定了其不宜“赤膊上阵”，而是通过一系列行为，间接达到自己的调控效果，通过给市场信号，让市场自发的进行资源配置上的调整。而调控者一旦绕开程序，进行直接干预，往往达不到预期效果。当然，有些监管主体（如证券监管部门）时不时把自己看作调控主体，干预下市场供需，也必然适得其反。调控主体与监管主体不要错位，如资本市场中，监管事项由证监会执行，调节市场包括救市应由央行主导。

（三）调控的法律手段与政府过度、直接干预的关系

宏观调控手段分为：经济手段、行政手段和法律手段。其中，法律手段指政府依靠法制力量，通过经济立法和司法，运用经济法规来调节经济关系和经济活动，以达到宏观调控目标的一种手段。通过法律手段可以有效地保护公有财产、个人财产，维护各种所有制经济、各个经济组织和社会成员个人的合法权益；调整各种经济组织之间横向和纵向的关系，保证经济运行的正常秩序。国家制定和公布关于经济活动的各种法律、法规，规范各种经济部门、各产业、各行业和各类企业以及金融、税收、财政等系统的领导机关、领导者和一般工作人员在生产和经营管理活动中的行为，按照宏观调控所要求的目标进行调整各方面的经济关系，处理经济矛盾。

法律手段的内容包括经济司法和经济立法两个方面。经济立法主要是由立法机关制定各种经济法规，保护市场主体权益；经济司法主要是由司法机关按照法律规定的制度、程序，对经济案件进行检察和审理的活动，维护市场秩序，惩罚和制裁经济犯罪。

之所以强调调控中的法律手段，一方面固然是强调对于市场主体的监管，约束市场主体的行为，避免发生因为市场的盲目性、自发性等引发的问题，以及对于利益的追求导致的道德风险，更重要的一个方面就是约束政府，避免政府对经济活动的任意干预。市场力量是无形之手，宏观调控是"看得见的手"。宏观调控法这一法律手段正是为经济手段和行政手段提供基础的支持，这也是国家法制化的要求。

应当认识到，经济法既是确权法，也是控权法。政府对于经济活动的干预，应该保持在一个适度的范围内，且应当在法律框架内实施。现代经济学的研究显示，政府也是经济人，也存在自身的利益，传统的"哈韦路"假设中政府超然而一心为人民服务的观点，已被公共选择学派所推翻。这也就是为什么"市场失灵"也会在政府上体现为"政府失灵"。所以，不但要强调政府调控，也要强调调控政府。

在这种"政府失灵"的情况下，政府很可能存在任意调控的现象。政府权力膨胀是权力寻租的根源，所以政府的干预在法治框架下进行，也有利于避免

绝对的权力导致的绝对的腐败。即使政府主观上符合“哈韦路假设”，但是客观上政府也可能存在由于信息不对称而导致的信息不足。因而，斯蒂格里茨认为，政府干预应该限定在政府力所能及的范围之内。同时，政府干预也存在成本：由于政府的经济人属性以及其有限理性，政府干预同样也会导致外部性的问题。

所以，避免政府的过度干预和直接干预，正是出于对于政府以上缺点的认识而进行的。诺斯指出：“国家的存在是经济增长的关键，然而国家又是人为经济衰退的根源。”所以，宏观调控法事实上即针对市场失灵，也针对政府失灵。

在此基础上，宏观调控的法律手段的重要性无疑十分显著。特别是我国作为经济体制转轨型国家，市场机制的脆弱性，要求政府积极、合理地干预和培植市场机制，因为这一市场制度并非如西方发达国家，出于经验主义自下而上自发通过漫长的制度演化产生的，而是理性主义的产物。这一制度变迁决定了：尽管有政府失灵的存在，但政府干预是必需的，关键的是干预的方式。

此时，法律手段就显得很重要。一方面，如前所述，法律手段有助于避免政府过度干预，直接干预；另一方面，法律手段又有助于将抽象的经济手段转化为具体的法律手段；还有一方面，法律手段也避免了过度依赖政策手段带来的人治冲击法治的危险。过度依赖政策手段极易造成政府的过度干预，这种从精英主义出发的观点，在个体上很可能存在极大的差异。

四、宏观调控法治的体系化

（一）宏观调控基本法

现在到了重视宏观调控基本法的研究与实践的时候了，确定宏观调控的基本原则，确定宏观调控范围、主体、手段、程序与责任等基本制度，这既是市场经济作为法治经济的宪法要求，也是市场运行实践的客观要求。

宏观调控与经济监管在本质上都属于“社会公共产品”。因此，在经济法学界经常不将其作严格划分，尤其是在金融法、税法、产业政策法等领域。但是，实际上两者是存在区别的：其一，从直接的目标角度来说，宏观调控是一种“主动”引导市场的行为；而经济监管是一种“被动”监督市场主体的行为；其二，从规范的稳定性来说，宏观调控的具体措施受经济形势的影响甚大，具有“不稳定性”；而经济监管则有较强的“稳定性”。因此，在诸如《中央银行法》《所得税法》《国债法》等具体的宏观调控法中没有必要，也难以将宏观调控与经济监管严格分离，但是在进行宏观调控基本法的立法过程中，则必须将宏观调控与经济监管严格分离。宏观调控基本法使政府对市场经济的调控法律化、制度化，并对各具体的调控法进行统筹指导，使宏观调控方面的法律有一个基本法，充分发挥宏观调控法的“统筹规划、组织协调、具体指导”的职能。

宏观调控基本法的第一部分应是对总则的规定，对于宏观调控的基本目标、基本原则、调整对象等予以规定。这既是纲领性的规定，又是起承式的规定。宏观调控基本法的第二部分是规定宏观调控的主体，宏观调控是国家对市场经济的干预，对于受控主体的合法权益有较大影响，而实践中对于宏观调控主体机关的认识也有较多分歧，有必要以法律的形式对于中央地方宏观调控权力进行明确，对于具体的宏观调控机关进行规定。宏观调控基本法的第三部分是规定宏观调控手段，目前国家对经济进行宏观调控的手段种类有很多，通常包括产业政策、财政税收、货币金融、外贸外汇等，虽然这些调控手段在各个单行调控法律法规中已有规定，但仍应对宏观调控所应采用的调节手段予以归纳总结，在厘清宏观调控手段的种类及其具体工具等基础上，根据我国既有的宪政法律规定的原则，设置、分配相应的运用宏观调控手段的宏观调控权力。宏观调控基本法的第四部分是对每类宏观调控手段的运用规定相关的程序，宏观调控法治化必须规定宏观调控程序。宏观调控程序法治化的目的是规制宏观调控主体的行为，使宏观调控在程序的保障下安全、健康运行，最终实现宏观调控的目标。宏观调控程序法治化的度就是要找到一个合理的契合点，使法律程序的设计不只是停留在限权的层面，而应着力于设权和促进权力的正当、合法行使，既要加强对公民权利的保护，更要加强国家宏观调控的能力。宏观调控基本法的第五部分则是相应的责任制度，包括民事责任、行政责任、刑事责任、社会责任和问责制度等。权、责、利相统一的立法才能真正发挥法律的作用，法律规定才不再是空中楼阁。宏观调控基本法的第六部分是监督管理制度，包括立法监督、司法监督和社会监督等形式。完善的法律体制必须要有完备的监督管理制度作为保障，唯有如此才能保证法律制度的良性运行。

（二）宏观调控专门法律

按照宏观调控的主要措施，我们可以将宏观调控法结构体系作如下划分

1.规划（计划）法。规划法是指关于制定国民经济与社会发展的目标、任务以及需要配套实施的经济政策的规划的法律规范。其功能有：

一是促进国民经济的稳定发展。市场经济是一种“无知经济”，这种“无知”必然带来市场经济的盲目性与不稳定性。因此，我们有必要借助规划来促进国民经济的稳定发展。“虽然我们无法预见未来，但如果我们没有根据当时所得到的信息而制定的未来计划，我们就无法合理地行事。”〔1〕

二是保障社会稳定。市场经济会引发通货膨胀、高失业率、贫富悬殊、垄断等市场失灵问题，破坏社会结构的稳定性，我们通过规划与规划法，对国家经济结构进行顶层设计，改善国家的经济结构，促进社会稳定。

三是决定经济政策。“发展计划的质量取决于它提出的政策的质量，而不是它的计算工作的数量和质量”，“发展计划中至关重要的不是数字，而是政策”。〔2〕因此，规划法是规划政策的法治化，决定了经济政策的基调。

2.金融调控法。金融调控法是中央银行利用货币手段进行宏观调控的法律依据，它具有如下功能：

一是稳定币值。中央银行利用货币政策的首要目标就是稳定一国或地区的币值，稳定币值是稳定社会经济的关键因素。现代宏观调控是建立在社会高度分工基础上的，而作为宏观调控主体的中央银行的主要任务就是稳定币值，抑制通货膨胀。

二是刺激经济增长与减少失业。在社会生产萎缩与失业人员增多的情况下，中央银行可以通过积极的货币政策——增加一定的货币供给，来扩大社会生产，刺激经济增长，从而增加就业人员。

三是保证国际收支平衡。中央银行通过外汇管制来调节汇率，可以使一国或地区实行国际收支平衡的目标。

3.财政税收法。财政税收法是一国政策实行财政与税收调控的法律依据，财政税收不仅具有保证国家收入，控制国家预算等功能，还具有对经济进行宏

〔1〕 刘易斯：《经济增长理论》，上海三联书店1994年版，第497页。

〔2〕 刘易斯：《发展计划》，载王保树主编：《经济法原理》，社会科学文献出版社1999年版，第332页。

观调控的功能，具体如下：

一是确保社会总供给与总需求平衡。当社会总供给不足时，政府实行扩张的财政政策，扩大财政支出；当社会总需求不足时，政府收缩财政收入，实行减税政策，刺激需求。如此，以确保社会供需平衡。

二是确保社会公正。国家的财税手段可以克服社会贫富悬殊的现象。在经济萧条时，实行积极的财税政策，可以刺激经济增长，增加就业人口；在经济繁荣时，可以增加税收，抑制需求。

4.产业政策法。产业政策法是指国家从社会需求出发，引导、促进和调节各种产业形成与发展的法律规范。其功能有：

一是促进社会全面发展与地区平衡。合理的产业布局政策可以使产业合理布局，避免重复建设，促进地区间经济与社会发展的平衡，进而促进社会与经济的全面发展。

二是促进全国优势产业的发展，以提升一国的综合竞争能力。产业调节政策，可以选择本国有优势的产业，促进其迅速发展，以便在国际经济舞台上取胜，提升本国的综合竞争能力。

三是保障淘汰产业的规范退出。对推动落后、夕阳产业市场退出，产业淘汰的善后处置，防止社会资源的浪费，维护社会秩序。

五、宏观调控法治化从理念走向制度

（一）界定宏观调控主体的法律地位

1.宏观调控的决策主体。

对于宏观调控法律主体的抽象化和具体化，学者的观点主要有以下几点：第一种观点认为，“宏观经济调控主体主要是指拥有宏观经济调控权力，依法执行宏观调控职责，综合运用各种手段影响国民经济的运行的法定的国家宏观经济管理机关，例如全国人大、国务院、国家计委、财政机关、税务机关、中国人民银行、工商行政管理局等”；第二种观点认为，宏观调控主体只能是国家，而不是如全国人大、国务院等具体的国家宏观调控经济管理机关。国家是唯一的调控主体，而权力机关、行政机关、司法机关等只能是形式上的国家机体的组成部分，这一观点的学者认为宏观调控的主体应当是具有唯一性的而不能是多元的，应当是具有概括性和抽象性的，因此政府等部门行使宏观调控职权只能说是代表国家作出具体的宏观调控行为，是一个相对于国家来说的下位概念。课题组认为宏观调控是调控主体站在国家整体层面对总体经济运行走势进行调节，但在具体行使宏观调控职权时国家并不适合成为宏观调控法律关系主体，法律关系中的权力行使、程序、责任承担都需要确定具体的职能部门。在现实的社会生活之中，国家宏观调控的职能是由其各个职能部门来实现的，依据具体形式职能的不同，可以将宏观调控主体相应划分为：宏观调控决策主体、宏观调控执行主体和宏观调控监督主体。

决策主体占宏观调控法的关键地位。宏观调控决策主体是指制订计划、经济政策和具体调节手段的主体。具体说来，宏观调控决策主体包括两类：作为权力机关的全国人大及其常委会、作为行政机关的经常性从事宏观调控决策的国务院及其所属有关部委。

第一类决策主体是权力机关，全国人大及其常委会全国人大及其常委会作为决策主体的典型是税收政策方面的。因为按照严格的"税收法定主义"，对税收政策的决策，如对税率、税基等的调整都要通过税收立法，而立法权是专属于全国人大的。除了税收方面的宏观调控决策外，计划的决策主体也为全国人大。计划的制订分为确定计划的初步方案、协调制定计划草案和审议通过几个阶段并涉及国家发改委、国务院和全国人大等机关，既有行政机关又有立法机关。但是，计划的决策主体是立法机关，因为计划必须经过全国人大审议通过，也就是说，最终决策权还是在立法机关手中。此外，按《预算法》和《宪法》的规定，预算草案、预算执行情况必须经全国人大会批准而预算调整方案和决算则必须经人大常委会批准，因此预算的决策主体也是立法机关。国债政策也一样，因为中央政府每年的发行额必须经过全国人大审查批准等等。全国人大除了享有宏观调控决策权外，还可以对宏观调控的决策和执行进行监督，是宏观调控的监督主体。除了预算、决算这样的财政政策之外，全国人大还对货币政策的调控行使监督，如《人民银行法》(2003年)第6条规定：中国人民银行应当向全国人民代表大会常务委员会提出有关货币政策情况和金融业运行情况的工作报告。

第二类决策主体是行政机关，包括国务院及其所属有关部委，《宪法》第89条规定："国务院行使下列职权：……(五)编制和执行国民经济和社会发展计划和国家预算；(六)领导和管理经济工作和城乡建设……"这就是国务院行使宏观调控决策权的宪法性依据。目前，在国务院各部委和直属机构中，行使国家宏观调控职能的主要有国家发展改革委员会、商务部、财政部、中国人民银行、国家税务总局等，在现实的宏观调控中，如国债发行的决策主体是财政部、货币政策的决策主体是中央银行。

2. 宏观调控的执行主体。

宏观调控执行主体是指在宏观调控过程中对宏观调控政策具体实施、引导产生实际调控效果的职能部门。具体来说，宏观调控执行主体包括三类：第一类是行政主体，比如，负责执行《中小企业促进法》《价格法》和计划法的政府部门就属此类；第二类是地方权力机关，该类主体在某种情况下可以成为执行主体，比如为了贯彻执行《中小企业促进法》地方权力机关需要制定地方性法规之类的规范性文件并且作为其他执行主体执行的依据；第三类是社会中介组织，比如商业银行在宏观调控中执行货币政策时承担着重要的角色，但它既不是权力机关也不是行政机关。第三类主体的典型除了商业银行外还有一些协会，如按照《中小企业促进法》第39条由"政府根据实际需要扶持建立的中小企业服务机构"。

有时，政府即是调控主体优势监管主体，但鉴于两类行为性质差异，调控主体与监管主体不要错位，如资本市场中，监管事项由证监会执行，调节市场包括救市应由央行主导。

3.被调控主体——宏观调控行为的调控对象。

宏观调控行为的调控对象是指在宏观调控法律关系中依法享有权利和承担义务，与调控主体相对应并受到调控主体宏观调控行为影响的社会实体。与调控主体的特定性相对应，调控对象存在不特定性，具体体现在调控对象的种类和范围都不确定。经济运行虽有一定的规律，但对宏观经济进行调控的效果仍具有较大的不确定性，这也导致受宏观调控影响对象的范围存在较大的不确定性，有可能泛化也有可能不达预期。在宏观调控政策运行理想状态下，由于引起了市场环境的变化，调控对象将会因为这种变化而受到影响，包括对自身权利义务、实际利益的影响，且这种影响是客观的社会现实，在较大程度上并不取决于调控对象的主观意愿。同时，宏观调控的调控对象具有广泛性，由于宏观调控是调控主体站在国家层面对一国经济总体运行进行的调整，用的货币政策、财税政策都是涉及社会各界，例如，计划法中的企业、中小企业促进法中的中小企业、价格法中的经营者、货币银行法中的存贷款人和公开市场业务中作为一级交易商的商业银行本身和作为二级交易商的广大债券买卖人，等等。

被调控主体——宏观调控行为的调控对象的合法权益，如知情权、参与权、违法调控行为受损的求偿权等，亦应受到宏观调控法律的保护。

（二）中央与地方宏观调控权力配置

从法理学角度来看，一个法律关系的主体是指法律关系的参加者，包括权利享有者和义务承担者。对于宏观调控的主体是中央还是地方，是单一的还是多个的，理论界存在不同理解。争论主要有两种观点：第一，从宏观法律关系出发，地方政府是宏观调控法律关系的执行主体，承担执行宏观调控政策的执行工作。同时，地方政府特别是省级地方政府应当享有一定的宏观调控权，即对省级区划内进行经济调节的决策权。“地方政府必须拥有对其管辖范围内可能关涉国民经济的事务的管理、调控权；鉴于宏观调控的间接性、层次性和相对性，地方的这种调控权就是一种宏观调控权，但为了与中央宏观调控权相区别，不妨称为中央或地方的调控权。”第二，地方政府不是宏观调控的主体，而只是宏观调控主体的辅助性机关。这些学者认为地方政府虽然能够参与中央决策，但是只是为中央决策提供经济信息和决策建议，但并不等于决策者本身。而且，地方政府也不是执行主体，因为地方政府在执行国家宏观调控政策时是在履行上级政府的指示，属于行政性质，而与宏观调控中的执行的性质不同。

1993年通过的《中共中央关于建立社会主义市场经济体制若干问题的决定》指出：“宏观经济调控权，包括货币的发行、基准利率的确定、汇率的调节和重要简易税种税率的调整等，必须集中在中央。这是保证经济总量平衡、经济结构优化和全国市场统一的需要。”因此，有的学者指出，“在级次上，它认为宏观调控权的享有主体只能是中央级次的国家机关，这是学术界都承认的。”[1]但是应当注意的是中央文件里提到的“调整”应当属于宏观调控的决策权，课题组认为宏观调控的决策权应当属于中央政府。地方政府在履行经济管理职能过程中，可能会基于自身发展考虑，也会对地方经济定位、结构进

〔1〕 邢会强：《宏观调控行为的不可诉性探析》，载《法商研究》2002年第5期。

行一定的调节，但这种调节应当是与国家的宏观调控保持一致的，不能与宏观调控相冲突，实际是国家宏观调控的具体化。因此，地方政府并不具有宏观调控的决策权。但是，一种复杂的法律关系中可能涉及多方法律主体。宏观调控行为的运行过程涉及多个环节。首先是宏观调控的决策，这里涉及决策主体和参与决策的主体；其次是宏观调控政策的执行，这里涉及执行主体和监督主体；最后是受宏观调控政策影响的受控主体。可以看到，在实践中地方政府承担了较多的参与决策的主体和执行主体职能。为此，应当将中央与地方就宏观调控政策、措施的商议和决策机制法治化，将地方政府作为宏观调控法律关系的主体之一，使地方有充分的表达意见和陈述理由的权利。中央下达的各项调控指标和措施确与地方的实际情况有偏差的，地方有权在中央下达前或在执行中反馈意见，要以法制的形式，将反馈机制和中央针对地方的具体实际情况调整其政策、指标以及允许地方在适当范围内对其进行更改的再决策机制制度化。同时，追究地方政府擅自变更中央宏观调控措施的法律责任，以制度促进有效执行，保证中央和地方之间法律框架内的博弈能有利于国家宏观调控目标趋于实现。

（三）严格的宏观调控程序规范

法治化在宏观调控中的价值首先在于其程序价值，即决策和执行的过程是否符合法律程序，内容是否符合法律的要求。政府在宏观调控中依法行政更强调宏观调控的依据具有合法性，宏观调控的程序法律化，而对宏观调控措施的具体内容则随着社会经济情势的变化而变化，不可能固定不变。为了防止政府宏观调控失误而给国家和人民造成巨大损失，必须重视和完善宏观调控的法律程序，把宏观调控建立在民主、科学、理性和法治的基础上。宏观调控法律程序是法治化的宏观调控程序，即使我们把宏观调控程序化，但这种程序没有法律保障只能凭宏观调控各方主体自愿遵守，这显然大大削弱了宏观调控程序的作用。因此，宏观调控程序还必须以法律的形式固定，程序明确是宏观调控之程序制度设计的必然要求。宏观调控既然应当在法治语境内运行，也必然要满足程序明确的要求。而且，程序运作的信息必须公开。宏观调控很大程度上需要有一个透明的机制，权力行使的透明化要求应当成为宏观调控过程中的固有制度。

1.宏观调控决策的一般程序。

启动决策程序。宏观调控决策主体根据宏观经济运行情况，按照一定内部审批程序启动宏观调控决策。

调查研究。在作出决策之前必须要充分收集准确、真实的信息，对宏观调控决策所针对的问题进行全面的调查研究，务必保证宏观调控决策科学合理。

拟定草案。在信息充分、真实准确的基础上，拟定宏观调控决策草案，确定宏观调控政策所要实现的目标。在此过程中应当详细、客观地记录决策主体的情况，便于明确责任、追究责任。在拟定决策草案过程中必须保证信息公开、公众参与，听取公众对决策所涉及的宏观经济运行问题的意见，吸纳合理成分，实现决策民主。此外，宏观经济运行中所涉及问题范围广泛、专业化要求高，宏观调控决策主体不能详尽所有，因此必须由公众当中的专业人士建言献策。要实现宏观调控决策程序中公众的有效参与，需将行政程序中的听证制度引入其中。听证制度是现代社会法治国家进行公共决策的主要方式。对重大决策进行听证不仅有助于集思广益、科学合理地决策，还能使公民有效地行使监督权，防止权力滥用。

公示。公告、评论环节是美国行政法制定过程中最重要的环节，也是行政民主的一种表现。对宏观调控决策草案涉及的内容、对象和法律依据等问题，由公众通过网络、微博等形式参与讨论，提出意见和建议。

审议草案。通过前面各阶段的准备和公众的信息反馈，决策主体对决策进行综合评价、全局衡量后，按照其议事规则进行审议，作出最优选择。

调整与公布。虽然选择出最优方案，但是由于经济发展形势的不断变化，需要根据实际情况及时地作出调整，保证宏观调控决策切实可行。宏观调控决策的详细内容和实施方案必须通过法定形式向社会公布。

2.宏观调控决策的特殊程序。

宏观经济不断处于变化过程中，特别是在现代化市场之间跨市场影响叠加，经济形势瞬息万变，宏观调控的时机相对来说则是稍纵即逝。而前述宏观调控决策的一般程序，由于考虑到决策的公开性、权威性，设置了较多的论证、审查环节，必然将导致其时间周期较长，在很大程度上将无法应对宏观经济形势中的突发紧急状况，有可能丧失最佳的调控时机，造成无法挽回的损失。但也并非意味着紧急状态的宏观调控不用纳入法治化轨道，为了防止权力运行的失序，有必要制定与实施特别重视紧急状态时的特殊决策或临机处理的程序规则。宏观调控决策的特殊程序可以设定为：

3.宏观调控执行的一般程序。

宏观调控执行本质上还是宏观调控权的运行方式，更多的应当是考虑对权力的控制。主要可以包括三个方面：(1)制订执行计划。宏观调控决策需要进行分解予以具体化，即在对调控事项进行统筹安排，对于执行主体自身的执行调控职权、职责、程序予以规划。虽然并不是每一项宏观调控措施都允许执行主体能够发挥其能动性，但仍有必要为宏观调控制定一套健全的执行计划，对于执行后可能出现的情况进行较为周密的考量，从而建立相应的配套机制。(2)监督程序。要强调全国人大对宏观调控决策的监督，全国人大是宏观调控的主要决策机关，对于宏观调控决策出台的背景、重点、难点具有深入研究，应当由全国人大对宏观调控的执行发挥监督作用，同时由于各地情况差异较大，也应当发挥各地人大机关的配合监督作用。(3)反馈调整程序。在宏观调控决策执行过程中，由于层级较多，对决策的理解存在差异，可能造成宏观调控决策的走样，执行机关应当及时将宏观调控决策执行情况向上级机关进行反馈，上级决策机关应当对各地执行情况进行汇总研究。由于执行机关自身行为造成调控偏差的，应当及时进行纠正；由于调控政策本身实践问题的，应当深入研究，及时对调控政策按照实际情况进行调整。(4)追责程序。如前文所述，宏观调控政策的好坏不仅仅在于政策本身，更重要的在于贯彻落实。对于宏观调控执行过程中，违法变更执行的，造成较大损失，应当启动追责程序，追究相关责任人的责任，保障宏观调控政策的实施效果。

4.宏观调控的变更程序。

任何宏观调控措施的制定都不可能尽善尽美，尤其是全球化背景下的市场经济瞬息万变，为了应对彼时的经济形势所采取的宏观调控措施，往往可能会对此时的经济产生不利影响。因此，宏观调控权在运行过程中，必须有能力根据形势变化做出相应调整，即对于宏观调控决策来说，因情势变更而导致合法的宏观调控行为进行相应的变更或者终止其效力的程序必不可少，这也是动态保证宏观调控决策科学、公正的根本。宏观调控的变更程序实际上是调控政策的再制定。因此，宏观调控的变更程序很大程度上市与宏观调控决策程序有相似性，除非在紧急情况下，调整程序一般不适用特别程序。

宏观调控变更程序还要求建立宏观调控的评价与预测程序。除稳定的基本国策外，宏观调控政策的周期性是其重要的特征。国外及我国实践表明，对于一定时期的宏观调控政策进行评价并同时对今后的宏观调控政策的走势予以预测，从而为下一轮宏观调控政策的制定提供参考，应是宏观调控政策制定与实施的基本程序。因此，有必要对宏观调控政策实施评价与预测的组织和行为予以法律程序的规范。[1]对于宏观调控措施制定与实施的评价与预测包括官方机构的评价与预测和民间机构的评价与预测两个方面。这种评价及预测，通过会议讨论的方式、学术论文的发表、学术著作的出版，以及网络媒体的传播，为下一轮宏观调控政策提供智力支持。

（四）宏观调控可追责——法律责任制

1.宏观调控决策行为的法律责任。

对于宏观调控决策法律责任的实现机制，尽管经济法诉讼很重要，但在我国目前不能使用；而且诉讼也并非是实现法律责任的唯一途径。宏观调控决策法律责任的实现可以通过建立宏观调控决策复议制度的方式。宏观调控行为属于经济法行为，经济法责任以财产惩罚责任为主，同时辅之以行政处罚，但是对于宏观调控的决策行为，财产性惩罚显然不合适，决策主体均为最高立法机关和行政机关。课题组认为，由于经济运行的不确定性，合法有效的宏观调控决策也可能损害宏观经济利益，例如，不能达到预期的调控效果，或者不但不能达到预期的效果还使得宏观经济形势更加恶化，但是如果是符合法律程序制定的宏观调控决策行为，就不应当导致法律责任，更不存在赔偿责任的问题。只有当宏观调控的决策行为是不符合法律、程序规定的，此时应当纠正、调整经济管理行为，对违法决策予以变更，或撤销，或重新做出宏观调控决策是较好的选择。

宏观调控法律责任的形式以经济管理行为方面的责任为主（对决策主体和执行主体都适用），特殊情况下可以使用财产和其他经济利益方面的责任（限于惩罚性的）和经济信誉方面的责任，且后两类责任仅对宏观调控执行主体适用。在宏观调控决策法律责任中不会存在财产和其他经济利益方面的责任以及经济信誉方面的责任。

宏观调控决策法律责任主要是指经济管理行为方面责任，具体体现为：

---

〔1〕 董玉明：《论宏观调控政策的程序法保障》，载于中国法学会经济法学研究会2007年年会论文集。

第一，限制、剥夺经济管理资格。比如，对违法决策的直接责任人，或其主要负责人予以撤职、降职等。

第二，纠正、调整经济管理行为。比如，对违法决策决策予以变更，或予以撤销，或责令决策主体重新作出决策等。

2.宏观调控执行行为的法律责任。

对宏观调控执行法律责任的实现机制，则可以参照如宏观调控决策行为现成的行政复议制度，建立宏观调控执行法律责任复议制度。在完善我国集体诉讼和经济法代表诉讼的基础上，也可以尝试通过司法途径对执行行为的违法主体进行追责。宏观调控执行主体就是执行法律责任主体包括三类：第一是行政主体；第二是地方权力机关；第三是中介组织。宏观调控的执行行为，由于其主体更多是在决策主体的领导下开展工作，可以适用更丰富的责任形式：除了责令及时调整、纠正已实施的宏观调控执行行为，还可以追究执行机关的行政责任，如对相关责任人撤职、降职处理。具体的责任形式可以体现为以下三种形式：

第一，从经济管理行为方面的责任来看，宏观调控执行法律责任也体现为限制、剥夺经济管理资格（如撤职、降职）和纠正、调整经济管理行为（如变更或撤销或重新作出决策或规范性文件等）。“限制”的情形包括因借指导为名行干预之实侵犯被调控主体利益所应承担的停止违法执行和予以改正责任等。

第二，从财产和其他经济利益方面的责任来看，不包括因为正当合法的宏观调控执行行为（虽然正当的宏观调控执行行为也可能给被调控对象带来经济上的损害），仅包括如借执行之名行非法干预之实侵犯被调控对象的合法利益、或受委托的中介组织滥施指导等违法执行行为，这时如果给被调控对象带来实际的损害的，应当利用财产性的法律责任。

第三，从经济信誉方面的责任来看，这种责任形式一般对行业协会类的社会中介组织主体较为适用。

（五）宏观调控可诉讼——救济制度

1.宏观调控的行为性质辨析。

我国学者在论及宏观调控行为不具有可诉性时，也大都预先假定宏观调控行为是国家行为。国家行为是指“涉及国家或社会重大安全的判断，以及社会安全专业机关的危险预测”的行为。尽管各国对国家行为的称谓不尽相同，但都把国家行为排除在司法审查的范围之外。因此，有必要先厘清国家行为的特征及与宏观调控的关系。

首先，国家行为具有高度的政治性或统治性。在日本，国家行为称为“统治行为”，是指关系到国家存亡及国家统治之根本的、具有高度政治性的、国家最高机关（国会、内阁）作出的行为。在法国，国家行为是指“行政机关不受普通法院监督，不受行政法院监督的行为，由于只受政府管辖所以称为政府行为”。在德国，国家行为是指与国家整体利益、国家目的有关的行为。属于排除法院管辖的“高权行为”。它一般是由最高国家宪法机关（总理领导的联邦各部即整体意义上的联邦政府、联邦总统和议会）实施的行为。由此观之，国家行为是为了国家安全、国家主权、国家外交、军事机密，由最高行政机关和最高权力机关作出的属于“政治保留”范畴的行为，一般包括国防行动、军事行动、外交活动和戒严、紧急状态、总动员等。课题组认为宏观调控行为是经济性的，是国家经济职能在经济生活中的运用，与涉及国家主权的政治行为有明显区别，不能因为调控经济的层次较为宏观就将经济行为政治化。

其次，国家行为不具备司法审查的合理性。美国学者亨金认为，所谓国家行为，“其真正含义是指这样一项司法政策，它宣称某些案件或某些案件涉及的问题不具有可裁判性，即不适宜用司法的方式解决，尽管这些案件或这些案件涉及的问题属于宪法或其他法律规定联邦法院的管辖权范围之内，或者也符合法院受理诉讼的各项要求。”国家行为之所以不能成为司法审查的对象，主要是基于以下的理由：第一，作为政治决策的国家行为是一国对外的绝对主权和对内的绝对统治权的体现，这些权力具有“神圣不可侵犯”的最高性，司法权本身从中衍生而来，司法权无法对作为它自己源泉的权力进行审查；第二，从策略上看，法院之所以拒绝审查具有高度政治性的国家行为，也是使自己免于卷入政治纷争，从而保持司法独立、维护司法权威的明智之举；第三，国家行为作为体现国家重大主权利益的行为，涉及国家的尊严、荣誉和存亡，其缺乏能被发现和容易控制的司法标准。

宏观调控行为作为调节和控制一国经济总体的机制和手段，一般情况下和国家主权无涉，更不会引起政治纷争，也具备司法审查的可能性。尽管在我国的政治和司法体制内，对宏观调控行为进行司法审查存在较多现实障碍，但是并不能因为宏观调控行为司法审查的缺失，就推断其是国家行为；更不能因此进一步断定宏观调控缺乏法治化的条件。

2.宏观调控行为可诉性辨析。

宏观调控行为的可诉性是指司法机关可以对宏观调控行为进行司法审查，即可以撤销、变更或废止宏观调控行为，并且可以判决宏观调控主体机关对宏观调控行为给受控主体造成的损害承担赔偿责任。主张宏观调控行为具有可诉性的观点认为：宏观调控行为具有不可诉性的观点在理论上因有悖于法治的基本理念而不合时宜，在实践中则可能因应人治的需要而十分有害。虽然要实现宏观调控的可诉性在目前还存在许多障碍，但这并不能成为否认宏观调控可诉性的理由。通过对现行司法制度的改革，以建立公益诉讼为突破口，辅之以法院诉讼等手段，宏观调控的可诉性是可以实现的。主张宏观调控行为具有不可诉性的观点则认为：宏观调控行为是一种国家行为，应当将其排除在司法审查之外，这种直接的推理就说明了宏观调控行为的不可诉性。宏观调控不仅仅是一种技术，更是需根据主观经验判断抉择的一门艺术，它的风险很大，后果是不确定的。对于这类事务，需要知识、信息、经验、毅力、魄力和果断，需要决策者承担比法律责任更大的责任——政治责任。而法院既没有这种能力，又不负这种责任，故不适宜对宏观调控行为进行司法审查。可以看到，主张可诉性和不可诉性的分歧，主要是集中在宏观调控行为的属性以及现行司法体制能力等方面。

我国的政治体制与国外“三权分立”的政治体制存在较大差异，在“三权分立”政治体制下，立法、司法、行政相互平等、相互制衡，司法可以对其他权力是否合法进行审查，而我国的权力机关是全国人民代表大会及其常委会，其他司法机关、行政机关都由其产生，司法机关在理论和实践上都不可能对权力机关进行审查；而且从宪法理论上看，由全国人大决策的宏观调控手段实际代表了全国人民的选择，即使调控的方向、效果出现偏差，也无法向全国人民追责。而其他的宏观调控决策机关，也由于我国目前的政治体制无法对其进行司法审查。由此，课题组认为宏观调控的决策行为在我国的政治体制下不具有可诉性，而且这些不可诉的障碍是没有办法通过现行司法体制的改革来克服。但课题组同时也认为宏观调控不仅仅是一种决策行为，同时还包含执行行为，且宏观调控执行行为的合法性直接关系到宏观调控的实际效果。在实际调控中，宏观调控执行权的滥用，使宏观调控性质的行为变相成为行政强制性的行为，有的宏观调控执行主体借宏观调控为名行干预之实侵犯受控主体的合法利益，使得很多宏观调控政策一到执行就变了味。有一句顺口溜对这类现象作了生动的诠释："中央政策大晴天，下到地区起点云，传到县里变成雨，落到镇上淹死人。"因此，应当对宏观调控的执行行为进行司法审查。同时，通过公益诉讼的形式可以由检察院提请对执行行为的司法审查，而且执行行为不像决策行为具有高度的不确定性和灵活性，其相对稳定性也使得对执行行为的司法审查可以成为现实。

由于目前宏观调控行为可诉性障碍容易导致权力的滥用，进而造成对广大社会公众权利的侵害，因此为保护公民合法权利，必须建立健全相应的救济措施。前文所述的对宏观调控决策行为的调整以及执行行为中的经济利益赔偿都可以算是被调控对象运用法律手段进行自我救济的手段。相对应地，宏观调控决策行为的调整可以通过复议制度的完善作为救济途径实现，而执行行为中的经济利益赔偿则需要复议制度或诉讼制度的完善作为救济途径来实现。

通过全国人大及其常委会的监督，也能对违法的宏观调控行为进行纠正和调整，从而达到公民合法权利的目的。但由于权力机关的监督是基于自身职权，被调控对象并不能顺利启动其纠错程序，因此并不能作为宏观调控违法行为的救济手段。

第二节　促进经济发展方式转变的金融调控法[1]

金融调控是中央银行以法律为主要手段来调节金融活动，实现资金的供需平衡，最终作用于宏观经济整体的行为。金融调控法是调整国家为了实现经济目标而干预金融市场，对金融活动进行调控所产生的社会关系的法律规范的总称。就金融调控法促进经济发展方式转变的主题讨论三个问题。

---

〔1〕 吴弘主编：《转变经济发展方式与经济法》，立信会计出版社2010年版。

一、金融调控法的特点对于转变经济发展方式有特殊的功能

金融调控是经济调控的重要组成部分，在现代社会中，金融是经济活动的核心。金融调控职能主要是由中央银行来履行。中央银行通过货币政策（在我国还有汇率政策）调控货币总量及其结构，使得货币供应的总量和结构平衡，从而促进社会总需求和总供给的平衡。

我国在改革之后，很重视金融调控手段的运用，同时也加强了金融调控法的立法，已初步形成了相关的法律规范体系，主要有第八届全国人大第三次会议1995年3月18日通过《中华人民共和国中国人民银行法》，以及《中国人民银行货币政策委员会条例》《外汇管理条例》《金银管理条例》《现金管理暂行条例》《国家金库条例》《国家货币出入境管理办法》《中国人民银行货币发行管理制度（试行）》《中国人民银行再贴现办法》《中国人民银行利率管理暂行条例》《中国人民银行对金融机构贷款管理暂行条例》《金融机构缴存外币存款准备金暂行规定》《中国人民银行融资券管理暂行办法》《中国人民银行货币供应量统计和公布暂行办法》等。总的来看，金融调控法具有较强的程序法和组织法的特点。金融调控法确定金融调控的机构及其职责，明确金融调控的目标与手段，规定金融调控的原则及工具，并涉及与金融调控紧密相关的各金融领域。之所以讲金融调控的特点对于经济发展的方式转变有特殊的功能，是因为金融调控的特性对经济发展方式转变有一定的作用：

一是调控工具的综合性，即运用多种货币政策工具，提高调控效率。如通过控制信贷规模、减少货币供应量的货币政策，实现了反通货膨胀的预定目标；通过在增加农民收入的同时，努力扩大消费信贷，拉动内需，确保了消费的稳定增长；通过发行长期建设国债，降低银行贷款利率，扩大融资渠道，放宽投资领域，促进了国有和民间投资的较快增长。

二是调控途径的间接性，即变直接调控为主为间接调控为主，从贷款规模限额管理转变为利用其他货币政策工具控制货币供应量。20世纪90年代以前，我国中央银行的金融调控主要是采取信贷计划、行政命令等直接手段，90年代之后，伴随着我国计划经济向市场经济的转轨，直接调控工具与间接调控工具并存、间接工具运用的比例和范围不断扩大是这一时期中央银行金融调控方式的主要特点。而进入21世纪以后，随着信贷规模管理等计划经济手段

的寿终正寝，间接调控日渐成为我国中央银行的主要管理方式。中央银行主要运用存款准备金率、中央银行再贷款、利率、公开市场操作、外汇操作、再贴现等金融政策工具调节货币供应量。

三是调控机制的灵活性，即及时根据形势的需要，调整货币政策。如在治理通货膨胀期，坚持了适度从紧的货币政策；后又根据经济形势的变化，从“适度从紧”转变为“稳健的货币政策”。1993～1999年，我国执行的是适度从紧的货币政策，1999～2007年我国执行的是稳健的货币政策，2008年上半年，我国开始执行从紧的货币政策，为防止经济增长过热和通货膨胀所采取的宏观调控政策，2008年下半年实行适度宽松的货币政策。这种灵活多变的调控手段，能不断应对发展过程中复杂多变、忽冷忽热的经济形势，促进经济发展。

四是调控影响的国际性，即顺应我国入世和全球化的需要，提高金融调控的国际适应能力。亚洲金融危机爆发以后，东南亚等国家陷于困境，当时的国际金融市场又十分脆弱。为防止亚洲金融危机蔓延和加深，稳定国际金融市场，我国政府毅然作出抉择，努力保持人民币汇率稳定。经过多方面艰苦努力，终于使人民币汇率在整个亚洲金融危机期间始终保持稳定，与此同时，外汇储备也在不断增加。我们已经融入了全球的竞争中，国外的金融危机很快就会影响到国内，那么在我们经济发展方式转变过程中，肯定有很多来自国际方面的影响，特别是我们人民币的国际化问题。因此我们的金融调控法肯定是和国际竞争紧紧联系在一起的。我们可以以此保障经济发展方式的转变和国际经济发展的同步性。

总之，金融调控的特点有利于经济发展方式的转变，同时也要求金融调控法要顺应金融调控的特点，加强金融调控法的建设。我国金融调控法的体系已经初步建立，但是执法的力度不强，虽然对金融调控法有一些研究，但还很薄弱。我们现在称的金融法，主要是金融业务法和金融监管法，比较少的是金融调控法，这反映了对金融调控法的研究较少。

二、从实践看健全金融调控法的急迫性

一是从应对次贷危机看金融调控程序法制化的重要性。次贷危机发生后，世界范围内各大经济体都出台了很多刺激经济发展的政策，政策中金融调控是一个重头。以美国为例，2008年10月3日众议院讨论通过了一个7000亿美元

的金融救援方案，而此前9月否决过参议院已经通过的一个方案。最终通过的方案包括两大方面，一是挽救华尔街金融业，二是刺激消费信贷的发展，加强金融监管。这对提升公众的信心，提升金融机构的信心都有一定益处。欧盟委员会在2008年年底出台了2000亿欧元的大规模经济刺激计划，包含扩大公共开支、减税和降息等提振实体经济的三大举措；此前欧洲央行出台了4000亿欧元规模的金融方面的刺激计划，主要是向货币市场注入4000亿欧元的资金，增加市场的流动性。将这些资金作为欧洲各大银行的储备金，以发放商业贷款。在欧盟当中比较典型的德国：德国议会经过讨论，批准了5000亿欧元的金融救助方案，救助内容主要是增加银行的担保资本。从这些国家出台刺激措施来看，在整个经济刺激计划中，金融调控是重要组成部分，而金融调控政策的批准都有一个严格的程序，有的国家是立法机关批准，有的国家是中央银行决策。

中国在应对经济危机过程中，积极参与国际活动，包括参与G20峰会、中日韩峰会等，也做出了贡献。我国国内出台了4万亿元经济刺激计划，以及央行陆续出台的鼓励中小企业信贷、满足农村及消费贷款需求等9项金融救助措施。一个突出特点，就是为应对国际金融危机带来的压力和挑战，实施了适度宽松实为扩张的货币政策，使得货币供应量和银行信贷出现了跳跃式增长。在此过程中，饱受批评的是决策程序不够规范。我国法律对于金融调控政策制定的主体、程序等是有规定的，但是在危机真正来临时，这些程序在执行方面存在缺陷，因此有人质疑措施出台和执行过程的有效性。

另一个是从房地产市场调控看金融调控政策连续性问题过程中如何将政策灵活性和法律的稳定性相结合。近几年中，房地产市场2007年火爆，当年下半年就开始实行趋紧的政策调控楼市，2007年中五次加息，九次上调存款准备金率，到2008年6月，存款准备金上调到了17%以上，创历史新高。国务院有关部门还加强了对二套房信贷的管理。但是有人批评2007年和2008年的调控并没有起到相应的作用，尽管银根紧缩，但银行会不会严格执行？结果是房地产市场继续升温，房价居高不下，风险更大。究其原因，在于调控的理念过于简单化，对楼市的调控处于两难境地：既要打压房价，又要防止银行坏账，影响银行金融安全；另外还有地方政府的利益搅和其中，牵制了金融调控效力的发挥。各大银行本身出于信贷安全的考虑，也是消极抵制。所以前两年的调控效果甚微。2008年受到次贷危机的影响，我们实行全面的宽松的货币政策。积极的财政和适度宽松的货币政策，实际上将刚刚收紧的银根又放松了。2008年下半年到2009年中，房地产市场实行较为宽松的货币政策，房地产市场复苏势头强劲，中央银行出台了关于扩大个人房贷利率的通知，国务院颁布了促进房地产市场健康发展的若干意见，四大国有商业银行出台了相关的实施办法。总的来讲，房贷的优惠措施等促使房产市场迅速回暖，走向过热。2009年年底出现流动性旺盛，房价过高问题引起了各方面的关注。因此2010年1月开始又进入了新一轮的调控。国务院、银监会、央行出台一系列银根紧缩政策，矛头直指房地产市场。在整个调控过程中，有大量的政策支持，但政策是变化过大，连续性、可预期性低，加上政策执行中的随意性，使调控效力大打折扣。我们暂不能对这一轮房地产调控效果做出评价，但如何发挥法律法规在调控中的作用，将政策的灵活性和法律法规的相对稳定性结合起来，并使规范的执行具有权威性和效力，实践本身对金融调控法提出了挑战与需求。

三、发挥金融调控法引导作用，发展绿色金融

以碳金融为核心的绿色金融与转变经济增长方式密切相关，是引导经济从高能耗高排放向节能减排转变的金融。根据《京都议定书》相关文件，要利用绿色金融来推进经济发展。我国国内的绿色金融已经起步，包括：一是绿色信贷业务，央行和银监会多次出台政策，改变现有的信贷方式，加大中小企业、三农企业、环保和自主创新等项目，特别是加大对节能减排项目的投入，对高能耗高污染的企业停止信贷业务。二是绿色保险，多开发环境、节能保险的险种。三是绿色证券，对将上市的公司设置绿色门槛，并对已上市公司加强节能减排的义务，现有上市公司的社会责任报告制度就是从环境责任报告制度发展而来的。四是碳交易，除了在国际碳交易市场转让碳排放额外，我国国内碳排放交易的项目也已经开始，北京、上海、天津等地已经建立了能源环境交易所。五是绿色基金、鼓励环境投资等，由中国人民银行、银监会出台相关意见。

我国已有了包括循环经济法、清洁生产法等在内的绿色金融法律法规，但由于还比较原则或规范层次较低，需要进一步完善绿色金融的法律制度建设，制定低碳经济法以及相关的规章制度，同时加强绿色金融法律法规的实施与执法，真正发挥金融调控法引导经济活动的作用，促进经济发展方式的转变。

第三节　房地产限贷措施的宏观调控法分析[1]

在房地产市场调控中，各种限制购房贷款措施是经常使用的手段。近年一轮又一轮的调控高潮中，中央与地方政府连续出台了不断从紧的限贷政策。如2010年1月7日国务院办公厅《关于促进房地产市场平稳健康发展的通知》中要求加大差别化信贷政策执行力度："金融机构要严格二套住房购房贷款管理，申购第二套以上住房的贷款首付款比例不得低于40%，贷款利率严格按照风险定价。"2010年4月17日国务院《关于坚决遏制部分城市房价过快上涨的通知》强调实行更为严格的差别化住房信贷政策："对购买首套自住房且套型建筑面积在90平方米以上的，贷款首付款比例不得低于30%；对贷款购买第二套住房的，贷款首付款比例不得低于50%，贷款利率不得低于基准利率的1.1倍；对贷款购买第三套以上住房的，贷款首付款比例和贷款利率应大幅度提高；商品住房价格过高、上涨过快、供应紧张的地区，商业银行可根据风险状况，暂停发放购买第三套以上住房贷款；对不能提供1年以上当地纳税证明或社会保险缴纳证明的非本地居民暂停发放购买住房贷款。"2011年1月26日国务院常务会议出台新的房地产市场调控政策措施（"新国八条"）进一步强化差别化住房信贷政策："贷款购买第二套住房的首付款比例不低于60%，贷款利率不低于基准利率的1.1倍；人民银行各分支机构可根据当地政府新建住房价格控制目标和政策要求，提高第二套住房贷款的首付款比例和利率。"此后，一些地方政府据此出台了更为严厉的限贷措施。对这一系列限贷措施的法律属性乃至正当性问题，引起颇多争论。

一、限贷措施有别于典型的金融调控

金融调控是指中央银行依照法律权限和法定程序，通过制定和实施货币政策等手段，以调节金融活动为媒介，实现资金供需平衡，最终作用于宏观经济整体的活动。金融调控主要内容是制定和实施货币政策，即中央银行为实

---

〔1〕 本文原载《法学》2011年第4期、人大复印资料《经济法学、劳动法学》2011年第9期，原名《房地产限贷措施性质的金融法分析》。

现既定的宏观经济目标，调节和控制货币供应量的方针、措施、规则等，通过运用基础利率、存款准备金率及公开市场业务操作等货币政策工具，调整货币供应或信用的总量及结构，影响货币支付能力，进而影响社会总需求。该金融调控既要遏制通货膨胀，又要防止通货紧缩。在我国，金融调控还包含促进人民币汇率合理稳定，以及维护金融体系的稳健运行的任务。

金融调控是宏观调控的重要组成部分，鉴于金融是现代经济的核心，金融调控毫无疑问地在宏观经济调控中居于核心地位。货币政策是具有长期性、间接性特点的宏观经济政策。作为调控对象的金融关系具有宏观性、总体性的特点，决定着金融形势全局。

金融调控法强调的是调控过程的合法性。即法律更注重于程序的完善和救济途径的有效性，其特点在于：第一，调控全主体必须在法定的权限内，遵循法律原则和法律规则，严格按照法定程序制定和实施调控方案；第二，调控权的大小、方向、作用点由法律明确规定；第三，调控权的不正当行使和不充分行使为法律所规制。金融调控手段的法制化体现为金融调控权。金融调控权的本质是国家对货币总量和流向进行调节和控制的资格，具有强力性、社会公共性、专属性的特征[1]。它能够引起金融市场的经济度量的变化，能够影响金融市场被调控主体的行为。

房地产市场是否属于金融调控范畴？金融调控尽管侧重于宏观经济总量，重在维持货币币值稳定、促进经济增长，但其作用的对象是货币经济。通过变化货币经济的结构和总量，进而影响实体经济。所以金融调控有时也会当然的关注或影响到具体市场和资产价格，努力使该市场的货币经济与实体经济保持协调，防止二者之间发生冲突和分离，保持该市场的价格稳定的同时又促进该市场发展。调控失败的例子，莫过于美国过分宽松的货币政策对次贷危机爆发的影响。美国政府主动推动房地产市场的繁荣，设立和运作“两房”机构，降低抵押贷款利率，流动性过剩促使商业银行无序扩大房贷，导致了房地产市场的过度繁荣，最终酿成了泡沫的破灭。

限制购房贷款是否属于金融调控措施？从各国的立法与实践来看，调节控制货币供应量的方式有三类：一是调节基础货币的供应量；二是中央银行在

---

〔1〕 胡光志、周昌发：《金融调控权若干问题探讨》，载《经济体制改革》2009年第2期。

公开市场上买卖证券、外汇等操作；三是通过法定存款准备率和再贴现率等控制信贷规模。《中国人民银行法》规定了法定存款准备金、再贴现、公开市场业务、基准利率、再贷款五种常用工具，其他货币工具的运用，要报国务院确定。其他可选择的货币工具包括直接信用控制和间接信用指导，前者是中央银行以行政命令等方式对商业银行的信用活动进行控制，如对贷款数量、范围等进行干预；后者是中央银行通过道义劝告、窗口指导等方法间接影响商业银行的行为。提高首付、控制贷款上限等限贷措施作为直接干预方式，可以成为调控措施。

国外有这方面的实践。如泰国中央银行年前宣布，从2011年起购买公寓的贷款上限为房价的90%，房价少于1000万泰铢的普通房屋的贷款上限为95%，此举主要为预防产生房贷泡沫。[1]印度中央银行也在去年末的季度货币政策回顾报告中，把购房首付款的最低比例从此前的10%～15%提高到20%，以防止过高的贷款杠杆比重；同时，印度央行要求把贷款金额超过750万卢比（1美元约合44.4卢比）的房屋贷款风险加权比重从50%～100%提高到125%。[2]2011年1月，新加坡宣布已拥有一套房的个人再购房贷款，将从房价70%降为60%，希望以此控制投机活动，给过热的房产市场降温。

但我国前阶段的购房限贷系列政策与规范的金融调控措施仍有较大差距。

首先，调控主体不同。金融调控主体具有单一性[3]，为保证金融调控的权威性，各国一般把金融调控职能赋予中央银行履行。中央银行不同于一般的政府机构，中央银行实行资产负债管理，有资本、有收益，而政府机构的资金则完全由国家财政拨付；中央银行通过经济手段控制市场货币的流通量，来实现金融管理职能，政府机构则主要运用行政手段，通过政策的引导、法规的规制来实现社会管理职能；中央银行有着相对独立的法律地位，政府机构则直接隶属于政府并对其负责。在我国，中国人民银行依法行使金融调控权，其他机构和组织均不得成为金融调控的主体。而我国前阶段的购房限贷系列政策是由中央和地方政府直接确定的，而非中央银行决策。

其次，调控的途径不同。金融调控主要采用经济方式进行，即通过市场行

---

〔1〕 赵中文：《泰国央行设房贷顶限》，载《中华工商时报》2010年11月17日。

〔2〕 刘亚南：《印度央行收紧房贷政》，载《北京商报》2010年11月4日。

〔3〕 李昌麒、刘瑞复主编：《经济法》，法律出版社2004年版，第240页。

为改变金融市场经济要素的供求，从而影响相关资源的配置；有时也通过制定和实施相关法律、法规，规范市场主体行为的法律方式进行。在市场经济条件下，金融调控较少采取直接干预的行政途径。我国从1998年开始，即取消对商业银行贷款限额的控制，转变为利用其他货币政策工具控制货币供应量。而我国前阶段的购房限贷系列政策是非市场的单纯行政行为。

最后，调控的效力不同。金融调控的作用机制具有间接性，中央银行运用货币政策工具调节货币供应量，进而影响市场主体活动。金融调控具有指导性、经济利益引导性，一般不具有强制性，不损害商业银行自主贷款权。而我国前阶段的购房限贷系列政策是命令式、强制性的，必须执行。

综上所述，我国前阶段的购房限贷措施尚不是典型的金融调控。

二、限贷措施不属于金融监管

金融是个高风险的行业。金融风险就是由不确定性引起的产生金融损失的可能性。金融风险通常包括市场风险（如利率、汇率风险、交易风险等）和体制性风险（如管理风险、信用风险、政策风险、犯罪风险等）。风险具有扩张性强、社会影响大、周期性明显等特征。经济全球化和金融创新活跃的今天，金融活动的不确定性更大，带来的风险更加复杂，扩散更加迅速。金融风险频频爆发，并引发连锁反应，导致系统性金融风波乃至金融危机。

有效的监管是防范和控制金融风险的最重要手段。监管通过风险预警机制，以信息、指标、分析等及时反映风险的预兆、源头、险情和变动趋势，为人们识别和抑制风险提供基础。金融监管又通过跟踪监测，动态反映金融运行态势和风险出现的可能，统计风险的程度与频率，评估风险的走势与损失，为人们把握和化解风险提供便利。金融监管还通过分析风险原因和要素，构筑防范体系与组织，健全法规与政策，构建监管机构与工作机制，有效地防范和控制了金融风险。通过对金融运行中风险的严密监视和适时管制，避免风险、降低危害，实现保障金融安全的目的。

各国为防范和化解金融风险，无不采取加强金融监管的手段。金融监管是金融监管机构依法利用公权力对金融市场主体及其金融活动进行限制和约束的行为的总称。[1]实施金融监管的机构是国家金融监管当局，监管的对象是金融市场的各类主体及其金融活动，监管的依据是金融法律规范。金融监管的目的是防范金融风险、确保金融安全。即根据金融市场特点及其现实或潜在风险的特性，通过监管，来抵御、防范、降低风险的危害，维护金融稳定、健康、高效运行，保护投资人和金融消费者的合法利益。金融监管法规范、制约、指导、保护着金融机构，使其的金融活动有了准则；同时，金融监管法也使金融监管主体的监管活动有了标准、方法和权威性。

金融监管的基本方法包括市场进入与退出、信息披露与检查稽核等，以及处罚性、强制性和柔性监管措施。其中强制型监管措施是对被监管者违反监管规章、规则，但尚未构成违法的行为所采取的监管措施；或被监管者行为严重危及其自身稳健运行、损害他人合法权益、影响到金融安全的，监管机构依法可以区别情形采取监管强制措施。这些措施通常是限制被监管者的权利范围、经营能力及赢利水平，以促使其纠正违规，规范经营。如责令暂停部分业务、停止批准开办新业务、限制分配红利和其他收入、限制资产转让、限制有关股东或高管的权利等。

为了防范行业或机构的高风险，或为了防止欺诈金融消费者，监管机构限制一些商业银行贷款业务，应该也属于强制型监管措施。如美国为解决次贷危机爆发来暴露出的借贷问题，美国联邦储备理事会于2008年7月15日通过抵押借贷新规定，意在保护消费者免受不公平或欺骗性的抵押借贷行为之害，并使合格借款人可持续获得信贷。新规定包括：禁止商业贷款机构核发借款者无法偿付的贷款、贷款机构应核实借款者的收入与资产、限制贷款机构收取提前付清罚款、对高风险借款人要求设立不动产税与房屋意外保险的托管账户。加拿大同样出于避免冲动型购房和过高的房贷金融风险，继2年前收紧房贷、取消40年分期付款方式和取消零首付之后，又在2010年3月，将购房首付从5%提高到20%，还规定贷款到期续约或者重组贷款时贷款额不超过房屋价值的90%等。

我国前阶段购房限贷措施也考虑到了风险因素，如强调贷款利率严格按照风险定价，要求商业银行根据风险管理原则确定购第三套房贷款首付比例

〔1〕 参见曹建明等：《金融安全与法制建设》，法律出版社1999年版，第100～101页；张忠军：《金融监管法论》，法律出版社1998年版，第2页。

和贷款利率。但国务院几个文件都强调各级人民政府对执行调控措施承担责任，实行考核、约谈、问责制，加强对商业银行执行差别化住房信贷政策情况的监督检查，对违规行为严肃处理。因为监管措施一般均由法律法规作出明确规定，而不是临时确定；监管措施亦应由监管机构作出，而不是由政府代替；强制性监管措施本身就是较严厉的处置，而不是政府保障实施的义务。所以，我们仍不能将购房限贷措施定性为强制型监管措施。由此可见，我国前阶段购房限贷措施也不能被认定为金融监管。

三、房地产限贷措施的宏观调控属性与完善

应该说，我国前阶段的购房限贷措施对于稳定价格、维护市场秩序和购房人权益是必要的，虽不属于典型的金融调控，也算不上金融监管，但确实具有宏观调控性质，其临时性、应急性、强制性的特征，更接近宏观调控法中经济稳定法的紧急状态应对措施。

经济稳定法是计划法的重要形式，其宗旨是通过各种经济政策的综合调控，来实现总体经济的平衡，以求在市场经济体制下促使经济持续稳定地增长，实现稳定物价、经济增长等宏观经济目标。经济稳定法的基本功能是通过法律化的经济手段来促进经济平衡，熨平经济周期，防止或缓解经济波动。其具体制度包括经济预测、监测、经济信息发布制度，重要商品的国家订货、储备、吞吐制度，法律化的财税政策、货币政策、投资政策，增加供给、限制利润、冻结工资、最高限价制度，紧急状态的产业保护制度等。[1]紧急状态不仅包括公共卫生、抢险救灾等突发事件，也包含经济社会严重不利的情急状况。

在中国，人们已从防治“非典”、应对次贷危机影响等实践中，对依靠法律强制措施，调配优势资源集中应对紧急情况，保障市场与社会有序运行有了深刻的认识：

首先，政府运用法律管理经济、调控和规范市场，在任何时候都不能动摇。若无紧急状态时期应急经济措施的法律规范，就可能在特殊时期使市场机制被彻底扭曲，就会使法治经济因为非常因素而重蹈人治的覆辙，也影响了经济的持续、稳定增长。

---

〔1〕 顾功耘主编:《经济法教程》，上海人民出版社2006年版，第303页。

其次，政府的紧急经济应对措施，是处于无奈而对正常市场秩序和法律规则的突破，有的是对局部的市场规律的善意违反，有的是对市场主体权利的必要限制、义务的必要扩张，因此必须依据相应法律才可实施。这是特殊时期的特殊规则和特殊秩序，也是在紧急状态下政府依法行政的基本保证。否则就会产生政令不一、市场分割的局面，就会使政府行政权失控，或是法外施恩、法外施罚。

最后，应急经济措施又具有临时性、局部性和适当性的特点，紧急状态下也不得随意采取，一旦紧急状态撤消或构成紧急状态的突发事件被解决，就应迅速宣布（或自动）解除应急措施。若无紧急状态时期应急经济措施法律规范，就会有人试图使临时措施长久化、局部问题扩大化、不当利益合法化，就会因措施运用不当而造成新的社会矛盾，影响稳定大局。

一段时间以来，我国商品房市场价格持续异动已影响社会稳定和经济全局，可以认为已达到采取紧急应对措施的临界点，故各级政府出台包括限贷在内的限购措施。作为紧急状态应对措施，虽不完全具有金融法上的正当性，但仍具有经济稳定法上的合理性。

尽管我国尚缺乏《紧急状态法》（仅有《突发事件应对法》），但在采取应急措施时必须注重基本规范：一是完善紧急应对启动机制，在健全公共信息的基础上建立紧急状态的预警机制，按一定标准自动启动经济应急方案，形成主动应对、快速反应的良性机制；二是界定应急措施的法律效力，掌握好应急经济措施强制性的“度”，包括在时间和空间上效力确定的原则，明确各级政府、企业、个人以及社会团体的职责，使整个经济系统在紧急状况下有序运行；三是恪守应急措施适用范围，警惕和杜绝个别地方和部门利用紧急状态，滥用应急措施，阻碍人员和资源流动，设置市场壁垒，实行地方保护和行业垄断；四是遵守应急措施的权限与程序规则，危机处理不是滥用权力的理由，各级政府仅可在权限范围内采取应急经济措施，并规范操作，法外行动应报请人大审批或由人大授权，滥权将被追究。

既然我国前阶段购房限贷措施属于紧急应对措施，那就应遵守时效性。从法治的角度考虑，临时性的措施需适时退出，让位于规范的、相对持久的金融调控与监管措施，依法维护房地产市场乃至市场体系有效运行。

第三部分　国有经济法

第一节　论政府投资体制的法制建设[1]

《国务院关于投资体制改革的决定》(以下简称《投资体制改革决定》)发布,在肯定我国改革开放以来投资体制所进行了一系列改革的同时,指出了现行投资体制还存在的不少问题,包括政府投资决策的科学化、民主化水平需要进一步提高。为此,国务院决定进一步深化投资体制改革。根据依法治国的基本精神,为实现《投资体制改革决定》提出的完善政府投资体制、规范政府投资行为的要求,加快相应的法制建设就应是题中之义。

一、政府投资体制法制建设的意义

投资,一般是指经济主体将一定的资源、能力和时空投入某项事业或产业,以获得经济效益和社会效益,以及进行战略储备的经济活动。投资活动是将一定量的货币或其他资源转化为实物资产或金融资产的过程。其中,固定资产投资往往被视为最基本的投资活动。按投资人的不同,投资可分为私人投资、企业投资和政府投资三类。

政府投资指的是政府作为主体,运用国有资产进行投资的活动,也就是将国有的资金、实物及其他资产直接投入项目形成固定资产和流动资产,并从项目运营中获得收益的活动。政府投资是国家直接参加的经济活动。政府投资不仅有利于国

[1] 本文原载《华东政法学院学术文集2004》,浙江人民出版社2005年版。

民经济的总量平衡、优化投资结构和投资布局，而且还可影响与带动社会其他主体的投资，引导投资方向，实现国家预定的发展目标。政府投资具有以下特点：首先，政府投资是国有投资行为，是发挥国有经济主导作用，运用国有资产促进国民经济和社会事业发展的活动；其次，政府投资是国家投资的一种，是国家直接投资，投资的主体只涉及政府及其授权机构（如投资公司、项目公司、控股公司等），不涉及一般国有企业寻求自身发展的投资；最后，政府投资是为了实现国家的职能，即推进全国或区域的经济与社会发展，以及满足政治、国防等需要。

政府投资与社会民间投资主要是指企业投资、私人投资相比，有很大的不同。首先是投资范围不同，政府投资的范围主要是关系国家安全、国计民生、公益事业和公共基础设施，以及市场不能有效配置资源的经济和社会领域；而企业投资、私人投资则往往广泛投资于竞争性、赢利性的众多领域。其次是资金来源不同，政府投资的资金由财政承担，或由政府担保、贴息贷款；而企业投资、私人投资均以自有资金投资，包括国有企业也以其经营管理的国有资产进行投资。再次是决策程序不同，政府投资由各级政府及相关政府机构按权限做出决策；而企业投资、私人投资则由各类企业或投资者个人在国家允许投资发展的产业、产品和技术领域，自主决策、自担风险，按有关程序报政府审核。最后是政府投资与企业投资、私人投资的改革重点也有所不同：政府投资着重在调整投资范围、提高投资效益、严格投资责任等方面加强改革；而企业投资、私人投资则主要在扩大投资范围、改革审批程序上下功夫，实行谁投资、谁决策、谁承担风险，除重大项目外，政府一般不再对项目进行审批，而改为登记备案制。环保、土地等方面，均按照法律规定的程序办理有关手续；须政府审批的项目，也将尽可能简化审批程序。

投资体制是投资活动运行机制和投资管理制度的总称。投资运行机制包括了企业投资运行机制、政府投资运行机制、投资者的融资机制以及投资中介服务机制。

政府投资体制不同于政府对投资管理体制。改革开放后，我国的投资体制发生了深刻的变化，以国家为单一投资主体的格局被打破，出现了国家、企业、个人和外资等投资主体并存的局面，但政府投资管理只规范政府作为投资者的投资行为，而政府对投资的管理才是我国政府对所有各类投资主体的投资行为进行管理。也就是说，在投资领域，政府具有双重主体身份，制度的规范也分为两方面：当政府以国有资产进行直接投资时，政府是出资人，此时涉及国有资产的分配、运用，涉及投资决策的科学和效率，需要政府投资管理制度加以规范；当政府作为社会管理者，对企业、公民个人、外国投资者的投资进行管理协调时，主要涉及社会总供给与总需求的平衡，涉及市场的规范运作，需要固定资产投资管理制度加以规范。

政府投资体制也不同于国有资产管理体制。政府投资主要针对新发生的国有投资，而不针对已完成或已经形成固定资产的国有投资，即它通过政府投资行为使国有资产获得增量，而不涉及国有资产存量。政府履行出资人的职责，使国有资产存量的保值增值，有赖于国有资产经营又称国有资产运营的活动来实现。虽然同为国有资产管理制度，但政府投资体制法律制度重在使政府投资行为科学化、透明化、高效化，而国有资产管理体制制度着眼于运用国有资产并取得收益。

我国传统的政府投资体制是新中国成立后为了支撑高度集中的计划经济体制而形成和发展起来的，20多年来，政府投资体制改革始终是中国投资体制改革的重要内容之一，先后推行了项目建设投资包干责任制、建筑安装工程招投标制、建设项目法人责任制、政府投资项目代建制，采取了固定资产投资项目资本金制、工程监理制和合同管理制等一系列改革措施。20年的改革实践，使政府投资产生了活力，在我国经济活动中，特别是在采取积极财政政策、扩大内需以及开发西部中发挥了不可替代的作用。但是，总体上从计划经济时期沿袭下来的政府投资管理模式，与发展社会主义市场经济的要求极不适应，在投资规模巨大的情况下，问题尤为突出：政府投资决策程序需要进一步完善，决策科学化、民主化水平有待进一步提高；各类政府投资资金（包括预算内投资资金、各类专项建设资金、借用国际金融组织和外国政府贷款等）的管理过于分散，相互间缺乏统一协调，资金使用方式不够明确、规范；对建设项目实施管理的专业化水平不高，同时缺乏严格有效的监督机制和责任追究机制。如对政府投资和企业投资这两种不同类型的投资活动没有进行严格的区分，造成该放开的没放开，该管好的没管好，导致政府投资建设了一些本可以由企业投资的一般竞争性项目。

政府投资体制改革是整个经济体制改革的重要组成部分；是建立社会主

义市场经济体制的核心内容之一；是贯彻国家产业政策，实现经济社会发展目标和战略部署的主要手段，对整个国民经济的建设规模、发展速度、产业结构、生产力布局以及经济社会城市生态的可持续发展都有极为重大的影响。党和政府对政府投资体制改革十分重视。党的十六届三中全会作出的《中共中央关于完善社会主义市场经济体制若干问题的决定》指出："完善国有资本有进有退、合理流动的机制，进一步推动国有资本更多地投向关系国家安全和国民经济命脉的重要行业和关键领域，增强国有经济的控制力。""坚持政府公共管理职能和国有资产出资人职能分开。""健全政府投资决策和项目法人约束机制。"《投资体制改革决定》提出了进一步深化政府投资体制改革的方向、目标和主要措施，这对于促进投资健康增长、更好地发挥政府投资对经济和社会发展的带动作用具有重要的指导意义。

政府投资体制法制是对政府投资决策和执行过程进行全面规范的总称，是政府投资的效益、安全的保障。它不仅是以国家的相关法律法规为核心的规范系统，还是各级政府及政府部门、授权投资机构投资行为的执法体系。

政府投资法制建设，不仅是建立健全政府投资立法，将行之有效的经济政策、行政措施通过法律固定下来，更是用法律的手段管理政府投资，依法决策、依法实施，依法改革、依法监督检查。我们应在国有资产法中，就政府投资问题单独制定基本法和配套法规，并在制定、修改公司法、固定资产投资法、招标投标法等法律法规时，增加有关政府投资的内容。此外，还要加强执法监督和司法，把政府投资活动全面纳入法制化轨道。

国内外的经验教训表明，政府投资体制不仅要有政策保证，还应该有法制保障。战后日本政府为切实保证政府投资能适应经济社会发展的需要，逐步健全了投资立法，先后颁布的有关加强政府投资的法律就有20多种。其中，早在经济恢复时期颁布的就有《财政法》(1947年)、《地方财政法》(1948年)、《国有财产法》(1948年)、《建筑基准法》(1950年)、《土地取用法》(1951年)和《道路法》(1952年)等；在高速增长时期，又颁布了《河川法》(1964年)、《城市计划法》(1968年)；在此后的稳定增长时期还制定了《国土利用计划法》(1974年)等。日本政府每开展一项新的投资活动或变更一项比较重要的投资活动，都要先制定或修改一项法令，然后再开展投资活动。这就使日本的政府投资完全纳入立法的保护与监督之下，得以有效地进行。与此同时，日本的政府投资基本上保持了连续性和稳定性:尽管日本政府首脑实行任期制,更替频繁,每届内阁都提出自己的经济发展战略与计划。然而,对于上述各项法律的要求,无论内阁如何更替,都必须承认和遵守法律的规定。这就从法制上保证了包括政府投资在内的各项政策的连续性和稳定性。

美国政府投资管理所依据的主要法律法规是美国《联邦采购规章》(Fdeeral Acquisition Regulation-FAR),另外还有美国国会1962年颁布的订立政府合同过程中的诚实法律,1984年颁布的订立政府合同时促进公平竞争的法律,以及有关行政机构制定的部门规章等。美国政府投资工程的合同管理还必须受一些公共法律的约束,如合同法、企业法、小企业法等。政府投资工程的承发包必须坚持《联邦采购规章》规定的基本原则和方法,在政府投资工程的承发包中必须坚持以下基本原则:完全与公开竞争原则、公众利益和承包商利益的平衡原则、保证程序的完全性原则、政府要认真考虑所有的标书和投标文件的原则。

可见,建立健全政府投资法律制度,严格依法实施政府投资,对于政府投资以法治替代人治,规范政府投资行为,为政府投资体制改革提供依据与保障,实现投资导向的连续性,促进经济持续稳定发展,具有十分重大的意义。

二、政府投资体制法制建设的基本原则

1.政府投资有所为有所不为的原则。

政府投资,要根据党和国家提出的对国有经济的布局进行战略性调整,有进有退的要求,确定在一些部门需要继续保留和发展国有经济,在另一些部门需要退出国有经济;在国有经济需要保留和发展的部门中,有的需要保持垄断或控制的地位,而有的则无须保持垄断或控制地位。对政府投资的方向、重点、布局进行战略性调整时,要按社会主义市场经济的要求,从国有经济在社会主义市场经济中的功能出发,给国有经济和政府投资以正确的定位。

要处理好政府投资与社会、民间投资的关系。目前我国的投资领域里,企业投资、外资投资、个人投资所占的比重越来越大,根据我们发展市场经济的目标以及WTO规则对我国投资体制的影响,企业投资理应成为社会投资的中心和主流,所以要充分发挥市场配置资源的基础性作用,激发微观经济的活力,正确处理好政府投资与民间投资之间关系。凡是适于由企业按市场机制

的要求进行投资的,政府投资就应退出这些领域。但是,受中国所处社会主义阶段决定,政府投资仍占有重要地位。首先是政府在配置资源方面仍具有补充性作用,可以保证宏观经济的稳定和效率。其次由于我国是一个经济较落后的发展中国家,市场发育还不可能达到完善的程度,政府投资有着不可替代的作用。在以公有制为主体的社会主义市场经济体制下,我国的政府投资导向作用不仅不能削弱,而且在相当长的一个时期内还需要加强。当然,如何根据不同的投资性质和经济与社会发展的客观需要,确定采用不同的投资方式,以及如何保证政府性投资的合理性和有效性,都是亟待解决的问题。

非经营性项目,即无收费机制、无资金流入的项目,这是市场失效而政府有效的部分,其目的是获取社会效益和环境效益,市场调节难以对此起作用。这类投资只能由代表公共利益的政府财政来承担,按政府投资运作模式进行,资金来源应以政府财政投入为主,并配以固定的税费加以保障,其权益也归政府所有。但在投资的运作过程中,也要引入市场机制,促进投资效益的进一步提高。

经营性项目,即有建成后有收入机制的项目,包括纯经营性(营利性)项目和准经营性项目。纯经营性项目,可通过市场进行有效配置,其动机与目的是利润的最大化,其投资形成是价值增值过程,可通过全社会投资加以实现。而准经营性项目即为有收费机制和资金流入,具有潜在的利润,但因其政策及收费价格没有到位等客观因素,无法收回成本的项目,附带部分公益性,是市场低效的部分。因其具有不够明显的经济效益,市场运行的结果将不可避免地形成资金供给的诸多缺口,要通过政府适当贴息或政策优惠维持营运,待其价格逐步到位及条件成熟时,即可转变成纯经营性项目。经营性项目属全社会投资范畴,其前提是项目必须符合城市发展规划和产业导向政策。投资主体可以是国有企业,也可以是民营、外资企业等,公开、公平竞争,其融资、建设、管理及运营均由投资方自行决策和执行,权益也理应归投资方所有。但政府应兼顾投资方利益和公众的承受能力的基础上核定价格。

根据国有经济有进有退的精神,政府投资应在下述一些部门保留和发展:(1)涉及国计民生,或某些自然垄断行业,如铁路、能源管道、电力等;(2)涉及国家和社会安全的部门,这些部门以保障社会和国家的安全为第一任务,如军工企业、造币企业等;(3)实施政府政策的政策性部门,如政策性银行等;

(4)满足居民的某些基本需要和社会共同需要的公益性部门，如城市的公共交通企业、非营利性社会文化、环境保护设施等；(5)某些基础设施及其建设，如港口、高速公路、大型水利设施等；(6)某些需要国家支持的高科技部门，如信息产产业等。

2.政府投资的效益与责任原则。

效益作为质与量的统一，使它不仅是人类努力实现的目标，也是检验人们活动效果好坏的一种标准，所以一切投资都以投资效益为前提。要改变政府投资只讲数量而不顾质量的弊病。改变国有企业效益低下的状况，提高国有经济的效益，历来是政府投资体制改革和国有企业改革所追求的目标。政府投资同样要遵循市场规律，讲回报、多产出，注重经济效益。在某些竞争性部门中，国有企业的效益不及非国有企业的，就要坚决退出。即使是公益性、政策性、涉及国家安全的政府投资，也要讲求保本，不重复、不浪费。从宏观上保证政府投资有效性，从而提高国民经济的整体效益。效益的考察也不能仅局限在经济效益上，而应同时注重对投资的社会效益的考察，因为投资的社会效益是投资效益的最高标准和最终目的。投资过程中的资源配置是否有效，只有从这个角度去测量，才能得出客观的符合社会需要的结论。因此政府投资的投资目的不是自身投资效益的最大化，而是社会公共利益的最大化，为市场、企业营造一个良好、自有的、公平的竞争环境。

要处理好政府投资中效益与责任的关系。改革开放以来，我国的投资体制虽然进行过多方面的改革试验和探索，但投资“大锅饭”体制至今仍未真正打破，对各级政府投资主体缺乏有效的监督、制约机制和责任约束机制。政府投资经常发生投资结构失调、重复建设、决策的主观随意、忽视投入产出比，导致建设过程中损失浪费，经济效益低下，优胜劣汰的市场竞争机制不能充分发挥作用，生产要素不能顺畅地向效益好的企业和建设项目集聚，落后企业和建设项目却占用了大量资源。针对提高政府投资经济效益问题，需要建立一系列责任制度：

投资前，严格投资决策责任制。投资决策者要承担投资决策责任，对违反决策程度盲目上项目的，要追究主要决策者的行政责任，造成重大经济损失的要追究经济和法律责任。要建立领导者经济责任审计制度，并重点审计政府公共投资的建设项目，不仅加强拨款监督、资金监督、决算监督，杜绝资金浪费和挪用，而且要检查项目建成后的质量、社会影响以及建成前的投资配置，形成对决策者强有力的决策约束。

实施时，实行项目法人责任制。在投资实施阶段实行严格的项目法人制，明确责任人，由项目法人对投资建设及生产经营等资金运行和产生效益的全过程负总责。这对于改变目前投资效益不高的状况将会产生积极有效的作用。

实施后，抓紧开展政府投资的后评价机制。通过开展项目后评价工作，客观、公正地分析项目的社会效益和决策质量，充分认识项目对经济、社会和环境的作用、影响及存在的问题，及时总结经验教训、改进决策水平、投资效益，优化资源配置、实现可持续性发展。同时，开展项目后评价工作，有利于对政府投资行为的监督，有利于确保投资责任落实，有利于确保重大决策失误追究制度的贯彻执行。

3.政府投资实行政资分离、政企分开的原则。

社会主义市场经济条件下，政府既是经济和社会的管理者，要对社会各种投资行使社会公共管理的职能，同时又要承担一定的投资职能，直接投资建设那些经济和社会发展需要而市场配置难以奏效的项目，以弥补市场缺陷。根据政府的社会管理职能与所有者职能分离的精神，必须将政府的投资管理职能与政府投资职能分开。投资管理方面，主要是开放投资领域，培育投资主体，依法进行监管；政府投资方面，主要是优化配置政府投资资源，努力提高投资效益。

政府与企业分开已是市场经济改革中人们的共识，但在投资管理中仍应强调政企分开。政府投资不仅应与企业投资分开，而且同是国有投资的政府投资应与国有企业投资分开，这样才能保证国有企业真正成为独立的市场主体。在政府投资中，政府的公共事业投资应与政府的产业开发投资分开。

应采用市场方式管理政府投资。传统的政府投资模式是高度集中、闭门决策、封闭实施，容易造成暗箱操作、权力寻租、滋生腐败。政府投资的改革致力于公开化，按市场机制要求，加快政府投资运作过程的市场化进程，是改善政府投资管理、提高公共投资效益的有效方式。我国对政府投资的监管方式应借鉴国际先进市场的监管方式，逐步走向市场。政府应下力气转变职能和工作方式，深入市场与实际，真正根据市场情况和宏观政策进行投资决策与运作。政府投资决策者应积极认真地进行投资项目的论证和项目实施全过程的监督管理，使投资产生最大的效益。

应采取项目法人制、工程监理制、招标投标制等一系列市场化的方式实施具体投资项目。建立完善政府投资的中介服务体系。原有的投资咨询、项目评估、设计、会计、审计、法律、监理、企业资信评估等中介机构要与政府部门彻底脱钩，真正成为独立核算、自负盈亏、自负其责、依法经营、公平竞争的法人实体，形成较为完善的中介服务体系。政府择优选择设计、咨询、监理等中介机构，为政府投资的决策与实施提供服务，为政府投资的科学性、合理化和提高效益提供基础与保障。

4.政府投资分类管理的原则。

要针对政府投资不同的资金类型和资金运用方式，确定相应的管理办法。如以资本金注入直接投资方式的，管理的关键在于根据国有全资、控股、参股的不同要求，选好用好出资人代表；对间接投资方式，管理上则特别要注重国有资本的控制力和收益率。

此外，还要根据国有资产“分级所有”的制度及政府投资项目的不同级别投资主体，根据是否允许社会、民间资本的介入及介入的程度，分别采取相应有针对性的投资管理方式。

要处理好投资权分权与集中的关系。党的十六大指出：“在坚持国家所有的前提下，充分发挥中央和地方两个积极性。国家要制定法律法规，建立中央政府和地方政府分别代表国家履行出资人职责，享有所有者权益，权利、义务和责任相统一，管资产和管人、管事相结合的国有资产管理体制。关系国民经济命脉和国家安全的大型国有企业、基础设施和重要自然资源等，由中央政府代表国家履行出资人职责。其他国有资产由地方政府代表国家履行出资人职责。能够由社会投资建设的项目，尽可能利用社会资金建设。合理划分中央政府与地方政府的投资事权。中央政府投资除本级政权等建设外，主要安排跨地区、跨流域以及对经济和社会发展全局有重大影响的项目。”

改革开放以前，全社会投资总量的80%以上掌握在中央政府手中；改革开放后，随着财政“分灶吃饭”体制的建立和国家部分投资权的下放，地方政府的投资能力和投资权限越来越大。目前我国的政府投资决策主要实行“两级政府、两级管理”体制。因此，既要保持中央政令统一，防止政出多门，该集中的要集中，又要赋予地方必要的自主决策权和宏观调控权，该放权的要放权，以更好地发挥中央和地方两个积极性。

在中央和地方政府之间明确划分事权，根据事权划分确定各级政府的投资范围。中央政府应该主要管理关系国民经济全局的、跨地区的、为全国服务的重大基础设施和公用设施项目、国防建设项目、重大和关键的高新技术产业项目以及涉及生产力布局和区域开发的重大项目和少数需要巨额投资、具有巨大风险的重大基础产业项目的投资；而地方政府负责管理本区域内的基础设施和公用设施项目的投资。地方政府在投资决策时要注意投资方向和宏观布局上是否合理，是否符合国家有关政策和法规。

5.谁投资、谁决策、谁收益、谁承担风险原则。

要根据国有资产出资人制度，确立政府投资者的主体地位，做到投资主体“权责利”统一，建立风险约束机制。克服决策不担风险、责任不落实到人、有人决策无人负责的现象，克服无任何约束的无限度负债和无本投资现象。

政府作为投资主体进行投资活动时，其法律地位是投资主体而不是投资管理者，既要承担商业风险，也要依据公司法、合同法、信贷法等承担法律风险责任和资产运营管理责任。通过实行项目资本金制度，解决建设项目投资约束微观机制。推行法人投资责任制，明确法人地位，确定项目，理顺政府职能与法人的关系，在保证政府行使监督职能的前提下，扩大和落实法人的各项自主权的同时，法人对建设项目的决策、筹划、内部机构设置、设计、招标定标、建设实施直至生产经营管理、归还贷款以及资产保值增值等进行全过程负责。

强化法人投资责任制，完善投资风险约束机制。投资责任制度的基础是投资者的项目资本金制度，项目资本金使投资者具备承担风险与责任的能力。

三、政府投资体制法制建设的重点内容

（一）合理界定政府投资的领域

《投资体制改革决定》指出：政府投资主要用于关系国家安全和市场不能有效配置资源的经济和社会领域，包括加强公益性和公共基础设施建设、保护和改善生态环境、促进欠发达地区的经济和社会发展、推进科技进步和高新技术产业化。

各地已有一些相应的地方立法，现需要制定全国性的法规或规章，将各级

政府投资的领域作出界定。上述领域主要是指自然垄断的行业或提供公共物品的行业，由于其关系国计民生和国民经济命脉，因此由国家专营更有效率。依照控制力度为标准，又可以分为四类：

第一类为关系国家安全的领域，应由国家专营。比如，造币工业、重要军事工业和涉及国防安全的关键领域以及国家战略储备系统等，由国有经济独家垄断经营，不允许私人资本进入。经营这类企业的主要目的不是进入市场赚钱，而是完成国家的社会责任，提供公共服务。国家不仅要注入足够的资本金，其发生的经营亏损也须由财政补贴。

第二类为具有较强公益性的领域，可以由国家垄断。非国有资本目前尚无力或不愿进入大型基础设施建设项目，包括大江大河的治理、重点防护林工程、重点公益工程以及城市基础设施建设、欠发达地区的经济社会发展等，国有经济必须优先保障。

第三类为特大型不可再生资源开发领域。如国土开发，油田、煤矿等的开发项目，对其中的具有战略意义的资源，国家应当专营；对重要资源，国家可以垄断；对于一般性资源，国家可以根据情况控股或参股。这些项目投资规模大，回收期长，目前民间资本没有力量投资，又不宜让外资控股，国有资本可在这些行业居主导地位。

第四类为其他关键性领域对国家长期发展具有战略意义的高新技术的开发和产业化，如“863计划”等，国家应当给予财政支持并通过投资引导和行业政策推动其发展。

政府应当限制投资或不应投资的领域为竞争性行业。由于私人物品的生产一般应由私人部门进行，而提供私人物品的行业一般是竞争性行业。所以从理论上讲，政府投资应该退出的行业仅限于竞争性行业。竞争性行业，指以追求最大限度利润为目的，主要依靠市场竞争而发展的行业。根据当前中国的实际情况，竞争性经济行业包括战略性经济行业以外的其他一切经济领域，是各种非国有经济成分可能和允许进入的行业，是国有经济不需要占领和垄断的领域。竞争性行业主要包括：

第一类：城乡居民生存、发展所需消费品生产行业。如食品加工、纺织服装、家用电器、文体用品、高档消费品等。居民的需求是多样的，需求结构是经常变化的，而需求结构变化又是推动产业结构不断升级的基本动力，因此这一行业需要有较强的竞争性。

第二类：机械、电子、化工、建材、橡胶等制造业行业（其中少数属于当前国家需要控制或垄断的部门，如大型电站设备制造、大型化学肥料生产、汽车生产、大型船舶制造等）。其中有些是为居民日用消费品生产提供中间产品，有些是为生产资料生产提供中间产品。

第三类：商业、服务行业。如商品的批发、零售、饮食及其他生活服务、宾馆、进出口贸易、中介服务等。这些行业最适合于非国有经济的发展。

（二）规范政府投资的方式

政府投资可采取独资、合资、参股等方式，也可通过兼并、收购、增股等方式进行。政府投资方式取决于政府投资行业的性质。

首先，政府投资应选取合适的组织形式，这主要通过准确适用商事主体法实现。

一般而言，必须实行国有独资即国家专营或国家垄断形式的，应限定在公共事业或自然垄断行业。国有独资的组织形式通常有国有独资公司，经营形式有代表经营、代理经营、租赁经营或承包经营等。国有独资公司是指国家作为唯一股东出资成立的特殊有限责任公司。代表式经营，指国家不直接经营，由各级政府主管部门委派国家工作人员作为企业负责人主持企业经营管理事务。代表式经营有利于企业执行国家政策，贯彻国家管理意图，不利于企业独立自主经营。代理式经营，指由政府选定合适人选作为代理人管理经营国有企业，经营后果需由国家承担。租赁式经营，由出租方与承租方通过租赁合同明确双方的权利义务，经营权范围比较确定，经营后果由经营者承担。由于经营者承担风险较大，为了避免因经营不善而使国有资产遭受大的损失，承租方应在承租时要提供足够的财产担保，如西方国家一般是由政府将企业出租给私人公司经营，私人公司有承担风险责任的财产基础，而在中国，私人承租者难以提供充分的财产担保，这种经营方式在中国只适用于小型国有企业。承包经营指国家与承包方通过承包合同界定双方权利义务，由承包方实际经营。我国的国有企业自20世纪80年代后期普遍实行承包经营。关于承包经营的性质，有学者认为[1]从承包主体上看，如果是作为发包方内部成员的承包，则它

〔1〕 漆多俊：《经济法基础理论》，武汉大学出版社1998年版，第65页。

实际上同于代表式，而如果是发包方以外的第三人承包，则可能是代理式或租赁式；从承包的内容和范围上看，如果经营权限较大，承包者包盈亏，则近于租赁式；否则为代表式或代理式。实践表明承包制存在许多弊端和局限性，尤其是承包人的短期行为。

实行国家控股或参股形式的形式，主要是提供私人物品的竞争性行业。国家控股或参股的组织方式为股份有限公司、有限责任公司，并采取公司制经营方式。公司制经营方式同承包制或其他经营方式比较，结构比较稳定，公司内部的分权制衡充分考虑了公司的效率等。由于公司制经营具有如此一些特点和优点，为提高国有企业的经营效益，各国普遍采用这种经营方式。我国当前国有企业经营制度改革也主要是大力推行公司制。公司是建立现代企业制度的方向。就国家而言，控股式或一般持股式将影响其参股企业之性质，如果国家控股，则其参股公司为国有企业；如果国家一般持股，则其参股公司为非国有企业。国有企业实行国家控股，一方面可以使企业仍然能较好地贯彻国家管理意志，执行国家政策，另一方面对于企业真正独立自主经营，充分接受市场调节，仍有诸多不利。在市场经济条件下，国家控股企业过多，在国民经济中比重过大，仍然会妨害经济的正常运行。因此，对于提供私人物品的竞争性行业，应以国家一般参股为主。政府还可灵活运用投资补助、贴息、价格、利率、税收等多种手段，引导社会投资参与公益事业和公共基础设施建设。

其次，政府投资应采取合适的途径，这需要加快健全相应的规范。

政府投资应根据项目性质和调控需要，既可采取直接投资方式，即以现金、实物、知识产权和土地使用权等注入资本金，也可采用间接投资方式，如投资补助、转贷和贷款贴息等途径形成政府投资。

政府投资还可充分发挥政府掌握着某些垄断性资源的特权，引入市场机制，提高投资效益。即以政府特许经营的办法，鼓励和吸引社会资本以合资、合作、联营、项目融资等方式，参与有合理回报和一定回收能力的公益事业和公共基础设施等政府投资项目建设，取得无形资产带动有形资产的效果。在发达市场国家，都有将国有的港口、机场、车站中经营权作为出资，吸引民间单位投资经营，政府免去了直接投资及经营的风险，又可坐收“特许经营费”这一“投资”回报。在我国，也已有城市在新建郊区公交线路时，政府以经营权出资，经向社会招标，由社会出钱、出人、出车，与政府联办公交。

各级政府还可将已经建成的政府投资项目，经过批准后依法转让产权或经营权，以回收的资金进行投资基础设施建设。

（三）健全政府投资决策程序

考虑到实际情况，政府投资程序问题需要制定单行规范。

1.合理确定政府投资规模。合理的政府投资规模，既能保证国计民生对投资增长的基本需要，又能保持国家对全社会投资的直接调控力度。

2.不断提高政府投资决策的科学化、民主化水平。要完善咨询评估制度，使所有政府投资项目都经过具备相应资质的咨询中介机构的论证评估，咨询评估要引入竞争机制，并制定合理的竞争规则；要实行重大项目专家评议制，集思广益；要逐步实行政府投资项目公示制度，广泛听取各方面的意见和建议。

3.规范政府投资资金管理。编制政府投资计划，统筹安排、合理使用各类政府投资资金，包括预算内投资、专项建设基金、统借国外贷款等。根据资金来源、项目性质和调控需要，政府投资资金按项目安排可分别采取直接投资、资本金注入、投资补助、转贷和贷款贴息等方式。以资本金注入方式投入的，要确定出资人代表。逐步实现政府投资的建设程序和资金管理的科学化、制度化和规范化。

4.合理划分审批权限。按照项目性质、资金来源和事权划分，合理确定中央政府与地方政府之间、国务院投资主管部门与有关部门之间的项目审批权限。

5.简化政府投资项目审批环节。对政府投资的项目，采用直接投资和资本金注入方式的，从投资决策角度只审批项目建议书和可行性研究报告，除特殊情况外不再审批开工报告。同时，应严格政府投资项目的初步设计、概算审批工作，采用投资补助、转贷和贷款贴息方式的，只审批资金申请报告。使用中央专项基金的项目，由国务院投资主管部门和行业主管部门审批，或由国务院投资主管部门审核后报国务院，其中由国务院投资主管部门审批的，只审批项目建议书和可行性研究报告。

（四）确立政府投资主体地位

我国政府投资主体分为中央与地方两级。政府的投资主体地位应由国有资产法律规定，授权机构的投资主体地位可以由法规授权，也可以由政府授权。

中央政府的投资包括中央财政对预算内非经营性投资，以及国家授权投资机构代表国家进行的预算内经营性投资。[1]地方政府也以地方财力通过授权投资机构进行地方经济建设的投资。国家与地方的授权投资机构包括专业投资公司和企业集团等。授权投资机构应具备以下资格：(1)具有相对独立的决策权，即代表国家行使投资的决定权，但其权利的行使要符合法律、法规的规定；(2)具有足够的资金来源，对于预算内资金（财政拨款）、银行贷款以及外资的引进都要由政府依法直接控制；(3)对投资形成的资产享有支配权，在代表国家享有对投资项目所有者权益的同时，在法定范围内享有法人财产权或经营权等实际支配权；(4)具有独立承担投资风险和法律责任的能力，即要求投资主体独立承担风险及责任，由投资者从建设项目的筹划、筹资、设计、建设实施直至生产经营、归还贷款以及国有资产的保值、增值实行全过程负责。

（五）加强政府投资的监管

加强执法与监管，按照《投资体制改革决定》的要求改进政府投资项目建设实施方式。必须改变重立项轻监督、重数量轻效益现象，建立起符合市场经济要求的监督制衡机制，对政府投资实施过程进行有效监督，提高政府投资效益，切实防止国有资产流失。规范政府投资项目的建设标准，并根据情况变化及时修订完善。按项目建设进度下达投资资金计划。加强政府投资项目的中介服务管理，对咨询评估、招标代理等中介机构实行资质管理，提高中介服务质量。对非经营性政府投资项目加快推行“代建制”，即通过招标等方式，选择专业化的项目管理单位负责建设实施，严格控制项目投资、质量和工期，竣工验收后移交给使用单位。增强投资风险意识，建立和完善政府投资项目的风险管理机制。

要建立投资项目报告制。政府投资的项目要单独建账建制，及时准确地向政府投资管理部门报送资金使用的会计月报、季报、年度决算和项目竣工决算报表及其他信息资料，对于投资的效益也要实事求是地作出相应的报告。

要建立投资状况评价制。由各级政府的财政、审计、国有资产管理部门及具体投资部门联合成立政府投资评价组织，并可聘请一些专家组成评审组，对

---

〔1〕 漆多俊：《经济法学》，武汉大学出版社1998年版，第290页。

投资项目进行定期评价和项目后评价。对于经营优良的予以奖励，对于经营不善造成损失的要及时追究有关人员的责任。

要建立全程审计监督制。充分发挥国家审计机关的专职经济监督职能，最大限度地提高政府投资的经济与社会效益。审计机关不仅要对政府投资进行事后审计监督，还应开展事前审计、事中审计，以及时发现问题和解决问题，保障政府投资和国有资产的安全。

要建立政府投资重大项目稽查监督制。国务院有关部门已设立重大项目稽查特派员办公室，任命重大项目稽查特派员，建议凡属中央政府投资的项目或地方政府投资的重大项目，都应进行稽查监督。

还要动员公众及舆论监督等社会监督，建立投资监督与责任追究制度，运用行政与司法的手段打击政府投资中玩忽职守、贪赃受贿、偷工减料等违法犯罪行为。

第二节　政府投资管理制度研究[1]

政府投资管理是政府行为的一种，政府投资管理制度的完善离不开政府投资体制改革，也离不开对政府的职能以及政府行为的综合分析。

一、政府投资管理制度的意义

（一）政府投资及其分类

政府投资指政府运用国有资产进行投资的活动，也就是将国有的资金、实物及其他资产直接投入项目形成固定资产和流动资产，并从项目运营中获得收益的活动。

政府投资按性质分为政府公共事业投资和政府产业开发投资。政府公共事业投资是指政府用于行政机构、公检法司、文化卫生、基础教育、基础科学、环境保护、国防等非经营性公益事业建设的拨款投资；政府产业开发投资是指政府用于具有经营性质的公共基础设施和需要扶持的支柱产业、新兴产业的

〔1〕 本文系上海市人民政府法制办公室同名法制研究课题的一部分，原载《公共管理与制度设计》，法律出版社2006年版。

投资，主要用于国家重点建设项目。

政府投资按管理权限分为中央政府投资和地方政府投资。中央政府投资是中央政府出资，分别由国务院、中央政府国有投资主管部门或其他主管部门按程序审批，国家级投资管理机构实施的政府投资；地方政府投资是由地方财政出资，地方投资管理机构实施的政府投资。

政府投资按用途分为基本建设投资和更新改造投资。基本建设投资，是指利用预算内基建拨款、政府担保的国内外基本建设贷款等，进行以扩大生产规模和运营能力或新增效益为主要目标的新建、扩建工程的投资；更新改造投资，是指利用国家更新改造措施拨款等，对现有国有企事业单位的原有设施进行技术改造和固定资产更新以及辅助配套工程的投资。

政府投资按政府参与的程度分为政府直接投资和政府间接投资。直接投资是政府全额出资，各级政府以资金、财物、土地等形式全部或部分投入固定资产投资，或以国有股出资参股；而间接投资包括政府运用政策及采用BOT、收益权质押贷款等方式出资。

（二）政府投资管理的价值

政府投资管理，是指对政府投资的决策、实施、效益、安全的管理，属于国有资产管理的范围。

政府投资管理的价值是一个根本性的问题，它决定着国家直接投资的方向、重点和规模及国有企业存在和发展的意义。政府投资是现代国家参与经济，克服市场局限性的重要方式。国家直接参与经济运行影响经济发展无论在社会主义国家或在各资本主义国家，都曾发挥十分重要的作用。当代尽管私有化浪潮席卷世界，但是无论在哪种类型的国家，都不会完全取消政府投资和国有企业。

不同历史时期政府投资目的有所不同。自由资本主义及其以前，政府投资目的主要是财政性目的和政治性目的。20世纪以来政府投资主要在于经济性目的，即通过政府直接投资于某些行业和产品的生产经营，直接调节国民经济的结构和运行。同时，通过对国有资产的控制和运营，增强国家调节社会经济的物质力量，执行国家经济政策，保障国家调节经济。

我国政府投资管理的基本价值在于建立并完善社会主义市场经济体制。这一目标价值可按照不同标准对其进行划分。

以目标的跨度为标准可分为宏观目标价值和微观目标价值。其宏观目标价值，为政府投资管理制度是社会主义市场经济体制的制度补充和制度支持，是为克服市场缺陷的需要而存在的。效率最大化是市场体制追求的唯一目标，对于自然垄断行业和公共事业，由政府投资更易达到此目标。其微观目标价值，为对于提供私人物品的竞争性行业，国有经济作为非控股的市场化投资主体参与市场。政府代表国家参与市场，在身份上与其他市场主体并无二致，盈利获益是其根本目标，在实现收益的手段方面并无优先权，同其他市场主体一样承担均等的商业风险。

以是否具有经济内容为标准，目标价值可分为经济目标和非经济目标。其经济目标是通过企业重组等市场方式实现国有经济布局调整，使国有资产保值增值。其非经济目标是通过政府投资来调整经济结构，完善市场体制。

以内容为标准，目标价值可以分为政治目标、经济目标、社会目标。[1]政府投资开办国有企业或其他国有经济形式主要有以下的目：(1)财政性目的，即扩大财源以满足国家机关活动经费和供统治者挥霍的需要；(2)政治性目的，即为了维护和巩固国家政权，抵御外敌入侵，而由国家控制某些经济要害部门；(3)经济性(经济调节性)目的，即通过国家直接投资，调节社会经济结构和运行，促进社会经济协调、稳定和发展。

我国政府投资及其管理以经济调节性为主的目的和使命，一方面表明现代国家有必要开办、保持和发展一定的国有企事业，另一方面说明举办国有企事业的方向、重点和规模，应主要出于调节国民经济的考虑，以充分满足国家调节的需要，有利于整个经济与社会协调、稳定和发展为基本准则。国有经济在国民经济中所占数量和比重适度很重要，少了不能充分满足国家调节的需要，过多又会导致经济不效率。同时，既然国家投资的主要目的是满足国家调节经济的需要，那么，在制定投资政策的时候，就应该优先考虑国民经济发展中的薄弱环节和对国民经济总体与长远发展起制约作用的关键环节。国家应在全面衡量一定时期国民经济运行中的各种结构比例关系(包括行业结构、产品结构、地区结构等)的基础上，根据经济和社会发展的总体战略和规划，确定在一定时期内国家投资的方向和重点。从产业结构上说，国家投资的重点

---

〔1〕 漆多俊:《经济法基础理论》，武汉大学出版社1998年版，第61页。

一般应放在基础产业、高科技产业和一些公共事业上。

（三）政府投资管理制度的内容

投资活动是配置资源的重要手段，投资体制是我国社会主义市场经济体制的重要组成部分。一般认为，投资体制是投资活动运行机制和投资管理制度的总称。投资运行机制包括了企业投资运行机制、政府投资运行机制、投资者的融资机制以及投资中介服务机制；而投资管理制度主要是指政府对投资活动的宏观调控和监管制度。

政府投资管理制度是调整政府对投资进行决策和执行过程中形成的经济关系的制度规范的总称。它以国家的相关法律法规为核心，还包括了各级政府及政府部门的行政规范，以及政府授权投资机构的规章制度。

政府投资管理制度是投资管理制度的组成部分，其与政府投资运行机制是有区别的。机制是改革的重点，制度则需建立健全，而制度的建立健全将为机制改革提供依据与保障。政府投资不同于企业投资，其在投资目的、资金来源、决策程序、建设实施等方面都与企业有明显的区别，因此必须有一套符合政府投资特点的管理制度。

政府投资管理制度的意义在于规范政府投资行为，其内容包含了政府投资战略、政府投资体制、政府投资责任和政府投资程序等重要内容。

1.政府投资战略。

政府投资战略是对政府投资的方向、重点和布局的确定。政府投资应按照有所为、有所不为的原则，结合国有经济有进有退，完成政府投资选择。凡是国有经济应该退出的领域都是政府投资不再进入的领域，凡是国有经济需要加强的领域都是政府投资的重点。退出或进入的战略调整，是社会主义市场经济体制的前提和必然要求。

2.政府投资管理体制。

政府投资管理体制指政府投资主体权限划分及管理方式的制度体系。

我国政府投资主体分为中央与地方两级。中央政府的投资包括中央财政对预算内非经营性投资，以及国家授权投资机构代表国家进行的预算内经营性投资。[1]地方政府也以地方财力通过授权投资机构进行地方经济建设的投

〔1〕 漆多俊：《经济法学》，武汉大学出版社1998年版，第290页。

资。国家与地方的授权投资机构包括专业投资公司和企业集团等。授权投资机构应具备以下资格:(1)具有相对独立的决策权,即代表国家行使投资的决定权,但其权利的行使要符合法律、法规的规定;(2)具有足够的资金来源,对于预算内资金(财政拨款)、银行贷款以及外资的引进都要由政府依法直接控制;(3)对投资形成的资产享有支配权,在代表国家享有对投资项目所有者权益的同时,在法定范围内享有法人财产权或经营权等实际支配权;(4)具有独立承担投资风险和法律责任的能力,即要求投资主体独立承担风险及责任,由投资者从建设项目的筹划、筹资、设计、建设实施直至生产经营、归还贷款以及国有资产的保值、增值实行全过程负责。

3.政府投资责任制度。

在建立项目业主责任制、投资风险责任制的基础上,由投资主体对违反投资管理制度的行为承担法律责任。投资责任制度的基础是投资者的项目资本金制度,项目资本金保证投资者具备承担风险与责任的能力。投资责任制度使投资主体的法律地位得到真正确立,也增强对投资主体的约束。政府作为投资主体进行投资活动时,其法律地位是投资主体而不是投资管理者,也要承担商业风险,也要依据公司法、合同法、信贷法等承担法律风险责任和资产运营管理责任。

4.政府投资程序制度。

政府投资程序,是法定的投资行为及其管理活动的流程规则,其作用在于使投资主体的行为及其管理获得程序上的支持和保障。

首先是投资项目建设程序,一般包括以下几个阶段:(1)提出项目建议书,即根据国民经济和社会发展的长远规划、行业或地区规划及国有经济发展的要求,经过调查、预测、分析,对投资项目的的必要性和依据、规模、方案、建设地点的初步设想、建设条件的初步分析、投资估算和资金筹措等作出建议;(2)可行性研究,对投资项目的技术、工程、经济和外部协作条件,在合理性和可行方面进行分析和论证,将项目需求预测、产品技术经济比较分析、资源、燃料及原材料情况、建设条件、环境保护以及人员培训等内容作为编制项目设计书的依据;(3)项目设计,又称勘察设计,包括在可行性研究的基础上对设计对象进行通盘研究、概略计算和总体安排,作出初步设计(含技术设计);按照建筑工程、安装工程和设备制造等需要,对初步设计的具体化、准确化,进行施工图设计;(4)项目建设,选择施工单位,订立和履行建筑施工承包合同;(5)竣工验收,由建设单绘制竣工图纸,编制竣工决算,交由发包方或有关部门办理验收手续。

其次是投资监督程序,即国家机关和社会组织依据有关法律和法规,对政府投资活动的合法性、合理性和效益性进行审查监督的法定程序。对投资活动依法审查监督,有利于及时发现和纠正投资中存在的不规范问题,防止腐败行为和国有资产的流失,提高政府投资效益。包括两种审查监督:一是立法和司法机关对投资活动的审查监督,各级人大审查批准政府投资计划、预算和决算,监督检查执行情况、投资计划完成情况和投资实施过程中执法情况;各级司法机关依法调处投资纠纷,追究投资活动中的违法犯罪行为人的法律责任,保护国有资产不受侵犯。二是政府及有关社会组织对投资活动的审查监督,包括计划监督、财税监督、金融监督、审计和稽查、监察部门的监督检查,以及工商管理、工程监理等。

二、政府投资体制改革与政府投资管理制度健全

(一)我国政府投资体制的改革进程

我国的政府投资模式,是新中国成立后为了支撑高度集中的计划经济体制而形成和发展起来的,20多年来,政府投资管理体制改革始终是中国投资体制改革的重要内容之一,政府投资管理的改革大致可分为三个阶段:

1979～1987年为改革的起步时期。这一时期改革的核心是开始改变几十年来单一国家投资主体的局面,允许非国有和非公有经济成分发展,鼓励外国投资者以各种方式来华投资。政府投资也在两方面改革:改进投资计划管理,简政放政、缩小指令性计划,将全社会投资规模作为指导性计划;在工程建设实施阶段开始引人竞争机制,推行项目建设投资包干责任制、建筑安装工程招投标制等。

1988～1991年进入改革的第二阶段。1988年国务院颁发《关于投资管理体制的近期改革方案》,第一次系统地提出了中国投资体制改革的基本任务和措施,并首次发布国家产业政策,为政府投资的方向提供了依据。

1992年开始改革进入深入阶段。邓小平南方讲话发表后,一系列旨在以国家产业政策为核心、市场配置为基础、投资主体多元化的改革措施出台,政

府投资全面推行建设项目法人责任制，试行固定资产投资项目资本金制度等。

近年来，针对政府投资项目和国有及国有控股企业的投资项目，制定和实行了招投标制、工程监理制和合同管理制等一系列改革措施，对于控制工程造价、保证合理工期、提高工程质量，都发挥了一定的积极作用。为了提高政府投资项目管理的专业化水平，安徽、湖北、深圳、珠海、重庆等地还实行了政府投资项目的代建制，取得了较好效果。

20年的改革实践，使政府投资产生了活力，在我国经济活动中特别在我国采取积极财政政策、扩大内需以及开发西部中发挥了不可替代的作用。但是，总体上从计划经济时期沿袭下来的政府投资管理模式，与发展社会主义市场经济的要求极不适应，在投资规模巨大的情况下，问题尤为突出。

在以往的投资管理中，由于对政府投资和企业投资这两种不同类型的投资活动没有进行严格的区分，造成该放开的没放开，该管好的没管好。政府投资的管理存在较多问题，如政府的投资范围没有明确划分，仍然投资建设了一些本可以由企业投资的一般竞争性项目。各类政府投资资金（包括预算内投资资金、各类专项建设资金、借用国际金融组织和外国政府贷款等）的管理过于分散，相互间缺乏统一协调，资金使用方式不够明确、规范，对建设项目实施管理的专业化水平不高，同时缺乏严格有效的监督机制和责任追究机制。政府投资决策程序需要进一步完善，决策科学化、民主化水平有待进一步提高。

（二）现存主要问题

1.投资决策方面。

一是决策过度集权化。宏观决策、项目决策、项目经营决策三者相混，往往集中于一个决策主体即政府投资决策部门，在编制投资计划时，既含有宏观决策的成分，也含有项目决策的成分。政府投资管理部门既拥有项目决策权，也拥有项目经营决策权。政企不分，以行政审批为主要特征，下级部门参与决策的作用很小，决策程序不合理，离决策科学化、民主化的要求还有很大差距。

二是政府职责不明。政府投资决策的职能和社会投资管理的职能不分，履行职责也不到位。

三是重复投资严重。“大而全、小而全”和重复建设问题尚未得到根本性解决。传统计划经济体制造成的条块分割，使非经济因素严重影响了资源的优化配置。由于项目决策者不承担经济责任和法律责任，盲目追求经济规模的外延型扩大，对建设项目缺乏科学论证，特别是对市场需求的变化，缺乏认真系统的调查研究，从而导致审批把关不严，决策不当，没有资本金，摊子铺得过大，工期拖得过长，超概算严重，管理混乱等问题，以致有的项目投产之日就是亏损之时。各部门在项目决策时，部门利益往往成为决策的重要依据，助长了项目决策中的“局部利益至上”的倾向，影响政府投资项目决策的科学性。

四是巧立名目，虚假立项。一些部门和单位为争取到国家的资金，设立假项目，编造假报告取得拨款单位的立项，套取国家资金。此外，投资需求膨胀，相互攀比，盲目上项目等传统体制下的弊端依然十分严重。

五是忽视经济效益。优胜劣汰的市场竞争机制不能充分发挥作用，生产要素不能顺畅地向效益好的企业和建设项目集聚，落后企业和建设项目却占用了大量资源。一些地方或部门只注重能争取国家投资，而对于项目立项的可行性及投资效益等缺乏足够的科学论证，从而在项目建设中出现大量地方配套资金不到位，形成“胡子工程”；有的建成后就成为“闲置工程”，造成国家资金的大量浪费。此外还有忽视投入产出比，造成部分投资结构不合理，投资效益低下等问题。

2.投资实施方面。

一是实施投资的主体选定非市场化操作。在实施过程中，市场对资源配置的作用还没有得到充分发挥。项目投资主体由政府指定，往往排除竞争，保护落后，公开招投标制度、监理制度等市场运作机制不够完善。中介服务机构如可行性研究报告具体编制机构、招投标咨询和设计单位没有与政府部门实行彻底的政企分开，导致部门保护和行业垄断。政府指定的投资实施主体一般只在与政府职责分工相关的范围内选择，往往不需或不能承担项目经济和法律责任，仅扮演着政府或政府部门代言人的作用。

二是高估冒算、挤占挪用资金。由于目前审计工作中对工程结算大多采取事后审计的方式，所以高估冒算现象较为普遍。在一些基础设施的建设中，施工单位在编制工程结算时通过多计工程量、高套定额单价、提高收费标准等手段，高估冒算，虚假工程成本，骗取国家建设资金。另外，也存在资金使用单位出于某些部门利益驱使，从挪用几千元弥补经费支出到挪用上亿元修建楼堂馆所，使国家投资的专项资金不能专款专用的现象。

三是建设过程超标准、超预算。部门、地方与国家争利益，政府投资专案的概算、预算和决算常常失控，其中有很多属于不正常的超出，“三超”（概算超估算、预算超概算、结算超预算）现象大量产生，甚至还有“钓鱼工程”“投资无底洞”现象。批的是3000平方米的面积，建下来就变成5000平方米了，反正是国家出钱的项目，不能让它半途而废，结果当然还得财政追加投资。

四是管理中的腐败现象。施工单位不正当获得承包权，回扣率高达30%至40%，又层层转包、层层剥皮，结果是偷工减料，屡屡出现“腐败窝工程”。当前在一些单位，已将管理政府投资工程建设视作“肥差”，甚至有人在临退休前希望组织照顾让他“管管工程”，以至有的地方出现“修一公里高速路，倒下一名干部”等说法。

五是存在工程安全、质量问题。政府投资工程多是关系国计民生的重点工程，由于工程建设管理具有很强的专业性，而临时组建的一些项目班子往往是“外行业主”，人员参差不齐，有的甚至缺乏起码的工程建设知识。一些班子的负责人多由单位或地区的行政领导担任，在实践中一些违反工程建设基本规律和客观科学规律的问题时有发生，加上腐败问题，就难免出现“豆腐渣工程”。

3.投资责任方面。

首先，决策者责任不明。政府投资决策缺乏必要的风险责任约束，监督机制不健全。改革开放以来，虽然进行过多方面的改革试验和探索，但投资“大锅饭”体制至今仍未真正打破，投资行为主要仍然是政府行为，而且对各级政府投资主体缺乏有效的监督、制约机制和责任约束机制。现行体制下，项目可行性研究由科研部门承担，项目评估工作由项目主管部门或垄断性的中介机构进行，项目法人则在项目立项或投产经营后才产生，这些参与政府投资决策的主体都无须承担责任和风险。而行使最终决策权的计划部门也无须承担责任和风险。

其次，投资实施主体责任不清。项目前期准备阶段是“政府决策、投资公司筹钱”，项目实施过程中是“投资公司出钱，建设单位用钱”。项目法人责任制的推行缓慢，绝大部分项目仍在传统建设体制下实施，工程指挥部和建设单位或代甲方具体实施投资管理，投资主体扮演了“出纳”或“财务”角色，权、责、利不清，利益得不到保证。工程一完机构就散了，结果在出现“豆腐渣工程”之后无处追究责任。

再次，监督者责任不清。财政资金的管理却是重分配轻监督，工程建设中的经验和教训也难以总结和积累。

最后，产权不明确导致责任不清。政府在进行一些项目投资时，由于没有明确这部分资金投入后的产权由哪个单位行使，导致这部分资金投入后没有一个专门的机构来进行监督，项目法人作为临时性行政机构也不再存在，最后产生什么效益也无人过问。如某地方政府部门每年都要向该地一纺织厂注入上千万元的技改资金，但最后到底这些资金做了什么，产生了什么效益，却没有一个正式的报告，也没人能说清。政府投资项目经常成了谁都可以插手，谁都可以不负最终责任的项目。

（三）健全政府投资管理制度、促进政府投资体制改革

我们认为，健全政府投资管理制度、促进政府投资体制改革，必须重点解决好以下一些关系：

1.投资权分权与集中的关系。

党的十六大指出，在坚持国家所有的前提下，充分发挥中央和地方两个积极性。国家要制定法律法规，建立中央政府和地方政府分别代表国家履行出资人职责，享有所有者权益，权利、义务和责任相统一，管资产和管人、管事相结合的国有资产管理体制。关系国民经济命脉和国家安全的大型国有企业、基础设施和重要自然资源等，由中央政府代表国家履行出资人职责。其他国有资产由地方政府代表国家履行出资人职责。

改革开放以前，全社会投资总量的80%以上掌握在中央政府手中，改革开放后，随着财政“分灶吃饭”体制的建立和国家部分投资权的下放，地方政府的投资能力和投资权限越来越大。目前我国的政府投资决策主要实行“两级政府、两级管理”体制，因此既要保持中央政令统一，防止政出多门，该集中的要集中，又要赋予地方必要的自主决策权和宏观调控权，该放权的要放权，以更好地发挥中央和地方两级积极性。

在中央和地方政府之间明确划分事权，根据事权划分确定各级政府的投资范围。中央政府应该主要管理关系国民经济全局的、跨地区的、为全国服务的重大基础设施和公用设施项目、国防建设项目、重大和关键的高新技术产业项目以及涉及生产力布局和区域开发的重大项目和少数需要巨额投资、具有巨大风险的重大基础产业项目的投资；而地方政府负责管理本区域内的基础

设施和公用设施项目的投资。地方政府在投资决策时要注意投资方向和宏观布局上是否合理,是否符合国家有关政策和法规。

2.政府投资与社会、民间投资的关系。

目前我国的投资领域里,企业投资、外资投资、个人投资所占的比重越来越大。根据我们发展市场经济的目标以及WTO规则对我国投资体制的影响,企业投资理应成为社会投资的中心和主流,所以要充分发挥市场配置资源的基础性作用,激发微观经济的活力,正确处理好政府投资与民间投资之间关系。凡是适于由企业按市场机制的要求进行投资的,政府投资就应退出这些领域。

但是,受中国所处社会主义阶段决定,政府投资仍占有重要地位。首先,政府在配置资源方面仍具有补充性作用,可以保证宏观经济的稳定和效率。其次,由于我国是一个经济较落后的发展中国家,市场发育还不可能达到完善的程度,政府投资有着不可替代的作用。在以公有制为主体的社会主义市场经济体制下,我国的政府投资导向作用不仅不能削弱,而且在相当长的一个时期内还需要加强。当然,如何根据不同的投资性质和经济与社会发展的客观需要,确定采用不同的投资方式,以及如何保证政府性投资的合理性和有效性,都是亟待解决的问题。

非经营性项目,即无收费机制、无资金流入的项目。这是市场失效而政府有效的部分,其目的是获取社会效益和环境效益,市场调节难以对此起作用。这类投资只能由代表公共利益的政府财政来承担,按政府投资运作模式进行,资金来源应以政府财政投入为主,并配以固定的税费加以保障,其权益也归政府所有。但在投资的运作过程中,也要引入市场机制,促进投资效益的进一步提高。

经营性项目,即有建成后有收入机制的项目,包括纯经营性(营利性)项目和准经营性项目。纯经营性项目,可通过市场进行有效配置,其动机与目的是利润的最大化,其投资形成是价值增值过程,可通过全社会投资加以实现。而准经营性项目即为有收费机制和资金流入,具有潜在的利润,但因其政策及收费价格没有到位等客观因素,无法收回成本的项目,附带部分公益性,是市场低效的部分。因准经营性项目具有不够明显的经济效益,市场运行的结果将不可避免地形成资金供给的诸多缺口,所以要通过政府适当贴息或政策优惠维持营运，待其价格逐步到位及条件成熟时，即可转变成纯经营性项目。经营性项目属全社会投资范畴，其前提是项目必须符合城市发展规划和产业导向政策。投资主体可以是国有企业，也可以是民营、外资企业等，公开、公平竞争，其融资、建设、管理及运营均由投资方自行决策和执行，权益也理应归投资方所有。但政府应兼顾投资方利益和公众的承受能力的基础上，核定价格。

根据国有经济有进有退的精神，政府投资应在下述一些部门保留和发展：(1)涉及国计民生，或某些自然垄断行业，如铁路、能源管道、电力等；(2)涉及国家和社会安全的部门，这些部门以保障社会和国家的安全为第一任务，如军工企业、造币企业等；(3)实施政府政策的政策性部门，如政策性银行等；(4)满足居民的某些基本需要和社会共同需要的公益性部门，如城市的公共交通企业、非营利性社会文化、环境保护设施等；(5)某些基础设施及其建设，如港口、高速公路、大型水利设施等；(6)某些需要国家支持的高科技部门，如信息产产业等。

3.政府投资中效益与责任的关系。

改革开放以来，我国的投资体制虽然进行过多方面的改革试验和探索，但投资"大锅饭"体制至今仍未真正打破，对各级政府投资主体仍缺乏有效的监督、制约机制和责任约束机制。政府投资经常发生投资结构失调，重复建设，凭主观任意决策，忽视投入产出比，造成建设过程中损失浪费，经济效益低下。优胜劣汰的市场竞争机制不能充分发挥作用，生产要素不能顺畅地向效益好的企业和建设项目集聚，落后企业和建设项目却占用了大量资源。因此，针对提高政府投资经济效益问题，需要建立一系列责任制度。

投资前，严格投资决策责任制。投资决策者要承担投资决策责任，对违反决策程度盲目上项目的，要追究主要决策者的行政责任；造成重大经济损失的要追究经济和法律责任。要建立领导者经济责任审计制度，并重点审计政府公共投资的建设项目，不仅加强拨款监督、资金监督、决算监督，杜绝资金浪费和挪用，而且要检查项目建成后的质量、社会影响以及建成前的投资配置，形成对决策者强有力的决策约束。

实施时，实行项目法人责任制。在投资实施阶段实行严格的项目法人制，明确责任人，由项目法人对投资建设及生产经营等资金运行和产生效益的全过程负总责。这对于改变目前投资效益不高的状况将会产生积极有效的作用。

实施后，抓紧开展政府投资的后评价机制。通过开展项目后评价工作，客观、公正地分析项目的社会效益和决策质量，充分认识项目对经济、社会和环境的作用、影响及存在的问题，及时总结经验教训、改进决策水平、投资效益，优化资源配置、实现可持续性发展。同时，开展项目后评价工作，有利于对政府投资行为的监督，有利于确保投资责任落实，有利于确保重大决策失误追究制度的贯彻执行。

4.政府投资的立项与监督的关系。

近些年，我国实行积极的财政政策，每年国家都要拿几千亿元的资金直接用于投资建设，如何通过监督以保证这些国有资产的安全就成为一个重大的难题。为此，必须改变重立项轻监督、重数量轻效益现象，建立起符合市场经济要求的监督机制，对政府投资实施过程进行有效监督，提高政府投资效益，切实防止国有资产流失。

投资项目报告制。政府投资的项目要单独建账建制，及时准确地向政府投资管理部门报送资金使用的会计月报、季报、年度决算和项目竣工决算报表及其他信息资料，对于投资的效益也要实事求是地作出相应的报告。

投资状况评价制。由各级政府的财政、审计、国有资产管理部门及具体投资部门联合成立政府投资评价组织，并可聘请一些专家组成评审组，对投资项目进行定期评价，对于经营优良的予以奖励，对于经营不善造成损失的要及时追究有关人员的责任。

全程审计监督制。充分发挥国家审计机关的专职经济监督职能，最大限度地提高政府投资的经济与社会效益。审计机关不仅要对政府投资进行事后审计监督，还应开展事前审计、事中审计，以便及时发现问题和解决问题，保障政府投资和国有资产的安全。

政府投资重大项目稽查监督制。国务院有关部门已设立重大项目稽查特派员办公室，任命重大项目稽查特派员，建议凡属中央政府投资的项目或地方政府投资的重大项目，都应进行稽查监督。

5.政府投资特点与市场操作模式的关系。

传统的政府投资模式是高度集中、闭门决策、封闭实施，容易造成“暗箱”操作、权力寻租、滋生腐败。政府投资的改革应致力于公开化，按市场机制要求，加快政府投资运作过程的市场化进程，是改善政府投资管理、提高公共投资效益的有效方式。我国对政府投资的监管方式应借鉴国际先进市场的监管方式，逐步走向市场，

政府应着力转变职能和工作方式，深入市场与实际，真正根据市场情况和宏观政策进行投资决策与运作。政府投资决策者应积极认真地进行投资项目的论证和项目实施全过程的监督管理，使投资产生最大的效益。

应采取项目法人制、工程监理制、招标投标制等一系列市场化的方式实施具体投资项目。

建立完善政府投资的中介服务体系。原有的投资咨询、项目评估、设计、会计、审计、法律、监理、企业资信评估等中介机构要与政府部门彻底脱钩，真正成为独立核算、自负盈亏、自负其责、依法经营、公平竞争的法人实体，形成较为完善的中介服务体系。政府择优选择设计、咨询、监理等中介机构，为政府投资的决策与实施提供服务，为政府投资的科学性、合理化和提高效益提供基础与保障。

6.加强管理与健全法制的关系。

政府投资管理制度是包含经济政策、行政措施和法律制度在内的综合制度，而其中法律制度又是统领全局的制度。政府投资法制建设，不仅仅是建立健全政府投资立法，将行之有效的经济政策、行政措施通过法律固定下来，更重要的是用法律的手段管理政府投资，依法决策、依法实施、依法改革、依法监督检查。我们应在国有资产法中，就政府投资问题单独制定基本法和配套法规，并在制定、修改公司法、固定资产投资法、招标投标法等法律法规时，增加有关政府投资的内容。此外，还要加强执法监督和司法，把政府投资活动全面纳入法制化轨道。

三、入世对政府投资制度的影响与相应对策

加入WTO意味着我国国民经济在更大程度上和更广范围内融入世界经济发展运作规则之中，毫无疑问我国政府投资管理制度也要在管理方式、手段和职能等方面发生深刻变化，做出适应WTO规则的调整。WTO的基本原则及《与贸易有关的投资措施协议》《补贴与反补贴措施协议》《农业协议》《政府采购协议》将对政府投资行为及其管理产生直接影响。

（一）入世对政府投资的影响

1.反补贴的规则使政府直接投资受到一定约束。

根据WTO《补贴与反补贴措施协议》，补贴是指成员国政府或者其他公共机构（如各政策性银行、政府投资公司和授权投资机构）向某些企业提供并为其带来利益的财政资助以及其他形式的收入或者价格支持。这里的财政资助包括：政府以拨款、贷款、投资等形式直接提供资金，或者以贷款担保、贷款贴息等形式潜在地直接转让资金或者债务；政府放弃或者不收缴应收收入（如税收减免、债务转移）；政府提供除一般基础设施以外的货物、服务，或者由政府购买货物；政府通过向筹资机构付款，或者委托、指令私营机构履行上述职能。只要这些资助使接受支持者从中得到超越一般市场机制或商业行为所能提供的待遇时就成为WTO意义上的补贴，相应地，就要受到该协议的约束。

WTO还将政府投资公司、担保公司和政策性银行视为政府所属的公共机构，其行为规范同样要受WTO原则和《补贴与反补贴措施协议》的约束。政府投资公司、担保公司、政策性银行在进行投资时，必须本着商业目的和普通市场主体的身份，根据非歧视原则和公平原则参与市场经营，平等对待所有符合产业政策或有关条件的不同所有制企业，不得以阻碍WTO其他成员国和其他非国有制市场主体进入市场为目的，不得明确将非国有制的其他所有制企业排除在外。

原则上约束较严，但仍有一定的余地。《补贴与反补贴措施协议》将补贴分为禁止性补贴（红灯补贴）、可诉补贴（黄灯补贴）和不可诉补贴（绿灯补贴）。根据协议的规定，政府如果对国内企业提供的投资补贴不论在法律上还是事实上均没有直接与出口或进口替代相联系，则可看作非禁止性补贴，通常在一定具体约束条件下可继续实施。按照绿灯补贴的范畴，政府对国内企业的补贴只要遵循非歧视原则和公平原则，即同类补贴的对象不限于国有企业，对任何所有制企业只要符合有关法律法规或政策要求就能具备享受补贴的资格，那么政府在竞争性领域的投资若为以下领域，则不会引起争议：一是研究和开发补贴，即对公司进行研究和开发活动的援助，或对高等教育机构、研究机构与公司签约进行研究和开发活动的援助；二是贫困地区补贴，即按照一项总体地区发展规划给予贫困地区的援助；三是环保补贴，即为促进现有设施适应法律、法规规定的新的环保要求而提供的援助。

在农产品领域，基于农产品贸易涉及一国粮食安全等重大问题，WTO专门制定了《农业协议》，对不同的国内支持分为“绿箱”“黄箱”“蓝箱”措施，约束成员国政府的投资行为。按照协议规定，下列行为无须承担约束：一是一般农业服务支出，如病虫害控制、农业科研、农业科技推广、市场促销和农业基础设施；二是粮食安全储备补贴，如粮库建设等；三是自然灾害补贴；四是农业结构调整投资补贴；五是农业环境保护补贴等。

2.政府采购规则会在不久的未来使政府投资受到影响。

国外的政府投资通常采取政府采购（物资、工程）的方法进行，WTO将政府采购分为政府作为最终消费者进行的采购和为公共项目而举办的工程项目采购。根据WTO的《政府采购协议》的要求，协议成员方政府必须在政府采购领域按承诺条件实行国民待遇原则，即不得歧视外国产品、服务及其供应者。由于我国目前还没有加入该协定，其对我们的政府采购不构成约束，短期内对政府采购不会产生直接影响，但趋势是要体现非歧视原则和透明度原则。由于我国将于入世两年内就该协议开展谈判，那么WTO原则和《政府采购协议》的影响将会逐步显现，主要体现在政府采购时，要充分考虑WTO国民待遇、非歧视和透明度原则的约束，不把非国有企业或非本地企业尤其是外资企业排除在外。

（二）政府投资制度的应对措施

入世后，我们要充分利用WTO规则的有利方面以及对地方政府较少约束的特点，继续发挥政府投资的积极作用，促进经济和社会全面发展。但更重要的是在政府投资管理方面必须适应WTO规则，促进政府投资制度改革。

1.充分利用WTO的规则，继续或强化政府投资。

WTO允许政府对公共设施进行投资，各地方政府可保持和加大对公共设施的投资规模。WTO允许政府在不直接干预经济运行的前提下，以市场主体的身份进入某些竞争性领域投资和对研究进行资助，地方政府可加大科技投入，如增加对科技经费的财政资助，又如创新基金先期投入启动资金，引导银行、风险投资公司和其他社会资金对科技开发的投资。

WTO允许政府对贫困地区的援助，如在西部开发、扶贫工程等方面加大投入。《农业协议》的除外条款，也允许加大对农业基础设施的投入，加大对农业先进技术的开发和引进，大力推进农业和农村发展。

政府还可根据WTO允许发展中国家对幼稚行业和民族特色产业进行采取一定的保障措施的规定，对部分领域进行保护性投资。

2.改革调整政府投资制度，符合WTO规则。

政府投资管理要进行战略性调整，政府退出某些竞争性投资领域，允许包括外商投资在内的社会投资公平竞争；在另一些竞争性投资领域，政府应与社会投资一起公平竞争。非歧视、公平和透明性原则应充分体现在政府投资管理制度中。

政府投资要发挥好引导作用，吸引外资投向国民经济和社会发展急需的地方。目前，中央政府各部门和各地政府都已相继根据WTO规则对有关政府投资的制度作了相应地调整，较好地履行了政府的义务。

四、完善上海政府投资管理制度对策

（一）上海的政府投资体制改革与突破

上海与全国一样，政府投资体制是在长期的高度集中计划经济体制下形成的，改革开放后，历经了不断改革、探索创新和发展，取得了若干重大突破。

1.政府投资决策由市级政府高度集权管理向区县政府分层分权管理转变。

随着市内“两级政府，两级管理”体制的不断深化，在扩大各区县基本建设投资项目的审批权限的同时，市政府也部分下放了政府投资的决策权，推动了全市区域经济的发展。

2.政府投资的投资主体走向多元化。

随着经济体制改革的不断深化，政府投资主体开始趋于多元化，市政府有关部门、区县、授权的企业集团开始成为直接投资的重要主体。从1992年开始，作为投资体制改革的一种尝试，上海分大口成立了十大投资公司，包括城市建设、工业、农业、商业、科技、交通、文化等投资公司，承担了原由市政府有关部门和地方财政承担的部分投资责任，并在投资资金筹措方面成为借、用、返还的主体。以后，数十家企业集团成为授权经营国有资产的责任者，也担负起了政府授权投资的职责。

3.政府投资在投资结构中的比重有所减少。

上海积极建立开放性的投资机制，放宽市场准入，积极培育和引进外商、民营、股份制企业等非国有的投资主体，鼓励一般国有企业的投资，形成了多元化投资新格局，解决了以往投资主体单一、建设资金不足的矛盾。“八五”期间政府投资占同期全社会固定资产投资总量的64.3%，而“九五”期间政府投资的比重为53.7%，比“八五”期间下降了近10个百分点。投资结构的多元化，提高了社会投资能力，拓宽了资金渠道，提高了投资效率，是保持上海固定资产投资规模，推动城市建设和经济发展的重要因素。

4.政府投资注重效果，投资效益不断提高。

政府投资着重调整产业结构、提高经济效益、完善城市功能、改善投资环境、提高人民生活质量、促进经济中心城市的综合竞争力，在启动、引导社会投资方面下功夫，加快了上海经济结构的优化，加快了浦东开发开放，建设起了以高新技术产业为代表的支柱产业，初步形成了以“三港两路”（航空枢纽港、信息港、航运中心及高速公路、高架道路）为标志的现代化城市基础设施框架，逐步完备了文化、体育和教育设施，提高了人民群众生活质量。

从总体上看，上海的政府投资体制改革已经突破了传统投资体制的束缚，为最终建立与社会主义市场经济要求相适应的、与国际大都市地位相吻合的地方性政府投资体制与制度奠定了基础。上海的政府投资改革在某些方面处于领先地位，但同时也还存在与国内其他地方一样的一些问题，需要通过深化改革予以解决。

《上海市国民经济和社会发展第十个五年计划纲要》第十部分“关于投融资体制改革”中指出：“改革投资管理体制，实现政府社会管理职能与投资职能分开，政府投资与国有企业投资分开，政府投资职能与投资管理职能分开，政府公共事业投资与产业开发投资分开，促进政府的主要职责转向‘统一规划、培育主体、制定政策、依法监管’。进一步开放投资领域，对政府投资领域进行细化分类界定，明确政府投资主要集中在非竞争性的社会公益性项目和城市基础设施项目，有序退出一般竞争性投资领域，优化配置政府投资，强化市场对国有企业投资主体的激励约束；在进一步加大政府对社会事业投入的同时，依托市场机制发展社会事业；取消对非政府投资限制性政策，大力培育社会投资主体。逐步实现投资项目由审批制向登记制的转变，公开投资审批程序，简化投资审批手续，提高投资审批效率。拓宽融资渠道，对有收费机制、收益稳定的城市基础设施项目和社会事业项目，充分吸纳社会投资者投资；对一些有收费机制但效益难以做到投资收益平衡的城市基础设施项目和社会事业项目，通过适当的补贴等政策，鼓励社会资金规范、有序地投入。”

（二）上海政府投资体制改革的亮点——投资主体和管理主体

1.投资主体。

政府投资的投资主体分为政府机关和授权机构两类。以往政府投资均由政府机关直接进行，形成了规划部门管规划、计划部门管决策、建设部门管项目建设实施、经委管项目建成后的生产经营、财政部门管利润回收的多头分散管理的政府投资模式。上海在政府投资体制改革中普遍采用了授权机构作为投资主体做法，收到了很好的效果。

授权投资机构包括专业投资公司和企业集团等，与一些地方或部门将基础性和竞争性项目投资通过授权机构进行，公益性投资仍由政府机关安排的做法不同，上海将各类政府投资均交由授权机构进行，如工业投资公司等承担了产业性政府投资，城投公司、申通投资公司等分别负责城市交通及其他基础设施的政府投资，而申康投资公司等则分别负责对医疗卫生、文化教育等公共设施的政府投资。上海这批授权机构中既有专职从事代理政府投资的特殊企业，也有既负责存量国有资产运营、又受托进行政府投资的国有资产授权经营主体（如企业集团）。

授权机构接受政府注入的资本金，其自身也通过贷款、债券等方式筹集投资资金，还将先前投资的投资收益充作投资资金，根据政府授权（或指定）做出投资决策，或在政府做出决策并财政拨款后通过授权机构进行投资。

授权投资机构作为政府投资主体，是政府产权的代表，代表政府行使投资运作管理职能，是具有法人地位的经济实体。它们都实行独立核算、自主经营、自负盈亏，对投资项目按投资额享有所有者权益。投资收益作为政府投资主体的发展基金，按照国家有关规定，继续用于投资活动。授权投资机构不行使行政管理职能，其与被投资企业之间的关系，是企业之间按市场交易关系，而非行政隶属关系。此外，它们还承担投资资金的筹集与偿还职责，负投资风险责任，对于由于决策失误或管理不善而造成的投资损失，由其自行负责，有关人员需承担相应的行政或法律责任。

授权机构作为政府投资主体，能解决政府投资主体缺位、国家产权代表不明晰的状况；能实现政企分开，真正使政府投资职能与投资管理职能分离；能落实投资责任，有效地防止新增国有资产流失。

授权机构作为政府投资主体，较好的衔接了投资宏观调控与投资微观运作。政府投资主体的经营活动必须按照国家产业政策和计划确定的宏观经济目标进行投资，从而使国家的宏观调控目标在政府投资的微观经济层次上得以落实。

2.项目管理主体。

政府投资决策后，执行中还存在项目管理问题，即由谁来负责投资实施。在传统的政府投资体制下，政府投资资金直接划拨到相关主管部门负责管理与使用。1996年开始，在区分为经营性和非经营性政府投资的基础上，国家要求对经营性政府投资在全国实施“建设项目法人责任制”，并已取得较好效果。但对于大量非经营性政府投资，目前各地采用的两种主要管理模式：第一种是“一次性业主”，即从政府有关部门抽调人员组成“一次性临时工程建设管理机构”（如工程指挥部）进行管理；第二种是“建、管、用合一”，由各个行政部门（如教育、文化、卫生、体育）或者一些工程项目较多的单位的基建处等常设管理机构管理。但两种方式都存在较大缺陷。“一次性业主”管理方式是一个项目一个管理班子，对众多分散的业主难以实施有效监管，容易造成腐败，也易导致重大工程质量事故的发生。工程建成后，项目管理班子即行解散，又导致业主的各项责任难以真正落实。而且机构重复设置，浪费现象严重。“建、管、用合一”方式虽然可以较好地体现使用者的要求，但其分散性、自营性的特点与市场经济的社会化、专业化的生产方式相违背，而且建、管、用不分，使用单位充当业主，本身就有投资扩张的冲动，从而导致一些企业还发生挪用资金行为。

建立新型政府投资项目管理模式已势在必行，一些地方又作了新的探索，建立专门机构管理政府投资成为共识。如安徽省政府建立“政府投资管理中心”，深圳市则仿效香港地区的做法，设立工务局专业实施并管理。专门机构负责包括前期准备、项目投标招标、项目施工与监督、资金拨付和竣工验收等全部投资执行、项目建设工作。一般认为，专门机构管理方式体现了专业化生产的要求，解决了外行业主、分散管理、机构重复设置的问题；业主身份明确，在投资上对政府负责，在使用功能上对使用方负责；投资、建设、管理、使用分开的体系，有利于监督和防止腐败。

上海的做法是更进一步，全面推行专业化、社会化的“代建制”。在考核及资质认定的基础上，确定了一批专业工程管理公司承担政府投资项目的管理，这批管理公司既有行业性的，也有综合性；既可管理经营性项目，也可管理非经营性项目。管理公司与政府或政府授权投资机构形成合同关系，代甲方开展项目管理，使每一项政府投资都有一个人格化的业主代表、一个实实在在的甲方。这样，在政府投资的新体制中，政府进行调控、计划、审核，授权机构进行具体决策并筹资、投入及监督、管理公司负责项目落实、施工监理、经费控制并组织验收，真正推进了政府投资管理的市场化。如在轨道交通的上，上海实行了“投资、建设、运营、监管”四分开，分别组建相互独立的、按市场化原则运作的轨道交通投资公司、项目建设公司和运营公司，政府仅进行综合监管，既吸引了多元投资、降低了建设造价，又有利于改善运营服务，加强管理。上海的做法，为全国提供了由社会性专业机构而不是临时机构担任业主代表的典范。

（三）政府投资管理制度的实践与完善

1.政府投资管理制度的现状与不足。

上海市在加快改革实践的同时也较重视制度建设，政府的计划、国资、建设等各部门及有关区县都根据职责范围，针对政府投资问题出台了一批规章制度。如根据上海的政府投资主体主要由授权的国有投资公司、企业集团担当的特点，先后出台了《上海市国有资产授权经营公司管理暂行办法》《关于加强国有企业投资行为监督的暂行意见》等规范文件，专门对政府投资的决策权限、程序环节、内控机制和监督检查等做出规定。而《上海市国有企业国有资产损失责任人处理办法》中，对在投资决策、投资管理等投资行为中因失职失误造成损失的，设置了责任，也为投资监督提供了依据。

政府授权投资的投资公司、企业集团也纷纷根据政府投资的要求制定相应规范（如工业投资公司的《长期投资项目管理制度》、浦东发展集团的《投资项目管理暂行办法》《下属公司对外投资管理办法》等），对政府投资范围、项目的选择确定、决策程序与权限、投资实施及监督、项目后管理，以及投资责任等方面作出十分具体的规定，方便操作、切实可行。

但上海的政府投资管理制度也还存在不足：一是政出多门、各条块的规则不够统一；二是投资性质上区分不细，一些制度中将政府投资与国有企业投资一样对待；三是规范制定的时间较长，有的已不适应新的形势要求。更重要的是规范层次较低，多为规范性文件及企业规章，既无地方法规，又无政府规章，缺乏法规层次的制度，也就缺乏了权威性和强制性。

深圳率先在政府投资法制方面作出了努力，深圳市人大常委会于2000年7月1日制定实施了《深圳市政府投资管理条例》，有力地推动了政府投资体制改革和投资效益的提高。如根据条例成立了政府投资项目评审中心和审计专业局，短期内评审中心审核涉及总投资13.4亿元，核减投资3亿多元。审计专业局对政府投资项目进行全程跟踪审计，共审计政府投资项目400多个，审计金额229.9亿元，核减投资25.44亿元，在一定程度上遏制了政府投资容易出现的弊端。

2.健全上海市政府投资管理制度的指导思想。

党的十六大对国有资产管理指明了改革的方向，提出了一整套新方针新政策，国家有关部门也正在加紧制定《国家投融资体制改革方案》和《政府投资管理条例》，政府投资深入改革与规范的大环境十分理想（远胜于深圳地方立法的2000年），因此建议上海抓住机遇，在近期尽快出台政府投资的地方性立法或政府规章。特别应考虑制定《上海市政府投资管理条例》，力争在近期将这一条例列入地方立法计划，并争取早日出台。

上海是传统的国有资产较集中的经济中心，又是改革开放、市场发展的前沿，担负着率先建成社会主义市场经济体制及与其相适应的法制系统的光荣任务，因此不仅要在政府投资体制改革方面走在前列，也理应在政府投资管理制度建设方面成为表率。上海要将改革成果及时上升为制度规范，形成与改革配套的制度体系促进改革。同时，也为国家进行全国性的立法提供经验，建立健全政府投资的地方制度应具有必要性。

上海地方立法也具有传统优势，政府投资有近年来的实践积累和不同层次的规范性文件作为基础，又有一大批富有实践经验的管理和研究人员，加上可以吸收已有的理论研究成果，可以学习兄弟省市、有关部门的成熟做法，可以借鉴国外的成功模式，建立健全政府投资的地方制度应具有可行性。

健全上海市政府投资管理制度工作中应树立以下指导思想：

一是继续推进政府投资理念的转变。进一步收缩、调整政府投资的领域和范围，实现政府投资由全面投资向重点投资转移，由中央政府集中投资向中央和地方政府分级投资转移，由政府直接实施投资向市场化、专业化实施转移。

二是政府投资体制改革应与融资体制改革同步进行。尽管两者不是同一概念，但有着紧密联系。规范和完善的信贷体系、资本市场和境外融资途径，将促进政府投资的发展。特别是地方政府的融资渠道若能更多样化一些，则地方政府的投资将会更活跃，有利于区域经济与社会加快发展。

三是发扬上海政府投资改革特色。特别是要完善投资主体和项目管理主体，对授权机构和项目管理公司采取有效的激励和约束机制，巩固提升各种市场化运作方法，探索政府对投资主体和项目管理主体监管的新模式。

此外，政府投资制度应注意与国有企业投资制度、国有资产运营收益制度相协调，与政府对投资体系的管理制度相衔接。

3.上海政府投资管理制度中若干问题的思考。

关于授权机构的法律地位问题。按现行规定，中央和地方政府的国有资产管理部门分别履行出资人职责，而实际投资由授权机构进行，则国有资产管理部门成为最终出资人。授权机构既不是政府部门，又不同于一般国有企业，其实际上承担了一部分出资人责任，但其性质在现行立法中尚无依据，因此应特别注意对其地位作出规定。同时对授权机构的资格条件、权利义务、组织框架及责任等作出规定，确保其政企分离、与行业主管部门分离。

关于投资中介机构体系问题。要进一步发挥中介机构在政府投资中的咨询、评估、设计、预算、监理、信息等方面的作用，保障政府投资的决策科学、实施顺畅、资金安全、质量可靠、官员廉洁。相关制度既要促进中介机构健康发展、形成服务体系，又要推进中介机构市场化运作、竞争上岗，与政府机关完全脱钩。

关于管理制度体系问题。地方法规或政府规章应与国家的法规衔接，并结合地方特色具体化。应要求市政府各部门、各区县和授权进行政府投资的投资公司、企业集团等，及时着手清理现有与政府投资相关的各级各类规章制度，并考虑将其修改为地方法规或规章的配套规范。

第三节 国有企业金融衍生品投资的制度建设[1]

近年来，国企投资金融衍生品受到重大损失的案件时有所闻，特别在金融危机爆发后，多家国企爆出因投资衍生品产生几十亿元甚至上百亿元的巨额亏空，引起社会对国有企业投资金融衍生品问题的高度关注，要求进一步规范国企衍生品投资活动。2009年3月24日，国资委公布了《关于进一步加强中央企业金融衍生业务监管的通知》，对中央国有企业开展金融衍生品业务作出严格规定，标志着规范国有企业金融衍生品投资活动的制度建设工作实质性进展。

一、认识国有企业衍生品投资的制度建设的重要意义

根据我国银监会《金融机构衍生产品交易业务管理暂行办法》，衍生产品是指一种金融合约，其价值取决于一种或多种基础资产或指数。即有关互换现金流量或旨在为交易者转移风险的一种双边合约，合约按功能分，有风险管理型、增强流动型、信用创造型、股权创造型；按产品形态分，有远期、期货、期权、掉期；按基础资产分，有股票、利率、汇率、商品；按交易方式分，有场内和场外交易等。金融衍生品最大特征是依托一种投资机制来规避资金运作的风险，同时又具有在金融市场上炒作交易、吸引投资者的功能。

金融衍生品的特征使其具有“高收益、高风险”的必然属性，是一把“双刃剑”。若使用得当，可以有效地帮助企业管理风险、锁定成本、稳定收益或者对冲经营风险，但若对衍生品风险认识不足，贸然参与或过度投机，则很有可能给交易者带来巨大损失。现实中，企业往往被高收益所吸引，而忽视其高风险属性。因此，建章立制，以扬长避短，就十分重要了。

制度建设是国有企业规范开展金融衍生品投资的保障。金融衍生品从其设计的初衷和原理来说，是用来规避风险和发现价格的工具，这正是我国企业参与交易的原因。随着我国经济高速发展及日益成为全球制造加工中心，我国已成为国际市场能源、原材料、农产品等大宗商品的大买家。而也必须同

---

〔1〕 本文原载《上海国资》2009年第9期。

时面临国际市场相关商品的价格波动带来的巨大冲击。因此，利用期货市场规避价格波动风险进行套期保值，以获取成本优势，是企业有效管理风险，实现稳健经营的一种重要手段和必然趋势。同时国内一些资源生产企业，为了防止国际市场价格大涨大跌，也需要利用衍生工具锁定未来的预期利润，套期保值。还有，进出口企业利用金融衍生工具规避汇率、利率风险，在人民币汇率制度改革时期，对于企业增加自身抗风险能力，提升国际竞争实力，都具有特别意义。因此，市场经济条件下，一些国有企业参与衍生品交易是不可避免的，以制度保障其规范开展业务也是必须的。

制度建设是也国有企业防范金融衍生品高风险的准则。风险是不确定性导致的损失。金融衍生品的价格受基础资产价格走向或指数波动的支配，衍生品仅是标准化合约而非现实中物质属性的商品或劳务，采取保证金交易而具有杠杆性，其创新性本身具有避免已有监管的动机。因此，金融衍生品要比基础资产更具有不确定性，也更具有高风险。由于从事某些高风险业务是企业规避价格风险的必然趋势，这就需要企业在开展衍生品业务是要有效防范和控制风险。早在2005年，国资委就曾发文要求各国有企业在投资金融衍生品时应当审慎经营、严格管控，注意防范经营风险。但在实践中，国有企业投资金融衍生品铩羽而归的案例依旧频频发生，特别在次贷危机引发金融危机后，多家国企爆出了几十亿元甚至上百亿元的巨额亏空。可见以制度强制国有企业加强对投资金融衍生品的风险控制，已迫在眉睫了。

制度建设也是加强国有资产安全与提高国有企业经营水平的必需。企业作为市场主体已具有更多的自主权，快速增长的经济效益也为企业从事衍生品业务提供充足的资金，如何在此情形下保障国有资产的安全和企业的稳定经营，成为国资管理部门以及国有企业所面临的重大挑战。从2004年中航油新加坡公司因过度投机造成5.5亿美元巨额亏空后申请破产，到2008年中信泰富、国航、东航、中国远洋、中铁和中国铁建以及深南电等企业因衍生品交易产生巨额亏损，都暴露了我国国有资产管理和国有企业管理的漏洞。外部监管不力、决策程序不当、内控机制虚设、操作缺乏规则，使国有企业投资金融衍生品频频发生问题；之后又往往由政府买单托底，最终导致国有资产严重损失。制度缺失、执行又不严，无疑是对国有资产安全的重大威胁。因此健全企业投资金融衍生品制度，不仅有利于加强国有资产安全，也有利于提高国有企业自身经营素质，规范管理衍生品操作应该成为企业经营管理的组成部分。

制度建设还是维护金融市场秩序的有效措施。历次金融危机都充分说明，无论是最新兴的市场还是最具有纠错能力的成熟市场，都会因为严重的制度缺失导致危机的发生，衍生品市场尤其如此。金融安全稳定有赖制度健全。

二、明确国有企业衍生品投资制度建设的指导思想

（一）以控制衍生品投资风险为核心

衍生品市场的风险是客观存在，既影响国有资产安全，又影响市场安全。有效的监管是防范和控制风险的最重要手段。监管通过风险预警机制，以信息、指标、分析等及时反映风险的预兆、源头、险情和变动趋势，为人们识别和抑制风险提供基础。监管又通过跟踪监测，动态反映市场运行态势和风险出现的可能，统计风险的程度与频率，评估风险的走势与损失，为人们把握和化解风险提供便利。监管还通过分析风险原因和要素，构筑防范体系与组织，健全法规与政策，构建监管机构与工作机制，有效地防范和控制了风险。

防范金融衍生品风险，把风险的危害控制在最低限度，已成为各国政府十分关注的重大问题，而直接的措施就是依法监管风险。

这里所追求的安全，不是市场主体或个别财产的安全，而是市场与社会的整体安全，是国有企业和国有资产的安全。加强监管的根本目标和基本任务就是控制衍生品风险，通过制度的建立与实施，抵御、防范、降低风险的危害，保障市场安全，保护国有企业和国有资产。

强调监管与安全并不是停止市场发展，或禁止国有企业从事衍生品交易，而是要在确保安全的前提下发展市场，保障国有企业规范有序参与衍生品交易。绝对不可因噎废食，因为有高风险而对国企参与交易有所顾忌，更不可阻滞企业与市场正常运行发展。

国有企业应当增强风险意识，树立正确的风险管理理念，规范开展金融衍生品投资业务，确保企业与国有资产的安全。

（二）确立国有企业衍生品业务的投资目的

要正确认识金融衍生品的特性，发挥其套期保值作用，应明确国有企业从事金融衍生业务的目的是避险和套期保值，而不是投资盈利，更不能抱有侥幸的心理进行投机。正如有关部门领导的要求：“国有企业应该是金融衍生品的

使用者，而不是做市商。”[1]

要将衍生品套期保值与利用衍生产品投机严格区分。前者是指衍生品的使用者同时在远期的现货市场和衍生品市场设立价格风险特性相反的头寸，从而将远期的现货市场价格波动风险通过衍生品市场上的交易转移（既转移了价格波动可能造成的损失，也放弃了价格波动可能产生的收入）；后者则是投机者仅仅持有衍生品头寸，以承担价格波动可能造成损失的风险为代价，获取价格波动可能产生的暴利。一般而言，企业只要严守于套期保值而不介入投机，持仓与现货的品种、规模、方向、期限及资金实力相匹配，期货与现货盈亏统一考核，按期货盈（亏）则现货亏（盈）原则，就不会蒙受重大损失。进行套期保值只是锁住利润，回避价格波动风险，不能偏离保值轨道去追求高收益。

应禁止任何形式的投机交易。那些单纯追究高回报、不充分考虑自身风险承担能力，而盲目参与投机的企业，抱着不切实际的贪婪和暴富梦想冲入市场，往往成为疯狂接力赛的最后接棒者。如有的企业过于大胆，在缺乏金融衍生业务风险管理经验和专业人才的情况下，轻率参与高杠杆率、大规模的金融衍生品投机交易，造成了严重后果。

（三）国有企业衍生品投资要有所为有所不为

国由企业控制金融衍生品投资的风险，应谨慎从事和适度控制参与的深度，而正确选择、有所取舍是首要任务。

在交易市场方面，尽可能选择场内交易，慎对场外交易。相对而言，在交易所集中交易的衍生产品结构简单、集中报价、公允价值较容易确定，流动性好、信息披露严格，其合约的数量、投资者的持仓量、交易价格具有透明性，实行集中结算、易于监管者监管。场内金融衍生品有效发挥了对风险定价、对冲、分散等功能，使风险具有可测性、可控性和可承受度。[2]场外交易则采取一对一的交易方式，透明度和流动性较差，难以监管，其交易的数量、价格、杠杆率等无法为外界所知，也无法及时了解交易对手有否破产风险，交易产品与程序更为复杂，更易被少数不良投行及其从业人员所操纵，企业对市场环境也更陌生，更容易受到不当蛊惑而受损。场外交易是这次金融危机的祸首之一，引人关注的多起国有企业巨亏案均发生于场外市场。

---

〔1〕《国资委明确国企从事衍生品业务4条件将出3文件》，载《证券日报》2009 年5 月 6 日。

〔2〕王啸:《金融危机对我国资本市场发展创新的启示》，载《证券市场导报》2008年11月13日。

在交易产品方面，尽量选择传统成熟的产品和整体性创新的产品，慎对复杂的衍生产品。金融衍生产品本质都是零和交易工具，非常容易形成技术性的投机赌博工具。一般来说，整体性创新的衍生产品（如指数期货）对经济活动或者金融秩序局有一定积极意义，而个别产品的衍生工具（如个股期货）风险更大。与企业主营业务无关的、不涉及规避汇率或利率风险的、非对冲性质的、难以认知的复杂衍生产品，都要明确不鼓励国有企业从事其交易。

在涉及杠杠化投资衍生品方面，应选择低杠杆性工具，限制高杠杆。高杠杆率在市场出现风险后显得非常脆弱。国外就有用高杠杠投资，在市场平稳时获得暴利，在市场波动时很快就被挤兑清盘的案例。限制国有企业参与放大风险的、高杠杆的衍生产品投资是必要的。确需运用杠杆的，必须以建立良好的风险管理系统、承担可预计的风险、保证较高的决策准确性为前提。[1]

（四）完善外部监管制度与健全内控制度相结合

完善的金融衍生品外部监管法律体系，是金融公共基础设施的重要组成部分，对于加强行政监管和专业中介机构监督，确保国有资产与市场的安全高效至关重要。为此，我国国有企业金融衍生产品投资的制度建设，首先应制定和完善有关衍生品的法律规定，全面规范国有企业从事金融衍生品业务的活动。

同时，要健全国有企业内部控制制度，发挥企业自律与内控的作用。内部控制是指企业为完成既定的工作目标和防范风险，对内部各职能部门及工作人员的业务活动进行风险控制、制度管理和相互制约。综观近年几起典型的国企衍生品交易重大损失案例，不难发现其中一个共同原因，就是企业内部风险管理存在制度缺陷，风险控制机制形同虚设，这一教训是惨重的。完善内控机制是国企金融衍生品投资制度建设的重要内容，监管当局要指导、督促国有企业建立健全内部控制机制，与外部监管制度衔接，加强对其内部机构、资产风险、会计系统、授权授信和计算机系统的控制，并强化责任制。

综上，国有企业金融衍生品投资制度是一个体系，既包括国家层面的立法，也包括政府监管机构的规章，更包含每一个参与投资的国有企业的内控制度。

---

〔1〕 于海涛:《次贷威慑券商创新审慎前行》，载http://finance.sina.com.cn/stock/qsth/20081031/01495451543.shtml，最后访问日期：2009年3月4日。

三、完善国有企业衍生品投资的外部监管制度

外部监管制度以行政监管为核心，体现政府对企业行为的干预。

第一，构建协调监管的体制。目前，国有企业投资金融衍生品主要受国资委从出资人角度的监管，但金融衍生品业务涉及期货、证券、外汇、利率、信托理财等多个市场，涉及证监会、银监会、外汇局等多个监管机构。既有行业管理问题，也有国有资产管理问题，结构性衍生产品的广泛应用使“各管一段”的监管缺陷日益显现，现有模式已不适应国有企业金融衍生品投资监管的需要，并易造成监管真空。近年来个别国企发生的问题正是发生在这一真空领域。[1]

因此要改革监管体制，构建制度化的联合监管体制。各监管部门协调监管，既要防止国有资产流失，又要确保市场安全；既监管交易所内的套期保值业务，也对场外交易等高风险业务进行监管；既管国有企业的境内投资活动，更要将国有企业境外投资行为纳入监管范围。

第二，实施有针对性的市场准入制度。实施国有企业从事衍生品投资业务的市场准入，是加强高风险业务监管的基础，也是保障国有企业衍生品投资安全的基本措施。要实行分类审批管理，对于期货、期权、掉期等衍生品业务资格，应由国资委会同金融监管机构按照审慎监管原则进行核准。

对境外衍生品业务要有专门准入制度。国务院1999年6月2日发布的《期货交易管理暂行条例》，对企业进行境外期货交易实行非常严格的控制。证监会等部门2001年5月发布的《国有企业境外期货套期保值业务管理办法》，允许少数国有企业经过严格审批后进行境外套期保值业务。目前，国资委领导重申对从事境外衍生品业务实行审批制，坚持四项条件：一是要严格合规，得到批准的国有企业才可以做，未获批准的要坚决纠正；二是要目的明确，国有企业做衍生品业务就是为了规避风险，套期保值，业务量要与企业的需求及规模相适应；三是要确实弄懂，要聘请财务顾问机构列出全部风险，并要有止险措施，不能存在风险敞口；四是要控制风险，对主要操作人员进行实时实地监

---

〔1〕 汤池：《金融衍生品业务并非赢利的第二战场——专访上海东证期货总经理党剑博士》，载上海国资网：http://www.shgz.net.cn/ArticleDetail.asp? ID=381，最后访问日期：2009年8月10日。

控，前中后台一定要严格分开，相互制约。[1]因此，对国有企业从事境外衍生品业务应严格把关，根据企业主营业务、经营目标、资本实力和管理水平等核定企业的投资资格，以及根据衍生产品风险特征和企业实际需要确定交易品种和规模，并只允许套期保值，不得从事投机活动。

第三，建立有效的信息披露制度。“阳光是最好的消毒剂”，大众监督是最好的监督。只有充分的信息披露才能使投资者评估企业投资组合中衍生品的风险和价值，根据信息采取相应的买或卖的投资决策，从而形成对企业谨慎投资的压力。信息披露是公众知情权的体现，是市场经济公开性、透明化的要求。

要强制上市的国有企业将其金融衍生品投资情况与其经营财务等信息一起，以一定方式向社会公开。对信息披露的内容、范围、时间、方式、程序及监管问题，作出统一规定。要发挥会计审计对国有企业金融衍生投资信息披露的监督作用。对尚未上市的国有企业衍生品投资信息，也应要求其根据国资委《关于进一步加强中央企业金融衍生业务监管的通知》，定期向监管部门报告业务持仓规模、资金使用、盈亏情况、套值保值效果、风险敞口评价、未来价格趋势、敏感性分析等情况，并鼓励其自愿公开披露。对于披露虚假信息、隐瞒资产损失、未按要求及时报告的，将追究相关责任人责任。

第四，改革对企业及其高管人员的考核薪酬制度。对企业的考核不能只强调高回报不考虑风险因素，如果盈利是依靠企业承担了过高风险获得的，不仅不给予奖励，还应追究责任。对国有企业的金融衍生业务名为套期，实为投机的要予以处罚。

目前的国有企业高管人员绩效薪酬、激励等制度设计不合理，以业绩为基础的薪酬制度一方面利于激励员工努力为提高企业价值而工作，另一方面也容易造成员工行为短期化，转而追求短期效益和风险更大的项目，在客观上起到鼓励投机行为的作用。设立制度使国企高管的权责对等，不应出现投资亏损就由政府买单、投资盈利则由高管获得高额报酬，更不应助长了国企高管风险投机的偏好。建立重大资产损失责任追究制度，对衍生品投资重大损失的相关责任人进行严格责任追究，杜绝重大损失事件的再次发生。

---

〔1〕《国资委：国企从事金融衍生品业务必须具备四条件》，载《期货日报》2009年5月6日。

第五,完善国有企业衍生品投资风险监控制度。一是建立投资风险日常监测分析制,跟踪监测、重点关注投资规模大、风险高的项目与企业;二是风险预警制,动态分析和综合评估,科学识别风险、提示财务风险,及时预警并防范风险;三是现场和非现场检查制,规范定期报告;四是衍生品投资重大事件应对制,为应对高风险投资重大事件准备预案,推动和帮助企业妥善处理投资损失危机。

第六,着力加强境内金融衍生品市场及其制度建设。应稳健地发展我国境内金融衍生品市场,为企业提供更多套期保值产品,满足企业投资需求,解决对境外市场过分依赖的问题。我国初具规模的金融市场体系使发展衍生品市场具有可行性,而金融市场与国有企业的国际化又使发展衍生品市场具有必要性。境内市场相比较境外市场而言,既可减少法律体制不同的成法律风险、市场环境不熟悉的营运风险,又可降低交易成本、提高交易效率,便于风险管理。[1]

市场建设的同时要积极推进衍生品市场的制度化。健全其法律法规,规范其运行秩序,强化其监管,完善其风险定价功能,提高其市场化程度。包括完善发行和交易制度,信息披露和信用评价制度,成为市商和境外参与者制度,以及监管合作等制度。

四、健全国有企业衍生品投资的内部控制制度

内控制度涵盖企业衍生品投资的事前、事中、事后的全过程,集中在决策审批、操作执行、独立监控和监督评审四个环节。

首先是衍生品投资决策与授权审批制。国有企业要建立董事会→专业委员会→交易工作组三级决策或授权审批机制。董事会需对衍生品投资的方针计划、规章制度、组织机构等重大事项进行审议决策,听取投资结果及风险监审报告,决定应对风险的重大措施。董事会的风险投资专业委员会要评估金融衍生品风险,对衍生产品品种、套期保值额度、止损限额、交易方案,以及交易工作组中不同业务人员的权限等进行认真审核。交易工作组由经理层及相关部门负责人组成,负责提供市场分析和投资方案,在授权范围内决定日常交

〔1〕 余维彬:《如何控制国企衍生品交易的风险》,载http://www.inengyuan.com/Magazines.asp.,最后访问日期:2009年8月2日。

易事宜。关键要严格执行投资决策和授权审批制度，明确授权程序及授权额度，要避免授权审批制成为主管领导大权独揽、责任分散的工具，防止个人凌驾于制度之上。如中航油新加坡公司的衍生业务掌握在陈久霖等少数几个人手中，5名非执行董事、3名外部董事只是例行开会，对已出现的重大危机毫不知情。要完善法人治理结构，营造良好的管理哲学与经营风格。各级决策机构独立运行，并按照责任大小追究参与决策人的责任。

其次是衍生品投资操作执行制度。国有企业要制定适合企业实际的衍生品业务交易指导原则和操作流程，设置业务操作系统。应当设置专门或兼职的交易机构，配备专业人员，实行专业化操作。制定详细的交易员守则，实行业务主管和交易人员岗位责任制。严格执行前、中、后台职责和人员分离原则，对不相容的职务实施必要的分离，风险管理人员、交易人员、财务审计人员均不得相互兼任。要抓好相关员工的选拔培训，使其具备与衍生品交易风险相匹配的操守、价值观和能力。

特别要防止违规越权操作，这是造成企业重大经济损失的主要原因。规范操作、严格控制风险，做到即使出现由于市场行情判断失误等遭受损失也属于在企业可承受范围内。但违规越权操作，执意进行投机交易，甚至失手还一意孤行，其结果是灭顶之灾。要通过对各级主管与交易人员的问责制和激励机制，以限制短期行为与投机。

再次是内部风险监控制度。国有企业要建立健全对衍生品交易实现独立、平行、实时的监控。国企要建立独立于交易部门的风险监控部门和交易报告体系，将授权、审批、执行及监督等职能分别赋予不同部门执行，形成一个相互牵制、相互制约的机制，防止越权违规带来的损失。除专职风险监控部门外，还要加强财务会计与审计监控。一是财务会计监控。规范衍生品业务的会计核算，合理预计和真实反映投资损益；衍生品投资业务纳入账内统一核算，杜绝账外核算行为；规范投资资金来源、使用管理，确保衍生品投资规模与自身财务状况相适应。会计是金融衍生业务信息的重要载体，要在会计报表附注等资料中充分披露，本着谨慎性原则，在公允价值大幅上升时详细披露金融衍生业务相关信息，向投资者提示风险。二是内部审计。企业通过对自身风险管理的健全性和有效性、金融衍生品交易的确认与计量情况，以及金融衍生产品合法性的内部审计，能对金融衍生业务过度投机形成压力，及时揭示存在的风险。

内部监控中获取的可能影响公司经营业绩的一切信息，及其有效的加工分析，应及时报告、交流沟通，使高层管理者和有关部门据以快速准确地判断公司面临的风险，金融衍生业务要去除神秘化。建立有效的风险评估制度，作为投资决策和及时调整的依据，也作为内部预警程序的组成部分。国有企业应在持续监控和投资报告、信息披露的基础上，制订风险紧急应对预案，以便在任何时候出现危险都能紧急止损。[1]通过监控察觉可能酿成巨额损失的，应及时采取补救的措施，严防中航油新加坡公司三次挪盘展期，一味押赌，越套越深的教训再现。

最后是内控的监督评审制度。监督评审是对国有企业及内容衍生品投资的内部控制的监督与稽核，是对围绕避险这一核心目标设立的规章制度和程序的总评价，是对风险内控实施情况事后进行的定期检查，也是内部控制制度有效运行的保证。监督评审可由管理层自测自查，也可由董事会委派内部或外部审计通过审计评估完成。要评审企业内控的效率和效果，评估资产和风险，针对存在的问题提出改进意见。

---

〔1〕 张颖、郑洪涛、聂兴凯：《论国有企业金融衍生业务风险控制》，载《中国总会计师》2009年第7期。

第四部分　市场监管法

第一节　市场监管法的理论问题[1]

监管，就是由监管者为实现监管目标而利用各种监管手段对被监管者所采取的一种有意识的和主动的干预和控制活动。[2]市场监管是指市场监管主体对市场活动主体及其行为进行限制、约束等直接干预活动的总和。在经济不断市场化和专业化，市场风险日益突现的今天，人们愈加重视市场监管。通过市场监管者对市场行为实施积极而有效的制约，保证了市场运行不偏离固有的价值目标要求。这种积极的、灵敏的、主动与被动结合的、事先预防与事后处理相统一的监管，越来越体现出其优越性，市场监管已成为现代国家的首要经济管理职能。[3]

市场监管法是调整在市场运行过程中监管主体对市场活动主体及其行为进行制约所产生的经济关系的法律规范的总称。市场监管法不仅是市场参与者规范经营、规范投资的准则，也是市场监管者依法监管、有效监管的依据，它对于保障市场安全与秩序、维护市场主体合法权益，促进市场发展具有不可替代的重要作用。

一、市场监管法的意义

市场监管的根本目标是控制市场风险、保障市场安全。根

---

〔1〕 本文原载《经济法论丛》第5卷，法律出版社2005年版。

〔2〕 赵锡军：《论证券监管》，中国人民大学出版社2000年版，第1～2页。

〔3〕 顾功耘：《经济法》，高等教育出版社2000年版，第129页。

据各类市场特点及其现实或潜在风险的特性，通过监管，来抵御、防范、降低风险的危害，维护市场稳定、健康、高效运行，保护经营者、投资人和社会公众的合法利益。

市场安全是市场运行的基础。市场只有安全稳定，才能发展，才能发挥其固有的配置资源的作用。市场又是客观存在风险的，所谓风险就是由市场的不确定性引起的产生经济损失的可能性。市场风险既包括纯市场性风险（如行情波动、利率风险）。又包括体制性风险（如规则不完善、社会信用降低、违法犯罪、管理不当等）。市场风险产生的原因，既可能是微观层面的企业行为所导致，也可能是宏观层面的调控偏差或制度缺陷所造成，还可能因自然灾害、意外事故所产生。市场风险的影响，可能只涉及个体，也可能涉及一个行业、一类市场或整个市场体系，乃至形成跨国的、区域性的风险。市场风险发展到一定程度，就会引发市场危机甚至经济危机，造成市场瘫痪。现代经济中专业分工精细，而各市场间关系紧密，任何一个市场不安全、不稳定，都会引起其他市场以至于整个市场体系的连锁反应。因此防范市场风险，把风险的危害控制在最低限度，就成了各国政府十分关注的重大问题，而直接的措施就是依法监管市场。通过对市场运行中风险的严密监视和适时管制，避免风险、降低危害，实现保障市场安全稳定的目的。

市场安全也是市场主体利益实现的保障。市场参与者均各自追求着自己的利益，但市场稳定运行、健康发展是所有市场参与者的共同利益，市场安全是各类市场主体生存发展的前提，所以全体市场参与者决不会允许个别主体以非法行为引发或扩散市场风险，危害他人利益。市场监管也正是顺应全体市场主体的一致要求而进行的。不能因为市场监管主要应用限制、约束手段，就认为是阻碍市场运行。市场监管所制约的是非法主体和非法行为，所保护的是合法主体、合法行为。正是通过市场监管，创建了规范经营、规范投资的环境，保障了市场安全，才能使市场主体实现自己的利益，也才能调动起人们经营、投资和消费的积极性，以至于吸引更多的人参与市场，使市场得到发展。

市场安全还是市场开放和发展的促进。在经济全球化、网络化的今天，市场面临的机遇和风险也日益增大，经济发展要求市场体系更完善、市场效率更高。这一切都要求加强市场监管的广度、细微度和有效性。一些市场发达国家和地区，纷纷完善监管体系和制度，如美国联邦储备理事会主席格林斯潘本人跟踪、监控的数据就多达14,000多种。[1]发展中国家也吸取了一些亚洲国家在经济市场化、国际化过程中取消监管、酿成金融危机的教训，纷纷改革市场管理体制，建立健全市场监管制度。中国这样一个尚处在市场经济发展初期的发展中国家，在极度缺乏市场意识的经济土壤上培育各类市场，更需要国家的理性监管。在市场监管的过程中，促进市场体系的完善、市场效率的提高和市场开放、发展。

第二次世界大战以后，随着专业分工越来越细，资源的运用也越来越专业化，资源被投入细而专的市场后，其价值就会受到市场的不稳定而可能产生巨大损失，进而在人们心理上产生经济不安全感。于是在人们呼吁尽快妥善管理经济安全问题的背景下，经济安全的理论产生并发展起来。[2]近年来，我国经济法学者对经济安全理论也作了较多研究，认为经济与社会的发展已逐渐抛弃了个体与私人交易安全，而在谋求更宏观的经济秩序安全，最终达到社会安全。经济安全是现代国家追求的基本秩序和正义。还指出经济安全是经济法的价值取向，经济法对实现经济安全具有特殊作用。[3]有学者还提出了经济安全权问题，认为经济安全权是人们对经济安全所平等享有的权利，包括经济整体安全权和经济持续安全权。我们认为，由于经济安全可分为个体（企业）安全、市场安全和国民经济整体安全，经济法对经济安全也各有分工：国民经济整体安全的环境应由宏观调控法来营造，实质就是供求平衡、稳定增长；个体安全则有赖微观规制法来维护，实质就是单个企业在竞争发展中其整体性、持续性不被非法竞争行为损害；而市场安全就应由市场监管法来保障，以消除市场过度投机、信息偏差等所致风险。

市场监管的主体是有权实施监管的机关、机构、团体，其中以政府机关为主。行使市场监管的有关政府机关，是一国政府体制的重要组成部分，包括综合性监管机关（如审计机关）和各具体市场的专门监管机关（如金融监管机关），其监管权由国家立法直接授予。政府机关附属的一些机构（事业单位性

---

〔1〕 刘飚等：《金融安全与法制建设》，法律出版社1999年版，第97页。

〔2〕 吴斌：《我国外资保险业法律监管》，载顾功耘主编：《金融市场运行与法律监管》，世界图书出版社1999年版，第301页。

〔3〕 陈乃新：《经济法的重要范畴：剩余权与经济安全权》，载《法商研究》1998年第6期；何文龙：《经济法的安全论》，载《法商研究》1998年第6期；单飞跃：《经济法的法价值范畴研究》，载《现代法学》2000年第1期。

质），也因政府机关依法授权而有权监管市场（如中国证监会），在国外这类机构与政府机关一样被称为公共机构。非官方的社会团体（多为同业公会）和民间机构（如交易所），也承担着辅助政府对市场监管的职责，并且是一线监管，这类团体、机构的监管权来源于其成员的共同约定或普通认可，实施监管也是其履行法定的自律义务的体现。

市场监管的对象是市场活动的参与者及其市场行为。市场参与者主要分为三类：第一类是提供交易产品或服务的经营者（各类企业及其分支机构、个体农户等）；第二类是产品或服务的接受者（购买人、存款人、担保人等）；第三类是各类市场的投资人（包括机构与个人）。市场监管主要针对经营者与投资人。

市场监管的方法是对市场运行全过程的制约。包括市场行为发生前的事先制约（如入市资格）、市场行为发生时的同步制约（如实时监控、及时制止违法行为）、市场行为发生后的事后制约（如定期或不定期的检查、经营财务资料的分析、违法行为的处罚等）。

二、市场监管法的理论基础

市场监管法的理论基础首先来自经济学。一般认为，对监管最有影响的经济理论是社会利益论、公共选择论和特殊利益论。[1]

社会利益论积极主张监管，把监管看作减少或消除市场失灵从而保护社会公众利益的手段。该理论认为，完全的市场竞争是不可能存在的，市场中存在着信息不对称、外部效应和垄断，因此市场就会失灵，如果让市场单独作用，那么市场运行就会是低效率的，资源就会浪费，就会有分配不公平和经济不稳定。监管是政府应公众的要求，纠正和消除市场缺陷、增进资源配置效率、改善收入分配的有效手段。

特殊利益论又称追逐论或俘虏论，是主张放弃监管的理论。认为监管的出发点虽是善良美好的，却是不切实际的，因为监管与被监管始终处于猫鼠追逐的状态。初始，被监管者会极力反对监管，但在对立法和行政程序变得极为熟悉后，就会动用资源（如权钱交易、院外集团游说）影响，支配监管者，形成

---

〔1〕 参见吴弘：《证券法论》，世界图书出版公司1998年版，第207～208页；顾功耘：《金融市场运行与法律监管》，世界图书出版公司1999年版，第296～300页；张忠军：《金融监管法论》，法律出版社1998年版，第60～61页；赵锡军：《论证券监管》，中国人民大学出版社2000年版，第40～69页。

所谓的“寻租现象”。随着时间的推移，监管者就会越来越迁就被监管者的利益而忽视公共利益，甚至一些实力雄厚的特殊利益集团为保护自己利益而主动要求政府提供监管。而且监管的成本太高，不利于社会。

公共选择论主张合理监管。认为自由市场机制存在缺陷，需要某些方面和某种程度的外部管制，即监管，而监管这种公共产品只能由公共利益代表——政府来提供。但政府也会失灵，其不当或过度的监管会妨碍市场机制的正常作用。因此，是否应进行监管、哪些方面需要监管、如何进行监管，应从公共的角度进行判断和选择。

由上可见，社会利益论所阐述的市场缺陷自然导致市场监管的推理是令人信服的，其作为监管的理论基础是恰当的。但公共选择论和特殊利益论所提出的监管失灵、监管成本问题也是十分重要的，可提醒人们在涉及监管制度是更注意扬长避短，也促使监管者更好地承担起社会责任。

市场主体的社会责任也是市场监管的重要理由。经济法历来强调社会本位，要求市场主体在实现个体利益时应尊重社会利益，在行使个体权利时应承担一定社会责任。这种社会责任集中表现为遵守市场秩序、维护公共利益。市场主体在市场行为中是否履行了这种社会责任，就成为市场监管的基本理由。如有学者以金融市场为例论证监管法理基础，指出金融市场具有特殊风险，金融机构也就具有特殊地位，负有特殊的社会责任：一是虽为私人机构却拥有一定的货币调节的公共职能；二是拥有特许权的优势地位；三是负有确保公众信心以维持市场运转的义务。作为对金融权力的制衡、取得优势地位的对价以及对滥用权力或优势地位的防范，金融监管就是必不可少的了。〔1〕

三、市场监管法的地位

市场监管法不属于商法。商法是调整商人从事商事交易活动所发生的社会关系的法律规范的总称。〔2〕虽然商法也有维护市场交易安全的功能，但其作用是从保护商人利益出发的，不同于市场监管法以维护社会整体利益和市场整体安全为出发点。尽管市场监管法的规范有时与商法内容结合在一起（如《保险法》中的监管部分），但二者的性质是很容易区分的，而且市场监管法的

---

〔1〕 陆泽峰：《金融创新与法律变革》，法律出版社2000年版，第287～289页。

〔2〕 顾功耘：《商法教程》，上海人民出版社2001年版，第6页。

规范形式还包括专门规定监管内容的法律法规(如《审计法》)。大量的规章和规范性文件也是市场监管法的重要渊源。

市场监管法亦不属于行政法。国内有少数学者将市场监管法的部分内容划入行政法研究领域,认为只要是与行政机关管理权有关的就是行政法。对此国外学者和国内绝大多数行政法学者并不赞同,因为这与法学界将行政法作为对行政组织及其权力的设置、形式、制约和监督的法的共识相违背。〔1〕实际上,与行政机关管理权力相关的法不仅仅是市场监管法,其他如经济法中的宏观调控法,以及作为独立部门法的军事法、婚姻法、环境法、劳动法等也与行政机关管理权力有大量的密切的联系,但它们从未被划入行政法的范围。市场监管法的内容不仅涉及行政机关的管理职能,还涉及交易所、社会团体等机构的监管职能,甚至经营者、投资人、中介人的内部控制等,这就大大超出了行政权力的范围。

市场监管法是经济法的重要组成部分。市场监管法体现全社会的利益和国家意志,作为国家干预经济的重要手段,只能是经济法的组成部分。在经济法学界,人们的注意力普遍集中在体现国家干预国民经济总局的宏观调控法和重在维护竞争秩序的微观规制法,而对市场监管法有所忽视。有的论著以微观规制法替代市场监管法,但又无法协调两种不同的市场干预措施的差异;有的论述则将市场监管法的内容分解为特殊主体监管、特殊交易行为监管及经济监督等内容,将其分别置于经济法的其他组成部分中,既显得凌乱,又与其他内容不相和谐。我们认为,市场监管法因其特有的宗旨、作用、主体、对象、方法等,作为经济法中的一个独立的、重要的组成部分是科学、合理的。市场监管法与宏观调控法、微观规制法等一起调整着经济法所调整的经济关系。

市场监管法有别于宏观调控法。宏观经济调控是指政府为实现社会总需求与社会总供给之间的平衡,保证国民经济持续、稳定、协调增长,而运用经济的、法律的和行政的手段对社会经济运行的调节和控制。〔2〕虽同为经济法的组成部分,共同体现国家对经济的干预,但宏观调控法与市场监管法有明显的不同:在主体方面,宏观调控的主体只能是政府,尤其是中央政府,而市场监

〔1〕 参见潘静成、刘文华:《经济法》,中国人民大学出版社1999年版,第89～90页。

〔2〕 同上书,第292页。

管除了由政府监管机关实施外，还有其他主体辅助监管；在干预的范围方面，宏观调控追求的是总量的供需平衡、经济的稳定增长，而市场监管的直接效果是控制风险、保障安全，从市场角度保证宏观调控目标的实现；在方式方法方面，宏观调控采取综合多样的方法，有直接的方法如指令性计划、命令、直接投资等，也有间接的方法如指导、协调、鼓励等，而市场监管的方法较为单一，即限制、约束。

市场监管法也不同于微观规制法。微观经济规制是指政府为维护市场竞争秩序、保障市场机制正常发挥作用，而对经营主体的市场行为进行规范、控制的活动，因此微观规制法又称为市场秩序法。市场监管法与微观规制法很接近，同为外部力量对市场行为的干预，但两者之间仍是有显著区别的：首先是基本目标不同，微观规制所追求的是竞争有序化，力图修复、维持市场秩序，保护正当经营者和消费者；而市场监管要实现的是市场的安全，将市场风险控制在最低限度，从整体上保护市场参与者。其次是干预的时间不同，微观规制是事后干预型，是“企图使某一事物符合预先要求或设计的一定状态”，因为“规制的发生必须以被规制对象行为发生偏颇为前提”[1]，所以也有学者认为微观规制的实质是对市场障碍的排除[2]；而市场监管则是对市场运行全过程的制约，即事先、事中、事后均需干预。再次是干预的对象和范围不同，微观规制只针对市场经营者的竞争行为，而市场监管则是涉及经营者的各类市场行为，还涉及各类投资人的投资行为。最后是干预的主体不同，微观规制仅由政府的特定机关，主要是行使公平竞争管理或消费者保护职责的机关进行干预；市场监管则由较多的政府机关，包括综合监管机关和专门市场的监管机关进行干预，另有社会团体和民间机构辅助监管。

四、市场监管法的指导思想

（一）公正监管

公正监管原则是市场监管中的基本要求，适用于市场的各方当事人。公正首先要市场公开：入市条件公开、程序公开；市场活动公开，正大光明、开诚布公，不允许作伪行骗、地下交易；经营者信息公开、管理者办事公开。公正

〔1〕 杨紫烜：《经济法》，北京大学出版社、高等教育出版社1999年版，第270页。

〔2〕 漆多俊：《经济法学》，武汉大学出版社1998年版，第110页。

其次要环境公平：主体地位平等、交易机会均等、法律规划统一；创设公平利用信息、公平竞争、公平交易的环境；市场主体共同负担监管成本，共同防范市场风险，共同享有市场繁荣产生的利益。公正更要管理公正：监管者对市场活动主体一视同仁，同样保护、同样制约；监管者依法监管、严肃执法，不滥用权力、也不放弃权力，不搞差别歧视、更不搞权钱交易。市场监管法的任务就是根据各类市场的特点，将公正监管原则细化落实为各市场的具体规范。

（二）审慎监管

审慎监管原则是市场监管法的宗旨的要求，即市场监管应该促进市场主体的稳健性和市场行为的合法性，从而保证市场体系的运行安全，防范市场风险。

审慎原则源于会计制度，其要求企业的会计核算应尽可能地建立在稳妥可靠的基础上，尽可能减少经营的风险负担，主要办法是对资产和收益的估算要有所保留，而对可能的损失与费用要有充分预计。[1]在金融市场，“世界各国都将银行业置于一系列审慎监管之下，以限制它们的风险敞口和破产的可能性”。[2]我们将审慎原则扩展运用于整个市场体系，意在通过市场监管，最大限度控制风险。因为现代市场中，交易环境日益变化、交易品种日益创新、交易成本日益提高、交易关系日益复杂，风险也与日俱增：任何一个市场主体经营不当、管理不善就会面临破产的风险；任何一种市场行为违法违规、出轨出格就会有扰乱一个市场的风险。市场监管要把安全、平稳放在第一位，一方面要促使市场主体加强内控、谨慎经营，另一方面也要使整个市场体系形成稳健运行、抵御风险的机制。

（三）有效监管

有效监管原则是市场监管经济性、合理化的体现。监管不是万能的，不能代替市场本身。监管也要尊重市场机制，监管不可过分刚性，不是确保万无一失，不可强制扭曲市场规律，而应刚柔相济、顺势利导，矫正背离市场机制的行为。因此，市场监管就要在必要的范围内有效地发挥作用，这其中包含了监管合法、监管适度的问题。

监管合法即监管符合法律规范：监管主体资格的取得权力的行使均有依

---

〔1〕 张忠军：《金融监管论》，法律出版社1998年版，第204页。

〔2〕 陆泽峰：《金融创新与法律变革》，法律出版社2000年版，第300页。

据；监管的对象、范围、程序、方式均应合法；监管者不越权、不徇私枉法。

监管适度就是在降低监管成本、提高监管效率的基础上，准确把握监管的力度、时机和广度，既要维护市场安全、抵御风险，又不压制市场活力、妨碍合理竞争；既要保护社会公众的利益，又不挫伤市场主体的积极性。这就需要监督者加强调查研究和预测，避免任意性；加强各监管机构间的协调，避免重复、交叉监管；注重经营者、中介机构和行业的自律和辅助监管作用，避免行政机关包揽监管。总之，要努力以最小监管代价，获得最大的监管效果。

五、市场监管法的体系和要素

市场监管法包括适用于各具体市场的分类市场监管法，如金融（银行）监管、保险监管、证券监管、期货监管、房地产监管、技术市场监管和信息市场监管的法律规范等；也包括适用于各市场的市场综合监管法，如会计、审计、工商企业监管的法律规范等。

在市场监管法中，有一些制度作为监管法律规范的基本构成，是各个单行法所必不可少的，这就是监管法的要素。主要包括监管体制、市场准入与禁入、市场退出、经营风险控制、信息披露、监督检查、交易场所和中介机构监管等制度。

（一）市场监管体制

体制就是各种机构的总和，并通过这些机构的相互作用使选择由观念变为行动，并发挥功效。[1]市场监管体制就是指由立法所确定的，为实现监管目标而对市场主体及其行为实施制约的组织体系和作用机制的总和。

各国各市场的监管体制并不一致，完全根据国情或市场发展状况确定，如中央集权型和地方分权型，集中统一（一机关）监管型和多元（多机构）监管型，行政主导型和自律主导型，等等。政府监管机关的设置及其权限、职责的规定，是市场监管体制的重点。但发挥交易所、行业公会等自律作用和强化市场主体内控机制的要求，也是市场监管体制的组成部分。

（二）市场准入与禁入

这是对进入市场的主体资格的监管，也是保障市场运行安全和防范市场

---

〔1〕 张忠军：《金融监管法论》，法律出版社1998年版，第102页。

风险的首道把关。市场准入门槛的高低，与市场监管的理念、市场发展及监管的成熟度密切有关，发达市场的准入要求相对较低、但绝非自由出入。而发展中的市场因风险抵御机制尚不完善，相对入市的要求较高，特别是在对国外主体开放市场的问题上，一般均有个渐进的过程。

立法（或自律规则）对市场进入者的软、硬件条件作出规定，通常包括确保正常运营的必要资产（如资本金）、从事市场活动必要的法律稳健（如章程、协议）、具有市场专业知识的人员、符合市场活动需要的设施场地等。另外，还对各专门市场的从业人员有知识、经验、操守等方面的要求。

在准入的执行上，各国有前置式（审核许可）或后置式（登记、核查）的不同模式。但对有违法犯罪或信用不佳纪录，具有市场安全隐患、不适合市场特定要求者（含企业、个人），各国均有禁止入市的规定。发布禁入命令也是监管机构的常用监管方法。

（三）危机处理和市场退出

在市场主体陷入经营困境或濒临破产，风险成为现实时，为保护社会公众利益、减少市场振荡和连锁反应，政府监管当局一般将进行危机处理，包括挽救措施（如接管、动用政府危机基金或动员民间援助）和善后处理（如存款保险金）。对于因破产倒闭、违法经营被责令关闭，以及因收购兼并等而退出市场的主体，也应当实行监管，使其规范退市、减少波动，并依法追究退市的责任。

（四）经营风险控制

市场监管法针对不同市场的特点，为市场全体设定了业务经营中抵御风险、监视风险、分散风险和转移风险的防范措施。如业务经营范围和交易品种的限定，往往是为了实现控制风险发生的几率和风险发生后的影响范围、防止风险交叉影响的目的。而最低法定资本和最低实收资本的规定，则是出于增强主体风险承受能力的考虑。对于资本充足率、资产负债比、流动资产比等资产质量的考核，又是因为动态跟踪、监管市场主体经营风险状况的需要。而一些市场中对交易活动实施实时监控，对于及时发现与制止违法违规，将风险消灭在萌芽或初始状态是十分有利的。

经营风险控制的制度，意在确保市场主体健康发展，防止因市场被动或自身经营问题，造成收支逆差、清偿困难，乃至破产倒闭。

（五）信息披露

市场主体在市场活动各环节，应按法律法规及有关规章的要求，将其活动状况或经营财务状况报告监管机关或其他监管主体，并以一定方式向社会公众公布，这就是信息披露制度。信息披露是现代市场交易公开化、透明度的要求，对于医治信息不对称的市场痼疾是一剂良药，对于公平利用信息和提高市场效率、维护市场主体积极性和方便监管都十分有利。信息披露是市场主体的基本义务，披露的原则、范围、内容、程序均由法律规定。一些市场（证券、期货等）监管中，有强制性披露的规定。

（六）交易场所监管

最狭义的市场的概念，就是指交易场所，包括有形场所如交易所、交易中心、集市等，也包括无形场所如交易网络。市场监管法当然要对交易场所进行监管。

交易场所监管的法律规范，涉及交易场所设立的条件、核准和程序，交易场所的功能定位、基本职责、组织形式、治理机构、运作规则；等等。交易场所既为交易主体提供场地、结算等服务，又对交易活动进行一线监管，其本身有明显的自律功能。为此，交易场所应针对自身特点，制定完善自律规则，而这些规则应遵循市场监管法原则和制度，并受政府监管机构的制约。

（七）中介机构监管

市场中介机构是指是为交易主体提供专业服务的服务机构，如资产评估、会计、审计、法律、信息、财务顾问、投资咨询、市场调研、业务培训等机构。中介机构满足了现代市场分工精细、专性强和社会化服务的要求，提高了市场效率，还起到活跃市场、沟通信息、拓展业务的积极作用。但在一定条件下，中介机构也会因欺诈、误导、助长违法违规等行为，造成或扩大市场风险，危害到交易主体、社会公众的合法权益，增加市场监管的难度。因此，对中介机构的监管就成为市场监管的必要组成部分。

对中介机构监管的法律规范，包括中介服务市场的准入资格、专业人员的从业资格、中介活动的原则和方式，中介机构的责任及对中介机构的监督检查等。

第二节　国家干预与市场监管法的法律定位[1]

经济法体系的确立是经济法学理论研究的重要课题，也是经济法学科建设的组成部分。确立经济法体系的实质是对经济法学科进行细化的过程。学者们已经对经济法的国家调整、干预社会经济活动的特征形成共识，那么，按照国家对社会经济活动的调整方式划分经济法的分支，构建经济法的体系就是顺理成章的了。国家对社会经济活动的调整方式，即政府经济行为，泛指政府介入市场机制，干预稀缺资源配置的各种手段和方式。[2]按此方式确立经济法的体系，可将经济法的体系概括为以下内容：宏观经济调控法、微观经济规制法、国有经济参与法、对外经济管制法和市场运行监管法。[3]其中，市场运行监管法的地位，尤其是其与市场秩序规制法的关系，是值得重视的研究课题。

一、市场监管法应当属于经济法

监管的英文为"regulation"，也有译为"管制"的。其原意是指有系统地进行管理和节制，并含有规则、法律和命令的基本含义。经济学家认为，"作为一种法规，监管是产业所需要的并为其利益所设计的和主要操作的"[4]，美国经济学家卡思在其经典教科书《管制经济学——原理和制度》中指出，监管是对"产业的结构及其经济绩效的直接的政府规定……如进入控制、价格规定、服务条件及质量的规定以及在合理条件下服务所有客户时应尽的义务的规定。"法学家对监管的研究主要集中在"监管者的判断对商业或市场判断的决然取代"[5]方面，"市场监管是指市场监管主体对市场活动主体及其行为进行限制、约束等直接干预活动的总和。"[6]

---

〔1〕 本节作者为吴弘、程胜。

〔2〕 参见陈宪：《市场经济中的政府行为》，立信会计出版社1995年版，第1～25页。

〔3〕 参见顾功耘：《经济法教程》，上海人民出版社2002年版。

〔4〕 [美]施蒂格勒：《产业组织和和政府管制》，潘振民译，上海人民出版社1996年版，第2页。

〔5〕 陈富良：《政府对商业企业规制研究》，经济管理出版社1995年版，第5页。

〔6〕 顾功耘：《经济法教程》，上海人民出版社2002年版，第565页。

市场监管的主体是有权实施监管的机关、机构、团体，其中以政府机关为主。行使市场监管的有关政府机关，是一国政府体制的重要组成部分，包括综合性监管机关（如审计机关）和各具体市场的专门监管机关（如金融监管机关），其监管权由国家立法直接授予。政府机关附属的一些机构（事业单位性质），也因政府机关依法授权而有权监管市场（如中国证监会）。在国外，这类机构与政府机关一样被称为公共机构。非官方的社会团体（多为同业公会）和民间机构（如交易所），也承担着辅助政府对市场监管的职责，并且是一线监管。这类团体、机构的监管权来源于其成员的共同约定或普遍认可，实施监管也是其履行法定的自律义务的体现。非官方团体的监管职能是市场监管法对经济法的外延的发展。在此之前，一般经济法仅仅单纯被视为国家或政府的经济行为（值得一提的是，我们应当区别政府监管行为和政府其他行为）。

市场监管的对象是市场活动的参与者及其市场行为。市场参与者主要分为三类：一是提供交易产品或服务的经营者（各类企业及其分支机构、个体农户等）；二是产品或服务的接受者（购买人、存款人、投保人等）；三是各类市场的投资人（包括机构与个人）。市场监管主要针对微观经济主体，尤其是国有企业。[1]这些市场参与者是既是被监管的对象，又是监管行为的得益者。

市场监管的目标是控制市场风险、保障市场安全。即根据各类市场特点及其现实或潜在风险的特征，通过监管，来抵御、防范、降低风险的危害，维护市场稳定、健康、高效运行，保护经营者、投资人和社会公众的合法利益。

市场监管的方法是对市场运行全过程的制约。包括市场行为发生前的事先制约（如入市资格）、市场行为发生时的同步制约（如实时见空、及时制止违法行为）、市场行为发生后的事后制约（如定期或不定期的检查、经营财务资料的分析、违法行为的处罚等）。

市场监管的价值取向是保护社会公共利益。社会公共利益在广义上包括物质利益和精神利益；狭义上则是指社会物质利益，也就是社会经济利益，既

---

〔1〕 郭志斌:《政府激励性管制》，北京大学出版社2002年版，第49页。

蕴含显示利益，也蕴含将来利益。[1]市场监管法就是对现代社会市场经济系统进行全面、系统监控的法，它以社会利益为本位，要求上至国家机关，下至社会组织和个人，都要对社会负责，即对社会生产力的发展、社会经济效益的提高负责。

市场监管的监管基础是承认市场机制作为第一性的社会资源配置手段。市场监管的逻辑起点是“市场失灵”。单纯的市场机制存在信息不对称、市场力量不平衡和外部性的负值效应等现象。没有监管的市场必将走向市场的反面，即“取消市场”。因此市场监管担负着修正“市场失灵”的重任，但在这一功能中。它依然是以承认市场基础为第一要位的，而不能是取代市场的基础性地位。

随着经济不断市场化和专业化，以及经济活动的平稳、持续发展的要求，市场监管逐渐为人们所注意和重视。市场监管的监管者对市场行为实施积极而有效的制约，保证了市场运行不偏离固有的价值目标要求。这种积极的、灵敏的、主动与被动结合的、事先预防与事后处理相统一的监管，越来越体现出其优越性。市场监管已成为现代国家的首要的经济管理职能。[2]

在理论上，关于市场监管存在的必要性在1997年亚洲金融风暴以前一直就有正反两方面的观点。赞成者认为，市场监管是减少或消除市场失灵从而保护社会公共利益的手段。完全的市场竞争是不可能存在的，市场中存在信息不对称、外部效应和垄断，因此市场就会失灵。如果让市场单独作用，那么市场运行就会是低效率的，资源就会浪费，就会有不公平和经济不稳定。监管是政府应公众的要求，纠正和消除市场缺陷、增进资源配置效率、改进收入分配的有效手段。而反对者则认为，“人们必须破除凡是政府都会全心全意为公共利益服务的观点，不应该视政府为按公共要求提供公共物品的机器，而要看到政府是又个人选出也是由个人组成的群体，政府也存在缺陷。它不仅表现为政府干预经济过程中由于政策操作失误而导致的缺陷，更严重地表现为政府官员制度本身的缺陷”。[3]更有论述认为，“管制通常是产业自己争取来的，

〔1〕 程宝山:《经济法理论的新思考》，载于《郑州大学学报》(社会科学版)2002年第5期。
〔2〕 顾功耘:《经济法教程》，上海人民出版社2002年版，第567页。
〔3〕 廖进球:《论市场经济中的政府》，中国财经出版社1998年版，第73页。

管制设计的实施主要是为受管制产业的利益服务的”。[1]因此从动机上否定政府监管所具有的合理性，从而否定了政府监管的必要。

1997年爆发了震撼全球的东南亚金融危机，全面检阅了有关市场缺陷、政府监管合理与效率等理论的科学性与现实性。这次危机虽然表现为一场汇率危机或债务偿还危机，但在深层次上，却可归因于政府对市场监管的不力或不当。关于这场金融危机的分析早已汗牛充栋，但基本的结论无外乎以下三个方面：第一，政府不能不监管市场，否则市场会自乱；第二，政府的监管不能取代市场，否则市场又会失去自身的活力；第三，政府监管是必要的，但必须确定适当的范围，采用合适的方式，既要防范政府与企业利用监管寻租并制约腐败，又要使监管趋于合理，真正发挥政府弥补市场缺陷的有益作用。东南亚金融危机警告我们：现在已经不应当再讨论政府监管的存在是否具有合理性问题，而应当重新探索市场监管的定位问题，通过合理定位监管、适时改造监管来重构良性互动的政企关系。

市场监管行为应当接受市场监管法的检验和指导。所谓市场监管法，是指调整在市场运行过程中监管主体对市场活动主体及其行为进行制约所产生的经济关系的法律规范的总称。根据这一表述，市场监管法应当是经济法的部门法。

有学者将市场监管法的部分内容划入行政法的研究领域，认为只要是与行政机关管理权有关的就是行政法，但这种观点并没有得到大多数行政法学者的赞同，因为这与法学界将行政法作为对行政组织及其权力的设置、形式、制约和监督的法的共识相违背。[2]市场监管法的内容不仅涉及行政机关的管理职能，还涉及交易所、社会团体等机构的监管职能，甚至经营者、投资人、中介人的内部控制等，这就大大超出了行政权力的范围。因此市场监管法只能是经济法的一部分。

也有人认为市场监管法与商法的界限不清，具体市场监管的法律规范大都与商法的法典混同（如《保险法》），且现代商法亦很重视商人的安全。我们认为，商法是调整商人从事商事交易活动所发生的社会关系的法律规范的总

---

〔1〕［美］施蒂格勒：《产业组织和政府管制》，潘振民译，上海人民出版社1996年版，第210页。

〔2〕潘静成、刘文华：《经济法》，中国人民出版社1999年版，第89～90页。

称[1]，其本质上是私法，并不涉及公权力对个体经济活动的干预问题。虽然商法也有维护交易安全的功能，但其作用是从保护商人利益出发的，不同于经济法以维护社会整体利益和市场整体安全为出发点。广义的经济安全可分为个体（企业）安全、市场安全和国民经济整体安全，前者属于个体利益，后两者属于社会利益。法律对确保经济安全的分工是：个体安全由商法维护，社会经济安全才由经济法保障。而且商法对交易安全的维护是间接的、被动的，不如市场监管法对安全直接、专门的关注。尽管市场监管法的规范有时与商法内容结合在一起（如《保险法》中的监管部分），但两者的性质是很容易区分的，而且市场监管法的规范形式还包括专门规定监管内容的法律法规（如《审计法》），大量的规章和规范性文件也是市场监管法的重要渊源。因此，市场监管法只能属于经济法。

二、市场监管法应当是经济法的独立组成部分

在经济法学界，人们的注意力普遍集中在体现国家干预国民经济总体的宏观调控法和重在维护竞争秩序的微观规制法，而对市场监管法有所忽视。有的论著以微观规制法替代市场监管法，但又无法协调两种不同干预措施的差异。有的论著则将市场监管法的内容分解为特殊主体监管、特殊交易行为监管及经济监督等内容，将其分别置于经济法的其他组成部分中，既显得凌乱，又与其他内容不相和谐。我们认为，市场监管法应当是经济法不可或缺的一个独立组成部分，与宏观调控法、微观规制法等一起调整着经济法所调整的经济关系。

微观经济规制法，又称市场秩序法是调整国家对影响市场秩序的市场主体行为进行规制过程中所形成的一系列社会关系的法律规范的总称。单就概念名称及表述，市场秩序法与市场监管法极为相近，这也是两者极易混淆的原因所在。而实际上，经济法体系中的各组成部分，是由于国家运用不同的干预方式作用于不同的特定经济关系而形成的。经济法体系受制于经济法所调整的特定的经济关系。经济法是行为立法，这里的行为就是指国家机关实现协调、干预职能的调控行为。[2]正是由于经济法的理论是建立在“市场失灵——

---

〔1〕 顾功耘：《商法教程》，上海人民出版社2001年版，第6页。

〔2〕 吴弘：《新编经济法学》，立信会计出版社1997年版，第26页。

国家干预”模式之上的[1]，因此导致市场失灵的每一个原因都暗示着政府的潜在作用，暗示着经济法行为立法的意义。虽然“市场失灵——国家干预”的模式在我国并不能简单适用，但只要经济法始终以市场机制为其第一要义进行资源配置，那么经济法依然是政府这只“看得见的手”与市场价值规律并行作用的重要体现。或言之，经济法的逻辑起点是“市场失灵”，那么经济法学科的建设过程就是从市场失灵的角度对其进行对症下药式的干预活动的过程。市场失灵的表现形式有很多，它们分别体现了市场经济机制在不同方面的深层次矛盾。而国家干预的有效性则依赖于干预模式的选择。在法律层面，每一种可供选择的方式就是经济法学科体系的组成部分，这也是很多学者研究政府经济行为的起点。

那么哪些市场失灵现象只能由市场监管，而不是其他政府经济行为来规范呢？那就是有关市场安全的问题。以市场信息不对称为例，在私有信息存在的情形下，生产者与购买者之间就出现了信息不平衡。生产者因为拥有信息上的优势，就能够借此获得交易上的优越地位。在这样的情形下，交易双方地位的不平等是很明显的，道德风险的发生几率也很大。如果强势主体滥用信息优势的话，就必然助长整个市场的道德危机。特别存在市场风险的状况下，信息偏差将导致大多数主体受到风险的伤害，甚至对风险缺乏足够的防，范导致危机发生。市场本身无力解决信息不对称的问题，经济法必须施以援手。于是，就有了市场监管法中的信息披露制度。这一制度要求，市场主体应将其经营财务状况及潜在风险报告监管机关或其他监管主体，并以一定方式向社会公众公布。由于信息披露往往是强制性的，因此信息披露满足了现代市场交易公开化、透明度的要求，对于医治信息不对称的市场痼疾是一剂良药，对于公平利用信息和提高市场效率，控制风险和维护市场安全都十分有利。

信息不对称本身并不必然导致市场欺诈，只是构成市场欺诈的可能性因素。但市场监管法为了防止危害结果的发生，就利用制度设计最大限度杜绝强势主体滥用其有利地位的可能性。这一点恰恰是市场秩序法所不具备的。市场秩序法虽然同市场监管法一样都是对市场失灵的补救，但它针对的是垄

---

〔1〕 孙同鹏:《渐进改革与经济立法——关于经济法理论的一点思考》，载《河南省政法管理干部学院学报》2000年第4期。

断、不完全竞争等市场缺陷。它并不关心市场安全问题，而追求的是竞争有序化，力图修复、维持市场秩序，保护正当经营者和消费者。市场秩序法的作用发生在危害行为已经发生后。我国《反不正当竞争法》中对不正当竞争行为的定义就是“经营者违反本法规定，损害其他经营者的合法权益，扰乱社会经济秩序的行为”。在市场秩序法中主要的是采用事后惩罚的规制手段打击破坏市场秩序的行为，是“企图使某一事物符合预先要求或设计的一定状态”，因为“规制的发生必须以被规制对象行为发生偏颇为前提”[1]，其实质就是对市场障碍的排除[2]。

市场失灵的现象与市场的优越性是相伴而生的。市场监管作为扬市场之长，避市场之短的重要手段必将发挥应有的作用同时，市场监管法作为经济法的重要组成部分是必不可少的。

三、市场监管法应当成为经济法制建设的重点

随着我国市场经济体制的不断完善和加入WTO，新的市场现象必然层出不穷，我们可以预测，市场监管法作为经济法的重要组成部分将发挥更重要的作用。“WTO与我国经济法的关系及可能产生的影响的问题变得突出起来。建立一套与WTO规则相衔接的国内经济法已是摆在我国立法和司法工作面前的一个大问题。”[3]加强市场监管法的建设也理所应当的成为经济法制建设的重点。

中国加入WTO，市场全面开放，最大的挑战是对我国政府职能的挑战。政府经济行为无疑是这一挑战的重中之重。WTO规则调整对象具有政府性特征，即“只有成员政府才能直接依据WTO规则享有权利和承担义务，WTO规则是对政府经济行为的限制。”[4]WTO规则调整对象又具有经济性特征，因为其规范政府行为的主要内容，是运用经济方法即经济利益地方法约束政府对国际贸易的各种有悖于市场规律的管理行为。因此，市场监管法要建立起相应的机制，使政府监管有效化。有效化就是市场监管经济性、合理化和适度。

---

〔1〕 杨紫烜:《经济法》，北京大学出版社、高等教育出版社1999年版，第270页。

〔2〕 漆多俊:《经济法学》，武汉大学出版社1998年版，第110页。

〔3〕 沈敏荣:《WTO与中国经济法的发展》，载《现代法学》2000年第5期。

〔4〕 周林彬:《WTO规则与我国经济法调整对象的再思考》，载《政治与法律》2002年第1期。

监管不是万能的，不能代替市场本身。监管也要尊重市场机制，不可过分刚性，不是确保万无一失，不可强制扭曲市场规律，而是顺势利导，矫正背离市场机制的行为。监管有效化还要求降低监管成本、提高监管效率，准确把握监管的力度、时机和广度，既要维护市场安全、抵御风险，又不压制市场活力、妨碍合理竞争。既要保护社会公众的利益，又不挫伤市场主体的积极性，要努力以最小监管代价，获得最大的监管效果。

市场深化和开放加快，使市场在获得更好的发展机遇的同时，也面临着更大的风险。控制市场风险和维护市场安全，保障了整个市场的健康发展和正常运行，是市场监管法的职责。我国加入WTO以后，“WTO在法律上给我们国家的经济法注入了大量的内容。”[1]其中，在落实最惠国待遇、国民待遇、透明度等一系列规则的实践中，如何确保市场安全是摆在我们面前的新课题。市场监管法在加强执法、司法环节，适应WTO规则方面也有很多工作要做。

监管一味依赖政府是不行的，因为政府的行为将受到来自WTO规则的限制和其他成员国的监督。我们认为，通过不断完善市场监管法来发展行业协会将不失为一个好办法。行业协会是天然的市场监管法的主体，其自律功能是一线监管的重要力量。他们无须接受WTO规则的约束，可以根据市场的需求自行制定行业内部必须遵照执行的规则，并充分发挥专家监管的优势。与此同时，中介机构、企业内部等自律监管也应发挥作用。但无论哪种自律模式都必须依法进行，必须纳入到整个市场监管体系中。而要完成这一目标，就必须通过市场监管法精心的制度设计。

我们尚不能说市场监管法要比宏观调控法、微观规制法更重要，但我们从我国市场全面开放与极不成熟的巨大反差、从快速发展与潜在风险并存的客观事实来看，提高对市场监管法重要性及其地位的认识，健全市场监管法的理论与规范体系，无疑应当成为今后一个阶段经济法制建设的重点。

---

〔1〕 沈敏荣：《WTO与中国经济法的发展》，载《现代法学》2000年第5期。

第三节　市场准入制度的理论基础[1]

市场准入是市场管理机构为确保市场安全稳定与有序竞争，对国内外的法人、其他组织或个人，以及商品或服务进入一定市场、参与市场交易活动的约束与限制。市场准入是体现一定市场发育发展程度和市场管理理念的法律制度。市场准入对我国而言，是一个包括市场对内搞活与对外开放相结合，主体自主进出和政府适度控制相结合，维护市场秩序与保障市场安全相结合的有机整体。市场准入制度是随着政府对市场的干预而产生，随着社会经济的发展而发展的，其产生发展有助经济与理论基础。

一、市场准入制度产生发展的基本原因

（一）市场风险与市场准入

市场始终存在风险。所谓风险就是由市场的不确定性引起的产生经济损失的可能性。不确定性就意味着市场主体的活动可能盈利，可能保本，也可能产生损失。市场经济是风险经济，市场风险是客观存在的，不同的市场只有风险大小的区别。

市场风险具有扩张性的特征。现代市场交易手段技术化、信息传播数字化，市场参与者众多，使交易频率加速、交易关系复杂、市场影响增大，也使市场风险扩散。一旦一个市场出现问题，就会影响整个市场体系运转不畅，诱发市场危机乃至经济危机，进而破坏社会安定和政局稳定。所以，市场风险直接关系到经济安全和国家安全。

但市场风险也有可控性的特征。市场运行都有一定规律，市场风险的发生也有一定的周期性，在一定的程度上具有可预测性，其发生也总有一定先兆可寻。随着人们对风险认识的提高，防范风险经验和能力的积累，市场风险是可以抵御和控制的。市场主体可以采取措施增强抵御风险的能力，并将风险控制在一定的范围和区间内。

---

〔1〕 本文系司法部法学重点课题“市场准入制度研究”的部分成果，刊于《经济法研究》（第7卷），北京大学出版社2010年版。

有效的监管是防范和控制风险的最重要手段。人们可通过风险预警机制，及时反映风险的预兆、险情和变动趋势，识别和抑制风险；也可通过跟踪监测，把握风险的走势与损失，控制和化解风险；还可通过分析风险原因、控制源头和要素，健全法规与政策，构建工作机构，构筑起有效防范市场风险的体系。而市场准入是市场风险防范体系中的重要一环，它通过评估风险设定标准、筛选入市主体与标的，有效防范风险。

（二）市场秩序与市场准入

市场竞争是市场发展的必然产物，是商品生产者和经营者为争夺有利的生产条件和市场条件，获取最大利益，彼此之间的较量。竞争的形式和渠道多种多样，但归根结底，都体现出利己性、排他性的特点。在市场竞争中，每一个竞争者在利益的驱使下，都焕发出全部的积极性、主动性和创造力，采取各种手段和方式，以保障和提高自身在市场中的实力。

但是，市场的自我调节作用并非完美。人的一切经济活动都处于广泛的社会联系之中，因此也就不可避免产生各种矛盾：人与有限资源的矛盾、经济主体之间利益上的矛盾、个体利益与社会利益的矛盾等。在激烈残酷的市场环境下，各个经济主体为了巩固自己的地位，往往不择手段，如不真实的广告夸大宣传，以不正当的方式获得优势，既欺骗了消费者，也损害了其他竞争主体的正当利益。所以，如果任由"纯粹"的自由竞争发展下去，不可避免地会出现与所预期结果相差甚远的利益不均衡的竞争方式。市场竞争中贯穿着优胜劣汰的无情法则，盲目的自由竞争的结果往往会产生消除和限制竞争的因素和力量，从而影响竞争机制的正常作用。无论哪一类市场，都有可能出现违背市场有序化的非正常竞争行为。为使各利益主体的竞争行为规范化，为确保竞争的公平性，必须要市场秩序。

秩序构成了人类理想的要素和社会活动的基本目标。秩序的主要意义和规定性是指：第一，"秩序"与社会生活中存在一定的限制、禁止、控制有关；第二，它表明在社会生活中存在的一种相互性，即每个人的行为不是偶然的和杂乱的，而是相互回答或补充他人的行为的；第三，它在社会生活中捕捉预言的因素和重复的因素，即人们只有在他们知道彼此期待的情况下，才能在社会上进行活动；第四，它能够表示社会生活各组成部分的某种一致性和不矛盾性。第五，它表示社会生活的某种稳定性，即在某种程度上长期保持它的形式。[1]

市场秩序是市场参与者按照特定的市场交易规则安排行为而产生的个人利益与公共利益的协调状态。市场秩序是在特定的社会范围内形成的，旨在激励和约束市场主体权利义务的一系列制度的综合，以及这些制度和惯例的现实表现状态。这些制度既包括由国家设计和制订的法律制度和规范文件，也包括社会经济活动中市场主体自然形成的习俗惯例。因此，市场秩序也可以被认为是由法律规定或商业惯例约定并保障实施的，以公开公正公平为目标的一种有条不紊的经济状态。[2]

市场准入，在市场秩序中扮演着重要角色。市场准入控制了市场进入的质量与数量，既让合格的主体与客体得以进入市场，又防止过度进入而导致恶性竞争，旨在激励和约束市场主体权利义务，确保交易和竞争顺利进行。不能因为市场准入应用了限制手段，就认为是阻碍市场运行。市场准入所限制的是非法主体和非法行为，对合法主体、合法行为而言是开放自由、畅通无阻。正是通过市场准入，创建了公平、规范、信用的市场环境，才保障了主体安全和实现自己的利益，也才能调动起人们经营、投资和消费的积极性，以致吸引更多的人参与市场，使市场得到发展。

（三）市场安全与市场准入

安全稳定是市场机制发挥正常功能的基础，也是市场正常运行的基础。市场只有安全稳定才能发展，才能发挥其固有的配置资源的作用。市场安全也是市场主体利益实现的保障，还是市场发展的前提。

市场客观存在的风险，影响着市场安全稳定。现代经济中专业分工精细，而各市场间关系紧密，任何一个市场不安全、不稳定，都会引起其他市场以至于整个市场体系的连锁反应。市场风险的影响，可能只涉及个体，也可能涉及一个行业、一类市场或整个市场体系，还可以演变成跨国的、区域性的风险。市场风险发展到一定程度，就会引发市场危机甚至经济危机，造成市场瘫痪。因此防范市场风险，把风险的危害控制在最低限度，就成了各国政府十分关注的重大问题，而首要的措施就是实行市场准入。

市场准入所追求的安全既是市场主体中个体或群体的安全，更是市场与

〔1〕 See H. Maslow, Motivation and Personality, 2nd edition, New York:? Publishers,1970,p.40.
〔2〕 李昌麒《国家干预经济的基本法律形式》，四川人民出版社1995年版，第333页。

经济社会的整体安全。市场准入就是根据各类市场特点及其现实或潜在风险的特性,通过对进入市场的主体与客体的选择,排除不安全者,控制市场风险、保障市场安全,维护市场稳定、健康、高效运行,保护经营者、投资人和社会公众的合法利益。

实行市场准入,强调市场安全并不是抑制市场发展,而是要在确保安全的前提下加快发展。我国市场尚不成熟,在发育发展过程中,经常会出现主体参差不齐、良莠难辨的现象,产品和服务以假乱真、鱼目混珠的问题,有必要实施市场准入。但是也绝对不可因噎废食,因为需要安全感而对加快市场发展有所顾忌,防止因实施过于严厉的市场准入措施而阻滞市场正常运行发展。

二、市场准入制度的经济学基础

从经济学角度看,对市场准入的政府管制,主要是基于市场缺陷的存在。市场缺陷是和市场效率对应的,也就是说市场在资源配置的某些方面是无效的。现代经济社会,实际上并不存在纯粹的市场经济,因为存在市场缺陷的现象,仅仅依靠自由市场机制达不到资源最优配置的目标,所以,作为社会公共利益代表的政府,在不同程度上对市场运作进行着干预。[1]市场准入是政府干预的重要手段。

(一)自然垄断与严格的市场准入

传统理论认为,导致自然垄断的因素是某些行业具有明显的规模经济和过高的沉淀成本。英国经济学家马歇尔在《经济学原理》中指出,高效的大型机器设备的广泛使用必然导致规模扩大,而规模扩大可以带来单位产品的成本大幅度降低,即可以给生产者带来单纯要素追加以外的收益。如果一个行业具有规模经济的特点,规模大的企业比规模小的企业具有生产成本优势,该行业自然仅有少数甚至单一企业存在。沉淀成本是指如果生产停止或研发不成功而无法挽回的成本。许多行业的生产经营活动需要投入特别专门的资本,这些资本不易转移到其他用途中去,形成沉淀成本。因此如果一个行业具有自然垄断的特点,那么过度竞争会导致低效率,破坏社会生产力。基于这种理论,凡是自然垄断行业,都需要政府的严格的准入规制,把全部生产委托给

---

〔1〕 贝多广:《证券经济理论》,上海人民出版社1995年版,第144页。

一家垄断企业。传统的自然垄断理论为严格的市场准入提供了理论基础。

新近发展的理论拓展了自然垄断的范围，认为自然垄断的定义应建立在成本的次可加性而不是在规模经济的基础上。即当有多种不同产品和多个企业，而且任一企业都可以生产一种或多种产品时，如果一家企业生产所有各种产品的总成本小于多企业分别生产这些产品的成本之和，企业的成本方程就是次可加的。如果在所有产量上企业的成本都是次可加的，该行业就是自然垄断行业。换句话说，哪怕规模经济不存在和生产的平均成本是上升的，只要单一企业供应整个市场的成本小于多个企业分别生产的成本之和，由单一企业垄断市场的社会成本就仍然最小。

随着对自然垄断认识的改变，自然垄断定价的矛盾不再成为必然。根据边际成本定价原则，边际成本与需求曲线的相交点决定厂商的产量和价格，只有当价格等于边际成本时社会的总福利才最大。需求水平的不同，需求曲线就会与边际成本曲线相交于不同的区间，可能交于边际成本曲线下降的区间，也可能交于边际成本曲线的最低点，还可能在边际成本曲线上升的区间相交。对自然垄断企业而言，当市场需求曲线相交于边际成本曲线最低点的左边时，实行边际成本定价，自然垄断厂商将面临亏损，为了摆脱自然垄断定价的两难，政府管制机构必须兼顾企业利益和社会福利，在行业厂商不亏损的前提下，制定使社会福利最大化的次优水平价格，即以平均成本定价。这种情形称为强自然垄断；而当需求曲线交于边际成本的最低点时，边际成本与平均成本相等，边际成本定价恰好使企业盈亏相抵，这种情形被称为弱自然垄断第一种情形；当需求曲线相交于边际成本上升区间，由于边际成本大于平均成本，边际成本定价导致企业盈利并吸引潜在竞争者进入市场。在这种情形中，边际成本定价原则使得企业盈利，实现了社会福利最大化，自然垄断边际成本定价的矛盾不复存在，被称为弱自然垄断的第二种情形。

基于以上理论，对自然垄断需要根据其垄断的强弱，进入市场有无障碍和企业的承受力来决定是否需要进行管制，以及采取何种管制策略。对自然垄断的管制范围主要限定在市场进入有障碍，以及市场进入无障碍但企业无承受力两种情况，而对市场进入无障碍但垄断企业有承受力的情况，则不需要政府进行管制。政府对自然垄断的管制策略主要包括价格管制和进入管制两种。结合管制策略，对自然垄断的管制可以分为以下四种情况：

一是当自然垄断企业为强自然垄断并且市场进入有障碍时，需要管制。采用的管制策略为价格管制而无须进入管制。这里的价格管制是指制定一种介于垄断价格和边际成本价格之间的价格，从而兼顾垄断企业与社会福利，在此情况下，自然垄断定价存在一种两难困境。

二是当自然垄断企业为强自然垄断、市场进入无障碍并且企业无承受力时，需要管制。采用的管制策略包括价格管制和进入管制。价格管制的目标在于使价格介于边际成本与垄断价格之间；进入管制的目标则在于保证现存垄断企业不被挤出市场以致形成过度竞争局面而造成资源浪费。在这种情况中，自然垄断定价的两难困境也存在。

三是当自然垄断企业为弱自然垄断并且市场进入有障碍时，需要管制。采用的管制策略为价格管制而无须进入管制。价格管制的目标在于使企业价格等于边际成本，达到社会福利最大化目的，同时垄断企业也能够盈利。在这种情况下，自然垄断定价的两难困境不复存在。

四是当自然垄断企业为弱自然垄断、市场进入无障碍并且企业无承受力时，需要管制。采用的管制策略包括价格管制和进入管制。价格管制的目标在于迫使企业制定边际成本价格，以达成社会福利最大化，同时垄断企业也能够盈利；进入管制的目标则在于保证现存垄断企业不被挤出市场以致形成过度竞争局面而造成资源浪费。在这种情况下，自然垄断定价的两难困境也不复存在。

（二）信息不对称、过度竞争与市场准入

经济学理论认为，市场竞争机制达到资源的优化配置，其一条重要的基本假设就是“经济人”拥有完全的信息，即买卖双方对所交易的商品和服务都有完全的了解，双方掌握的信息完全相等，这样任何商品和服务的质量都很容易判断，都可以凝结到价格上，并通过价格得以反映。实际上人们早就知道，现实生活中由于商品和服务日益复杂，特别是金融（银行、证券、保险）产品和服务，消费方要了解商品和服务乃至企业的投资状况、财务状况相当困难。在这种信息严重不对称的情形下，作为商品或服务的提供方的卖方却因为掌握相对充足的信息，极有可能通过欺诈手段，损害另一方的利益而增加自身利益。因此与企业设立相关联的市场失灵，有部分是以信息不对称为根源的。由于企业（尤其是有限责任的企业）设立时的资产与人员的准备都直接影响着成立后的企业与相关市场主体交易的效率与安全，企业设立的法律制度所规制的重要信息公开正是为相关市场主体获取信息创造条件，以克服信息不对称及其引发的市场失灵。

在金融业实行市场准入监管的经济学理论依据有三方面的内容，一是以上所论述的通过对合格银行的识别与筛选，在一定程度上避免由于信息不对称造成对银行体系安全的冲击；二是为了避免银行产业的过度竞争。由于银行体系巨大的外部性，过度竞争对产业安全的危害会威胁到整个经济社会的稳健发展。虽然设置进入门槛避免过度竞争是非经济手段，但在银行产业不具备一个有效的退出机制与无法完全解决信息不对称问题的前提下显然是必要的。如在我国《商业银行法》中就指出，中国人民银行对设立商业银行的审批应考虑经济发展的需要和银行业的竞争状况。《中国人民银行关于进一步规范股份制商业银行分支机构准入管理的通知》也规定："对于多家银行申请在同一城市筹建分行的，要结合对当地经济发展、金融市场的分析，在各家银行综合分析的基础上，提出设立分行的意见，避免出现过度竞争。"但须指出的是，过于严格的准入监管对产业竞争的损害也是巨大的。首先，严格的准入监管降低了产业的竞争程度，致使银行缺乏足够的动力去改善经营管理，提高效率降低成本，往往依靠政府政策租金获得生存，市场机制失效，导致整个行业效率低下。其次，严格限制外资银行的进入和对非银行业务的严格限制将极大地阻碍产业创新，同时监管手段与监管能力也得不到充分发展。

（三）外部性与市场准入

政府矫正外部性的常见做法有两种，一是管制。通过命令与控制政策直接控制外部性。二是以市场为基础的政策。也就是给企业和个人某种激励，如税收与补贴，使他们自己解决外部性问题。政府管制分为经济性管制与社会性管制，前者主要针对存在自然垄断和信息不对称等的领域，以防止发生资源配置的低效率和使用者的不公平利用；而后者主要针对所有可能产生负外部性的企业行为的规制，其规制范围主要包括消费者保护、产品质量、生命安全保护、环境保护等，用来保护环境与消费者和劳工的健康和安全。经济性管制是政府针对某特定行业的纵向制约，而社会性管制并不是针对某一特定产业，只要任何一行业内企业的行为对社会或个人的健康、安全、环境等造成危害，就会受到政府管制。一般说来，矫正外部性的政府管制属于社会性管制。

负外部性情况下，企业实现了内部经济，而对外造成损害，产生整个社会的不经济，政府对此控制和治理是必然的。从行业的角度看，烟草行业、高污染排放量的化工、冶炼、造纸等行业是负外部性的行业，另外随着社会均衡增长和可持续发展意识的增强，以及资源综合利用的技术水平的提高，发达国家越来越多地把那些对自然或不可再生资源实施低效率开发的行业或企业，对从事这些产品或服务的主体制定了较高的市场准入标准。政府通过市场准入管制，预先淘汰掉那些不具备相应的高技术能力、治污降污能力的申请人，甚至不允许某些行业的自由进入（如烟草行业、某些可能产生麻醉物质的化工和制药），从而实现全社会总的资源配置最优化。

在正外部性的情况下，政府也可以通过市场准入，保证市场主体的垄断或相对垄断地位，保证其对社会有利的行为获得回报，获取正常的合理的利润，从而促使其进行对社会产生正效应的行为。

关于金融业的外部性的问题作为政府管制的一大理由，已经成为学界的共识。金融业作为整个国民经济的造血和输血系统，其发展不仅能够直接创造更多的社会财富，更为重要的是，金融业的发展是整个国民经济发展的重要保证，因此它有明显的正外部性。但金融业又是一个具有高风险的特殊行业，又存在着产生负外部性的潜在可能性。这是因为金融企业经营的主要是货币，它们把社会资金盈余部门即存款人的货币集中起来，转借给资金短缺部门借款人，从中获得利差收益。金融企业作为资金流转的中介，一旦某一家金融企业经营不善，受直接影响的将是该金融企业众多存款人的资金安全，而作为整个金融体系的一个环节，就可能造成金融企业间运转和支付链条的中断，进而影响其他金融企业的正常运转，严重的会影响整个金融体系，给一个国家的经济活动带来灾难性的冲击。因此针对金融业可能产生的负外部性，各国政府无一例外地加强对金融业的政府管制，其中包括进入管制。

三、市场准入制度的价值选择

选择市场准入制度的价值目标时必须充分考虑市场监管的需要，从维护和保障着市场的安全稳定，保护市场主体的合法权益，促进市场的改革开放和发展的角度予以选择。市场准入制度的价值目标要以安全为基础、效率为根本、公平为保证。

（一）安全

法律是秩序的象征，又是建立和维护秩序的手段。而秩序的核心是安全。[1] 在我国市场准入制度建立的过程中，安全的价值观是其必须始终要坚守的重要理念。

监管当局针对不同类型及其特性的具体市场设置了标准各异、手段不同的市场准入制度，限制不具备相应专业资质的产品、人员和机构进入某一市场，旨在确保市场的稳定、维护消费者的权益、维护经济和社会的安全。同时，由于“没有责任，自由就会变成无政府状态，而人的权利就会成为无限制的任性”[2]，世界各国的市场准入法律制度中都有对违法市场准入制度、擅自进入专业市场、破坏市场秩序的主体设定严格的法律责任，施以相应的惩罚，使违法者付出应付的违法成本，警示其他市场主体严格守法，以确保经济和社会的安全。

在追求市场准入制度的安全价值时，必须要处理好其与自由价值的关系。自由在市场经济法律中最主要的表现为“意思自治”。而自由进入市场则是意思自治原则的应有之意。究其本质，市场准入制度是与市场自由原则相悖的，是对后者的限制。但并不是说，市场准入制度可以无视市场主体对自由的诉求，可以任意的限制其活动空间。监管当局应在追求效率、安全、公平的价值时尽可能的给予市场主体最大的自由限度，对自由的限制应以前述法律价值的实现为必要限度。此外，监管当局对市场主体准入的监管应注意区分市场对象、严格界定范围。

安全（秩序）观强调“社会统合”“社会连带”“个人与社会的和谐”。[3]二者是对立的又是统一的。首先，市场准入对市场主体进入特定领域经营的自由加以限制、约束。其次，完善的市场准入制度所包含的安全价值之义囊括了对自在和自由的尊重，市场准入监管当局不能任意剥夺市场主体的市场进入的自由。没有实行市场准入监管的领域，市场主体可以自由进入，这种自由是法律确认的自由。同时，由市场准入法律制度明确界定市场准入的领域和条

〔1〕 张文显：《法哲学范畴研究》，中国政法大学出版社2001年版，第195页。

〔2〕 ［苏］雅维茨：《法的一般理论：社会和哲学问题》，朱景文译，辽宁人民出版社1986年版，第197页。

〔3〕 张文显：《法的基本范畴研究》，中国政法大学出版社1993年版，第257页。

件，这种法律制度的安排，在一定意义上，将转化为企业等投资主体在非实行准入领域和符合准入条件下的确定的范围和条件下的进入自由。

（二）效率

经济学上的效率的含义通常是指从一个给定的投入量中获得最大的产出，即以最少的资源消耗取得同样多的效果，或以同样的资源消耗取得最大的效果，此即“价值极大化”或“以价值极大化的方式配置资源和使用资源”。除此之外，效率还指根据预期目的对社会资源的配置和利用的最终结果做出的社会评价，即社会资源的配置和利用使越来越多的人改善境况而同时又没有人因此而境况变坏，则意味着效率提高了。可见，效率涵盖了经济效率、社会效率。就市场准入制度而言，科学、合理的市场准入制度对提高效率起着至关重要的作用。

首先，市场无疑是资源的配置的有效形式，但配置资源的形式绝不仅限于此。科斯的研究表明，资源配置的方式，除了市场，还有企业和政府。企业存在的主要原因在于它能减少交易成本。在企业的内部，同一主体内部不同部门之间的协调取代了市场上不同主体之间的谈判磋商。在一定的规模极限之下，企业能比市场更为节约某些市场运行的成本从而替代市场并更有效率。而政府实质上是一个“超级企业”，在特定的情形下，“政府往往可以用比私人企业低得多的成本做某事。”当交易成本过高时，就会出现旨在节约交易成本的组织经济生活的非市场方式，如企业取代市场，政府直接规制等。当市场交易不可行时，政府对市场的监管准则将取代市场而发挥其资源配置的作用。就市场准入制度而言，政府通过对不同市场主体进入特定市场领域、从事经营活动进行相应的监管，以规制的手段取代市场的作用，在一定范围内可以更好的实现其经济、社会发展的目标。其中从经济角度而言，经济效率是政府进行市场准入监管的重要目标，如通过市场准入的管理实现政府对电信、电力、运输等自然垄断行业发展的控制，实现其行业、规模经济的发展目标，在最高层次上达到效率最高的主旨。

其次，效率不仅有经济效率和社会效率之分，而且还有序位、层次上的差异。这种差异主要表现为个体效率和整体效率两种。整体效率依赖于个体效率，但其决不是个体效率的简单相加。个体效率也离不开整体效率，但在某些情况下，个体效率会脱离整体效率的发展轨迹，具有某种“离心”倾向。交易的双方自愿发生交易时，当事人会从交易中获利，即交易对于他们而言是有效率的。但事实往往告诉我们，即便是在最理想的情况下，交易的整体效率未必是最高的，这即个体理性和整体（集体）理性的冲突。比如，在同一幢楼中的居民，自愿与当地的数家自来水公司签订供水合同，每家住户都从各自的自来水供应商那里通过的独立的管道获得自来水供应，在不考虑竞争带来的效益的情况，显然整体效率是较低的。此时，如果政府通过一定的手段对自来水管道供应市场实行一定市场准入监管，促使自来水公司，共建共用一路管道，整体效率将大大提高，个体效率也会因建筑成本、单位成本减少被分摊而被提高。因此，在市场准入制度的构建中，个体效率和整体效率的兼顾、侧重整体效率的提高是其应有的法律价值诉求。

最后，市场的本质是竞争，但这并不等于市场应当“充分”“自由”竞争，过度的竞争只会造成内部损耗大幅增加。如果不对市场实施一定的准入监管，某一具体市场中的参与主体的数量和竞争程度远远超过其所能承受的理性范围，市场的机制将会被扭曲，市场秩序将荡然无存，效率将会大大降低。因此，从这个意义上，市场准入监管是效率的理性保证。

（三）公平

市场准入法律制度所追求的公平价值包括平等和正义两个方面。

“平等乃是一个具有多种不同含义的多形概念。它所指的对象可以是政治参与权利、收入分配制度，也可以是不得势的群体的社会地位与法律地位。其范围涉及法律待遇的平等，机会的平等以及人类基本需要的平等。它可能关注保护诺成合同的义务与对应义务间的平等、关注在因损害行为进行赔偿时做出恰当补偿或恢复原状、并关注在执行刑法时维护罪行与刑罚间的某种程度的均衡。”[1]在市场准入法律制度中，其蕴涵的平等概念应包括市场主体之间的平等对待和监管当局对市场主体的同等对待，更多的更重要的是体现为后者。监管当局制定、执行市场准入法律制度时应确保市场主体在竞争中处于平等状态，确保其能得到法律、执法机关的平等对待。

自从人类社会发生公正和不公正的社会问题以来，正义一直被视为人类社会的美德和崇高理想，而法律一直被视为是维护和促进正义的艺术和工具。

---

〔1〕［美］博登海默：《法理学——法哲学及其方法》，华夏出版社1987年版，第280～281页。

中外学者对正义的理解多种多样，其中有代表性的主要有：正义意味着各得其分，各得其所；正义是一种德行；正义意味着一种对等的回报；正义指一种形式上的平等；正义指法治或合法性；正义是一种公正的体制。[1]市场准入法律制度的制定、执行必须要对行政权力和个体权利依法约束，实现正义（公正）。正义的理念还要求市场准入的法律责任不仅及于市场主体，更应当及于市场准入的立法、司法、执法机关。通过补偿救济、制裁或惩罚等功能，体现市场经济所要求的公正理念，矫正不当市场准入带来的不公正后果。

在我国，选择市场准入制度的价值目标时必须充分考虑以下因素：

第一，维护和保障市场的安全稳定。安全的基本价值是市场准入价值体系的基础，市场安全更是市场准入各项制度的出发点和落脚点。市场准入制度就是对进入市场的主体资格的监管，排除不适格的主体进入市场，禁止那些对市场安全造成隐患、不适合安全要求的企业或个人进入市场。

第二，保护市场主体的合法权益。市场参与者均各自追求着自己的利益，但市场稳定运行、健康发展是所有市场参与者的共同利益，市场有效运行是各类市场主体生存发展的前提，所以全体市场参与者绝不会允许个别主体为非作歹，危害他人利益。市场准入也正是顺应全体市场主体的一致要求而进行的。

第三，促进市场的改革开放和发展。在经济全球化的今天，市场面临的机遇和风险同时增大；经济发展要求市场体系更完善、更加开放，这一切都要求加强市场准入制度的广度、细微度和有效性。在加快开放市场的时候，更要吸取个别国家在经济市场化、国际化过程中盲目取消市场准入监管、酿成经济危机的教训，健全市场准入制度。中国这样一个尚处在市场经济发展初期的发展中国家，在极度缺乏市场意识的经济土壤上培育各类市场，更需要理性的市场准入规则。

我国市场准入制度要根据价值目标加紧完善。建立什么样的市场准入制度应该取决于市场安全与经济效率成本之间的平衡，取决于对公平、正义的维护。市场准入制度的改革必须以进一步完善社会主义市场经济体制为目标，参照国际惯例，促进提高经济效率，积极鼓励各类资源参与经济活动，注重市

---

〔1〕 张文显：《法哲学范畴研究》，中国政法大学出版社2001年版，第202～203页。

场主体行为的监管，积极培育和规范市场主体，努力创造公开、公平、公正的竞争环境，为经济社会发展提供重要的微观基础。因此，当前，我国在建立健全市场准入法律制度的进程中至少应追求、实现效率、安全和公平的法律价值。

第四节　市场准入法律制度的价值目标[1]

市场准入制度，是指政府部门或行业中介组织出于公共利益的需要，以矫正和改善市场机制内在问题、确保市场有效运行为目的，对市场主体进行限制的各种规则的总称。[2]市场准入作为世界各国监管部门普遍采用的监管手段，旨在抑制过度竞争、消除市场缺陷影响，维护市场安全及经济秩序。

一、市场准入制度的属性

市场准入（Market Access）是一个引进词，在20世纪80年代以后才在我国的官方文件和学术文章中大量出现。虽然这一术语被广泛使用，但无论是法学界还是经济学界，对其却并没有统一的定义，对其内涵和外延也众说纷纭、莫衷一是。

有学者认为，市场准入即“开放市场”，是指一国允许外国货物、服务及资本参与本国国内市场的程度。“市场准入是服务贸易自由化的具体表现，意味着本国市场对外国服务业的开放。”[3]市场准入在WTO的一系列协议中的共同含义是市场开放的问题，即一成员国通过关税和非关税的措施控制其他成员国的产品、服务和资本进入自己国内市场的问题。

有学者认为，市场准入是“关于市场主体和交易对象进入市场的有关准则和法规，是政府对市场管理和经济发展的一种制度安排。它通过政府有关

---

〔1〕 本文系司法部法学重点课题“市场准入制度研究”的部分成果，刊于《华东政法大学学术文集》(2005)，浙江人民出版社2006年版，作者吴弘、徐志青。

〔2〕 焦玉良：《对市场准入制度的经济学分析》，载《改革》2004年第2期。

〔3〕 孙南中：《中国对外服务贸易法律制度研究》，法律出版社2000年版，第51页。

部门对市场主体的登记、发放许可证、执照等方式来体现。”[1]市场准入制度是“有关国家和政府准许公民和法人进入市场，从事商品生产经营活动的条件和程序规则的各种制度和规范的总称。”[2]

有学者认为，“市场准入是指政府对企业或投资者进入某个经营领域或某种市场从事活动施加限制或禁止的有关制度，主要是对企业及其分支机构的设置和营业实行审批以及特许经营的制度。通过法律规定哪些领域可以自由进出的，哪些领域是政府要加以限制的——需要‘审批、特许经营制度’，哪些领域是禁止的，对经济进行参与和干预。”[3]

有学者认为，市场准入是与市场禁入相对立的概念，是反“市场禁入”，所以，应当扩大“市场准入”，从而开放更多的投资领域。[4]

综观学者对市场准入的论述，大体上可以将其分为四类：一是从国际经济关系的角度，围绕WTO而阐述的市场准入，强调的是一国（地区）市场对他国（地区）商品和投资的开放。二是从制度安排的角度，强调市场准入是市场主体和交易对象进入市场的政府管理，包括进入任何市场领域成为任何经营主体都必须进行的工商登记和进入特定市场的许可等。三是将市场准入等同于市场开放，认为是市场禁入的否定。四是从经营领域个地域的角度，认为市场准入是政府对企业或其他投资者进入特定经营领域或地域市场的限制或禁止，是政府对企业等市场主体自由进出特定市场的规制。[5]

我们认为，市场准入对我国而言，是一个包括市场对内搞活与对外开放相结合，主体自主进出和政府适度控制相结合的有机整体，是体现一定市场发育发展程度和市场管理理念的法律制度。

市场准入制度是随着社会经济的发展而发展的。前资本主义时期，政府对市场的干预基本是自发的，而不是自觉的。这一时期商品交换很少，市场发育非常迟缓和幼稚，因此市场准入制度也仅表现在对待境外主体和商品的市场准入问题上。当时的社会普遍以金银多寡衡量一国富裕程度，国内贸易不

---

〔1〕 盛世豪：《试论我国市场准入制度的现状与改革取向》，载《中共浙江省党委党校学报》2001年第3期。

〔2〕 李昌麒：《经济法学》，中国政法大学出版社1999年版，第185页。

〔3〕 李艳芳：《经济法案例分析》，中国人民大学出版社1999年版，第19～20页。

〔4〕 周其仁：《扩大市场准入，拉动社会投资的关键》，载《中国改革》2001年第7期。

〔5〕 史际春：《经济法学评论》，中国人民大学出版社2003年版，第243页。

能增加金银总量，只有在国际贸易中实现顺差才可能增加财富总量。因此各国都努力增加出口，限制进口以便实现顺差。政府自然而然地主张建立高关税壁垒，奉行严格的管制原则。资本主义制度确立之后，商品交换发达起来，市场迅速繁荣。在这一时期，自由和充分的竞争，价值规律充分发挥作用，政府一般不介入经济生活，让市场实现自我调节。英国古典经济学的代表人物亚当·斯密认为：经济发展主要取决于社会分工，而分工的程度取决于市场规模。市场进入壁垒对国际商品交换和市场扩大的限制，使增进国内福利和发展国内经济的愿望难以实现。在这样的思想和社会经济背景之下，一国或一地区范围内封闭状态被逐渐打破，促进了大市场的形成。进入垄断资本主义时期后，一些主体凭借自己的实力限制他人进入市场，排挤竞争对手，长此以往，导致了经济运行的巨大障碍，价格规律也被严重扭曲。这时，人们发现曾被视为万能的市场不再充分有效，这就是所谓的"市场失灵"，要求通过国家的积极干预来克服市场自发调节不足的主张逐渐占了上风，市场准入也作为国家干预的一个重要内容正式成为法律制度。

市场准入制度从性质上讲，应属于市场监管法的一部分。市场监管是指市场监管主体对市场活动主体及其行为进行限制、约束等直接干预活动的总和。市场监管法是有关市场监管的指导思想、原则、制度、规则、措施的综合，是监管对象市场活动的行为、权利、义务、责任的依据，也是监管者监管活动的范围、程度、途径、方式、手段、程序和受监督的通则，还是对监管对象违法的制裁、监管者不当监管的补救的准绳。

市场准入是前置式的市场监管，是确保市场安全有效的头道关卡。市场准入既包括主体准入，也包括业务准入；既针对国内主体，也涉及涉外主体；既有主体进入一般市场所必须具备的条件和遵守的程序，也有主体进入特殊市场从事生产经营的特别要求。市场准入制度既有许可、认证、审批、登记等措施，又有数量配额、质量标准、关税、技术等规则。

市场准入制度不是为了限制市场竞争，而是为了市场安全；不是为了设置障碍，而是为了有序开放；不是被动的、消极的、一成不变的，而是主动的、积极的、与时俱进的。市场准入与市场退出、市场禁入制度相呼应，共同形成市场进入制度体系，成为市场监管法的重要支柱。

二、市场准入制度的价值观

法的价值观对立法、执法、守法具有极其重要的影响。立法者、执法者对守法者他们的立法、执法、守法行为，都是在一定价值观的指导下做出的。这些法律行为也都是在一定条件下，满足行为人自身有关法的需要的途径或手段。

法的价值观直接影响人们的价值判断。法对人们的法律行为的影响，也是通过影响人们的价值判断而发挥作用的。例如，人们捐赠的法律行为，总是与人们的价值观不可分离的。人们对于特定法律现象的爱憎，乃至自己是否愿意做出某种特定的法律行为，都会在事前做出价值判断，然后再根据自己的判断，调整或调节自己的行为。对于其他人的行为，或者与自己无关的法律现象的认识，也是以一定的价值判断作为前提和内容的。法的价值观直接影响人们的价值判断的结果。[1]

市场准入制度的合理与否对经济发展具有重要的影响。制度的松紧程度直接影响着市场主体进入市场的成本和难易程度，影响着市场秩序和交易安全，影响着经济效率和活跃程度。经济发展水平、市场和市场主体发育程度、国际参与度、决策者和社会对经济的认识程度、国家干预经济的水平以及政治和民主的灵活度等都是影响市场准入制度的因素。但是从根本上来讲，建立什么样的市场准入制度应该取决于市场安全与经济效率成本之间的平衡点，取决于对公平、正义的维护。现在，法律在经济方面的任务是以市场经济为基础，规范和保护市场主体资格，创造公开、公正、公平的市场竞争环境，鼓励和促进市场的发展，提高经济效率，保护社会公共利益。从我国现状和国际趋势看，市场准入制度的改革必须以进一步完善社会主义市场经济体制为目标，参照国际惯例，促进提高经济效率，积极鼓励各类资源参与经济活动，注重市场主体行为的监管，积极培育和规范市场主体，努力创造公开、公平、公正的竞争环境，为经济社会发展提供重要的微观基础。因此，当前，我国在建立、健全市场准入法律制度的进程中至少应追求、实现效率、安全和公平的法律价值。

---

〔1〕 卓泽渊:《法的价值论》，法律出版社1999年版，第18页。

(一)效率

经济学上的效率的含义通常是指从一个给定的投入量中获得最大的产出，即以最少的资源消耗取得同样多的效果，或以同样的资源消耗取得最大的效果，此即“价值极大化”或“以价值极大化的方式配置资源和使用资源”。除此之外，效率还指根据预期目的对社会资源的配置和利用的最终结果做出的社会评价，即社会资源的配置和利用使越来越多的人改善境况而同时又没有人因此而境况变坏，则意味着效率提高了。总而言之，效率包括经济效率、社会效率两种。

按自由资本主义的观点，效率最大化的实现需要有两大基本条件：市场的完全竞争、主体意志充分自由，从市场准入这个角度而言，就是最少的设置准入的门槛，允许任何愿意从事某一经营业务的主体能自由进出市场。因而，在自由资本主义时代，市场准入的规制、监管是极其鲜见的。后来，随着经济的进一步发展，自由主义的缺陷日益暴露出来，人们越来越感到市场不是万能的。对于市场一定程度的准入监管是一国经济持续、健康发展的保证，这事关经济的安全和社会的稳定。至此，政府才从“守夜人”的角色中走出来，在经济发展中起着日益重要的作用。就市场准入制度而言，科学、合理的市场准入制度对于效率的提高起着至关重要的作用。

首先，市场无疑是资源的配置的有效形式，但配置资源的形式绝不仅限于此。在某些情况下，市场会失灵，对资源配置的效率未必是最优化的。科斯的研究表明，资源配置的方式，即便是在市场经济的条件下，除了市场，还有企业和政府。企业存在的主要原因在于它能减少交易成本，在企业的内部，同一主体内部不同部门之间的协调取代了市场上不同主体之间的谈判磋商。在一定的规模极限之下，企业能比市场更为节约某些市场运行的成本从而替代市场并更有效率。而政府实质上是一个“超级企业”，在特定的情形下，“政府往往可以用比私人企业低得多的成本做某事”。当交易成本过高时，就会出现旨在节约交易成本的组织经济生活的非市场方式，如企业取代市场，政府直接规制，等等。当市场交易不可行时，政府对市场的监管准则将取代市场而发挥其资源配置的作用。

就市场准入制度而言，政府通过对不同市场主体进入特定市场领域、从事经营活动进行相应的监管，以规制的手段取代市场的作用，在一定范围内可以更好地实现其经济、社会发展的目标。其中从经济角度而言，经济效率是政府进行市场准入监管的重要目标，如通过市场准入的管理实现政府对邮政、电信、电力、管道运输等自然垄断行业发展的控制，实现其行业、规模经济的发展目标，在最高层次上达到效率最高的主旨。

其次，效率不仅有经济效率和社会效率之分，而且其还有序位、层次上差异。效率在序位、层次上的差异最主要的是表现为个体效率和整体效率两种。整体效率依赖于个体效率，但其绝不是个体效率的简单相加。个体效率也离不开整体效率，但在某些情况下，个体效率会脱离整体效率的发展轨迹，具有某种“离心”倾向，即与整体效率的发展不同步或异向发展。在自由竞争的状态下，交易的双方自愿发生交易时，对于交易各方当事人来说，他们会从交易中获利，即交易对于他们而言是有效率的。因为，如果交易方不会从交易中获利，如果在没有外力因素的介入时，交易就不会发生。但事实往往告诉我们，即便是在最理想的情况下，交易的整体效率未必是最高的，此即个体理性和整体（集体）理性的冲突。比如，在同一幢居民楼中居住的住户，自愿与当地的数家自来水公司签订供水合同，每家住户都单独从各自的供应商自来水公司那里通过的独立的管道获得自来水供应，在不考虑竞争带来的效益的情况，显然整体效率是较低的。此时，如果政府通过一定的手段对自来水管道供应市场实行一定市场准入监管，促使自来水公司共建共用一路管道，整体效率将大大提高，个体效率也会因建筑成本被分摊、单位成本减少而被提高。因此，在市场准入制度的构建中，个体效率和整体效率的兼顾、侧重整体效率的提高是其应有的法律价值诉求。

最后，市场的本质是竞争，但这并不是说，市场应当“充分”“自由”竞争（在某种意义上，这种竞争也可被视为无序竞争），过度的竞争只会造成内部损耗大幅增加。如果不对市场实施一定的准入监管，某一具体市场中的参与主体的数量和竞争程度远远超过其所能承受的理性范围，市场的机制将会被扭曲，市场秩序将荡然无存，效率将会大大降低。因此，从这个意义上，市场准入监管是效率的理性保证。

（二）安全

秩序的存在是人类一切活动的必要前提。秩序构成了人类理想的要素和社会活动的基本目标。秩序的主要意义和规定性是指：第一，“秩序”与社会生活中存在一定的限制、禁止、控制有关；第二，它表明在社会生活中存在的一种相互性：每个人的行为不是偶然的和杂乱的，而是相互回答或补充他人的行为的；第三，它在社会生活中捕捉预言的因素和重复的因素：人们只有在他们知道彼此期待的情况下，才能在社会上进行活动；第四，它能够表示社会生活各组成部分的某种一致性和不矛盾性；第五，它表示社会生活的某种稳定性，即在某种程度上长期保持它的形式。[1]法律是秩序的象征，又是建立和维护秩序的手段。而秩序的核心是安全。[2]在我国市场准入制度建立的过程中，安全的价值观是其必须始终要坚守的重要理念。

监管当局针对不同类型、特性的具体市场设置了标准各异、手段不同的市场准入制度，限制不具备相应专业资质的产品、人员和机构进入某一市场，旨在确保市场的稳定、维护消费者的权益、维护经济和社会的安全。同时，由于“没有责任，自由就会变成无政府状态，而人的权利就会成为无限制的任性”[3]，世界各国的市场准入法律制度中都有对擅自进入专业市场、破坏市场秩序的主体设定严格的法律责任，施以相应的惩罚，使违法者付出应付的违法成本，警示其他市场主体严格守法，以此来确保经济和社会的安全。

在追求市场准入制度的安全价值时，必须要处理好其与自由价值的关系。自由在市场经济法律中最主要的表现为“意思自治”。而自由进入市场则是意思自治原则的应有之意。究其本质，市场准入制度是与市场自由原则相悖的，是对后者的限制。但并不是说，市场准入制度可以无视市场主体对自由的诉求，可以任意的限制其活动空间。监管当局应在追去效率、安全、公平的法律价值时尽可能的给予市场主体最大的自由限度，对自由的限制应以前述法律价值的实现为必要限度。此外，监管当局对市场主体准入的监管应注意区分市场对象、严格界定范围。

自由强调“个体权利”“意思自治”，而安全（秩序）则强调“社会统合”“社会连带”“个人与社会的和谐”。[4]两者是对立的又是统一的。首先，市

---

〔1〕 H. Maslow, Motivation and Personality, 2d ed., 1970, New York, p.40.

〔2〕 张文显:《法哲学范畴研究》，中国政法大学出版社2001年版第195页。

〔3〕 [苏]雅维茨:《法的一般理论：社会和哲学问题》，朱景文译，辽宁人民出版社1986年版，第197页。

〔4〕 张文显:《法的基本范畴研究》，中国政法大学出版社1993年版，第257页。

场准入对市场主体进入特定领域经营的自由加以限制、约束。其次，完善的市场准入制度所包含的安全价值之义囊括了对自在和自由的尊重，市场准入监管当局不能任意剥夺市场主体的市场进入的自由。没有实行市场准入监管的领域，市场主体可以自由进入，这种自由是法律确认的自由。同时，由市场准入法律制度明确界定市场准入的领域和条件，这种法律制度的安排，在一定意义上，将转化为企业等投资主体在非实行准入领域和符合准入条件下的确定的范围和条件下的进入自由。

（三）公平

市场准入法律制度所追求的公平价值包括平等和正义两个方面。

“平等乃是一个具有多种不同含义的多形概念。它所指的对象可以是政治参与权利、收入分配制度，也可以是不得势的群体的社会地位与法律地位。其范围涉及法律待遇的平等，机会的平等以及人类基本需要的平等。它可能关注保护诺成合同的义务与对应义务间的平等、关注在因损害行为进行赔偿时做出恰当补偿或恢复原状，并关注在执行刑法时维护罪行与刑罚间的某种程度的均衡。”〔1〕在市场准入法律制度中，其蕴涵的平等概念应包括市场主体之间的平等对待和监管当局对市场主体的同等对待，更多的、更重要的是体现为后者。监管当局制定、执行市场准入法律制度时应确保市场主体在竞争中处于平等状态，确保其能得到法律、执法机关的平等对待。

自从人类社会发生公正和不公正的社会问题以来，正义一直被视为人类社会的美德和崇高理想，而法一直被视为是维护和促进正义的艺术和工具。中外学者对正义的理解多种多样，其中有代表性的主要有：正义意味着各得其分，各得其所；正义是一种德行；正义意味着一种对等的回报；正义指一种形式上的平等；正义指法治或合法性；正义是一种公正的体制。〔2〕市场准入法律制度的制定、执行必须要对行政权力和个体权利依法约束、实现正义（公正）。正义的理念还要求市场准入的法律责任不仅及于市场主体，更应当及于市场准入的立法、司法、执法机关。通过补偿救济、制裁或惩罚等功能，体现市场经济所要求的公正理念，矫正不当市场准入带来的不公正后果。

---

〔1〕［美］博登海默：《法理学——法哲学及其方法》（中译本），邓正来译，华夏出版社1987年版，第280～281页。

〔2〕 张文显：《法哲学范畴研究》，中国政法大学出版社2001年版，第202～203页。

（四）市场准入法律价值的关系

市场准入法律制度所主要追求的几个法律价值——效率、安全、公平，其之间并没有什么绝对的价值序位之分。对于不同的市场，在不同的时期、不同的地域，监管当局的价值诉求会出现差异，原来的价值判断、选择会因经济、社会的发展而出现变动，如金融市场，在全球经济高速增长、金融稳定、风险预期小的背景下，监管当局为加快本国金融业的发展、支持本国经济的迅速发展，效率价值可能是其某个阶段所极力倡导的。相反，安全亦可能在特殊时期被提高到极其重要的地位。

在追求效率、安全和公平的法律价值时，不得为追求某种价值而损害甚至牺牲其他价值的实现。作为市场经济价值理念的公平，包括程序的公平、主体地位的平等。就市场准入法律制度而言，为了效率的需要或安全的考虑，存在对某些主体进入特定市场进行控制的必要。但同时，市场准入制度也追求公平竞争的实现，也是制度安排中不能忽视的一个重要价值追求。例如，市场准入的条件，主要的通过质量技术标准。必要的规模标准而非身份、所有制标准来设定；特许权的取得，更多的采用公开招投标的办法分配而非直接的由行政机关领导人直接决定赋予某企业而体现机会均等；获得特定市场准入权利的企业更多的承担义务等，都在一定程度上反映市场准入制度公平的价值追求。安全，也是市场准入法律制度在追求效率的同时所不能忽视的一个重要价值目标。市场准入法律制度所追求的安全，主要是国家的军事、经济安全和工作场所的安全和消费者的安全。除通过一般的审批、特许、标准制定和执行等，还要由市场准入的法律责任规范来实现，通过对行为的否定评价，使行为人能对行为的后果有预见，从而使其行为更为谨慎、负责，不敢轻易冲破保障市场安全的法律规范，使市场准入法律制度的安全价值得以体现。[1]总而言之，对于某一具体的市场的发展而言，效率是关键，安全是保证，平等则是基础，其相互之间联系紧密，相互支撑，监管当局切不可目光短浅、杀鸡取卵，为追求一时之蝇头小利而置其他法律价值于不顾。

---

〔1〕 史际春主编：《经济法学评论》（第四卷），中国法制出版社2004年版，第260～261页。

三、国外市场准入制度的价值取舍

（一）美国

美国的市场准入制度主要经历了原始自由主义阶段、国家严格控制阶段和现代自由准入阶段。以为国家经济发展服务为目的，美国在总体上奉行自由的市场准入原则。其根本上的原因是美国经济实力强大，产业竞争力有明显优势，市场发育成熟，监管到位，市场运行的效率与安全有较好的基础，选择效率优先的价值目标，实行自由的市场准入制度对美国整体经济发展有利。又因为具体到不同的外国、不同的行业、不同的时期，美国的国内产业竞争力有局部的相对劣势，采取了灵活而模糊的标准，实行有限制的市场准入制度，也是为了保护国民经济发展。所以，归根结底，其市场准入的价值取舍是为美国国家经济发展服务的。

其价值取舍反映在制度中呈现以下特点：

1.宏观上自由。不可否认，美国确实可称当今世界上市场准入最自由的国家。从市场主体的准入上说，美国将所有市场主体划分成营利性和非营利性两种进行分类管理，对营利性主体的成立基本不需要审批，只须符合法律规定的形式条件就可注册，且成立的条件也很低。就公司而言，美国允许设“一人公司”，也允许设“一美元”公司，即对开办投资主体的人数和注册资本金几乎没有要求。成立的程序极其简单，一般公司填写表格项目完整，花50美元注册费，即可在30天之内领到营业执照。只有少数行业有较严格的准入条件，如开办出租车企业，必须先到保险公司办理150万美元至500万美元的保险。房地产、餐饮、烟酒等行业进入条件更加严格。[1]但即使是这些行业，市场准入的条件对各类主体而言也是平等的，包括境内主体、境外主体。从交易对象的市场准入上说，美国是全世界产品和服务种类最多最丰富的国家，也是进口数额最大的国家。由此可见，美国对交易对象的市场准入是极宽松的。

2.微观上灵活。自由、宽松的市场准入制度并不意味着美国没有市场准入方面的制约。由于关税水平很低，美国常用非关税壁垒来达到限制市场准入的目的。如反倾销制度、反补贴制度，是近二十年来美国最常采用的手段之

〔1〕 张新明：《美国市场准入制度研究与借鉴》，载《经济纵横》1997年第11期。

一。日本和中国很多企业都因这种限制而被排挤在美国市场之外。这种制约还经常体现为一种对其他国家的制裁和报复。当美国认为某个国家或地区对美国有“不公平贸易行为”，即在结果上没有对美国开放足够的市场或市场自由程度没达到美国的要求，它就会运用301条款进行报复。因此这种以结果来衡量制约与否的标准是很不确定的。即使确有对美国的不公平贸易行为，是否动用301条款也与政治、经济、国际局势等多种因素有关。此外，在反垄断方面，美国采用的“合理原则”标准也极为模糊。“合理原则”是指判断某行为是否构成垄断，重要的不是看其表面上有没有兼并、限价协议、捆绑销售等，而是看这些行为的结果有没有“不合理地”限制竞争。由此可见，“合理原则”具有高度的弹性，导致市场准入的限制可松可严，经常摇摆。过去几年中著名的“微软案件”就是典型的例子。

（二）欧盟

欧盟的情况与美国有一些不同，虽然欧盟一体化的步伐令人瞩目，但毕竟欧盟是一个由多个欧洲国家组成的国际组织，它的立法与一个主权国家的立法仍有本质上的区别。

欧盟在市场准入的价值取舍上更注重公共利益和安全。欧盟从成员国共同的利益出发考虑市场准入的制度安排，既要顾及欧盟内各企业的经济效益，也要顾及欧盟市场上广大消费者的安全和利益。欧洲从历史上来看，有深厚的自由民主基础，因此虽然各成员国经济发展水平有较大的差异，在欧盟的协调下，最终都采取了较自由的市场准入制度，尤其在欧盟内部基本实现了商品、劳务的自由流动。但在对待欧盟外商品、劳务进入欧盟市场的问题上，欧盟却采取了保护主义的做法，特别是与欧盟内部的自由市场准入相比，形成了较大的反差。这是因为欧盟内部生活水平较高，有相当好的社会福利，为了维护欧盟各成员国国民的利益和安全，欧盟采取了较严格的市场准入标准。所以欧盟的市场准入制度主要通过其内部通行的公约、通告、条例、判例来表现。由于欧盟的历史并不很长，我们可以比较清晰地看出当前的欧盟市场准入制度的特点：

1.注重业务准入监管。1958年生效的《罗马条约》就规定，要在欧共体内部逐步实现商品、人员、劳务、资本的自由流动。40多年来，为实现这一目标，欧盟取消了各国各自使用的不同标准，制定了多个统一的标准，但其主要集中在交易对象的准入标准上。如在产品的认证问题上，根据欧盟的法令，凡列入欧盟新方法指令使用范围的工业产品必须由制造商在产品上加附CE合格标志后，方能进入欧盟市场，并允许在欧盟各成员国之间自由流通。欧盟指令还规定符合指令范围的产品没有加附CE标志，即使来自某欧盟成员国并符合其本国标准，也将被责令退出市场并禁止在欧盟各国流通。因此，CE标志被称为产品进入欧盟市场的通行证。而另一方面，主体的准入问题却主要留给各成员国规范。至今，关于市场主体的种类、设立的条件、设立的程序等欧盟各成员国仍采用自己的法律和标准，只是一旦进入市场以后，主体在整个欧盟市场上的活动不受限制。此外，欧盟近年来逐步制定了统一的竞争法、产品责任法等，将来的市场准入管制标准将更加一致。

2.限制完全的自由准入。欧盟的前身“欧共体”在建立之初就明确，其目的是要建立一个欧洲统一市场，实现欧洲经济一体化。欧盟的宗旨则更进一步明确要向欧洲经济、政治同盟发展，最终实现欧洲统一的宏伟目标。因此，在欧盟内部市场准入问题上，欧盟早就统一认识，要构建没有障碍的欧洲统一大市场。可以说，自欧共体成立以来，其进程已超过很多专家的预计，尤其是欧元的使用令欧洲统一货币市场形成后，这一目标已接近完成。

但与美国不同，欧盟并未在欧盟市场之外，大张旗鼓地鼓吹“自由的市场准入制度”。尤其是面对美国、日本、甚至中国这样的竞争对手，欧盟持审慎的态度。表现在具体的市场准入制度上，欧盟虽然也适用较低的关税标准，但非关税措施更为苛刻。如对进口产品极严格的检疫标准已构成了所谓的“绿色贸易壁垒”，以及按欧洲企业能力和情况制定的质量检验标准，比美国更严格的反倾销、反补贴措施等，都在相当程度上阻碍了欧洲以外的产品和服务进入欧洲市场。

（三）美国、欧盟市场准入价值取舍给我们的启示

市场准入的价值取舍与国家（地区）经济实力、法制健全程度有密切关系。很明显，越是经济发达、产品和服务竞争力强、国内法制完善的国家或地区，越是崇尚自由的市场准入制度。美国不仅在国内市场上，而且在国际市场上都大力推行自由的市场准入原则。尽管美国也通过模糊、灵活的标准来调整境外主体与交易对象进入美国市场的程度，但从结果上来看，美国市场上的主体和产品的数量与种类确实也名列世界第一。相反，发展中国家因竞争力有

限，为保护本国产业的发展，总是对境外主体和交易对象的进入进行严格的控制，而国内法制不够健全、市场秩序不够稳定又迫使政府采用实施较严格的市场准入管制，从而提高了市场准入成本，反过来又影响了经济效益。但是超越自身的经济实力，实行不相适应的市场准入制度，无异于拔苗助长，结果也会适得其反。

各国（地区）的市场准入价值取舍和制度安排都是内外有别的。无论发达国家、发展中国家，无论宣称采取何种市场准入政策，实际上各国（地区）的市场准入制度都是内外有别的，即给予国内市场主体和交易对象的市场准入标准不同于给予境外主体和交易对象的标准。连美国这样号称最开放自由的国家，也对境外主体进入通讯、银行、农业、采矿等市场有相当的限制，[1]而且其限制程度远比国内主体苛刻。

市场准入价值取舍的目的都是为本国（地区）经济发展服务。市场准入制度是国家调控经济关系的法律的组成部分，它与经济法中的其他组成部分一样，以社会公共利益为本位，[2]其社会功能是稳定市场秩序、促进国民经济全面发展、提高社会整体福利。所以，上文所描述的情况，如准入标准的自由程度、内外有别，其实都是为国内经济发展服务的。总之，具体到行业或部门，法律、法规的内容是可以有不同的，因此不必因循别国的成例，只要其结果能够符合本国实际，就能促进经济发展。

四、我国市场准入制度的价值目标

在我国，选择市场准入制度的价值目标时必须充分考虑以下因素：

第一，维护和保障着市场的安全稳定。保障市场安全稳定，不仅是市场准入制度的价值目标，也是市场监管法的基本价值。市场风险威胁着市场安全，市场安全影响到经济安全、社会安全，乃至国家安全，市场准入制度的首要任务就是控制市场风险、确保市场安全。因此，安全的基本价值是市场准入其他价值的基础，市场安全更是市场准入各项制度的出发点和落脚点。市场准入制度就是对进入市场的主体资格的监管，要排除不适格的主体进入市场，禁止那些对市场安全造成隐患、不符合安全要求的企业或个人进入市场。

---

〔1〕 成先平：《国际经济法》，郑州大学出版社2002年版，第203页。

〔2〕 张文显：《法理学》，法律出版社1997年版，第262页。

第二，保护市场主体的合法权益。市场参与者均各自追求着自己的利益，但市场稳定运行、健康发展是所有市场参与者的共同利益，是各类市场主体生存发展的前提，所以全体市场参与者决不会允许个别主体为非作歹，危害他人利益。市场准入也正是顺应全体市场主体的一致要求而进行的。不能因为市场准入应用了限制手段，就认为是阻碍市场运行。市场准入所限制的是非法主体和非法行为，对合法主体、合法行为而言是开放自由、畅通无阻。正是通过市场准入，创建了公平、规范、信用的市场环境，才保障了主体安全和实现自己的利益，也才能调动起人们经营、投资和消费的积极性，以至于吸引更多的人参与市场，使市场得到发展。

第三，促进市场的改革开放和发展。在经济全球化、网络化的今天，市场面临的机遇和风险同时增大。经济发展要求市场体系更完善、更加开放，这一切都要求加强市场准入制度的广度、细微度和有效性。在加快开放市场的时候，更要吸取个别国家在经济市场化、国际化过程中盲目取消市场准入监管、酿成经济危机的教训，健全市场准入制度。中国这样一个尚处在市场经济发展初期的发展中国家，在极度缺乏市场意识的经济土壤上培育各类市场，更需要理性的市场准入。在市场监管的过程中，促进市场体系的完善、市场效率的提高和市场开放、发展。

可见，我国市场准入制度的价值目标要以安全为基础、效率为根本、公平为保证。我国市场准入制度要根据价值目标加紧完善。

首先，全面推进社会主义市场经济的发展是市场准入制度的首要任务。因为发展市场经济才能提高国家的综合经济实力。竞争是市场机制的基石，在竞争中最终决定市场准入范围和程度的是经济实力，国内市场如此，国际市场亦如此。世界经济发展的历史已经表明，经济越发达，各产业间的协调程度就越高，资产重组的能力越强，经济自我平衡的能力也越强，对各种冲击的抗击力很大，市场自由开放的可能性就越大。而经济越发达，优势产业的科技含量也越高，市场回报率高，市场开放的动力也越大。相应地，这些国家或地区就更有制定完善的市场准入制度的动力。而且，发展市场经济才能加快市场机制完善。市场经济要求以市场作为主导，国家政府的职能必须转换，对市场准入的调控符合市场规律的要求。另外，发展市场经济才能促进法制发展。市场经济常被学者们称为“法治经济”，即市场交换天生追求平等和秩序。只有法律能够为市场建立这样的规则，在市场中发生纠纷时，也只有法律这种具备普遍性、强制性的规范最适合解决纠纷。因此，市场经济的发展要求法制发展，也促进法制的发展，也必然推动市场准入制度的完善。

其次，建设全国统一市场是市场准入制度的重要工作。我国市场准入制度的建设，是受到国际市场影响的，但欲完善我国的市场准入制度，却要首先从国内市场的改善做起。因为，以WTO各项文件为代表的国际公约和条约都以规范各国法律和政府行政行为为主导，并不直接规范市场主体的行为。据此，我国将主要通过修改、增删国内法的途径适用WTO的规则。在改革国内市场准入制度时，最重要的是尽快打破地方保护主义、部门保护主义的局限，以产业政策代替区域政策，使产业集中度提高，最终建成国内统一大市场。一般来说，相对自由的制度安排，可以降低主体进入市场的成本，刺激经济发展的整体活力；反之，相对严格的制度安排，能够为市场秩序和交易安全提供一定保障，但同时增加了主体进入市场的成本，会影响经济效益，也会打击中小投资者的积极性。因此，市场准入制度既要促进交易与流通，促进经济的发展，又加强监管，促进市场秩序规范化，有利于统一、有序、健康的市场体系早日形成，并与国际市场接轨。

再次，促进政府职能转变是市场准入制度的题中之意。计划体制下市场准入制度安排的逻辑走向是“政府、社会、市场”，而市场体制下市场准入制度安排的逻辑顺序则相反，是“市场、社会、政府”。亦即市场是配置社会资源、安排市场准入的基础手段；市场失灵时社会力量方才介入，通过享有公共管理职能的非政府组织，进行特定范围内的安排。由于这些非政府组织建立在特定的利益基础上，不足以解决整个市场失灵问题，所以政府有必要最后出面，进行制度安排。从依法治国、落实WTO的透明度原则和改革“审批经济”的要求出发，建立新型的市场准入制，根本上改变按所有制或出资方式等划分市场准入条件的现象，防止准入领域里的寻租和腐败现象。政府必须首先赋予市场主体尽可能广泛的自由准入权，其次赋予社会非政府组织尽可能广泛的自治权，最后再赋予自己必要的、通过严格实体法和程序法限制的管辖权，而且这些管辖权的目的是公众利益救济，其行使以不损害公众利益、实现社会公益最大化为前提。要规范政府行为，政府职能必须进一步转变，由“全能政府”

转向“有限政府”，由“管制政府”转向“服务政府”，由“窄职能、大政府”转向“宽职能、小政府”。与此同时，政府行政行为的方式也应朝着多样化的方向发展，尤其是行政指导、行政合同、行政奖励等非强制性行政行为应得到广泛运用，力争形成强制性行政与非强制性行政并行不悖的行政调控新格局。[1]这种格局，更有利于市场准入制度的实施和发展。

最后，加快市场开放与确保市场安全并重是市场准入制度的当然命题。履行我国入世承诺，完成作为世贸成员的义务。WTO一系列协定或协议都要求成员分阶段逐步实行贸易自由化，以此扩大市场准入水平。履行入世协议，有利于维护我国的国际形象，增强在国际市场的影响力。通常，越发达的国家越趋向奉行“同一制”的原则，即内资与外资、境内主体与境外主体适用同样的市场准入标准；而越是欠发达的国家，越趋向于“分流制”的原则，即内资与外资、境内主体与境外主体适用不同的市场准入标准。要建立内外一致的市场准入标准，放宽民间和外国资本的市场准入领域。同时，要通过市场准入监管，控制市场风险，保障市场安全。要根据各类市场特点及其现实或潜在风险的特性，以有差别的、宽紧简烦不一的市场准入制度来抵御、防范、降低风险的危害，维护市场稳定、健康、高效运行，保护经营者、投资人和社会公众的合法利益。

第五节　分层式金融监管体制创新研究[2]

近年来金融改革创新的不断深化，地方性法人金融机构不断增加，一些具有融资功能的准金融组织和新型金融业态迅猛发展。随着普惠金融的发展和互联网技术的融合，区域性、社区型、网络化的中小金融机构大量出现。这些新型金融机构、金融业态的出现，一方面是弥补了以间接融资为主体的金融体系的短板，但另一方面也会带来新的风险。

长期以来我国金融监管实行的是中央集中统一的监管体制，以中国人民

〔1〕 袁曙宏、宋功德：《WTO与行政法》，北京大学出版社2002年版，第341页。

〔2〕 本文系中国法学会重点专题课题“分层式金融监管体制创新研究——以自贸区金融监管为视角”的部分成果，主要部分载于《法制日报》2016年3月23日。

银行、中国银监会、中国证监会和中国保监会（以下简称“一行三会”）为主体的中央垂直金融监管体系，主要对全国性存款类法人金融机构、保险业和证券发行交易市场进行监管。现行监管体系中并没有针对地方金融监管的专门安排，仅有一些零星的委托或授权，使地方政府起辅助监管的作用。这一体制已经不适应金融和经济社会发展的形势与要求。如地方金融监管权责不对等，管理职责定位不清晰，管理越位与缺位并存，与中央金融监管部门缺乏常态化的监管协调机制，严重影响监管有效性。

为此，党的十八届三中全会要求，“完善监管协调机制，界定中央和地方金融监管职责和风险处置责任。”十八届四中全会指出：“推进多层次多领域依法治理，坚持系统治理、依法治理、综合治理、源头治理，深化基层组织和部门、行业依法治理”。界定中央和地方金融监管职责，是贯彻落实党的十八届三中全会精神的具体举措。进一步明确中央和地方分级监管体系，明确金融监管职责和风险处置责任，有利于防范金融风险，促进金融健康发展。与此同时，地方政府参与金融管理的积极性高涨，要求中央对地方金融管理工作加强指导、协调与支持的呼声很高。可见，中央和地方各级政府已就建设分层式金融监管体制形成了一定的共识，并开始探索。但就加强地方金融监管的重要性和迫切性的认识，各方还存在较大差异。在金融监管的对象范围划分、监管权限设置、风险处置衔接等方面，也尚未开展实质性探讨。因此，有必要对分层式金融监管机制进行深入全面的研究，促进制度顶层设计，加快形成“中央为主、地方补充，规制统一、权责明晰，运转协调、安全高效”监管体系，切实保障金融创新发展和防范金融风险。

一、现行金融监管体制的改革

（一）金融监管机制的沿革

我国中央与地方金融监管机制的演变经历了“分久必合，合久必分”的过程。1949年后，与高度集中的计划经济体制相适应，我国一度建立“大一统”的金融体制，金融监管权力集中于中央。直到1978年改革开放，市场化的金融体制改革才真正开始。为了激发地方发展经济的积极性，在改革开放初期，中央在向地方政府分权方面做出了诸多尝试（主要包括20世纪80年代初的信贷计划权力的下放、信托投资公司准入和监管权力的下放以及地方政府对证券市场实际管理权等)[1]。1983年国务院发布《关于中国人民银行行使中央银行职能的决定》，中国人民银行与各省级分行承担金融管理职责。但是当时，地方政府并没有完善的金融监管机制，常依靠其政治影响力和地缘优势，利用银行等金融机构独立性与商业性的不足，针对中央的金融制度供给实施策略性行为，以争夺更多的金融资源。这种行为不仅造成金融混乱、通货膨胀等负面效应，而且直接影响到中央的成本收益，削弱了中央的宏观调控能力。

为此，中央推进金融领域改革。1993年国务院发布《关于金融体制改革的决定》，将国有银行的政策性业务与商业性业务予以分离，进一步推进银行系统的商业化改革，强化内部风险控制。1995年全国人大常委会通过《商业银行法》，以商业银行安全性、流动性和盈利性为原则导向，进一步推动市场化改革。在金融管理体制的改革层面，1992年成立中国证券监督管理委员会；1998年成立中国保险监督管理委员会；1998年改革中国人民银行管理体制，撤销省级分行，设置跨省区九家分行；2003年成立中国银行监督管理委员会，自此形成“一行三会”的垂直监管模式。至此，金融监管权上移至中央。

垂直管理模式确立了中央在金融领域的主导话语权，但对地方经济发展的金融需求关注不足。地方政府试图通过金融组织创新缓解困境。2002年成立的上海市金融办是全国最早成立的地方金融办，随后北京、广东等地也纷纷成立地方金融办。但这一时期的地方金融办，主要定位为议事协调机构，不享有金融管理职权。直到2008年政府机构改革，中央才给予了一定的制度空间。

综观金融监管体制的沿革过程，呈现如下特点：

第一，地方金融的发展迫使地方政府始终关注金融监管。从1993年改革前的中央地方共享，到1993年后中央金融集权，再到近年来的地方金融分权，尽管不同时期地方政府金融管理权大小各异，但是地方政府为了本地区的发展与金融稳定，一直在以各种形式在参与地方金融监管，并努力完善工作机制。

第二，金融监管权力配置变迁的政策主导性。在我国，尽管相关政策对中央与地方的金融权力的分配问题有所涉及，但是并没有任何法律明确界定中

〔1〕 汤柳：《当前制度条件下中央与地方金融管理权的边界确定》，载《上海金融》2011年第7期。

央与地方金融管理的边界。无论是全国性立法还是地方性法规，都没有明确阐述分层金融监管机制。地方金融监管的实现依赖政策路径，存在稳定性较差，正当性较弱等痼疾，导致地方金融监管机制法治化程度极弱，科学性与民主性也大打折扣。

第三，地方金融监管的权责不对等。从上述演变历程来看，我国金融改革依循自上而下的路径，这决定了金融权力纵向配置的中央主导型，导致地方金融监管机制的权责不一致。这种失衡突出表现为：中央与地方金融权力的分配边界不明晰、地方政府金融管理机构定位不清、地方政府金融监管机制混乱等。权责的失衡会引发地方金融过度扩张，导致地方金融生态环境改善难，进而出现地方金融风险集聚等新问题。

（二）地方金融发展的客观背景

普惠金融在世界范围内兴起，旨在为传统金融机构体系之外的广大中、低收入阶层和小微企业提供可得性金融服务。党的十八届三中全会正式提出“发展普惠金融”，将传统金融机构体系的金融服务辐射范围从发达地区的高收入人群扩展到全国广大中、低收入阶层，为消除城乡经济壁垒、构建和谐社会、实现共同富裕提供了新的思路。普惠金融是基于公平性理念的一种创新，旨在让大众都能享受到金融服务。普惠金融理念的形成经历了长久的发展，从20世纪70年代的小额信贷，到20世纪90年代的微型金融，再到如今的普惠金融，已经跨越将近50年。普惠金融的主要内容包括：首先，普惠金融是一种理念。只有每个人应该拥有并实际获得金融服务的权利，才有机会参与经济发展，才能实现共同富裕，构建和谐社会。其次，实现普惠金融的途径是进行金融体系创新，包括制度创新、机构创新、产品创新和科技创新。再次，普惠金融的主要任务是为传统或正规金融机构体系之外的广大中、低收入阶层甚至是贫困人口提供机会，为贫困、低收入人口和小微企业提供可得性金融服务。最后，实现普惠金融的制度保障主要包括法律和监管政策方面提供适当空间，允许新建小额信贷机构的发展，鼓励传统金融机构开展小额信贷业务，以及加强社会信用体系建设。

在新的经济发展历史阶段，国家着力解决“三农”问题和小微企业融资困境，积极推进多层次资本市场建设，村镇银行、小额贷款公司、农村资金互助社等新型金融机构快速发展，融资性担保、股权投资基金、民间资本管理、融资租赁、商业保理、典当、互联网金融等新型金融业态遍地开花。[1]不少学者认为，诸如此类的"非正规金融部门"的存在和发展具有某种必然性、合理性。首先，"非正规金融部门通过各种人缘、地缘关系较易获得临近的中小企业的信息，因此在向中小企业提供贷款方面具有信息优势，而正规的金融信息获取方式和信贷决策机制使得正规金融部门在向中小企业提供贷款方面处于信息劣势……非正规金融所拥有的信息产生了正外部性，改进了缺乏信息的正规金融部门的信贷配置效率，使得整个信贷市场可以达到最优的市场均衡"。[2]其次，在市场经济制度下，民间信用是不可或缺的市场要素，无论金融制度设计如何使正规金融具有极强的排他性，民间信用不可能因此而自灭，民间融资市场是社会经济发展中重要的要素市场，而应加强引导和在法律保护上加以明确和完善，使其市场作用得到更充分地发挥。[3]

（三）中央集中统一监管模式的局限

首先是不适应地方金融发展和防范新型风险的实际需要。我国金融管理体系以"一行三会"为基本架构，实行自上而下的中央垂直金融监管，所带来的问题之一就是地方金融监管较为薄弱，难以适应村镇银行、小额贷款公司、农村资金互助社、融资性担保公司、典当行等地方金融机构的蓬勃发展现状和防范风险的重任。2011年以来在浙江温州、内蒙古鄂尔多斯、江苏常熟等地发生的民间金融风波，从一个侧面反映出现行金融监管体系难以及时发现、防控地方性金融风险的脆弱性。

其次是不适应全国范围不同层次的金融改革创新的局面。我国地域广阔，各地经济发展程度差异较大，金融改革创新出现的新情况不一，以完全一致的制度去规范难免顾此失彼，高度集中的统一监管模式也难以深入。如金融发达地区、金融中心集中了一批金融市场与大量中外金融机构，金融活动活跃，但远离金融监管机构总部，在一定程度上存在监管反应不够灵敏的问题，也不利于监管规则制定的及时性和科学性。

再次，影响地方政府金融管理积极性。我国金融监管权未按行政权和公

〔1〕 周春喜、黄星澍：《地方金融的监管逻辑及规范路径》，载《浙江工商大学学报》2014年第5期。

〔2〕 林毅夫、孙希芳：《信息、非正规金融与中小企业融资》，载《经济研究》2005年第7期。

〔3〕 丁俊峰、刘惟煌、钟亚良：《民间融资市场与金融制度》，载《金融研究》2005年第12期。

共产品的服务范围在中央和地方配置，金融立法权和政策的制定权高度集中于中央，而责任却侧重于地方，造成权责不对等。在很多情况下，地方政府对引发群体性事件的金融机构并没有相应的监管和处罚权，却要负责应急维稳，化解群众情绪，消除社会隐患，长此以往，自然缺乏积极性。

最后是金融集中统一监管成本高。“一行三会”遍布全国的派出机构，增加了金融监管的成本，同时难以避免经营风险与道德风险。

（四）地方金融监管的启动及存在的问题

由于高度集中统一体制的不适应，近年来中央正逐步赋予地方政府一定的监管权限，逐步形成了当前以中央监管部门集中统一和分业监管为主导、地方政府金融管理为补充的监管体制。

目前地方政府金融管理权由中央政府及其部门授权、金融机构出资人管理权及一些隐含在其他地方政府管理职能内的金融管理权构成。2004 年国务院将农村信用社管理权下放给省级政府；2006 年以后国务院将金融风险处置工作职责交给地方政府；2008 年银监会、人民银行将小额贷款公司的准入和监管委托授权给地方政府；2009 年国务院将融资性担保机构的准入及监管权下放给地方政府。各地方政府对同级城市商业银行、证券公司、信托公司及其他金融机构行使出资人金融管理职能。此外，各地方政府及其部门的住房公积金、企业年金、地方经济发展等管理职能中隐含了部分金融管理、服务职能。

地方政府金融管理权的执行机构较为分散。地方政府大多成立了金融范围办或金融服务局作为地方政府金融管理、服务的承担主体，此外还有多个部门承担具体的金融管理职能，如省级信用联社受省政府委托对农村信用社行使管理指导、协调和服务的职能；地方国资委对同级金融机构行使出资人职能；地方经贸委负责管理典当行；中小企业局负责管理融资性担保公司。目前体制中的地方金融监管机制存在以下一些问题：

一是地方金融监管目标不明确。中央监管部门关注的是中长期国内金融市场稳定、防范系统性风险。而地方政府往往要求地方金融能够推动经济发展，可能通过其行政权力和政治影响，利用财政性存款、重大项目金融服务、税收优惠等资源，进行“诱导性”干预。结果监管的目标往往与中央金融监管部门不同。

二是地方金融监管权责不一致。如农村信用社、村镇银行等小型存款类金融机构，其市场准入和审慎监管都是由银监会派出机构负责，而一旦发生风险，其处置责任是由地方政府承担。

三是中央、地方金融监管协调难度较大。沟通协调机制不畅，监管派出机构与地方政府缺乏有效的协调和信息共享机制，难以形成管理合力。缺乏行之有效的金融风险应急预案。〔1〕

四是地方金融监管中重复监管和监管真空同时存在。地方金融管理职能分散于各个部门，如一些地方的典当行由经贸委或者商务部门管理，小额贷款公司的政策由央行银监会出，运营由地方政府金融办或工信厅监管。监管真空问题，如农村资金合作社不被认可，使其陷入监管真空。〔2〕

五是地方监管机构自身建设不足。政府金融办一人员较少，其他管理部门专职承担金融管理工作的人更少，多数工作人员缺乏专业知识和经验，市场化理念缺失，行政性过强。

六是地方金融监管技术手段落后。目前地方金融监管主要以行政手段为主，具体采取行政检查和行政罚款等措施，而对法律手段和经济手段运用能力不足。〔3〕

二、地方金融监管的实践

（一）中央授权地方金融监管的规定

1. 中央陆续授权地方监管新金融机构。

一是授权监管典当行。2005年，商务部和公安部联合公布了《典当管理办法》并于当年4月1日起执行。2012年，商务部根据制定了《典当行业监管规定》，规定："典当行业监管工作实行分级管理、分级负责的原则，进一步强化属地管理责任。"商务部主要负责推动典当行业法律体系建设，并根据需要开展调查和检查。准入管理、日常管理、年审管理以及推出管理均由地方各级商务部门负责。

二是授权监管农村信用社。根据《关于明确对农村信用社监督管理职责分工指导意见的通知》和《农村信用社省（自治区、直辖市）联合社管理暂行

〔1〕 林毅：《完善地方金融管理体制的若干思考》，载《边疆经济与文化》2014年第10期。
〔2〕 陆岷峰、王虹：《加强地方政府金融监管责任的研究》，载《哈尔滨金融学院学报》2014年第4期。
〔3〕 同上。

规定》两个文件规定，省级人民政府全面承担对当地信用社的管理和风险处置责任的同时，省级联社对指导、督促信用社完善内控制度和经营机制负主要责任。银监会和人民银行的主要监管职能则主要体现在风险处置、设立审批及宏观指导等方面。

三是授权监管担保机构。2010年3月，银监会等七部委印发的《融资性担保机构管理暂行办法》规定：本办法所称监管部门是指省、自治区、直辖市人民政府确定的负责监督管理本辖区融资性担保公司的部门，明确由省级政府确定部门负责当地融资性担保公司的准入、退出、日常监管和风险处置。2011年 2 月，银监会下发了《关于促进银行业金融机构与融资性担保机构业务合作的通知》，对银行等金融机构与融资性担保机构开展业务合作的准则、标准、风控做出了进一步的规定。

四是授权监管融资租赁公司。《合同法》对于融资租赁合同的规定是融资租赁业务开展的基础。2013年，商务部印发《融资租赁企业监督管理办法》规定，商务部对全国融资租赁企业实施监督管理，省级商务主管部门负责监管本行政区域内的融资租赁企业的日常持续监测、风险处置机制、变更企业信息等。

五是授权监管小额贷款公司。银监会和人民银行联合发布的《关于小额贷款公司试点的指导意见》指出："凡是省级政府能明确一个主管部门（金融办货相关机构）负责对小额贷款公司的监督管理，并愿意承担小额贷款公司风险处处置责任的，方可在本省（区、市）的县域范围内开展组建小额贷款公司试点。"目前，浙江、重庆等地出台了地方性的小额贷款公司管理办法对辖内小额贷款公司的发展和管理进行了规范。

六是授权监管地方交易所。国务院在2012年发布《关于清理整顿各类交易场所切实防范金融风险的决定》，明确了省级人民政府在整改、规范、验收、日常监管和风险处置等方面的职责。商务部经国务院授权颁布《商品现货市场交易管理办法（试行）》和《大宗商品中远期交易市场管理办法（草案）》，都明确了省级商务主管部门及地方各级商务主管部门对地方商品交易场所的监管职责。

2.深化改革背景下对地方监管的授权。

新的探索中，省级政府金融机构职责和风险处置责任具体为：对国家金融政策法规的细化；对不吸收公众资金、限定业务范围、风险外溢性小的金融活动进行监管，即监管新金融机构，对民间借贷、新型农村合作金融引导规范，打击非法金融活动；农村信用社管理；防范和化解地方金融风险。

（二）上海自贸区的金融监管改革

“加快金融制度创新、增强金融服务功能”是国务院《关于印发中国（上海）自由贸易试验区总体方案的通知》中规定的五项“主要任务和措施”之一，是中国（上海）自由贸易试验区（“上海自贸区”）制度改革中的核心。自贸区的改革实践与上海国际金融中心建设联动，给分层式金融监管体制构建带来了新的机会。地方政府需要与金融监管部门协调，在放松金融管制、加强金融有效监管、构建防范金融风险机制等方面，借鉴国际经验，进行制度创新，推动实质性的金融改革。

金融业务监管的分权与授权。自贸区先行先试的金融改革过程中，金融监管的变革体现出几个特点：放松金融管制，更新监管理念；中央监管机构将部分监管权下放至派出机构行使；授权地方政府及其部门（含自贸区管委会）参与了部分监管。这就为体制的改革创新提供了启迪与契机。

上海市政府、自贸区管委会及市有关部门出台新金融机构的管理制度，落实监管职能。如关于小额贷款公司，2008年8月上海市政府办公厅转发市金融办等《关于本市开展小额贷款公司试点工作的实施办法》，2009年4月出台《关于促进本市小额贷款公司发展的若干意见》（2010年8月修订）；融资性担保公司方面，2010年8月上海市政府出台《上海市融资性担保公司管理试行办法》，市政府办公厅转发市财政局、市金融办《关于本市加快融资性担保行业发展进一步支持和服务中小企业融资若干意见的通知》；典当行方面，上海市公安局于2005年8月26日颁布《关于贯彻执行〈典当管理办法〉的实施意见》，2003年修正后的《上海市特种行业和公共场所治安管理条例》也对典当公司的设立进行了特别的规定；商业保理公司方面，2014年，上海市商务委员会等制定《上海市商业保理试点暂行管理办法》，上海自贸区制定了《中国（上海）自由贸易试验区商业保理业务管理暂行办法》；关于私募股权投资公司方面，2008年8月上海市金融办等出台《关于本市股权投资企业工商登记等事项的通知》（2011年5月修订），2010年4月上海市政府办公厅转发《关于本市开展外商投资股权投资企业试点工作若干意见的通知》，2011年1月上海市金融办等正式颁布《关于本市开展外商投资股权投资企业试点工作的实施办法》；大宗商品交易市场方面，市商委、金融办、中国（上海）自由贸易试验区管委会联合发文制定了《中国（上海）自由贸易试验区大宗商品现货市场交易管理暂行规定》。

（三）其他省市金融监管机制的规范性文件

部分地方政府制定系统的金融监管体制，更多的是通过行业规章制度来实现一定的监管权，如北京市2010年针对股权投资基金颁布的《关于促进股权投资基金业发展的意见》；山东省金融工作办公室2012年转发的《融资性担保业务监管部际联席会议关于规范融资性担保机构客户担保保证金管理的通知》；湖南省金融工作办公室2011年颁布的《湖南省人民政府金融工作办公室关于加强小额贷款公司日常监管的通知》等，都为形成科学完备的地方金融监管机制进行了有益的探索。地方金融监管方面的机制建设主要有以下特征：

1.地方政府金融监管权缺乏明确法律授权。迄今为止，没有任何法律明确规定地方政府应当承担什么样的金融监管权力，地方政府金融监管权力往往来源于“一行三会”等金融监管体系。地方政府为了实现管理职能，促进金融对当地经济的支持，确保当地金融的稳定和安全，常会充当协调当地“一行三会”关系的角色、承担当地金融稳定与风险职责。可以看到，上述绝大多数的规范性文件均由地方政府或者政府职能机构（如金融办、商务委、工商局、发改委等）制定。但是根据三中全会“界定中央和地方金融监管职责和风险处置职责”的要求，在形成合理的地方金融监管机制后应当适时予以立法，保障地方金融监管权力的合法有效。

2.地方金融监管的对象是新金融机构。首先要明确新金融即“非正规”金融机构，“非正规”并不意味着不合法或者违法，只是指在新的经济金融背景下，为了更好地服务经济转型升级的需要，出现的与传统金融机构银证保等不同的各种新类型金融机构。各地由于金融发展程度不一，对地方政府的金融监管职责认识不一，在监管对象上也存在不同。如天津市是国家确定的商业保理发展试点之一，因此其将商业保理纳入地方金融监管范围；河北省发布的《实施意见》将互联网金融纳入了地方金融监管范围；山东省将金融监管的职责范围定位为“中央驻鲁金融监管部门法定监管范围之外的新型金融组织和金融活动”。中国人民银行等十部委发布《关于促进互联网金融健康发展的指导意见》，明确中央部门与地方对互联网金融监管的分工。

3.各地地方金融监管组织体系存在较大差异。山东省、河北省在规范性文件中明确指出要将地方金融业务统一归由地方金融监管部门管理，形成统一归口管理的地方金融监管工作体系。同时，要求建立健全地方金融监管体制要转变政府金融工作职能，加强政府金融监管能力建设，建立责任追究制度，推动地方金融工作职能由服务协调为主向服务和监督并重转变。而天津市则是建立地方金融监管联席会议制度，市金融办为总召集人，负责组织协调各成员单位；成员单位则分别负责组织落实有关行业和有关方面的具体监管工作，各监管责任单位要充分发挥地方金融监管联席会议制度的作用，建立健全协商合作、监管联动和应急处置机制。另外，湖南省建立的维护金融稳定联席会议制度则是更加松散的管理体系，基本都是进行宏观的政策指导。综合来看，金融监管联席会议制可以在不改变现有金融监管机制的前提下，实现多部门形成监管合力，但却缺乏统一领导，监管的效力将打折扣。而统一归口监管则可以解决多头监管、重复监管的问题，还可以解决今后不断出现的新类型金融机构监管真空的问题，但是需要对目前的金融监管机制做较大变动，可能需要较长时间的过渡期。

4.地方金融监管缺乏协调。由于地方金融监管涉及中央与地方、同级政府职能部门之间以及地方各级政府之间等，各地协调机制也存在较大差异。山东省明确要求地方金融监管部门主动加强与驻地中央金融监管部门协调配合。而包括地方各政府职能部门和中央驻地方金融监管部门通过联席会议工作机制，本身就带有协调的含义。在地方金融监管层级方面，学界也存在争议，即市、县级政府是否应赋予金融监管职能。从各省的规范性文件中可见各省都倾向于赋予市、县级政府一定的金融监管职能，且应当在省级金融监管部门的领导协调下落实。

三、分层金融监管的理论分析

（一）国外的理论研究

国外学者对金融监管模式选择问题的研究主要体现在以下几个方面：一是监管的标准。Wolfers Benedikt及Voland Thomas在分析单一监管体制（SSM）后提出，在欧盟许多国家或地区，“双重监管”制度与相关审慎监管制度配套。[1]二是监管的目标。Pierre Schammo在探讨欧洲金融监管体系的未来发展方向时指出，日常监管仍然是欧洲金融监管体系中国家机关的主要监管方法，其认为以干预为基础的监管抑或是欧盟日常监管应为首选，其结论是以干预为基础的监管能够带来更多初步利好。[2]三是多层次的监管模式研究。Patrick Meagher认为分层次监管的优势是为各种小微金融机构提供机会和激励，促进他们逐步升至更高的层次。[3]四是监管模式的选择。Eili’s Ferran指出，所有金融市场监管各有优缺点，在英国现已选择的以预期目标位导向的制度性模式中，应当考虑、预见这些缺点，而通过分析英国金融服务局（FSA）在四个关键领域的经验——监督、执法、效率和经济消费者保护的方式，其承认FSA分立也将会不可避免地造成一些积极特征的损失。[4]

（二）我国分层式金融监管的逻辑探究

能否有效监管是判断监管模式科学性的最终标准。我们从防范金融风险、维护社会整体利益以及推动金融市场发展出发，厘清建立我国分层式金融监管的基本逻辑。

1.基于金融风险论：积极应对地方金融风险。

我国逐步建立的中央监管的格局在防范和化解金融风险方面发挥着重要作用。但是，金融监管机构与金融机构之间的信息不对称等问题以及由此产生的地方金融风险，仍将是导致我国金融业监管有效性低下的隐患。根据金融风险理论，金融业是特殊的高风险行业；金融业潜在发生支付危机的连锁效应；金融体系的风险直接影响着宏观经济的稳定。金融风险的内在特性，决定了必须有一个权威机构对金融业实施监管，以确保整个金融体系的安全与稳定。在地方金融新业态中，各种融资担保公司、小额贷款公司等缺少监管，对社会稳定有直接影响的非正规金融可以说处于监管真空，导致出现了许多非

〔1〕 WolfersBenedikt&Voland Thomas, “Levelthe Playing Field: the New Supervisionof Credit InstitutionsBythe European Central Bank”, *Common Market Law Review*51.5(Oct 2014).

〔2〕 See Pierre Schammo, EU Day-to-Day Supervision orIntervention-based Supervision: WhichWay Forward for the European Systemof Financial Supervision? *Oxford Journal of Legal Studies*, Vol. 32, No. 4(2012), pp. 771–797.

〔3〕 Patrick Meagher, Microfinance Regulation in Developing Countries: A Comparative Review of Current Practice.(2002–10–30). 转引自李凌：《论双层监管体制下小微金融监管制度创新》，载《中南财经政法大学学报》2014年第3期。

〔4〕 See EILI’S FERRAN, The Break-up of the Financial Services Authority, Oxford Journal of Legal Studies, Vol. 31, No. 3(2011), pp. 455–480.

法集资、非法证券、非法保险等现象。为了防止地方金融出现支付危机的连锁效应，影响地方经济安全，应当建立专门针对非主流金融机构、市场进行监管的机构。

2.基于管制供求论：着眼解决权力与责任不对等的问题。

从地方政府、金融监管机构本身的权利需求来看，由于在现代经济学中，管制供求论将金融监管本身看作存在供给和需求的特殊商品，是否提供管制以及管制的性质、范围和程度最终取决于管制供求双方力量的对比。在地方金融中，出现管制缺位等的现象，迫切需要管制的供给。由于管制需求大，因此地方政府及金融监管机构所应得到的管制权利也应该较大。

从我国现行的中央与地方金融监管来看，权力较集中于中央，责任较侧重在地方，因此存在有审批权的不负责风险处置、无监管权的却要负责应急维稳的现象，而各类金融风险依然存在。在地方金融市场的准入和业务监管方面，我国地方政府监管权力有限，却对地方金融的风险处置以及金融机构的市场退出负有全部责任。比如，对农村信用社（含农村商业银行、农村合作银行）、村镇银行等地方小型存款类金融机构，地方政府在市场准入、业务经营等前端、中端没有监管权，而监管末端的风险处置工作由地方政府承担，甚至地方政府还需为其经营失败埋单。[1]

3.基于公共选择论：符合市场经济条件下地方制度竞争的要求。

根据公共选择论，强调"管制寻租"的思想即监管者和被监管者都寻求管制以谋取私利：监管者将管制当作一种"租"，主动地向被监管者提供以获益；被监管者则利用管制来维护自身的既得利益。首先，从地方政府、地方金融监管机构本身的"寻租"来看，地方金融管理往往关注如何突破现有的金融体系约束，通过强化地方金融、加快金融机构集聚，来尽可能拉动当地经济快速增长，这就是其所寻的"租"：在某个意义上，地方政府与地方金融机构利益一致。其次，从我国现行的中央与地方金融监管来看，中央监管部门更加关注的是中长期国内金融市场稳定、防范系统性风险及区域性风险，而不是推动地方经济发展；而在拉动经济增长的偏好下，地方政府具有强烈的争取金融资源、推动地方金融扩张的动机，而缺乏主动收缩调节的动力。[2]

---

〔1〕 周春喜：《地方金融的监管逻辑及规范路径》，载《浙江工商大学学报》2014年第9期。

〔2〕 孙骁、王吉如：《地方金融监管之惑》，载《金融世界》2013年第1期。

4.基于公共利益论：保护金融投资者、消费者利益。

公共利益论（public-interest theories）是国家对经济生活的全方位干预的解释之一，认为监管的目的在于维护公共利益（the public interest），尤其认为，监管是提高整个经济运行效率的一个重要手段。于是，任何监管体系，只要其宗旨不在于对资源进行重新分配，即可被认为是为了在自由的市场机制“失灵”（failure）的情况下提供一项公共的救济（public remedy）。金融公共利益论认为管制是从维护社会公共利益出发，满足社会公共需求，弥补自由市场机制“失灵”或“缺陷”的有效措施。它产生的前提条件是认为有自然垄断、外部效应和信息不对称等自由市场内在“缺陷”的存在。所以，该理论强调，管制是作为医治这些缺陷的必要手段。社会利益论认为纯粹的市场经济并不存在，自由竞争的市场机制并不能带来资源的最优配置，却易造成资源的浪费和社会福利的损失，而管制可纠正或消除市场缺陷，其有利于整个社会，但成本却只由社会的极小部分承担。按照社会利益论的观点，金融监管的基本出发点是维护社会公众的利益。社会公众利益的高度分散化，决定了只能由国家授权的机构履行这一职责。

公共利益论也充分说明构建分层式金融监管之必要：其一，地方政府可以通过规范地方金融市场来提高地方金融机构的运营效率从而增进社会福利；其二，地方政府可以代表公共利益进行金融监管，确保地方金融体系这一公共产品的稳定，降低地方的系统性金融风险，避免市场失灵造成公共利益的普遍受损。

美国2010年的金融改革也已开始关注金融消费者的利益。为此，该法案提出了成立一个独立的消费金融保护机构（Consumer Financial Protection Agency，CFPA），还提出了在加强对投资者、消费者的保护应从增强透明度、简单化、公平性和可得性方面进行，并促进退休证券投资计划以及鼓励储蓄。虽然金融投资者、消费者并不能代表社会的公共利益，但社会公共利益是高度分散的，而且从利益群体的角度来说，自由市场机制“失灵”或“缺陷”最损害该利益群体的利益。因此，由地方政府或金融监管机构履行对金融监管的职责，弥补在自由市场缺陷下经常出现的因地方金融监管缺位而经常出现的问题所带来的损害，对于社会公共利益是极大利好。

四、美国分层金融监管经验与启示

（一）美国的分层金融监管

美国联邦政府与各州政府实行金融监管分权，纵向上设有联邦和州政府两级监管机构，即所谓的双层监管体系，而在横向上各个监管机构又实行分业多头管理，即双层多头监管体制。在联邦层面，美国设立金融稳定监管委员会（FSOC）加强分业监管机构之间的合作，以控制系统性风险。美国联邦分业监管结构如下：美联储（FRS）、货币监理署（OCC）、联邦存款保险公司（FDIC）三家机构共同负责对商业银行的监管，信用合作社监管局（NCUA）负责对信用合作社的监管。

美国拥有当今世界最完善也是最复杂的金融预警制度，自成体系又相互关联的预警系统构成特色同样体现在中小金融机构管理体制框架上。联邦和州两级金融监管当局，拥有各自的金融管辖权.美国50个州都有自己的金融管理机构，各自制定并执行本州的金融管理法规。州金融管理机构的管理对象为在本州注册的银行和其他金融机构。各州之间的管理不完全一致，但基本职责大致相同，主要包括：制定本州金融管理政策和规章制度并监督金融机构执行；负责州注册金融机构的注册登记和审批；有权取消经营管理不善的州金融机构的注册；对州注册金融机构的经营活动进行检查，并要求他们按期提供有关经营情况的统计资料；负责执行各种警告、处罚等金融纪律。[1]以美国银行业为例，联邦政府和州政府都有权对银行进行监管。美国的银行监管体系由货币审计署、联邦储备银行以及联邦储备保险公司三个相互独立的银行监管机构组成。货币审计署代表联邦政府审批和签发按联邦法律注册的国民银行的营业许可证并对其实施监督管理，各州政府则负责审批按州的法律申请注册的州内银行的营业许可并相应设立对州内银行的监管机构。[2]这种混合的体系提供了专门化和广泛的监管，使其既在政府的控制下，又适合各种不同类型的机构。该机构曾相当成功，并为其他英语国家所仿效。

美国是诞生信用社较早的国家之一，也是信用社组织较多、影响较大的国家之一。从1909年美国第一家农村信用社——圣玛丽教区居民信用社成立，

---

〔1〕 臧慧萍：《美国金融监管制度的历史演进》，经济管理出版社2007年版，第51～56页。

〔2〕 武志：《中国地方金融体系的改革与重构》，东北财经大学出版社2006年版，第326页。

经过近百年的发展，目前美国已有上万家信用社，资产规模达4800亿美元，社员超过7900万人。今年，美国金融体系的一个显著特征是：少数规模庞大的金融机构与为数众多的中小型金融机构并存。美国信用社行业管理体制的总体框架由四部分组成：[1]负责政府监管的美国信用社监管局、负责行业服务的全美信用社协会、负责资金协调及清算的联社体系、提供保险及相关金融服务的信合保险集团及美国信用社存款保险基金。美国信用社的监管机构具有双轨制：一是成立于1970年的全美信用社管理局，主要负责对在联邦政府注册的7000多家信用社的监管。主要职能是：颁发联邦注册信用社营业执照（市场准入与退出监管）；监督及检查联邦注册信用社的活动（日常运营监管）；管理信用社存款保险基金。管理局下设6个大区管理分局，分别负责对辖属所有信用社的现场检查和非现场检查。二是各州政府也设有信用社监管机构，负责对在州注册的4000多家信用红色的监管。这些部门多数为单独的部门，也有的是银行监管部门同时担当信用社监管的职能。联邦政府监管部门和州政府监管部门之间互相协调配合。

自2008年金融危机后，美国颁发《多德—弗兰克华尔街改革与消费者保护法》对其金融监管体制进行了改革，改革并没有改变美国的“双层多头”监管框架，只是赋予了美联储更多的监管权力。具体来说，美国现行的金融机构监管职能的分工为：首先，财政部通货监理署（OCC）、美联储（FRS）、联邦存款保险公司（FDIC）和联邦储备监理署（OTS）负责监管银行业。美国联邦和州联邦都能为银行发放牌照并进行监督，联邦储备体系负责对在州注册的商业银行进行监管，货币监理局负责对在联邦注册的商业银行进行监管，美国所有的商业银行都强制参加联邦存款保险。各州银行管理局负责对本州的州立银行进行监管。在以上金融监管机构中，除货币监理署和储贷监理署在行政上隶属于财政部以外，其他金融监管机构均为独立的美国联邦政府机构。[2]其次，美国证券交易管理委员会负责监管证券业和基金业，但对于投资银行，其只监管证券经纪业务而不监管证券自营业务。再次，美国联邦保险署和各州的存款保险公司等机构负责监管保险业。最后，商品期货交易委员会监管期

〔1〕 中国人民银行赴北美考察团：《放眼世界——中国人民银行出国报告文萃》，中国金融出版社2001年版。

〔2〕 钱小安：《金融监管体制、效率与变革》，中国金融出版社2006年版，第16页。

货业。在州一级,各州均按照法律法规,设立金融监管机构负责本州注册金融机构监管。

可以说,美国特有的双层多头金融监管模式与其长久以来的金融生态环境密切相关。以美国银行业监管为例,首先,自20世纪90年代以来,美国的银行有明显集中化的趋势,但与任何其他主要发达国家相比,美国银行体系和无疑将保持更加高的分散化和地方化——这与美国社会乐于保持其分散系统的品质分不开,他们更倾向于以社区为中心的机构,与此同时,倾向于数量充足的、可做业务比小机构多的大型机构。虽然不少美国经济学家指出,从公众利益的角度精确地量化应该拥有多少个每种类型的机构是很困难的,但实务界及学界均呼吁应保持足够的警惕,避免、纠正银行权力过于集中的负面影响。[1]其次,美国反对金融监管权力的集中及垄断。这一理念来源于:政府监管的垄断无法约束、防止权力滥用。以银行业垄断监管为例,不是所有的州都通过法律和规则完全确定并明确表达其对公民参加银行控股公司的态度,也许在一些州中对银行控股公司运营有更大灵活性要求,而在另一些州中可能情况相反。无论本地状态的情况怎样,每个州根据长期运行的各自的消费者和企业的利益来自己决定其银行结构(包括控股公司的规定),以实现最适合于每个州的需求的结构,这应该是较好的方法。最后,美国银行业坚信其银行系统的情况比想象中乐观。尽管有存在不少问题,但银行资金一直在极端的逆境中保持坚挺,机构间的资金流也能很好地服务公共利益。可以预见的是,在不错的制度环境下,银行系统将继续良好运转。通过分析可以看到,美国这一双层多头、功能监管与机构监管混合的金融监管模式与其特有的金融主体以及金融主体在其中生成、运行和发展的经济、社会、文化、法治、习俗等体制、制度和传统环境分不开,是在多方面因素作用下、长久以来形成的。

(二)美国经验对完善我国分层金融监管的启示

美国现行金融监管体制具有以下优势:防止金融权力过度集中,金融机构根据自身特点选择金融监管机构,有利于金融制度的监管专门化,提高对金融机构服务的能力。但尽管美国金融监管体制中联邦和各州的分工比较明确,金融监管缺位现象仍然十分严重。金融监管真空不利于防范金融系统性危

〔1〕 See William Taylor, Deregulation and Prudent Supervision; *Annul Review of Banking Law*, 1987.

机。从风险防范角度来说，以证券化为例，商业银行可以将信贷风险通过证券化由信贷市场转移到资本市场，但由于两个市场监管体系相互分割、独立，证券化的风险就不能被充分地识别和良好地控制。另外，大量存在的金融监管重叠会影响金融监管的有效性和效率，降低信息流通和合作能力（见下表）[1]。为了解决监管真空或重叠的问题，就要加强金融监管机构之间的协调。但是由于繁多的监管机构十分复杂，机构之间的协调必然冗长、成本很高，这就会造成监管效率低下、监管有效性低下。

金融机构	金融监管重叠部分
加盟FRS的州立银行	FRB、州当局
加盟FDIC的州立银行	FDIC、州当局
联邦政府许可的储蓄金融机构	OTS、FDIC
加盟FDIC的州立储蓄金融机构	OTS、FDIC、州当局
金融控股公司	FRB、SEC、SIC
房地产金融机构	OFHEO、SEC

因此，对于我国金融分层式监管的首个启示是在分配金融监管职权、进行制度设计时，要注重减少监管真空、重叠，需要建立一个统一清晰的金融监管框架，合理划清中央和地方的监管职权边界，使每层级的监管机构权责分明，各司其职。对前述提到的在某些金融机构、市场的地方监管实践中，我国中央、地方金融监管也存在监管真空、重叠的现象。相对于核心金融严密监管的现象，周边金融却长期处在无人监管的状态。[2]对私募股权基金、小贷公司、融资性担保公司等不同类型的金融机构在中央和地方层面，分属于多个不同部门管理。金融机构混业经营发展迅速，也要接受多个监管部门监管。民间金融发展迅速但供给仍显不足，同时亟需加强监管规范，却监管职责不明确。对非融资性担宝机构、互联网金融公司、金融控股公司、交叉性金融业务的监管中央和地方则存在盲区。

〔1〕 何德旭：《美国金融监管制度改革的新趋势及启示》，载《上海金融》2011年第1期。

〔2〕 参见《地方金融监管之惑》，载《金融世界》2013年第1期。如设在市、县两级的证券、保险分支机构，一方面，证监会、保监会在市、县两级都没有分支机构；另一方面，地方政府也基本不对其进行管理。

其次，划分金融监管职权时需要考虑权力制衡思想。“金融监管模式的实质是金融监管权的分配问题，金融监管权分立的目的是制衡权力的行使，从而使金融监管成为金融市场发展的重要助力而不是阻力”。[1]美国双层多头式金融监管体制既是美国联邦制度高度分权的内在要求，也是汲取多次金融危机的经验教训后不断改革、探索的结果。在权力制衡的思想和制度安排之下，美国的各个监管机构既分工合作，又在监管目标、职能上相互重叠，从这个角度来说，这种双层多头式监管有利于监管者从不同角度发现问题，减少监管套利现象，防止出现监管真空、漏洞。同时，多元化的监管机构也相互制约、相互监督，使它们其中的任何一个，都很难由于接受贿赂或受政治权力的左右而滥用权力，或无原则地放松管理。[2]在我国构建分层式金融监管体制时，也应考虑权力制衡的问题。虽然我国是单一制国家，中央监管机关一向拥有强大的监管权，但在制度设计时若渗入相互制衡原理，就能够减少监管套利现象，防范道德风险。

另一个值得注意的问题是，随着风险在金融体系中不断积累，判断并应对这种风险的能力必须相应增加。美联储可能在一些方面会放松管制，如20世纪90年代放松对地域、权力和利率的管制，但当面对快节奏、需要防范风险的金融业态时，美联储将通过逻辑和审慎设定规则防范危机。[3]2010年的改革后，美联储对于金融机构、产品以及市场交易有了更大的监管，也对大型金融机构设定资本以及流动性要求方面拥有了更多的监管权。因此，在新金融业态挑战金融监管的环境下，我国的分层监管设计时必须考虑到风险防范的实际需要，考虑监管者对风险理解和评估的能力。

五、构建分层金融监管体制的建议

（一）分层金融监管的内涵

分层式金融监管体制涉及三个部分：中央和地方的监管权分层配置、中央金融监管机构内部职能分层配置、行政监管与非行政监管（自律、社会监督）

---

〔1〕 叶姗：《监督监管者：程序控管思路下的金融监管》，载《江西财经大学学报》2011年第1期。

〔2〕 武晨：《基于分权视角的地方政府金融监管职权边界研究》，载《技术与市场》2013年第4期。

〔3〕 See Lawrence E. Kreider, “American Banking: Structure, Supervision and Strengths; Evolving Banking and Bank Regulatory Structure”, *Banking Law Journal*.

功能分层配置。

1.监管权的分层配置。

分层式金融监管体制要求在中央与地方的监管权限上适当划分,进一步发挥地方积极性,但也不是简单的放权。对于分层式金融监管体制的具体配置建构路径,学术界有不少构想,有的主张可以通过公募与私募划分职权——公募活动可以由“一行三会”来监管,而私募活动则可以在中央制定了大致规范后以地方监管为主。有的主张以传统金融与新形态金融划分,传统持牌经营的金融由中央监管,新形态金融由地方监管。我们则主张按金融风险防范的需要划分,凡是可能引起系统性风险的金融业态(包括传统金融业),仍属于中央监管;而风险较小、辐射影响较低的金融业态(大多数新金融),则归地方监管。

事实上,各地方政府所发布的加强金融监管的通知或意见,都把监管重心放在融资性担保、融资租赁、典当、拍卖、股权投资、创业投资、互联网金融等具有地方性金融行业。[1]建议中央层面主要负责重大金融立法、重大金融发展政策制定、金融宏观调控、全国性或跨国金融机构监管、全国信用体系建设、全国性金融机构的监管、系统性和跨地区金融风险防控、地方金融工作指导与协调、地方金融监管人才培养等;而地方层面主要负责:贯彻落实国家金融方针政策、配合中央监管部门工作、本地金融立法、本地金融发展政策规划、地方性金融机构与市场监管(如小额贷款公司、融资担保公司、典当行、地方产权股权交易所、村镇银行、农村资金互助社、融资租赁公司、金融消费公司、农村信用合作社、区域性保险公司和信托公司,以及区域性股权、大宗商品市场等)、本地区金融风险防控、金融聚集区与金融功能区建设、金融生态环境建设、金融人才集聚与开发、民间金融的培育和发展等。

分层式监管改革仍然可以借助自贸区先行先试,为以后全国范围的金融

---

〔1〕 例如天津市人民政府办公厅2013年7月27日发布的《天津市人民政府办公厅转发市金融办关于建立健全地方金融监管体系意见的通知》中提到“明确地方金融监管体系定位。地方金融监管体系主要对股权投资基金、融资租赁、商业保理、典当行、小额贷款公司、融资性担保机构、交易场所等新型金融业态进行监管。”山东省人民政府2013年12月4日发布的《山东省人民政府关于建立健全地方金融监管体制的意见》中提到“现阶段地方金融监管的范围为中央驻鲁金融监管部门法定监管范围之外的新型金融组织和金融活动,包括辖区小额贷款公司、融资性担保公司、民间资本管理机构、民间融资登记服务机构等新型金融组织和权益类、大宗商品类等具有金融属性的交易场所。”

监管体制改革积累经验。自贸区所在地政府可以充当金融市场与国家监管机构之间的“联系人”角色，将金融市场需求问题及时反馈给各监管机构，增强监管规则创制的回应性。[1]地方政府对小额贷款公司的设立承担审批和监管职能，对融资性担保公司的设立和监管、浦东允许外资 PE 管理公司的设立等都是国家金融监管部门分层、下放监管权的有益尝试。

2.监管机构及职能下移。

市场对加快金融创新提出了新的要求，而金融创新的迅速增加对金融安全、金融稳定也提出了巨大挑战。金融监管机构将机构与权力的下移具有重要意义。如央行上海总部的设立，完善了中央银行决策与操作体系、更好地发挥了中央银行的宏观调控职能，同时也是推进上海国际金融中心和自贸区建设的一项重要举措。国务院应该批准建立金融监管部门的上海总部或金融监管部门赋予驻沪金融监管部门更大的监管权，即在上海组建成立各监管机构的二总部，或者考虑将各监管机构的职能适当向上海转移，以降低驻沪金融机构的监管成本，从而进一步优化国际金融中心和自贸区的金融监管环境。[2]

如前所述，自贸区建设中“一行三会”发布了一系列政策推进大量业务创新，考虑到紧贴市场改革前沿进行监管的需要，应同时授权派出机构对部分创新业务行使监管权。这种做法实际也是监管分层的思路，使相应的监管派出机构拥有更多监管实权，发挥其熟悉、及时的作用，应该可复制推广。

3.推动非官方监管机制创新。

仅凭借地方国家机关无法全部负担起金融监管体制的重任，可以发挥社会监督功能，可以授权金融行业协会、金融交易市场和金融机构自我监管，通过私人路径推动监管机制的创新。在具体制度建设方面，应当引进业界自治模式，依照因地制宜的原则加以推进。[3]第一，为有效发挥交易所的自律监管功能，应将金融监管机构拥有的一线监管和自律监管职能尽快下放到各个交

〔1〕 郭华春：《上海国际金融中心监管规则创制路径简析：以跨国监管为视角》，载《上海金融》2010年第7期。

〔2〕 时辰宙：《国际金融中心的金融监管——伦敦、纽约的经验教训与上海的作为》，载《上海经济研究》2009年第3期。

〔3〕 闫彦明、何丽等：《国际金融中心形成与演化的动力模式研究》，载《经济学家》2013年2月。

易所[1]，赋予交易所对市场参与者的直接调查监管权限[2]；第二，发挥银行、证券、期货、保险同业公会等行业组织的自律监管职能，提高行业自律意识与自律水平，形成监管合力；第三，探索金融消费者组织、媒体舆论、人民团体等对金融服务的监督，特别对非法金融活动的合力预警监视；第四，赋予市场中的金融机构进行金融产品创新的自主权，包括各种金融衍生品的设计和发行权。通过这些放权性的金融创新，真正发挥私人路径在市场中的巨大影响和能动性。

地方国家机关的工作重点在于将私人创制监管规则引导到与金融监管目标相一致。政府要加强对于金融机构的监督，这种监督应当包括了对于金融机构自律规范的内容和执行状况的持续监督；同时也应当鼓励以交易所为代表的被授权机构对政府干预金融市场的行为进行社会监督，建立自律监管与政府监管的良性互动关系。

（二）监管权配置的理念

1.尊重市场规律。

任何监管都是奠基于市场经济之上的，政府不仅需要干预市场，市场也会影响政府行为。因此，无论是中央政府监管，还是地方政府监管，都要尊重市场，把握监管红线。遵守政府对市场最低干预原则，强化市场约束，引导政府的逐步退出和市场力量的逐步进入，从而推进金融体制机制的市场化改革。

地方政府在进行金融监管时，应秉持重金融发展的理念，处理好效率与安全的关系，防范风险。应结合当地经济发展的具体情况，敢于放宽市场准入，实行差异化监管，引导金融产品和信贷模式的创新[3]，为地方金融发展争取更大的空间，创造良好的环境，而良性的金融生态环境不仅有利于金融效率的提高，也有助于金融监管目标的达成。

2.确定监管主体。

目前，基本法律并没有明确地方政府金融监管的主体身份，但地方政府已成为地方金融事实上的监管者。[4]而地方政府中承担金融监管职能的机构则五

[1] 李昕、黄河：《建设国际金融中心的监管环境研究及启示》，载《经济纵横》2009年第8期。

[2] 蒋晓全：《构建市场化金融监管机制与上海国际金融中心建设》，载《上海金融》2007年第12期。

[3] 参见刘光溪：《地方金融监管六大难题》，载《金融世界》2013年第1期。

[4] 参见郑少华：《论金融监管权的边界》，载《法学》2003年第7期。

花八门。全国31个省区市成立了金融管理机构，地市、县级的金融管理机构多达200 多家，然而这些机构隶属关系、级别、职能等五花八门[1]。实践中较为常见的是由金融服务（工作）办公室（以下简称金融办）主导地方金融的监管工作，但各地金融办的性质却差别很大，或为政府组成部门，或为临时性议事协调机构，或为直属事业单位，或为常设挂靠机构等。

地方金融办主要职能表[2]

<table>
<tr><td rowspan="2">务虚职能</td><td>协调职能</td><td>配合金融监管部门对各金融机构及行业自律组织的监管；负责地方政府与中央监管部门、金融机构及其在当地分支机构的联系；协调解决金融业改革与发展中应由地方解决的矛盾和问题</td></tr>
<tr><td>规划职能</td><td>研究拟定地方金融发展的中长期规划和具体工作计划，优化金融发展环境，合理配置金融资源，研究分析经济金融形势并提出政策建议</td></tr>
<tr><td rowspan="3">务实职能</td><td>管理职能</td><td>对地方准金融机构如小额贷款公司和融资性担保公司的监管职能，有些地方金融办对地方性法人金融机构也有一定的监管权</td></tr>
<tr><td>风险防范职能</td><td>防范化解和处置金融风险，制定地方金融突发事件应急处置预案，配合有关部门查处和打击非法金融机构和非法金融活动等</td></tr>
<tr><td>融资职能</td><td>为地方政府建设筹集资金和为当地企业融资服务，包括直接融资和间接融资</td></tr>
</table>

不同地区的金融办职能定位有所不同，或仅具有务虚职能或务实职能，或二者同时兼顾，而职能定位的不清晰将导致工作重心的不明确，同时有碍金融办管理模式在全国各地区的统一推广。近年来，随着地方政府金融诉求的不断增多，一些金融办成为金融机构的出资人，一些金融办逐渐具备了融资职能，并在一定程度上与金融监管职能相交叉，对金融监管工作的开展造成了负面影响。

在分层监管背景下，地方金融监管机构要做到权责一致：第一，统一地方金融监管平台，防止监管主体过多、重复监管，金融机构疲于应对的局面，也要防止监管套利，提高地方金融监管的效率。第二，地方金融监管机构须有法

---

〔1〕 子腾在《明确地方金融管理职责、定位小机构专注于监管》中写道："金融监管机构有的直属省政府，有的隶属省政府办公厅；有的正厅级，有的副厅级；有的属行政机关，有的属事业单位。多数省级金融管理机构负责小额贷款公司、融资担保公司的管理，典当行、融资租赁、创业投资公司等管理职能则分散在商务、发展改革、工业和信息化等其他部门，有的还承担了金融机构出资人职能。这些机构没有把精力放在防风险上，而主要是为地方发展融资，通过给金融机构下指标、搞排名以及人事安排等诱导性措施，干预金融机构的经营活动。"

〔2〕 中国人民银行西安分行金融研究处：《对部分省（市、区）设立金融服务办公室的调查与思考》，载《西安金融》2006年第11期。

律授权，明确地方金融监管机构的法律地位，解决现行监管机构多为政府内设机构、挂靠单位或直属事业单位没有独立监管地位的问题，从而建立中央和地方条块结合、各有侧重、覆盖完整、协调联动的金融监管格局。第三，地方金融监管机构须有相适应的监管能力，赋予其监管职能，充实人员数量和提高专业素质，满足其金融监管职能的需要，杜绝监管乏力。第四，剥离各地方金融监管机构的出资、融资职能，使其专心履行好地方金融监管职能。

3.改进监管方法。

分层金融监管不仅要提高监管的量化标准，而且需要改进监管方法。一方面简化监管程序，另一方面要强化监管操作，提高监管效力。以自贸区为例，区内的金融机构面临的风险主要包括系统风险、市场风险和信用风险等。对此，地方监管部门应指导区内金融机构，建立起全面风险管理架构，不断完善相应的风险防控制度、流程、政策和系统。

地方金融监管机构可以在中央金融监管的整体框架下，根据本地区经济发展的实际情况，制定该地区金融监管实施细则，并报相应的中央监管部门备案。地方政府应该根据具体行业的特殊情况设置不同的准入门槛，实施差异性监管，同时要注意放松事前监管，加强事中事后监管；[1]地方金融监管机构为履行职能，具有现场检查权、非现场检查权以及对违法行为的处罚权，同时应注意统筹安排，避免对金融机构正常业务活动的不合理干扰，发挥非现场检查的预警作用；[2]地方金融监管机构在监管对象出现风险时，可以采用停业整顿、撤销机构、组织破产、债务清理等方式进行主动干预，避免系统性金融危机的产生；在因金融机构而引发群体性事件时，地方政府要承担化解群众情绪，维护社会稳定的职责。

（三）监管权分层应包含监管规则制定权

国家金融立法尚存在空白，有的缺乏针对性，而地方几乎没有金融立法权。而金融业的一个特点就是发展快、创新快，因此金融创新和法律滞后的矛盾较大，因此在赋予地方金融监管权的同时，也要赋予地方一定的金融立法或金融规则制定权。这里的地方，目前应限于省级。

根据我国《立法法》，金融基本制度属于法律保留事项，地方无权制定立

---

〔1〕 段志国：《论地方金融监管权的理论逻辑与配置建构》，载《宁夏社会科学》2015年第2期。

〔2〕 徐孟洲等：《金融监管法研究》，中国法制出版社2008年版，第242～243页。

法，但是金融立法权集中于中央存在突出的问题：首先，国家制定新法或修改旧法时间较长，而金融业的一个特点就是发展快、创新快，因此金融创新和法律滞后的矛盾较大；其次，我国在法律修改方面的理念也不适合国际金融中心建设。一些金融发达国家的金融法律修改频率很高，而我国金融相关法律几年不改的情况非常普遍，造成现行法律对实际金融活动缺乏规范，一方面无法可依，另一方面法律景观化。特区立法经验为我们提供了重要借鉴。为了满足作为改革开放实验区的深圳特区发展需要，为了保证经济特区的建设顺利进行，促进经济特区的发展壮大，全国人大常委会在1992年作出了对深圳经济特区的授权立法决定。[1]因此，至少可以授予金融中心和自贸区所在地方的省级人大，一定的金融立法权。

由于监管规则并非都要提升到法律层面，实践中金融监管规章或规范性文件种类庞杂、数量繁多。金融市场发展速度快、变化大，尤其是自贸区建设中新的改革探索和创新层出不穷，需要有法律规范与之适应，而法律要求相对稳定性、无法朝令夕改，因此就要由监管规则及时填补。这不仅需要中央金融监管部门有针对性的出台规章，还应授权省级地方政府及中央金融监管部门的派出机构颁行在一定范围内适用的相应的金融监管规则。

（四）监管制度的多元化

分层监管需要法律依据，但实行分层监管后，面对千变万化的金融市场新情况，都要等中央出统一规范，就会丧失监管最佳时机，也就失去了分层监管的意义。因此，在统一法制的前提下，监管制度的多元化，就成了分层监管必然面临的课题。我们认为，各级监管部门除了主要依据法律法规、中央监管部门单独或者联合制定发布的规章或规范性文件外，以下规范也可作为监管依据或参照：

1.金融司法解释。

司法作为保障公平、维护正义的最后一道屏障，要适应金融改革创新形势，加快形成符合发展需要和国际通行惯例的金融法制环境，及时解决金融纠纷、维护金融秩序，保障金融安全运行和健康发展。在分层监管体制下，虽然各地建设了有特色的金融司法机构体系，但面对新问题新情况的大量出现，还是存

---

〔1〕 秦蓁：《经济特区授权立法有关情况》，载中国人大网：http://www.npc.gov.cn/npc/zt/qt/dfrd30year/2009-04/14/content_1497664.htm。

在着金融立法不足、裁判依据欠缺的问题，需要通过司法解释弥补。这不是要求地方司法机构自行解释，而是指在司法机关面临分层监管后的法律依据欠缺时，最高人民法院最高人民检察院应及时作出解释，不必计较数量或频率。

2.金融交易惯例。

交易习惯是指人们在长期的反复实践的基础上形成的，在某一领域、某一行业或某一经济流转关系中普遍采用的、法律未作规定的做法或方法。交易习惯具有法律渊源、法律补充功能，以及合同解释功能。在长期的国际金融交往实践中形成的，被国际金融交往的当事人所通常接受的交易行为规则或者通例，为金融业界人士熟知并普遍接受，在金融业务的往来中扮演着重要的角色。在分层监管体制的运行中，必须更注重对国际金融惯例运用。

3.金融市场自律规则。

广义的金融自律不仅包括金融机构的自身约束行为，还包括金融市场的自我制约。传统金融市场有自律传统，但我国尚未形成崇尚自律的文化。交易所需要扩大自律权限，金融同业公会也应加大话语权，自律规则需加快完善。金融创新迫切需要规范，统一立法受到限制，力不能及，这正是市场自律规则可以充分发挥作用的地方。在相对细致的专业性领域中，需要市场主体自己组织起来，形成自律整合的力量，对本行业部分活动进行自律性管理。行业组织、交易所都可通过当事人的意思自治，形成规则来规范交易、解决纠纷。

（五）地方金融风险处置机制

1.加强和完善地方金融体系风险预警机制。

首先是完善地方金融机构诚信评价体系。金融是信用经济的代表，诚信体系的建设对金融业的健康发展起着关键作用，地方金融机构的不良资产比例也会受到地方企业经营状况及诚信状况等的直接而深刻的影响。因此地方政府在进行金融风险管控时，应该给予诚信体系以充分的重视，促进社会诚信系统建设的不断完善，促进不良资产的大幅降低和信用风险的显著减少。标准建设是地方金融信用体系建设的基础工作，地方金融监管机构可以参照央行的金融业统一征信标准体系，完善地方金融监管的征信标准。要督促辖区内中小各类地方金融机构完善金融信用管理制度，及时上报地方金融监管机构，监管机构也应当努力将所采集的信用信息对接央行的金融业信用信息体系。

其次是建立地方金融风险监测指标体系。预警机制就是通过收集相关的资料信息，监控风险因素的变动趋势，预先发布警告以防止损害发生的制度。目前地方金融监管机构的风险监测能力较弱，且有不尽合理之处。我国传统金融监管机构主要是以偿付能力等指标对金融机构进行监管，也以此来作为风险防控的重要指标。但是地方金融监管面对的是全新的金融业态，这些新金融、类金融机构本身自由资金很有限，而且内控机制也不如传统金融机构健全，此时应当通过大数据技术对这些新金融业态构建更合理的风险监测指标，如可以对资金流量、流向进行监测，也可以对第三方托管机构进行风险监测。

2.明确中央银行“最后贷款人”责任。

地方金融风险处置中“最后贷款人”制度是中央银行为了履行好防范区域系统性金融风险、维护金融稳定职能的必要手段。运用“最后贷款人”手段一般需要两个条件：一是当局部金融风险具有系统性影响，危及宏观或区域金融稳定时；二是已经穷尽其他救助或风险化解渠道时。[1]当发生地方金融风险时，地方政府较容易形成“倒逼”机制，最终使中央银行最后再贷款人职责被无限放大。因此，应通过法律法规的完善，在制度上将央行“最后贷款人”的行使权力和程序予以明确，只有在可能引发系统性金融风险，并且股东和地方政府已经采取各种措施救助和处置风险后仍不能满足时，央行才需发挥最后贷款人职能。其要求包括：一是确保职能明确、各担其责，建立健全专家风险评估机制，明晰央行“最后贷款人”职责触发条件；二是确保最后贷款人真正成为金融安全网的最后一道防线，降低风险处置成本；三是确保贷款的按时回收，应当约定贷款期限，还款方式以及相关抵押物；四是央行作为“最后贷款人”可以确立“建设性模糊”救助条款，即向地方金融监管表明，当出现危机时，最后贷款人不一定提供资金支持，从而对地方金融监管形成压力，使其开展审慎监管。

3.建立地方金融风险处置基金。

关于金融风险处置基金的资金来源。省级政府作为地方金融机构的监管主体，全面承担其金融风险处置职责。同时，地方金融机构是地方金融风险的生成主体，且较多由于其风险控制意识不强导致。因此，地方金融风险处置基

〔1〕 边永平：《中央与地方在金融风险处置中的职责划分研究》，载《山西行政学院学报》2014年第4期。

金应由省级政府和地方金融机构共同出资建立，但应以省级政府为出资主体。省级政府应在评估地方金融风险的基础上，以能够完全覆盖金融风险为原则，确定地方金融风险处置基金的规模。为了防止因为建立地方金融风险处置基金而导致省级政府财政支出压力和地方金融机构经营成本压力明显增加，可采取逐年出资累计达到金融风险处置基金设计规模的方法，建立金融风险处置基金。〔1〕

关于建立金融风险处置基金的使用制度。在设立风险处置基金时应当就基金使用的对象、条件、单次使用的比例以及审批流程做出详细的规定。在基金使用条件方面，可以明确只有在地方金融机构已用尽所有方法仍无法防止区域性金融风险的发生，且确实具有发生区域金融风险的现实性；在基金使用对象方面，鉴于我国存款保险制度的即将出台，基金可以主要用于救助非存款类金融机构。在对可能引起区域金融风险的地方金融机构实施救助的同时，还应当注意防范过渡救助引起的道德风险，可以设置较严格的事后信息披露机制。为了保证基金正常的风险处置能力，应当限制单次救助比例。如果确实需要加大救助比例，应当经过更严格的审批流程等。

关于建立金融风险处置基金的管理制度。金融风险处置基金应当由地方金融监管机构下属专门部门管理。金融风险处置基进的管理原则应当以保值为主，严格控制风险，可运用基金购买国债等变现能力极强的有价证券。为了防止地方政府的不正当干预或挪作他用，应当在内部设立防火墙制度，并严格金融风险处置基金的核查，定期将经营报表上报中央监管机关审核。

4.完善存款保险制度。

目前存款保险覆盖在中国境内设立的商业银行、农村合作银行、农村信用合作社等吸收存款的银行业金融机构的人民币存款和外币存款。据央行对存款情况进行的测算显示，50万元限额可以覆盖99.63%的存款人全部存款。存款保险是保护中小银行，促进公平竞争的有效方法。对于属于地方金融监管的农村合作银行、农村信用合作社等地方存款机构，可以较好地防范其风险。因此可以探索扩大存款保险的覆盖范围，地方兴起的有类似存款性质的类金融机构争取也可纳入存款保险范围。

---

〔1〕 蓝虹、穆争社：《论地方金融风险处置基金的建立与完善》，载《上海金融》2013年第6期。

正如全国人大财经委副主任委员吴晓灵所述："我一直主张涉众的、事关老百姓利益的金融活动就交给'一行三会'监管，不涉众的、围绕金融服务职能的，我觉得就可以交给地方政府。"

第六节　金融监管方式的发展变化[1]

监管方式是监管实施的具体化，也是实现监管目标的途径，通常是指监管措施群，就政府监管部门而言就是具体行政行为，就其他监管主体而言就是监管或自律的手段。在金融不断创新的今天，世界各国的金融监管方式有很大的变化。除了传统常见的审批、核准、登记、检查、处罚、接管等管理方法以外，一些特有的监管方式，如信息披露、监管报告、会计审计监督、与高管人员谈话或质询、监管评级，以及特别监管措施、监管强制措施、软性监管措施等，纷纷付诸实践。我国在金融改革开放和市场深化的过程中，金融监管方式也加快了与国际接轨的步伐。我国《银行业监督管理法》、新修改的《证券法》以及监管实践都已反映出金融监管方式正在发展变化，其发展变化产生了新的特点。

一、信息披露的核心作用日益突出

信息披露是金融监管的核心，是金融监管公开、公平、公正原则的体现，也是现代市场交易公开化、透明度的要求。信息披露对于医治信息不对称的市场痼疾是一剂良药，对于公平利用信息和提高市场效率、维护市场主体积极性和方便监管也都十分有利。向公众公开信息，有利于舆论、投资者或金融消费者的社会监督。

金融机构应当按照法规规定或根据监管机构要求，如实向监管机构报告并向社会公众披露经营活动、财务会计报告、风险管理状况，以及高级管理人员人事变动等重大事项的信息，并以一定方式使社会公众方便获悉。信息披露是金融机构的基本义务，应实行强制性披露与自愿性披露相结合的办法。最低限度的信息披露的原则、范围、内容、程序均由法律规定，金融机构完全

〔1〕　本文刊于《开放条件下中国金融法制建设》，西南财经大学出版社2006年版。

可根据需要及自身实际公开更多信息。

在金融监管实践中，围绕信息披露这一核心出现了一些新的发展：

一是监管报告。监管机构根据履行监管职责需要，有权要求被监管者报送与监管事项有关的文件资料，包括有权随时要求被监管者报送有关业务和财务状况的报告和资料。市场主体在市场活动各环节，都应按法律法规及有关规章的要求，将其经营活动及财务状况定期或不定期的报告监管机关或其他监管主体。被监管主体发生电脑系统严重故障、财产被抢劫或诈骗、高级管理人员涉及刑事案件或严重违纪、重大机构变动、股权交易或者经营风险等重大事项时，应当立即采取应急措施并及时向监管机构报告。及时向监管机构报告，便于监管当局分析比较、掌握趋势，及时发现和纠正问题。报告制也是非现场监管的基础。

二是会计审计监督。被监管者应当执行相关的财务会计制度，对经济活动进行会计核算与会计监督。除了被监管者内部审计和国家审计之外，应建立定期外部审计制度，聘请具有合法资格的中介机构的注册会计师、审计师，对经营财务活动的合法性、真实性等进行审计监督，并应在规定的期限内，将经法定代表人签名确认的审计报告报送监管机构。监管机构可以委托社会会计审计中介机构代行检查。《证券公司管理办法》第41条规定："证券公司必须按照中国证监会的规定，聘请具有证券相关业务资格的会计师事务所对其财务报告进行审计。"第46条规定："中国证监会可要求证券公司聘请具有证券相关业务资格的会计师事务所，对证券公司进行专项审计或稽核，有关费用由证券公司支付；中国证监会也可以聘请具有证券相关业务资格的会计师事务所，对证券公司进行专项审计或稽核，有关费用由中国证监会支付。"

三是监管评级。监管机构可根据监管需要设定评级制，即依据一定标准，在统计资料、专项评估的基础上，对被监管者及其财产进行监管评级。如中国人民银行曾发出通知，要求自2002年起在我国各类银行全面施行贷款质量五级分类管理，各银行可根据《贷款风险分类指导原则》，结合本行不良贷款的种类和特征，制定贷款质量五级分类的具体标准。一方面加强内部管理，分类操作、有效监督，提取贷款损失准备金；另一方面要按期报送贷款质量五级分类结果，并附分析报告，并将相关信息做到完整、真实、准确地披露。

监管评级的实质就是对被监管者的守法情况、信用记录、经营能力、资产质量、管理水平、风险程度等所作的评价、测定、揭示，有利于监管者掌握实际情况、针对不同对象采取不同监管方法，也有利于市场其他主体了解被监管主体信用度、可靠性，合理规避交易风险。

四是特别监管措施。在被监管者违背审慎监管原则、措施，出现影响稳健经营情况时，监管机构可依据法律法规规定，对被监管者采取不同一般的监管措施。这是在正常监管的基础上加强监管的方式。我国《外资金融机构管理条例》及其实施细则就规定，外资金融机构有未分配利润与本年度纯损益之和为负数、月内累计资金流出境外量大于流入境内量等等不审慎经营行为的，银行业监管机构有权对外资金融机构采取特别监管措施。

特别监管措施通常包括要求被监管者就有关问题提交专题书面报告、缩短定期提交监管报告的期限；要求被监管者出具保证书；对有关风险监管指标提出特别要求；对被监管者资金出入境采取限制性措施；以及向被监管者派驻特别监管人员，对其日常经营管理进行监督指导。

二、传统监管方式在内容上更新

在长期的金融监管实践中，一些行之有效的监管方式有必要予以坚持，但更有必要根据时代的需要在内容上加以更新。

（一）监管机构把更多的精力放在了制定和实施规章制度上

监管机构应依照法律、行政法规的规定，制定发布并组织实施对相关市场主体及其活动进行监管的规章、制度、规则。如我国《银监法》规定："银行业金融机构的审慎经营规则，由法律、行政法规规定，也可以由国务院银行业监督管理机构依照法律、行政法规制定。前款规定的审慎经营规则，包括风险管理、内部控制、资本充足率、资产质量、损失准备金、风险集中、关联交易、资产流动性等内容。"监管机构还对自律组织上报备案的章程、自律规则等进行指导、监督，对其中明显不符合法律、法规的，应要求自律组织依法修订。

（二）对过于行政化的措施进行市场化的改造

如存款保险制度和公共资金重组危机企业的做法，曾经被金融监管当局用来作为减轻市场风险打击力度，减小损害波及面，防止灾难性的恐慌的最后安全网。但是，多年来的实施情况表明，这两种制度的特征都是过度保护，都在事实上反向激励企业不顾风险累积的继续冒险，产生着巨大的道德风险（Moral Hazard）。以存款保险制度为例，它在四个方面存在潜在的道德风险：一是存款者在选择存款机构时可能会不那么审慎，甚至会有意识地投资于高风险的金融机构；二是金融机构会因为存款者已得到保护而愿意承担更大风险，导致整个国家的金融体系过度借贷；三是由于存款保险，存款者在存款利率上没有要求金融机构提供相应的风险溢酬，在这个意义上，存款保险为金融机构的风险定价提供了补贴；四是存款保险的存在还可能会引致金融机构降低资本比例。这些问题在欧美金融体系中都明显的存在着，西方学者就认为对银行实行监管的主要原因就是要抑制和抵消政府强制实施的存款保险所产生的负外部效应。[1]此外，存款保险制度的成本与收益还与一国的市场发达程度有关，发达国家金融监管体系比较发达，因而容易发挥存款保险中的积极作用，而发展中国家则不同，监管的不成熟增加了存款保险基金的系统性风险。[2]针对这种情况，一些国家开始通过诸如实行根据风险大小变动浮动强制存款比例的途径，试图修正该制度的缺陷。

公共资金挽救危机金融企业的做法，实际上是政府为企业提供的隐性担保，也会产生与存款保险制度类似的道德风险。日本是这方面措施运用较多的国家，但是在日本国内也一直有反对的声音，甚至曾迫使日本监管当局拒绝用公共资金购买金融机构的不良贷款。国外的这些变化对于我国正在建设的类似制度有很大的借鉴意义。

（三）监督检查被赋予更大的责任

监管检查已成为各国金融监管中最常见的监管方式。

现场的与非现场的监督检查。监管机构往往会派出检查小组，以事先通知或突击的方式，深入被监管者经营场所，通过询问监管工作人员，查阅、复制有关的文件、资料，检查实物或电脑记录等，对被监管者的安全、合法、风险抵御能力等进行全面评估，现场解决或纠正问题。我国《银监法》第27条中规定国务院银行业监督管理机构应当“根据银行业金融机构的评级情况和风险状况，确定对其现场检查的频率、范围和需要采取的其他措施”。非现场的监督检查通过对市场主体的报表、报告、数据等检查、认定、比较，判断其资产质

〔1〕 郑振龙、张雯：《各国衍生金融市场监管比较研究》，中国金融出版社2003年版。
〔2〕 何光辉：《存款保险制度研究》，中国金融出版社2003年版，第244页。

量、管理水平和风险状况。通过现场的与非现场的监督检查，对被监管者的法人治理结构、内部控制制度、风险管理体系及各项风险控制指标等进行事中与事后的全面考核。事中的监督检查通常是指实时监控，在金融市场中常用，是对市场持续的、全过程的监管，一般通过电子信息网络对市场交易系统、结算系统等进行同步、动态、全面、连续的监督，收集市场主体资产变化、资金流动、损益状况等信息，特别是对异常现象及时分析，便于及时发现问题与制止违法违规。事后的监督检查通常定期或在某活动项目完成后，对一个阶段、一项任务的经营财务情况、统计资料进行统计分析，从中发现现实的或潜在的风险，也有的是针对事件、事故的发生所进行的专项检查，查明原因与责任。

内部的与外部的监督检查。内部的监督检查是市场主体通过其稽查、稽核、监察、纪检、审计、法务等内设监督部门，以及股东会、董事会、监事会及独立董事等内部权力机构，进行内部监督检查，控制自身经营风险、维护自身安全、保障效益提高。外部的监督检查是国家监管机构或自律组织依据法律规定或自律规则，对被监管者经营财务及资产盈亏、偿付能力等情况进行强制或独立的审计、会计核算、稽查，关注其风险与安全。广义的外部监督检查还应包括国家司法、监察、审计、工商、税收、海关等部门的监督检查。

三、软性监管手段兴起

20世纪末以来世界各国出现了反思既有监管手段的潮流，一些被广泛采用的监管手段备受质疑，同时，软性监管手段越来越受到重视，在许多方面取代了刚性监管手段的位置。软性监管手段的兴起从根本上说是体现了新一轮的放松监管的要求，体现了政府权力的收缩。原有的刚性较强的监管对于市场主体虽具有较强的和迅速的矫正功能，但是其对市场的破坏，对监管对象成本的增加也是不言而喻的。当前，世界各国都在考虑如何运用诱导的方式，促使监管对象能够自发地在竞争发展中注意风险的预防和化解。有人认为，软性监管手段使政府更像一个教练“coaches”而不是执法者“enforcers”。软性监管措施为人们提供了监管的新视野，使监管措施多样化，大大改善了监管当局运用监管措施的空间。常见的软性监管手段主要有：

（一）警示谈话或质询等行政指导

行政指导（Informal Regulation）是指行政主体在法定职权范围内，为实现特定的行政目的，遵循法律位阶原则，制定诱导性法律规则、政策，或者依据法律原则、法律规则与政策，针对特定相对方采用具体的示范、建议、劝告、警告、鼓励、指示等非强制性方式，并施以利益诱导，促使相对方为或不为某种行为之非强制性行政行为。[1]日本监管当局对行政指导的运用是十分成熟的，大藏省在法律赋予的权限内，为达到一定行政目的，向管制对象进行劝诱和指导。该行为不具有法律效力，银行也可以不接受指导。战后，为促进银行发展，满足产业资金需求，银行局发布了一系列通令，制定业务运作指导标准，指导银行经营管理。具体标准包括：经常收支率、不动产比率、存贷率、自有资本比率、流动性资产比率、分红率等。行政指导的前提是政府信用。政府信用对于行政指导来说是生命，因为没有强制力的行政指导实际上赋予了市场主体以选择权，较高的政府信用更能使市场主体接受指导。维持政府信用的力量如对不服从者减少贷款发放等措施客观上起到了法律责任的效果。有学者认为，市场经济+行政指导的发展模式是日本经济成功的一个重要因素。[2]日本的这一做法在美国和德国得到借鉴。[3]

我国近年来较多应用了谈话或质询等类似于宏观调控中的"窗口指导"措施。监管机构可以根据履行职责的需要，与被监管者的董事、经理等高级管理人员进行监督管理谈话，或进行警诫谈话，或要求高级管理人员就被监管者的业务活动和风险管理的重大事项作出说明，并晓之以市场监管法律政策及重要意义的大理，动之以维护市场安全稳定利人利己的大情，责成高级管理人员及被监管者合法、规范、稳健经营，自觉防范风险、确保金融安全。监管机构对日常监管中发现的问题，可以向被监管者的董事、经理等高级管理人员高级管理人员提出质询，相关高管人员应如实回答质询。

《保险公司管理规定》中明确："中国保监会根据监管职责的需要，可以对保险机构的高级管理人员进行监管谈话或者质询，要求其就保险业务经营活动和风险管理的重大事项作出说明。"《证券公司管理办法》也规定："中国证

〔1〕 郭润生、宋功德：《论行政指导》，中国政法大学出版社1999年版，第59页。

〔2〕 王连昌：《行政法学》，中国政法大学出版社1997年版，第322页。

〔3〕 莫于川：《市场经济国家的行政指导简考》，载《外国法学研究》1995年第4期。

监会对证券公司高级管理人员实行谈话提醒制度。中国证监会对证券公司在经营管理中出现的问题，可以质询证券公司的高级管理人员，并责令其限期纠正。”另外，有关监管机构也曾考虑过对相关中介机构的执业人员实行谈话制度。[1]

（二）行政合同和行政奖励

行政合同也称行政契约。它是行政主体（主要是行政机关）之间，或行政主体与行政管理相对人之间，为实现国家行政管理的某些目标，而依法签订的明确双方权利和义务的协议。监管当局与被监管者之间也可以通过缔结行政合同来实现软性监管的目标。监管领域运用行政合同有如下好处：一是扩大行政参与，实现行政民主，可以使监管的权利义务更明确，监管的内容更接近市场更富有效率；二是可以弥补立法不足，替代立法规则，具有更强的灵活性。

行政奖励。这是监管当局对符合监管标准的市场主体给予政策优惠、物质或精神鼓励的方式来肯定市场主体的行为是一种肯定性的法律责任。行政奖励方式包括：减免税优惠、财政补贴、技术支持、贸易保护、特许投标制度、直接的物质或精神的奖励等。由于许多奖励措施超越了监管部门的权限，要和其他部门一起联合实施。

（三）其他软性监管措施

指的是不带有强制性、但对被监管者业务开展或信誉有重大影响的监管措施，常见的有公开谴责、持续信用监管和“冷淡对待”等。公开谴责即对违规行为公开通报批评；持续信用监管即建立系统对相关被监管对象长期进行信用监督、及时公布其信用记录；“冷淡对待”即对多次违规的被监管者，监管机构将对其所出具的文件采取冷淡处理的办法。这些措施的特点是看似清淡，又非制裁，而实质结果却较严厉，故较具威慑力。

境外监管机构或自律组织经常采取这些“柔性”监管措施。如2005年1月24日康师傅控股有限公司（0322，HK）因向投资银行的分析员不平等地披露可能导致股价波动的公司财务资料，两次违反《上市协议》，而遭到香港交易及结算所（以下简称港交所）公开谴责。康师傅曾分别于2000年7月及2001年3月两次向个别分析员披露若干未经公布而港交所认为可能导致股价波动的

---

〔1〕 高西庆：《证监会考虑实行证券律师谈话制度》，载中华财会网（www.e521.com），最后访问日期：2001年12月27日。

财务资料，令有关分析员处于占优的买卖地位。而该公司并没有在同一时间就有关资料发出新闻公告，违反了港交所《上市协议》有关发行人须将有关公司股价的敏感资料尽快告知港交所、发行人股东及其上市证券的其他持有人，有关资料不应泄露予发行人以外的人士，以导致任何人士处于占优的买卖地位，若对市场活动或价格可造成重大影响的资料未能继续保密，该公司应及时刊登公告披露有关资料的规定。因此，康师傅公司及其董事会主席、营运总监兼执行董事魏应州受到港交所谴责。[1]又如2004年9月，南海石油（0076，HK）公司主席周岭所持的1281万股被强制斩仓抛售，导致股价暴跌，且该公司当日发出两份矛盾的公告，致使港交所认为其行为涉嫌违反上市规则，考虑对其采取包括“冷淡对待”在内的适当行动。港交所向纪律小组委员会提交报告，要求对有关人士作出严厉谴责，甚至对南海石油发出“冷淡对待”令。“冷淡对待”令期限最长为5年，在这段时间内，公司作出的任何交易或重组变动，港交所都不会受理。[2]

另据我国台湾地区证监会《执法月报》2003年5月报道，该会收购及合并执行人员对台国际融资控股有限公司的执行董事许尊健及雷秉坚发出“冷淡对待”令，禁止两人使用证券市场设施，为期24个月。许氏及雷氏亦遭到谴责。此外，许氏自愿暂时吊销其牌照为期24个月。据称这是收购及合并执行人员施加的前所未有的制裁。

我国证券市场中，交易所对上市公司在信息披露、关联交易等一些违规行为也常采用公开谴责的措施。证券监管部门2004年初发布的《证券发行上市保荐制度暂行办法》（以下简称《办法》）中也引进了持续信用监管和“冷淡对待”的措施。《办法》规定，除对违法违规行为进行行政处罚和依法追究法律责任外，还将对违反《办法》相关规定的保荐机构和保荐代表人采取“冷淡对待”的具体监管措施，即根据情节轻重，在一定时间内不受理或不再受理其提出的推荐发行上市申请，严重的还要取消其从事保荐业务的资格。《办法》还规定对有关机构和个人的不良信用表现记录在案并予以公布。

当然，有人认为软性监管措施威慑力、“杀伤力”尚不足。香港地区正在进行修改上市公司法规中，有提议认为对违规违法行为的处罚要加大力度，其中

---

〔1〕 据《第一财经日报》2005年1月25日报道。

〔2〕 据《新闻晨报》2004年9月7日报道。

对年报中披露不完整或虚假会计信息等市场违规行为，拟从谴责提升到与内幕交易或价格操纵等犯罪行为同等高度。内地有学者认为此举可以参考。

四、区别应用监管强制措施与行政制裁

近年来的金融监管中，越来越趋向于区分违法与违规的界限，并分别对违法与违规适用强制监管措施及行政制裁，避免不分青红皂白一律处罚，这也是依法监管的基本要求。

（一）扩大监管强制措施适用范围

监管强制措施是对被监管者违反监管规章、规则，但尚未构成违法的行为所采取的监管措施。监管强制措施还不属于行政处罚或处分，而是具有强制性、比较严厉的监管措施。当被监管者违规被责令限期改正而逾期未改正的，或者其行为严重危及其自身稳健运行、损害他人合法权益、影响到一定范围的金融安全的，金融监管机构依法可以区别情形，采取监管强制措施。

监管强制措施的性质是限制被监管者或其高管人员、控制股东的权利范围、经营能力及营利水平，以促使其纠正违规，恢复规范经营。主要强制措施包括：责令暂停部分业务；停止批准开办新业务；限制分配红利和其他收入，若限制期间被监管者仍分配红利和其他收入的，则由监管机构收回或责令其收回，亦可申请法院强制执行；限制资产转让，包括禁止转让资产和责令转让资产，对此监管机构都有权检查核对；责令控股股东转让股权或者改变股权结构等形式的重组，其中控股股东被责令转让股权的、应在一定期限内依法转让；限制有关股东的权利，其他股东应协助执行；责令调整董事、高级管理人员或者限制其权利，被监管者应依据监管强制措施形成决议，在规定的期限内调整高管人员人选或限制其相应权利；停止批准增设分支机构；要求在规定期限内增加资本金等。

监管机构实施监管强制措施，应制作监管强制措施决定书，送达被监管者，并通知相关当事人、关系人或公告。被监管者应将监管强制措施执行情况报告监管机构，监管机构有权检查执行情况。

此外，监管机构还可依照严格的法定程序，采取以下强制措施：对造成国家利益重大损失的、负有直接责任的董事、高级管理人员和其他直接责任人员，通知出境管理机关依法阻止其出境；申请司法机关禁止被监管者转移、转

让财产或者对其财产设定其他权利；查询涉嫌违法的被监管者及其工作人员以及关联行为人的账户，对涉嫌转移或者隐匿违法资金的申请司法机关予以冻结。

（二）慎用行政制裁

行政制裁是指特定的行政主体对违反行政法律规范的公民、法人和其他组织所给予的一种行政法律处罚。行政处罚即追究行政法律责任，是法律责任制度的重要组成部分，也是行政主体有效地进行行政管理、维护市场秩序，保障法律贯彻实施的一个重要手段。拥有行政处罚权的监管主体对在金融活动中违反法律规范的金融机构或有关个人，应实施行政处罚，以制裁违法、矫正危害、威慑企图不轨者、保障金融安全。

行政处罚的种类有多种，金融监管中常用的有：警告，即监管行政主体对有违法行为的公民、法人或者其他组织提出告诫，使其认识错误不再重犯的一种处罚。警告适用于违反行政法律规范情节轻微、对社会危害程度较轻的行为人，所以是一种既具有教育性质又具有一定强制性质的较轻的处罚种类，其适用对象可以是法人或者其他组织，也可以是公民个人。罚款，即监管行政主体强制违反行政管理秩序的公民、法人或者其他组织在一定期限内缴纳一定数量货币的一种处罚。罚款在市场监管中用得较多，因为这是对违法者财产权的一种合法剥夺，目的是通过罚款，使违法者认识自己的违法行为。没收违法所得、没收非法财物，这是监管行政主体依据有关行政法律规范性文件，将违法者以非法手段所获取的财产及用于违法活动的财产，如走私物品、投机倒把的物资、淫秽物品以及用于赌博的赌具等强制性无偿收归国有的一种处罚措施。责令停产停业，这是监管行政主体对违反行政法律规范的企业、中介机构或者个体工商户，在一定期限内剥夺其从事生产或经营活动权利的一种处罚。责令停产停业涉及被监管者生产经营与经济利益，一般来说应当有一定的期限，由违法者在停产停业期间内进行整改，纠正自己的违法行为，在违法者确实认识并改正后，应允许其恢复营业。暂扣或者吊销许可证、暂扣或者吊销执照，即指监管行政主体对于具有违法行为的被监管者，暂时地扣留或者吊销其许可证或执照，从而停止或撤销了违法者从事某项活动或享有某项权利的一种处罚。这是一种比责令停产停业更为严厉的处罚，主要适用于比较严重的违法行为。在金融监管中，处罚可以针对单位的证照，也可以针对个人的证照，如《中国银行业监督管理委员会行政处罚办法》中就包含取消董事、高级管理人员任职资格的处罚。

行政处罚由具有行政处罚权的监管行政主体实施。具有行政处罚权的监管行政主体指两类，一是负有监管职能的行政机关，其应在法定职权范围内实施行政处罚；二是具有管理公共事务职能的组织，这类组织可根据法律、法规的授权在法定授权范围内实施行政处罚，也可以因行政机关依照法律、法规或者规章的规定在其法定权限内的委托实施行政处罚。委托行政机关对受委托的组织实施行政处罚的行为应当负责监督，并对该行为的后果承担法律责任。受委托组织在委托范围内，以委托行政机关名义实施行政处罚，不得再委托其他任何组织或者个人实施行政处罚。

行政处罚应依法进行。当事人有下列情形之一的，应当依法从轻或者减轻行政处罚：主动消除或者减轻违法行为危害后果的；受他人胁迫有违法行为的；配合行政机关查处违法行为有立功表现的；其他依法从轻或者减轻行政处罚的。违法行为轻微并及时纠正，没有造成危害后果的，不予行政处罚。对行政违法行为依法应当给予行政处罚的，监管行政主体必须查明事实；违法事实不清的，不得给予行政处罚。在作出行政处罚决定之前，应当告知当事人作出行政处罚决定的事实、理由及依据，并告知当事人依法享有的权利。当事人有权进行陈述和申辩。监管行政主体必须充分听取当事人的意见，对当事人提出的事实、理由和证据，应当进行复核；当事人提出的事实、理由或者证据成立的应当采纳。监管行政主体不得因当事人申辩而加重处罚。在作出责令停产停业、吊销许可证或者执照、较大数额罚款等行政处罚决定之前，应当告知当事人有要求举行听证的权利；当事人要求听证的，行政机关应当组织听证。当事人对当场作出的行政处罚决定不服的，可以依法申请行政复议或者提起行政诉讼。值得指出的是，行政制裁不能代替刑事与民事责任。

另外，自律组织可以根据法律法规规定或其自身章程规则规定，对其成员及成员的工作人员违规违纪进行纪律处分。处分方式通常包括：向其成员发出各种提示性通知和函件；在一定范围内或公开通报批评；要求其成员聘请相关中介机构对所存在的问题进行核查并发表意见、公告；向监管机构有关违法违规行为；公开认定其成员的工作人员不适合担任高级管理人或建议更换；除名（取消会员资格）等。

第七节　新金融的监管法理与实践[1]

近年来，随着普惠金融的发展和互联网技术的融合，金融改革创新不断深化。在这一背景下，新型金融机构和金融业态大量出现。新金融的产生与发展一方面弥补了现有金融体系的短板，但另一方面也带来了新的风险。然而，我国现行监管体系中并没有针对新金融监管的专门安排，地方政府仅依据一些零星的委托或授权起到辅助监管的作用，这一体制已经不能很好适应新金融和经济社会发展的形势与要求。本文旨在通过对现阶段我国新金融自身发展与监管需求的分析，结合域外经验，对我国新金融监管法制的理论与实践进行探究。

一、新金融：范畴、发展及监管

（一）新金融的范畴

"新金融"并非法律概念，实务界和理论界使用这一概念较多，其又被称为"准金融""类金融"与"非正规金融"等。目前，新金融在多数情况下直接指向新金融机构。[2]

对于新金融机构的内涵，本文认为，新金融机构即"具有金融功能的非金融机构"，它可以定义为"从事金融活动、不持金融牌照、受金融监管当局之外的政府部门管理的合法组织"。具体而言，新金融机构具有以下主要特征：

第一，经营业务具有金融属性。新金融机构从事的不是一般工商业务，而是与资金融通相关的活动，其在一定程度上其属于信用中介机构。如巴塞尔金融稳定委员会（Basel FSB）在其对"影子银行"的定义中指出的，信用中介是银行的核心功能，具有期限转换、流动性转换、杠杆、信用风险转移四个特

---

〔1〕 本文作者为吴弘、李云州。

〔2〕 关于"新金融机构"，中国人民银行在《2013年中国金融稳定报告》中，将小额贷款公司、典当行、融资性担保公司、私募股权基金、农村（民）资金互助组织和各种民间借贷组织等表述为"开展融资活动的非金融机构"。上海市《"十二五"时期上海国际金融中心建设规划》中则使用了"新型金融机构"的表述。

征。[1] 新金融机构具有这些特征中的其中一个或数个，为期限转换、流动性转换、杠杆、信用风险转移提供便利。

第二，不持金融牌照。新金融机构不具有金融监管当局颁发的金融业务许可证，处于银行等传统金融体系之外。相较于审慎监管标准，新金融机构所适用的标准较轻。

第三，受政府监管。新金融机构虽然不受"一行三会"等金融监管当局直接监督管理，但是受政府其他部门的管理。新金融机构在被纳入政府管理的同时，也被赋予了明确的合法地位。

至于新金融机构的外延，我国现阶段新金融机构主要包括小额贷款公司、融资性担保公司、典当行、融资租赁公司、商业保理公司等类型。然而，有些原处于灰色地带的非正规金融机构可能会因受到政府管理而成为新金融机构，而有些新金融机构则可能会被纳入金融监管当局监管范围。例如，商业保理公司原本不被允许工商注册登记，后因商务部开展试点而大量成立，成为一类新金融机构。而私募股权投资基金原属于新金融机构，2013年6月中央编办将包括创业投资基金在内的私募股权投资基金监管职能赋予中国证监会，意味着私募股权基金正式受金融监管当局监管，不再属于新金融机构范畴。又如，随着互联网的兴起，大批新型互联网金融企业也如雨后春笋般大量出现。因此，随着我国金融体系发展和金融监管体制的变化，新金融机构的外延也在不断发生动态变化。

（二）新金融发展的动因分析

1.满足金融需求，融通民间资本。

我国新金融机构发展的内在驱动力来自于金融需求，与其联系最紧密的有两类。一是农村金融需求。传统金融的诸多不足引发了民间借贷行为的泛滥，这种地下金融形态积累了大量金融风险。虽然农村信用社改革已经在全国范围内铺开并取得一定成绩，诸如资本充足率、不良资产率都较前些年有很大改善，但经营实力还相当有限。因此，要支持农村经济发展，满足农村金融需求，国家要建立为农民、农业和农村经济发展服务，实行自主经营、自我发展、自我约束、自担风险的新型金融机构。二是中小企业金融需求。近年来，

---

〔1〕 Laura E. Kodrs, "What Is Shadow Banking? " at http://www.imf.org/ external/ pubs/ft/fandd/2013/06/basics.htm.

中小企业在我国得到迅速发展，为经济增长作出了重大贡献。[1]然而，中小企业贷款通常以流动资金为主，融资需求具有单笔融资金额小、笔数多、融资频率高、期限短的特点，这就使得一般的商业性金融机构对中小企业采取十分谨慎的态度。此外，从交易与信息成本来看，中小企业的融资规模较小，大型商业银行在对其提供金融服务时单位资金所分摊的交易费用较大，因此通常也不愿意为其提供全方位的服务。因此，由于中小企业自身条件的限制以及我国资本市场的不完善，该类型企业的直接融资渠道几乎被堵截。

与大型金融机构不同，新金融机构多以中小企业、低收入群体和农户作为主要服务对象，在民间资本和无法享受持牌金融机构服务的融资方之间发挥着重要的桥梁作用，是金融体系的"毛细血管"。小额贷额公司和农村资金互助组织等新金融机构与中小企业及农户之间存在密切的联系，对此类群体提供金融服务的意愿较强。因此，新金融机构在满足民间金融需求、增加农村金融供给、为民间资本融通提供合法渠道等方面具有天然优势。

2. 改变二元经济结构，促进我国经济可持续发展。

二元经济结构指发展中国家在经济发展中，由于部门间劳动生产率的差异或区域间经济发展的不平衡等原因导致的经济两极分化现象。[2]现阶段，我国在部门和区域间都存在明显二元经济现象，其已经成为我国经济可持续发展的瓶颈因素，因此改变二元经济结构是我国经济发展的主要任务。有研究表明，非国家金融机构的发展会导致金融结构比例的上升[3]，而金融结构比例上升对二元经济改变起积极促进作用。[4]大型国家金融机构在全国范围内配置资金，从农村和欠发达地区汲取的金融资源不可避免流向城市和发达地区；而非国家金融具有很强的区域性，主要在本地区和部门配置资金，对农村和欠

---

〔1〕 据统计，我国工商注册登记的中小企业占全部注册企业总数的99%，中小企业还提供了大约75%的城镇就业机会。

〔2〕 经济学家Lewis在1954年发表的《劳动无限供给下的经济发展》一文中首次提出，在发展中国家的国民经济中存在现代部门与传统部门这两种性质的部门；瑞典经济学家Myrdal在1957年出版的《经济理论和不发达地区》一书中则提出了地理上的二元经济理论，认为区域经济发展水平的差距造成了经济不平等，而经济不平等又进一步加剧了区域间经济发展水平的差距，如此不断循环和累积，最终形成地理上的二元经济结构。

〔3〕 非国家金融机构指除国家金融机构之外的其他金融机构，包括股份制银行、城商行、农商行、信托投资公司、财务公司等。金融结构比例为非国家金融机构贷款与全部金融机构贷款余额之比，反映非国家金融机构在金融体系中的地位和它们对金融资源分配的作用。

〔4〕 彭建刚等：《中国地方中小金融机构发展研究》，中国金融出版社2010年版，第17～23页。

发达地区可以起到保护作用，避免资金流失，一定程度上抵销贷款规模非均衡增长造成的消极作用，从而有利于二元经济结构的改变。

3. 化解信息不对称，降低交易成本。

长期以来，借款人与贷款人之间存在信息不对称问题，这一问题进而导致逆向选择和道德风险问题，阻碍了金融市场的发展。金融中介的信贷融资技术可分为两种：(1)关系型信贷。即金融中介基于与企业、企业所有者以及地方社区的长期业务或非业务联系获得相关信息，包括很多不能在企业财务报表上体现出来的经营信息以及企业经营管理者的品德、经营能力和信誉等“软信息”；(2)交易型信贷。其主要依据是财务报表、资产保证、信用评分等“硬信息”[1]。中小企业普遍存在信息不透明、信息生产能力弱等问题，比较偏好与适合关系型信贷。而新金融机构由于其与所在地联系紧密，基于地缘、人缘优势，更易于掌握客户企业的实际经营状况等信息及动态变化。因此，相对于银行等传统金融机构，新金融机构在化解信息不对称方面具有重要意义。例如，融资性担保公司之所以为中小企业向银行贷款进行担保，是因为其更易于掌握中小企业的软信息。虽然银行和中小企业间的信息是不对称的，但担保机构与中小企业之间的信息是对称的，其可以成为银行和中小企业间的信用桥梁。

化解信息不对称问题进而可以降低交易成本。首先，新金融机构可以降低资金需求者的交易成本。其通过发放关系型贷款、降低抵押担保要等措施求提高了中小企业获取资金的可能性，同时也减少了中小企业由于未能及时获取资金而导致经济损失的可能。其次，新金融还可以降低金融中介的成本。一方面是金融中介的显性成本，即金融中介在参与金融交易过程中直接耗费的成本。例如，新金融机构依赖地域、人缘优势，降低了信用调查的成本；新金融机构规模小、内部结构简单、决策快，从开始谈判到贷款合同的签订耗费的人力、物力、财力相对较小，降低了谈判成本；新金融机构与当地中小企业等小规模资金需求者往往形成一种共生共荣的关系，对借款人的违约行为相对比较敏感，降低了贷款发放后对借款人的监督成本。另一方面是金融中介的隐性成本，即金融中介参与金融交易获得间接耗费的成本。例如，新金融机构由于与借款人联系密切，有利于控制贷款风险，减少贷款损失的可能性；新

〔1〕 同上书，第56～57页。

金融机构由于内部层级少、决策快，且激励机制灵活，又在一定程度上降低了代理成本。

（三）新金融监管的必要性分析

对新金融机构进行监管是基于两方面原因。

一方面是基于新金融的风险。对于系统性风险，本文认为新金融引发该类风险的可能性较低。首先，新金融机构不能吸收储户存款，自然不会发生挤兑事件。其次，新金融机构基本不参与资本市场投资或代理投资者参与资本市场，也较少从资本市场融资，引发资本市场停滞的可能性较小。再次，新金融机构较少参与资产证券化或金融衍生品交易，虽然可能发生投资者损失，但单个机构的亏损、破产一般不会波及其他机构。然而，虽然新金融机构现阶段产生系统性风险的可能性较低，但其仍然具有一定的负外部性，存在一定的非系统性风险。一是偿债能力风险。新金融机构可以负债经营，融资性担保公司、融资性租赁公司等新金融机构的债务杠杆较高，若其偿债能力发生问题，银行可能遭受贷款坏账损失。二是操作风险。相较于传统金融从业人员，新金融从业人员专业性程度较低，可能因主观失误、遭受欺诈或意外事故等原因使资产遭受损失。三是违法经营风险。新金融机构可能进行非法集资、暴力催债、发放高利贷等违法违规经营活动。例如，融资性担保公司数量一度激增，但相当多数并没有发挥融资担保中介作用，反而成为公司股东从银行圈钱的平台。这不仅会侵犯金融消费者合法权益，也会破坏金融市场秩序，产生相应的社会治理成本。四是外部环境风险。新金融机构多数为民营资本投资设立，资本的逐利性决定其追求利益的最大化，在市场饱和的情况下易出现恶性竞争、同行压价等不当经营现象，进而对新金融业造成损害。

另一方面是基于培育新金融机构的需要。我国历史上长期实行高度集中的计划经济模式，存在严重的金融抑制现象。根据金融中介理论，我国政府应该放松对金融市场的管制，提供公平竞争的市场环境。在此背景下，大力发展新金融的必要性自不言而喻。而我国政府主导型的市场经济模式决定了新金融机构的发展离不开政府的培育和引导。基于此，我国应对新金融机构实施监管。

二、新金融的监管体制：现状与缺陷

（一）我国新金融的监管体制现状

近年来，中央正逐步赋予地方政府一定的监管权限，逐步形成了当前以中央监管部门集中统一和分业监管为主导、地方政府金融管理为补充的监管体制。

1.监管依据。相比于我国正规金融机构已初步形成包括法律、行政法规、部门规章和规范性文件等一套相对成熟的监管法律制度体系，新金融机构监管依据效力层级较低。例如，小额贷款公司的监管依据为由人民银行与银监会制定的《关于小额贷款公司试点的指导意见》；典当行的监管依据为商务部制定的《典当行业监管规定》以及商务部与公安部制定的《典当行业管理办法》。这些规范性文件均为规章级别以下，且大多数是政府及其部门的规范性文件，仅有少数为部门规章。

2.监管主体。新金融机构一般不受传统金融监管部门监管，而受地方政府有关部门监管。各类新金融机构的具体监管主体又有所不同，如小额贷款公司通常由省级政府指定金融服务（工作）办公室（以下简称金融办）承担监管职责；融资性担保公司也是地方政府指定部门金融办、发改委甚至工业与信息化部门负责监管；典当行、融资租赁公司以及商业保理公司则归口于地方商务部门。

3.监管内容。新金融机构的监管内容主要包括市场准入、业务运营、市场退出三个方面。在市场准入方面，新金融机构除须符合公司法的要求外，还应满足注册资本、股权结构、投资者资质、从业人员资质等额外要求。在业务运营方面，对小额贷款公司、典当行限制最严格，融资性担保公司、融资租赁公司次之，商业保理公司相对宽松。监管要求多涉及业务范围、经营地域、资金来源、资产负债比例、资金价格、内控体系等各方面。在市场退出方面，新金融机构的市场退出方式与一般企业基本相同。

4.监管方式。多采用非现场监管和现场检查两种手段，且以非现场监管为主。例如，商务部建立了全国统一的典当行信息管理系统，要求典当行定期报送信息，以便及时统计分析、进行检测。对新金融机构的现场检查频率则相对较低，由于监管力量有限，部分监管机构以政府采购服务的方式聘请专业中介机构，如律师事务所、会计师事务所参与现场检查。

(二)我国新金融的监管体制缺陷

在新金融迅猛发展，且已经出现一些“金融乱象”的背景下，现行监管体制的缺陷与不足逐渐凸显。

一是监管依据层级较低。我国目前对于新金融机构的监管依据效力级别不高。以小额贷款公司为例，由人民银行与银监会制定的《关于小额贷款公司试点的指导意见》的性质仅是部门规范性文件，其法律效力位阶较低，不能授予监管主体行政处罚权，因此地方政府对于违规经营的小额贷款公司不能予以行政处罚，只能依赖于高管人员谈话等软性约束方式，监管不具有强制执行力，这大大降低了监管的威慑力。此外，多数规范性文件的规定较为笼统和含糊，可操作性不强。[1]

二是监管权责尚不到位。对新金融监管机构的权力配置因法律制度缺位而不充分，与一般传统行政权的区别不大，缺少调查处罚权等金融监管的重要权限，降低了监管的威慑力，影响了监管效果。新金融监管权责也不对等，因地方政府对新金融的监管权力有限，但却是新金融机构发生风险的第一救助人。虽国务院多个文件都明确地方政府负责处置金融风险，但因地方政府缺乏金融监管信息，所以对金融风险的防范较为被动和滞后。

三是监管队伍尚不成熟。新金融机构从事金融业务，对其进行监管理应具有高度专业性，监管人员应具有金融、法律、财务等专业知识背景。然而现行新金融监管主体多为传统行政机关，在人员专业配置上无法适应金融监管的专业要求，这就导致监管沦为形式审查和“走流程”，更勿论其风险管理功能。有限监管资源与有效监管需求之间的矛盾凸显。例如承担小额贷款公司、融资性担保公司等新金融机构监管职责的省级金融办一般只有十名左右监管人员，不能胜任适应日益繁重的监管任务。

四是监管分工缺乏协调。上下之间，中央与地方金融监管部门之间缺乏有效的监管协调和信息共享机制，沟通协调均是各地自愿行为，暂无硬性约束，尤其是缺乏金融风险应急的协调预案，双方在风险处置中的职责划分不明。[2]同级之间，监管重复与监管真空同时存在。地方新金融监管体系还未形成统一的框架，管理职能散落于各个部门。如一些地方的典当行的管理由经

---

〔1〕 俞燕:《我国准金融机构监管的实践与反思》，载《世界经济与政治论坛》2014年第4期。
〔2〕 林毅:《完善地方金融管理体制的若干思考》，载《边疆经济与文化》2014年第10期。

贸委或者商务部门负责，小额贷款公司和融资性担保公司的政策由央行、银监会制定，具体由地方政府金融办或其他职能部门监管。由此，职责交叉、有效性低，无法形成合力。

五是监管内容过于传统。监管主体在实施监管时，多注重设置准入门槛，并且均采用行政审批方式，存在“重事前审批、轻持续监管”的情况。这种做法的出发点虽然意在防范风险，但不可避免会产生抑制市场竞争的负面效果。部分监管规则设计不合理，抑制新金融机构发展活力。目前我国对部分新金融机构的资本充足率、资金来源等方面的要求明显高于对银行的要求。以杆杠率为例，我国为担保公司设置了数十倍的杠杆率，新金融机构受到了严格控制。就新金融机构内部进行比较而言，小额贷款公司和典当行受到了更为严格的限制，不仅杠杆率低于一般企业，而且对其融资渠道还做了相当严格的限制。虽然从控制风险的角度，控制杠杆是一种最为直接的做法，但是杠杆的限制也必然影响新金融机构的盈利能力，成为其持续发展的障碍。

六是监管方式相对单一。新金融监管方式单一，主要指以行政手段为主，对法律手段和经济手段运用能力不足。政府缺乏有效的事前风险识别控制能力、规范的定量指标体系，现场监管和非现场监管、日常监管与重点监管不到位。[1]在互联网技术高度发达的当下，部分新金融机构监管部门尚无完备的监管信息系统，较难确保数据信息的准确性，不利于及时发现风险。

三、新金融的监管理念：域外经验与借鉴

在构建新金融机构监管法制的过程中，首先应对新金融监管的理念作出正确认识。结合域外经验，本文认为进行新金融监管应明确以下理念。

（一）依法监管

虽然各国（地区）对新金融机构的具体管理方式有所不同，但都通过法治手段来促进发展与实施监管。以典当业立法为例。一些国家倾向于采用综合立法模式，例如英国以《消费者信用法》（Consumer Credit Act）[2]来综合调整包括典当在内的所有形式的小额消费者借贷行为，共193条，其中“典当”

---

〔1〕 陆岷峰、王虹：《加强地方政府金融监管责任的研究》，载《哈尔滨金融学院学报》2014年第4期。

〔2〕 1974年制定，2006年最新修订。

(Pledges)部分专列一章，共9条。而另一些国家则采用专门立法模式，如日本和美国：日本基于防止当铺业者及无照业者收受赃物、增加侦查逮捕快速化的实效性以及防止国民财产的损失，特别制定《典当营业法》与《典当营业法施行规则》对典当业加以规制。美国虽然在联邦层面没有制定统一的典当法，但各州制定了各自的法律来对典当业进行营运管理规范。

法律秩序未必是市场发展初期的前提条件，但却是市场成熟发展的前提条件。[1]法律通过形塑各种制度对社会变迁产生直接或间接的影响，有意识地通过法律进行社会变迁是当今世界的基本特征，[2]缺乏法律制度的有效保障，监管目标就难以实现。因此，在全面依法治国的语境下，我国应当遵循“立法先行”原则，通过将新金融监管纳入法制框架来促进其规范发展。就立法模式的选择而言，综合立法模式通常适用于有成熟金融立法的国家，这些国家在充分考虑新风险特征的前提下，将新金融监管纳入金融机构监管法的调整范围，从而建立起统一的金融监管法律体系。考虑到我国现阶段的金融发展成熟度，以及金融规范散见于各法律法规的现状，本文认为专门立法是我国规制新金融发展的更优选择。

（二）尊重市场规律

由于各国的政治体制、经济体制以及金融业发展水平存在差异，各国政府的管理理念也有所不同。一般而言，越是成熟、发达的市场，越依靠市场约束机制发挥作用，政府越倾向于作为单纯的金融监管者，维持自由竞争的市场秩序。例如，域外对商业性担保业务主要依靠信息披露，以及各业务参与人相互制约等市场约束机制实现监管。如在英国的担保行业中，行业自律以及市场约束在监管上起到了最主要作用。又如，美国的融资租赁市场是完全开放的，既不需要取得行政许可，也没有最低注册资本的限制，完全依靠市场调节机制来规范市场秩序。

我国在推进新金融发展时应尊重市场规律，发挥市场的积极作用。首先，政府应认识到自身的局限性，即监管可以弥补某些但并不能弥补所有市场缺陷，不能替代金融市场作用。应遵守政府对市场最低干预原则，强化市场约

---

〔1〕 陈志武：《金融的逻辑》，国际文化出版社2009年版，第189页。

〔2〕 Dror Yehezkel, Public Policy Making Re-examined, Chandler, 1968；另参见[美]拉伦斯·M. 弗里德曼：《法律制度》，李琼英、林欣译，中国政法大学出版社2004年版。

束，引导政府的逐步退出和市场力量的逐步进入，从而推进新金融体制的市场化改革。其次，应适度监管，防止扼杀新金融活力。我国金融抑制的存在决定了现阶段的首要任务是发挥金融市场的资源配置作用，因此在效率和安全的平衡上，一定程度上应该以效率为优先。应避免直接干预新金融机构的内部经营管理，需要针对新金融机构自身运营特点，特别是根据其特有风险设计审慎经营规则。再次，应适时调整监管策略。不可否认，外部环境对新金融的发展具有重要影响，"监管—创新—再监管"是一个不断相互推动的动态循环过程。[1]如前所述，在我国政府主导型的市场经济模式下，处于我国经济转轨阶段的新金融机构的发展离不开政府的培育和引导，这就决定了在相当长的一段时期内新金融机构监管当局的双重定位，其既是监管者，也是推动发展者。因此，新金融机构监管当局应注意适时调整金融监管策略，以更好地贴合新金融发展的需求。

（三）注重保护金融消费者权益

域外具备成熟金融市场的国家均注重保护金融消费者的合法权益。具体措施如：（1）设置准入门槛，筛除不合格的申请者；（2）以法律方式明确规定登记要求，一般按照金额、地域范围，或参与人数、规模等界限，低于界限实行自由登记，超过界限强制登记；（3）实行许可制度。以英国对典当业的监管为例，英国规定经营典当业必须拥有典当经营许可证书（Consumer Credit Licence），必须具有足够的安全设施与商业保险、足额资金以及专业评估人员。[2]以上措施既有利于保护金融消费者权益，也有利于对监管部门对金融市场的监测，降低新金融的交易成本和监管成本。

我国在推进新金融发展的同时，也应加强新金融消费者保护。创新的金融产品和服务只有与金融消费者的认知水平、接受程度、风险承受能力相匹配，才可能得到广泛认可和普遍推广。在新金融的推广过程中，应重点强化对创新产品和服务的宣传销售、信息披露、服务收费、投诉处理、声誉管理、社会责任等重点环节的规范和管理，在新金融机构和消费者之间形成良性互动。

---

〔1〕 李迅雷、李明亮、俞晓雯：《新金融发展的理论研究及其发展趋势分析》，载《新金融评论》2012年第1期。

〔2〕 虽然英国法律并未明文规定必须对当物投保，但英国典当协会建议典当行为了保持商誉与交易安全，应给予当物投保。法律也未明确规定典当行的最低资金额，但启动资金一般在1万英镑至10英镑。

例如，新金融机构应主动加强相关金融知识的教育普及，以提高金融消费者的金融知识水平、金融工具运用能力、金融风险防范意识，以及对非法金融行为的鉴别和规避能力。

四、分层式监管：保障新金融发展的法制路径

依法监管原则要求厘清不同监管主体之间的监管权配置问题。党的十八届三中全会要求："完善监管协调机制，界定中央和地方金融监管职责和风险处置责任。"《中共中央关于全面深化改革若干重大问题的决定》中提出，落实金融监管改革措施和稳健标准，完善监管协调机制，界定中央和地方金融监管职责和风险处置责任。因此，金融监管权的纵向配置成为金融管理体制改革面对的重大现实问题。本文谨结合分层式监管理念，提出以下改革建议。

（一）赋予地方新金融监管权

对于分层式金融监管体制的具体配置建构路径，本文主张按照金融风险防范的需要划分。凡是可能引起系统性风险的金融业态，仍属于中央监管；而风险较小、辐射影响较低的金融业态，则归地方监管。这里的地方，一般指省级政府。如前所述，新金融机构现阶段引起系统性风险的可能性较低，所以应由地方进行监管。事实上，我国近年来金融监管权分权趋势在不断加强，地方政府在对于新金融机构监管中的话语权在增大。实践中，我国对部分新金融机构已经采用了分权监管安排，例如在对小额贷款公司、融资性担保公司的监管体制中，中央已将部分监管权下放至地方政府。[1]此外，虽然目前我国基本法律并没有明确地方政府金融监管的主体身份，但地方政府已成为新金融事实上的监管者。[2]全国31个省区市成立了金融管理机构，地市、县级的金融管理机构多达200多家，然而这些机构隶属关系、级别、职能等五花八门。实践中较为常见的是由金融办主导地方金融的监管工作，但各地金融办的性质却差别很大，或为政府组成部门，或为临时性议事协调机构，或为直属事业单位，亦或为常设挂靠机构等。法律应明确地方金融监管机构的法律地位，解决现行监管机构的定位问题，从而建立中央和地方条块结合、各有侧重、覆盖完整、

---

〔1〕 中央政府将包括市场准入监管、退出监管、日常监管、风险处置等大部分监管权赋予了省级政府，中央政府基本只保留规则制定权。

〔2〕 参见郑少华：《论金融监管权的边界》，载《法学》2003年第7期。

协调联动的金融监管格局。在明确新金融机构监管主体法律地位的基础上，应进一步规范新金融机构监管主体的职能权限，通过法律制度的完善实现监管机构职能权限的科学化和规范化，对监管主体的监管目标、监管原则以及内部组织机构、人员编制等问题作出明确规定。

（二）赋予地方新金融监管规则制定权

在赋予地方新金融监管权的同时，也应赋予地方一定的金融立法或金融规则制定权。根据我国立法法，金融基本制度属于法律保留事项，但是金融立法权集中于中央存在突出的问题：首先，国家制定新法或修改旧法的时间较长，而新金融市场发展速度快、变化大，不断提出法律规范的新要求，因此金融创新和法律滞后的矛盾较大。其次，我国在法律修改方面的理念也不适应金融市场，一些金融发达国家的金融法律修改频率很高，而我国金融相关法律多年不改的情况非常普遍，造成无法可依、法律景观化的现象。法律要求相对稳定性、无法朝令夕改，因此就要由监管规则及时填补。这不仅需要中央金融监管部门有针对性地出台规章，也可授权省级地方政府及中央金融监管部门的派出机构颁行相应金融监管规则，在一定范围内适用。本文建议，中央层面主要负责重大金融立法、重大金融发展政策制定、金融宏观调控、系统性和跨地区金融风险防控、地方金融工作指导与协调、地方金融监管人才培养等；而地方层面应在贯彻落实国家金融方针政策的前提下，主要负责本地金融立法和金融发展政策制定、新金融机构的监管、风险防控、培育和发展等。

（三）完善新金融风险处置机制

第一，应完善地方新金融体系风险预警机制。首先是完善地方诚信体系。地方政府应该给予诚信体系以充分的重视，促进社会诚信系统建设的不断完善。标准建设是地方金融信用体系建设的基础工作，地方金融监管机构可以参照央行的金融业统一征信标准体系，完善地方金融监管的征信标准，对接央行的金融业信用信息体系，督促辖区内各类新金融机构完善金融信用管理制度。其次是建立地方新金融风险监测指标体系。地方新金融监管面对的是新型的金融业态，这些新金融机构本身自由资金很有限，应建立更合理的风险监测指标，也可委托第三方机构建立。而且新金融机构的内控机制也不如传统金融机构健全，应当通过大数据技术对这些新金融业态构构风险监测，监控风险因素的变动趋势，预先发布警告以防止损害发生。

第二，应建立地方金融风险处置基金。省级政府作为地方新金融机构的监管主体，应全面承担其金融风险处置职责。因此，地方金融风险处置基金应由省级政府和地方新金融机构共同出资建立，以省级政府为主。省级政府应在评估地方金融风险的基础上，以能够完全覆盖金融风险为原则，确定地方金融风险处置基金的规模，可采取逐年出资累计达到基金设计规模的方法筹措基金。

（四）推动非官方监管机制创新

仅凭借地方国家机关无法全部负担起新金融监管体制的重任，应发挥社会监督功能，授权金融行业协会、金融交易市场和新金融机构进行自我监管，从而通过私人路径推动监管机制的创新。在具体制度建设方面，应当引进业界自治模式，依照因地制宜的原则加以推进。第一，发挥小额贷款公司协会、典当业协会等新金融行业组织的自律监管职能，提高行业自律意识与自律水平，形成监管合力。第二，探索金融消费者组织、媒体舆论、人民团体等对新金融服务的监督，特别对非法金融活动的合力预警监视。通过这些放权性的金融创新，真正发挥私人路径在市场中的巨大影响和能动性。

第五部分　涉外经济法与国际金融中心法制

第一节　自贸区金融改革创新持续化及其法制保障[1]

上海自贸区即将完成首轮建设周期，自贸区金融改革创新需要持续，也需要总结对全国金融市场发展可推广、可复制的经验。国家已决定在上海自贸区的基础上，建设深圳、福建、天津等地的自贸区，但各自贸区的金融改革创新及其制度并不相同，有许多可以相互借鉴，有些则需要适当统一。这就迫切需要对自贸区放松金融管制、加强金融有效监管、构建防范金融风险的安全体系等方面，加强研究和作出制度安排。

一、上海自贸试验区金融制度创新成效显著

（一）探索金融服务业开放和资本项目可兑换为核心的金融制度框架

自贸区建立以后，人民银行、银监会、保监会分别出台了一些意见、措施和实施细则给予政策支持，总共51条。中国人民银行上海总部及国家外汇管理局上海市分局紧跟央行的指导意见出台一系列实施意见，如支付机构开展跨境人民币支付业务的意见，即获得人民银行支付许可证，可以跟金融机构合作，开展跨境电子商务的第三方支付结算；又如，支持上海自贸区扩大跨境使用的通知，建跨境人民币双向资金池，跨国企业集团

〔1〕 本节作者为吴弘、王洋。

只要有一家企业是注册在试验区内的，就可以通过这家企业在金融机构开设一个专用账户，通过该账户归集资金，可以把来自生产、经营或投资所得的现金流归结到资金池账户里面去，还可划到境外尽快到达境外成员企业，境外成员企业也可将所得现金流划进来；还如放开小额存款利率的上限，纯贷款利率上下线全部放开，同时根据市场发展情况做一些新的窗口指导。以及允许注册在区域的企业也可以借外债，平衡中外资企业的待遇等。

自贸区试验区2015年扩区，从28平方公里扩区到120平方公里，将上海国际金融中心建设更紧密地结合联动。国务院在2015年10月常务会议审议通过，由人民银行、银监会、保监会、上海市政府支持发布上海自贸区金融制度创新的40条的意见。在40条意见出台后，又一批细则陆续发布实施，如国家外汇局上海分局出了一个外债意愿结汇意见，区内的企业借外债进来之后，可以根据自己的需求和意愿结汇。40条里有13条需要近期制定实施细则。

（二）有序开展自由贸易账户和跨境投融资与汇兑、人民币跨境使用、利率市场化等一系列金融制度创新

首先，自由贸易账户是个重要创新，目前有42家金融机构开办（其中有2家证券公司、4家财务公司、2家是市场交易主体），开户5万多个。自由贸易账户有5类账户，一是个人自由贸易账户FTI，在区内工作一年以上，凭税单可以开；二是境外个人自由贸易账户FTF，在区域内工作就业的境外个人可以开；三是最主要的即机构自由贸易账户FTE，注册在试验区的企业可去在已设分账核算单位的银行开账户；四是境外机构FTN，境外机构可来上海通过40多家金融机构开账户；五是同业之间清算的FTU。自由贸易账户跟境外账户之间资金自由划转：自由贸易账户里面的资金是经常直接组织向下自由兑换的，账户里的资金可自由兑换。还有自由贸易账户有另外一个特点是本外币一体化，大的自由贸易账户下面可以用人民币，也可用外币。自由贸易账户构建了一个风险的电子围栏，很多改革开放的措施就可以大胆推出，在自由贸易账户这个围栏里试。实行一线放开，即自由贸易账户跟境外账户与自由贸易账户之间，自由贸易账户跟NRA账户之间的划转；二线有限渗透，即自由贸易账户跟境内的普通结算账户之间划转，需是同名账户之间的划转，经常项目或一个直接投资项目下，偿还自身欠境内金融机构的超过6个月以上贷款，以及人民银行上海总部规定的其他一些情况。一线跟二线都只能用几人民币划转。

其次，宏观审慎的境外融资，对自贸区分账核算业务境外融资与跨境之间流动进行宏观审慎管理，把本外币融资起来一体化，设置了几个风险的因子予以控制。将原来外债的额度审批管理改为按企业资本金的两倍，通过市场进行调节。

最后，人民币集中收付业务，关联企业、集团内企业之间进出口不用一对一划转，可通过注册在自贸区的一家企业去办一个集中收付账户，将资金集中汇到专用账户里，由试验区内企业集中对外支付，方便了企业的进出口贸易的结算。

（三）稳步推进新的国际金融交易平台建设

2014年9月黄金交易所推出了黄金的国际版，黄金交易量已经占到了整个黄金所的80%，是比较成功的；去年又与香港营业的贸易场所开通了黄金沪港通。

上海证券交易所和香港交易所开通沪港通，这是我们国家对外开放金融市场的很好的探索，在去年的股灾中也经受住了考验，沪港通也是比较成功的。

保险交易所成立，即将正式挂牌，应该是市场建设中的一个重大突破。

跨境支付清算系统支持人民币国际化以后人民币在全球流通，即将进行二期工程，这对于人民币国际化是非常重要。上海清算所也建设了自贸区市场平台。

（四）不断完善自贸区的金融监管和风险防范机制

特别是探索开放经济条件下金融安全网建构，同时探索政府职能转变、减少审批项目后，制度与监管措施的变革。强调了各国普遍重视的开放环境下的反洗钱、反逃税、反恐怖融资。

（五）推广复制金融制度创新成果

上海自贸区的金融制度创新，目前已有部分在其他自贸区甚至全国范围推广，这也是建设自贸区的初衷，先行先试本身就带有“可推广可复制”的任务。2014年《国务院关于推广中国（上海）自由贸易试验区可复制改革试点经验的通知》，明确提出“上海自贸试验区可复制的改革试点经验，原则上，除涉及法律修订、上海国际金融中心建设事项外，能在其他地区推广的要尽快推广，能在全国范围内推广的要推广到全国”。金融领域，已在2015年6月30日前在全国范围内推广的制度包括人民银行负责推广的个人其他经常项下人民币结算业务、宏观审慎的外债管理制度：外汇管理局负责推广的外商投资企业外汇资本金意愿结汇、银行办理大宗商品衍生品柜台交易涉及的结售汇业务、直接投资项下外汇登记及变更登记下放银行办理制度；商务部负责推广的允许融资租赁公司兼营与主营业务有关的商业保理业务、允许设立外商投资资信调查公司、允许设立股份制外资投资性公司、融资租赁公司设立子公司不设最低注册资本限制等。

二、自贸区金融制度创新持续化的法治理念

自贸区的金融改革与制度创新取得了不菲成绩，但目前很多改革措施都比较琐碎、偏重于细节，自贸区的金融创新仍有很大的深化空间，制度创新也需上升为立法完善。

（一）金融制度创新需要深化

制度创新将加速自贸区内各种创新要素的聚集和流动，产生创新成果。过度的、过于保守的监管，不利于投资者进入自贸区，不利于开展相关金融创新。在一些评测中，自贸区诸项改革中金融的评分最低，例如在新华社发布的《2016中国自贸实验区发展报告》中，企业对自贸区服务业开放及金融创新实施情况反映略显不理想，认为自贸区服务业扩大开放程度一般、不及其他地区的企业分别占调查总数的52.35%和19.46%；认为自贸区金融创新政策基本落地但业务开展受限，以及多数未落地、无法开展业务的企业分别占33.56%和16.78%。很多企业认为，创新清单看似数量不少，但实际上没有多大力度，缺乏明显的自主创新成果，清单内容与企业诉求相脱离，很难感受到自贸区制度创新带来的实惠。无论是企业还是市场都期待自贸区有更深入的金融改革，出台更多的政策鼓励金融创新。

有人担心创新可能影响现有利益格局，但要看到金融创新在改变原有“分蛋糕”的格局时，也可创造出新的“蛋糕”。自贸试验区就应该允许金融创新在可控范围下进行大胆尝试，也不宜将旧的法律概念和规则生搬硬套进新的事物中。

（二）金融制度创新的实体化、自由化、集成化

持续进行金融制度创新需要确立一定的指导思想。

一是实体化。自贸区金融改革创新所有政策出发点和落脚点都应支持服

务实体经济的发展，避免投机行为，这在经济新常态中更有意义。目前自贸区的人民币境外借款政策规定境外借款后，专用账户中资金只能存活期而不能存定期，自由贸易账户一线跟二线之间不能以外币划转等，就是为了防止套汇套利，导致资金未流入实体经济的运营。但是，目前企业融资成本仍然较高，特别是中小企业融资难的问题仍未得到有效解决。治标之举是在合理监管下鼓励新金融业态发展，治本之举则是深化利率市场化、汇率自由化、人民币国际化等金融制度创新。

二是自由化。自贸区要以自由竞争和公平竞争促进金融创新和制度创新，应注重市场化的力量，并注重反欺诈、反垄断。要看到种种准入门槛、限制措施尚未根本触动，很可能抑制金融创新。不能满足于零星的、仅提供便利的改革措施。自由贸易区不是便利贸易区，金融自由化是深化金融改革和自贸区建设的最终目标。目前监管对自贸区金融创新干预过多，自贸区应鼓励守夜人式的"最小政府"，应尊重契约自由和意思自治，注重"无形之手"的力量。在形成和发展国际金融中心的过程中，自由竞争通过放松管制为企业松绑，同时更需要结构性的税收主导政策促进产业升级。

三是集成化。实际上就是制度的配套完善，这可能需要多个部门的协同。以互联网金融为例，涉及银监会、证监会、央行等多个监管部门，跨境网络金融信息又涉及工业与信息化部等。制度创新集成化，就是增加各部门间的协调，确保制度的实施，而不是各部门分别就一问题各自出台规范性文件。改革进入深水区，需要克服来自于各部门基于利益的阻力。自贸区改革能否突破的核心点不在于地方，而在于国家有关部门改革措施的集成，目前可行方案就是各部门相互妥协。

（三）金融制度创新的法制化

由于法律的制定与实施相对于金融发展有一定的滞后性，就使金融创新业务缺乏相应法律的指导规范，金融业也因此具有较大的政策及合规风险。自贸区的金融创新亟需金融制度创新。金融制度创新是以法律完善为目标，通过及时出台、更新多元化的规则，作为探索实践规范的做法。自贸区的金融改革，并非一时一地的政策调整，而是我国适应国际金融大环境的一个有利契机。这也就是在自贸区建立之初，"制度创新"就一直被摆在突出位置的原因。

自贸区的金融制度创新着眼于资源配置。金融资源配置首先依靠市场的作用，制度在其中应当起到引导和保障作用，而不仅仅是评价作用。在市场以“无形之手”配置资源的过程中，应当适应市场变化，发挥能动作用，为创新做好制度铺垫。对金融创新，科学地设计交易过程与交易架构，构建新型法律关系，设置好相应的权利、义务和责任，明晰监管职责，这就是制度创新。

自贸区的制度创新的先行先试必将产生显著的溢出效应，对于全国的体制改革形成倒逼机制，最终起到“以开放促改革，以改革促发展”的功效。制度创新至为关键，因为只有规则的复制与推广可以完全不受地理空间之限制。

随着改革创新的推进，自贸区将面临着更深层次和高难度制度创新任务。如上海自贸区“金改40条”面临如何落实的问题，需要制定相关细则，包括合格境内个人投资者境外投资试点，允许或扩大符合条件的机构和个人在境内外证券期货市场投资，支持自贸试验区内企业的境外母公司或子公司在境内发行人民币债券等制度。

根据实践要求，催化制度从内部驱动发生改变，再将经探索的有益制度以相关金融法律固定下来，这就是自贸区金融制度创新上升为金融立法完善的过程。截至2016年6月，各地自贸区均已出台相应的自贸区条例，均将投资开放、贸易便利化和金融创新等列为主要内容。总之，将自贸区的各改革措施制度化、进而法制化，正是建设自贸区的意义所在。

（四）金融制度创新的监管适度化

金融创新可能隐藏着新的风险。根据蒙代尔的“不可能三角”理论，在严格的汇率稳定、资本完全自由流动和独立的货币政策三者中，任何一个国家只能满足两者而必须舍弃第三者。其中，若要保持汇率稳定和独立的货币政策，必须适当地限制资本的自由流动。在国外做空势力猖獗、人民币持续贬值的大环境下，汇率的稳定成为关乎经济安全的重大事项。因而在自贸区建设中，对于金融应注重完善现有措施，为现有的深化改革做资源铺垫。这主要包括在资本项目可兑换、相关市场的进一步开放、金融服务业对外开放、负面清单等诸多方面的探索进一步加大力度，同时与风险防控保持平衡。

监管应当保障金融创新，同时创新必须是在风险可控的前提下，坚守红线；其次，应当遵循行业的本质，不得以“创新”的旗号开展风险较高的业务；对待金融创新，应当以其是否服务实体经济、降低融资成本作为评价标准，但也应平衡其与意思自治之间的关系。

在自贸区的金融改革中要求监管机关依法监管，应在法律上去考虑如何使监管适度，监管过严则无以创新，监管过松则无以稳定市场，合适的程度应当是在风险可控的范围内适度放开监管。

三、自贸区金融制度创新的法治保障

（一）赋予自贸区地方金融立法权限

自贸区金融制度创新需要上升为金融立法，但如何对待地方无金融立法权的习惯思维？

首先要准确解读《立法法》。我国《立法法》第8条第9款规定，“基本经济制度以及财政、海关、金融和外贸的基本制度只能制定法律”。上述规定讲的是金融基本制度只能制定法律，那么是否有非基本制度（或者说具体制度）？非基本制度是否不必制定法律，而由地方或部门制定相应的法规？

其次是充分运用《立法法》的相关规定。《立法法》第13条规定，“全国人民代表大会及其常务委员会可以根据改革发展的需要，决定就行政管理等领域的特定事项授权在一定期限内在部分地方暂时调整或者暂时停止适用法律的部分规定”。这也为自贸区的相关制度创新提供了法制保障。广东和福建的自贸区条例都提出，创新需要暂时调整或者停止适用法律、行政法规的部分规定的，应及时提出，依法定程序争取国家支持先行先试。

（二）不必苛求自贸区改革创新都可推广可复制

上海自贸区的金融制度创新已得到推广复制，但可推广可复制不宜“一刀切”。倘若一味强调可推广、可复制，就可能影响自贸区的金融改革与制度创新，因顾及推广复制而倾向于相对保守。自贸区的一些改革与制度同本地区的金融特点密切相关，制度的移植需要合适的“土壤”。如资本项目开放、人民币可自由兑换是基于上海金融中心的地位，有相应的需求，也有相应抵御风险的能力，若在其他自贸区乃至全国的复制推广，因缺乏需求和抵御风险的能力，很可能就会发生问题。再如，跨国资金池制度，移植到外资企业数量不多的地区很可能无显著作用，反而提高了该地的金融风险。

各地在制度演化的道路上，基于其政治、经济、文化等多方面因素，很可能存在一定的路径依赖，若强行将所有制度均纳入复制、推广的范畴，则存在极高的成本，也未必能带来相应的收益。因此，如何因地制宜地推动改革，一方面，中央在推动应当谨慎地选择自贸区“可推广、可复制”的相关制度，且不宜孤立地进行推广，而应当建立健全配套制度；另一方面，也应允许各地根据自身情况的不同，谨慎地进行相关制度的建设开展。概括而论，不能搞“一刀切”式的改革复制。

自贸区所产生的司法裁判经验的“可复制、可推广”也有难度，首先，各地法官的专业素养水平不一，以及处理相关案件的经验也各有差别；其次，各地存在不同的现实情况，若僵硬地将自贸区的裁判经验向全国移植或推广，很可能存在“水土不服”的情况。对此，可以采取将自贸区相关裁判经验，由最高法院以典型案例的形式进行推广，必要的可以将其作为指导性案例，确定若干可复制、可推广的规则，但也不应进行“一刀切”的推广。

总之，对于自贸区金融制度创新，不一定要求全部“可推广、可复制”，应允许进行不推广不复制、只适合地方特点的制度创新。另外，即使推广复制也要有序、渐进展开，各自贸区复制时可凸显地方特色与优势。

（三）自贸区金融制度创新要对标高标准

上海自贸区多次表示要建设成为“开放度最高”的自由贸易园区。无论政府还是民间均希望自贸区能对接国际高标准经贸规则。当前，全球性多边贸易协定逐步边缘化，区域性和双边贸易协定有取代之势，全球正处于国际经贸投资规则重塑期，美国正在主导TPP和TTIP的新一轮国际贸易。TPP协议的达成，对我国无疑产生了全方位的影响，而在应对方面我国有三大举措：一是“一带一路”的建设；二是中国目前正在谈判的中美BIT协定，中欧、中日韩自贸协定等高水平投资贸易协定；三是对还没有加入的重要亚洲国家，如韩国、泰国等，做好相应的承诺和谈判。这些对自贸区的制度创新提出了很高的要求。

自贸区应当参照TPP协议，建立高度开放的、对接国际高标准的经贸、金融规则，构建面向全球的高标准自由贸易区。TPP协议中值得注意和借鉴的部分，包括将金融规定独立成章、将国民市场准入变为一般性义务、将正面清单模式转为负面清单模式、强调新金融服务、将投资协定进行嫁接并包括直接投资和间接投资、金融跨境服务（如跨境电子支付、证券资讯服务）、对金融高管放松相关限制、国有企业的竞争中立、国家审慎监管、投资者可参与的争议解决机制等。对此，可以参照TPP协议中所强调的，在数量限制方面放松相关金融审批，进行分类审批，增加审批的透明度和可预期性；在金融监管当中更加尊重市场的作用，尊重企业的意思自治，包括外方投资的资本金的结项，按照双方意愿进行相关结汇；强调功能化的监管，变事前监管为事中事后监管；对宏观审慎监管中，对合理性、必要性、适度性进行监管，重点注意在金融交易当中短期资本交易方面，完善相关征税，在促进资本联动之余亦对其进行合理的限制。另外投资者可参与的“投资者—国家”争议解决机制更是一个对接和完善的重点，目前无论是在自贸区内外，并没有符合TPP标准的争议解决机制，而众所周知争议解决机制正是吸引投资者进入自贸区的要素之一，因此，相应的争议解决机制的建立也是自贸区下一步金融法治建设的重点之一。

总之，上海自贸区在下阶段的改革试验中，还需要承担应对TPP影响的国家战略试验区任务。如尝试建立各种所有制企业公平竞争的环境，以适应TPP对国有企业从事国际贸易和投资的“竞争中立”新规则要求。在全球化的大环境下，应对TPP冲击得当，很可能成为我国加快转变经济结构和催生创新的重要契机，也有助于我国直接学习先进的国际贸易、金融规则。

当然，在自贸区相关法律规则与TPP对接的过程中，也应注意制度移植中不应盲目照搬，应当重视本土资源的作用，使改革能够真正服务于实体经济。此外也应考虑需要面对的风险，如在TPP中的“投资者—国家争端解决机制”下，投资者尤其是跨国公司，可对政府采取法律行动，但政府却不可以对企业诉诸法律，这一制度被批评为保护跨国公司而很可能损害发展中国家利益、造成相对于本土投资者的不公平、存在不公开和不透明以及导致跨国公司有权绕过东道国国内司法程序，而在国际层面对东道国的法律法规和法院判决提出挑战，因而对于在启动这一程序前投资者是否应先“用尽当地司法救济”有很大的争议。对接国际规则也应在保障国家利益、风险可控的条件下进行，同时保障国家的司法独立。

（四）创新需要试错宽容

各地自贸区条例大多提出鼓励创新、宽容失败，尤其是《中国（广东）自由贸易试验区条例》，将“容错机制”进行具体化、条件化和可操作化，其第四条规定：“创新未能实现预期目标，但符合国家确定的改革方向，决策程序符合法律、法规规定，未牟取私利或者未恶意串通损害公共利益的，对有关单位和个人不作负面评价，免于追究相关责任。”通过免责机制，鼓励决策者勇于尝试，以立法对金融创新提供法制保障，激发自贸区创新的动力、凝聚创新的合力、减免创新承受的不当压力，形成一套为自贸区改革创新“鼓劲撑腰”的保障机制。为推动各级政府部门对改革创新的支持，还引入第三方评估机制，对政府及其相关部门的支持配合情况进行打分，并纳入该部门的年度考核。

四、近期深化自贸区金融制度创新的主要领域

（一）扩大资本市场双向开放与QFII制实施

国际货币基金组织对资本与金融项目管制的40个子项目中的评价体系之下，我国37个子项目已经达到了部分可兑换或者更高的水平，完全不可兑换的只剩下3项，反映我国资本项目可兑换方面有长足的进步。资本项目可兑换方面制度化近期工作：首先，需推进的抓紧启动自由贸易账户本外币一体化业务，进一步扩展自由贸易账户，通过更多的实践产生更多可复制、可推广的经验。其次，支持市场主体通过自由贸易账户开展涉外贸易投资活动，鼓励支持各类金融机构利用自由贸易账户开展金融创新业务，需要相应的细则。再次，要启动合格境内个人、机构投资试点，允许符合条件的个人开展境外实业投资、不动产投资和金融类投资，即QDII2，投资领域较广，不再受目前个人换汇每年5万元的限制，这项举措尚未全面实施，有关部门需抓紧实施具体措施。此外，允许符合条件的机构和个人在境内外证券期货市场投资，研究探索通过自由贸易账户等支持资本市场开放，也需要实施细则。最后是创新外汇管理体制，探索在自贸区试验区内开展信贷额度内可兑换试点，这在“金改40条”中已有，并已有相应的细则。

第六批15个自贸区金融创新案例里，有6个案例与自由贸易账户的拓展功能和相关业务有关。在自贸区资金自由流动背景下，自由贸易账户无疑可以起到“电子围网”的作用，也方便了监管机关的监测。目前自由贸易账户扩大了境外融资的规模和渠道，并启动了外币业务，使它已成为本外币一体化账户。在自由贸易账户中，境外资金也可以进入自由贸易账户，可通过允许鼓励境外的投资者持有自由贸易账户的投资者账户。以其中资金投资境内的资本市场，将会鼓励自由贸易账户体系的发展。

关于QFII制度，建议提高其额度，增加其品种和投资的主体的种类，以及

可投资项目的种类。

（二）进一步开放金融服务业

自贸区应重点支持鼓励民营资本进入金融业，包括设立民营银行、金融租赁公司等；支持鼓励各类符合条件的银行业金融机构进入自贸区；支持鼓励具有离岸业务资格的商业银行在自贸试验区内扩大相关离岸业务。目前在银行业上推进外资进入的速度较快，但在证券、基金、期货、保险业还有进一步对外开放的空间，可以通过提高外资持股比例的上限，在自贸区范围内增强内资的竞争力和企业活力。

金融服务业开放也可探索负面清单。2015年国务院办公厅印发《自由贸易试验区外商投资准入特别管理措施（负面清单）》和《自由贸易试验区外商投资国家安全审查试行办法》，在上海、广东、天津、福建4个自由贸易试验区先行先试。外商投资企业在自贸试验区的聚集作用十分明显，也对整合"外商三法"的《外国投资法》提出急切需求。还需要提高对外商监管的服务水平，更加重视事中事后监管，协调推进外资管理体制改革。

（三）改革金融税制

上海自贸区要国际金融中心互动，宏观经济学通常围绕腹地经济、税收政策、法制状况、市场监管四要素来衡量国际金融中心的形成和发展。在国际金融中心的形成、转型、成熟三阶段中，对应的税收政策也相应有税收激励、税收中性、税收法制三个阶段。我国需要继续通过减税刺激企业投资，同时更需要结构性的税收主导政策促进产业升级。以往的经济特区中，主要是依靠大幅降低企业税收水平等所独有税收政策形成的"税收洼地"从而进行招商引资，而对自贸区独有的税收政策主要着眼于制度创新：首先，上海自贸区保留了原保税区的税收政策，对进出口货物予以保税；其次，上海自贸区新增了两项促进投资和五项促进贸易的税收优惠政策，包括了资产评估增值分期缴纳所得税、股权激励分期缴纳所得税、融资租赁业务出口退税、租赁境外购买飞机减征进口环节增值税等，主要通过间接减税，对非货币性的投资纳税优惠。因这些税收优惠政策并不具有专属性，所以可复制、可推广。目前全国进行了"营改增"的改革以降低企业负担，但至少在自贸区范围内仍有一些税制可进行实验性改革，如在税收中性的角度上对短期金融和资本征税的问题，在国债取消征税的前提下对其他债务市场是否应取消征税的问题，地方税费的规范化等。

（四）创新自贸区金融监管体制

1. 自贸区率先实行功能型监管。在自贸区金融监管中有些举措难以实施，很多是因为各部门在部门利益驱动或回避责任，作为自贸区不可能自建一个大而强的监管机构，但率先实施功能型监管或许能避免各机构出于自身利益而过于保守，避免监管机关职权重叠或监管未覆盖的盲区，也促使监管机关之间协同监管。

2. 地方与中央监管机构要适当分权。一方面，地方有着简政放权、放松金融管制以鼓励创新的强烈要求，如福建等地的自贸区条例中，鼓励金融创新较具体，而监管的描述就较模糊。另一方面，中央监管层面出于宏观审慎的考虑，并未给地方渴望的宽松政策，如监管机构在面对可能的风险和责任时更倾向于选择风险尽可能小的方案。因此要探索对地方与中央的金融监管权限事项进行划分。

3.自贸区金融监管方式创新。首先是信息共享，上海自贸区已经建立了监管信息共享机制，出台了《中国（上海）自由贸易试验区监管信息共享管理试行办法》，规定自贸区管委会牵头建立相应监管平台，金融监管机构应参与监管信息的共享。其次是改革牌照管理，中央和地方对于牌照管制可以借鉴两种模式：一是借鉴影视剧发行许可模式，金融牌照的使用不受地域限制；二是将金融牌照的发行权下放到地方，由接入地进行监管。最后是监管协调，不同于上海的单一的自贸区管委会管理的机制，部分自贸区所属片区和管理层级较多，需建立相关的协调机制。

4.监管竞争问题。各自贸区之间亦存在一定的竞争压力。自贸区之间存在着地理上功能上的分工，各地纷纷发挥本地优势，创建适合本地的特色制度，进行大胆创新。如天津强调服务京津冀协同发展，基本形成了以推动京津冀金融市场一体化为发展方向的金融制度的体系；广东自贸区针对其自贸区较为分散的情况，提出了环自贸区建设制度。但也应看到，目前自贸区大多沿袭产业园区等思维，从基础设施、土地等方面着手，以基建带动发展，自贸园区内容雷同。缺乏协调的竞争很可能成为恶性竞争。面对竞争，地方政府也很可能过度重视金融创新，而忽视了相应的金融监管。因而应当建立各自贸区间有竞争、有协调的秩序，对自贸区的发展也应当建立更为科学有效的评价机制。

(五)自贸区金融纠纷的司法应对

据统计，上海自贸区设立至今为止，注册在自贸区的企业或金融机构涉金融商事纠纷的案件共60件，且以传统金融纠纷为主，尚未出现与自贸区金融改革直接相关的金融纠纷。

关于法律适用。目前司法实践中，并无适应自贸区金融纠纷特点的法律规定，这就有可能需要要参照其他相近的金融法律制度甚至国外相关制度。学界有呼吁在自贸区允许临时仲裁，甚至在自贸区试点援引相关国际法。针对这一问题，专家建议进行较为温和的调整，即暂时并不做框架上的突破，而是在现有框架下，综合考量各种因素，参照交易惯例、国外相关制度、域外法的处理方法等，从而有效填补相关法规的空白。目前法院的做法是对一些新型案件，当法律法规缺乏时，会参考一些域外相关法律和审判经验，也会从一些国外案例吸取有益经验，最后仍在国内现有法律体系中寻求合适的法律适用。

关于涉外因素的确定。自贸区案件一大特点在于涉外因素多，据上海自贸区法庭的统计，涉诉外商投资企业多为境外企业在国内设立的子公司，公司经营决策的实际控制方在境外。交易过程中市场主体签署的合同文本或系境外形成，或以外文形式呈现，争议标的物为进出口货物，给证据收集及标的质量鉴定等带来一定难度。同时，随着自贸区领域扩大和各类跨境贸易、融资的发展，区内市场主体和交易过程中的涉外因素将进一步凸显，对权威的域外法查明需求也将进一步扩大。如西门子案，当事人均为中国法人，合同交货地、标的物设备所在地亦在境内，仅就表面而言不具备典型的涉外因素；但考虑到其注册地均在上海自贸区内，均为外商独资企业，以及自贸区特殊海关监管措施等多重因素，最终认定其具有涉外因素。这一案例可对自贸区同类案件审理产生一定的示范效应，可预期会有大量类似案件。

关于司法能动性。在金融创新的大背景下，在法律缺失、监管不明的情况下，司法要对很多新问题、新现象作出认定与处理，可谓被顶到了第一线。尽管我国并非判例法国家，但是法院对于一个案件的判决和法律适用等在互联网时代以及重视司法公开的背景下，可能会对起到了一定的示范效应，进而影响类似法律关系中双方当事人的权利义务。换言之，法官在进行裁判时也往往要考虑各种因素，由于新型案件无法及时立法，法官基于责任压力也更会倾向于将问题纳入现有法律体系中，较保守地对待。如法官很可能将案件报送审委会，避免承担相应的审判责任，但无形中拉长了审判时间，提高了争议解决成本。所以，需要调动法官审判积极性，发挥法官的聪明才智，充分发挥司法能动的作用，保障金融创新和风险控制的平衡。

关于自贸区司法一致性。较好的做法是各自贸区根据各自情况，在本地建立统一的自贸区法院或法庭，统一解决自贸区金融纠纷。

（六）理顺涉自贸区金融调解、仲裁机构

自贸区需要进一步发展多元化争议解决机制，其中重要的是仲裁、调解等相关ADR机制的完善。目前上海自贸区已有《中国（上海）自由贸易试验区仲裁规则》《关于适用〈中国（上海）自由贸易试验区仲裁规则〉仲裁案件司法审查和执行的若干意见》等规范。

但目前很多企业不愿意协议选择我国的调解、仲裁机构管辖，实际是对国内调解、仲裁机构缺乏信任。事实上现有很多仲裁中心、调解中心尚是计划经济的遗留，存在地方或部门所有、条块分割等问题，机构数量过多，造成标准不统一、机构资质良莠不齐等情况，既浪费资源，又造成调解仲裁服务无序竞争。一些机构服务意识差，行政化严重，不但影响其公正，亦影响其效率，仲裁质量和公信力下降。目前我国尚未承诺开放外国仲裁机构在我国仲裁。

因此，要规范仲裁和调解机构的建立，不再按地方或行业分别设立，已有的机构要在市场选择的基础上兼并重组，做大做强。同时也应提升我国调解仲裁机构的服务意识，建设优质的金融调解仲裁员队伍。

第二节　人民币跨境流通的监管理念与制度安排[1]

2014年跨境贸易人民币结算业务累计实现6.55万亿（兆）元，直接投资人民币结算业务累计发生1.05万亿元，较上年的5337亿元大增97%。这意味着，人民币国际化正在直接投资领域开花结果。央行数据显示，2014年以人民币

〔1〕本节系作者为吴弘、祁琳。

进行结算的跨境货物贸易累计为5.9万亿元，而服务贸易及其他经常项目累计为6565亿元。同期，以人民币结算的对外直接投资和外商直接投资分别累计发生1866亿元、8620亿元。对比2013年的856亿元、4481亿元，投资额分别按年大增118%和92%。与我国发生跨境人民币收付的国家达到174个。人民币的国际储备地位在全球排第五位。

主权货币的国际化是经济自然发展和政府推动共同作用的渐进发展过程，是一国融入金融全球化、经济发展进入高级阶段的重要标志。中国作为发展中国家，随着经济的快速发展，遵循经济发展规律，人民币自然进入了国际化进程。在当前的国际环境下，中国要谋求更好地发展，就必须进一步推进人民币的国际化进程。但是在人民币国际化的过程中，由于跨境资本大量流动，会冲击内地市场，必然会产生相应的风险，如何对其监管成为摆在我们面前的一个重要问题。

一、人民币跨境流通的风险和流通障碍分析

（一）风险分析

在宏观政策方面，由于离岸市场和在岸市场的制度上的不一致，造成大量热钱有套利的冲动，而市场的广度和深度所限，又容易造成热钱对国内市场的冲击，并进而对宏观调控的成效形成威胁。目前进行的资本管制可以起到一定的缓冲，但是资本账户的管制放开是一个趋势，离岸人民币市场发展将影响人民币的货币政策、汇率政策，甚至会导致人民币定价权的外移。

在微观市场方面，汇率、利率的双轨制，必然造成分割的市场及不同的市场定价，在利益的驱动下，套利套汇的行为将大量出现，离岸市场凭借其宽松的管制环境和较低的税负，吸引在岸的金融投资、融资业务向离岸市场转移，可能造成在岸金融市场的业务流失，会对在岸市场产生冲击。同时，跨境资本大量流动，弱化内地资本管制的有效性，冲击内地金融市场。

（二）流通障碍分析

首先缺乏人民币回流渠道，资金的循环机制不顺畅。人民币离岸市场的建立主要有三个方面的内容：一是要让人民币走出去；二是要让人民币能够在市场有足够的投资渠道和流通范围；三是让人民币有能够进来的渠道。这三个方面的内容是相辅相成的，在岸金融的建设正是要能创造更多的人民币投

资渠道，以使离岸和在岸市场形成完整的循环。

缺乏顺畅的回流渠道是当前离岸金融市场遇到的最大问题。人民币大量的流到海外并集中到离岸金融中心，但是离岸金融市场的金融产品有限，追逐资本收益最大化的人民币资金必然想方设法回流到在岸市场，形成资本循环。目前，人民币资金的循环机制并不顺畅，包括现钞回流、银行间债券市场投资、RQFII和FDI等回流渠道，由于政府对资本账户的交易主体、投资对象和投资金额等限制，大部分人民币还是以现钞渠道回流内地。大量的资金没有办法从正当渠道回流，就只能从其他方式进入。

其次是在岸金融市场的金融深度缺乏，影响了人民币回流的动力。离岸市场的资金更多的是追求本金的安全和合理的回报。由于在岸市场的金融深度不足和保值增值手段缺乏，即使资金回流到在岸市场，也难以找到合适的投资对象。

再次是制度冲突造成了监管的困境。离岸市场和在岸市场的关系十分紧密，它们不仅相互竞争也相互支持。但是由于不同地区和国家的制度存在差异，在一个地区或国家是合法或合理的，在另一个国家可能就是不合法或不合理的。制度上的冲突造成监管的协调的困难。

二、人民币跨境流通的监管理念选择

通过对流通障碍的分析可以看出，在岸市场的金融自由化是解决流通障碍和化解风险的重要途径。而政府过度抑制的金融市场扭曲了金融价格、限制了金融的活力，不利于金融市场的发展。监管是指市场监管主体对市场活动主体及其行为进行限制、约束等直接干预活动的综合。监管的目标是控制市场风险、保障市场安全。[1]我们所要选择的监管理念是既要防范风险，又要促进金融自由化发展，而且理念选择并不仅仅是一个理念，而是一些理念的组合体。

1.市场化监管的理念。人民币跨境流通市场有其自身的特点，监管手段必须要符合市场自身的特点，才能更好地促进市场的发展。市场化的监管理念能够正确处理好政府职能与市场作用的关系，只有这样才能更好地激发市场

〔1〕 参见吴弘、胡伟:《市场监管法论——市场监管法的基础理论与基本制度》，北京大学出版社2006年版，第2页。

活力，保障市场安全。监管市场化，是指进一步放松政府管制，还权于市场，让市场承担更多的自我管理职能。我国的监管权力在不少方面已越界涉入了市场权力的领域。那些原本属于市场的权利在性质上是私权，不论行使主体还是行使方式以及法律后果，都应当遵循私权的规律。而监管机构以公权来行使原本属于市场的私权，将会破坏私权自治的法则，制约市场主体的行为自由，挤压市场的发育空间，不能充分发挥市场自我发展、自我调控的机制，影响市场的健康发展。〔1〕在市场决定作用下，政府的监管理念也要现代化，现代化的监管理念就是市场化的监管理念。所谓市场化监管理念，是指监管要按市场的规律和要求来进行，不符合市场原则与规律的监管不是市场化的监管理念。

2.监管就是服务的理念。人民币跨境流通的过程中，风险防控是首位的，但是监管的理念和措施在防范风险的同时也要兼顾到市场的培育，为市场主体做好相应地服务。监管者实施监管，不仅是为了打击市场上的违法违规行为，不仅是为了保证市场的平稳运行，甚至也不仅仅是为了保护投资者的利益，更为重要的是，监管必须要为投资者服务，而且必须彻底为投资者服务。监管只是手段或目的之一，它不是为了监管而监管，而是为了服务社会，服务投资者。监管权力的来源是来自于投资者，而不是来自于行政机构、立法机构或司法机构。这是监管权的来源的根本问题。监管就是服务的理念要求监管者不能凌驾于市场之上，而必须对市场负责。要求监管者对市场的要求和呼声不能不作回应，对投资者的投诉和申诉不能置之不理，这意味着监管者必须履行相应的法律职责，否则就要启动相应的责任追究机制。监管就是服务的理念要求监管者要致力于“创造一个公平的竞争环境”和履行“保护投资者”的职责。

3.多方合力防控风险。防范人民币跨境流通的风险，不是一方主体就能做到的事情，需要监管机构和银行的通力合作，从多个角度和侧面，全方位的做好风险防范。

监管机构提前构筑隔离墙，加强业务监控。监管机构应当建立完整的监管政策体系，使跨境流通业务“有法可依”。完善银行业务的监管指标，在现

〔1〕 高西庆：《论证券监管权》，载《中国法学》2002年第5期。

有流动性监测指标的基础上合理设定资本充足率。强化检测和报告制度，建立信息披露制度，提高业务透明度，降低银行违规操作的风险。在信息报告基础上建立风险预警机制。

银行搭建业务体系，建立风险防控机制。建立信用风险预警机制，通过境内外机构联动合作，借助国际信用评级机构、资信调查机构和信用保险机构，及时掌握客户履约能力及信用风险。提高合规经营意识，根据监管要求建立相应的管理制度和业务流程。建立有效的市场风险防范机制，加强对利率、汇率市场化风险的识别和管理。建立定期报告制度，提高风险管理的科学性。严格加强自由贸易账户的管理，建立严格的自由贸易账户隔离制度，防范外部冲击。

三、人民币跨境流通监管的国际经验借鉴

（一）现钞跨境流通集中管理中心的经验借鉴

人民币要成为真正的跨境支付手段，实现现钞和非现钞两种形式之间的相互转化是重要条件。由于我国目前在人民币现钞流入流出方面存在限制，并缺乏相应的制度安排，大量人民币现钞通过非制度安排渠道流入流出，不利于货币当局及时统计和收集人民币现钞业务数据，掌握海外人民币现钞的来源、去向、流量等情况，对货币政策的制定和执行，以及相关金融开放政策会产生影响，也不利于加强对人民币现钞业务的合法性监管。因此，需要将流通于非制度性安排渠道的人民币现钞引导转入制度安排的银行系统。通过制度督建，实现人民币现钞与非现钞的转化，有利于维护人民币国际化的信誉，为非居民提供贮藏、兑换等优质的人民币现钞服务，更好地满足海外客户正常合法的人民币现钞需求。

目前，美元和欧元是世界上两种最主要的国际货币，其现钞在境外（欧元区外）的流通量占流通总量相当高的比例。为更好地管理海外现钞，促进现钞在海外的合理分配，监控现钞在海外的流通情况，纽联储和欧央行先后启动了名为“扩展托管库存”（Extended Custodial Inventory，ECI）的项目，在海外设立现金库。该项目下的现钞库库内现钞属于发行现钞的中央银行所有，但现钞保管和出入库委托一家商业银行负责，将该现钞库视同为央行设在境外的发行库。以美元为例，自1997年至2003年，纽约联储在境外陆续设立了11个ECI，分别设在伦敦、苏黎世、法兰克福、香港、新加坡，并委托由美国汇丰

银行、苏格兰皇家银行等商业银行进行管理，并就相关收益达成协议。我国自2005年起，人民银行批准中银香港设立人民币发行基金代保管库，2007年正式启用，其管理模式与美元ECI项目类似，而该库内的人民币所有权属于人行深圳中心支行。从美元和欧元现钞跨境和境外流通管理的经验来看，虽然其ECI项目涉及众多海外地区和银行，但其管理方式相对集中，美元ECI项目统一由纽联储负责，现钞的调运一般通过纽联储的新泽西库；欧元ECI项目由德意志联邦银行负责管理，现钞调运由设在美因茨的联邦银行现金服务中心具体负责。

我们可以借鉴美元、欧元跨境流通集中管理的经验，考虑到我国幅员辽阔、国境线漫长的实际情况，可按照“物理分散、逻辑集中”的原则建立人民币现钞跨境及境外流通管理中心，即境外人民币现钞进入就近的人民币发行库，而管理总中心则依托网络、信息技术等科技手段集中对银行渠道的出入境现钞进行统一管理。我们认为管理总中心应当设在交通运输便利的口岸城市，其主要职责是对人民币现钞跨境及境外流通的业务管理和风险管理。在这些方面，上海具有先天优势，应当充分利用人民银行上海总部的地位，将人民银行上海总部打造成为人民币现钞跨境境外流通管理总中心，在业务管理上对商业银行从事境外人民币现钞相关业务进行安排和布局，对商业银行实行资格审查、准入；建立统一的监测体系和运作规章，对出入境人民币现钞的数量和质量进行监测和统计；与境外中央银行建立合作交流机制，组织开展人民币现钞反假，提高境外流通人民币质量，维护人民币信誉等工作。在风险管理方面，实时关注人民币现钞跨境及境外流通规模的变化情况，根据其对货币政策、金融开放政策、汇率等的影响，协助制定完善相关政策。

（二）货币跨境支付清算中心的经验借鉴与实践

随着对外开放继续扩大，人民币形式的跨境资本流动将更加活跃，人民币跨境使用及相应的跨境支付清算需求也将不断上升。上海要建设与人民币国际地位相适应的国际金融中心，则应在人民币跨境贸易的整体安排上应当有所突破，成为适应大量多品种跨境金融交易需要的人民币跨境支付清算中心。目前，我国人民币跨境支付清算渠道已存在多点集中接入和分散间接接入的两种渠道。前者是指存在多个可以直接接入大额支付系统的类似单点集中模式的清算渠道，也就是清算行模式。后者则是指境外本币账户开立机构不直接接入大额实时支付系统，而是由境内银行为境外相应机构开设本币清算账户，由境内银行参与大额支付系统完成业务处理，从而使跨境的支付转化为境内支付，也就是代理行模式。香港地区的离岸人民币支付清算由中银香港来组织处理，清算净额通过中银香港直接接入人民币大额支付系统完成结算。而目前，中行台北分行和工行新加坡分行也均成为人民币离岸市场的清算行。而其他涉及进出口贸易的人民币支付，可通过分散间接接入模式实现清算。在目前的人民币跨境支付清算安排中，中银香港通过深圳建立集中接入的渠道，这一渠道仅能满足香港地区人民币的跨境支付需要，却难以满足其他离岸人民币市场的迅速崛起乃至未来全球范围内的人民币跨境的支付需求。

从国外发展趋势来看，设立专业化的跨境集中清算机构有利于提高清算效率、降低清算的风险。如在1997年，20国集团中从事交易的大银行在伦敦发起成立了CLS服务公司，专门提供全球性的多币种外汇交易差额清算服务，并完成当日银行间的外汇交易结算，从而降低银行间跨境外汇交易和货币结算的风险。同时，欧元区的大额跨境支付结算也集中于欧元区央行体系所建立的TARGET系统和欧洲银行业协会的EURO系统来完成。[1]

我国中央银行目前也提出正在研究建立在人民币大额支付系统之外的单独的多币种的人民币跨境结算支付系统，而该系统的开发和运行用有利于我国参与国际性支付清算结算。通过专业化的运营完善国际国内支付体系标准衔接机制，提升跨境支付结算的运行效率和交易安全，并将成为人民币国际化层面上的一项极为重要的基础设施。当前，作为建设中的国际金融和航运中心，上海跨境贸易结算量大，业务资源丰富。其次，上海是金融要素市场的聚集地，随着市场对外开放不断推进，跨境金融交易引起的跨境清算需求将不断上升。再次，主要外资银行中国总部和主报告行大部分设立在上海，上海也是银行卡产业中心，支付系统基础设施较为完善，具备办理跨境支付清算业务的有效载体。事实上，截至2012年6月底，上海当年的跨境贸易人民币结算量累计达2192亿元，同比增长78%。上海地区境内代理行为境外参加行开立的人民币同业往来账户数较年初增长19%，总数居全国第一位。同时，多数境外参加行倾向于选择上海地区的银行作为其境内代理银行。人民币同业往来账户

---

〔1〕 高廷民:《跨境支付清算业务的历史演变与发展建议》，载《中国货币市场》2011年第7期。

数量从2009年7月底的43个，增长至2010年年底的368个；到2011年9月底增加到1149个，账户余额2025.2亿元，其中开立在上海的中外资银行的人民币同业往来账户数的比例一直稳定在60%左右，境外参加行分布于全球近100个国家和地区，遥居全国之首。从具体业务来看，上海地区的跨境人民币购售总金额占全国的比重一直保持在80%以上，跨境同业融资的占比也接近全国的90%，上海在人民币跨境流通中扮演着越来越重要的角色。[1]由此可见，上海是中国各金融要素市场的聚集地，随着境外主体参与境内金融市场交易的限制逐步放松，以人民币标价的金融产品的跨境交易将不断增加，金融交易的跨境清算也将随之增加。当前，上海地区银行的全球代理清算网络不断扩大，为全球各地的客户提供丰富的人民币结算服务，已经初步形成了连接全球的人民币跨境支付清算网络。从这一意义上来说，上海当前已经具备成为跨境人民币清算中心的条件，而跨境人民币清算中心的设立也将有利于上海金融市场基础设施的进一步完善。

四、我国人民币跨境流通监管的制度安排

（一）加强对人民币离岸金融市场的监管

考虑到离岸金融业务风险的特殊性、离岸金融市场的模式不同，商业银行的风险程度与管理难度也相应有所区别。一般来说，内外一体型离岸市场，其作为额外融资渠道的功能目标使其管理难度比其他模式要大得多，稍有不慎或监管不力便很可能对货币发行国的国际形象乃至整个金融经济活动造成巨大损害。而内外分离型离岸市场中，离岸账户与在岸账户是相对分离的，因此，对其监管难度较内外一体型的略小，不过这不意味着内外分离型离岸市场可以放松监管。只有积极吸取各国的经验与教训，才能有效防范和化解风险，减少离岸市场发展过程中对我国商业银行体系的不利影响。

1.健全针对人民币离岸金融市场的商业银行监控体系。

采取渐进式的发展模式。在离岸市场的银行业务发展中，应从风险相对较小的存款、汇兑和信用卡等业务起步，形成一定交易基础后，逐渐发展贷款等风险较高的业务。前期商业银行已经从中国境内开展的NRA 账户积累了初

〔1〕 连平、周昆平、吴博：《跨境人民币业务与上海国际金融中心建设》，载《上海证券报》。

步经验，开展NRA 账户的商业银行只能办理存款业务，暂时不能进行贷款业务，但随着业务发展，经营非居民的贷款业务将成为可能。对于没有纳入银行间清算系统的人民币存贷款业务，如地下钱庄等交易，应该通过与离岸监管当局的合作，对其经营行为进行有效监督。

央行应保留对商业银行的干预手段。虽然离岸业务相对在岸业务较为自由，但随着离岸市场人民币资金存量增多，投资者将有可能利用手中的人民币资金对境内人民币利率及汇率形成市场压力，影响境内的货币供应量与信贷投放规模，甚至可能出现通过商业银行的结算体系大举投机人民币汇率的行为。在这种情况下，中国人民银行应该保留独立的干预手段，在金融环境较恶劣或对人民币汇率投机过分猖獗的时候，通过对商业银行外汇政策的窗口指导或干预，降低市场投机者对人民币的攻击。

建立有效的监测指标和预警系统。通过建立有效的监测指标和预警系统，及早发现隐患，防范商业银行风险集中爆发。金融市场的发展往往是动态的过程，而风险也会动态发生。例如，在经济不景气的环境中，一国主权信用评级被下调，将导致与评级相关的各种衍生品价格出现大幅波动，如果该国采取浮动汇率制度则反映为本币对外币大幅下跌。而当企业保留较大的外汇敞口时，则会因为汇率巨幅波动引发极大的市场风险，市场风险则又会诱发企业自身或交易对手的大面积违约，从而引发信用风险，一旦发生连锁的违约，商业银行将是最大的受害者。因此，指标的选择以动态数据为宜。监测的指标应该包括但不限于：人民币离岸市场的利率及汇率波动幅度、大额资本的流入流出情况、外债余额、对外贷款和投资、短期和中长期资本的发生额和余额等。建立监测指标后，设定预警的标准，一旦达到警告标准，金融监管机构应当果断入场干预。只有尽可能地完善监测指标和预警系统，才能减少离岸金融业务对我国金融体系意外的破坏性。

2.完善对开办人民币离岸市场业务的商业银行监管措施。

对离岸市场的商业银行实行准入监管。一是采取审批制度，为了防止商业银行因倒闭、破产清偿给境内关联机构带来的金融风险，应在离岸市场的商业银行设立过程中建立严格的准入限制。二是分类管理，离岸金融机构的管理部门根据申请开办离岸业务和设立离岸市场银行子行或分行的申请人要求及其资本是否雄厚、信誉是否卓著、经营是否稳健、内部风险控制是否健全、经营管理水平是否先进等指标，分别颁发不同的牌照，包括全面业务牌照、离岸业务牌照、有限业务牌照，限定业务经营范围，并对持有不同牌照种类的离岸金融机构进行分类管理。

对离岸市场的商业银行日常业务进行管理。对离岸市场的商业银行监管应该体现在账户管理、清算及金融交易过程。如果中国打算发展内外分离型的离岸金融市场，则应该要求离岸市场的商业银行实施账户分离，即严格区分离岸账户与在岸账户的性质，并限制离岸账户与在岸账户之间的资金划转，例如，有条件允许离岸账户资金向在岸账户渗透，严格限制离岸资金进入境内的证券市场或房地产市场，防止金融资产价格迅速膨胀，产生金融泡沫，冲击实体经济。

遵循国际准则，强化国际合作。一旦商业银行进入离岸金融业务，将对监管当局提出更高要求，也使投资者面临金融市场中更多、更大的潜在风险。因此，了解并遵循国际准则，积极参与国际合作至关重要。根据巴塞尔国际委员会于1997 年发布的《银行业有效监管核心原则》，对离岸银行的信用风险、市场风险、操作风险、国家主权风险、法律风险等各种风险实施全面风险管理，尤其要重视流动性要求和资本充足率要求。而在国际合作方面，则体现在与离岸金融机构母国共享监管信息，吸取其他国家对离岸银行业监管的有益做法与经验，从而提高离岸银行业的监管水平，做到事前防范或及时化解离岸金融风险。

（二）人民币离岸金融市场的反洗钱监管

从国际经验看，洗钱犯罪日益呈现出跨国性、隐蔽性、专业性、技术性等特点，离岸金融市场相对宽松的监管及法律制度，更为洗钱犯罪提供了温床。随着人民币流通规模的扩大和人民币业务品种的增多，洗钱者利用人民币离岸业务进行洗钱的可能性大大增加，因而在建设人民币离岸金融市场的过程中必须加强对商业银行反洗钱问题的关注。

坚持了解你的客户。离岸金融市场中的商业银行也应该遵循这一原则，通过建立识别客户身份、保存客户交易记录等方式，了解客户的信息及交易规律。我国目前的洗钱行为有相当一部分是来自公职人员的贪污犯罪。而公职人员贪污后将赃款进行洗钱的典型手法是在境外注册空壳公司，通过做假账的手段，在缴纳企业所得税和个人所得税后将资金洗白。这种操作流程极具隐蔽性，因此，了解客户的背景就显得异常重要。通过了解客户的背景，可以判断其交易规律、金额发生是否与客户身份相符，一旦发现异常，应该及时纳入银行可疑报告中。

完善人民币跨境业务的清算体系。通过市场准入机制，指定办理人民币业务的商业银行必须将离岸金融市场发生的人民币业务纳入到统一的银行清算体系中，这样将有效控制人民币的流通渠道，便于监管部门集中力量打击地下非法交易。加强银行内部控制，银行通过制定和采取有效措施，确定、核实客户资料，并进行必要登记，通过追踪银行的交易记录，追查可能混入的非法交易。

建立大额及可疑现金交易报告制度。对于在离岸金融市场交易超过一定金额或者可疑的现金交易和汇兑业务，必须明确所有人的姓名及资金来源，并进行申报。将有可能游离在银行账户转账之外的资金有效纳入清算体系中，减少地下钱庄的交易需求。

主权货币依靠的是国家信用，跟黄金等金属货币有根本性不同，不能依靠自然的交易竞争或淘汰模式来完成市场认可度。也就是说，仅仅依靠经济方面的一时强大，很难保证主权货币就一定能成为一流的国际货币（储备货币）。如果没有很好的内部市场作为依托，人民币国际化本身就没有一个可靠的载体。人民币的国际化在当前已经成为一个必然的趋势，但是中国的股票、债券、银行、货币等各类市场都需要加大改革的步伐，才能适应真正的人民币国际化。如果没有面对全球市场的决心和勇气，中国的金融市场就会连开放都成问题，更不要说走出去了。人民币国际化是漫长而复杂的过程，在这一过程中，金融市场的发展是关键。因此，人民币国际化是否能够真正到来，取决于中国国内的金融改革。

在当前的发展阶段，人民币跨境流通的监管工作，要在防范风险的前提下，有序培育推进跨境流通市场，使人民币跨境流通更加顺畅、安全，让人民币在国际市场上的地位更加稳固。

第三节　上海国际金融中心的制度创新[1]

上海国际金融中心进入攻坚克难阶段，到2020年将基本建成与我国经济

〔1〕 本文为上海市人民政府决策咨询重点课题《上海国际金融中心法制化建设研究》中期成果，原载《法学》2016年第9期。

实力以及人民币国际地位相适应的国际金融中心，迈入全球金融中心前列。[1]健全的金融立法和金融监管，是上海国际金融中心加快建设和健康发展的前提和保障。目前，面临着金融统一立法与金融中心先行先试的矛盾、金融集中监管与金融中心特事特办的矛盾。制度创新是现行体制基本不变的前提下解决这类矛盾的有效途径，选择多元立法和分层监管为制度创新的突破点，将成为上海国际金融中心法制化建设的重要任务。

一、上海国际金融中心法律制度创新的必要性

当前，全球经济陷入低迷，进入深度变革时代，正酝酿着巨大格局变化与重构调整，上海国际金融中心建设遭遇了历史性机会，但也面临着新的困难。

中国的金融市场发展正经历着一个由政府行政的直接管理逐步向市场决定和调控、市场化程度不断加深的过程，金融市场发展与经济增长尚不协调，具有典型的转轨经济的特点。上海的经济和金融实力虽呈增长态势，但金融业对GDP贡献率及市场开放程度，与其他国际金融中心相较差距仍然明显。[2]

金融市场的现有制度与实际需求脱节。在现代市场经济中，金融市场的规模如此巨大，金融交易又如此复杂，各种基于市场的金融活动必须依靠一定的法律规则，而金融中心也必须有一个健全、灵活的法律制度基础，以及一个独立有效的司法体系来支撑和执行各种法律制度。正是基于这一点，英美的普通法体制显示了相当的优越性和生命力。金融活动要求安全稳定、创新求变，而判例法正好提供了这样一种既稳健又灵活的法律制度环境，从而保证资本的不断累积和连续发展。[3]国际金融中心的核心竞争力更多体现在如政府效率、法制和税收等软环境上。上海在硬环境建设上发展较快，但在法制等软环境上与世界著名国际金融中心相比差距较大。而金融立法问题是法定的中央事权，且法律的修订往往需要较长的周期，因此要在短期内使金融法律与市场

〔1〕 杨雄：《正在制定上海国际金融中心建设“十三五”规划》，载新华网：http://news.xinhuanet.com/fortune/2016-06/12/c_129053787.htm，最后访问日期：2016年7月23日。

〔2〕 杨浩余：《基于上海国际金融中心建设的进度与对策研究》，载《华东经济管理》2012年第3期。

〔3〕 恒方：《上海成为国际金融中心的法治瓶颈》，载《21世纪经济报道》2002年1月14日。

实践需求吻合、与国际惯例接轨难度非常大。

监管权高度集中阻滞了金融市场的自我发展。监管是政府通基于法律法规、规章和实施相关的行为，对市场失灵产生的问题进行透彻的分析和应对，如不完全竞争产生的垄断、信息不对称产生的消费者福利损失、负的外部性产生的社会承担私人成本和公共危害、公共物品市场供给缺少激励产生的短缺等问题。[1]但是，政府对金融机构的过多管制会创造寻租机会，并往往会被少数既得利益集团所利用，从而会破坏市场的正常竞争秩序，不利于金融的长期发展。[2]自由主义的理念和实践崇尚“看不见的手”，政府监管理论强调“有形之手”。自由市场和政府监管是一对永恒的矛盾，为促进金融市场的有效运行，要求人们在两者之间进行权衡，在市场和监管之间把握好度，从而实现社会整体效益的最大化。目前，我国对金融仍实行较为严格的管制，高度集中的监管权是我国现实的需要，但也削弱了金融市场的自我发展空间。在推进金融中心建设的进程中，上海的自主空间有限，不具备独立性，缺少决策权。有人认为，金融中心的核心功能，是要有信息收集处理和分析决策两权利，但都不在上海，国际金融中心建设面临管制的问题。

现行体制与法律的变革不是一朝一夕的事，上海金融中心建设又不能等待，那么制度创新就成为必然选择。2013年7月，国务院决定建设中国（上海）自由贸易试验区，其中金融领域深化开放的措施就是加快金融制度创新，提出了在风险可控前提下，可在试验区内对人民币资本项目可兑换、金融市场利率市场化、人民币跨境使用等方面创造条件进行先行先试。金融改革试点是上海自贸区建设的重点之一，通过在自贸区内的先行先试，使国家金融改革的战略部署在上海先行落地，为其后全面推开获取必要的经验。2015年，上海自贸区通过扩区，已覆盖了金融市场与金融机构集聚的浦东，使金融制度创新得以在更大的范围内展开，上海国际金融中心的建设迎来了新一轮的机遇。

这里讲的制度创新就是法律制度的创新。制度创新并不直接改变动摇现行体制与法律，而是在运用和执行制度方面采用新的思路、新的标准、新的路径，即根据上海国际金融中心自身的实际需要，遵循法制原则和基本精神，全

---

〔1〕 席涛：《法律、监管与市场》，载《政法论坛》2011年第5期。
〔2〕 胡欣欣：《上海金融业：老问题 新挑战》，载《21世纪经济报道》2013年1月25日。

面理解、重新解释、适当变通、有限补充，先行先试、寻求突破、取得经验、复制推广，积小改为大改，在制度创新基础上完善法制。

制度创新有利于完善金融中心法制。自上海国际金融中心建设，特别是与自贸区建设联动以来，国家和地方政府均在制度构建方面出台了一系列的法律规范和政策措施，但是在运行过程中，仍然出现制度空白和监管滞后等与实际需求脱节的现象。制度创新起到弥补空白、减缓滞后的作用，既保障改革创新顺利开展，又使改革创新仍然在法制的轨道上进行，制度创新成为金融中心法制的组成部分，并为制度与体制的完善积累经验。

制度创新有利于鼓励金融创新。从国际金融中心的经验来看，各国政府都最大限度地运用制度促进保障创新。香港金融监管当局长期奉行“积极不干预”的政策，采取专家管理模式；新加坡在金融领域推行精英治理的“积极干预”战略，抓住机遇不断推出优惠政策，适应并促进了金融创新发展；纽约、伦敦等金融中心采取“负面清单”模式，凡法规没有禁止的，都可以创新。上海国际金融中心的建设，更需要以制度创新来推进金融自由度的提高，促进金融市场、机构、工具、产品、服务的创新。

制度创新也有利于增强吸引力竞争力。制度创新可从根本上提升金融中心软实力，包括法律体系、信用制度、监管环境、中介服务等，在经济全球化背景下增强上海区位特色、本土资源等特色和比较优势，吸引更多国内外金融机构、资金向上海国际金融中心聚集和交易。

制度创新的突破点选择多元立法与分层监管，主要是考虑这两者对于增强上海国际金融中心的自主性，及时灵活的管理、决策具有重要意义。

法律规范结构是适应社会关系的调整需要的。有多少种社会关系，就需要多少种法律规范。[1]社会关系的多元结构决定了立法的多元。金融法不限于金融监管法，金融规范也不限于法律法规。主要的金融法律还包括金融交易法和金融组织法。现行的金融法律规范很多还体现为规范性文件和交易规则、惯例。

一个合理、有效的金融监管模式，应该既尊重传统和现实国情、又合乎金融的内在规律，既要技术上可行、成本上可接受，也要考虑未来发展趋势，具

〔1〕 王保树：《金融法二元规范结构的协调与发展趋势——完善金融法体系的一个视点》，载王保树主编：《中国商法年刊》(2008)，北京大学出版社2009年版。

有一定的弹性。[1]分层监管因其中央与地方适当分权、宏观微观结合、权责明确、专业务实而具有有效性，可弥补集中统一监管体制的不足。

二、上海国际金融中心的多元立法

法律在国际金融中心形成的诸要素中是最活跃的一项要素，渗透到其他要素的发展过程中发挥作用。它不仅为经济发展、政治稳定、金融市场的发展完善、设施的完善、人才资源的稳定提供保障，还通过自身的创新活动来促进其他要素的发展和条件的形成。美国国会于1980年通过了《存款机构放松管制和金融控制法》，美国的金融改革由此开始，直至1999年的《金融现代服务法》出台。1986年10月27日，英国政府宣布伦敦交易所“门户开放”，即进行被称为“大爆炸”的改革，仅在十天之后，《金融服务法》出台，引发金融体系从管理到市场的全面变动，直到20世纪末《金融服务局法》出台，新的金融监管体制才形成。

金融中心建设中的改革创新涉及许多法律障碍的突破与法律空白的填补，但国家金融立法尚存在滞后现象。而根据我国《立法法》，金融基本制度属于法律保留事项，金融立法权集中于中央，地方无权制定立法。但国家制定新法或修改旧法时间较长，难以适应金融市场发展快、创新快的特点。金融中心建设不能等待，因此需要制度创新，上海国际金融中心的法律规范要有多元化的解决思路。

（一）要用好既有的地方立法权

立法是有特定的主体，依据一定职权和程序，运用一定技术，制定、认可、修改、补充和废止法的活动，其直接目的是要产生和变更法的这种特定的社会规范。[2]要准确解读《立法法》。我国《立法法》第8条第9款规定：“基本经济制度以及财政、海关、金融和外贸的基本制度只能制定法律。”既然金融基本制度只能制定法律，那么非基本制度是否不必制定法律，而由地方或部门制定相应的法规？

2009 年4月29日，《国务院关于推进上海加快发展现代服务业和先进制造

〔1〕 史际春、杜远航：《如何优化金融监管：以我国金融业的集中抑或分业监管为中心》，载《江淮论坛》2010年第5期。

〔2〕 周旺生：《立法论》，北京大学出版社1994年版，第62页。

业建设国际金融中心和国际航运中心的意见》(以下简称《意见》)正式发布。《意见》提出了上海国际金融中心建设中,要“加强金融法制建设”,到2020年“基本形成符合发展需要和国际惯例的税收、信用和监管等法律法规体系”,这为完善上海国际金融中心的法律制度体系指明了方向。地方立法应当在不违背国家立法权限规定的前提下,尽可能地把地方政府可以有所作为的方面做好。主要是指地方政府营造良好的市场发展环境,明确地方政府在制定政策激励措施,提供公平、公正、公开、透明、高效的公共服务,构造金融服务体系等方面的权利和义务;明确规定地方政府及其有关部门应充分保护金融市场要素、金融企业以及金融中介服务机构在国际金融中心建设中应享有的权利。深圳等地已经为我们提供了经验,上海不能“等、靠、要”,而应在法定权限内主动进行与金融中心建设相关的地方立法。上海要根据国家立法的规定,用好已有的地方立法权,对不涉及金融基本制度的内容,抓紧制定规范,其中,《上海市推进国际金融中心建设条例》就是一个很好的尝试和范例。上海要促进现有金融法律、法规、规章的修改,排除不利于金融中心建设的制度障碍,增加有利于金融中心的法律措施,并与国际惯例协调。

(二)争取中央授权金融中心立法

根据《立法法》第13条规定,全国人民代表大会及其常务委员会可以根据改革发展的需要,决定就行政管理等领域的特定事项授权,或在一定期限内在部分地方暂时调整或者暂时停止适用法律的部分规定。

授权立法有深圳的先例。为了保证深圳经济特区顺利建设和发展壮大,1981年五届全国人大常委会21次会议通过了关于授权广东省、福建省人大及其常委会制定所属经济特区的各项单行经济法规的决议。1992年七届全国人大常委会26次会议通过关于授权深圳市人大及其常委会和深圳市政府分别制定法规和规章在深圳特区实施的决定。[1]其立法主要体现在:第一,规范市场经济主体和经济交往方面,规范基础市场方面,培育和规范中介服务方面规定;第二,劳动和社会保障、文化教育等促进社会稳定、和谐发展的公共事务立法;第三,保障安居乐业、维护城市秩序和保护环境的城市管理立法。[2]这些

---

〔1〕 秦蓁:《经济特区授权立法有关情况》,载中国人大网:http://www.npc.gov.cn/npc/zt/qt/dfrd30year/2009-04/14/content_1497664.htm。

〔2〕 王成义:《深圳经济特区立法评述》,载武汉大学法学院:《中德法学论坛》(第四集),2006年。

都是对传统立法权限的突破。

暂时调整与暂停适用法律有自贸区的先例。除上海自贸区外，广东和福建的自贸区条例都提出，创新需要暂时调整或者停止适用法律、行政法规的部分规定的，应及时提出，依法定程序争取国家支持先行先试。

在全国人大立法与上海国际金融中心金融立法分权的设计方面，争取全国人大为上海国际金融中心立法作出原则性规定，授权上海在金融相关领域一定的立法权限，以解决金融法制统一供给和金融中心建设先行先试需求的矛盾。同时提请中央根据建设上海国际金融中心的需要，梳理金融法律空白和需修改之处，加快金融法律的修改进度。

（三）争取中央金融管理部门量身定制规范

国家的金融立法的周期较长，而金融中心的改革发展要先行一步，其对立法的需求往往也先于快于其他地区，因此有必要为金融中心度身定制一些规范。既可在较短时间内实现金融中心的各项活动都有规范可遵循，也可通过实践为全国的高层次金融立法积累经验。当然，金融中心特殊规范的内容不应违反法律的基本原则，金融中心规范的制定也应遵循国家立法权限的基本规则。

如自由贸易区具有“贸易高度自由的”的本质特征，为此中央金融管理部门先后为上海自贸区制定实施了“51条”和“40条”改革创新的规范。上海国际金融中心与自贸区建设联动，完全可以借自贸区的东风，利用自贸区的政策，争取中央金融管理部门为金融中心量身定制更多有利创新的规范。上海要做好金融市场与国家监管机构之间的“联系人”角色，将金融市场需求问题及时反馈给各监管机构，增强监管规则创制的回应性，[1]争取国家给予上海金融中心建设更多的支持。

量身定制的规范有两种出路：一是在金融中心先行先试的基础上，再上升为全国有效的法律；二是只在金融中心实施，不必顾虑推广复制问题（国务院已有规定）。

（四）运用司法解释

随着金融创新和市场化，各类新型金融纠纷和金融违法犯罪案件将会不

---

〔1〕 郭华春：《上海国际金融中心监管规则创制路径简析：以跨国监管为视角》，载《上海金融》2010年第7期。

断出现，金融中心也会成为金融纠纷积聚和集中的地区。如何及时有效地处理金融纠纷，确保金融债权的最终实现；如何加大打击金融犯罪，惩治腐败，规避金融风险；如何加大执行力度，保障生效判决的有效履行等，都需要进行深入研究和探讨，以营造上海国际金融中心良好的法制环境，保障国际金融中心的顺利建设。

由于新型金融案件先发于金融中心，而立法尚存空白，就有必要及时为金融中心司法实践需要作出司法解释。上海已初步建设了有特色的金融司法机构体系，但还面临着立法不足、裁判依据缺位的问题，而新问题新情况的大量出现、等待裁判，亟需通过司法解释弥补。司法解释不是要为金融中心单设司法解释机构或程序，而是指在金融中心司法有需求时，最高人民法院、最高人民检察院应及时作出解释，不必计较数量、频率。

(五)注重金融交易惯例

惯例是指人们在长期的反复实践的基础上形成的，在某一领域、某一行业或某一经济流转关系中普遍采用的、法律未作规定的做法或方法。交易惯例在漫长的人类社会和经济生活中发挥着重要的作用，既是广义法的渊源，又是制定法产生和发展的基础。2009年5月13日最高人民法院公布了《关于适用合同法若干问题的解释(二)》(法释〔2009〕5号)，提出了“交易习惯”认定标准和举证责任，引起了法律界关注[1]。金融交易惯例是在长期的(国际国内)金融交易实践中形成的，被金融交易当事人所通常接受的交易行为规则或者通例。这些为金融业界人士说熟知并普遍接受的交易习惯在金融业务的往来中扮演着重要的角色。这些惯例在表现形式上，可以是业内普遍遵循的原则、可以是统一的国际组织的文件、建议甚至是一种模式理念等。如国际商会编纂的《跟单信用证统一惯例》(1993 年修订)、《见索即付保函统一规则》(1992 年)、《国际备用证惯例》(1998年)，国际保理商联合会编纂的《国际保理业务惯例规则》(1990)、《国际保付代理通则》(1997年修订)等。

上海国际金融中心要注重对金融惯例的运用。地方性金融立法可明确相关新型、涉外金融交易中，法律没有明确规定的，可适用相关惯例。在推荐交易文本中推荐供当事人选择适用，包括将金融交易习惯直接引入，或将金融交

〔1〕 Filip De Ly, *International Business Law and Lex Mercatoria*, North-Holland, 1992, p.135.

易习惯的具体内容并入合同中。司法实践涉及金融惯例解释时，只要不违反国家强制性法律规定和公序良俗，重在通过对金融交易习惯作出合理的解释，公正地兼顾到金融交易各方当事人的利益。

（六）发挥金融业自律规则作用

广义的金融自律不仅包括金融机构的自身约束行为，还包括金融市场的自我制约。金融创新迫切需要规范，统一立法受到限制、力不能及，这正是自律规则可以充分发挥作用的地方。在相对细致的专业性领域中，需要市场主体自己组织起来，形成自律整合的力量，对本行业部分活动进行自律性管理。行业组织、交易所都可通过当事人的意思自治，形成规则来规范交易、解决纠纷。上海有金融自律传统，但尚未形成崇尚自律的文化。

上海国际金融中心的金融自律规则包含：(1)交易所自律规则，尽管部分交易所将商业经营的交易市场和自律职能分开，但交易所制定的专门的交易规则、成员管理和解决纠纷机制仍然属于自律规则范畴。(2)金融行业协会自律规则，金融行业协会基于熟悉本行业业务，其制定的行业自律规则往往能具有较强的针对性和可操作性，为维持市场的稳定和声誉发挥积极作用。(3)其他相关社会组织的相关规则，如保护金融投资者和金融消费者组织等民间的非营利机构，为了维护金融消费者、中小投资者利益，提供咨询与援助，所制定的有关规则，同样应属自律规则。还可学习美国律协起草行为指引的做法，由上海律师协会联合金融行业协会，研究、引进国外交易规则、惯例为依据，起草金融市场规则供市场主体采用。

三、上海国际金融中心的分层监管

党的十八届三中全会要求："完善监管协调机制，界定中央和地方金融监管职责和风险处置责任"，十八届五中全会再次提出了探索中央与地方金融监管职责、改革金融监管体制的问题，上海金融中心理应先行先试分层监管。

（一）分层监管的权利配置

现在，一方面地方有着简政放权、放松金融管制以鼓励创新的强烈要求，另一方面国家监管层出于宏观审慎的考虑，并未给地方渴望的宽松政策，如监管机构在面对可能的风险和责任时更倾向于选择风险尽可能小的方案。因此要探索地方与中央的金融监管事项，权限适当划分。

1.中央与地方金融监管的适当分权。对中央与省级地方的监管权限适当划分，进一步发挥地方积极性。分层监管体制的具体配置建构路径，有不少构想：有的主张可以通过资金公募与私募划分职权——公募活动可以由“一行三会”监管，而私募活动则可以地方监管为主；有的主张以传统金融与新形态金融划分，传统持牌经营的金融（存量）由中央监管，新形态金融（增量）由地方监管。我们则主张按金融风险防范的需要划分，凡是可能引起系统性风险的金融业态（包括传统金融业，跨区域、涉众的），仍属于中央监管；而风险较小、辐射影响较低的金融业态（大多数新金融，不涉众、区域内的），则归地方监管。

金融中心建设过程中，市场对加快金融创新提出了新的要求，金融创新有大量新的问题需要及时回应。在这个背景下，上海金融中心率先试行分层金融监管具有重要意义。自贸区对小额贷款公司、融资性担保公司、融资租赁公司、外资 PE 管理公司的设立和运营的监管已经做了有益尝试。

2.监管机构及职能下移。金融创新对金融安全、金融稳定提出了新挑战，要求金融监管机构将机构与权力向市场一线、基层下移。如央行上海总部的设立，完善了中央银行决策与操作体系、更好地发挥了中央银行的宏观调控职能，同时也是推进上海国际金融中心和自贸区建设的一项重要举措。建议国务院批准各金融监管机构建立上海总部，或者赋予驻沪金融监管派出机构更大的监管权，即在上海组建成立各监管机构的二总部，或者考虑将各监管机构的职能适当向上海转移。这样既降低驻沪金融机构的监管成本，又进一步优化国际金融中心和自贸区的金融监管环境。[1]如自贸区建设中“一行三会”发布了一系列政策推进大量业务创新，考虑到紧贴市场改革前沿进行监管的需要，同时授权对部分创新业务行使监管权。

3.率先实行功能型监管。功能性金融监管是依据金融体系基本功能而设计的监管，较之传统的机构监管，它能够实施跨产品、跨机构、跨市场的协调，且更具连续性和一致性，更有利于促进金融创新。[2]在分业经营与分业监管体

〔1〕 时辰宙:《国际金融中心的金融监管—伦敦、纽约的经验教训与上海的作为》，载《上海经济研究》2009年第3期。

〔2〕 丁俊:《功能性金融监管：我国金融监管体制发展的新方向》，载《国际金融研究》2001年第3期。

制未作根本改革之前，功能性监管能适应实行金融业整体监管的需要，适应金融日益融合经营趋势下维护金融安全、防范风险的需要。

上海应争取率先实施功能型监管，因为在自贸区金融改革中有些举措难以实施、过于保守，往往是因为存在不同部门间的利益驱动或回避责任。有些则遇到了各监管机构各定标准、分散监管的问题。上海不可能在国家体制不变的情况下自建一个大而强的监管机构，但率先实施功能型监管或许能避免分业监管的利益冲突。可通过常设市级协调机制进行协调，避免监管机关职权重叠或监管未覆盖的盲区，也促使监管机关之间的协同。

（二）分层监管的理念

首先，监管应当保障金融创新，同时创新必须是在风险可控的前提下进行，坚守安全红线。创新会产生新的风险，在国外做空势力猖獗、人民币持续贬值的大环境下，金融安全、稳定成为关乎经济安全的重大事项。金融创新与金融监管的关系历来都是一个重要而复杂的问题，在上海国际金融中心建设中始终追求金融创新与监管创新协调发展。在金融创新中要把握好满足实体经济真实需求、稳健有序、兼顾市场发展与风险防范的原则。[1]在监管创新方面，应当适应国际金融发展趋势，把握监管适度，监管过严则无以创新，监管过松则无以稳定市场，选择上海有优势、可以影响国际金融新体系的人民币相关产品进行创新引导。

其次，着眼于社会公共利益，追求金融市场整体效率。自由与规制不是彼此消长的对立关系，而是一种互动关系。金融交易需要快速地进行，因而需要自由；同时金融交易需要安全，因而需要监管，两者是统一的。与此相适应，多元规范与政府监管相互协调，任意性规范和强行性规范相协调。应当正确处理自由与强制的关系：当某种金融交易仅涉及交易双方的利害，不涉及第三人利益时，侧重强调自由；当交易涉及第三人，尤其是面向公众消费者时，则应强调交易安全、注重强制性。应当遵循金融的本质，不得以“创新”的旗号开展风险过高的活动。对待金融创新，应当以其是否服务实体经济、降低融资成本作为评价标准，但也应平衡其与意思自治之间的关系。要继续打击非法集资等非法金融活动。

〔1〕 肖本华：《历史新机遇下上海国际金融中心建设路径探索》，载《上海金融》2010年第1期。

再次，推动非官方监管机制创新，发挥社会监督功能及金融行业、金融市场和金融机构自我监管作用。一是为有效发挥交易所的自律监管功能，应将金融监管机构拥有的一线监管和自律监管职能尽快下放到各个交易所，赋予交易所对市场参与者的直接调查监管权限。二是发挥银行、证券、期货、保险同业公会等行业组织的自律监管职能，提高行业自律意识与自律水平，形成监管合力。三是探索金融消费者组织、媒体舆论、人民团体等对金融服务的监督，特别对非法金融活动的合力预警监视。通过这些放权性的金融创新，真正发挥私人路径在市场中的巨大影响和能动性。

第四节　上海国际金融中心立法研究[1]

一、上海国际金融中心建设立法意义再认识

（一）国际金融中心概况

根据伦敦金融城对“金融中心”（Financial Hub）的定义，金融市场汇集、众多全球金融机构参与和运用全球金融工具进行交易构成一个国际金融中心的三要素。我们认为，金融中心本质上承担的是金融中介功能，但这种中介功能又不同于金融机构的中介功能，它主要是为金融机构提供集中交易和清算的场所。国际金融中心是相对于国内金融中心而言的，它与国内金融中心的主要区别是国际金融中心允许其他国家的居民自由参与市场交易活动，不受所在国的金融管理当局控制，能够促进资金在国际自由流动和国际贸易的扩大。

根据指标不同，金融中心有着不同的分类。

分类方法	分类1	分类2	分类3	分类4
根据金融业务性质和目的分类	名义金融中心：提供注册记账的场所的“避税港”	功能金融中心：实质性金融活动中心	—	—

〔1〕 本文系上海市人大立法项目《推进上海国际金融中心建设条例》调研课题（2008年）的成果之一，获上海市决策咨询成果奖。

续表

分类方法	分类1	分类2	分类3	分类4
根据功能和发展阶段分类	传统中心：输出资本，担当国际净债权者的中心	金融转口埠：本地金融机构金融服务提供给居民和非居民	离岸金融中心：为居民和非居民提供存贷款服务的中心	—
根据金融产品的需方和供方分类	单方向的国际金融中心	完全的国际金融中心	—	—
根据影响力不同分类	全球金融中心：为全球的金融交易活动提供直接服务（纽约、伦敦）	区域国际金融中心：提供跨国家金融交易服务，辐射洲际地区，如东京、中国香港等	专业性国际金融中心：在某一个领域提供全球金融交易服务，如苏黎世、开曼	国内金融中心：为本国的经济发展和金融业服务或为城市所在地区服务

随着金融市场的不断扩大，金融活动的不断频繁，金融市场和金融活动的主体——金融机构，为了交易的便利、沟通的及时以及效率的提高，逐渐积聚起来，所谓金融中心也就形成了。

对于金融中心的形成过程是金融机构的一个聚集的过程这一观点。相关文献最早的是英国学者鲍威尔（Powell）在其著作《货币市场的演进：1384—1915年》中，描述了银行聚集并集中到伦敦的过程。1960年Vemon提出了金融机构聚集的原始动机，并认为这种聚集提供了近距离的交流与沟通的便利，吸引了那些以较快的互动速度为必要条件的行业。公司或金融机构的集中能够促进为熟悉复杂多变的市场需求而建立起来的客户关系。对于金融中心的系统理论阐述来自美国金融学家Kindleberger，1974年他提出了金融机构在金融中心的聚集效应，主要体现在跨地区支付效率的提高和金融资源跨地区配置效率的提高，并且证明了对于几个给定的金融中心，其最有效率的结算系统是将全部结算活动都集中在一个金融中心进行，这样用n-1条交易通道代替原来的n（n-1）条通道，从而提高结算效率并降低成本。

从历史上看来，金融中心的出现，根本上说也是经济发展到一定程度的结果。由于跨地区贸易带来的金融需求，以提供银行汇兑业务为主的金融中心兴起于13～17世纪，这便是最早的金融中心，包括威尼斯、佛罗伦萨等。后来，随着工业革命的兴起、欧洲各国在世界版图上的扩张，各国政府、企业需要广阔的债券融资平台。于是，在18～19世纪，英国伦敦金融中心应运而生。它除提供服务跨国贸易为主的商业银行服务外，还成为英国政府及其在拉美、北美、印度、非洲等殖民地进行债券融资的平台。直至19世纪后半期、20世纪初期，真正意义上的国际金融中心才开始兴起，比如美国纽约、英国伦敦等。它们不仅提供传统意义上的商业银行服务、债券市场等，还拥有众多证券交易所，成为提供企业股权交易、股权融资的平台，也是真正的资本市场。

从美国纽约、英国伦敦、日本东京以及新加坡等国际金融中心的兴起来看，国际金融中心不仅为其本国经济发展贡献了重要力量，而且增强了其在国际舞台上的竞争力，通过在全国乃至全球范围内的资金融通和资本运作实现了资源的优化配置，充分获取经济全球化的利益。

（二）国际金融中心形成中法制的作用

国际金融中心是一国（地区）金融体系的有机组成部分，也是该国（地区）金融体系发展的产物。根据西方发展经济学的理论，金融体系的产生有两种途径：一是需求反应（Demand-Following），另一个是供给引导（Supply-Leading）。相对应，国际金融中心的产生也有了两类截然不同的模式：自然形成模式与政府主导模式。

所谓需求反应，是指金融体系的产生、变化、发展取决于经济之发展，经济的增长产生了对金融业新的需求。于是金融机构与金融市场相应扩张，制度层面的金融决策与法规也随之发生变化。在这一金融体系的产生与发展途径中形成的国际金融中心，我们称为自然形成的国际金融中心。这类国际金融中心的产生模式可称为自然形成模式，典型的有伦敦、纽约与香港。

所谓供给引导，是指金融体系并非经济发展到一定阶段的产物，其产生和发展具有一定的超前性，是通过国家或地区有关部门的人为设计、强力支持而产生的。金融体系的超前产生和发展刺激了经济的发展，对经济发展能有先导作用，即供给刺激需求，而不是靠需求引发供给。而在刺激经济发展的金融体系的变动中，金融制度的变化又处于先导作用。在供给引导的途径中产生的国际金融中心，是一国或地区有意识建设的结果，其产生模式称为国家（地区）建设模式，典型的有东京与新加坡。在这种模式下，金融业的国际化带动国内金融业的发展，进而促进经济各部门的发展。国际金融业与国内金融业及国内经济其他部门的发展在此基础上产生互动效应，最终产生了国际金融中心。

目前，全世界范围内为了能够度量和评估国际金融中心，许多学者和研究机构出台了“金融中心竞争力指标”。其中，伦敦金融城Z/Yen研究咨询公司的“全球金融中心指数”（GFCI）相比而言最为科学、完整、合理，权威性较高。

GFCI通过“因素评价模型”实现对全球不同金融中心的排名。“因素评价模型”是通过两种方式的评价得以构建的：第一是“数据指标因素”，数据都是来自于外部的客观数据。构成GFCI的排名的金融中心竞争力指标主要集中在5个关键领域：人力、商业环境、市场准入、基础设施和总体竞争力。构成GFCI的排名的金融中心竞争力指标有14项（见下表），这14项竞争力指标则是通过47项分指标数据支撑的，不少指标均与法制水平相关。第二是“金融中心评价因素”。

国际金融中心竞争力指标

竞争力指标	排名	平均分值	竞争力指标	排名	平均分值
训练有素的专业技术人员	1	5.37	企业税制	8	4.47
监管环境	2	5.16	运营成本	9	4.38
进入国际金融市场的容易度	3	5.08	专业服务供应商的获取	10	4.33
基础设施	4	5.01	生活质量	11	4.3
客户的可获得性	5	4.9	文化和语言	12	4.38
公平公正的商业环境	6	4.67	商业楼宇的质量及供应	13	4.04
政府回应	7	4.61	个人税制	14	3.89

以2008年3月发布的GFCI指数为例，排名情况是：

城市	名次	排名变化	评分	城市	名次	排名变化	评分
伦敦	1	–	795	直布罗陀	26	new	574
纽约	2	–	786	维尔京群岛	27	new	574
香港	3	–	695	汉米尔顿	28	−3	573
新加坡	4	–	675	墨尔本	29	−10	573
苏黎世	5	–	665	蒙特利尔	30	−2	560
法兰克福	6	–	642	上海	31	−1	554
日内瓦	7	–	640	斯德哥尔摩	32	−6	553
芝加哥	8	–	637	温哥华	33	−2	548
东京	9	1	628	比利时	34	−7	548
悉尼	10	−1	621	慕尼黑	35	−6	546
波士顿	11	1	618	巴哈马	36	new	544
弗朗西斯科	12	2	614	摩纳哥	37	new	522
柏林	13	2	613	米兰	38	−7	520
巴黎	14	−3	612	巴林	39	3	514
多伦多	15	−2	610	赫尔辛基	40	−9	512
新泽西	16	7	607	约翰内斯堡	41	–	511
卢森堡	17	–	605	马德里	42	−10	509
德克萨斯州	18	2	604	维也纳	43	−11	507
根西岛	19	4	603	哥本哈根	44	−9	502
华盛顿	20	−2	597	奥斯陆	45	−11	495
马恩岛	21	–	597	北京	46	−10	493
格拉斯哥	22	new	592	卡塔尔	47	−3	491
阿姆斯特丹	23	−7	585	孟买	48	−10	481
迪拜	24	−2	585	罗马	49	−13	471
开曼群岛	25	−1	575	大阪	50	−18	469

（三）上海国际金融中心立法的背景

1.上海金融中心建设情况。

首先，上海已经建立起多个在全国甚至在国际上有重要影响的金融市场，形成了包括证券、外汇、货币、黄金、钻石、期货市场在内的比较齐全的金融市场体系。其中产生的市场价格起着重要的影响作用，如在中国外汇交易中心暨全国银行间同业拆借中心，由外汇市场与货币市场分别产生的加权平均汇率、加权平均利率和债券指数，已经成为我国外汇市场汇率、货币市场利率和银行间债市的基准，准确地传导货币政策意图。上海商品期货交易所更是被国际同行认定为国际定价中心之一，橡胶期货的成交价也逐渐引起世界最大的三个橡胶生产国泰国、马来西亚和印度尼西亚的关注，与传统的橡胶定价中心——日本工业品交易所形成互为参照的态势。〔1〕企业票据市场、中国金融期货交易所在沪挂牌，使上海金融市场体系更加完整，内涵更加丰富。

其次，金融市场与信息在上海集中，不仅吸引大量的资金流向上海，而且对机构产生了显著的积聚效应。国内外各种金融机构近年来纷纷抢滩上海，设立中国区总部或分支机构，大大提高了上海经济和金融的辐射作用。2007年底上海市的主要中外资的金融法人机构数量已经达到了858家，集聚效应非常明显。上海现有银行类机构604家，证券类机构261家，保险类机构109家，外资金融机构140家（经营性外资金融机构131家）。〔2〕目前，外资银行有九成以上选择在上海作为注册地，上海的外资法人银行已达到14家。

再次，随着金融开放稳步扩大，金融要素市场规模增大、产品创新加快。2007年，上海各类金融市场（未计外汇市场）交易总额132.75万亿元，同比大幅增长118%。2007年末，金融机构各项存款余额30，315.53亿元，贷款余额21，709.95亿元。保险业全年保费收入482.64亿元，比上年增长19.4%。〔3〕

上海金融市场规模（2007年）：

市场	交易总额	增长（比上年）	地位
上海证券市场	38万亿元	3.1倍	
其中：股票	30.54万亿元		位列全球第七、亚洲第二
股票融资	6616亿元		位列全球第三、亚洲第一

〔1〕 姜波克：《上海国际金融中心建设的基本思路》，载《新金融》2003年第7期。

〔2〕 参见上海统计网：http：//www.stats-sh.gov.cn/2004shtj/tjnj/tjnj2008.htm#.，最后访问日期：2008年12月31日。

〔3〕 参见上海金融网：http：//sjr.sh.gov.cn/sub.jsp？ main_colid=137&top_id=128&main_artid=19824.，后最访问日期：2008年12月31日。

续表

市场	交易总额	增长（比上年）	地位
中国外汇交易中心债券	13万亿元		位列全球第七
上海期货交易所	23.13万亿元	83.4%	
其中：天然胶	8.7万亿元		位列全球第一
铜	10.1万亿元		位列全球第二
上海黄金市场	3324.65亿元	62.5%	
钻石交易市场	10.02亿美元	53.4%	
产权交易市场各类产权	956.93亿元	13.4%	
银行间市场	712，948.82亿元		

资料来源：上海统计年鉴、上海金融年鉴。

最后，较之中国其他城市，上海金融业发展已具有一定基础和比较优势。金融业对地区生产总值的贡献占比也已经达到了两位数以上。2007年，金融业实现增加值1195.72亿元，比上年增长33.4%。上海金融业在全国的地位：

项目	上海数据（2007年）	占全国比重
在沪金融机构总资产		超过10%
银行业总资产	超过4.76万亿元	9%
在沪外资法人银行总资产		58.84%
金融市场直接融资		24%
金融市场交易总额（不含外汇）	132.75万亿元	82.73%

资料来源：《上海国际金融中心建设十一五部分重要目标已提前实现》，载《新民晚报》(2008.10.16)

2.上海金融中心的不足。

上海已经成为中国的金融中心，但较之国际金融中心上海仍有很长的路要走。

其一，上海每年金融业增加值占GDP总量不大。纽约、伦敦、东京这几个国际金融中心的金融业增加值占GDP总量的比例都达到了18%，上海这一比例仅为10%，近几年没有缩小与国际主要金融中心之间的差距。从城市经济总量绝对值水平来看，目前上海的GDP总值仅为香港的36%、新加坡的65%，上海即使提高金融业增加值占GDP总量的比例，也很难迅速提升城市的金融业竞争实力。根据有关统计数据资料，从当前的情况来看，上海服务业增加值只有香港的1/4、东京的1/10。

世界主要金融中心所在国(地区)2005年基本经济指标比较

	美国	英国	日本	瑞士	中国香港	新加坡	中国	(上海)
GDP(万亿美元)	13	2.2	4.5	0.4	0.2	0.1		1.2
人均GNI(美元)	43740	37600	38980	54930	27670	27490	1740	
经济增长率	3.50%	1.80%	2.70%	1.90%	7.30%	6.40%	9.90%	13.30%
第三产业比重	74.60%	72.70%	66.30%	69.60%	90.00%	66.10%	40.70%	51.90%
贸易占GDP比重	21.20%	40.10%	18.20%	67.20%	33.60%	36.80%	63.80%	12.20%

资料来源:世界银行网站的统计与数据栏,载http://www.wordbank.org,注:第三产业比重数据,美国为2000年,中国、英国和新加坡为2004年,瑞士和日本为2003年,香港为2005年。上海数据为2007年,资料来源:上海经济年鉴。

其二,上海的金融机构数量不足。按照一些学者的观点,只有具备以下条件才可以成为国际金融中心:外资银行至少100家;外资非银行中介机构至少200家;海外银行贷款总额至少达到200亿美元左右;被至少200家外资公司或银行机构选为地区总部所在地。由此可以看出,上海与其他国际金融中心之间确实差距不小。目前上海经批准转制的外商独资银行加外国银行分行近80来家,外资银行代表处100来家,外资非银行中介机构差距更大。

其三,上海金融人才缺乏。虽然上海金融人才的密度在全国来说相对较高,但对照国际金融中心目标,差距是明显的。世界上的国际金融中心城市,10%以上的人口从事金融业,目前上海只有1%。作为国际金融中心的纽约,拥有77万金融人才,香港的数字是35万人,而上海目前只有10万人不到,其中国际水准的金融人才还不到伦敦的1/4。

其四,上海金融软环境尚不理想。要想真正成为国际金融中心,还需具备一些定量的软因素,如市场透明度、法制健全、市场开放、治理机制完善以及资本自由流动等因素。上海在监管效率上有较大差距,与目前我国金融监管存在随意性大、懂实务懂市场的人才短缺、风险点监管未完全到位、非风险点的行政管制又过多过严等问题相关。政府监管层面，干预手段以行政干预居多，而依法监管的措施还比较少，相关法律缺失。对于建设国际金融中心而言，建立并完善保护市场和投资者的法律至关重要。

上海目前中资金融机构治理机制存在缺陷。如就银行而言，存在的主要问题是内控制度不严密、信息系统不够先进、分支行一把手的权力过大、风险管理手段落后以及行政干预仍然较多等。有些机构没有建立从下向上直线汇报的合规部门，没有加强后台、中台的制约作用；审计、风险管理、财务管理及合规部的职能不够突出，独立性及约束力不够强，一些机构没有建立"防火墙"、没有严格防止内幕交易、操纵市场和挪用客户资金等违法违规行为。金融自由化是国际金融中心的必备条件。但在推进金融市场化的建设中，上海并没有做到完全自主的决策空间，缺乏健全的推进金融市场化的法律支持体系，所以上海在扩大金融自由化和强化金融监管上还不成熟。

世界主要金融中心所在国家（地区）经济自由化程度比较

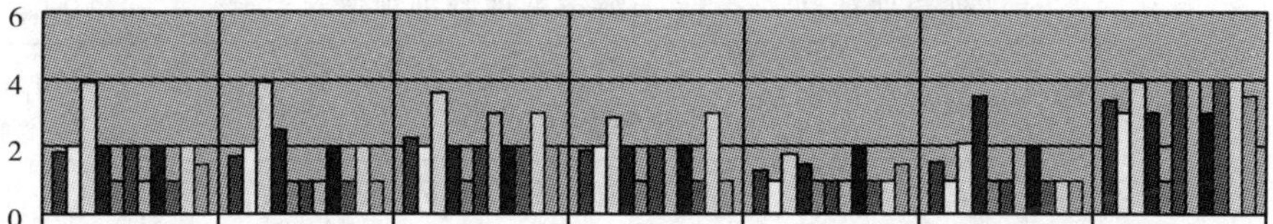

	美国	英国	日本	瑞士	中国香港	新加坡	中国
2006年总分	1.84	1.74	2.26	1.89	1.28	1.56	3.34
贸易	2.0	2.0	2.0	2.0	1.0	1.0	3.0
财政负担	3.9	3.9	3.6	2.9	1.8	2.1	3.9
政府干预	2.0	2.5	2.0	2.0	1.5	3.5	3.0

2006年总分 贸易 财政负担 政府干预 货币政策 外国投资 银行 工资价格 产权 监管 信息市场

资料来源：遗产基金会网站公布的2006年《经济自由指数》，载http://www.heritage.org，注：指标按公开的评议标准以5分制大分，分数从1到5，1代表市场化程度最高，5代表市场化程度最低，市场化程度越高，越有利于金融中心的建设。

3.上海国际金融中心建设中已有的法规

上海国际金融中心立法有广义与狭义之分，广义是指有关上海地方性法规或政府规章等涉及国际金融中心建设内容的规范性文件的总称，包括本市立法、执法、司法、金融监管机构、行业自律机构等单独或联合制定的各种有关金融内容的地方性法规、政府规章、司法文件和行业自律规范；而狭义是指上海市立法机关和市政府制定的有关金融内容的地方法规和政府规章。

上海有规范行事的传统，在金融中心建设中始终注重法律规范的完善

规范性质	规范范围	规范名称或内容
贯彻国家金融立法的实施细则		如上海市政府2004年6月23日发布了“印发《关于本市推进资本市场改革开放和稳定发展的实施意见》的通知”，落实 国务院发布《关于推进资本市场改革开放和稳定发展的若干意见》
依法制定颁行促进国际金融中心建设的地方立法与政府规章	明确长中短期建设任务	《推进上海国际金融中心建设行动纲要》等
	集聚中外资金融机构	《关于加强服务促进金融机构来上海发展的若干政策意见》《关于支持金融机构在本市发展的若干意见》和《上海市鼓励外资跨国公司设立地区总部的暂行规定》等
	营造金融诚信环境	《上海市个人信用征信管理试行办法》《上海市企业信用征信管理试行办法》
	金融商务区建设与管理	《上海市陆家嘴金融贸易中心区综合管理暂行规定》
	涉外金融活动	《上海市外债管理规定》
	多层次金融市场	《上海市产权交易市场管理办法》《上海市住房抵押管理办法》等
	金融税费	《上海市征收期货交易费的暂行规定》《关于本市对黄金交易所黄金交易增值税征收管理办法的补充通知》等
国家金融监管机构驻沪机构颁行规范性文件	根据地方监管需要颁行规范性文件	就辖区内机构监管、促进规范运行、打击非法金融活动颁行规范。如《上海保险业诚信体系建设指导意见》《上海上市公司分类监管工作指引（试行）》
交易市场制定规范	上海证券、黄金期货等交易所	颁行了有关上市入市、会员资格、市场交易、结算等一系列市场规则
各自律机构完备市场自律规则		如上海银行、证券、保险等同业公会制定了类似《中资金融机构联合制裁逃废债行为实施办法》和《外资金融机构联合制裁逃废债行为实施办法》等自律规则

上海所制定出台的规范对国际金融中心建设起到了积极促进作用，但上海享有的地方立法权有限，在金融立法上自主权更小，一般是金融外围立法，致使相关立法分散、层级低、权威性不足，特别是缺乏直接涉及金融发展的立法。

（四）上海国际金融中心立法的必要性

改革开放以来，全国人大及其常委会非常重视金融立法，已制定了中国人民银行法、商业银行法、银行业监督管理法、票据法、担保法、保险法、证券法、基金法等金融法律。但是，金融立法与金融发展的要求，特别是与金融创新的要求还有相当的距离，上海国际金融中心建设需要专门立法。

金融中心专门立法是优化上海国际金融中心建设环境的需要，是综合竞争力的标志。国际金融中心形成的内部条件除了要有合适的时区（在时区位置上能与其他国际金融市场相衔接进行连续交易）、优越的地理位置（处于交通枢纽位置，良好的天然港口）、强劲的经济发展势态（能产生资金供给或资金需求）、发达的金融市场和良好的人力资源等“自然型要素”外，还需要稳定的政治环境、优良的金融服务环境，以及健全的法制环境等“发展型要素”。特别是法制环境，往往成为金融稳定发展、市场集聚效应和增强对国内外资金吸引力的关键所在。国内外金融机构将业务中心或产品中心选址上海，必然要求上海在完善经济环境的同时，完善法制、信用环境。国外金融机构进军中国，也看重当地政府是否重视法制。许多国家或地区国际金融中心发展的历史经验表明，国际金融中心建设离不开一个健康的法治环境。一个地方能否成为国际金融中心以及这个中心的地位如何，不仅凭经济实力，也要凭法律环境。相应立法的完善，不仅是金融基础环境，也是国际化大都市的标志，上海必须进行金融中心建设的立法。

金融中心专门立法是上海国际金融中心建设寻求新的突破的需要，是贯彻科学发展观的体现。金融是现代经济的核心，对经济发展起着不可替代的作用。国内各城市对金融中心的竞争非常激烈，北京、深圳、广州、武汉、重庆、天津等地纷纷提出要建设成为国家或区域性金融中心。上海在国外金融机构引进、金融对外开放、金融市场发展以及金融创新等方面面临国内诸多城市的挑战。而相比北京、天津、深圳等国内城市，上海金融业并没有享受到更多的独特优势。比如，在金融体系建设中，地方本身没有主动权，相应的权力滞留在中央部委，而各部委派驻上海的机构同样没有多少或者没有比其他地方更多的权限，致使上海在建设国际金融中心进程中长期以来难以展开拳脚。上海国际金融中心的建设不同于纽约、伦敦、东京、新加坡以及香港，上述金融中心的法治建设起始于诱致性变迁，主要依靠市场的自身发展到一定程度后，国家或地区制定相关的法律以适应市场发展的需要，也就是通常所称的“发展——规范——发展”路径。而上海金融中心的法治发展，在较大程度上属于强制性变迁，即在国家法制促进下变革发展，这也是我国改革的一般路径。因此，上海要想成为国际性的金融中心，就必须进行金融促进立法，创造良好环境，上海才能在竞争中寻求突破，争取亚洲乃至全球国际金融中心的地位。

金融中心专门立法也是保障上海国际金融中心规范建设的需要，对于经济发展和社会稳定具有紧迫性。法制建设是国际金融中心建设的灵魂，市场经济在某种意义上说就是法制经济，金融中心作为市场经济的核心，更加需要法制的特别呵护。而“法制”的基本要求就是有法可依、有法必依、执法必严、违法必究。目前我国金融法律体系仍有不少缺漏，上海国际金融中心建设中就遇到了一些亟待解决而又缺乏规范的问题，需要新的立法解燃眉之急，国家的立法一时跟不上，地方立法就应该发挥作用。事实表明，能成为国际金融中心的城市都是法制严明的典范，如伦敦、纽约、新加坡、中国香港都是法制成熟的金融大都市。上海金融界、法律界各方一致认为需要更高层级的立法，因此上海制定促进金融中心地方性法规的时机完全成熟。

（五）上海国际金融中心建设立法的可行性

我国《立法法》规定，基本经济制度以及财政、税收、海关、金融和外贸的基本制度只能制定法律。因此，有关金融基本制度的事项应当由国家统一立法。但在国际金融中心建设立法方面，地方仍有较大空间。

首先是要用好地方立法权。根据《宪法》和《立法法》，上海市人民代表大会及其常务委员会根据本市的具体情况和实际需要，在不与宪法、法律、行政法规相抵触的前提下，可以制定地方性法规。这里的是“不相抵触”而不是“根据”，也就是说，不是必须先有法律，才能根据法律、行政法规制定地方性法规。[1]

〔1〕 顾昂然：《新中国立法概述》，法律出版社1995年版，第41页。

地方性法规或政府规章可以规定的事项包括：

	地方立法权	内容	涉及金融中心的事项
1	为执行法律、行政法规的规定，需要根据本行政区域的实际情况作具体规定的事项	如物权法是由全国人大通过的一部上位法，但是对物权的设立、转让、抵押必须进行登记，而怎样登记物权法没有规定，留给各地根据实际情况制定细则。所以物权的登记取决于各地地方政府出台的条例、办法及实施细则	如上海出台的不动产登记制度和技术规定是比较先进的，包括两证合一、全市联网等，大大降低了重复抵押对债权银行所导致的风险
2	属于地方性事务需要制定地方性法规的事项	除《立法法》规定只能制定法律的事项外，其他事项国家尚未制定法律或者行政法规的，上海市根据本地方的具体情况和实际需要，可以先制定地方性法规	促进国际金融中心发展的许多措施，如涉及规划、人事、企业发展等，本身就属地方事权范围
3	市政府可根据法律、行政法规和本市地方性法规，制定地方政府规章	包括为执行法律、行政法规、地方性法规的规定需要制定规章的事项，以及属于本市的具体行政管理事项	涉及金融中心建设的许多具体规则和优惠措施

其次是争取国家授权立法或专项立法。授权地方立法方面。在我国的立法实践中，全国人大及其常委会除了1983年、1984年、1985年三次对国务院做出授权决定外，也先后五次做出决定授权广东省和福建省、海南省、深圳市、厦门市、汕头市和珠海市的人大及其常委会制定经济法规，在经济特区实施。[1]特别值得一提的是1994年八届全国人大第二次会议做出授权厦门市人大及其常委会制定法规在经济特区实施的决定，就是根据福建省袁启彤等36名全国人大代表提出的议案做出的。[2]上海应当积极争取全国人大及其常委会做出决定，授权上海市人大及其常委会制定金融法规，在金融中心实施。[3]

在专项立法（定制式立法）方面也已有先例。如国务院为北京奥运会、上海世博会相关问题制定条例。又如2003年3月，中国银行业监督管理委员会专门为中国银行和建设银行制定了《关于中国银行、中国建设银行公司治理改革与监管指引》的专门规章，提出了两家试点银行股份制改革的政策等，充分体

〔1〕 张春生：《中华人民共和国立法法释义》，法律出版社2000年版，第73页。

〔2〕 同上书，第74页。

〔3〕 2007年全国“两会”上，已有来自上海的人大代表建议国家制定《上海国际金融中心特别法》，为上海国际金融中心提供特别的立法支持。

现了与时俱进、特事特办的原则。这类经典创举，对促进上海地方金融立法具有很大启发，可争取国务院、中央银行与金融监管机构为上海国际金融中心建设制定专门条例、指导意见或规章。

争取国家立法的内容包括：

争取国家立法的层次	立法机关	立法内容
争取国家授权立法	全国人大	授权上海制定有关金融中心建设的专门立法
争取国务院制定法规	国务院	为上海国际金融中心建设制定指导性法规
争取中央部委制定规章	中央银行与金融监管机构	为上海国际金融中心专门事项制定规范性文件

二、国外金融中心立法经验借鉴

（一）国家总体立法型——伦敦金融城法制建设

特点：在金融市场发达的基础上立法，金融中心也没有专门立法，国家金融立法重在市场监管。

1.伦敦城金融法制概况。

伦敦成为最早的国际金融中心是由于英国在19世纪时是最为发达的资本主义国家，伦敦不仅是英国的汇兑与清算中心，也是全球国际贸易的汇兑与清算中心。20世纪60年代，由于“冷战”等缘故，欧洲美元市场在伦敦获得迅速发展，使伦敦成为全球最为重要的欧洲美元市场。

伦敦这个至今交易量仍居第一位的国际金融中心，它的特点是比纽约和东京市场更为国际化。金融业务中，外国股票交易、国际债券一级市场发行和二级市场交易、外汇市场交易、航空和海运保险净收入以及跨境银行借贷额均居第一位。纽约市场只有金融衍生产品在交易所内的交易量居第一位（场外交易量不如伦敦）。1997年底英国银行业资产总额达到24，570亿镑，其中全部英资银行为11，180亿镑，只占45.5%，而全部外资银行为13，390亿镑，占54.4%，伦敦外汇市场几占全球市场交易总额的1/3，但它的外汇交易业务的75%是由外资银行完成的，可见这个伦敦市场国际化程度之高。最新的一项关于全球金融中心竞争力的评比显示，伦敦在全球金融中心城市中排名第一。[1]

---

〔1〕 黄继汇：《伦敦超越纽约成国际金融中心龙头》，载《中国证券报》2007年3月22日。

伦敦金融活动集中于伦敦金融城，这个传统的金融区面积虽小，却是英国的经济中心，伦敦金融城的产值占英国GDP的3%。同时，它也是与华尔街齐名的世界三大金融中心之一。根据古老、自治的《约翰国王大宪章》的规定，伦敦城无论水上或陆上，俱应享有其旧有之自由与自由习惯。因此，自古以来伦敦城都保有自己的一套市政、警察和法庭机构。

伦敦是英国的首都，国家的金融立法全面覆盖伦敦金融中心。而作为英美法的典型国家，英国早先金融制度是以"习惯法"与"成文法"相结合、自律为主的安排。现在，英国也很重视金融立法，金融成文法虽少却很全面、权威，最主要的是《1986年金融服务法》和《2000年金融服务与市场法》。

《2000年金融服务和市场法》于2001年12月1日生效，废止了以前颁布的一系列金融规范，修改了《1986年金融服务法》中关于自律监管机构的条款。该法主要对金融监管作出规定，涉及金融服务监管局（FSA）的组织机构，监管的目标和原则、监管对象、监管原则，对行使权力、审批、申请许可、认定和处罚市场滥用行为等程序，以及投资者的保护等。更明确了政府在伦敦国际金融中心的发展过程中的服务者角色。

2.伦敦金融城的法制环境主要集中于监管体制的建设。

作为一个古老的金融帝国，英国早先实施的是自律与分业监管相结合为特征的非正式监管体系，主要采取"道义劝说""君子协定"等方式。随着各国中央银行制定和实施货币政策独立性的增强以及金融混业趋势的抬头，英国建立了单一金融监管机构。考其原因主要有三条：第一是适应金融市场发展的需要，金融市场由原来的出售单一金融产品的市场变成了金融超市，单一的金融超市需要单一的监管机构；第二是消除以前金融监管中存在的问题，特别是减少重叠、避免政策上的不一致以及降低监管成本；第三是确保伦敦的金融竞争优势，方便消费者（投资者）进行一站式购买（投资）。

目前，英国所采取的金融监管模式是在银行、证券、保险三部分监管职权之上建立一个单独的监管者——英国金融服务监管局（The Financial Services Authority，FSA；又称英国金融监管局）。FSA作为一体化的监管者，使得英国目前的金融监管体制不仅是合一的，而且是同中央银行分离的。

FSA享有广泛的法定监管权力。它有权制定并公布宏观的、适用于整个金融市场所有被监管机构的法令，如"监管11条"。该法令要求被监管者一定要以公开及合作的态度接受FSA的监管，一定要将必须及时通报的情况报告给FSA。从业务上看，FSA除继承了原有9个金融监管机构分享的监管权力以外。还负责过去某些不受监管的领域。如金融机构与客户合同中的不公平条款。金融市场行业准则为金融业提供服务的律师与会计师事务所等的规范与监管。这样。英国用立法的形式强化了FSA的统一监管权。英格兰银行对银行业监管职能的整体移交得到了法律确认。FSA作为目前英国统一的金融监管机构，将英格兰银行中的监管职能分离出来，转由FSA综合行使，使英格兰银行制定和实施货币政策的职能进一步强化。

其监管对象主要分为两类：第一，对特定金融行为的监管，包括“被监管行为”（regulated activities）、“金融推销行为”（financial promotion）和“市场滥用行为”（market abuse）；第二，对从事金融业务的主体的监管，即要求从事“被监管行为”或“金融推销行为”的人向FSA提出申请，只能在FSA授权或法定豁免的情况下，才能从事该类行为。〔1〕

《2000年金融法》规定了FSA监管的法定目标及其监管原则。其监管目标有四个：一是维护对英国金融体系的信心；二是促进社会公众对金融体系的理解；三是确保对投资者的保护处于适当的水平，同时明确投资者自己的责任；四是减少金融犯罪。被FSA认为是“良好监管的原则”包括：一是最经济和最有一效地使用其监管资源；二是明确被监管对象管理层自己的责任；三是保持适度的监管费用负担和管制；四是促进金融创新；五是高度重视金融服务业的国际化特征和英国的竞争地位；六是促进竞争，而不是相反去不必要地影响竞争。

在法定目标和监管原则的指引下，FSA采取了新的、与原先监管机构采用的根本不同的监管方法——基于风险的监管方法。其目标是确保金融市场的高效、有序和公正，帮助消费者（投资者）获得公平的交易。其主要特征有：一是注重风险对FSA监管目标的影响，不管这些风险来自何处，如可能来自个别金融机构、特定的市场领域、消费者的理解与行为倾向以及宏观经济等；二是明确金融监管的现实目标和界限，特别是明确声明，FSA的目标并不是防止所有的金融失败；三是明确消费者（投资者）自己和金融机构管理层各自的适当责任，明确在金融体系中消除所有的金融风险和失败既是不可能的，也是不必

〔1〕 郭洪俊，张昕：《英国〈2000年金融服务与市场法〉评介（二）》，载http://www.civillaw.com.cn/article/default.asp? id=39224。

要的；四是整合和简化以前的监管机构所采用的不同的监管方法，建立了用于监管所有金融机构的基于风险的监管方法；五是建立了一个明晰的方法体系，用来识别和处理机构、市场和消费者所面临的最重要的问题，每年FSA据此公开阐明其确定的年度监管主题；六是运用《2000年金融法》规定的所有的监管手段，包括消费者（投资者）教育；七是将监管资源的使用从金融风险的事后处理转移到事前的防范；八是创造激励机制，促使金融机构提高其风险管理水平，从而减少监管的负担。

为了推行新的基于风险的监管方法，FSA组建了一个新的部门——风险评估部。该部门有三大职责：一是确定FSA在实现其监管目标时面对的风险与机遇（包括制定风险评估体系和区分风险来源），二是判别FSA将要处理的问题的重要性程度；三是选择化解这些风险的最有效和最经济的工具。其中很值得借鉴的是FSA建立了一整套完善的、对不同金融机构风险评估的体系——ARROW（Advanced Risk-Responsive Opertating Framework）。

"ARROW"是英国金融服务局对被监管机构包括银行、保险公司及证券机构（以下简称银行（公司））等在内实行的一种监督评价方法。它与美国"CAMELS"评级制度有明显的区别。"CAMELS"是通过对被监管机构的经营结果进行量化评级，而对其实施差别化监管的方法。相比之"ARROW"具有如下特点：一、"ARROW"是一种对风险过程进行评估的程序和方法，不是简单就经营结果进行评级；二、它关注被监管机构内部存在的、对监管目标构成威胁的风险，其风险的大小由对风险的关注程度（Priority）来表示；三、关注程度（Priority）取决于风险的影响程度（Impact）和风险发生的可能性（Probability），即Priority=Impact × Probability；四、它设置了统一的评价标准和风险评估程序，通过对被监管机构内部存在的风险进行持续确认和评估，进而科学确定风险的影响程度（Impact）和风险发生的可能性（Probability）；五、它根据关注程度的大小确定具体监管措施，提供及时的指导和帮助，对被监管机构实行过程控制，防止风险的恶化和最终损失的产生。

英国健全的监管体系，良好的金融秩序以及相对自由的金融制度，为伦敦成为国际金融中心提供了有力的制度支持。

3.伦敦城法制经验的借鉴。

英国伦敦的法制环境建设对致力于建立国际金融中心的上海而言，有很大的借鉴作用：

首先，上海是否要建立统一监管的监管模式。众所周知，统一监管必须具备四个条件：一是具有完善的法律体系；二是金融机构具有很强的自我约束和内部控制能力；三是监管体系必须有明确的责任划分、顺畅的协调机制、合理的制度安排以及快速的反应操作；四是具有较高水平的复合型优秀监管人才。英国选择统一监管有其深刻的历史背景。其金融业有几百年的历史，金融资源配置能力强。商业银行和其他金融行业自我约束力较高，对金融风险的掌控能力较强，因此，在英国的国情下，统一监管是行之有效的。我国新的公司法、证券法的修改虽然为混业经营、统一监管留下了立法空间，但是现阶段我国仍处于社会主义初级阶段，经济不发达，市场经济体制还在不断建立和完善的过程中。上海处在这样一个大的社会环境下，虽然经济发展在全国范围内始终处于领先位置，但其在金融市场体系不很健全、不很发达的条件下，金融配置资源的能力不强，潜在的金融风险较大，因此维系分业监管的格局仍是首选。

从理论角度分析，各国金融监管体制如何构建，是与各国国情和经济、金融发展的状况密切相关的。世界上没有一个统一的、最优的金融监管体制模式。而且，虽然金融监管体制对金融监管效率和有效性有着重要的意义，但它只是为有效的金融监管提供良好的环境，监管体制本身并不能确保有效的金融监管（Goodhartetal，1998）。从某种意义上说，金融监管体制如何设计，充其量只能算作第二位的重要问题，而取得并加强金融监管的能力与效果才是金融体制改革的首要目的。因此，上海在建立国际金融中心的过程中，借鉴和学习国际先进监管经验是必要的，但一定要从自身金融市场的实际情况出发。

其次，分工与协作的和谐统一。英国在FSA成立不久就发布了《财政部、英格兰银行和金融服务局之间的谅解备忘录》，为英国金融监管体制改革后财政部、英格兰银行和金融服务局之间分工协作建立了制度性框架，为金融机构间问题的解决提供了桥梁，保障伦敦金融业的稳定发展。上海同样需要这样的制度来保障金融机构间的交流与合作。人民银行、银监会、证监会和保监会之间应当建立稳定的信息沟通机制和双边及多边紧急磋商机制，这对顺利推行货币政策和开展金融监管具有重要意义。为了防止人民银行、银监会、证监会和保监会的协调机制流于形式，应当将协调机制通过立法的方式有效固定下来。

最后，权力制衡不可缺少。英国通过建立“金融服务和市场特别法庭”对权力进行制衡与监督，防止腐败发生。上海要成为国际金融中心，其对金融监管的权力制衡是必不可少的。建议上海也应当建立类似的专门法庭，其次是通过行政手段。金融监管部门的监管权力必须接受有关部门的监督。当被监管单位对监管部门的处罚不服时，应该有不同系统的单位受理申诉，而不应该由金融监管部门的上级受理，以确保执法的公平、公正、公开。

（二）城市国家立法型——新加坡金融法制建设

特点：政府和立法积极扶持金融中心发展，国家即城市，国家金融立法即金融中心立法。

1.新加坡国际金融中心金融法制概况。

新加坡是城市国家，是一个在稳定的政治和社会环境中，通过坚持不懈地实施市场经济政策而取得成就的杰出实例。经过多年努力，该国已成功地将自身改造成东南亚的金融中心。

新加坡在1968年建立了亚洲美元市场。亚洲美元市场的建立，是新加坡金融国际化的一个重要里程碑。目前，新加坡的外汇市场是全球第四大市场，平均每日外汇交易额为1010亿美元。新加坡是亚洲地区第一个设立金融期货市场的金融中心，拥有先进的金融期货市场，对新加坡的国际风险管理活动起到了很大的促进作用。新加坡还拥有活跃的短期资金市场。早在20世纪70年代，来自金融业的收入占新加坡国内生产总值的5%，现在已经提升至12%。

新加坡现在有各类金融机构600家。其中，银行114家（外资占95%），投资银行53家，保险公司132家，保险中介公司60家，基金管理公司95家，证券行61家，期货公司32家，财务顾问53家。一位分析人士说，在面积仅为690多平方公里的土地上，汇集了如此众多的金融机构，其密集度和多样化足以覆盖经济发展对金融的巨大需求。

很多人喜欢将香港和新加坡作比较。确实，香港和新加坡在优势方面有许多相同或相似之处。一是新加坡是城市国家，香港也是经济上完全独立的城市经济体；二是地理位置，香港和新加坡都座落在亚洲时区，都作为纽约和伦敦市场的补充，提供金融服务；三是都拥有一个相对公平、公开和公正的法律制度；四是政府高效、廉洁；五是税制简明，税率较低；六是技术平台优良，金融基础设施和城市基础设施先进；七是劳动力受教育程度高并使用英语；八是生活环境一流；九是国民经济都开始由以贸易和制造业为主向以贸易和服务业为主转变；十是在文化传统上，两者与中国大陆之间存在紧密联系，大部分香港人和相当部分新加坡人会说汉语。

但二者在短短几十年间均成长亚洲甚至世界重要的金融中心，除去均具有成为世界金融中心必备的条件，新加坡国际金融中心地位的形成与其政府的鼎力扶植有着密切的关系。为了促进金融市场的发育成长，当局通过提供税赋和管理上的种种优惠，重点培植了亚洲美元市场和金融期货交易所。

新加坡一建国就以迈向“亚洲苏黎世”为目标，利用其作为国际贸易港的有利条件加速发展金融市场。为了促进金融市场的发育成长，当局通过提供税赋和管理上的种种优惠，重点培植了亚洲美元市场和金融期货交易所。随着新加坡作为金融中心地位的提高，政府通过内改外引的方法改革和完善新加坡的金融制度，如现行的英国式的由会员管理的股票交易管理制度改为美国式的由政府及银行组织参与管理的管理制度；建立证券期货市场，允许个人用存入中央公积金局的公积金购买黄金、股票等，以促进新加坡金融市场更加国际化等。

自1998年以来，新加坡开始着力打造财富管理中心。由于新加坡金融管理局出台了很多有吸引力的政策，致使香港很多基金经理转到新加坡。从新加坡金融管理局提供的资料看，新加坡的基金管理数量由1998年的870亿美元上升到2003年的2700亿美元。而在1998年，新加坡的基金管理数量还低于香港的基金管理数量，而现在已经超过了香港。但新兴的亚洲财富管理市场很缺乏相关专才，新加坡财务管理从业员仅千余人。为了培养更多财富管理人才，新加坡近年成立了一所由淡马锡控股的财富管理学院，面向全球招生，准备在十年内培育三四百名卓越的财富管理人才。为了发展财富管理业，以进一步巩固国际金融中心地位，新加坡金融管理局出台了很多措施吸引跨国机构。比如，进一步开放金融市场；进一步放宽公积金投资条规；政府注入投资，以扩大市场；改革监督制度，专注于监控系统上的风险；与企业磋商等。

新加坡为改善商业环境也调整了税制，一是将公司税由22%调低到20%；二是个人所得税最高边际税收率为22%；三是免除来自海外收入所得税；四是专利使用费的预扣税降低到10%；五是新公司首10万新加坡元应纳税收入将享有3年的免税待遇等。

实际上，港、新的最主要区别在于政府对整个经济活动的干预，包括金融监管所遵循的基本哲学原则完全不同，香港奉行的是“积极的不干预主义”，而新加坡采取的是“积极直接干预政策”。尽管在20世纪80年代以来，香港对金融业的监管不断加强，而新加坡则逐步向采取更多的间接手段控制金融，但基本原则尚未根本改变。

2.新加坡金融法制的重点是金融监管。

作为城市国家，在金融立法方面，新加坡没有遇到上海类似的障碍，国家的立法就是金融中心的立法。主要有《1970年新加坡金融管理局法》《新加坡货币法》《新加坡银行法》和《新加坡自由贸易区法》等。新加坡作为一个政府推动型的国际金融中心，其立法新的立法重心仍然放在金融监管方面。

新加坡金融监管体系的机构设置符合新加坡的国情，有效促进了新加坡国际金融中心的发展。新加坡没有正式的中央银行，但政府为在强化宏观控制的基础上创造宽松的金融环境，分别设立了新加坡金融管理局、新加坡货币发行局和新加坡政府投资公司来执行金融监管、货币发行和管理外汇储备的职能。在实施金融管理中，三者完全是独立行使职权的，没有政府及其他任何部门的干预。

这其中，尤其是1971年成立的新加坡金融管理局（Monetary Authority of Singapore, MAS），被赋予了足够的权力，以便能有效地行使中央银行对整个金融活动的宏观调控和监管功能。身为中央银行（包括外汇管理），同时监管银行、保险、证券与期货业务，新加坡金融管理局的主要职责是拟定货币政策、管理国家储备金和发行政府债券、监管金融业、促进与发展金融中心。在经历了1997年的亚洲金融危机后，新加坡成功地抵御了金融危机引起的经济衰退，金融监管局的监管理念发生了较大的变化，逐步对金融机构由管制转为监管。金融监管局一身二任，既通过公开市场业务，运用外汇市场利率等货币市场工具来调控国民经济，保持本国货币稳定，维持合理的通货膨胀，同时担负起对银行、证券和保险业的监管责任。

新加坡政府投资公司成立于1981年5月，专门负责金融管理局和货币委员会大部分外汇和黄金资产的管理，将这些资产投资于有价证券和不动产，以维护资产的保值增值。这种职权分工，既互相独立，又互相制约，是适合新加坡国情的。新加坡的金融监管具有以下几个特点：

第一，建立了管监分离的监管体制，强调监管而不是管制。管监分离就是对金融机构的日常行政性管理（包括市场准入的管理、制定监管规章、制度、指引等）与风险监督（包括现场检查和非现场监管）由不同的部门实施，强调监管而不是管制。MAS 内设监管政策署（Supervisory Policy Department）专门负责对金融机构的行政管理、制定规章制度等；而其内设的银行署、保险署、证券署则负责对金融机构的风险监督。管监分离的监管模式有利于相对集中人力、精力，提高监管工作的专业性、有效性和权威性；有利于提高监管工作的规范化和系统化，实行监管工作标准和程序的统一；有利于监管部门对风险进行及时的监测和控制等。

第二，坚持审慎的市场准入原则。MAS 对新加坡本地银行采取少而精的原则，鼓励本地银行进行重组、整合、兼并，以提升其竞争能力。对外资银行则采取有选择的市场准入原则：一是世界最大300家银行及各国国内名列前茅的银行；二是金融从业纪录和信用评级良好、信誉优良的银行；三是母国监管机构监管得力的银行；四是符合国际清算银行资本充足标准的银行。

第三，适应国际金融业混业经营的趋势，实行混业监管。新加坡的本地银行和外资银行大都实行混业经营，在银行集团公司下设证券子公司或保险子公司，上述行业的监管均由MAS实施，银行署、保险署和证券署具体从事现场检查和非现场监管。如需对一家银行实施全面检查，则由上述三个部门共同完成。

第四，风险管理始终贯穿于金融监管的全过程。新巴塞尔协议对金融风险的监管十分重视，并建立内部风险评级、VAR等风险评级体系，在巴塞尔核心资本监管原则的基础上，从定量的角度加大对风险的评价。新加坡在美联储的风险评级体系CAMELS的基础上，建立了适合本国国情的CAMEIDTS和PLATOS体系，实时监控本国银行和外国银行分支机构的风险，确保本地金融业的稳定。新加坡金融监管局在进行现场检查时，以风险为核心，围绕各种风险展开检查，不像我国以银行业务种类来开展现场检查，我国监管的重点依然是合规性监管，还没有完成向风险性监管的转变。

第五，对高级管理人员的审查没有明确、具体的规定。新加坡金融监管局不像中国人民银行对金融机构的高级管理人员制定了一系列的管理规定，一般情况下金融监管局只是对银行前几名高级管理人员进行调查，主要是通过与警察局、移民局等单位咨询，看其有无违法记录，不需要层层审批。新加坡是一个法制十分完善的社会，金融从业人员对自己的信誉很重视，一旦有失信用，他们将很难在金融业立足。高级管理人员的管理实际上在很大程度上依靠法治和高级管理人员自身的素养。

3.新加坡的法制环境建设对上海的启示。

首先，树立正确的金融监管理念。监管理念是金融监管工作的指导思想，树立正确的监管理念是做好监管工作的基础，是提高监管有效性的保证。新加坡金融监管局监管思路非常明确，高度关注银行各类风险，采用国际上的最佳做法，取得了良好的效果。鉴于此，上海金融监管应尽快实现以行政性管理和合规性监管为主向以审慎性风险监管为重心、风险性监管与合规性监管相结合的转变，要树立"管风险、管法人、管内控"的监管理念，树立审慎、持续的监管理念，树立依法监管的理念。

其次，必须实现金融监管的制度化、规范化和系统化。金融监管应该是一个规范、连续、完整、有序的系统性工程，是各种监管手段、方法的综合运用，是一种持续性的监管行为。但是我国目前的金融监管离这些要求还有相当差距，没有建立起一个有效的金融风险的监测、评价、预警和处置系统，没有真正实现持续性监管。金融监管存在一定程度的盲目性、随意性和分散性，没有形成一种制度，缺乏连续性和系统性；对风险缺乏跟踪监测和正确处置，忙于事后救火，有的问题是边查边犯、屡查屡犯，从而导致监管成本的提高和监管效率的下降。因此金融监管必须实行制度化、规范化和系统化，各级金融监管当局在工作的部署和开展中要制度化，防止盲目性、随意性；在金融机构的市场准入标准，金融监管的手段、方法和程序，金融监管的分析、评价标准，金融风险的控制和处置措施等方面都要规范统一，提高透明度；在金融监管的市场准入到市场退出、现场监管到非现场监管、从对法人机构监管到对其分支机构的监管等要形成一个完整的系统和过程，形成监管合力。

最后，加强金融监管领域的国际协调与合作。随着世界经济全球化、一体化程度不断加深，金融领域的国际合作将不断加强，金融监管领域国际协调与合作的必要性、重要性和迫切性日益突出。正如1997年9月巴塞尔委员会颁布的《有效银行监管的核心原则》第24条提出的："并表监管的一个关键因素是与各有关监管者特别是东道国监管当局建立联系、交换信息。"上海金融监管当局在新形势下应增强与国外有关监管当局更多地加强协作的意识，以维护金融系统的安全与稳定。

（三）国家与城市专门立法型——迪拜金融法制建设

特点：国家与城市均专门为金融中心立法，积极促进金融中心的形成发展。

1.迪拜国际金融中心法制建设概况。

2002年5月20日迪拜政府启动建设世界金融中心。按照阿联酋法律，内阁作出的决议须经七位酋长组成的联邦最高委员会审批，该委员会通过后再由总统颁布命令予以批准。2003年7月阿联酋联邦内阁通过建立迪拜国际金融中心（以下简称DIFC）的决议。2004年7月阿联酋总统扎耶德颁布总统令，批准迪拜酋长国正在建设的迪拜国际金融中心正式开业。2004年9月迪拜国际金融中心正式开始运营。目前，已有100多家银行成为其会员，国际各大银行的中东总部有2/3设于迪拜。

迪拜国际金融中心是一个金融自由区，即“城中城”。迪拜市政府为了促进迪拜的经济和金融发展，设立了迪拜国际金融中心，在运营上它是完全独立的。但值得注意的是，虽然DIFC享有很大的自由，但阿联邦亦保留一定的干预权，以便在适当的时候介入。

作为一个新兴的国际金融中心，DIFC短时间内在国际上迅速崛起有着很多方面的主客观因素：

首先，阿联酋以及迪拜经济发达，并有中东腹地。由于盛产石油，阿拉伯国家手中积累了巨额“石油美元”。“9·11”事件后，美国和其他西方国家加大了查禁恐怖资金力度，阿拉伯投资商普遍担心其海外资金被无端怀疑与恐怖活动有染而遭到没收，需要在中东有一个安全的海外资金集散地。

其次，地理位置优越。迪拜位于欧亚大陆的中间地带，得天独厚的地理位置给迪拜一个绝好的机会。

最后，政府的大力推动作用。统治着迪拜的马克图姆家族不仅具有商业上的远见，在政治上也相当成熟。迪拜政府大力加强金融基础设施的建设，为金融中心创设良好的外部环境，此外政府在财政、土地政策等方面也给予了大力的支持。如2007年7月，阿联酋宣布将于年底允许外商在一些服务业领域拥有100%的所有权，结束了该国数十年来为确保本地企业占主导地位而实施的限制，允许外资更大程度地参与增长迅速的金融服务业等领域。特别是通过联邦法、迪拜法赋予金融中心金融自由区的法律地位，授予其独立的立法权、司法权，为金融中心的成立及运作提供了法制保障。

作为一个新兴的国际金融中心，DIFC有其独立的法律体系、监管体系、司法体系，这是其法制建设中最有特色之处。

2.迪拜国际金融中心的立法。

与迪拜国际金融中心相关的法律框架主要包括三级：联邦法、迪拜法和DIFC法。

迪拜需同时适用阿联酋联邦法与迪拜酋长国法，但为了建设国际金融中心，联邦法和酋长国法都进行了相应的修改，以消除法律障碍，建立一个可以让国际资本理解、信任的独立司法管辖区。阿联酋联邦首先对阿联酋宪法进行了修订，允许联邦为建设国际金融中心而建立法律特区，并允许该法律特区拥有独立的立法与司法权。在获得宪法支持后，阿联酋于2004年通过第8号联邦法律《金融特区法》，允许通过颁布联邦法令的形式在阿联酋境内建立金融法律特区，具体地点可以由联邦内阁议会决议的形式予以确定。根据该决议建立的金融法律特区内发生的商业活动可以不受任何联邦民事、商事法律的限制。

迪拜国际金融中心主要立法：

时间	法律法令名称	主要内容
2004年1月10日	阿联酋《2003年宪法第一修正案》	国家对于“建立金融自由区的命令和方式，以及免除在其范围内遵守国家法律法规的界限”享有最高立法权限，在宪法层面确立金融自由区的合法地位
2004年3月14日	阿联酋颁布《2004年联邦第8号法令——金融自由区》	（1）确定金融自由区的建立范围和方式；（2）授权酋长国建立金融自由区并授权酋长国立法；（3）金融自由区的独立法人资格；（4）金融自由区内活动必须遵守《关于洗钱犯罪的2002年第4号法令》；（5）金融自由区内企业和个人在国内其他地区的营业限制；（6）金融自由区必须向政府提交年报
2004年6月27日	阿联酋颁布《2004年联邦第35号法令——在迪拜建立金融自由区》	明确将迪拜作为建设阿联酋国际金融中心的城市，允许迪拜援引《金融特区法》的规定拥有独立的立法权与司法权。该法成为迪拜国际金融中心建设的直接法律依据

续表

时间	法律法令名称	主要内容
2004年9月13日	迪拜酋长国颁布《2004年迪拜第9号法令——迪拜国际金融中心法》	(1)迪拜国际金融中心的目标;(2)迪拜国际金融中心管理局的组建方式、职权和责任,主席的任免、职权和责任;(3)迪拜国际金融中心服务局的组建方式、职权和责任;(4)迪拜国际金融中心法院的独立司法权;(5)迪拜国际金融中心内营业的公司类型及设立条件;(6)迪拜国际金融中心内对于迪拜国内法的豁免;(7)迪拜国际金融中心内50年的所得税免除;(8)迪拜国际金融中心内禁止交易的服务和货物;(9)迪拜国际金融中心内国有化豁免;(10)迪拜国际金融中心内关税的免除
2004年11月29日	迪拜酋长国颁布《2004年第12号法令》	规定了DIFC法院的机构设置、职能、运行程序及法官的任职素质及程序等,建立了DIFC独立的司法体系,为中心内纠纷的及时解决奠定了基础
2007年7月30日	阿联酋政府颁布《2007年内阁第28号决议》	在行政立法层面细化对金融自由区建设的规定。同时还新规定了:(1)金融自由区内的活动必须遵守反恐法令;(2)内阁对金融自由区有检查的权利,同时金融自由区应向内阁提交年报
2008年11月7日	迪拜国际金融中心通过以特殊用途公司(SPC)程序在金融区内快速建立公司的条例	在迪拜国际金融中心公司注册处注册特殊用途公司的程序快捷而便利,不贵的费用和最低限度的年报要求。给予公司伊斯兰和常规贸易以及船只注册的便利,这些便利主要通过并购和融资体现
2008年9月1日	迪拜国际金融中心颁布新的仲裁法	使2008年2月17日设立的迪拜国际金融中心——伦敦国际仲裁法院仲裁中心提供中立、高效以及可靠的争端解决服务。仲裁中心通过伦敦国际仲裁法院建立的数据库能提供范围最广泛的专业资格和专业知识(法律和非法律)的仲裁员

立法建立起了迪拜国际金融中心的独立管理体系,设置了基本的优惠措施:

关于独立的组织机构,根据《2004年迪拜第9号法令——迪拜国际金融中心法》,法人机构迪拜国际金融中心管理局(DFCA),管理金融中心内一般行政事务,并受中心管理局董事会监督。另建迪拜金融服务局(DFSA),独立行使许可、登记和行政监督权,并负责监管证券交易所和清算公司,有权制定与其目标、监管权利、服务职能相关事项的法规。法令规定迪拜国际金融中心主席由迪拜地方法令形式任命，其负责监管金融中心的日常运营。金融中心内除法律颁布权归迪拜首长外，其他一切行政权力由中心主席掌管，所有迪拜国际金融中心下属行政机关对中心主席负责。

关于独立的司法，根据迪拜酋长国《2004年第12号法令》，迪拜国际金融中心设金融法院，该法院拥有广泛的管辖权，对涉及金融中心的或任何关于其相关组织或机构的民事、商事诉讼以及行政决定拥有审理和判决的排他性管辖权，独立行使审判职能。金融法院设有一审法庭和上诉法庭，由大法官及其他由阿联酋酋长任命的法官主持。金融法院首席大法官有权根据需要设立不同种类的金融法庭并任命其法官。迪拜酋长国《2004年第12号法令》(《迪拜金融中心法院法》)规定，金融法院可以在全球任何地点审判，为保证判决结果的有效性和公正性，除了适用迪拜金融中心法律体系外，只要诉讼双方事先协商同意，金融法院可以援用任何地方法律进行审判。同时规定，迪拜国际金融中心法院内设"法院用户委员会"，主要职责是向法院建议如何提高其效率、降低司法成本以及如何公平的对待所有用户。该委员会的建议可以涉及：预算、战略、司法政策、交流以及具体的案件。该委员会有表决权的成员由3组人共7名组成，其中第一组为DFCA、DFSA和DIFX各派遣一名成员，第二组为在迪拜国有执业权的两家国内律师事务所各派遣一名成员，第三组为在迪拜有办事机构的两家国际律师事务所各派遣一名成员。迪拜国际金融中心的书记官长和副书记官长为该委员会的无表决权成员。

关于优惠措施，根据迪拜酋长国《2004年第9号法令》规定，迪拜金融中心的金融机构和组织及其雇员，不受迪拜行政当局及迪拜其他监管部门所制定法规的管辖，除非迪拜金融中心管理当局主席明确表示使用此类法规。按照特殊用途公司设立程序条例规定，特殊用途公司（SPC）能很容易被设立和组建，同时跟在迪拜国际金融中心设立的其他公司相比享受一些文件和信息披露规章的豁免。例如，他们不需要举行股东会年会，可以由一个公司服务提供商进行管理同时不需要提交周年申报表存档。特殊用途公司条例将提高迪拜国际金融中心的地位，因为其将在商业领域拥有更广泛的管辖权。他们还将把迪拜国际金融中心与主要离岸管辖地区置于同等地位，从而有能力建立特殊用途公司。

关于立法司法的国际化，迪拜地区施行原有的伊斯兰法律，在充分调研的基础上为融入全球，选择借鉴英美法系的相关法律，并从国外引进了大量的人才参与到立法、监管和司法过程之中，法律都是使用英语表达。迪拜国际金融中心法院的8名法官中只有两名来自迪拜国内，首席大法官来自英国，副首席法官来自新加坡，还有4名法官分别来自英国、新西兰和马来西亚。迪拜金融中心对法院裁判适用法律提供清晰的立法指引，当纠纷双方未约定适用法律、也无明确的迪拜金融法可援用时，基于一般稳妥考虑，可以适用英格兰法或威尔士法。

3.迪拜国际金融中心法制经验对上海的启示。

第一，为金融中心单独立法或授权金融中心立法，对于排除各种障碍，加快金融中心建设，是非常有效和十分必要的。普惠制不能解决金融中心的特殊需要，金融中心的特殊规则也暂时不宜全面适用。迪拜国际金融中心从2004年以来制定了超过30部法律，规范金融中心内的各类金融经济活动，对在中心内进行的金融活动以及一些非金融活动做出了具体的规定，对金融中心建设、发展起到了极大的作用。虽然在我国尚不能完全采用阿联酋的方式，但其中的一些做法很值得我们参照。

第二，金融中心法律体系的完善是一个渐进的过程，如早在2002年迪拜决定建立国际金融中心时，迪拜就已着手制定准备在中心内施行的《公司法》《破产法》等一系列法律。所以2004年DIFC获得法律地位正式运作时，这些法律就已基本制定好了。大多数与金融中心相关的主要法令多数是在2004年年底前制定完成的，而DIFC也正是于2004年9月底正式开始营业的。另外根据迪拜国际金融中心制定的《2004年规则》，迪拜金融服务局可以颁布附属规则对中心内的事务进行规范，因此，一种被称为“指引”的条款被大量采用，“指引”具有指示作用，但并无法律强制约束力，遵守它可以防止人们违反一些不成文的规则。这对于上海国际金融中心制度与规范建设有一定的借鉴作用。

第三，金融中心立法要高标准、高透明度，这也是后发优势。迪拜国际金融中心立法从一开始就设置了高标准，其出台的法律虽然是借鉴英美法系的法律而来，但并不是单纯的移植，而是根据自身情况做了补充，也弥补了英美法中的不足，使立法更加完善。同时，通过网站等使其法律法规很容易获得，其监管和司法也十分透明。迪拜国际金融中心承诺提供一个世界级的规章制度体系，为金融公司的金融交易提供必要的灵活性，也确保其自身保持公正、透明和高效。其中不少东西都值得我们在上海国际金融中心法制建设中予以借鉴。

三、国内各地建设金融中心的地方规范的评析

(一)国内提出金融中心建设目标的城市及其规范

目前国内各大经济中心城市日益注重金融业的发展,很多城市已经提出建设金融中心的目标,国内争夺金融中心地位的竞争进入白热化状态。在这种背景下,各地开始强调地方立法和政策的制度促进作用,部分城市已经制定了有针对性的立法或政策促进金融中心的形成和发展,如深圳已经率先制定了促进金融发展地方性法规。某种程度上可以说国内正在掀起新一轮金融产业政策竞争,纷纷推出覆盖范围更广、支持力度更大的优惠政策。

根据建设目标的不同分类,以建设国际金融中心为目标的城市有5个(上海、北京、深圳、广州、大连)。在这5个城市中,上海明确提出建设国际金融中心,其他城市均未直接用国际金融中心的词语,但是其目标的表述都蕴含了区域性国际金融中心的意义。以建设国内区域性金融中心为目标的城市有十多个(如天津、重庆、西安、成都、沈阳、郑州、杭州等)。[1]

大多数城市制定了促进金融发展和金融中心建设的纲领性文件。各地的规范形式上大致可看出特点:

一是地方立法权行使较少。根据统计,提出建设金融中心的城市基本都有地方立法权,但是各城市根据各自情况的差异,选择了不同的规范形式。只有深圳进行了地方立法。

二是金融规范建设和金融业发达程度呈现正相关的关系。一般的规范建设规律是先有政府的规范性文件,在合适的立法时机到来时,上升为地方性法规、地方政府规章的立法层次。深圳市制定了地方性法规,并制定了很多政策性文件。北京、天津等已经制定了较多的金融规范性文件。这几个城市金融业均较发达,而其余城市的规范性文件制定则相对较少。

三是地方立法需要一定的条件。从深圳市立法的经验来看,其制定金融业发展地方性法规具有以下条件:已经制定了一系列的政府金融业规范性文

---

〔1〕 张东江、赖洪平:《逾20城市争建区域金融中心》,载《投资者报》2008年6月13日。

件作为基础；城市金融业发展的条件比较成熟，确立了金融业发展的战略地位，形成了比较一致的“金融业发展共识”；已有制度建设已经不能适应金融业发展的需要。

各地规范制定的指导思想主要是落实科学发展观，构建社会主义和谐社会，进一步改善当地金融发展环境，加快本金融中心建设步伐，实现“十一五”金融业发展规划，开创当地经济社会又好又快的全面发展新局面。

各地规范的出台都形成了一定的轰动效应，实现了当地政府宣示、张扬其金融中心定位的目的，也起到了动员民众、振奋人心的作用。

一般当地媒体均做正面呼应，而外地媒体除积极评论外，也普遍关注竞相建设金融中心的竞争状态。尚未见公开批评的文字，也没有人指责此类规范有违地方立法权限。

由于上海国际金融中心建设是国家战略，各地立法一般均不与上海竞争，上海的立法也无宣示地位的必要。且上海国际金融中心建设“十一五”规划所定目标已被广为传播，故相应地方立法也不必追求轰动效应。

（二）金融中心建设地方规范内容评析

1. 城市金融中心目标和定位方面。首先，各地均充分重视金融中心建设对地方经济的巨大推动作用，从地方发展角度根据各自情况提出了金融中心建设的不同目标。其中主要是建设国内区域性金融中心，也有少数城市提出区域性国际金融中心。其次，各地金融中心建设目标存在冲突，如广州和深圳的华南金融中心竞争，两地均集中在珠三角地区，与香港国际金融中心为邻，广州有区位优势和行政资源优势，深圳有市场优势，两者定位不可避免存在交叉；再如重庆、西安、成都三地，都致力于建设西部的金融中心，但在地域上有很大的重叠；沈阳和大连的东北区域金融中心、郑州和武汉的中部金融中心竞争也很激烈。最后，上海立法定位与以上城市没有冲突。上海国际金融中心国家战略的短期建设目标是区域性国际金融中心，长期建设目标应当成为中国的全球金融中心。从各地立法或规范性文件的定位来分析，各地认可这一定位，在国内并没有竞争者。中国存在不同层次的金融中心是必然的、合理的，现在轮到上海积极学习借鉴各地政府推动的经验，抓紧推进国际金融中心建设。

2. 金融市场建设方面。分析各地在关于金融市场发展方面的规定，我们不难发现各地都突出强调要做强本地在金融相关领域中的业已形成的特色产业，错位竞争，同时强调对银行、保险、证券等传统行业的同步配套建设。

3. 吸引金融机构聚集方面。金融机构是建设金融中心的基石，各地竞相出台力度很大的优惠政策来吸引金融机构，特别是瞄准骨干金融机构、外资金融机构、金融机构总部或区域总部。这些优惠措施主要集中在：一是降低金融机构的经营成本，如在注册便利、用房补贴、税收减免，以及用地等方面给予优惠；二是纷纷建立金融业发展专项资金，支持金融业发展，并对地方经济有贡献的金融机构予以奖励；三是鼓励技术含量高的金融企业发展，除给予现行相关金融优惠政策外，应当参照高新技术产业政策给予支持。

这些措施，有些上海已经实施。上海在立法中可以取长补短，将上海以往行之有效的措施法定化，并制定一些新的优惠政策。上海存在金融企业经营成本过快增长的问题，突出表现为办公用房价格及其租金、市场物价、交通成本增长过快，影响了金融机构在上海的健康发展，同时上海在税收方面税负明显偏高，据伦敦金融城在2008年3月发布的全球金融中心指数，2007年上海企业综合税率为73.9%，远远高于新加坡的23.2%、香港的24.4%、伦敦的35.7%。同时我们也要看到，吸引金融机构不能完全依靠政策优惠，国内各城市在政策优惠上的过度竞争不利于中国金融业的健康发展。上海应当抓住重点，根据上海的国际金融中心的高定位，要特别注重有行业影响力或者核心地位的骨干金融企业或特殊企业，如中国银联等，给予更有针对性、更有竞争力的优惠政策。对于一些国家尚无立法的市场上海居于前列的情况，如产权交易市场，应当专门出台一些优惠发展政策。

4. 吸引金融人才聚集方面。不难看出，金融人才的制约已经成为各地建设金融中心的主要“瓶颈”，金融业历来是人才集中度最高的产业。金融人才不同于一般操作人才，其是拥有丰富金融知识和金融技能的高端专业人才，各地对金融人才引进工作都非常重视。各地的规定有几个特点：一是引进人才的范围强调金融高端人才和紧缺人才；二是从金融人才的收入角度，大多推出个人所得税优惠政策和高级管理人才的股权、期权激励机制；三是从解决金融人才的生活环境角度，对人才居住、子女教育、户口、就医等问题采取了优惠政策。特别是各地在引进人才的同时，都十分重视金融人才的培养。

反观上海，从事金融业的人口比例与国际金融中心要求的10%以上相距甚远，特别缺乏金融高端人才。一是目前的薪酬、税收政策优惠力度不足，对优秀的国际化金融人才吸引力有限；二是户籍、家属、住房津贴等激励措施还需放宽；三是对本地现有金融人才的国际化培养还不到位。

5.金融规划布局方面。金融资本在全球层面上已经实现了空间整合，金融企业空间集聚现象日益明显，金融产业集聚成为提升区域金融业综合竞争力的重要组织形式，就城市内部功能结构而言，形成了以金融为核心的CBD，如伦敦金融城、纽约华尔街，都说明即使在网络化信息化时代，金融集聚区仍然是金融业发展的物质载体。各地在建设金融中心的规划布局中，有的按照细分的功能或行业来建设各个专门的金融区域，如北京建设了总部金融功能的金融街，国际金融功能的北京商务中心区，科技金融功能的中关村西区等；有的按主金融区和副金融区模式来建设本区域的金融中心，如杭州；有的按照传统金融区与新建金融区模式来建设本区域的金融中心。上海今后应当以陆家嘴金融贸易区为核心，继续发挥外滩及其周边地区的优势，大力集聚各类金融机构和人才。

6.金融监管与金融司法方面。在金融监管方面，各地的规定主要是支持监管机构进行金融监管机制、模式、方法和制度等方面的改革创新，因为金融监管的职能主要在"一行三会"及其驻各地的监管部门，监管机制、模式、方法均由中央层面规定，各地重视构建金融监管部门与地方政府之间更加科学合理的协调配合机制。同时，大多规定推动金融监管部门的行政监督与金融同业组织行业自律之间的良性互动，突出了行业自律的重要性。

7.在金融司法方面规定较少，集中于打击金融犯罪。

8.金融区域合作方面。国际金融中心的建设离不开区域合作，区域合作互利共赢，可以打破行政区域界限、促进区域经济金融协调发展。各地在立法中都非常强调金融区域合作，非常注重利用周边城市的金融特色和专项优势。另外作为我国期货业重镇的大连还强调与国际著名期货交易所的合作，也为我们上海金融业的对外合作拓宽了思路。对上海而言，周边城市的参与既能弥补上海在建设国际金融中心中存在的人才、机构、资金等短板，也能为上海金融业的发展提供广大的市场。

9.金融中心建设组织保证方面。金融工作领导小组（委员会）挂帅、下设常设办事机构，是各地普遍采用的组织形式；建立金融工作联席会议制，是解决目前体制下地方政府与监管机构协调问题的好方法。

（三）金融中心建设地方立法技术评析

1.行为模式评析：权利模式和义务模式的选择。

任何一部法律都不可能由单一性质的规范组成。立法者可以根据其立法目的，选择多种行为模式来推导。行为模式是指法律规范中规定的人们可以、应该、禁止为特定行为的部分，它是指引人们实际行为的准则和衡量人们实际行为的标准。根据性质不同，可以分为“可为”“应为”“勿为”三种行为模式。立法者为了强制人们实施有关行为，可以采用“应为”；为鼓励人们实施有关行为或者允许人们在法定范围内自由约定、协商，采取“可为”的行为模式。各地的规范性文件多采用“应为”的行为模式，如北京的《中共北京市委北京市人民政府关于促进首都金融业发展的意见》，《重庆市人民政府关于促进重庆金融业加快发展的若干意见》主要是规定政府机关促进支持金融业发展的义务，因此基本上都是政府机关“应为”的行为模式，对市场主体的行为几乎没有规定；而深圳的《深圳经济特区金融发展促进条例》既有大量对政府机构的“应为”的义务规定，又有大量的对金融机构等市场主体“可为”的权利规定，如对商业银行可以创新国际结算方式、银行业可以积极发展小额商业信贷业务的规定、金融机构应当创新各类金融产品，稳步发展利率类、汇率类、股票类、期货类、债券和资产证券化等金融衍生产品等，这些都是对地方金融立法权限的有益探索。

2.立法或规范性文件结构框架设计评析。

关于规范名称。各地金融中心建设立法或规范文件，虽然都在内容中提出了建设金融中心的目标，但是大多以“金融业发展促进”为规范名称，特别是北京、深圳提出建设国际金融中心的城市，均回避使用金融中心的词语。其中原因或许是国际金融中心建设某种程度上被认为不是地方政府所能决定的目标，而必须由中央政府决定，因此国际金融中心成为一个涉及中央和地方之间、城市与城市之间相对敏感的词语。上海如果要进行相关立法，则无此担忧，因为上海国际金融中心的地位中央已经明确，上海建设国际金融中心是国家战略，上海应当在立法名称中明确提出国际金融中心建设促进立法。

关于章节结构。一般包括金融中心建设目标与原则，鼓励金融机构集聚与发展、吸引与培养金融人才、金融布局规划、境内外金融合作、金融生态（含信用、风险防范、监管与司法保障等）、鼓励金融创新、鼓励金融为地方经济服务、组织领导、监督检查等。

3.规范的可操作性评析。

地方性法规和政府规范性文件是一种特殊的公共产品，它的质量不同于企业提供给社会的物质产品，可操作性作为衡量立法产品的一个重要价值尺度，不能用物理化学标准去衡量，这也是可操作性迄今没有具体标准的原因。一般认为地方立法的可操作性，简单地说就是所制定的法规条文要有针对性、适用性，要管用、实用，能解决实际问题。

《深圳经济特区金融发展促进条例》较为原则性、宏观性，纲要式规定较多，细化、量化的规定较少；提倡性、号召性、宣示性条款较多，实质性、具体化条款较少。但是我们认为，促进金融业发展的立法，有一定的特殊性，就是金融发展的形势变化较快，在地方性法规这一地方最高级别立法中不宜规定地过细，过具体。如《深圳经济特区金融发展促进条例》只是提出了对金融促进和支持的目标和指导性的原则框架，并没有具体的内容，而是将制定和实施支持促进金融发展的具体政策授权给市政府及其相关部门，市政府及其相关部门可以根据形势的变化随时调整政策。另外，深圳的条例中对金融机构的号召性要求过多，如“金融机构应当在内部控制、绩效考核和人力资源管理等方面进行机制创新”“根据市场需求，为客户提供细分化、个性化、定制化的创新金融产品和金融服务等”“应当创新各类金融产品，稳步发展利率类、汇率类、股票类、期货类、债券和资产证券化等金融衍生产品”，这与立法促进政府工作的初衷不符，意义不大。

我们认为上海是可以充分借鉴深圳的这种立法模式，这样虽然一部地方性法规的直接可操作性未必很强，但其是立足于金融立法变化较快的实际，从构建上海国际金融中心地方性法规、规章、规范性文件的“金融业促进立法、规范群”的角度来考虑，它处于立法群的顶端，是一个纲领性的法律文件，有助于较好地处理立法原则稳定性与具体政策灵活性的关系，长期保持上海金融发展政策和发展环境在全国的领先地位。

四、上海国际金融中心建设的立法思考

（一）上海国际金融中心立法的指导思想

地方立法过程中的种种顾虑、分歧、争论，需要理清思路，明晰理念。

1.正确处理金融统一市场与金融中心优先发展的关系，明确金融中心是金融统一市场中的特区。

金融是一个统一的全国性市场，但不排斥因市场因素而使某些地区优先发展，而且这种优先发展就是为统一市场服务的，金融中心也是在优先发展的地区形成的。由于经济和历史原因，上海的金融市场已经并继续在统一市场中率先发展，具备了成为国际金融中心的条件。胡锦涛同志2004年7月在上海视察时，希望上海人民继续努力，把上海建设成为国际经济、金融、贸易、航运中心和现代化国际大都市，率先全面建成小康社会，率先基本实现现代化，在建设中国特色社会主义的历史进程中继续走在全国前列。

建设上海国际金融中心是中国的国家战略。国际金融中心建设是国家的经济发展大局，不是开发地方经济。国际金融中心是国际市场发展的选择，不是人为的制造。在国际上，通常把一个国家、地区当成金融中心，并由一个金融发达的城市来代表，而不是仅仅将金融中心局限于一个城市。因此，建设上海国际金融中心是举国大事，而不仅仅是上海的任务。同样，国际金融中心建设立法也要站在国家的立场上考虑，以国际竞争的视角指导立法进程。

2.正确处理金融统一立法与金融中心特殊规则的关系，为先行先试制定规则也是法制的要求。

金融法制的前提是有法可依。由于金融市场是统一市场，也需要国家统一立法。上海要争取中央为上海国际金融中心专门立法，促进现有金融法律、法规、司法解释、政府规章等的修改，排除不利于金融中心建设的制度障碍，增加有利于金融中心的法律措施，并与国际惯例协调。但国家的金融立法的周期较长，而金融中心的改革发展要先行一步，其对立法的需求往往也先于快于其他地区，因此有必要为金融中心度身定制一些规范，在金融中心的实验基础上，再上升为全国有效的法律。既可使在较短时间内实现金融中心的各项活动都有规范可遵循，也可通过实践为全国的高层次金融立法积累经验。当然，金融中心特殊规范的内容不应违反法律的基本原则，制定金融中心规范也应遵循国家立法权限的基本规则。

上海也不能完全“等靠要”，应在法定权限内主动进行与金融中心建设相关的地方立法。在这方面，深圳等地已经为上海提供了经验。上海具有制定金融规范的传统，在国家尚无统一规范时，往往由地方上填补制度的欠缺。如早在1987年就由中国人民银行上海市分行等发布了《关于商业企业职工入股、转股问题的补充规定》，1991年中国人民银行与上海市人民政府联合发布了《上海市人民币特种股票管理办法》。上海有这方面的经验和人力资源。

3.正确处理金融中心建设的国家主导与上海主力的关系，发挥中央与地方两个积极性。

建设上海国际金融中心是国家主导的战略任务，是国家站在全局高度，协调全国力量，紧密配合，贯彻落实科学发展观，发挥好上海金融中心这一国际金融市场窗口的作用，为国家经济发展大局服务。

上海必须紧紧依靠中央政府及其有关部门的大力支持，包括：第一，争取中央大力支持上海金融改革先行先试，特事特办，组织动员全国的力量，共同完成国际金融中心建设任务。第二，争取中央早日制定上海国际金融中心的基本规范，提请中国银监会、证监会、保监会单独或联合为上海金融中心建设专门制定有关指导意见或指引等监管规定、部门规章；就金融中心的急需，如市场准入、产权制度、业务创新、监管改革、税收优惠、会计标准、信用评价、民间金融等问题制定单行的、阶段性监管规范。第三，争取和依靠国家在金融中心建设的推进过程中的协调和指导，上海要配合、协助中央银行和金融监管机构做好相关工作，提请中央有关部门及时协调解决建设中的相关问题。

金融中心建在上海，上海的建设主力地位与作用不能推卸。要动员全市各方面力量共同建设上海国际金融中心，发挥金融市场全体当事人在金融中心建设中的主体作用。地方立法应当在不违背国家立法权限规定的前提下，尽可能地把地方政府可以有所作为的方面做好，主要是指地方政府营造良好的市场发展环境，明确地方政府在制定政策激励措施，提供公平、公正、公开、透明、高效的公共服务，构造金融服务体系等方面的权利和义务；明确规定地方政府及其有关部门应充分保护金融市场要素、金融企业以及金融中介服务机构在国际金融中心建设中应享有的权利。

4.正确处理金融中心建设中政府推动与市场运作的关系，政府工作重点在于营造金融市场环境。

上海国际金融中心的建设，究竟是靠政府推动，还是靠市场力量自发推动，目前已有基本共识。根据国外的经验和中国的实际，政府的积极干预在国际金融中心形成和发展中起着至关重要的作用，后发国家建设国际金融中心，必须有政府的强力推动。因此，上海国际金融中心的立法中宜明确政府是推进上海国际金融中心建设的责任主体，从两个层次来规定推进的领导体制：一是在国家层面上争取成立由“一行三会”等国家有关部门参加的协调推进机制；二是在地方层面成立领导小组，吸引在沪金融管理部门共同参加。

但金融中心建设必须以市场运作为基础，调动市场各方力量共同参与，以进一步完善金融市场体系建设、强化金融市场功能为重点，各项建设任务也需在市场中实现。因此，政府推动要以金融市场为切入点，解决市场自身无法解决的问题，营造市场良好的市场环境，制定规则、政策倾斜、优化生态、配套服务、提供便利、支持保护，为金融中心建设提供完善的法制法规体系，包括市场准入、机构发展、产品创新和交易制度体系。政府部门还应当在社会管理中带头运用金融工具和手段。

5.正确处理借鉴国外金融中心法制经验与坚持我国特色的关系，将国际惯例与中国国情相结合。

国际金融中心在形成发展过程中，法制环境建设都起了很大的作用，也各有特色，其所在国家或地区都有成熟的法制。如前所述，国际金融中心有自然形成型和政府主导型。

在自然形成型国际金融中心，如英国的伦敦、美国的纽约以及我国的香港，都是在本国（地区）市场经济的长期发展过程中自然孕育出发达的金融市场，从而形成国际金融中心。法律虽然未对这些国际金融中心的形成产生直接的推动力，但在这些国际金融中心的进一步发展过程中，面对日益激烈的国际竞争，法律在确认金融市场主体的权益、保障市场交易机制、维护市场的自由运行，以及金融市场的监管和金融改革中起到重要作用。

在政府主导型国际金融中心，如新加坡、东京，由于其不具备在经济发展和金融体系发展演变中自然形成金融中心的条件，政府就有意识地运用行政的手段进行建设。政府力量鼓励和扶持金融供给的增加，使金融体系的产生和发展超前于经济的发展，以金融业的国际化带动国内金融业的发展，最终产生了国际金融中心。[1]为了建立起政府决策与金融市场发展之间的直接传导机制，法律不断在政府管制和市场需求之间寻求平衡。金融中心形成后，又经过

---

〔1〕 See Michael S. Benett, Securities Regulation in Singapore: The City-State as an International Center, 12UCLA Pac. Basin L.J.1.

改革，不断强化法律作用，弱化政府介入，以法律取代了政府的主导位置。

在我国，可以发挥我们的政治优势，并借鉴国外的经验，从一开始就充分运用行政和法律的手段来建设国际金融中心，使法律与行政都成为促进金融中心早日形成的主导。在金融活动中，政府带头守法用法，营造良好的金融法制环境。

6.正确处理金融中心建设深化与金融安全的关系，自始就把防范金融风险放在首位。

必须充分认识到随着上海国际金融中心建设的深化，金融市场的不断发展，金融业务的不断创新，金融风险也将加速集聚，金融纠纷、甚至金融违法犯罪有所增加也将在情理之中。在建设上海国际金融中心的同时，应努力确保上海金融安全。

金融中心更应强化金融安全，营造具备较强的抵御风险能力和经济应变能力的金融机构，建设有序竞争、服务优良的金融市场。金融安全应侧重于对非系统性金融风险的控制，防范突发性和持续性的支付风险、重大金融案件和重大损失性事故。金融监管要以安全与效率并重为目标。要建立健全风险监控和金融机构内部风险控制能力，以及存款保险制度、最后贷款机制等安全保障制度。要注重对金融债权人的保护。要研究国际金融违法犯罪的趋势及对上海的影响，作好防范的准备。

上海金融有率先改革、率先开放的先发优势，也应该有规范先行、安全高效的精神气势。上海要成为金融机构集聚的中心、金融活动的中心、金融市场的中心，首先应成为金融制度建设中心、金融安全运行中心。

7.正确处理金融中心建设中金融创新与应对危机的关系，有步骤、有选择地进行金融创新。

金融创新是指变更现有的金融体制和增加新的金融工具，以获取现有的金融体制和金融工具所无法取得的潜在的利润。它是一个为盈利动机推动、缓慢进行、持续不断的发展过程。一般认为金融创新大致可归为金融制度创新、金融业务创新、金融组织创新三类。金融创新极大丰富了金融产品、机构和金融制度的内容，是金融业发展演变的主要表现。全球性金融中心在其发展历程中一个很重要的原因就是不断创新的精神，满足了市场不断变化的需求。而上海恰恰在金融创新方面落后，有些方面甚至还不如国内其他城市。

上海要建设国际金融中心必须加强金融创新能力。

美国次贷危机引起的全球金融危机的过程，就是过度创新，某些结构化衍生工具风险不断形成、汇聚、爆发和扩散的过程。金融创新的“双刃剑”性质是有些人担心风险过大。但目前上海乃至中国金融市场并非金融过度创新，而是金融创新不足。要用金融创新的正面功能，防止其副作用。风险防范的关键在于法规健全、监管到位。因此，目前上海建设国际金融中心过程中金融创新应当有所取舍，并应制度化：在产品创新方面应以场内交易产品为主，审慎开办场外交易产品，特别是杠杆化投资工具；在机构创新方面，要以扩大金融控股公司试点为主，暂不宜直接实行金融机构混业经营；特别要防止以风险换市场。还应当支持监管机构及金融机构在金融管理体制、金融组织和运行机制等方面进行改革探索。

8.正确处理明确立法目标与选择立法形式的关系，为上海国际金融中心建设制定纲领性文件。

上海地方立法的策略性目标大致是：

第一，以立法形式彰显建设上海国际金融中心的国家战略。上海虽不需像其他地方那样以立法来宣示其竞争金融中心地位的决心，但还是需要依法确定与张扬落实国家战略的指导性纲领、规划定位、建设步骤和行动方案，既便于自身明确努力方向与责任，又便于各地在行动中主动避让免于冲突。

第二，建立全方位支持上海国际金融中心建设的制度体系。通过立法规范政府行为、提高政府服务水平，建立健全促进金融中心的政策措施体系，形成有利金融发展的组织保障、协调机制以及社会氛围。既要梳理已出台的政策，更要进一步完善国际金融中心建设环境。一部地方立法虽不能解决所有问题，但可以确定基本原则与基本制度，为制度体系的形成奠定基础。

第三，构建境内外金融中心合作竞争的和谐局面。上海在建设国际金融中心的过程中，将与香港和深圳、北京、天津、广州等境内外金融中心相互合作、错位竞争。通过立法，主动促成金融合作机制，体现上海大气、规范的海派形象。

基于以上目标，地方立法的首选形式是市人大立法，制定“条例”。

(二)上海金融中心立法中需确立的基本原则与基本制度

地方立法不是简单的走形式走过场，而是要把一些与建设金融中心至关重要的问题以立法的方式固定下来。

1.“国家战略原则”——全国共建的国际金融中心。

建设上海国际金融中心是一项国家战略，立法应该突出国际金融中心建设的国家战略的地位，立意要高，走出地方局限建设国际金融中心，站在落实国家战略、完成国家任务的立场上完善金融法制环境，让全国来建上海金融中心，让全世界认同上海金融中心。

上海建金融中心与其他地方最大的不同，就是国家规划国家建设，而不是地方自筹自建。立法就是要比其他地方立法站得高，不能提过于功利的地方利益目标，金融中心对地方经济社会发展促进的只是客观后果。立法不能有过多顾虑，防止将国家的达事误读为上海自己在建金融中心。

上海国际金融中心建设要服务国家经济大局，发挥窗口作用，体现出对全国的服务能力和跨国区域性辐射力。上海国际金融中心的建设在上海，服务对象在全国甚至国外，实行共同建设、共享利益。

立法要动员全市各级政府机关、金融机构和其他企事业单位，以及全体市民，树立贯彻落实建设上海国际金融中心的国家战略的责任感，动员组织本市一切力量，调动协调地方各种资源，积极落实、全面实施国家战略。

立法要明确全力支持、主动配合中央金融管理部门以及中央其他部门落实国家战略的各项工作，接纳、配合各地方、各部门以及广大企事业单位参与国际金融中心建设的各项活动。上海的金融市场和金融业应对中央政府各部门、各地方政府和各地企业全面开放，对各主体在上海金融中心的投融资活动，一视同仁地提供方便，主动为全国各地的经济社会发展服务。

2.金融中心目标定位——高定位和分阶段实施。

上海金融中心建设的定位一定要高，应当努力建设全球性金融中心。具体来说是种类齐全、功能完善、交易活跃、辐射力强的国际金融市场中心，成为国际资本集散地和全球资金交易场所。

同时，要适应中国经济社会的发展，明确国际金融中心的建设要分阶段实施，每一阶段有不同的任务，与国情国力及国内外市场需求相适应，有步骤地推进国际金融中心的建设。

关于国际合作，根据上海国际金融中心分阶段建设的步骤，首先应当加强上海与亚太地区尤其是东亚地区的金融交流与合作，提高上海国际金融中心建设在亚洲地区的影响力。然后再逐步加强上海与世界发达金融中心城市东京、新加坡、纽约、芝加哥、伦敦之间的交流与沟通，推动人员业务交流，互设代表处，加强国际交流。国际合作领域，可以在货币市场方面开展和加强合作；深化银行间的业务合作，支持境外银行在上海发展；拓宽与境外的保险市场合作范围，加强双方在业务、培训、后援、风险管理等多个领域的交流合作；建立与境外证券交易所、期货交易所、黄金交易所、产权交易所等交易市场的合作伙伴关系；加强清算、支付系统等金融基础设施建设方面的交流与合作；以及金融风险防范的信息交流。

关于国内合作，上海国际金融中心的建设应当依靠长三角广阔的腹地优势，积极拓展长三角两省一市之间的金融合作。具体包括支持两省一市金融协调部门之间的沟通机制，研究探讨金融改革、发展及合作中的突出问题，深化长三角金融合作内涵，推动区域内金融机构之间的合作，加强跨区域金融服务、金融基础设施建设等方面的合作力度，尽快推动金融中心辐射效应的发挥。此外，积极借鉴香港的优势，加强沪港金融交流与合作，形成常态合作机制。

3.组织保障——推进金融中心建设的领导、办事体制。

上海建设国际金融中心，必须采取措施优化国际金融中心建设的体制和机制，增强国际金融中心建设的内生动力。除了争取国家层面的法律政策支持外，建立推进国际金融中心建设的领导体制也是重要环节。

国际金融中心建设涉及领域广泛，需要集全市之力甚至全国之力，非一个部门所能承担，而且还需要同中央金融管理部门和周边地区有效协调。因此，一个具有权威性、协调能力强的、负责推进的组织体系就是十分重要的了。从各地实践看，这样的组织体系通常有几个层次：一是领导机构，也有定位为统筹协调机构，多称金融领导小组，个别为市主要领导挂帅的金融委员会；二是协调会议或联席会议；三是常设办事机构，多为政府金融服务办公室；四是顾问委员会或咨询会议。

上海国际金融中心建设的工作量大、持续时间长、牵涉面广，完全应该建立健全推进建设的组织体系，立法应明确由市政府主要领导牵头的金融中心建设领导小组，市政府各相关部门、各中央金融管理部门驻沪单位等参与的协调会议，国内外专家组成的咨询会议，并规定各自主要职责及会议制度。领导小组办公室与市金融办合署办公。

4.发展金融市场体系——扩大在世界市场中的占位。

相比较北京的金融决策、监管机构集中的优势，上海金融中心的功能定位应当是大力发展金融市场中心。首先，上海要发挥自身基础优势，加大证券市场、银行间市场、外汇市场、期货市场、黄金市场的发展力度，巩固扩大世界市场中的占位；其次，要稳步推进金融衍生品市场、债券市场、保险和再保险市场、产权市场的建设，在市场门类齐全的同时扩大国际影响。对于场外市场，从次贷危机引出的教训来看，上海应抓紧时机组建全国性场外市场结算中心，既发挥控制风险的作用，又增强国际金融中心的市场服务功能。

上海需要吸引集聚各类资产管理机构和基金，建设成为国际水准的金融资产管理中心，成为人民币金融产品交易中心、定价中心和信息中心，以及全球人民币清算中心。

5.发展金融机构体系——进一步发挥集聚效应。

促进金融机构集聚是建设上海国际金融中心的一项重要任务，上海已提出了进一步国内外金融机构集聚上海的目标，进一步提升金融机构数量、质量、规模等指标水平。因此，需要梳理已出台的措施、制定新的规范，拓展、深化服务，以更优异的服务、更优惠的政策、更优良的环境吸引更多国内外金融机构来上海发展。

上海是全国金融机构最集中的地方，但全国性商业银行只有交通银行一家总部在上海。尽管外国投资万商云集，但地区总部不多。因此，吸引金融机构的进一步向上海集聚特别是高能级功能主体来上海，十分关键。要加强对金融控股集团和金融总部的支持力度，提高其政治经济地位，争取金融创新的先行先试权，以市场吸引机构。吸引更多的国内金融机构把总部、资金运作中心、产品的开发和服务中心、国内业务中心和市场调度中心迁到上海，更要大力吸引外资金融机构在上海设立中国总部、亚太总部或者各种分支机构，争取中央支持让一些全国性商业银行总部迁入上海。

上海面临着外部的竞争，上海商务成本的上升成为制约因素，过高的房地产成本、快速攀升的工资与福利成本以及不断提高的政府服务成本使上海高居国内大城市中的第二位，将影响上海集聚金融机构的竞争力。要解决好金融企业经营成本过快增长和税负明显偏高的问题，有效降低商务成本。健全具有竞争力的优惠措施，在税收、房地产、人力等方面要给予进一步优惠，努力降低商务经营成本；在教育、生活、交通等方面提供更便捷的服务；在机构设置、业务审核、工商登记等方面提供一揽子服务。

上海金融机构规模有限，与发达国家的金融机构相比规模偏小、实力较弱。要帮助金融机构解决发展困境方面提供服务，包括提供力所能及的制度性服务，在制度上促进金融机构发展；鼓励规模经营，通过兼并重组、增资扩股和公开上市、拓宽融资渠道，以扩充实力，尽快打造金融“航母巨舰”；克服政府部门干预过多弊端，使金融机构跨地区整合；通过产品和服务多元化，提高服务质量，增强竞争能力。

上海金融机构的内部机制有待完善。要制定相关政策，鼓励金融机构完善现代企业制度和公司治理结构，促进金融机构在公司治理、内部控制、绩效考核、业务流程、经营模式等方面进行体制机制创新并帮助金融机构进行技术革新。关注金融机构社会责任，为金融机构的日常运作提供指引。

6.发展金融人才体系——打造人才高地。

根据伦敦金融城“全球金融中心指数”（GFCI）中“人力指标”显示，与指数排名较高的城市相比，上海金融人才严重不足。目前，纽约拥有77万金融人才，香港有35万人，而上海金融人才不足20万，约占城市人口1%，距离作为国际金融中心城市从事金融业人口应占到10%的指标要求相距甚远。随着金融创新步伐加快，金融对外开放扩大，金融人才问题日益突出，尤其是掌握国际金融、国际惯例和相关法律的人才较为匮乏。需要通过立法拓展思路和方法，全方位、多途径地广纳金融人才，加大金融人才的培养和引进的力度。

一是吸引和留住金融人才。上海目前过高的交通和房价等生活成本已经开始成为制约上海进一步发展的障碍，与伦敦、纽约和香港等城市相比存在较大差距。另外，上海严格的户籍政策和过重的税负也制约了高端金融人才来沪。要对金融人才的收入、税收、住房、子女求学等提供一定的优惠，如个人所得税问题，可在地方留存40%的部分做些文章。另外就是人才激励的问题，如支持金融企业对管理层和员工进行市场化的管理和股权激励改善人才使用机制，鼓励和支持金融企业改变现有用人机制，引入市场化手段，制定良好的员工职业发展规划，并着力培育经理人市场，壮大经理人队伍，为金融人才提供良好的成长环境。

二是广泛开展人才国际交流与合作。对于国家急需的个别领域的国外高级专业人才，必要时也可以不惜高价聘用；对于那些前来学习中国文化、有意为中国经济建设提供服务的外国友人和已经退休的外国专家，也应合理聘用，可以达到互惠互利的目的；设置更多的吸引海内外高级金融人才的博士后流动站或过渡岗位海外高级金融人才季节性工作中心、金融创新研发实验中心。

三是人才的培养提高。要创造条件，充分利用上海高校的金融教育资源优势，发展国际合作的金融高等教育；整合各大金融机构培训资源，吸引中央金融企业在沪设立全国性培训基地，建设以市场为后盾的金融研究进修基地，将上海建设成为金融教育培训中心；形成国外专家短期工作指导与优秀金融人才境外培训、轮岗相结合机制，建立面向金融服务业的职业发展教育机制，打造金融中心人才高地。

7.金融发展资金——金融奖励和扶持。

关于金融中心金融发展资金的来源，可以设立金融产业专项基金，以上海市、区政府出资为主，也接受企业和社会捐赠。主要用于金融促进产业发展、鼓励金融创新、降低本市新设金融机构商务成本的投入、用于对金融人才和金融机构的扶持和奖励的投入以及对金融知识普及教育经费的支持等。

对金融创新进行奖励和扶持。加大对创新金融机构的优惠政策扶持，并以立法的形式固化财政支持力度和财政优惠政策。对一些在产品和服务创新中表现突出的金融机构给予一定的财政补贴和优惠政策，并使之长期有效地实施下去。设立金融创新奖，建立健全相关的评审及管理机制。对有利于上海金融业发展的产品创新、技术创新、服务创新、管理创新等金融创新项目给予支持和奖励，对推动金融创新的单位和个人给予奖励。

对金融机构的奖励和扶持。主要有对区域内有一定规模的、对地方贡献较大的，合法守规的金融机构进行特殊的奖励和扶持，如在金融创新试点上优惠、在办公楼宇设施上的优惠、对个人的财政补贴或奖励等；对金融机构国际化进行励和扶持，并对在海外设立分支机构的给予奖励。有代表特别提出要扶持新设金融机构，吸引金融机构来沪开展业务甚至将总部放到上海。

对金融人才进行奖励。对上海市金融业发展有突出贡献的金融机构各类高级管理人才、营销人才和专业技术人才给予奖励；并鼓励金融机构进行股权期权激励，建立长效约束机制。

上海市政府应当制定基金管理办法，资金预决算应经过市、区人大的批准，市、区政府审计部门应当依法对金融发展资金的使用情况进行定期审计。

（三）上海国际金融中心法律环境的立法安排

国际金融中心的环境大多与法制建设有关，需要在地方立法中作出具体制度安排。

1.信用环境与金融文化。

营造诚实守信的社会环境，对上海建设国际金融中心和现代化国际大都市、促进经济社会协调发展和人的全面进步具有十分重要的意义：有利于改善区域投资环境，提高市场竞争力；有利于维护金融稳定，防范金融风险，促进金融业健康发展。加强信用体系建设是金融中心的基础建设，也是世界许多国家的先进经验。目前，上海已颁行了《上海市个人信用征信管理试行办法》和《上海市企业信用征信管理试行办法》，成立了市征信管理办公室和上海资信有限公司，在全国处于领先地位。上海已明确了近期社会诚信体系建设的目标，就是要逐步形成以道德为支撑、产权为基础、法律为保障的社会信用制度，建立面向个人和企业、覆盖经济社会各方面的信用服务体系，营造诚实守信的社会环境。

上海应进一步加快健全全社会的信用体系建设，应在加强隐私保护，建立健全信用服务中介机构管理办法、信用评价管理办法等法律法规，加强对信息主体权益的保护，强化失信惩戒机制与法律救济途径。立法应明确市政府发挥信用环境进行完善的主导作用，政府还应在进一步拓展联合征信范围、制定信用评价指标体系、加快建立集中统一和全覆盖的企业和个人征信系统、加强信用体系宣传等方面积极发挥政府的主导作用。政府机构不仅要倡导诚信，而且要模范地带头实践诚信。全市每个单位、每位市民都积极投身社会诚信创建活动，从自身做起、从点滴做起，大力提升社会信用度，共同构筑诚信上海。

要加强面向全民全市的金融宣传教育，利用媒体、网络、文艺作品等多形式、多渠道加强金融教育，提高全民的金融意识、理财意识、信用意识、契约意识、风险意识和金融法制意识。要特别加强对公务员和中小学生金融知识的普及。金融中心建设过程中要有一个比较宽松的舆论环境，媒体要多做正面的报道和引导，加强宣传报道，营造好的舆论氛围和良好的社会信用文化。

2.金融监管与风险控制。

上海要加强与金融监管部门的信息沟通，积极推动金融监管协调体制的完善，加强区域金融监管合作，采取措施健全金融机构内控机制，全力维护金融稳定和安全。建立健全金融风险预警防范体系和金融发展风险评估体系，培育和引进金融风险评估机构，科学界定风险评估标准及风险等级，建立风险预警机制和金融风险的常规处理机制。

要吸取次贷危机的教训，完善对金融创新的监管。一方面加强金融机构在创新过程中的风险控制，尽可能减少出现金融风险的概率；另一方面加强风险监管，尤其是对创新金融产品潜在的风险的事前监管，加强金融机构、金融产品以及金融市场的透明度，有效地化解潜在的风险隐患。

要提高金融机构风险控制的意识，建立系统的风险控制体系，促进金融业合规文化建设。设立金融稳定基金或金融突发事件处置周转基金，由市财政专项拨款，基金实行封闭运作，专项用于突发事件和危机的处理。

3.维护金融秩序与金融消费者保护。

保护金融消费者（包括投资者、存款人、投保人等）是涉及社会稳定、市场发展的大问题。要弄清上海金融风险的特点，始终把保护金融消费者放在首位。

要防止类似香港的雷曼“迷你债券”带来的社会动荡。香港的雷曼“迷你债券”既造成广大投资人经济损害，又进一步造成社会动荡。上海也有苗头。要强调金融机构作为投资者受托人的谨慎义和特别注意义务，将合适的金融商品和服务推荐给合适的投资者，才能避免类似雷曼“迷你债券”似的危害。

要优化投资者结构，建立合格投资人制度。在衍生品交易、场外市场建立投资者准入制度，只允许足以承担风险的合格投资者参与，把风险控制在大户层面，防止公众参与导致社会秩序隐患。

要根据上海的实际，防范、查处和打击打着创新旗号的非法金融、地下金融等金融欺诈活动，维护上海金融市场秩序，保障金融中心建设，保障投资者权益。当前尤其要抵御金融犯罪风险，增强对金融市场和金融财产的保护力度，增强法律威慑力。

4.金融司法与金融仲裁。

上海国际金融中心建设需要进一步优化金融司法环境。上海作为国内金融活动最集中的地区，新型金融案件往往首先出现在上海。上海司法界要积极为金融中心创造良好环境，又要为全国的立法司法积累经验。要采取措施预防、控制各种新型金融犯罪，保护群众利益；要加大执行力度，保障生效裁判的有效履行，特别要防止假破产、逃废金融债务，真正实现金融债权；要正确认识保护弱者与信守合同、维护金融秩序关系，防止变相的"吃金融大锅饭"、逃避风险责任的现象。

要把国际化的理念、良好的意图传递给基层司法机关。应促进培养精通金融、法律和外语的高素质专业法官队伍，提高金融纠纷案件的审理效率和质量，依法保护金融资产。根据需要建立金融专业法庭，建设专家陪审员队伍，提高金融案件审判的专业化、国际化水平。

要充分发挥金融仲裁的作用。大力推广金融仲裁，充分发挥上海金融仲裁院在解决金融纠纷中的作用。支持上海金融仲裁院在金融机构集中场所和外地、境外开设办事机构，受理国内外金融纠纷案件，促进办案质量提高，扩大影响力。

5.金融税制——先动地方税。

税收政策对金融市场有着重大影响。课税规模将影响金融业的规模，奖限性的税收政策也将影响金融业的结构，权责发生制纳税会计核算将影响金融业的风险程度。免税或轻税政策将刺激人们持有金融资产的意愿，重税政策则将压抑人们持有金融资产的意愿，从而削弱金融资产经济功能的发挥。目前，我国金融业流转税税负偏重，企业所得税负担不尽合理，金融税收覆盖面偏窄（如金融衍生工具税收尚未明确），特别是个人所得税负担问题，已成为金融业反响最强烈的问题之一，也是影响上海国际金融中心发展的"瓶颈"。由于最高边际税率偏高[1]，分项征收，税前扣除项目少（许多国外比较通行的扣除项目都没有设立），扣除标准偏低，从而使个人所得税税负总体偏高，已严重影响金融高端人才的引进。在国内，金融行业的工资水平比较高；与国外同行业相比中国金融企业的职工人数又偏多，个人所得税税负偏高间接地提高了金融行业的人工成本，从而影响了金融行业的竞争力。

---

〔1〕 近年来各国、特别是中国周边的发展中国家的个人所得税税率普遍呈下调趋势，许多国家的最高边际税率已经降到40%以下，如英国为40%，美国为38.6%，日本、泰国为37%，韩国为36%，印度为30%，巴西为25%，等等。

在我国税制整体落后，国家短期内难以修订税法，中央税难以动摇的情况下，减免地方税收成为各地金融中心竞争的普遍的手段。上海虽无必要同各地在税收方面激烈竞争，但从自身发展出发，也应在地方事权范围内主动降低税率，以顺应集聚人才与机构的需要。

6.金融中介服务和金融知识产权保护。

根据伦敦金融城的“全球金融中心指数”（GFCI）显示，上海在会计服务、法律服务等方面的能力比较弱，制约了上海国际金融中心的发展。针对这一点，要鼓励和扶持一系列专业化的中介机构的发展，在向国外大型中介机构开放市场的同时，培植一批诚信水平高的有代表性的大型专业化中介机构，鼓励其采用国际标准、提高金融专业化服务水平，并形成良好的中介行业道德风范。

要鼓励推动金融机构开展金融类产品的知识产权的保护。金融产品创新技术复杂、开发周期长、成本高，短期内难以形成规模效益，即使创新成功，又将面临被快速复制与模仿的风险。因此，对金融类产品进行知识产权的保护，以利于新产品尽快形成规模，降低公司经营成本，促使创新产品走向成熟。

（四）上海国际金融中心建设立法的技术措施

上海国际金融中心的地方立法将是一个大的工程，也需要分段实现。

1.纲领性立法和其他规范性文件的有机衔接。

推进上海国际金融中心建设的立法，需要一部纲领性规范，以明确基本原则与基本制度，作为法律支持体系的基础。但每一项原则制度的落实，还需要制定具体政策规范，这种配套的政策规范将是一个较为庞大的系统，建议主要框架早日确定，以便各有关部门应早日操作。如在信用制度方面，必须参照国际经验并结合上海具体情况，尽快将《个人信用征信管理暂行办法》《企业征信管理办法》等，通过市人大立法上升为地方法规，应争取在“十一五”期间出台较为完善的《上海市信用征信条例》，并应颁行相关配套规范，如《公共信用记录收集和服务规定》《征信行业发展促进办法》《征信数据界定办法》等，以解决信用体系建设中的问题与矛盾，促进上海社会信用体系的形成。（详见附件3）

2.地方立法与市场自律规则的对接补充。

金融创新迫切需要规范，但若是统一的规则就属于金融基本制度而归中央事权范围，地方立法受到限制。这种地方立法力不能及，国家又暂时不能制定规范的场合，正是市场自律规则可以充分发挥作用的地方。在相对细致的专业性领域中，国家资源的进入往往显得力有不逮，所以就需要市场主体自己组织起来，形成自律整合的力量，对本行业部分活动进行自律性管理。行业组织、交易所都可通过当事人的意思自治，从而形成规则来规范交易、解决纠纷。具体可学习美国律协起草行为指引的做法，由上海律师协会联合金融行业协会，研究、引进国外交易规则、惯例为依据，起草金融市场规则供市场主体采用。

3.地方性立法具体内容的详略轻重。

对比伦敦金融城Z/Yen研究咨询公司的"全球金融中心指数"（GFCI），构成GFCI的排名的金融中心竞争力指标主要集中在5个关键领域：人力、商业环境、市场准入、基础设施和总体竞争力。上海国际金融中心立法的重点，应该是GFCI指数评比中关键、也是上海目前非常薄弱的几大指标。

在地方事权范围内，可增强一些可供操作的具体推进措施；在地方立法作为空间比较小的地方可原则性规定，如规定出政策思路和重要措施等。要将之前金融中心建设过程中已有的好的做法以立法形式加以固定。

4.主动为国家立法贡献与经验智慧。

在地方立法无法涉足的领域，上海应积极推动国家金融立法，既要争取较短时间内实现金融中心的各项活动都有规范可遵循，又要使上海国际金融中心获得可持续发展的制度保障。上海要发挥金融实践活跃和研究力量集中的优势，发挥上海各类金融市场主体的主动性，向中央有关部门积极建言献策，提供理论与实践方案，为国家金融立法主动多作贡献，包括通过实践为全国的高层次金融立法积累经验，促进有关金融法的制定与修改。

5.加强金融机构与监管司法部门执法沟通协调。

金融市场、金融机构要采取多种方式加强与金融执法、司法部门的联系沟通，包括对话、论坛、研讨等，加强相互间理解和认同，特别是加强对金融法理解、掌握方面的协调性，以更好地执行现有金融法，为金融中心建设服务。

通过沟通取得共识，可以就一些法的适用问题，用一些短、平、快的方式如司法指导意见、批复等来适应创新的需求，弥补立法的不足。

第六部分　经济立法

第一节　社会信用立法的路径选择[1]

信用是市场经济的基石，市场经济是建立在稳定的信用关系基础之上的法制经济，稳定可靠的社会信用体系是市场经济有效运行的重要基础之一。信用与商品交换和货币流通紧密相连，信用与金融唇齿相依，现代金融业就是在信用和货币相互促进发展中诞生，并对信用高度依赖。发展金融市场既要大力发展信用经济、促进金融繁荣，又遏制信用经济的负效应、防范金融风险。因此，加强信用法制建设，完善社会信用体系就成为必然选择。

一、社会信用立法的必要性

信用的一般解释是"得到或提供货物或服务后并不立即而是允诺在将来付给报酬的做法""一方是否通过信贷与另一方做交易，取决于他对债务人的特点、偿还能力和提供的担保的估计"。[2]尽管人们对信用的概念有很广义的理解，但信用最常用的范围仍集中于经济、金融领域，本文也是从商事信用角度来讨论信用问题的。经济学中的信用就是以偿还为条件的价值运动的特殊形式，包括不可分割的两方面内容：一是履约承诺，二是履约能力。履约承诺是指债务人在法定或约定的期限内保

---

〔1〕 本文系上海市人大立法研究项目《上海市社会信用地方立法研究》部分成果，刊于《金融创新法律评论》第1辑，法律出版社2016年版。

〔2〕 [英]戴维·M.沃克：《牛津法律大辞典》，光明日报出版社1989年版，第225页。

证支付款项的主观愿望，与债务人的道德品质有直接关系；履约能力是债务人在特定的期限内实现付款或还款的经济能力，与债务人的经济状况有密切关系。[1]

信用的法学诠释是：信用是主体在社会上应受的、与其经济能力或财产地位相对应的经济评价，也指一般人对于当事人自我经济评价的信赖感（信誉）。[2]

信用的发展经历了道德化阶段（如儒家的信用观："民无信不立""人而无信，不知其可也"）、商业化阶段（信用记录被当成"信息商品"进行交易）和证券化阶段（由社会大众提供担保的信用，如保险、债券等）。现代社会不仅要将信用存在于观念层面上，更应该上升到法律的规则、制度、原则的层次。通过确认信用利益、责任，由司法实践予以国家强制保护。建设良好的市场信用体系，关键是建立完整规范的信用制度，将信用行为纳入制度管理体系。包含立法、司法、执法、守法在内的信用法制，通过约束、引导，惩戒失信与激励守信，不仅有利于维护良好的社会信用秩序，而且还有利于培养人们的信用习惯，把信用作为自己内心的需求。

信用法律制度作为信用体系的重要组成，是我国社会主义法律体系的一项重要制度。信用立法将改变信用无法可依的局面，对完善社会信用体系和法律体系起到积极作用。

（一）信用立法是维护市场经济秩序的必然要求

信用立法有利于促进信用经济的有效运行。信用是现代市场经济交易的一个必备要素，信用立法就是从源头上净化经营环境，规范市场经济秩序，防止交易欺诈与违约，保证市场经济的稳定健康发展。信用法律制度的建立，不仅可以使信息动态化，使每个市场主体的信用状况可监督，还可以通过严格的惩戒机制，加重失信成本，打击信用违法行为，营造出良好的信用环境来维护信用经济的稳定运行。

信用立法有利于防范金融风险。金融是个高风险行业，一旦积聚过度转

〔1〕 李振宇、李信宏、邵力强等：《资信评级原理》，中国方正出版社2003年版，第4页。

〔2〕 参见史尚宽：《债法总论》，台湾荣泰印书馆1978年版，第147页；龙显铭：《私法上人格权之保护》，中华书局1948年版，第71页；张俊浩主编：《民法学原理》，中国政法大学出版社1991年版，第299页；王利明主编：《民法·侵权行为法》，中国人民大学出版社1993年版，第89页；吴汉东：《论信用权》，载《民商法学》2001年第5期。

化为金融危机爆发出来，将对社会经济造成极大的危害。金融风险主要表现为两个层次：从微观层次看，由于社会信用基础薄弱，信用欺诈与违约现象盛行，对金融部门的财产构成严重危害；从宏观层次看，是金融部门的信贷结构不合理，信贷资金过多集中，信贷质量不好，不良贷款率和坏账率居高不下。建立和完善信用法律制度，从两方面有助于金融风险防范：一是有利于提高社会成员的信用意识，创造一个良好的信用氛围，从而达到维护市场秩序、减少信用欺诈与违约的目的；二是减少金融活动的不确定性，改变金融部门不合理的信贷结构，在总体上提高金融部门的信贷质量。

信用立法有利于扩大金融交易。扩大需求从理论上讲可以从扩大投资需求和消费需求入手，但投资和消费都依赖信用基础。想要防控投资和消费的信用风险，仅仅依靠诚信的道德原则已经远远不够，信用立法才是真正保障。从各国实践的效果看，信用法律制度保障会激发投资、消费的愿望与积极性，也有利金融机构因此而扩展业务、增加利润收入，还能起到提高大众生活水平、调整消费结构、带动经济发展的积极作用。

信用立法有利于规范网络经济的健康发展。随着科学技术发展的增速和创新创业热潮的兴起，网络经济时代已经悄然出现。包括互联网金融在内的网上交易既活跃了流通交易，也加大了风险，它不仅有线下信用风险的延伸，还有网络自身匿名的安全风险。保障网络交易安全，除了技术不断成熟外，相应的信用法律制度是不可或缺的条件。

（二）信用立法是建设良好社会秩序的必然要求

在市场经济体制下，社会经济活动的正常运行，有赖于规范的市场经济秩序，而健全的法律制度是整顿和规范市场经济秩序的重要保障。信用立法有利于我国从小农经济为基础的、以道德信用为核心的传统信用观逐步向以社会主义市场经济为基础的、以资本信用为核心的现代信用观转变，从而净化道德风尚、促进良好社会秩序的建设。

倡导社会诚信观念需要信用立法的支撑。在市场经济中，诚实守信既是人们进行交往的道德准则，也是约束各种经济活动的行为规则，它要求一切市场参与者在市场活动中遵循这一原则。但信用法律缺位，使得市场中的违信行为未得到惩治，违信所得的巨大利益则起到负向激励，诱发更多的违信，从而发生信用危机。因此，要确立诚实守信观念，打造良好的信用规范，信用法律制度不可或缺。重建诚信已经成为我们的重要任务，完善信用立法正是重建诚信的重要环节。

提升政府与司法的公信力，加强反腐败也需要信用立法的配合。我国的社会主义市场经济快速发展向我国的民主政治建设提出了更高的要求。虽然是商事信用立法，但也必然与提高政府与司法公信力的制度建设相互影响，特别是信用立法有效运行所创设的环境，将有效促进官员个人财产申报和个人资产评估制度实施，有利于及时发现腐败，起到反腐的作用。

（三）信用立法是我国融入国际社会的现实需要

信用立法是参与国际合作和竞争的需要。在经济全球化的新形势下，我们要在更大范围、更宽领域、更高层次上参与国际合作和竞争，就要建立符合现代市场规律和国际经济金融惯例的制度，并循此形成行为习惯，其中就包含完善信用立法。同时，通过信用立法极大地改善信用环境，还是吸引投资、贸易直接因素。

信用立法是金融业应对国际挑战的要求。随着金融服务业全面开放和人民币国际化的深化，传统金融业直面境外金融机构的竞争冲击。特别是个人金融业务之前受信用状况的制约发展缓慢，现在需要扩大这一信用市场并开辟新的业务领域，完善个人信用环境及加强信用立法就成了急需。

另外，参与全球经济金融规则的制定，为国际社会提供公共产品，也需要我们有较高的信用标准，使建立在法制基础上的信用标准成为国际商务通行证。

二、我国信用立法的现状与不足

我国目前尚无一部完整的规范信用活动的法律，信用规范零散分布在相应立法中，主要体现在以下几个方面：

一是立法中的诚实信用原则。信用是立人之本、成事之基。随着社会的进步，信用上升为法律因素，成为民商事立法的基本原则之一，[1]并渗透到相应制度之中。诚实信用的法律原则成为人们理解、执行法条的指导思想，也具有一定的约束力。当然，由于诚实信用原则内容的模糊性、抽象性，在司法实

〔1〕 参见《民法通则》第四条。

践中对于违背诚实信用原则的现实行为，往往无法惩处。

二是债权制度。买卖双方互有给付时间差的商品交换，涉及信用问题。以偿还为条件的信用价值，反映信用的法律制度就是债。债首先确认在商品交换中让渡商品与现实价值之间存在时间差距的合理性，同时又可以保证这种差距可以消除，即保证这种经济利益的不平衡状态趋于平衡，这样便从法律上保证了商品交换的顺利进行，[1]由此可以更直接地认为债的本质就是信用。

三是产权制度。作为社会信用的经济基础，产权制度的基本功能是给市场主体的经济活动提供一个追求长期利益的稳定预期和重复博弈的规则，从而使人们自愿地去遵守信用。产权制度缺位，就会促使人们不顾信用不计后果，千方百计追求短期利益而忽视长期权益。这种缺位使市场主体丧失了建立社会信用体系的规则前提与制度基础。[2]

四是信用信息的收集和利用制度。通过征信系统，归集、整理、储存市场主体的信用信息，并在一定范围内公布或提供相关主体查询，以此选择市场交易对手和防范风险，也成为惩戒失信的依据。此举在于将道德规范上升为法律规范，促使个人或企业借助于确立的规则，建立和维持自身的信用（信誉）。信用的形成和评价都不仅是个体的行为，其中也有政府的管理行为和市场的商业运作。

近年来，《征信业管理条例》和《企业信息公示暂行条例》陆续出台，是信用信息进入市场交易和社会管理的重要标志。2013年3月15日正式实施的我国首部征信法规《征信业管理条例》，明确中国人民银行对征信业和金融信用信息基础数据库运行机构的监管理；国家金融信用信息基础数据库为防范金融风险、促进金融业发展提供相关信息服务。2014年10月1日起施行的《企业信息公示暂行条例》具有里程碑意义，旨在通过信用信息实现市场资源配置和政府有效调控双赢。有关个人信用信息和企业信用信息管理的一系列规范性文件开始了信用信息运用的过程。

其他方面如确认资信能力的主体资格制度、赋予产权公信效力的物权公示制度、保障债权充分实现的担保物权制度、防止滥用独立人格和有限责任的

---

〔1〕 杨振山：《社会主义初级阶段理论与我国民法学》，载《中国法学》1988年第5期。

〔2〕 李亦农：《信用的重建与规范的选择》，载《法学论坛》2003年第5期。

“揭开公司的面纱”制度、针对恶意逃废债的强制执行制度等，也都涉及信用的保障。

从总体上看，我国目前的社会信用体系建设虽然取得一定进展，但现有信用立法与经济发展水平和社会发展阶段不匹配、不协调、不适应的矛盾仍然突出，存在法律规定层级较低、内容分散、约束性差等问题，特别是对失信行为缺乏应有的惩罚，导致社会信用水平提升不快的现象。信用立法面临着艰巨任务。

三、境外信用立法的经验借鉴

发达国家都十分重视信用法律制度的建设。打造信用，立法先行，这是依法治国的根本要求，也是当今世界“信用国家”通行的惯例。随着经济和信用制度的发展，逐渐形成了一套较为完整的信用管理法律体系。

以美国为例，美国的信用制度建设主要由信用立法、信用服务企业的市场化运营及国家对信用工作的宏观管理三个方面构成。经过一个多世纪的发展，美国信用体系已覆盖了广泛的社会经济领域，形成了完整的架构，对市场经济发展起到了重要作用。目前，美国企业间的信用支付方式已占到社会经营活动的80%以上，消费支出占国民总产值的2/3，而信用付款方式在个人支付活动中已占据了主导地位，居民购买汽车、住房和家电等商品普遍使用信用消费。由于美国信用体系健全，信用服务和信用产品广泛地渗透到社会经济生活的各个领域，就为金融机构和工商企业的经营决策提供了极大方便，有利于防止金融风险和商业风险；就可以使经济发展带来的好处由少数有现实购买力的人享用变为大多数人可以享用的成果，有利于扩大市场需求和社会消费，带动经济增长；也可以使守信者获得好处，失信者受到损失，有利于建立规范的经济秩序和社会秩序。

综观国外信用法制建设，有以下几点值得借鉴。

（一）宏观层面——有法律体系但无综合立法

世界主要发达国家的社会信用法律体系中并未发现如《信用法》等综合性立法。即使是被视为美国三大基础性社会信用法律的《公平信用报告法》《平等信用机会法》以及《公平债务催收作业法》，也并不属于综合性立法。具体而言，《公平信用报告法》规范的主体是“消费者报告机构”和“消费者信用报告的使用者”，该法律保证消费者从信用局（Credit Bureau）能够自由取得自己的基本数据，并且相当比例的授信机构是以信用局对消费者信用评价为授信依据的历史条件下建立的，它主要规定了消费者个人有了解资信报告的权利和规范了消费者资信调查机构对于资信调查报告的传播范围。而《平等信用机会法》适用于一切向消费者授信或安排消费者申请信用销售的政府机构、商家和个人。该法要求授信机构在对信用申请人进行调查和数据分析的基础上做出合理的授信，但不得因申请人的性别、婚姻状态、种族、宗教信仰、年龄等因素做出歧视性的授信决定。最后，《公平债务催收作业法》适用于替债权方进行追账活动的第三方，规范的内容是受委托从事追账活动的追账机构向自然人类型的债务人进行追账的情况。

（二）中观层面——注重对信用活动的规制

首先，重视征信业立法，尊重市场经济规律。信用体系发展的动因是在高度发达的市场经济、先进科学技术以及居民贷款消费这种社会文化观念基础上产生的巨大信用消费需求。正是随着全社会信用交易规模的扩大，才产生了信用服务行业。域外国家普遍从征信业入手对整个信用体系进行规制。然而，西方主要发达国家都十分尊重征信活动的自然发展与壮大，并不会进行过分干预。经过了漫长的历史，市场上由最初的几家征信企业发展到众多征信企业，最终在激烈的市场竞争中经过破产、兼并形成目前高度集中的信用服务公司。在法律的规范之下，依靠市场经济的法则和信用服务行业的自我管理来运作。在这种运作模式中，信用中介机构发挥主要的作用，其核心动力是经济利益。域外许多专门从事征信、信用评级、商账追收、信用管理等业务的信用中介服务机构，由于实行商业化的服务，在很大程度上避免了因信用交易额的扩大而带来的更多的信用风险。法律的相对宽容也使得征信业得以在较为自由的环境中发展。相对于已经有一个多世纪历史的征信活动，西方发达国家对信用信息征集活动的立法略显滞后，大量的完整的立法活动大多出现于上个世纪90年代，如意大利1996年颁布《数据保护法》、瑞典1998年通过《个人数据保护法》、英国1998年颁布《数据保护法》、西班牙1999年制定《个人数据保护法》等。美国的信用管理行业最初诞生于19世纪40年代，现代信用管理在50年代得到了蓬勃发展，但作为信用报告活动核心法规的《公平信用报告法》也一直到1970年才正式颁布。70年代末到80年代，美国制定与完善信用管理相关的法律，形成了一个完整的框架体系。这些立法涵盖了保证信息公开、消费者个人对资信报告的权利、资信调查机构对信用报告的传播，以及对当事人失信及违反信用管理法规的惩罚措施等。

其次，信用立法主要调节个人隐私保护与征信活动之间的矛盾。多数国家的征信立法主要是针对个人数据的保护，而涉及企业征信的内容很少。从英国的《数据保护法》到瑞典的《个人数据保护法》，再到欧洲议会和欧盟委员会《关于在处理个人信息和个人信息自由流动时个人保护的指引》，其法规的使用范围不仅包括个人信用信息征集活动，还包括医疗、市场营销等一系列可能涉及个人信息登记的活动。仍以美国为例，其信用管理相关法律体系主体也是关于个人权利的保护，即使是信用经营主体的法律也主要为相关个人消费者。征信活动涉及的消费者信用信息较多，美国的信用消费征信相关法律包括《信息自由法》(The Freedom of Information Act)、《隐私权法》(The Privacy Act)和《统一商法典》(Uniform Commercial Code, UCC)等，所针对的主要是消费者职业、信用能力、生活方式和联系方式等问题。社会信用体系的建立和运行必然涉及一部分属于个人隐私范畴的内容，因此在现代社会日益重视对个人隐私保护的背景下，需要通过立法的方式平衡隐私保护与征信活动。

最后，信用信息的收集较为开放，但使用较为严格。西方发达国家对于信用信息的收集较为开放。美国法律对于正常取得企业资信调查征信数据没有任何限制，法律规定对于消费者个人信用数据除个人隐私外都可以采集，信用局收集消费者个人信用信息不需要经过被记录者同意，大多数授信机构也会将消费者的不良记录主动提供给信用局，使失信消费者的信用记录增加负面信息。三大信用局主要通过三个渠道免费获取消费者的信息：一是银行、信用卡公司、公用事业部门、零售商提供消费者付款记录的最新信息；二是雇主提供消费者职业或岗位变化情况；三是政府公开的政务信息。企业资信调查机构的信息来源渠道是：公开的电话号码本、政府免费提供的工商或法院诉讼等信息、网络等媒体、上市公司信息、企业主动提供的信息。但西方国家对于信用信息的使用较为严格。美国法律对信用产品的使用范围作了明确规定，如个人征信局只能向法律允许的包括银行、商店等授信机构、保险公司、雇主、房主等消费者交易的对方提供消费者的信用信息，消费者有权查看自己的信用档案记录。如果因为使用信用调查报告产生了不利于消费者的行为，如拒绝某项贷款、保险、应聘职务的申请，必须通知本人。当消费者对信用报告提出疑义时，信用局必须调查核实，及时删除不准确的信息，以保证信用产品的客观公正性。在英国法律允许的范围内，金融机构和零售商、个人都可以查询，个人可以申请并在7个工作日之内得到自己信用记录的拷贝件；房东在出租住房时可以查询要求租房者的个人历史信用情况，以确定是否能够向其出租住房；而警察局只有在立案情况下，才可以查询个人的信用记录；金融机构只能出于信贷目的进行查询，不允许信贷机构用于信贷发放以外的目的；政府机构出于工作需要，在法律允许的范围内可以查询到征信公司的个人信息。其中，政府部门的这种权利没有法律上的详细规定，征信公司可以拒绝其查询，政府部门被拒绝后经法院判决才能查询，但征信公司可按最高标准向其收费。

（三）微观层面——具体问题的具体规定

国外主要通过众多单行法对具体问题作出具体规定，或者相关规定散见于各部分法中。这些法律涉及社会信用的方方面面，如金融机构的信用采集、信用投放等行为和保护消费者隐私权、支配权、控制权和知情权等。这样在微观层面的立法具有很强的灵活性，并有利于做到“有的放矢”。

四、社会信用立法路径——地方立法先行

根据十八届三中、四中全会精神，社会信用体系在全面深化改革和全面依法治国中有着不可替代的作用。但鉴于各地经济发展水平不一，信用基础不同，对信用统一立法尚缺乏共识，信用立法选择地方立法先行是可取的。

（一）地方信用立法适逢其时

首先，商事登记制度改革后，企业设立不再需要最低资本、实缴资本，也不再需要验资、年检，而改为按期披露经营财务信息；对债权人保护由原来注重企业注册资本，转为重视企业净资产，将资本信用管理转变为资产信用管理，对企业信用的要求大大提高，需要法律予以促进、保障。

其次，政府职能转变是深化行政体制改革的核心，关键是处理好政府与市场的关系。社会主义市场经济的完善，要求政府把微观主体的经济活动交给市场调节。政府由原来的指令性管理转换到为市场主体服务上来，转换到为企业生产经营创造良好发展环境上来，从事先审批为主转变为事中事后监管

为主。由此带来管理方式的转变，信用将成为政府监管市场治理社会的新抓手。政府依法运用信用体系约束市场主体行为，规范竞争秩序，防范风险，制裁违法。

最后，“互联网+”时代，大众创业、万众创新，市场活力得以激发，营商环境得以优化。网上监管方式不同于传统，也将更多依靠大数据挖掘，信用信息的大数据为新的监管方式提供了可能。信用信息的归集、整理、储存、使用与保护等，都有赖相应法律规范的健全和严格执法。

（二）信用地方立法的可行性

地方信用体系和信用制度建设实践提供了基础条件。我国各地社会信用制度建设以个人征信服务为起点，建设企业和个人联合征信系统，实行特许经营、商业运作和专业服务，逐步建成适应于现阶段经济发展的社会信用体系及制度框架。据不完全统计，各地仅涉及信用信息的地方法规2项，地方政府规章32项，地方规范性文件249项。

地方已有在上位法缺位的情况下进行地方立法的实践。一些经济较发达、地处改革开放前沿的省市，遇到的新情况、新问题也多，需要通过及时立法予以解决，有时就是在缺乏直接上位法的情况下进行立法探索的。如上海、深圳、浙江等地，在发展贸易、金融、航运及建设自贸区的过程中，一些“瓶颈”问题亟待专门立法予以支持和推进解决。通过专门立法，可以有效激发各类主体的积极性，维护平等竞争的市场环境，增强内生动力；也有助于固化和完善现有推进机制，形成工作合力，落实细化各方面在推进改革发展；还有利于进一步凝聚共识，明确目标任务，也为今后国家积累经验。当然，地方立法需要遵守《立法法》的规范，遵循缺乏直接的法治原则，尽可能依据相近的上位法的相关制度。地方信用立法同样属于上位法缺位时的立法，但基于已有的实践经验，完全能够解决立法的规范问题。

（三）社会信用地方立法的定位

未来一段时间我国的社会信用体系将处在不断的发展、完善的过程中，很多制度还没有成型，所以与之相应的法律在一段时间内仍将处于不断的变化之中，若采用国家统一立法，则很难对社会信用建设中的变化做出快速反应。

社会信用体系的建设不仅需要中央层面进行顶层设计、完善推进机制，还需要地方层面进行基层实践、探索。为了能够贯彻实施中央建设社会信用体系的部署，在地方层面进行立法是不可避免的。

地方立法，指特定的地方国家政权机关，依法制定和变动效力不超出本行政区域范围的规范性法律文件活动的总称，是构成国家整个立法的一个重要方面。一方面，地方立法一般都负有贯彻实施中央法律、法规，补充中央法律、法规的责任，有时地方立法还担负先行一步为中央立法积累经验的任务；另一方面，地方立法作为一国立法体制的组成部分，也有相对独立的地位，它可以在不与中央法律、法规相抵触的前提下，独立自主地立法，以地方立法的形式调整地方社会关系、解决地方问题，积极地解决应当由自己解决的问题。

这就必然涉及信用立法权的分配问题。然而，虽有《立法法》第72条、第82条对地方性法规、地方政府规章的调整范围做了规定，但由于每个省市的发展情况不一样，立法实践推行的程度也不近相同，所以在不违反全国统一立法的前提下，由各省市按照自己的社会信用体系建设进度进行立法实践是极为有必要的。特别是承担着建设经济特区、自贸区和金融中心重任的地方，更应先行先试、先行一步立法，尤其是作为信用基本指导作用的地方法规。

第二节　中国金融控股公司立法研究〔1〕

近年来，世界上金融融合经营成为一种趋势。从分业走向混业的过程中，有一种被各国普遍采用的过渡措施，即特殊的金融机构——金融控股公司。

一、金融控股公司产生发展的背景和动因：分业与混业

（一）世界金融分业与混业经营制度的历史考察

金融业的分和合，其实有其政治、经济、文化和历史的背景，各国都是根据其自身的具体情况来设计其金融制度结构的。19世纪50年代，随着工业化的迅猛发展，德、美这些新兴资本主义国家都对资本提出了极大的需求量。无论是短期资金还是中长期资金，多高度依赖于银行。在这种情况下，全能银行应运而生，它可以提供几乎所有的银行和金融服务，如贷款、存款、证券、支

〔1〕 本文系交通银行委托课题“中国金融控股公司立法研究”的部分成果，部分内容在“金融四十人论坛”专题会议上发言。

付清算、外汇、代理保险、租赁与咨询等业务。如美国对1864年的国民银行条例（它遵循了英国银证分业的传统模式）作出修改，规定银行可以通过成立附属机构的简单办法从事证券业务。为了加强国民银行对州银行的竞争力，联邦储备委员会更是运用手中权力进一步打破了商业银行与投资银行间的界限。到20世纪初，在美国商业银行已成为证券分销和承销的主导力量，银行业过分介入证券业的迹象也有所表露。[1]然而，20世纪30年代的经济危机使人们不得不重新审视全能银行。1929年，随着股市泡沫的破灭，全能银行的风险也由可能变成了现实，从而陷于严重的资金短缺的困境。一些经济学家认为银行业与证券业的融合是造成银行倒闭、金融危机的直接诱因。由于商业银行可以毫无限制地参与证券业务，使其在内利外压的情况下，盲目地将大量短期资金投放在长期性证券交易上，从而增加了股市的泡沫，也增加了自身的经营风险。1933年的美国《格拉斯—斯蒂格尔法》和《证券法》就是在这种背景下产生的，它们初步确立了金融分业经营的法律框架。为了保护广大消费者，也为了保护商业银行安全的发展，立法切断了银行资金向证券市场的通路，严格禁止商业银行从事投资银行业务，特别是证券的承销与自营买卖业务，禁止商业银行与从事证券业务的机构联营或人员相互兼职及成立连锁董事会。另一方面，也禁止从事证券业务的投资银行同时开展支票存款、存单存款等商业银行活动。1956年和1970年，美国又分别通过和修订了《银行持股公司法》，限制银行与非银行企业之间的联属关系，强化了证券业与银行业的分业经营局面。以后，英国、日本等国家地借鉴美国的经验，纷纷立法。使商业银行与投资银行脱钩，实行分业经营、分业管理的分离银行制度。与此同时，德国虽然也就实行全能银行制度还是专业银行制度展开了激烈的争论，但最终并未促使国会改变现有的全能银行制度。战后几十年的事实证明，全能银行未必是最成功的制度，但却是适应德国社会经济发展的。20世纪80年代以来，随着金融创新的不断涌现，全球金融市场一体化进程的逐步推进，金融业面临着更大的市场压力，如贷款证券化正在世界范围内影响着银行业，美国银行业在金融业中所占的份额呈现出明显的下降趋势。[2]为了开辟新的收益来源，银行业往往采取兼并和金融创新手段向证券业渗透。政府基于提高本国银行在国际金

〔1〕 傅斌：《论我国证券业与银行业的分合取向》，载《财经问题研究》1997年第2期。
〔2〕 陆泽峰：《金融创新与法律变革》，法律出版社2000年版，第305页。

融市场竞争力之考虑，也默许甚至鼓励这种渗透。其实，从20世纪70年代末开始，美国就通过一系列的特许，使得商业银行与投资银行之间的经营范围界限也逐渐模糊，双方不断向彼此的领地侵蚀。进入90年代以后，当局更是加快了促使金融综合化的步伐。1991年，美国通过了《1991年联邦存款保险公司改进法》，允许商业银行持有相当于其自有资本100%的普通股和优先股，从而突破了长期以来限制商业银行与工商业相互渗透的禁区；1994年，美国又通过《1994年跨州银行法》，允许商业银行可充当保险和退休基金的经纪人，从而意味着对商业银行涉足保险业的限制也被突破；1996年12月20日，美联储又对《格拉斯—斯蒂格尔法》第20条提出补充规定，允许银行控股公司的证券子公司从事证券承销等投资银行业务，其证券业务营业额占总营业额的25%；1998年5月13日，美国众议院又通过了《1998年金融服务业法案》(Financial Service Act of 1998)，创造了“金融控股公司”(FHC)这一新的法律范畴。该法案规定：“允许金融控股集团公司所属子公司拥有更广泛的金融业务范围，其中包括商业银行、保险承销、投资银行等业务；允许银行控股公司收购证券、保险等非银行业子公司，同样，非银行业的证券、保险控股公司也可以收购商业银行；允许商业银行、投资银行、保险公司等不同的金融机构拥有共同的董事长、管理层及雇员，也使得各种金融机构交叉经营成为可能。[1]”而1999年的《金融现代化法案》更是在此基础上向全能银行发展的一大飞跃。日本于“二战”后在美国代管当局的要求下，以美国证券立法为基础制定了《证券交易法》，其中明确规定，银行业不得发行或承销除政府债券和市政债券以外的其他证券。至此基本确立了日本金融运行中银证分业经营的模式。然而从80年代中期起，虽说法律上仍然坚持银证分离，但银行已可以自由地在第三国市场同时从事银行与证券业务。即便是在本国市场，它们也开始找到了更多的规避法律的方法。在这一背景下，日本政府开始着手研究并逐步实施对分业模式的改革，先后准许金融机构以子公司方式实行跨行业兼营、允许银行通过附属公司参与证券包销业务。1997年5月，日本金融当局又通过了全面进行金融体制改革的法案，银证分业被彻底打破，并在2002年前全面实行银行、证券公司和保险公司相互交叉经营彼此的业务。英国早在18世纪就建立了银行和证

〔1〕 舒志军，张艳秋：《走向全能化的美国花旗集团》，载《国际金融研究》1999年第4期。

券业务分离的体制，要求商业银行应该具备足够的清偿力，不能将资产投资于不动产和公司股票。这种体制一直保持到1986年。此后，面对世界金融领域的激烈竞争，英国越来越意识到自己以中小证券公司为主力的证券交易所难以与美国、日本等以大证券公司作为支柱的证券交易所和西欧大陆以银行业为主体的证券交易所抗衡，为此英国政府取消了银行业涉足证券业的禁令，银证混业，融合发展的大门就此开启。可以说，国际金融业融合经营已成趋势、放松限制、金融业务全能化已成发达市场国家金融监管立法的普遍选择。

（二）我国金融业分合制度的演变及近期的立法取舍

我国的金融体制改革之初，其实是混业经营的。由于大量的跨业务领域操作，增加了银行等金融机构的经营风险，增长了股市的投机性，扰乱了正常的金融秩序，甚至影响了整个金融体系的安全。而当时，由于法律政策尚未跟上，许多问题形成灰色区域，这就进一步增加了中央银行货币政策实施的难度，削弱了其宏观调控的力度。为了抑制混业经营造成的负面影响，立法不得不考虑分业经营。我国90年代的立法开始明确实行分业经营、分业管理的分业制。1995年《商业银行法》第43条规定："商业银行在中华人民共和国境内不得从事信托投资和股票业务……不得向非银行金融机构和企业投资"，1999年7月1日实施的《证券法》第6条规定："证券业和银行业、信托业分业经营、分业管理。证券公司与银行、信托、保险业务机构分别设立。"

在决定金融业分业还是融合经营时，必须明确以下问题：第一，特定的金融发展阶段决定了金融各行业互动模式及其发展。不同的金融环境会对金融中介机构提出不同的现实要求，证券市场的发展规模及其对社会经济运行的实际影响能力也会改变以传统银行体系为主导的间接金融方式在宏观金融运行中的相对地位。从世界范围来看，在各国银行业与证券业的从融合到分离到再融合的发展轨迹中，无处不见特定金融条件所起到的制约与决定作用。第二，市场主体的风险防范和自我控制能力也会在一定程度上影响金融各行业发展模式的选择。金融机构自身管理机制的健全与否、风险控制措施的完善与否是决定能否推行全能银行制度，确保融合后市场协调运行的关键因素。第三，金融宏观监管的有效性也是决定金融各行业互动关系的重要因素。金融监管当局驾驭、调控市场的能力，防范和化解各种金融风险的能力以及应对各种市场变化的能力都是各国选择全能银行制的基础和前提。国际金融融合发展的趋势很大程度上是源于各国权威高效的金融机构的建立。我国现阶段金融发展水平、监管能力及法律制度的程度都较低。金融市场及其主体不成熟，金融机构内部治理结构不完善，外部存在无序竞争，潜在风险较大。我国监管机构缺乏在开放的经济形势下的监管经验，监管手段、监管内容都不够完善，监管重心的定位也不科学，短期内尚难以胜任对综合经营的金融机构的监管。法律法规亦在逐步完善中，执法与司法则尚未到位。由此而见，我国现有立法选择分业制是理智的。就我国近期而言，金融融合经营的压力仍然存在。中国“入世”以来，外国的金融机构逐步全面进入中国市场，平等地与内资金融机构进行竞争，允许国外银行在我国实行融合经营，已导致内外资银行之间的不平等竞争，同时增加了我国金融监管的难度。另外，国内金融市场的实践中也一直存在突破分业经营的现象，有的属先行先试，有的则属“打擦边球”。[1]

因此，如何应对融合经营的挑战，疏导跨业经营的行为，是我国在选择了分业制之后应正确对待并解决的问题。我们的思路是，在现有法律介入分业制的框架下，作适当调整，为必要并可能的混业融合经营留有余地。近期，要有条件地承认并促进适当融合，在取得经验的基础上，动态地调整分业与融合的范围、方式，为最终走向融合经营制创造条件。

(三)金融业融合经营的原因

全世界范围内的金融业融合经营运动之所以会发生，有其原因：首先，金融业希望提高效率、扩展利润空间，融合经营提供了规模经济、降低风险的可能。商业银行在整个金融界中地位的日益下降，促使其急需摆脱困境，向投资银行业务拓展，发展全能银行。另一方面，投资银行身处的证券市场本身风险性较大，而随着金融工具的日趋复杂，金融风险也相应增加，这就对投资银行的安全性提出巨大的挑战。尽管经过几十年的跌打滚爬，投资银行已积累了许多规避风险的经验，设计了许多技术手段。但无论如何，与银行也相比，大多数投资银行是缺乏资本金的，这就导致了投资银行需要向商业银行领域渗透，以不断拓宽自身的资金基础。经营多种金融商品，可以利用的经营资源丰富，在不同行业和金融工具中进行广泛的资产负债组合，并在不同业务单位分摊成本，从而降低了经营成本，得以实现规模经济。融合经营还分散风险，多

〔1〕 刘跃萍：《对我国银行业与证券业协调发展的几点思考》，载《求实》1998年第5期；黎四奇：《银行综合性业务之透视》，载《法学》1999年第6期。

元化的业务交易使得某一领域的亏损可以由其他领域的盈利来弥补，从而降低银行的整体风险。同时在交易某一业务时，可以从其他业务中得到预警，以便随时调整其经营策略，预防和化解风险，使金融业与金融制度更趋稳定。

其次，客户追求更为全面和完善的服务，融合经营以品种齐全、促进竞争、减少垄断等特色，满足了提高金融业服务效率的要求。客户只需同一家金融机构打交道，即可以获得一条龙服务。客户降低了搜寻信息、监督和交易成本，同时也促使金融机构与客户之间的关系更为密切，使消费者更有安全感。最后，监督制度和监督技术的不断健全、成熟，为金融融合创造了条件。主张分业经营者的理由大多源于对30年代经济危机的考虑，认为禁止商业银行与证券业互相涉足，就能把不同市场的风险相隔离，这样危机就不会涉及整个金融体系乃至整个国家信用制度。但事实上，金融业经营风险的高低主要是取决于其本身的管理制度和管理技术，而不在于它参与什么项目，如在一向被认为是高风险的期货市场中，如果运作得当，就可以作为避险工具，反而是降低金融业的经营风险而不是提高。事实上，从第二次世界大战后到80年代，在允许合业经营的德国的银行倒闭数量少于实行分业制的美国和日本。

（四）金融融合经营利弊分析

1.金融业融合经营积极作用的分析。第一，有助于金融机构规模化、多元化经营，实现规模经济效益、降低和分散风险。直接金融的迅速发展导致传统商业银行在金融体系中的地位一再降低，其赢利空间也随之大幅减小。银行业务的全能化对实现其多元化经营，提高收益率具有重要意义。另外，综合性业务的开展，也使其有机会中和经营风险，减少损失。一般而言，同一时期内证券业务的回报率和银行业务的回报率是成反比的。可见，银行业务的全能化不仅不会导致市场风险的积累，反而能够减少投机，平衡收益，使整个金融市场趋于稳定。而投资银行（证券）业的规模效益，又需增大资本实力和业务范围，扩大市场份额，降低交易成本，分散单一投资的风险。同样，保险业的发展及风险化解，也需要拓宽资金运用渠道。融合经营也会促使不同行业的金融机构走向联合。第二，有助于降低社会资金在不同领域的交换成本。银行业与证券业，作为间接金融与直接金融的方式，它们的根本性职能都是促进储蓄向投资的转化，即把盈余部门的资金导向短缺部门，促进资本形成和资源配置的优化。因而，特定的社会金融资产结构背景就决定了该时期直接金融与间接金融之间的分合关系。在当前,金融创新的浪潮席卷全球,金融市场一体化的趋势下,金融业融合经营无疑可将储蓄主体和投资主体在资金供求上的差别予以弥合,实现社会资金在不同领域转换的比较合适的市场化手段。第三,有助于改善金融市场的信息不对称状况,促进金融市场的运行效率。分业经营使各金融市场隔离,市场主体间存在信息不对称现象,影响金融业务的决策及效益水平。融合经营可使得银行可以摆脱在传统商业银行领域中的信息不对称地位,增加直接金融与间接金融成功的可能性,进而使市场效率得以提升。第四,有助于减少监督和管制成本。银行业务的全能化使原本分业监管的体制不再适应,导致监管主体的职能需要重新定位,金融监管将从机构监管过渡到功能监管,以避免双重监管问题。如此,相对于分业监管而言,建立在金融业融合制度基础上的综合监管的成本已大为降低了。

2.金融业融合经营的弊端分析。一是金融各业之间存在利益冲突,因此存款人、投资人或投保人的利益及财产安全会受到影响。如有人认为,银行参与证券市场必然会伴随着高风险,威胁存款人利益,在投资银行促进投资与商业银行作出客观投资判断间不可避免地存在利益冲突。如果商业银行为了追求高利润而介入到投资银行业务中,就容易将客户的短期储蓄资金用于长期的证券投资,而使存款人承担过高风险。而且由于缺少有效监督,银行往往会侵占收益、转嫁损失,这种风险与收益的不对称性可能导致银行将大量资金投入证券领域。如此,社会资源将得不到合理配置,社会整体效益也会有所减损。另外,存款人的合法利益也无法得到有效保障,金融市场的不稳定性将会大大加剧。但也有人不以为然,认为金融业自身经营水平及资金实力所致风险远大于融合经营中利益冲突的风险。二是可能导致垄断产生。由于在全能银行体制下,银行可以从事各种银行业务或证券投资业务,即可以作为承销人参与发行证券,可以作为投资者持有上市公司股票,也可以从事证券经纪业务,因此银行很容易掌握非金融企业的大量股份,在提供综合性服务的基础上,成为证券市场中举足轻重的支配力量。不少人担忧,这种金融权力的高度集中可能会抑制竞争,损害市场效率。然而,我们应该承认,正当竞争中自发产生的垄断有其经济上的合理性,一定程度上表明了规模经济的内在要求。目前,各国反垄断地立法与司法也正根据经济全球化的新情况有所调整。三是银行控股的问题。全能银行制可能会使银行因持有某公司的大量股份而成为其控股股东，导致银企关系过分紧密。一旦企业陷入财务困境甚至出现倒闭，那么银行也会牵涉其中，巨大风险难以回避。而且由于银行有寻求自身利益最大化的内在动机，因而它的控制也往往会制约企业的正常经营与运作，影响其客观决策。银行控股所产生的弊端不容回避，但与此同时我们也应看到其对改善商业银行存、贷双方之间信息不对称问题的积极作用，由于商业银行与投资银行业务的融合，即银行业务的全能化，银行可以为客户提供全面的存贷款、证券投资等方面的服务，从而使其有机会全面了解客户的财务、信誉状况，减少信息的不对称性，报高贷款和投资的成功率。由上分析可知，融合经营比较适合于成熟的金融市场，发展中的金融市场需要循序渐进地开展交叉经营，最终实现混业经营。而金融控股公司正是分业框架下适当融合的最佳过渡形式和制度安排。金融控股公司的出现本身是金融分业经营向混业经营演化的一种形式。因此，考察我国金融控股公司的现状和问题，离不开对我国宏观金融体制，特别是金融经营和金融监管体制背景的分析。

（五）金融控股公司的法律意义——分业体制下的适度混业

金融业分业制或融合制，不是一个固定、统一的模式。一国完全可以根据国情和经济发展状况确定具体模式，即分业中可有融合，融合中可有分业，关键是正确处理控制风险和促进效益的关系。当立法仍选择分业模式，而现实又需要混业，于是就需要作出安排，金融控股公司应运而生了。美国银行控股公司最早在50年代是用来逃避单一银行制度的。到了70年代，又被视为是规避分业经营体制的最好形式。1999年金融服务法正式出台、格拉斯—斯蒂格尔墙被打破后，又成为最主要的金融混业经营的载体。金融控股集团的出现是金融创新、金融竞争和金融体系变革的必然结果。随着信息技术的广泛运用，不断涌现的金融创新使金融业务的界限日益模糊，金融机构纷纷拓展业务范围，分散风险，实现协同效应。在金融全球化下的国际金融竞争中，全能银行体制优势明显，分业经营国家的金融业则十分被动，不得不修改法律，放松管制；[1]金融体系的分割性，限制了金融机构的发展，是导致西方银行业90年

〔1〕 在竞争劣势和金融机构纷纷游说的压力下，美国在1966年、1970年连续修改控股银行法，目的是放松管制。参见［美］艾伦·加特：《管制、放松与重新管制》，陈雨露等译，经济科学出版社1999年版，第4、43～45页。

代大动荡的重要因素。[1]而自90年代以来，英、日、美等主要发达国家，都发生了以放开业务管制，正式确立混业经营体制的改革。在这个过程中，通过购并、联合等方式建立起的金融控股公司数量之多，规模之大，十分瞩目，它正成为世界金融界走向并展开混业经营的一种主要模式。1998年“花旗银行”和“旅行者集团”的合并事件便是美国在银行全能化过程中的一个实例。新组建的世界第二的“花旗集团”总资产达到了6980亿美元，业务范围几乎涉及所有金融服务领域，包括银行、证券、保险、信托、基金、租赁等，任何一个客户可以在花旗集团的任何一个营业网点享受到“一条龙”式的金融服务。花旗集团合并宣布之后，便紧锣密鼓地展开了业务整合活动，并在1998年年底完成。经过整合后的花旗集团包括三大板块：零售金融业务板块、资产管理业务板块、公司业务板块。

我国现实存在的金融控股集团，也是在严格分业经营体制的夹缝中生长起来的，它们是我国金融体制变革的过渡形式，本身也是金融分业体制松动的象征。我国自1993年以来逐渐确立起的分业经营体制，有力地确保了金融业的稳健发展，但这种体制并未降低金融业整体风险。金融各个具体行业的业务被限制在很窄的范围内，不利于分散风险和提升资产质量。同时，分业经营也在一定程度上不利于金融创新。我国未来也必然走向混业经营，但基于前文所述原因，我国目前尚不能直接进入混业经营阶段。因此，就需要借助于金融控股公司实现突破、进行过渡。

金融控股公司是分业经营框架下适当融合经营最好的制度安排。金融控股公司的主要特点“集团混业，机构分业”，即金融控股公司通过从事不同业务的控股子公司来实现混业，各子公司具有独立法人地位，专业经营单一的金融业务，并接受银行、保险、证券等监管部门的专业性监管。金融控股公司模式在不违反我国现行金融法的前提下，不仅使我国金融业享受混业经营带来的利益，而且不会对分业经营和相应的监管体制带来根本性的冲击，并具有促使现有金融体制的顺利过渡的作用。这也许就是金融控股公司在我国当前金融体制下的特殊意义。

金融控股公司还是实业公司接入金融业的有效途径。目前，我国相关法

---

〔1〕 陈雨露：《现代金融理论》，中国金融出版社2000年版，第94～95页。

律对金融机构的控股股东有特殊要求，实业公司直接投资银行、证券、保险、信托等金融机构、成为金融机构的控股股东，尚有一定障碍；而实业公司通过金融控股公司实现控股金融机构，既不违反法律的要求，又可在实业与金融业之间建立了一道必要的“防火墙”。

由上可见，金融控股公司可以使集团内部的股权结构更为清晰、经营更为有效、业务更为广泛，不违反现有规范，又与目前的金融监管水平相适应，是我国现有法制框架下利于金融创新的必要选择。

二、中国金融控股公司立法的基本理论问题

（一）中国金融控股公司立法的紧迫性与必要性

1.实现全球化背景下我国金融业顺利转型的现实需要。

金融混业经营体制已经成为世界金融业发展潮流的大势所趋，当前发达国家或地区的金融机构多是建立在混业、综合经营的大背景之下，其营业范围广泛，经济实力雄厚，具有极强的扩张性与竞争力。我国入世后金融市场已逐步开放，尚处于分业经营状态的国内银行、证券、保险业等将面对国际金融巨头的残酷挑战。为应对激烈的国际竞争，许多有实力的国内金融机构甚至是产业机构都在组建或者是筹划组建金融控股公司，搭建统一的金融服务平台，推出综合金融业务，增强自身核心竞争实力。因此，如何为我国金融控股公司的发展壮大提供法律保障，无疑是一个亟待解决的课题。

我国金融控股公司的产生与发展实际上是中国金融业在转型时期的一种重要的创新手段。中国的金融业经历了从大一统的混沌发展到分业经营管理再到目前向综合经营发展的过渡阶段。事实上，我国当前的金融分业的体制并不是市场化的选择，而是国家强制干预的结果，其建立有其特殊的历史背景，更多的是为了在特定的历史时期，应对金融秩序混乱，防范系统性风险，维护我国的金融安全与稳定。随着金融全球化进程的不断加速，我国的分业经营、分业管理的体制亦受到了冲击，中国金融业自身综合混业经营的要求和动力日益增强。“传统的金融分业体制体现出政府通过限制金融机构竞争，保证现存机构获得一定利益，降低银行破产可能性，维持金融秩序稳定的价值追求。但从本质上看，限制竞争的分业经营体制是缺乏活力的体制，在削弱不同类型金融机构间的竞争的同时也使得各个金融机构丧失进行金融创新求存，

参与全球金融市场竞争的活力。"[1]金融机构权利能力和行为能力资格是金融业市场准入监管的一项主要内容。因此，金融分业经营与混业经营的变迁首先起源于金融监管法律的变化。[2]

2.规范金融秩序与防范金融风险的紧迫需要。

我国的金融控股公司自其诞生以来一直在法律的间隙中生存与发展，且已成为我国金融业发展历程中的一个特殊现象。立法的滞后与监管的缺位，使我国的金融控股公司的经营与发展缺少必要的法律保障与约束，产生了大量的现实问题。在我国当前仍是分业经营、分业管理的金融体制。在该体制之下，我国金融控股公司在组织形式上的突破应该算是金融业的"特许经营"。而金融业的"特许经营"，一般是指国家金融监管当局，将某些重要的金融职能授权某些金融机构专门经营。这些特许的业务并不对所有金融机构"开放"，而是带有一定程度的"歧视性"的制度安排。[3]而且，由于缺乏明确的法律规范使得我国现有的金融控股公司的设立大多由政府主导或特批，这种不透明的方式不仅使不同的机构在多元金融业务的准入方面难以享受公平的待遇，而且也为政府创造了权力寻租的空间和机会。与此同时，金融控股公司在带来规模效应的同时也会造成市场集中化程度的大幅度提升，法律规范的缺位可能会使金融控股公司形成垄断力量，从而在某一局部市场甚至某些行业中减弱竞争或形成垄断，对市场的公平竞争秩序与环境形成破坏。

德隆案件的发生无疑是我国金融控股公司风险爆发的一个典型。德隆集团的前身是乌鲁木齐市新产品技术开发部和天山商贸公司，1986年成立。最初主要从事彩相冲扩、服装批发、食品加工、计算机销售等业务。1992年注册成立新疆德隆实业公司，注册资本人民币800万元。自90年代以来，德隆通过证券市场，控股和参股数十家公司，规模迅速扩张。为满足产业整合过程的资本需求，德隆先后采用了下列手段：利用财务杠杆原理借壳上市、以股权转让、配股等方式并购上市公司、以"长线投资"形式掩盖其股市坐庄实质。[4]为支持实业扩张和整合，2000年德隆提出"综合金融服务商"和"金融控股公司"

---

〔1〕 许多奇：《从"分业"到"混业"：日本金融业的法律转变及其借鉴》，载《法学评论》2003年第4期。

〔2〕 贺小勇：《金融全球化趋势下金融监管的法律问题》，法律出版社2002年版，第212页。

〔3〕 张春子：《金融业"特许经营"案例分析》，载http://www.dwzq.com.cn.。

〔4〕 丁绍宽：《从德隆"帝国"的崩坍审视我国的金融监管制度》，载顾功耘等主编：《经济法前沿问题》，北京大学出版社2007年版，第234页。

的概念，全面进入金融业，先后通过控股形式直接和间接控制了十几家金融机构为其提供融资服务，包括证券公司、金融租赁公司、商业银行等金融机构，几乎涵盖了国内所有的金融业务领域。并通过资本运作模式，在各金融机构和非金融企业之间频繁转移资金，以及通过资金链和大量的关联交易，实现金融与产业通过控股形式的紧密结合，将不同金融机构之间、金融机构和非金融企业之间的风险联结在一起。虽然，德隆的资产规模曾经一度快速增长，但由于缺乏有效的法律监督，这种资产规模扩张是以高额负债为代价的，最终因为内部资金链断裂，集团内个别机构的个体风险迅速传染并影响整个集团，长期累积的风险终于爆发。2006年4月29日，武汉市中级人民法院公开对涉嫌变相吸收公众存款和操纵证券交易价格非法获利的德隆案作出一审判决。2004年8月26日起，华融资产管理公司受中国银监会的委托开始全面托管德隆集团，对其进行市场化重组。德隆集团的轰然崩坍涉及我国20多个省市的2500多家机构和32，000多名个人，是新中国成立以来涉案金额最大的一起金融证券案件。根据央行的初步估计，德隆系下的13家金融机构，剔除相互间债权和债务，预计实际损失总额已经超过200亿元，其所造成的间接损失和潜在风险更加庞大，难以精确计算。德隆系的坍塌已经给我们敲响了警钟：金融立法的供求失衡已经给我国经济发展埋下了诸多的潜在金融风险，既阻碍了金融业整体效率的提高又带来了严重的风险隐患。因此，从规范金融秩序与防范金融风险的角度出发，对我国金融控股公司进行立法规范是非常必要和迫切的。

（二）中国金融控股公司立法的路径选择

从国际经验看，无论是单独立法，还是合并立法，都存在对金融控股公司及类似机构的专门法规。反观我国的金融监管基本上以机构监管为主，金融立法也是按金融机构的性质分别立法为主线的。因此，我国也需要一部专门规范金融控股公司的单独法规，而且这也应当是我国金融控股公司立法的最大目标。但不可否认的是，虽然我国社会主义市场经济法律体系已基本形成，但是与金融控股公司法律制度相配套的基础法律仍有空白。例如，关联企业与关联交易制度、金融法上的信息披露制度、反垄断与反不正当竞争制度等还未健全，而依靠金融控股公司的单项立法是不可能彻底解决这些问题的，这需要相关法律的配套性改革与辐射，而这无疑是一项系统性工程。再者，金融控股公司作为是一种金融跨业经营的模式，势必与我国现存的金融分业法律制度之间存在冲突与矛盾，不仅涉及一些金融基本法，而且还涉及大量的行政规章与行业规范等的修改与完善，因此这绝不是一朝一夕之功。[1]现实的国情也要求我们不能奢望金融控股公司立法的一步到位。我们需要一个学习补课的过程，立法既要有前瞻性又要有实践性，既要充分借鉴吸收国外的先进立法经验，又要充分紧密结合我国实际，既不冒进也不保守，努力在现存的金融法律制度框架之下进行制度创新，通过逐步修改完善相应的金融法律法规，为金融控股公司法的制定奠定良好的基础。

（三）我国金融控股公司立法的体例模式

就我国而言，金融控股公司立法要涉及金融基本法和分业经营制度的重大调整与变革，其法律建设是一项复杂的系统工程，我们可以借鉴日本关于金融控股公司立法的经验，先行修改所有与金融控股公司设立有冲突的经济、金融法条款，然后将其汇总形成《金融控股公司整备法》。[2]其实，2003年我们对《商业银行法》以及2005年我们对《公司法》与《证券法》的修订，已经出现了松动的迹象，初步排除了限制金融控股公司发展的法律障碍。因此，我们可先制定相应的金融控股公司管理条例，通过先行制定的管理条例，可以在一定程度上解决公司设立与经营的合法性问题，也可为依法监管提供依据。随着金融基本法及其他经济法律的修改，我们在时机条件成熟的时候，要适时制定专门的《金融控股公司法》，以期能够较为周密、全面地对金融控股公司进行专门调整。

三、中国金融控股公司运行的具体制度设计

（一）中国金融控股公司的法律地位

中国金融控股公司立法应当明确金融控股公司的法律地位。法律地位是指一主体在市场活动中所处的地位，表现为性质与权利义务。金融控股公司在性质上属于金融机构，应当接受金融监管当局的监督管理，依法取得其法律地位。我国台湾地区“金融控股公司法”对金融控股公司的界定是金融控股

〔1〕 陈继东、顾晓燕：《金融控股公司法律的比较研究》，载《世界经济与政治论坛》2004年第4期。

〔2〕 吴晓灵：《金融混业经营和监管现实》，载《金融时报》2004年3月22日。

公司是对银行、保险公司或证券商有控制性持股。而巴塞尔银行委员会、证监会国际组织和国际保险监管协会联合发布的《多元化金融集团监管的最终文件》中定义多元化金融集团是指这样的企业集团，主要业务涉足银行、证券和保险中的两个领域，从而接受两个以上监管部门的监管，需要满足不同的资本充足率。[1]借鉴以上定义，在金融控股公司法中可以对金融控股公司作如下法律界定：即金融控股公司是指依照我国公司法设立，对银行、保险和证券等不同金融领域的两家或两家以上的公司持有控制性股份，或者达到实质上的控制权的金融机构。

金融控股公司也是独立的法人，有相应的法定权利义务，有自身的权利能力与行为能力，能独立承担责任。

(二)中国金融控股公司的市场准入

金融控股公司通过股权杠杆具有了全能性金融职能，较之一般的金融机构和企业集团有着更大的金融风险，对金融控股公司的市场准入条件理应有更为严格的限制。我国金融市场机制尚不健全，监管经营不足，因此我国应当实行比发达国家更为严格的准入制度。在市场准入问题上应注意几个方面：一是进入者应符合国家金融发展规划和市场要求；二是进入者应达到一定的量化标准，如资本总额、资本充足率、资本流动性等；三是进入者应具有健全的内部控制机制；[2]四是产业资本与金融资本分离问题。现在我国金融资本与产业资本结合形成的金融控股公司发展很快，出现了如光大模式的所有权结构(金融控股工商业)，也出现了如鲁能模式的所有权结构(工商业控股金融)。对向金融领域渗透的产业资本的所有者有哪些规定和条件要求，我国尚无明确规定，这种金融资本与产业资本结合形成的金融控股公司相当不规范，也隐藏着巨大的风险。因此在金融控股公司的市场准入问题上，应明确规定金融资本与产业资本的结合程度的限制性条款。

对于金融控股公司的市场退出规则设计同样重要，对不符合适宜性要求的股东的处置，是市场准入监管的延伸，对此监管者应当采取积极措施。在金融控股公司立法中，还应当规定金融控股公司的变更和终止事项。另外，应当注重事前在不同监管机构之间设计好应对方案，特别是对于金融控股公司子

---

[1] 凌晓东：《多元化金融集团的监管：原则与方法》，载《国际金融研究》1999年第8期。

[2] 谢平等：《金融控股公司的发展与监管》，中信出版社2004年版，第186页。

公司以及分支机构的财务危机处理问题，必须对母公司给予子公司的援救行为做出一定的限制，必要时对子公司进行破产处理，防止由于对分支机构的援助而导致母公司倒闭，从而引发更大范围的金融市场震荡。[1]

（三）中国金融控股公司的组织形式

依据国际惯例，金融控股公司最基本分类依其是否从事金融业务之经营或仅持有股份而管理各子公司之不同分为：纯粹控股公司（Pure HoldingCompany）和事业控股公司（Holding-operating Company）[2]。我们应当将金融控股公司的经营模式锁定于纯粹型控股公司。因为在这种模式下金融控股公司在集团公司并不涉足事业领域，而仅仅是一个公司经营战略的决策部门。集团公司可以将精力集中于子公司的战略管理，提高公司的资本运作效率，对企业的内部整合和外部兼并与重组等。而对监管机构而言，直接规定集团公司的披露要求，对集团公司和子公司分别监管，在一定程度上能够减轻监管的难度，提高监管的效率。[3]而且，由于我国的金融经营管理水平不高，金融风险目前有积蓄加大的趋势，金融监管的质量与经验也有待提升，这些因素都促使我国的金融控股公司模式选择，必须充分利用原有的制度资源基础进行创新。因为，“从历史经验看，国家制度与经济发展的良性互动关系，往往始于充分利用传统体制下的有利于经济发展的因素，为经济发展创造条件，使经济能在传统体制下获得初步和尽量充分的发展”。[4]因此可以说纯粹性的金融控股公司应该是我国分业经营环境下实践混业的适当模式。

我国现行立法并不禁止产业资本控股金融机构。虽欧盟和十国集团的许多国家允许非金融企业投资于银行，但许多国家对非金融企业控制银行持否定意见。例如，美国的主流观点认为即使允许银行经营证券、保险，也应该坚持在银行产权和控制规则方面的限制，即不能让非金融企业控制银行。对工商企业控制银行的风险，美国纽约联邦储备银行的前主席E. Gocrrigna认为：首先，假如允许工商企业控制银行，将会产生经济资源和政治势力集中的严重风险，扭曲贷款发放决策过程的公正性。其次，这种经济资源的集中以及由此

〔1〕 巴曙松：《金融控股公司的风险何在》，载http://finance.sina.com.cn/financecomment/20040723/1338895562.shtml.，最后访问日期：2006年7月1日。

〔2〕 王文宇：《金融控股公司法评析》，载《月旦法学杂志》2001年第77期。

〔3〕 常健：《金融控股公司立法：一个分析框架》，载《上海财经大学学报》2004年第4期。

〔4〕 王一江：《国家与经济》，载吴敬琏主编：《比较》第18期，中信出版社2005年版，第26页。

聚积的政治实力也会对货币政策造成微妙的、却很严重的危险后果。最后，假如工商企业利用对银行的控制权再增加其融资的杠杆率，金融行业和非金融行业都会变得更加脆弱。[1]另外，允许工商企业控制银行意味着政府对银行的担保所形成的安全网将扩散到作为银行股东的工商企业，增加了它们之间相互传播风险的机会。[2]可见，虽然产业资本投资金融业可以解决当前我国金融机构普遍存在的资本不足问题，在一定程度上能化解金融风险，但企业控制银行隐藏着很大的风险：一是出现问题时都会产生风险放大作用；二是利益冲突问题，企业控制银行时有可能因过度融资拖垮银行，银行控制企业则有可能损害企业的利益；三是造成垄断和不公平竞争，影响经济结构的优化，故许多国家的金融立法强调"金融与工商分离"原则。因此，我国立法对于大企业集团组建金融控股公司的做法，应当采取慎重的态度，原则上要予以制止。同时，对持有金融机构股份的企业也应按照《商业银行法》第28条的规定，实行资格审查制度，即任何单位或个人购买商业银行股份总额10%以上的，应当事先经中国人民银行批准。

（四）中国金融控股公司的业务范围

金融控股公司的经营范围涉及的重要问题是金融控股公司是否可以从事工商产业等非金融业务。从理论角度分析，银行控制非金融企业的不良后果是银行集企业主要股东、债权人、管理者等多种角色于一身，风险过度集中，容易导致利益冲突。同时，由于透明度较差，容易产生政府、银行和企业之间相互勾结的舞弊行为，从而导致不公平竞争环境的产生，损害金融机构间正常竞争的基础。从国际金融监管发展的趋势看，各国关于金融控股公司的业务范围的立法例都是尽量避免金融集团控制工商实业。金融控股公司作为金融集团的一种组织形式理应遵循这一基本限定，以金融相关业务为主。当然，也有例外，如日本、韩国、俄罗斯以及印度尼西亚等国都曾允许银行和工商业相互持股，但银行业和工商业的联营大都产生了严重的问题。德国是银行业和工商业联营成功的罕例，但德国也在反思银行业和工商业过于密切的关系是

---

〔1〕 E. Gocrrigna, "Blancing Progressive Change and Caution in Reforming the Financial System", *Quartly Review*, *Federal Reserve Bank of New York*, 1991, p.3.

〔2〕 E. Gocrrigna, "The Banking Commerce Controversy Revisited", *Quartly Review*, *Federal Reserve Bank of New York*, 1991, pp. 7-8.

否阻碍了经济的发展。[1]可见，大多数国家立法对于金融控股公司及其金融子公司投资其他事业领域（非金融业务）一般都有比例限制。而欧盟的第二个银行指南在推荐全能银行制的同时，为避免风险的过度集中，也对银企关系作了限制。它规定，一家银行对单个企业的贷款不得超过这家银行贷款总额的10%，银行在非金融企业中持有的股份不得超过这些企业股权资本的5%，在单个企业持有的股份不能超过银行自有资本的15%。

我国目前正处在向市场经济转轨的进程中，市场化程度不够充分，金融企业法人治理结构不健全，经营管理水平较低。如果金融机构投资工商企业，必然导致金融机构与所投资企业不正常的密切关系，影响信贷决策的公正，导致所投资企业与其他企业的不公平竞争，而且在工商企业陷入财务危机时，银行管理者可能不惜代价救助企业从而牺牲银行和存款人的利益。而且银行与企业的关系过渡强化，会使得银行要对其关联企业提供资本，往往形成过度投资，导致泡沫经济。因此，我国目前应当禁止金融控股公司经营工商企业。

（五）中国金融控股公司的风险控制制度

1.中国金融控股公司风险控制的基本原则。

一国对于金融市场的风险控制，应当根据本国的法律、历史、经济发展传统。而且风险控制是一项非常具体和复杂的制度设计，具有很强的技术性，所以应当首选确定金融控股公司风险控制的基本原则。

一是适度从严的原则。确保金融控股公司的安全稳健是风险控制制度设计的首要目的。目前不应当过分追求机构间各方面资源的整合和协同效应，对金融机构之间的结合紧密程度应该从严规范。因为我国各金融机构缺乏自律传统，内控机制不健全，自我约束力不强，而且我国现在金融监管水平有限，更缺乏对金融混业经营监管的经验。与西方国家金融监管当局几十年甚至上百年的金融监管经验相比，中国金融监管当局有效运作只不过10多年时间，专业化监管能力、监管水平和监管经验还相对不足，对系统性金融风险的认识能力和应对能力还很不够，而且监管制度构架也有待进一步完善。因此，对风险控制制度的设立应当坚持适度从严原则。以后随着金融控股公司的运作规范化而逐步放松，以求在风险防范和提高效率上取得动态的平衡。

---

〔1〕 James A. Leach, *Introduction: Modernization of Finiancial Institutions*, 25 Iowa J. Corp. L.681, 687(2000).

二是重点加强信息披露的原则。对金融控股公司内部的关联交易和外部交易必须制定强制的信息披露制度，对信息公开的内容、准确性和完整性制定明确的准则。要求金融控股公司定期、充分披露有关集团运作、各子公司尤其是银行、保险、证券子公司的业务经营、财务状况。信息披露可以强化其内部约束及提高风险管理水平，有利于监管机关对金融控股公司及其子公司实施有效监管，有利于市场能够对金融控股公司做出准确的评价。

三是外部控制与自律防范相结合的原则。从我国金融机构法人治理结构来看，公司法人治理结构缺乏规范性，也没有真正建立起完善的内部控制制度和风险监控体系。国有和国有控股金融机构，特别是国有商业银行、保险公司委托代理机制没有真正形成，国有资产管理人制度尚未到位。公司法人治理结构的不完善，必然会产生风险与收益的不对称，有追求高风险高收益的冲动。而内部控制制度的不完善，必然会导致自我风险防范能力弱化。在混业经营条件下两者结合的结果便是银行资金大量流入资本市场，轻则加大信贷资金风险，重则会引发金融系统性风险。针对上述实际状况，外部风险控制制度设计应该对风险管理政策、框架、内容、指标和方法等做出较为明确的规定，强制金融机构依法建立防火墙。同时，引导金融机构建立健全适合我国国情与各金融机构自身实际情况的风险管理体系，完善自律机制，以充分发挥金融机构自律防火墙的作用。

2.中国金融控股公司风险控制的具体制度。

首先，法人关系的风险控制。法人关系的风险控制要求金融控股公司及其成员子公司都是依法独立享有民事权利、承担民事义务的法人机构，在法律上它们是股权关系。法人防火墙的设立比较简单，即要求母公司和各个子公司按照公司法的规定依法注册为具有独立法人资格的公司。但关键是在实际的运作中保持法人的独立性，特别是保持子公司资本充足，不抽逃子公司资本，并保持管理上的隔离和身份上的隔离，防止对子公司实行过度控制，以避免被法院否认子公司的法人独立性。而在管理上的隔离机制要求金融控股公司母子公司以及各个子公司的经营管理者要分开，并要分设账户和账簿，建立单独的财务记录，要求银行与证券等子公司分开管理，以强化二者在法律和公众心目中的分离。同时，在身份上的隔离机制则通过办公场所上的分离，以及禁用相同的名字等身份隔离措施防止对某一子公司的信任危机传递到整体金融控股公司。金融控股公司的银行子公司及其他子公司进行共同营销时，其营业场所及人员应予区分，并明确标示，而且应向客户揭露各项业务的重要内容及交易风险。如果我国实行存款保险，还应当告知所销售的金融产品是否受存款保险的保护。

其次，资金链条的风险控制。资金链条的风险控制限制金融控股公司内部交易，防止风险传播和利益冲突，主要防止银行子公司因过度借贷或购买不良资产而直接承担其证券子公司等其他成员公司的风险。对内部交易施加"质"和"量"的限制，"质"的限制是要求内部交易必须在市场条件下进行，而"量"的限制是内部交易不能超过一定的数量限制等。例如，通过制定一定的比例限制内部资金交易，尤其是银行子公司对金融集团成员机构的贷款和其他信贷延期方面必须有严格的数量限制，银行从这些成员公司购买证券或其他资产方面也必须有严格限制。〔1〕

再次，信息不正当使用的风险控制。金融业务是一种与信息具有密切联系的经济活动。以金融控股公司的方式进行跨业经营，则是通过子公司的经营进行，各子公司之间共享运营设施，共享客户信息，可以节约经营成本，实现规模经济效益。金融控股公司的一大优势在于，不同子公司可以分享相关信息，而且通过信息共享，节约相关的客户资信调查成本。因此，我国可以借鉴美国《金融服务现代化法》和台湾地区"金融控股公司法"，对消费者金融信息的共享和保护的有关规定。金融控股公司内部的银行可以与附属保险公司、证券公司共享消费者的信息，只要对消费者公开，并做到对第三者保密，金融机构可以与作为该机构代表或与该机构有金融服务营销合作安排的公司分享客户信息。但是，为防止信息的不正当使用，防止利益冲突，保护客户的合法权益。金融控股公司负有明确和长期的尊重客户隐私的义务，并保护客户的非公开个人信息的安全性和机密性。金融控股公司及其子公司对客户信息的利用不得损害客户利益，并且负有保护客户个人资料、往来交易资料和相关资料的义务，而且金融控股公司必须将有关保密的具体措施进行公布。严格禁止金融控股公司向非关联的第三方披露客户的非公开信息。对侵犯消费者金融隐私权的行为规定相应的处罚措施。

---

〔1〕［美］蒂米奇·威斯塔主编：《金融规管——变化中的游戏规则》，上海财经大学出版社2000年版，第420～421页。

最后，人事关联的风险控制。金融控股公司的人事隔离，是指禁止或限制董事、高级管理人员和其他雇员在经营不同金融业务的子公司之间兼职。由于兼职的董事、高级管理人员和其他雇员对于从事不同金融业务经营的子公司在谋求利益上客观存在的矛盾与冲突，应当限制董事、高级管理人员和其他雇员在经营不同金融业务的子公司之间兼职。同时，我们要以适宜性要求加强我国金融控股公司高级管理人员的任职资格审查制度，对于金融机构高级管理层的任职资格，我国监管机构历来是较为重视的，2000年中国人民银行下发的《金融机构高级管理人员任职资格管理办法》和2002年《外资金融机构管理条例实施细则》分别从学历、资格证书、工作经验、违法犯罪记录、竞业禁止、个人操行、财务状况等方面对金融机构高级管理人员的任职资格作了详尽规定，其完备程度达到了甚至超过了金融集团监管的国际标准。[1]因此，有关规定可以适用于对金融控股公司高级管理人员的任职资格审查。另外，我们可以借鉴1999年美国《金融服务现代化法》第202条的规定，在金融控股公司中设立保险公司和银行之间的防火墙，目的是对存款机构的风险保护、制止保险行业的反竞争行为和维护保险客户的利益。具体而言：(1)明确禁止存款机构要求客户从自身或关联机构购买保险产品，或客户承诺不从非关联机构购买保险作为信贷发放的条件；(2)必须向初次购买保险的客户详细披露有关信息，如保险产品的投资风险、保险产品购买是否和信贷发放无关等；(3)确保存款机构的日常吸收存款业务和发售保险产品业务在可行范围内保持物理上的分离。

(六)中国金融控股公司的法律责任——加重责任制度

企业集团的复杂性使得集团公司治理具有双重特征：第一，母公司、子公司以及关联公司分别有治理结构行使治理的职责；第二，企业集团本身又构成了一个统一的治理机制运作系统。同时，企业的社会责任决定了企业集团公司治理的主体从股东扩大到利益相关者。这样就使得企业集团的权力、责任配置以及监督、指导、决策等治理活动超越了企业的法人边界。而从经济治理的视角来看，子公司处于集团治理的内边界之中，子公司不应该以有限责任(法人边界)为保护伞，子公司破产时任何金融利益受到损失的股东债权人对母公司应有索取权，由此奠定了子公司治理的实际运作基础。因此，公司治理

〔1〕 蔡奕：深交所综合研究所研究报告第三辑《银证混业利弊分析与法律监管》，载《上海证券报》2002年12月9日。

的实践中，处于被支配地位的子公司的法人边界作为其治理边界是不能反映公司的实际权责关系的。[1]

由于金融控股公司在金融业中除了具有“控股公司”的法律属性外，更具有特殊的“金融混业”的经济属性，这两种属性的叠加使得金融控股公司中母子公司、兄弟公司、姊妹银行等之间的法律和经济关系错综复杂，美国金融监管制度中逐步改变了对金融机构具有控制性利益的金融控股公司的法律待遇，政府监管机构和立法机构对金融控股公司实行了加重责任制度。由于加重责任的特殊作用，美国于1999年通过的《金融服务现代化法》肯定了加重责任制度，并产生了一定的国际影响。而台湾则借鉴了美国的加重责任制度，要求金融控股公司对银行子公司、保险子公司及证券子公司有救援义务来加重金融控股公司的责任。在该条款的立法理由中有如下解释：“鉴于金融控股公司与其子公司在共同行销、资讯流用或营业设备或营业场所共同等行为上视为一体，在财务方面亦为一体，而有互相支援之必要。又金融机构转换为金融控股公司后，原上市（柜）之银行、保险公司或证券商于股份转换基准日终止上市（柜），并由该金融控股公司上市（柜），故当银行子公司、保险子公司或证券子公司发生财务困难时，无法于金融市场上筹措资金，金融控股公司有协助其回复正常营运之义务，防止该子公司倒闭，以维护公共利益，并降低道德风险。”[2]可见，加重责任通过控股公司自我约束的内在机制可以加强子公司的监督管理，这种内在约束机制与监管机构直接监管的外部约束机制的结合对促进金融控股公司的治理和防范金融风险发挥积极作用。

我国金融控股公司立法应当规定控股公司对其子公司的加重责任制度，即当子公司资本金不足或者失去清偿能力时，控股公司应当作为子公司的力量之源，有义务帮助子公司补足资本金或恢复清偿能力。如果控股公司不履行，监管机构应当有权对控股公司采取制裁措施以保障加重责任制度的实施。例如，取消或限制其业务资格，或于一定期间内处分其持有其他投资业务的股份或资产，将所得款项用于改善银行子公司、保险子公司或证券子公司的财务状况。加重责任制度的宗旨是：既要防范金融控股公司的系统风险，又要促进金融业的健康发展，求得安全性与效益性二者之间的平衡。

---

〔1〕 李维安等：《公司治理》，南开大学出版社2001年版，第48～52页。

〔2〕 王文宇：《控股公司与金融控股公司法》，中国政法大学出版社2003年版，第382～383页。

第七部分　经济纠纷解决机制

第一节　金融纠纷非讼解决机制的借鉴与更新[1]

——金融消费者保护的视角

一、非讼解决机制及其在中国的困境

后危机时代以来，世界各国已逐渐在反省自身的金融监管体制。英国放弃了单一的监管模式，采取了“准双峰”模式，通过《2012年金融服务法》终结了由FSA统一承担所有微观监管职责，新设金融行为监管局负责促进金融市场竞争以及保护消费者。各国从监管层面、交易层面和权利救济层面对金融消费者进行全方位保护已成共识。其中权利救济层面上的“诉讼的大爆炸”现象使得各国不得不寻找新的纠纷解决方案，金融纠纷多元化解决机制由此进入了法制的框架。

纠纷多元化解决机制，是指由各种性质、功能、程序和形式不同的纠纷解决机制共同构成的整体系统。在这种多元化的系统中，各种制度或程序既有独立的运行空间，又能形成一种功能互补，以满足社会和当事人的多元化需求和选择自由。[2]金融纠纷多元化解决机制不仅包括金融纠纷诉讼机制，而且还包括金融领域中非诉讼纠纷解决机制，也就是金融ADR

[1] 本文系教育部人文社科重大攻关项目“国际金融中心法治环境”子课题的成果之一，原载《东方法学》2015年第2期。

[2] 参见朱景文：《解决争端方式的选择——一个比较法社会学的分析》，载《吉林大学学报》（社会科学版）2003年第5期。

(Alternative Dispute Resolutions)机制,[1]是一般ADR机制运用于金融领域而形成的一种具有专业特色的ADR机制。ADR 概念源于美国,原来指美国60年代发展的各种诉讼外的纠纷解决方式,现指民事诉讼制度以外的非诉讼纠纷解决程序和机制的总称。ADR 的概念以非诉讼纠纷解决机制(程序)为基本内涵,同时关注与司法制度及诉讼程序的衔接。[2]金融ADR具体包括金融仲裁、金融调解、金融纠纷的和解、金融纠纷的行政处理等。囿于篇幅和金融仲裁理论的相对完备性,文中指的金融ADR仅仅涉及金融调解、金融纠纷的和解以及金融纠纷的行政处理。

目前,我国金融纠纷的解决主要依赖于诉讼程序,呈现为单一的司法救济状态。以下两例数据或许能进一步说明此种状况的窘境。以金融调解走在最前列的保险行业为例,自2007年4月至2011年年底,全国累计受理保险纠纷案件12,200件,调解成功的案件10,040件,调解成功率 84.68%。[3]而在上海市,2008年至2011年金融商事纠纷案件数量分别是14,738件、17,814件、22,278件、20,472件;一审审结率分别是97.8%、98.6%、98.8%、99.6%。[4]由此可见大量的金融纠纷是通过金融诉讼加以解决的。单一的救济方式使各地法院承受着巨大压力,甚至成立专业性金融司法审判组织加以应对。尽管如此,金融司法的局限性仍难以克服。原因在于以下两个方面:一方面,金融抑制背景下制定的金融法律已经不能适应已经变化的金融环境,裁判者通过法律推理难以找到正确的答案;另一方面,长期的金融抑制使得法律的制定和实施只是从正规金融的需要出发,而忽视了对非正规金融的有效回应,造成了法律适用上的难题。而在存在金融抑制的国家,非正规金融往往蓬勃发展。对此,我国民间金融的发展现状对此做出了有力的佐证。

纠纷解决机制研究的视点从国家权力和正式法的局限中解决出来,从普通民众或当事人的角度来思考和设计纠纷解决过程成为法学研究者关注的重

〔1〕 ADR译法有替代性、多元化、选择性纠纷解决方式或“非诉讼纠纷解决程序”“法院外纠纷解决方式”等。参见范愉、李浩:《纠纷解决——理论、制度与技能》,清华大学出版社 2010 年版,第22~28页。

〔2〕 王莹丽:《日本金融ADR机制探讨》,载《财贸研究》2011年第1期。

〔3〕 参见中国保监会副主席周延礼:《在保险公司参与保险纠纷调处机制工作座谈会上的讲话》,2012 年 5 月28日。

〔4〕 资料来源于2012年度上海法院金融审判系列白皮书,载http://shfy.chinacourt.org/article/detail/2013/06/id/1011225.shtml,最后访问日期:2013年6 月6 日。

点。纠纷解决的功能由法院转向主要由各种替代性的方式和社会主体自主性的合作承担。人们发现解决纠纷的最适当的方式或许并不是法院的正式的诉讼程序，而是以协商为基础的，调解、仲裁等各种代替性纠纷解决方式。

我国在引进与发展金融ADR机制的过程，遇到一定的困境难题。

首先，金融和解或调解的基础较差。虽然金融机构内部设立了纠纷解决机构但实际运行效果并不理想，在消费者与金融机构之间存在尖锐的利益冲突。我国现有的金融调解体系非常零散，整体上缺乏明晰的调解主体建构逻辑，或依附于人民法院（诉调对接）或延续在行政框架内（如人民调解），如2014年5月启动的上海市浦东新区人民法院自贸试验区诉讼与非诉讼相衔接的商事纠纷解决机制也毫不例外地采取了上述模式。[1]调解主体上的条块分割使得金融调解各自为政，因而衍生出不同调解主体之间的对接问题，如行业调解与诉讼调解的对接，专业调解机构与诉讼的对接。金融调解成为大调解机制中的一环，未能体现出独特的价值。大调解机制的产生的背景是为了整合行政调解、司法调解和人民调解力量，解决我国转型期社会纠纷的需要，是在各级党委、政府的统一领导下整合各种调解资源，协调处理社会纠纷的一种机制。[2]大调解是与构建和谐社会紧密联系的具有中国特色的纠纷解决机制，这与金融调解所追求的权威性、专业性和中立性相去甚远。

其次，金融监管部门一直在金融安全与金融效率的抉择中徘徊，金融纠纷行政处理功能未能充分发挥作用。我国的金融消费者职能保护大部分仍然停留在审慎监管框架内，金融消费者保护与审慎监管间的内在冲突问题没有解决。我国的金融监管体系仍然是“一行三会”：各自在自己领域进行监管的分业监管模式，相互之间缺乏交流协作。[3]“一行三会”通过信访模式对金融纠纷进行处理。《中国人民银行信访工作规定》第15条第6项，《中国保险监督管理委员会信访工作办法》第18条、第19条和第20条，《中国证券监督管理委员会信访工作规则》（试行）第3条第1款对金融信访的事项予以规定。将我国金融

---

〔1〕 王治国：《浦东法院启动自贸区商事纠纷诉讼与非诉讼解决衔接机制》，载http://shfy.chinacourt.org/article/detail/2014/05/id/1305759.shtml.，最后访问日期：2014年5月29日。

〔2〕 章武生：《论我国大调解机制的构建——兼析大调解与ADR的关系》，载《法商研究》2007第6期。

〔3〕 顾肖容、陈玲：《试论金融消费者保护标准和程序的基本法律问题》，载《政治与法律》2012年第6期。

监管机构对金融消费纠纷的处理归属于“信访”，严谨性不够，不利于金融纠纷的快速解决。据学者调查，相对于其他救济方式而言，许多人对信访救济抱有更大的信任和希望。[1]究其原因在于信访的处理模式在决策方式和程序实现两方面拥有比较优势，在决策方式上是结果取向主义，信访问题最终处理的结果取决于“后果的严重性”，而不是决策的正当性。在程序的实现方面，信访在程序上基本是放任的，越级上访和多次上访成为常态，尽管有各种制度设计来规范，但我们很难从信访运作中观察到这一点。

最后，金融消费者保护工作由数个机构承担，各个机构之间信息相互封闭，缺乏平衡金融机构和消费者之间的信息和实力不对称的制度保障。尽管《中国人民银行法》和《银行业监督管理法》明确要求建立包括监督信息共享机制在内的金融监管协调机制。但由于种种原因，这一机制迄今仍未建立。监管机构仅有一套非透明的信访制度，缺乏真正意义上的处理投诉、调查和纠纷的应对机制。

因此，借鉴域外成功经验，从制度到理念上更新我国金融非讼解决机制，就显得十分重要。

二、美、英金融ADR的实践

(一)美国:“超级监管”的行政机关——CFPB

次贷危机让美国的金融监管模式陷入了巨大的争议中，经过各方反复的利益博弈，《多德—弗兰克华尔街改革与消费者保护法案》(以下简称法案)最终出台。法案突出的亮点是:在美联储下设立消费者金融保护署(CFPB)，进行消费者金融保护。有学者认为，该法案将金融消费者保护置于与整个金融体系改革同等重要的地位。[2]CFPB进一步整合和强化分散在各金融管理机构的纠纷解决权力，通过充分的信息披露，保护消费者免受金融欺诈，同时防范过度举债造成过度的信用危机的重演。消费者金融保护署的纠纷解决方式是美国金融纠纷非诉讼解决方式最新改革的重要标志。

法案具体规定了CFPB“集中收集、监管和回复消费者投诉”的权力。国

〔1〕 于建嵘:《信访的制度性缺失及其政治后果——关于信访制度改革的调查》，载《凤凰周刊》2004年32期。

〔2〕 周学东:《国际金融消费者保护制度改革动态及启示》，载《中国金融》2011年第11期。

会的意图很清晰，使CFPB成为消费者投诉的简单端口，避免分业监管带来的弊端。CFPB作为消费者第一个接触的投诉平台必须是有用的。因而，CFPB的设立解决了主要的“投诉”，即如何处理投诉的问题。[1]从这一点来说，相比较以前的制度而言，CFPB明显体现了进步。从2011年7月接受投诉起到2014年2月28日，保护署已经处理大约309，700件消费者投诉。投诉量一直呈现持续增长态势，从2012年的91，000件上升到2013年的163，700件，增长了80%。[2]消费者金融保护署处理投诉的运作流程如图1。[3]

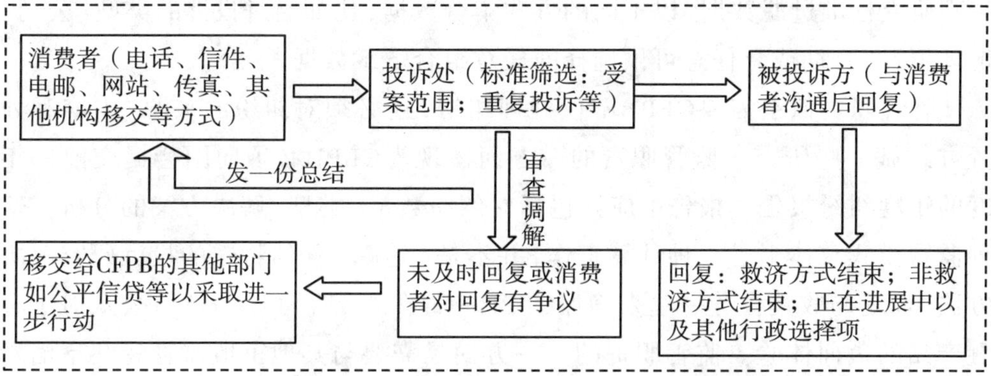

图1　消费者金融保护署处理投诉的运作流程图

这里的救济是指为解决消费者投诉，采取或将采取措施为消费者提供目标性的、可计量的、可核查的货币价值。若被投诉方选择了“以救济方式结束”，还可填写对救济的描述和估值。“非救济方式结束”是指除救济方式外的针对消费者在非货币方面的要求提供部分或全部的解决方案，如赔礼道歉、改进服务模式等。

除了处理纠纷的职责以外，消费者金融保护署的另一职责是“监管”或是“跟踪”纠纷，[4]这一目标的实现途径主要依赖于消费者投诉数据库

〔1〕 Consumer Response Annual Report（January–December31，2013）pdf.6，载http：//www.consumerfinance.gov/reports/。

〔2〕 Consumer Response Annual Report（January–December31，2013）pdf.6，载http：//www.consumerfinance.gov/reports/。

〔3〕 参阅CFPB官网：http：//www. consumerfinance.gov/the-bureau/，最后访问日期：2014年5月8日。

〔4〕 See Complaint Conundrum：Thoughts on the CFPB's Complaint Mechanism，The K Porter-Brook. J. Corp. Fin. & Com. L.，2012–Katherine Porter，7 Brook. J. Corp. Fin. & Com. L. 57（2012–2013）.

（Consumer complaint database）。在公司对投诉回复后或者收到投诉15天后，任一条件成立时，投诉将被列入数据库。如果一家公司有证据表明它是被误认的投诉对象，直到发现准确的投诉对象，投诉的信息才会公开，投诉信息不符合公开的标准也将会被删除。来自数据库的信息一直被社会媒体分享和评估并用作其他的新用途。例如，在2012年，保护署依职权通过数据库就是否增加其他消费金融产品和服务的投诉类型征询公众意见。数据库不包括消费者的身份信息。以网络为基础和用户合理使用为特征的数据库的作用包括：以特殊研究标准过滤数据；以不同的方式集合数据，比如通过投诉的类型，公司、地理位置、日期或者任意可供选择的任意组合下载数据。

监管职责似乎需要CFPB不仅处理纠纷，还必须对纠纷的来源、内容和处置方式做一些研究。监管职责的一方面体现为CFPB必须向国会提交前一年度的年度纠纷报告。报告中应该包括对纠纷数量、类型、解决方案的分析。这种监管模式总体上是一种计算工作，并不是"追踪"任何特殊的投诉研究解决方法，而是与收集任务一起来确保CFPB一直在"聆听"（Hearing）公众对于金融产品的负面体验。监管职责的另一方面是需要与其他审慎监管者共享消费者投诉信息，如联邦贸易委员会、其他联邦机构和州机构。这些机构同样也需要与CFPB共享他们的消费者投诉信息。监管机构之间的数据共享促进了CFPB的监管和执行活动，帮助他监管消费者金融产品和服务市场。数据共享的设计让CFPB对消费者的失望体验有全面了解，从而改进对金融机构的监管不力。

法案同时也意识到对于某些类型的消费者投诉而言，CFPB可能不是合适的监管者。它应该与联邦贸易委员会、其他联邦机构或者州监管机构合作按规定将有关纠纷移送这些机构。此外，CFPB还同各州的银行监管机构签署了谅解备忘录，为联邦和州之间在消费者金融产品和服务提供者监管方面的协调与合作奠定了基础。[1]

---

〔1〕 CFPB.Building the CFPB：A Progress Report，July 18，pp.29～30.载http：//files.consumerfinance. gov/f/2011/07/ Report_Building TheCfpbl.pdf，2014年5月8日访问。

表1　CFPB与其他监管机关的关系[1]

美联储	《消费者金融保护局法案》第1021（c）条：美联储将有关联邦消费者金融法律享有的监管权移交给保护局；美联储不得干涉保护署局长的任何决定及保护局的内部事务；保护署制定的规则和命令美联储无审查权只能配合签发；局长或保护署任何官员的立法性建议、立法评论或证词只有明确指明表达的是保护局的观点无须提交审查或同意，也无须反映美联储的观点；美联储和保护署互不负责
审慎监管机构	审慎监管机构包括美国货币监理署、联邦存款保险公司、储蓄机构管理署、和全国信用合作社监管局等。根据《法案》第F节，审慎监管机构将其消费者金融保护的职能和人员转移给保护局。但保留了后备执行权即审慎监管机构可书面推荐保护局对“被监管对象”采取执行措施，在保护局接到通知后120天内未采取行动的可以采取的执行权。《法案》中多项条款提到两者之间的相互协调
贸易委员会	相互之间可以对“被监管对象”实施对方制定的有关不公平或欺诈行为的法律。为避免冲突应协商，两个机构达成的协议可以修改
其他监管机构	主要与证券交易委员会、商品期货交易委员会和其他联邦机构和州监管者进行协调

（二）英国：高效的金融服务督察机构——FOS

2001年，英国《金融服务与市场法》颁布施行，在对原有金融业督察组织进行整合的基础上，英国设立了统一的金融督察组织——金融督察服务公司（FOS）。其裁决只对被投诉金融公司有拘束力，消费者可以不履行裁决，对裁决不满意消费者还可以继续向法院提起诉讼。同时，将金融公司内部纠纷处理程序作为前置程序，纠纷发生后，投诉人首先要向金融公司进行投诉，只有不满意金融公司的处理或在规定的一定期间内未收到处理结果，才可以向金融督察服务公司投诉。FOS的相关权力是由FSMA 2000以及CCA 2006《2006年消费者信用法》两部法律所赋予的。根据上述立法，金融督察服务计划拥有三类管辖权[2]：（1）强制管辖权；（2）自愿管辖权；（3）消费者信用管辖权。适用于适格申诉者与公平交易局批准设立的消费者信用服务机构所发生的有关消费者信用贷款的争议。[3]FOS可受理的争议范围基本上涵盖了整个银行、保险、投资业别的各项金融服务业务，包括：银行、保险、养老金、储蓄和投资、

〔1〕　依据《消费者金融保护局法案》第1011（b）&（c）条，1016条，1002（24）条，1061（b）(7)和1063（g）条整理而成。

〔2〕　贾小雷、刘媛：《英国金融申诉专员服务制度之述评》，载《河北法学》2011年第9期。

〔3〕　CCA 2006 Article 59.

信用卡和预存消费卡、分期付款和典当、财务顾问、股票和股权、单位信托、债券。金融危机后英国政府对其金融监管体制进行改革，对原有的金融服务法案进行修订，产生了2012年《金融服务法案》。该法案对英国金融监管体系进行了彻底改革，撤销了FSA，将其职能分拆由金融行为局（Financial Conduct Authority，FCA）和审慎监管局（Prudential Regulation Authority，PRA）二个机构分别承担。该法案对金融申诉专员服务公司的工作流程进行调整，并准予金融申诉专员服务公司在其网站上公布申诉专员的决定，但如果做出裁决的申诉专员通知FOS，以他的观点全部或部分公开决定是不合适的，FOS不应该公开该决定。除非投诉者同意，FOS不应披露投诉者的姓名或者以FOS的判断认为能识别投诉者身份的细节。[1]《2012金融服务与市场法》将FOS称为计划运营人（scheme operator）。FOS如果认为自己掌握的信息有助于FCA推进其一项或多项操作性目标（包括推进有效竞争、金融消费者保护等），则必须向FCA披露该信息。通过明确FCA的规则制定权、规定FOS的信息披露义务。FOS每年向社会公布年报，包括申诉数量、类型、结果分布等信息，并通过其网站向社会公众提供充分的服务信息。2009年之前，FOS处理申诉案件的一个特点是注重私密性；而2009 年以来，FOS改变了以往注重信息保密的做法，实名公布了所处理的以各家金融机构为申诉对象的争议的具体数量和处理结果的情况，并匿名发布典型案例。

为了加强FCA和FOS之间的合作和协调，《2012年金融服务法》多个条款对此予以了规定，从而将消费者保护领域的监管协调法定化、常态化、透明化。《2012年金融服务法》3A条规定了FOS与FCA的关系，包括：（1）当它们履行职责的时候，FOS和FCA必须相互采取适当的措施相互合作；（2）FOS和FCA必须准备和维持备忘录，说明他们准备如何进行监管协调；（3）FOS和FCA必须确保生效的备忘录以最能引起公众注意的方式披露。[2]监管方提出“超级申诉”即同一机构或同一类问题涉及众多消费者时，要求监管机构采取相应措施。《2012年金融服务法》新增的234D条规定了FOS的个案提请权。在符合下列两种情形之一时，FOS均可以提请FCA予以注意。符合情形包括以下条

〔1〕 “Financial Services Act 2012（c. 21），230A”，http://www.legislation.gov.uk/ukpga/2012/21/contents/enacted .

〔2〕 Financial Services Act 2012（c. 21）232A.

件：提交给FOS的案例中，一个或多个受监管主体经常性地不遵守应用于他们进行活动的所有监管要求，由此带来的消费者的损失或者可能遭受的损失或损害，消费者若就该损失提起法律诉讼，将有权获得救济。上述不遵守监管要求的行为包括作为和不作为，这种行为可能违反义务或职责，禁止或者限制，或者其他原因使诉讼中救济成为可能。符合情形二包括以下条件：提交给FOS的案例中，一个或多个受监管主体经常性地以特定的方式作为或不作为，如果上述行为在FOS机制下被提请裁决，申诉专员可能会做出有利于申诉人的决定。如果投诉属于强制管辖或者消费者信贷管辖权范围，申诉专员有可能根据《金融服务与市场法》第229条第2款第（a）项裁定被申诉人向申诉人给付公平的金钱赔偿，或者根据第229条第2款第（b）项发出指令（指令让被申诉人对被申诉人采取合适的行动）；或者根据第227条创设的自愿管辖规则，如果投诉属于自愿管辖的情况下，申诉专员可能会做出以上的赔偿决定或者发出这样的指令。

三、美、英ADR经验的启示

启示一：充分运用金融和解机制。

2013年4月21日至2014年3月30日，美国CFPB 共接收192,200条投诉，其中126,700条投诉（约占总数的66%）由金融公司处理并回复；21%转移给其他监管机构。近120,700条（占提交数的 95%）投诉获得金融公司的友好回应，并且 90%的提交投诉已经处理完毕。处理方式方面，包括货币救助、非货币救助、解释等。消费者收到金融公司回应之后，59%的消费者对金融公司的回应无异议只有20%的消费者对金融公司提交的回应有异议，表明投诉者对金融公司处理的满意度较高。[1]按照CFPB的运作流程和相关规定，CFPB 开启审查和调查程序需符合下列情形：情形一，消费者对金融公司提交的回应有异议（需收到回应之后的30天内通知CFPB）；情形二，金融公司在超过15个工作日依然没有提交回应的（调查金融公司无法及时提交反应的原因以及对存在异议的投诉是否需要金融公司进行额外的行动措施）。从上述数据的分析来看，需要CFPB启动调查程序予以解决的纠纷的比例较小。

---

〔1〕 “Semi-Annual Report of the Consumer Financial Protection Bureau” Pdf.21& pdf.43-47，载http：// www.consumerfinance.gov/reports/.

英国FOS在处理纠纷前，都是要求消费者首先将纠纷由金融机构（时间为8周）先行处理，只有对金融机构的处理不服时，FOS才会处理。如果收到企业回复之后金融消费者超过6个月未向FOS提出投诉，FOS将视作为已经放弃投诉的权利，不再受理。在处理纠纷的过程中注重调解，鼓励当事人尽量通过和解结案，和解不成由初裁员进行调解，如果实在调解不成功，才进入裁决程序。如2013年4月1日至2014年3月31日，英国FOS受理投诉为2，357，374件，其中512，167件提请进入初裁和正式裁决程序。经过初裁员进行调解解决487，749件。最终31，029件（约占提请裁决总数的6%）的案件进入最终裁决由督察员做出最后的决定。[1]

启示二：对金融消费者集中统一保护。

尽管美国CFPB的独立性受到了诸多的质疑，因为消费者金融保护署（Consumer Financial Protection Agency）在《众议院改革法案中》是独立的消费者金融保护机构，直接根据国会立法设立，领导人由总统提名并与国会协商确定。而最终通过的《多德—弗兰克华尔街改革与消费者保护法案》将其变成了美联储体系中金融消费者保护署（Consumer Financial Protection Bureau）。有评论指出，“这从A到B的变化事实上使得整个机构的独立性受到极大弱化”。[2]但美国CFPB设立的目的是为了建立一个独立的、高效的金融消费者保护监管机构，设立一个新的监管架构，是对监管机构的创新，其原意在于打造一个“超级监管机构”，并通过信息披露和共享制度以及法定监管协调机制来避免监管一体化的弱化。从FOS的发展变化历程来看，经历了分散到统合的过程，整合了八大行业的FOS到最终的跨行业统合型FOS。从FSA的拆分体现了统一监管到双峰监管的转变，在原有的统一监管模式下，宏观审慎的监管目标与金融消费者保护目标相互之间存在冲突时，监管机构难以取舍。将金融消费者的保护目标与宏观审慎监管目标由相对独立的不同机构来行使有效避免两者之间的冲突。金融行为局的设立强调对消费者集中统一且独立加以保护的趋势。随着金融混业经营的发展，尤其是全能型的金融集团

---

〔1〕 参见http：//www.financial-ombudsman.org.uk/publications/ar14/index.html，2014年5月8日访问。

〔2〕 The New York Times，“Reconciliation for 2 Financial Overhaul Bills”，http：//www.nytimes.con/2010/05/22/business/22regulate.html？ scp=finance%reform&st=search.

（Financial Conglomerates）或金融控股公司的大量出现，金融纠纷的类型愈加复杂，跨行业跨领域的集中统一解决金融纠纷成为必要。

启示三：实施路径——信息披露和信息共享机制和法定监管协调。

对金融消费者进行集中统一保护的前提条件是建立统一权威的投诉平台。美国CFPB是所有金融纠纷权威的投诉端口（如不属于其管辖可转移至其他监管部门），英国的FOS同样如此。在具备了前提条件的情况下，对金融消费者进行集中统一保护涉及的核心问题是如何避免金融纠纷解决的重叠与真空地带。英美ADR金融机制通过两大制度的构建解决此问题：

一为加强信息披露义务和信息共享。信息披露意在给消费者提供及时、可理解的信息，消费者能据此做出负责任的金融交易决定并确保消费者金融产品和服务市场有效和透明运行。[1]信息披露的载体是数据库信息共享。CFPB和FOS均建立了自己的信息披露渠道。同时CFPB利用庞大的数据资源来行使“监管”或“跟踪”纠纷的职能帮助它发现新型纠纷并扩大投诉范围，从保护署成立以来投诉范围的变化（如图2）也可说明这一点。[2]

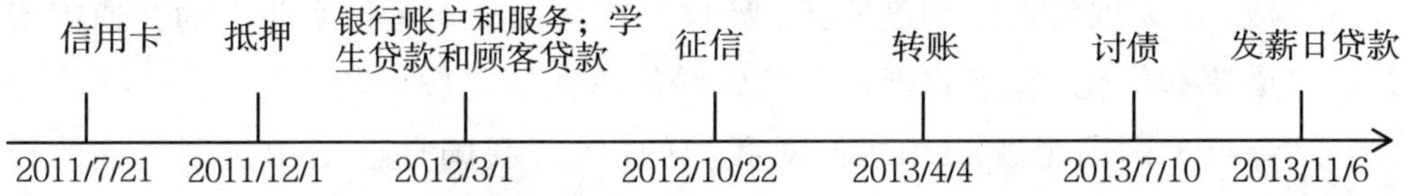

图2　消费者金融保护署投诉范围变化历程

一方面通过数据库的信息披露，消费者选择权得到更为充分的行使，另一方面促进金融机构对金融服务和金融产品的改进，建立自己良好的声誉。二为建立法定监管协调机制。文中第一节中的表1对美国CFPB与其他机构的协调关系作了详细的说明。CFPB作为统一权威的投诉端口，消费者可以就其他的产品和服务纠纷联系保护署，CFPB再向消费者提供其他的监管机构或合适的资源，监管机构之间就同一监管事项签署谅解备忘录。注重监管协调是英国此番金融监管改革的一大特色，也体现在加强主管部门同专门机关之间的监管协调上，与FOS的监管协调主要涉及与金融行为局（Financial Conduct Authority，FCA）的监管协调层面。通过个案提案权和签署并公开备忘录加强

---

〔1〕 12 U.S.C. § 5511（b）（1）&（5）.

〔2〕 “Consumer Response Annual Report”（January 1–December 31，2013）Pdf.6，载http：//www.consumerfinance.gov/reports/，2014年5月8日访问。

双方之间的协调合作，尤其是将签署和公开备忘录规定为法律义务。

四、借鉴与更新：我国金融纠纷ADR机制的制度完善

我国目前仍然实行分业监管为主的模式且总体运营正常，无论规则整合还是机构合并在可预期的未来难以实现，因而在借鉴英美两国金融ADR机制时要考虑我国现有的一些制度安排及制度变迁的可能性，金融纠纷解决机制是实践“生长”的产物，不必过分追求理论上的完善与周延，而更加关注其相对于市场和实践而言的现实性和适当性。

在金融纠纷多元化解决机制的制度创新上，有学者提出通过立法完善建立符合我国国情的政府主导型金融督察专员制度，从分业到统合，分阶段分步骤实现以金融消费者保护为目标的多元化统合型纠纷解决体系。[1]随着金融监管与金融业态的演变，金融FOS制度作为一种终极目标是合理可行的，在这种条件下建立统合性金融FOS可行性不足。美国的行政机关为主导的模式CFPB需要成立一个权威的行政机关加以支持为前提，监管机构的创新在短时间内难以完成，作为现阶段的制度安排，吸收上述两国成功运行实践中的共通因素并加以借鉴和优化，完善我国现有的纠纷解决机制是较好的选择。

结合英美两国金融ADR机制对我国的启示，我国金融ADR机制发展的目标是实现金融消费者的统一保护，以信息披露和共享制度为核心是我国金融ADR机制的实现路径。其一，统一权威投诉平台的构建是目标实现的前提条件；其二，在此平台的基础上，通过信息披露和共享制度来减少金融消费者的信息不对称是目标实现的核心路径；其三，法定监管协调避免金融纠纷解决的重叠与真空是目标实现的重要辅助。

1.统一权威投诉平台的构建。

金融调解由于其固有专业性、技术性、便捷性和行业高度内化的认同性（这些特性由于其服务于商业而自然形成）使它有可能也有必要单独构建统一调解主体的发展路径，而不适宜将人民调解机制直接应用于金融领域。以金融行业协会为主导，并由金融企业、交易所、中介机构等共同参与组建的金融调解机构，构建银行、证券、保险等专业化、行业性的纠纷解决机制是具备理

---

〔1〕 杨东：《金融申诉专员制度之类型化研究》，载《法学评论》（双月刊）2013年第4期；《政府主导型金融申诉专员制度评介》，载《政法论坛》第31卷第3期。

论和实践的基础。金融行业协会作为统一的投诉平台整合其他资源。这种模式的性质类似于英国在成立FOS之前的行业型FOS，但又有所区别。英国的片面拘束力与我国传统根深蒂固的调解自愿的理念有着强烈的冲突，管辖上建议采取强制性管辖，所有金融机构必须参加。但调解不具有片面的拘束力，金融调解的单方拘束力或金融调解的效力通过现有的法律途径加以解决。2009年7月最高人民法院《关于建立健全诉讼与非诉讼相衔接的矛盾纠纷解决机制的若干意见》的出台，以及 2010年8月《中华人民共和国人民调解法》的颁布，对调解的效力予以了进一步的肯定，第 31 条规定："经人民调解委员会调解达成的调解协议，具有法律约束力，当事人应当按照约定履行"。对人民调解协议做出"具有法律约束力"的表述较之以往"民事合同"的定位无疑是一种进步，这一点对于商事调解的效力问题具有借鉴意义。还明确了"通过法院司法确认、公证机关公证，或'调解和仲裁相结合'机制弥补和增强调解程序的效力"的发展思路，为金融调解作为一种建设性的替代性纠纷解决方式的发展作了充分铺垫。

针对目前金融纠纷行政处理的现实格局，建议在"三会"中选择一个机构形成统一的金融纠纷行政处理平台，同时借鉴美国CFPB的运作程序，将金融和解的结果与反馈在处理平台的数据库中予以披露，提高金融和解的效率与满意度。即将金融和解的程序内嵌于金融纠纷行政处理程序中。作为统一的权威投诉平台入口，对于不属于其管辖的范围按规定将纠纷移送到其他监管机构处理。随着我国的金融纠纷随着金融混业经营的进一步发展，在金融纠纷的行政处理方面，成立一个专门的行政机构，即设立我国的"金融消费者保护局"对金融消费者进行横断式的保护。但金融消费者保护局的法律地位，是将其打造成为一家超监管机构（如美国当初对CFPB的争论），还是将其地位"三会"并列为宜，还有待于进一步的研究。

2.完善信息披露制度和信息共享制度是金融消费者统一保护的核心问题。

首先，通过信息披露建立金融行业协会为主导的金融调解机构的权威性和专业性，从而获得金融纠纷当事人的认可。在金融调解中，基于与会员单位的协议或会员通过既定程序通过的调解规则，调解机构有权做出相应的裁决并将裁决予以公开（如英国的FOS），同时将金融纠纷的受理，进展等情况通过数据库平台披露供公众查询。当协会成员拒绝接受调解结果时也可以通过诉讼予以解决纠纷。基于行业协会调解的权威性、专业性以及声誉机制的影响，金融机构拒绝接收调解结果的可能性较小。信息披露通过声誉机制激励金融机构改进服务。1982年，Kreps和 Wilson 创建了声誉理论，认为声誉是保证契约得以执行的重要机制，可以为那些长期利益在乎者提供一种隐性的激励措施，从而保证其短期行为。[1]对于金融活动参与者而言，声誉既是一种无形资产，更是一种约束机制。声誉机制的运作机制在于，违约方短期不诚信的行为会导致对方终止与其合作。信息的扩散会使潜在的交易者降低对其评价而拒绝与其合作。通过信息披露使得交易双方，尤其是金融机构一方为了维持长期的交易关系，考虑非法律规制的因素如声誉，积极采取和解或调解的方式解决金融纠纷。无论是美国模式中的数据库信息共享还是英国模式下英国FSA与FOS信息共享，都将金融纠纷的解决置于金融纠纷当事人的监督之下，披露的内容包括了金融机构的名称、涉及的领域、处理的结果、投诉的总量等。透明度的提高有助促进于金融市场的有效性，激励金融机构改进其服务。

其次，对于信息披露帮助金融消费者做出理性的投资选择。越来越多的个人和家庭被金融产品高回报率所吸引，在没有被告知相关信息的情况下，非理性地选择金融产品和服务。对此美国的迈克尔·巴尔（Michael Barr）教授提出“高度重视信息披露及可能存在的法律风险，建议如果放贷者没有向消费者提供‘合理’的信息披露，则要设立新的法律标准使放贷者承担法律责任”。[2]在美国对是否设立新的专门的消费者金融保护机构的争论中，伊丽莎白·沃伦（Elizabeth Warren）和奥伦·巴-吉尔（Oren Bar-Gill）在《让信用更安全》一文中指出，信用市场正在走向失控，原因在于“信用市场的卖家知道如何利用消费者在认知和信息上的缺陷，从而使他的经济安全处于风险之中”。[3]

最后，信息共享制度有效地促进金融监管机构之间的协调和金融纠纷解决机构的协调（如英国的FOS与FCA之间的信息披露与共享）。就金融纠纷行

---

〔1〕 Kreps D. and Wilson, “Reputation and Imperfect Information”, *Journal of Economic Theory*, 1982, pp.78-91.

〔2〕 Michael S. Barr, Sendhil Mullainathan & Eldar Shafir, Behaviorally Informed Financial Services Regulation (New American Foundation), at http://www.newamerica.net/files/naf_behavioralv5._pdf.

〔3〕 Elizabeth Warren & Oren Bar-Gill, “Making credit safer”, 157 *University of Pa.Law Review* 1, 2008, p.6.

政处理而言，在“一行三会”之间就金融纠纷行政处理信息实行信息共享，建立相应的信息数据库。通过信息数据库，金融监管部门可以分析、跟踪、处理数据对纠纷的来源、类型等作一些研究，改进对金融机构的监管。借助申诉统计资料中如果就某一类金融服务或金融产品的申诉比重迅速上升，则意味着该金融机构的业务模式或产品设计上存在重大瑕疵，有引发大面积风险的可能。监管部门可以采取监管措施避免此种潜在的风险扩散。

3.法定协调监管是辅助手段。

金融监管协调机制中涉及金融ADR机制主要是监管争议处理机制，监管争议处理机制解决因监管摩擦和争议未能及时解决造成的金融市场问题。有效的监管争议处理机制包括纠纷的提出和纠纷的裁决两大部分。在监管争议处理机制中，监管协调机构应当具有权威性，裁决的结果才能被监管机构广泛认可。裁决的权威性来源于国家法律法规的金融监管协调机制的认可程度。[1]我国的金融监管协调主要由“一行三会”的联席会议和2004年“三会”之间签署的备忘录来解决。从联席会议和“三会”监管协调的实际运作来看存在以下主要问题：金融监管协调机制的职责模糊，缺乏强有力的法律约束，联席会议形式松散缺乏法律约束力，协调职能不明确；监管协调机制缺乏程序性规定，信息互通机制难以建立，缺乏监管协调的必要基础。

解决上述问题的途径是将协调监管法定化。通过推动立法实现协调机制运作的规范化和制度化。将监管机构的协调义务（相互之间合作和签署谅解备忘录的义务）在金融法律层面予以规定，同时将谅解备忘录作为规章层级予以公示，成为追究各方法律责任的依据。

第二节　营造与金融中心匹配的金融仲裁环境[2]

法制环境，往往成为金融稳定发展、市场集聚效应和增强对国内外资金吸

---

〔1〕 蔡军龙：《论混业经营趋势下我国金融监管协调机制的完善》，载漆多俊主编：《经济法论丛》（第23卷），法律出版社2012年版。

〔2〕 本文系上海仲裁委员会与上海金融法制研究会联合课题《上海国际金融中心建设须加快发展金融仲裁》成果之一，获上海市决策咨询成果奖。

引力的关键所在。国内外金融机构将业务中心或产品中心选址上海，必然要求上海在完善经济环境的同时，完善法制、信用环境。国外金融机构进军中国，也看重当地政府是否重视法制。法制环境包括了立法、执法守法，也包括及时解决纠纷。

在国际金融中心建设过程中，随着金融深化创新和市场化，各类新型金融纠纷将会不断出现。金融中心作为金融活动最集中的地区，金融纠纷也相应积聚，金融行业是当今社会市场经济的热点，也是法制创新最为活跃的领域。发挥金融仲裁作用，及时准确解决纠纷、化解矛盾，是保障国际金融中心建设的重要任务。

一、优化上海国际金融中心的金融仲裁环境

（一）加快发展金融仲裁的必要性

仲裁作为一种有效的解决商事纠纷的手段，作为与法院诉讼并驾齐驱的一种争议解决方式，由于金融纠纷的特殊性以及仲裁在解决纠纷中独特的魅力，可以说仲裁是解决金融纠纷最实用的有效途径。

第一，金融仲裁是经济金融全球化发展趋势的要求。金融作为现代经济的核心一直是经济发展的晴雨表，资本的跨国流动，金融经营者地域性的削弱，你中有我我中有你的经济互动，都已经是不争的事实。中国的仲裁实践起源于涉外仲裁，具有丰富的解决涉外和国际经济纠纷的经验，还拥有一大批资深的中外籍仲裁员。随着中国与世界金融的交融，中国金融业中涉外因素成分的比例将不断攀升，涉外金融交易及由此产生的纠纷将大幅增加，会有更多的人选择仲裁方式解决他们之间的争议。

第二，选择仲裁是行业自治、专业治理的需要。仲裁在裁决金融纠纷过程中，金融当事人可以自行选择仲裁机构，自主选定仲裁员，对仲裁程序的进行和裁决结果具有一定的可预测性。当事人在合同争议解决条款中选定了仲裁机构，一旦发生争议经协商或调解达不成一致时，申请人便可向已经选定的仲裁机构申请仲裁，而不必东奔西走。有效的仲裁条款排除了法院和其他仲裁机构的管辖权。仲裁程序开始后，当事人有权在一定的时间内选定一名自己信赖的仲裁员。除此之外，当事人还可以约定仲裁语言、仲裁地点、仲裁庭的组成人数、仲裁规则以及仲裁所适用的法律等。

第三，满足了高效率、快节奏的金融实际工作的要求。仲裁实行一裁终局解决金融争议，无级别管辖，不存在上诉的程序。“一裁终局”是仲裁的标志性特点，也是有别于诉讼的典型特征。“一裁终局”即案件一经审理裁决即为最终裁决，任何组织或个人，包括仲裁机构和法院，均无权更改。“一裁终局”避免了诉讼两审的冗长，提高了判断是非的效率，避免了久拖不决现象，能够快速解决当事人之间的痼疾，维护经济关系的正常流转。当然，仲裁程序也是建立在仲裁庭给予双方平等的、充分的陈述意见和举证时机的前提下进行的。

第四，实行专家裁判，明辨是非体现了公正无瑕。现代金融纠纷案情之复杂、科技含量之高、法律问题之深甚至对外语的要求均非昔日所能比拟。由于历史原因，我国法院系统特别是基层法院有相当一部分审判员不具备法律专业背景，整体素质和业务水平偏低。《仲裁法》对仲裁员的资质有严格的规定，保证了仲裁员的从业经验、专业资历。我国的仲裁机构一般都设有《仲裁员名册》，其中的仲裁员大多都是法律界、经贸界、科技界、金融界、建筑界等各行业知名资深的专家学者。以中国国际经济贸易仲裁委员会CIETAC为例，专门设置了《金融专业仲裁员名册》，从中国内地和香港地区聘请了88名金融领域的专家担任仲裁员。对适用金融仲裁规则的金融争议案件，当事人可以从金融专业仲裁员名册中选择仲裁员。

第五，仲裁既气氛融洽又保守商业秘密。仲裁一般没有诉讼“对簿公堂”的紧张气氛，易使当事人心平气和，化干戈为玉帛。在仲裁庭不乏节奏感的庭审过程中，形成了仲裁独特的庭审艺术，有的案件还可能在仲裁庭主持的调解程序中达成和解，获得“双赢”的实际效果。另外，仲裁实行不公开审理，符合商品经济时代和诚信时代当事人保守商业秘密的心态，提高金融机构的公信力，将可能造成的负面影响降至最低。

第六，金融仲裁比金融诉讼成本低。实践中，或由于争议金额过大，或由于案情或事实本身极具复杂性，或由于出现法律盲区或法理多元化，或由于当事人情绪对立，都易造成相当一部分金融纠纷很难通过自行和解或通过第三方的调解来解决，往往须诉诸法律程序。仲裁与诉讼这两种法律程序从成本角度相比较而言，仲裁由于施行的是一审制而决定了其费用成本（包括仲裁费、律师费）、时间成本都比诉讼要低。同时，根据CIETAC新出台的《金融争议仲裁规则》，与普通案件仲裁所需的仲裁费用相比，金融仲裁费用也大幅度降低。例如，普通仲裁案件按照其争议金额最高可以收取3.5%的仲裁费，金融争议仲裁案件按照其争议金额最高只收取1.5%的仲裁费；争议金额在100万～500万元的，普通案件收2.5%，金融争议仲裁案件收1%；争议金额在500万～5000万元的，普通案件收1%～1.5%，金融争议仲裁案件收0.75%，等等。当事人解决金融争议的成本大大降低了。

第七，强大的可执行力使仲裁更具吸引力。根据《1958年承认与执行外国仲裁裁决公约》的规定，缔约方裁决可以在全世界140多个其他缔约国家或地区得到承认与执行，各缔约成员承担的是必须遵守的国际公约项下的义务，该公约已于1987年4月22日对中国生效。在一国国内层面，许多国家都以国内立法形式确定了仲裁裁决的效力，如我国的《仲裁法》《民事诉讼法》以及许多部门法都确定了裁决的终局效力和可执行效力。反观一国的判决，很难在没有司法协助条约的前提下得到另一国的承认与执行，而有关商事司法判决相互承认与执行的双边条约为数寥寥，多边或国际性的司法协助公约更是少之又少。海牙国际私法会议的《关于承认和执行外国民商事判决的公约》只拥有3个国家，对此类问题多采用双边或多边协定解决。

第八，仲裁机构的相对独立性。虽然当前对于仲裁机构的法律地位和性质，在理论上有不同的认识，但是较为一致的是，它不是国家机关。相比较司法机关而言仲裁机构更具有独立性，可以较少受到诸多方面因素的影响和制约，避免地方或部门"利益保护"现象。

第九，仲裁更具有国际性。金融交易活动具有高度的国际性，金融业在一国国民经济中的重要地位，许多金融机构涉及国有资产问题，这就导致在金融纠纷中，可能涉及国家责任豁免的问题。通过事先或事后达成的仲裁协议放弃国家豁免，这样就有助于金融纠纷的解决。

为加快上海国际金融中心建设步伐，创建和谐的金融环境，维护金融秩序与稳定，有必要在上海进一步推进金融仲裁。

（二）上海金融仲裁的现状

上海为改善金融仲裁环境做出了不断努力，中国国际经济贸易仲裁委员会上海分会和上海仲裁委员会较早即开展了金融仲裁，为及时处理金融纠纷、防范和化解金融风险增添了力量。所处理的一批金融纠纷案件，在及时化解纠纷，防范金融风险，保障金融市场健康发展方面收到良好效果。

1.上海发展金融仲裁的优势。

上海金融市场在改革开放和“入世”进程中，已经积累了丰富的建设和管理经验，初步具备了成为一个国际金融中心的基础。面对金融机构与客户、金融机构相互之间愈益频繁、愈益复杂的债权债务关系，金融仲裁作为金融争议、纠纷的一种有效解决方式，充分体现了迅速、高效的优势，对于注重时效的金融业颇具吸引力，其在上海的发展时机已经相当成熟。

首先，有关金融仲裁方面的规范日趋增多。从1991年上海证券交易所成立证券仲裁委员会到1994年国务院证券委发布指定CIETAC为证券争议仲裁机构的通知，证券仲裁已适用于当事人之间约定的与股票发行和交易有关的纠纷和证券经营机构之间或证券经营机构与证券交易所之间因股票发行和交易而引起有关的纠纷。CIETAC 2000年规则也对国内仲裁规定了特别的程序和费用，确保了仲裁方式在证券争议解决方面的推广。CIETAC推出的《银行贷款争议简易程序规则》即是配合有关银行案件逐渐增多的趋势而制定的，它体现了程序简捷、时间控制严格、专家审理以及收费较低的特点。1999年8月30日，中国保险监督委员会发出《关于在保险条款中设立仲裁条款的通知》，要求保险公司规范保险合同中的仲裁条款，各大保险公司均已在保险条款中加入规范的仲裁条款。2004年1月18日国务院法制办和中国证监会联合发布《关于依法做好证券、期货合同纠纷仲裁工作的通知》，明确地把金融仲裁的范围进一步扩大。

其次，拥有完整的仲裁体系和专业的仲裁队伍。中国国际经济贸易仲裁委员会上海分会已全面受理国内外金融纠纷。上海仲裁委员会已设立由专业人士为主体的、50余人组成的金融仲裁员队伍，近年来受理了借款、保险、股份、担保等60余个金融纠纷案件，均收到较好的效果。此外，上海的一些金融市场、金融行业同业公会，也设立或曾经设有仲裁组织或带有仲裁性质的组织，充分借助仲裁在解决纠纷中具有的快速便捷、方式灵活、成本低廉、不公开及专业性强等独特优势，发挥其及时处理金融纠纷，防范和化解金融市场风险，保护市场主体的合法权益，保障金融市场的健康发展具有的独特作用。在已有的仲裁优势的基础上，上海加强金融仲裁建设，既有丰富的经验，又可以节省建设成本。

最后，经济发达程度较高，易接受国际上金融仲裁方面的先进理论。上海靠近市场，对国际贸易的参与程度较高，容易接触到国际上前沿的金融仲裁实践，为上海借鉴世界各大仲裁中心的经验，引进先进的金融仲裁理论，提供了有利的条件。近年来的实践证明，上海金融业已有较好基础。

2.上海金融仲裁方面的不足。

金融仲裁尚不适应金融中心建设的实际需求，金融仲裁发展速度较慢、普及不够，受理案件较少，其积极作用未得到全面发挥。

首先，金融仲裁数量少。不少银行一般直接采取诉讼解决争议；证券公司实际操作上还是以诉讼为主，少量采仲裁方式；保险公司近年除法院诉讼外，一部分也采取行业调解、监管机构调处、自行和解等方式解决争议。上海仲裁委员会的统计资料也证明金融仲裁案在整个仲裁案件中的比例不足5%，近三年真正的金融纠纷仲裁案仅有25件，而同期上海各级法院受理的金融纠纷案件却呈较大比例增长，近年银行业务纠纷案件均在万件以上，与2004年相比，2005年增长48.8%、2006年增长78.4%；近年保险合同案件则是成倍增长，与2004年相比，2005年增长113.9%、2006年增长180.5%；近年证券纠纷案件则受市场影响较大。

其次，仲裁约定的比例较低。银行基本未在合同中明确约定以仲裁方式解决争议，这与其传统习惯有关，也与银行工作人员对诉讼程序较熟悉、分支机构与当地法院关系较密切相关，有些法院还主动寻求金融案源。近年来有些银行已在格式合同文本中将仲裁作为解决纠纷的选择之一，但真正选择的仍然较少。另外，近年来银行加强内控防范、纠纷减少，使实际进行仲裁的案件就更少了。相比之下，证券公司的有关合同中已有相当比例选择了仲裁作为争议解决方式，而且其比例基本呈逐年上升的趋势；证券公司员工也要比其他金融业的员工了解仲裁。其根本原因同中国证监会和国务院法制办于2004年1月18日联合印发《关于依法做好证券、期货合同纠纷仲裁工作的通知》，鼓励适用仲裁方式解决证券期货市场发生纠纷有很大关系。保险公司的传统险种合同中，明确约定仲裁方式解决争议的基本为零，这也与保险条款定式化、总公司不在上海而影响修改等有关；但一些新公司、新险种的合同就约定了仲裁方式。

再次，仲裁约定的内容较乱。关于仲裁与诉讼的选择方面，部分金融机构的合同中有选择项，但仍有银行等机构无选择余地。某保险公司的合同条款中约定“任何一方可选择仲裁，也可直接向人民法院提起诉讼”，此为无效约定，使争议发生后无法提起仲裁，因为条款是总公司拟定的，上海分公司也无权修改。关于仲裁机构选定方面，大多直接选择上海仲裁委员会，若为境外或外资公司业务，则根据客户的要求可选择中国国际经济贸易仲裁委员会上海分会或境外知名仲裁机构。相对而言，证券的客户要比银行和保险的客户更关注争议条款，对选择仲裁方式和仲裁机构更慎重。

3.金融仲裁发展不快的原因分析。

一是金融仲裁的宣传力度不够、针对性不强。仲裁制度宣传推广的力度不足，不少从业人员缺乏金融仲裁常识，对仲裁制度缺乏了解。从业人员回复的问卷中认为仲裁宣传推广的广度和力度不够的占47.51%，认为仲裁缺乏与金融机构管理层沟通的占22.62%，两者合计占70.13%。

二是对仲裁效力和费用存有疑虑。仲裁执行方面，有的金融机构认为安排在中院执行更有利于公正和集中解决执行问题，但也有的机构因争议数量不多、执行仲裁裁决必须去法院而感到不方便；还有人指出法院对仲裁文书的执行态度与对待法院文书有区别，有的地方法院对仲裁文书的执行积极性不高。仲裁收费方面，今年4月1日起法院诉讼费大幅降低，仲裁的相对成本优势已大大弱化。保险业提出小额纠纷仲裁成本过高，保监会推动实施了“小额争议调解机制”，上海至今已有40余件小额纠纷通过设在保险同业公会内部的“人民调解委员会”解决，这种方式是免费的。因此，针对大量小额保险纠纷，仲裁的时间优势和成本优势已不明显。

三是将仲裁与诉讼简单比较。有观点认为上海的法治环境好，比较信赖上海法院作出的裁判；金融机构做被告的机会较多，诉讼二审比较放心，担心仲裁一裁终局对被告不利；金融机构与当地法院较近较熟悉，程序上也比较了解；认为仲裁员是兼职的，本职工作较忙，存在人员替换、开庭时间变更的可能，不如诉讼途径方便、及时等。

四是金融机构所用的合同文本多为总部制定，地方分支机构一般无修改权，也就无法约定仲裁等。

（三）发展金融仲裁需克服制度性障碍

其一，金融活动的特点与仲裁制度的局限性尚有矛盾存在。如仲裁中一般只存在申请人与被申请人两方，而没有如诉讼中的第三人制度的规定，这给涉及多方当事人利益的争议仲裁解决带来困难，因为在金融交易关系中，常常涉及三方甚至更多方的利益。虽有如《IBRD贷款协议和担保协定通则》中规定，仲裁一方当事人为银行，另一方为借款人和担保方，可以解决部分问题，但还有一些如项目融资中，会涉及贷款人、借款人、担保人、项目主办人、托管人等各方面的利益，并不能通过像IBRD那样的仲裁条款解决，整个项目贷款需要的所有合同中的某一或某些合同的仲裁条款不能溯及其他未明确包含进合同但却与争议有关的第三方。但应该相信，随着对当事人仲裁意思的尊重、可仲裁事项范围的不断扩大以及仲裁的"多方化"，仲裁在金融争议解决领域必然会起到越来越重要的作用。

其二，亟待完善金融仲裁方面的专项立法。《仲裁法》作为仲裁的基本法和仲裁重要的程序法，在经历了7年多的实践之后，已有进一步修订的必要。虽然CIETAC从2003年5月8日起开始实施《金融仲裁规则》，但一方面《金融仲裁规则》的立法层次不高，不能像《仲裁法》一样成为各仲裁机构依据的基本法，另一方面其本身也存在一定的不足，如决定仲裁管辖权、法律适用、免则条款等问题。在《仲裁法》的规定过时但又未作修改的情况下，《金融仲裁规则》为了避免冲突，这些重要问题都没有讲清楚，在实践中产生不少问题。

其三，公众参与度不高。发达国家解决矛盾的制度特征之一是吸引公众参与。美国最高法院法官阿贝·福塔斯（Abe Fortos）曾说，司法系统既无自己的经济来源，又无自己的武装力量，它们的真正权威存在于公众和舆论的支持之中，那就是信仰和舆论的力量。[1]发展中国家由于决策和立法过程上的缺陷，其立法机构、法官和公众之间存在裂缝，舆论在这三者之间的流动并不通畅，因此公众的理解少得可怜。仲裁是建立在自愿参与基础上的。公众只有了解有关金融仲裁方面的知识，在发生金融争议时，才有可能作出有利的选择。缺乏公众参与，不仅是上海在发展金融仲裁过程中所面临的问题，也是整个仲裁体系所面临的问题。

其四，可仲裁性问题。在一些国家里，部分涉及证券法、破产法、反垄断法的事项仍属于不可仲裁的事项，另有一些国家如墨西哥考虑到国际资本流动对一国金融、经济、国际稳定的重要性，规定政府为一方当事人的金融交易

---

〔1〕［秘鲁］罗伯托·G.麦克林（Roberto G.MacLean），选自荷兰《美洲法律和商业评论》总第6卷第1期。

不属于联合国贸易法委员会《国际商事仲裁示范法》的"商事交易"范围。因此，在有些国家，金融仲裁的可行性及裁决的承认和执行上还存在障碍。我国在这些方面同样存在类似的问题，建议上海在建设国际金融中心过程中，适当扩大可仲裁范围，吸引国际金融机构选择上海仲裁。

二、国内外金融仲裁环境的经验借鉴

(一)境外金融仲裁借鉴

20世纪80年代债务危机给我们的教训之一是我们缺乏能够满足复杂社会和全球社会所需要的现行规则。[1]从金融业全球化发展的特点来看，立法和司法一时无法满足这种需要，仲裁却由于它具有灵活性优势而倍受青睐。从瑞典的斯德哥尔摩国际商事仲裁院及几个金融中心的金融仲裁发展来看，它们都为金融纠纷的解决提供了及时、高效、低廉的服务，都对当事人意愿给予最大程度的尊重。这些都是仲裁的魅力所在，对上海建立金融仲裁中心有很大启发。

1.北美自由贸易协定(NAFTA)。

NAFTA可能是目前世界上对国际金融争议有专门规定的唯一一个条约。[2]由于金融的极度敏感性，世贸协定无论是GATT，还是WTO，在金融上的主要努力都体现在开放金融市场上，对于打开金融市场后必然引起的争议解决方式问题几乎没有谈及。但是NAFTA在第11章和第20章规定了金融争议的解决，第11章主要规定处理金融投资争议，第20章主要规定处理其他的金融争议。值得注意的是，NAFTA的争议解决程序试图摈弃运用要么是司法的，要么是仲裁的纠纷解决方式的想法，它综合了几种独特的争议委员会程序，而这些程序又综合了司法和仲裁的特点。

2.英国的金融争议专设仲裁机制。

英国为解决金融和银行争议而专门设立的仲裁机制有CDP(the City

---

〔1〕［秘鲁］罗伯托·G.麦克林(Roberto G.MacLean)，选自荷兰《美洲法律和商业评论》总第6卷第1期。

〔2〕 See Michael wallace Gordon, Nafta and Finacial Didpute Resolution, in Non-Judicial Disputes Settlement in International Financial Transactions, in Non-Judicial Disputes Settlement in International Finacial Transactions, edited by Norbert Horn and Ioseph J. Norton, Kluwer Law International, 2000.at p.232

Dispute Panal）和OS（the Ombudsman Scheme）。CDP成立于1994年，总部设在伦敦。CDP设有专门的仲裁委来解决金融争议，其主要针对批发性的金融服务而引起的纠纷提供各种形式的仲裁，争议双方只要在争议发生时达成提交仲裁的合意即可，无须事前约定。[1]CDP的主要目的在于迅速的解决金融争议。因此，CDP仲裁委颁布了自己的仲裁规则，通过提供快速、有弹性的仲裁程序以及收取便宜的仲裁费用等措施，达到在最短的时间内解决金融纠纷的目的。CDP仲裁员采取一种“参与”的解决争议的方式，根据需要与争议双方进行大量的会谈，最后对于仲裁适用的程序以及时间等问题作出决定。这种独特的弹性机制与传统的法院机制完全不同，从而使冗长而又昂贵的听证成本减到最低。[2]相反，OS解决银行与客户间零售性的投资而引起的金融纠纷。OS的兴起主要是因为消费者保护呼声的高涨，银行与消费者之间权利义务的不平等。英国的OS主要集中在银行、投资服务和保险领域。

3.瑞典斯德哥尔摩国际商事仲裁院 SCC。

谈到国际金融仲裁就不能不提到瑞典斯德哥尔摩国际商事仲裁院（SCC）。虽然瑞典没有可称得上是国际金融中心的城市，但它的国际商事仲裁确实举世闻名。上海在建立金融仲裁中心的过程中，可以充分借鉴其经验。

SCC成立于1917年，最初只是致力于国内仲裁，1970年初冷战双方美国和苏联虽然政治上对立，军事上对抗，法律和文化上的差异较大，但经济上往来难免会产生纠纷，于是冷战双方美国和苏联就基于瑞典政治上的中立和SCC的高素质，一致推荐它作为处理东西方两大阵营之间经济纠纷的主要仲裁机构。从此以后，SCC就走上了国际化的道路，并成为目前最受东西方认可的一个国际仲裁机构。它每年受理的与瑞典无关的仲裁案件都占全部案件的绝大部分，如2003年167个案件中，就有约105个案件和瑞典没有丝毫关系，大家都是慕名而来。

SCC的成功，从仲裁规则上来看体现为：原则性为辅，灵活性为主。程序

---

〔1〕 See Anne Crossfield, Arbitration for UK Financial Services, INT'L FIN. L. REV. 28（July 1994）at 28; see also more recently David Warne & Nicholas Elliott, Banking Litigation 76-78（1999）.

〔2〕 The arbitrators decide the controversy according to law but, if authorized by the parties, they may decide ex aequo et bono, in accordance with the other considerations agreed; see Freeman, supra note 38, at 45; CDP Rules, R. 37.

上包括仲裁员的产生，语言的选择，仲裁地点的确定，以及许多具体规则的运用等都尽可能尊重当事人的意思，并通过仲裁活动，最大限度地帮助当事人实现其在商业活动中的意思自治。

从案件实体法的运用和裁决来看，该院始终高举着一杆大旗，那就是公平合理。由于各个国家之间，特别是东西方国家之间法律体系的不同，同一事实如果适用不同国家的法律就可能产生不同的结果。此外，某些领域的法律适用，国际上还尚未达成一致意见，这些都要求仲裁庭提供更富有创造力的工作。就此问题，在斯德哥尔摩国际商事仲裁院的仲裁实践中，仲裁庭通常都是从经济交往最原始，同时也是最基本的两个原则——意思自治和公平合理来衡量双方当事人之间的风险承担和利益分配。具体分析时，一般都假定双方当事人都是理智的、成熟的、诚实信用的商人，从而以一个诚实信用的商人在订立合同时所能预见的收益和风险来评估他们实际应该承担的风险。即任何一方当事人能够得到的只能是作为一个理智的、成熟的、诚实信用的商人指望得到的，而不管每一个当事人从事该经济活动时其内心的期望值。由于公平合理就是诚实信用的商人们从事经济交往的基本目的，因此它就成为仲裁庭裁决案件特别是疑难案件的一个根本原则。在实践中，仲裁庭往往会超脱一些成文法律的束缚，而直接适用公平合理原则。

4.香港商事仲裁制度。

香港仲裁制度中最值得推崇的，莫过于他们最大限度地尊重当事人仲裁意愿这一点了。香港为顺应国际商事仲裁制度的国际化和统一化的趋势，对其仲裁条例作过多次重大修改，以最充分地尊重当事人意思自治，尊重仲裁条款的合意性。“在今天的香港示范法，已是摆脱了仲裁协议的严格形式，可以说，只要有文字出现过仲裁（arbitration）一字，都会是有效仲裁协议，这一方面现在是跟英国一样。的确是，太严格是不符合商业做法，也对本身不利。说是协议无效，等于是把香港仲裁往外国推。”[1]上海在建立金融仲裁中心时，应提高和强化对仲裁制度自治权的认识，尊重当事人的仲裁意愿；放宽对仲裁协议的要求，如对选定仲裁委员会等过于严格的限制；规定有瑕疵的仲裁协议的完善途径及仲裁机构的责任豁免等。

---

〔1〕 杨良宜:《国际商务仲裁》，中国政法大学出版社1997年版，第562页。

5.美国仲裁协会。

早在1768年美国纽约商会就创立了仲裁庭，替代传统的司法诉讼，为美国商界所接受。1920年纽约市颁布了第一个现代意义上的仲裁成文法（民事诉讼法第84条1448—1469款）。1925年联邦政府颁布了美国仲裁法。在此基础上，美国仲裁协会社团和美国仲裁基金会于1926年在纽约合并成立了美国仲裁协会。

美国仲裁协会的发展有几个重要特点值得研究和借鉴。第一，强调为公众服务的方针，提供优质服务美国仲裁协会把仲裁作为一项公众服务业务。协会本身是一个非营利机构，资本主要来源靠会员资助。协会积极参与商界活动。早期仲裁员本身是商界知名人士，利用业余时间，无报酬地为商事争议提供仲裁服务，对大额标的仲裁案也往往遵循第一天审理不收费的惯例。第二，美国联邦仲裁法颁布后，先后出现上千个仲裁机构，美国仲裁业务的竞争十分激烈。美国仲裁协会大量吸收发展新会员，扩大协会的联系面、不断在新的领域开拓仲裁业务。现在，已拥有7000多个大公司和有影响的工会作为其会员，协调通过发行仲裁刊物，给予这些会员的经理、工会领导培训优惠等政策扩大协会影响。第三，积极参与仲裁立法活动，争取司法和政府部门的支持美国仲裁协会积极参与立法活动，专门设有法律部，该部现有资深的总顾问何勒令主持日常工作，研究法律问题，向立法和政府部门提供咨询意见，编辑仲裁理论刊物，推广采用ADR〔1〕方式。

从以上几个国际金融中心在金融仲裁方面发展的分析，可以看出金融仲裁都是顺应金融的特殊需要而产生，都是伴随着经济的高速发展而发展的，各国制定的金融仲裁规则、采取的措施可能有所不同，但一个最重要的相同点就是快捷、省时、高质量的解决金融纠纷，节省社会成本，保障金融的正常运行。上海在建立金融仲裁中心的过程中，应尊重市场规律，最大限度地尊重当事人仲裁意愿，与国际接轨。

（二）国内金融仲裁的改革实践

随着我国经济的不断发展，金融仲裁的需求也越来越多，对金融仲裁立法、金融仲裁环境、金融仲裁人员的素质等都提出更高的要求。针对这一情

---

〔1〕 ADR为“Alternative Dispute Resolution”的英文简称，中文可直译为选择性争议解决方式。而实质上，ADR 是指诉讼外或非诉讼解决争议的各种方法的统称。

况，我国各仲裁中心也纷纷回应市场需求，在建立金融仲裁的实践中总结了不少好的经验，对上海金融仲裁中心的建立起到了很好的借鉴作用。

1.CIETAC的实践。

1994年8月26日，国务院证券会委员会发布《关于指定中国国际经济贸易仲裁委员会为证券争议仲裁机构的通知》，指出："为了做好证券争议的调解、仲裁工作，维护证券争议当事人的合法权益，促进证券市场的健康发展，依据《股票发行与交易管理暂行条例》第八十条规定，即'证券经营机构之间以及证券经营机构与证券交易场所之间因股票的发行或者交易引起的争议，应当由证券委批准设立或者指定的仲裁机构调解、仲裁。'经研究特指定你会为该条规定所述的证券争议的仲裁机构。"9月，因北京某股票发行的承销团在承销费用的划分上产生争议，当事方将争议提交贸仲委仲裁，从而开始了贸仲的金融仲裁实践。该案仲裁庭在我国证券市场尚缺少法律法规，也未形成惯例的情况下，参考国外实践经验和惯例，依据公平合理的原则，作出了各方当事人认可的裁决结果。

1994年10月11日，中国证券监督委员会下发了证监发字〔1994〕139号《中国证券监督管理委员会关于证券争议仲裁协议问题的通知》，其通知规定："国务院证券委员会指定中国国际经济贸易仲裁委员会作为解决证券经营机构之间以及证券经营机构与证券交易场所之间因股票的发行或者交易引起的争议的仲裁机构，其他与股票的发行或者交易引起的争议的仲裁机构，其他与股票的发行或者交易有关的争议也可以选择中国国际经济贸易仲裁委员会仲裁。"据此，CIETAC成为第一个也是唯一一个常设的专门解决证券争议的仲裁机构。此后，CIETAC先后受理了股票买卖纠纷、国债回购纠纷、上市公司股权争议、保单纠纷、抵押贷款纠纷、日本银行与我国银行的贷款纠纷等金融纠纷数十例。

CIETAC还与新加坡国际仲裁中心合作，制定有关解决涉及中国和新加坡两地银行贷款纠纷的简易仲裁程序规则。

随着我国金融市场的发展变化，为适应金融业仲裁服务的需要，2003年5月8日，CIETAC又颁布实施了《中国国际经济贸易仲裁委员会金融争议仲裁规则》，制定了《金融专业仲裁员名册》，为金融争议的解决提供了匹配的受理方式。金融仲裁规则是国际经贸仲裁委员会近50年历史上第一次制定适用于特定类型案件的专门性仲裁规则。《金融争议仲裁规则》兼采国际金融仲裁惯例，突出时间快、费用低、程序灵活简便的特点。CIETAC《金融专业仲裁员名册》聘请国内外知名的在金融理论和实务以及金融法律方面经验丰富的专家学者为仲裁员，迅速公正的解决金融纠纷。

2.郑州金融争议仲裁中心的建立及其经验。

在河南省银行业协会的大力支持下，郑州仲裁委员会金融仲裁中心（以下简称金融仲裁中心），于2003年11月28日成立，负责仲裁银行与银行、银行与企业（个人）之间的金融业务纠纷。为了提高金融纠纷案件的仲裁质量，郑州仲裁委员会从银行系统和司法部门聘请了一批专业水平较高、实践经验丰富、职业道德良好、办案技巧娴熟的专家学者，担任金融仲裁中心的仲裁员，以事实为根据、以法律为准绳，合法、公正、快捷、有效地解决存款业务纠纷、贷款业务纠纷、结算业务纠纷、不良资产处置纠纷、逃废金融债权纠纷、同业拆借纠纷、保险业务纠纷、证券业务纠纷、期货业务纠纷等金融业务纠纷，依法维护金融机构、企业和个人的合法权益。

河南省银行业协会第四次常务理事会研究决议：（1）协会常务理事会支持郑州仲裁委员会设立金融仲裁中心，负责河南省范围内银行与银行、银行与企业（个人）间金融纠纷仲裁事宜；（2）协会常务理事会各组成单位同意将本单位与其他会员单位的合同纠纷，提请郑州仲裁委员会金融仲裁中心仲裁；（3）协会常务理事会建议各会员单位，与企业新签订合同时约定“将合同纠纷提请郑州仲裁委员会金融中心仲裁”，与企业已签订的合同通过补充协议的方式约定“将合同纠纷提请郑州仲裁委员会金融中心仲裁”。这一决议的颁布和实施，对于合法、公正、及时、有效的解决辖区内金融业务纠纷，节约银行经营成本，防范化解金融风险，提高信贷资产质量，具有非常重大的历史意义，必将发挥积极的促进作用。对于上海正在建设中的金融仲裁中心，也有很大的借鉴作用。

3.台州仲裁委员会金融仲裁中心成立。

浙江台州仲裁委员会与中国银行业监督管理委员会台州监管分局于2005年3月10日联合发文成立了台州仲裁委员会金融仲裁中心，并于4月18日挂牌对外开展业务，成为浙江省第一家专业金融仲裁中心。

该仲裁中心作为台州仲裁委员会的派出机构，对外以仲裁委员会的名义开展工作，主要受理存贷款业务纠纷、结算业务纠纷、不良资产处置纠纷、逃废金融债权纠纷、同业拆借纠纷、保险业务纠纷、证券业务纠纷、期货业务纠纷等金融纠纷。

三、发展上海金融仲裁的实施方案

（一）建设与国际金融中心配套的金融仲裁中心

大力推进上海金融仲裁，全面营造金融仲裁环境，建议确定的目标是：建设具有上海特色的、符合国际通行惯例的金融仲裁体系，为最终形成与上海国际金融中心相匹配的上海国际金融仲裁中心而努力。

正是由于金融仲裁在解决金融纠纷中的独特魅力，各大国际金融中心纷纷设立金融仲裁中心，方便金融纠纷的解决，提升自身的竞争力。如巴黎设有国际商会仲裁院ICCCA总部，伦敦设有伦敦国际仲裁院LCA总部，瑞士日内瓦设有世界知识产权组织仲裁中心WIPOAC总部。随着亚太地区经济的迅速发展，亚太地区国际商事仲裁也异常活跃，世界上主要国际商事仲裁机构都在亚太地区设立办公室。亚太地区各国家先后设立自己的国际商事仲裁机构，如新西兰仲裁调解机构、澳大利亚国际商事仲裁中心、中国国际经贸仲裁委员会、香港仲裁中心、新加坡国际仲裁中心、日本商事仲裁协会等12家。有些仲裁机构已成为重要的国际商事仲裁机构，如中国国际经贸仲裁委员会已成为主要国际商事仲裁机构之一，2004年，其受理的仲裁案件数量世界排名第三。

对于正在致力于建设国际金融中心的上海而言，金融仲裁中心的设立同样意义重大。

首先，建立金融仲裁中心是完善金融法制环境，为上海金融业安全高效运行保驾护航的要求。安全与效率是上海在高速发展经济过程中始终要妥善处理的两个目标。就金融安全而言，目前金融风险引发金融动荡的隐患依然存在，这是由我国金融效率低下造成的。随着金融市场的开放度不断加大，金融竞争日趋白热化，这既促使金融业迅速解决如何提高经营效率问题，又使处于金融风险困扰下的金融机构雪上加霜。从这个意义上讲，金融业的效率与安全将面临更加严峻的考验。如何解决效率与安全问题，金融法制建设至关重要，而运用法律手段维护金融市场秩序，又为金融仲裁事业的发展开拓了更加广阔的空间。

其次，建立金融仲裁中心也是上海提高自身竞争力和城市综合实力的要求。只有不断提高软硬件设施的质量，才能提高自身竞争力，缩短与各世界金融中心的差距，在国际竞争中争得一席之地。现在各国际金融中心之间的竞争已不仅仅是经济实力的竞争，还涉及金融服务的竞争。谁能更好的为金融业务的开展提供条件，保证金融业自由、高效的发展，谁就更能赢得客户。很难想象一个解决金融纠纷效率低下的城市会受到投资者的青睐。因此，尽快建立金融仲裁中心，完善金融法制环境，为金融纠纷的解决提供便利条件，保障金融业各环节畅通，从而吸引更多的投资者，是上海建立国际金融中心的当务之急，也是建立上海国际金融中心题中应有之意。我们认为上海应充分利用其在建立金融仲裁中心方面的优势，克服不足之处，快速有效地建立金融仲裁中心。

（二）发展金融仲裁的近期工作建议

1. 双重组织结构。

上海要成为国际金融仲裁中心，最终应形成一个集中的、具有世界影响的仲裁机构——上海金融仲裁院。但考虑到目前体制上的原因，先行在现有的两个仲裁机构进行金融仲裁，但要整合现有仲裁机构、力量资源。

将现上海仲裁委的金融仲裁队伍和各金融交易所或交易市场、金融行业协会内设的仲裁机构、组织，整合扩建为上海仲裁委所属的上海金融争议仲裁中心，此项工作建议由市政府金融服务办和法制办牵头。上海金融争议仲裁中心要以国际金融中心的地位优势、金融与法律人才集聚的智力优势、办事规范和讲求效率的环境优势，吸引国内外当事人选择上海进行仲裁。上海金融争议仲裁中心可以下设若干分中心，以整合并发挥现有行业、专业队伍的积极性；同时建议分设金融调解中心，使金融纠纷当事人在进入法律程序之前多一种选择，以降低社会成本。

中国贸促会国际经济仲裁委上海分会可以进一步聘请国内外的专家，建立以国际、外国金融当事人间的金融争议为主的国际金融仲裁专业委员会，加大影响力，着力吸引更多的国外金融机构选择上海仲裁。

双重的组织结构需要协调，适当分工与交叉，减少低层次竞争，积极开辟国内外金融仲裁的空间。这样，既有利于方便金融机构或个人提起仲裁，又为两机构进一步整合创造条件，以利于上海国际金融仲裁中心的早日形成。

2. 三层规范体系。

仲裁的立法及适用，围绕三层规范体系展开，即加紧完善仲裁法、地方金融仲裁立法、仲裁组织的仲裁规则。

《仲裁法》作为仲裁的基本法和仲裁重要的程序法，在规范体系中起着最基本最主要的作用，金融仲裁的一切活动都要遵守《仲裁法》的规定，不能违反《仲裁法》的规定。《仲裁法》实施以来，实践的发展已使有些内容不相适应，有必要在近期内进行修订，以满足开展金融仲裁最基本的要求。

金融争议作为常见的经济纠纷的一种而适用于仲裁解决，但金融仲裁毕竟有许多特殊之处，仲裁解决金融争议尚有许多具体规则需进一步明确，这在有关仲裁的一般立法中还不可能全面体现。因此，很有必要进行地方性的金融仲裁立法。同时，上海金融业在全国处于领先地位，金融业发展中的一些问题往往在上海首先出现，需要相应的法规进行规范，也有必要率先进行相关的地方立法。当然，地方立法不能违反和超越《仲裁法》的原则与基本制度。建议可否采取"国家立法，（部分）地方适用"的方式，或借鉴当深圳的办法，由全国人大授权上海人大进行立法。

同时，在金融仲裁中，还应适用仲裁组织制定的仲裁规则。上海仲裁委所属的上海金融争议仲裁中心和贸促会上海分会国际金融仲裁专业委员会，都应颁布实施自己的《金融争议仲裁规则》，为金融争议的解决提供了匹配的受理方式。需指出的是，CIETAC的《会金融争议仲裁规则》规定当事人之间如果没有就金融争议的解决方式做出特别约定，一是当事人同意将金融争议交付中国贸仲仲裁，二是同意按照《金融争议仲裁规则》仲裁，否则还不能适用该规则，只能适用普通的《仲裁规则》。这一规定与国际上的通用做法不同，为最大程度地尊重当事人仲裁意愿，建议上海在制定仲裁规则或是实践时，可允许当事人事后约定。

3. 四个工作重点。

一要加大金融仲裁宣传力度。金融机构和专业人士注重金融仲裁的倡导和推荐，是金融仲裁发展的必由之路。我国现在许多人对仲裁知识十分缺乏，认为其主要解决国际性、重大的经济纠纷，对于一般的普通案件的仲裁适用性存在疑惑，对于仲裁的性质和优点更是知之甚少。目前应加强金融仲裁的宣传工作，大力普及仲裁知识，使金融市场主体能够意识到仲裁的优越性。为此，需要加大宣传力度和针对性，普及金融仲裁知识，争取各方面对金融仲裁的支持，特别是与各大金融机构联系沟通，争取其修改格式条款，增加仲裁选项。在金融行业内部，需要充分发挥自律性组织的宣传和推荐作用，创造一个良好的仲裁氛围。还可定期举办研讨会或论坛，研究金融仲裁新问题，为金融仲裁造势。

二要建设专业仲裁员队伍。由于金融仲裁是以金融纠纷以及与此有关的争议为对象进行仲裁的。随着国际金融的迅速发展，金融活动必将日益复杂，金融纠纷也必将增多和复杂。表现为金融交易的范围越来越大，金融纠纷越来越专业化。这对金融仲裁员的素质提出了更高的要求。随着上海金融中心的建立与发展，对金融仲裁的需求必将越来越大，对金融仲裁方面的专业人士的水平要求也将越来越高。因此，在建设金融仲裁中心硬件的同时，也要注意对软件的升级，逐步形成一种培养专业仲裁员的制度，储备后备力量，满足金融仲裁发展的需求。同时建议针对金融产品逐渐细化的特点，在金融仲裁中心内部设立金融衍生产品仲裁员名册，如银行卡仲裁员名册，票据仲裁员名册等，做到更专业、更有针对性。

三要设立方便提起仲裁的渠道。与提起诉讼相比，提起仲裁的方法、程序等，公众了解的不是很多。仲裁相对于诉讼，更注重程序上的意义。建议在进行金融仲裁宣传的时候，应对如何提起金融仲裁等程序问题着重宣传。同时，设立方便公众的受案窗口，方便提起金融仲裁。

四要与金融仲裁的国际惯例接轨。随着我国加入WTO，必然与国际通用的经济规则发生全面的碰撞，要使我国金融业能稳健地发展，需要与国际通用的经济规则进行对接，主要是金融仲裁法向国际惯例靠拢。考虑到“入世”后涉外金融债权债务纠纷会骤然增加，当前应尽快完善涉外金融仲裁的相关法规，尤其是在仲裁庭的管辖权和仲裁法的适用性上。在条件成熟时，建立和完善统一适用于国内和国际仲裁程序的法规体系。

上海要争取在“十一五”期末，使金融仲裁在整个仲裁案件中占10%以上的比例，约定仲裁在金融纠纷解决方式中占30%以上的比例。并在建立上海金融仲裁院、仲裁规则更适应金融仲裁特点等方面有重点突破，把发展金融仲裁作为自觉行动，全力以赴，坚定不移地加快推进上海国际金融中心的建设。

图书在版编目(CIP)数据

法治经济的理论探索与市场实践 / 吴弘著. —北京：
法律出版社，2017
(华东政法大学65周年校庆文丛)
ISBN 978-7-5197-1315-7

Ⅰ.①法… Ⅱ.①吴… Ⅲ.①经济法—研究—中国
Ⅳ.①D922.290.4

中国版本图书馆CIP数据核字(2017)第213531号

法治经济的理论探索与市场实践
FAZHI JINGJI DE LILUN TANSUO YU SHICHANG SHIJIAN
吴 弘 著
策划编辑 高 山
责任编辑 韩满春
装帧设计 汪奇峰

出版 法律出版社
总发行 中国法律图书有限公司
经销 新华书店
印刷 北京嘉恒彩色印刷有限责任公司
责任校对 晁明慧
责任印制 陶 松
编辑统筹 学术·对外出版分社
开本 720毫米×960毫米 1/16
印张 23
字数 356千
版本 2017年10月第1版
印次 2017年10月第1次印刷

法律出版社 / 北京市丰台区莲花池西里7号(100073)
网址 / www.lawpress.com.cn
投稿邮箱 / info@lawpress.com.cn
举报维权邮箱 / jbwq@lawpress.com.cn
销售热线 / 010-63939792
咨询电话 / 010-63939796

中国法律图书有限公司 / 北京市丰台区莲花池西里7号(100073)
全国各地中法图分、子公司销售电话：
统一销售客服 / 400-660-6393
第一法律书店 / 010-63939781/9782
西安分公司 / 029-85330678
重庆分公司 / 023-67453036
上海分公司 / 021-62071639/1636
深圳分公司 / 0755-83072995

书号：ISBN 978-7-5197-1315-7
定价：70.00元